中国社会科学院法学研究所私法研究中心主办
中国·香港连慧仪律师事务所协办

私　法

第 5 辑·第 1 卷（总第 9 卷）

Private Law Review
Vol. 5 No. 1

主　编　　易继明
副主编　　邓建鹏
本卷编辑部成员　　（按姓氏拼音顺序排列）
　　　　　邓建鹏　　杜　颖　　李　扬　　李红海
　　　　　林瑞珠　　刘成伟　　梅夏英　　滕　锐
　　　　　王　迁　　王海燕　　易继明　　尹　飞

图书在版编目(CIP)数据

私法.第5辑.第1卷/易继明主编.—北京:北京大学出版社,2005.7
ISBN 7-301-09334-9

Ⅰ.私… Ⅱ.易… Ⅲ.私法-研究-丛刊 Ⅳ.D90-55

中国版本图书馆 CIP 数据核字(2005)第 074515 号

书　　　名:	私　法(第5辑·第1卷)
著作责任者:	易继明　主编
责 任 编 辑:	邹记东
标 准 书 号:	ISBN 7-301-09334-9/D·1230
出 版 发 行:	北京大学出版社
地　　　址:	北京市海淀区成府路 205 号　100871
网　　　址:	http://cbs.pku.edu.cn
电　　　话:	邮购部 62752015　发行部 62750672　编辑部 62752027
电 子 信 箱:	pl@pup.pku.edu.cn
排 　版 　者:	北京高新特打字服务社　82350640
印 　刷 　者:	北京宏伟双华印刷有限公司
经 　销 　者:	新华书店
	787 毫米×1092 毫米　16 开本　30.25 印张　472 千字
	2005 年 7 月第 1 版　2005 年 7 月第 1 次印刷
定　　　价:	47.00 元

未经许可,不得以任何方式复制或抄袭本书之部分或全部内容。
版权所有,翻版必究

《私法》学术顾问委员会

(按姓氏拼音顺序排列)

崔建远(清华大学法学院教授)
方流芳(中国政法大学民商经济法学院教授)
江 平(中国政法大学民商经济法学院教授)
梁慧星(中国社会科学院法学研究所研究员)
刘剑文(北京大学法学院教授)
罗玉中(北京大学法学院教授)
马俊驹(清华大学法学院教授)
孙宪忠(中国社会科学院法学研究所研究员)
王保树(清华大学法学院教授)
王利明(中国人民大学法学院教授)
王卫国(中国政法大学民商经济法学院教授)
吴汉东(中南财经政法大学教授)
吴志攀(北京大学法学院教授)
谢怀栻(中国社会科学院法学研究所研究员)
徐国栋(厦门大学法学院教授)
尹 田(北京大学法学院教授)
张新宝(中国人民大学法学院教授)

谢怀栻教授序

中国自古以来没有"私法"。人民之间不存在"私法关系"。就连婚姻关系,也是受统治的(受家长、族长和父母官的管制)。新中国成立以后,仍旧不承认"私法",把民法作为公法。婚姻方面,虽然提倡"婚姻自由",但是婚姻登记还是被"组织"或"单位"所控制,所掌握。甚至对民事诉讼,也要讲"无限制干预"。这种情况极大地阻碍了我国的发展。

直到 20 世纪 80 年代,情况才大变,"私法"概念得到承认,"私人"之间的"私法关系"得到承认,企业之间的"私法关系"也得到承认。"私法"与"公法"(宪法、刑法、诉讼法)能够并肩而立了。

正因为如此,在我国的法学中,对私法的研究仍较薄弱。私法方面的一些原理,一直没有得到充分彻底的阐述和研究。可是在一个国家的法律文化中,私法文化如果得不到充分的发展,这样的法律文化必将是虚弱的。因此,要提高我国的法学理论水平,丰富我国的法律文化,就必须特别加强对我国私法的研究,特别是提倡私法精神,发扬私法文化。

北京大学的一些中青年法学者有鉴于此,特别办了《私法》这个出版物,聚集了一些对私法研究特别有认识、有兴趣的学者,致力于私法的研究,将他们的研究成果发表出来,为我国私法文化的建设贡献力量。这是一件非常值得称道的事。我相信他们的努力一定会成功,特书数语以表祝贺。

谢怀栻
2001 年 4 月

王利明教授序

《私法》的主编易继明博士请我为他的出版物作序,我感到非常高兴。

公法、私法之分肇始于罗马法时代。此后,在欧洲漫长的历史长河中,私法不仅吸收了教会法、各地习惯法等营养,而且借助于资本主义经济和思想文化的蓬勃发展,逐渐形成了一种内涵丰富、影响深远的私法传统以及私法文化。这种私法传统和私法文化,一方面为西方文明的产生、发展和繁荣提供了思想动力和制度保障;而另一方面,西方文明的兴盛也为私法制度和私法精神的完善、深化与发展提供了原动力和物质基础。因此,可以说,私法传统和私法文化是欧洲资本主义发展的重要元素之一。

众所周知,私法传统在我们国家一直未能形成与发达,其中的原因较为复杂,既有经济方面的原因(比如资本主义生产方式在我国迟迟不能发展),也有社会文化方面的原因(比如儒家的道德规范对整个中华文明的影响)。在我看来,私法传统对于一个民族来说非常重要。它不仅影响到法律制度及其法律文化,而且对于一个民族的制度选择、思维习惯、行为方式等等也产生着广泛而深远的影响。现阶段,我国正在致力于社会主义市场经济建设和民主法制建设,努力实现中华民族的伟大复兴,在这个过程中,加强民商立法、弘扬民法精神、培育私法文化对于我们实现这一伟大目标将发挥着举足轻重的作用。

加强民商立法,在当前主要是制订民法典。我国民法典的制定自 20 世纪 50 年代初期以来,曾为无数的学者所呼吁和企盼。迄今为止,我国几个重要的法律部门如刑法、刑事诉讼法、民事诉讼法都已制订了较为系统完备的法律。它们尽管在名称上未被称为法典,但实际上已具备了法典的特点和功能。然而,民法典至今仍未出台,许多学者曾呼吁,在刑法典的修改工作完成以后,民法典的起草工作应尽快地提上议事日程。我认为民法典的制订的必要性并不仅仅在于法律工作者的热烈企盼,而主要在于我国经济和社会发展的迫切需要。民法典的制订,正是实行依法治国战略,完善社会主义市场经济的法律体系的重要标志。通过制订民法典,全面地将公民法人的民事权利法定化、明确化,充分保护其合法权益,并使人民法院审理民事、经济案件有法可依、有章可循。通过制订民法典,可以为交易当事人从事各种交易行为提供明确的行为规则,使其明确自由行为的范围,逾越法定范围的后果和责任,从而对其行为后果便有合理预期,这就能从制度上保障市场经济的良性运转,从而有利于市场经济秩序的建立。通过制订民法典,还能够弘扬人格独立、人格平等、契约自由、责任自负等理性的精神,这些都是建立法制社会所必需的。

随着我国《合同法》的制订颁行,市场经济合同活动的规则由以前纷繁、复杂、冲突与落后的状态走向统一和谐与完善。作为民法典重要组成部分的《合同法》的出台,是我国民法典制订工作的一个重要步骤。在《合同法》制订以后,如何加快民法典其他部分的制订步伐呢?考虑到我国民法典不太可能采取"一步到位式"的法典编纂方法,而只能采用分段制订最后通过汇编整理修订的方式来完成。因此,我们目前应该着重考虑民法典体系的总体设计,我认为我国民法典总体上应采用大陆法系的民法典体系,同时应采用潘得克顿式(德国式)的模式。既要有总则,又要明确区分债权与物权。但传统的大陆法系民法典体系具有的几个缺陷应加以克服。首先,在传统民法典的体系中缺乏独立的人格权制度。而人格权制度既无法在总则的"民事主体制度"中作出规定,也不能在侵权法中规定。因此,人格权制度应该独立成编,并置于分则之首。其次,传统大陆法系的民法根据债的发生原因,将侵权行为法仅仅作为债法的组成部分,这种模式强调了侵权行为制度与债法其他制度的共性,却忽略了侵权制度所具有的更强的个性。而且由于债权总论中的许多规则无法适用于侵权制度,从而造成了债法体系的不和谐。同时,将侵权法放在债法之中也限制了极为复杂的侵权制度的发展。因此,我认为侵权法应该从债法中分离出来,作为民法分则中的一个独立制度。侵权法与债法的分离,并不意味着债法制度的消亡,债法的基本规则仍将与合同法及其他债法制度(如无因管理、不当得利)共同组成"债与合同法制度",放在侵权制度之前。

在民法典体系确立之后,我们需要分阶段、分步骤,根据社会生活的实际需要程度展开民法典的制订工作。我认为,当前要做的第一项工作应当是加快物权法的制订工作。作为调整人对生产资料、生活资料的支配与使用的重要法律制度,物权法是市场经济最基本的法律规则。如果缺少了一个系统合理的物权法律制度,市场经济所需要的法律体系和规则便难以真正建立和完善。在制订物权法的同时,需要加紧修改《婚姻法》、《继承法》及知识产权法的工作。第二项工作就是,制订完善的侵权行为法与人格权法。目前对人格权和侵权责任加以规定的主要法律就是《民法通则》,但《民法通则》的规定过于简略,远远不能适应社会生活与司法实践的要求。因此,应当制订一部完善的侵权行为法与人格权法。与此同时,应该加紧对民法总则的修订工作。鉴于《民法通则》主要是关于民法总则内容的规定,因此可以在《民法通则》的基础上完善民法总则内容的修订工作。

迈向新世纪的中国,需要一部民法典。由于我国市场经济体系的建立为民法典的制定奠定了经济基础,我国司法实践中已为民法典的制定工作积累了丰富的实践经验,广大民法学者也做了大量的理论准备,因此颁行一部体系完整、内容充实、符合中国国情的民法典,是完全可行的,并将为我国在21世纪经济的腾飞、文化的昌明、国家的长治久安提供强有力的保障。我们有充分的理由相信,一部有中国特色的、先进的、体系完整的民法典的问世在不远的将来,将成为现实。如果说19世纪初的法国民法典和20世纪初的德国民法典的问世,成为世界民法发展史上的重要成果,则21世纪初中国民法典的出台,必将在民法发展史上留下光辉的篇章。

由于历史及文化的原因,我国的私法传统过于薄弱,学界对其重视和研究尚不够。为此,我们需要大力弘扬民法精神、培育私法文化。这种精神和文化的培育和发扬,需要一大批人持久而踏实的努力。今天,一批青年学者能够通过连续出版严肃的学术出版物的形式,来弘扬和发展这种传统和精神,确实是难能可贵的。我想,他们应该得到所有法学界人士、甚至是整个社会的支持和认同,因为这不仅是为我们法学界的学术研究做贡献,同时也是在为我们这个社会、为我们的民族做贡献。

祝愿《私法》系列出版物越办越好,也祝愿我国私法研究日益繁荣与昌明。

王利明

2002年6月

梁慧星教授序

私法和公法的划分,是大陆法系区别于英美法系的重要特征之一。作为公法的对称,私法是市民社会的基本法,它调整市民社会中一切私人性质的人身关系和财产关系,在一国法律体系中居于重要的基础性地位。通过物权界定资源归属,通过契约实现资源流动,通过侵权责任救济受到损害的社会关系,通过亲属和继承给个人以家庭的温情与扶助,这些形成了大陆法国家对社会进行治理的基本模式。这种通过私法来实现社会治理的模式,可以有效地将国家权力排除在私人生活之外,实现私人生活的非政治化和非意识形态化,从而实现私人生活的自由、平等与博爱,这是对人的一种终极关怀。

私法在大陆法国家法律体系中具有核心地位,也决定了私法制度、私法理论与私法文化的研究在大陆法国家的法学研究中占有举足轻重的地位。众所周知,在我国,由于历史文化方面的原因,私法一直没有得到很好的发展。清末改制后引进欧陆民法,形成了大陆法传统。但其后民国法统被废除,转而实行高度集中的计划经济,根本谈不上有什么真正意义上的"私法",甚至对"私人"性质的东西都畏如蛇蝎。《私法》的创办,弥补了中国没有以"私法"命名刊物的缺憾,倡导了一种"私的"精神和理念,也为国际民商法苑增添了一道中国的风景线。

近些年来,法学教育、法学研究逐渐呈现出欣欣向荣的景象,这是一件值得我们欢欣鼓舞的事情。然而,相对中国社会转型的发展方向而言,我们的法学研究和民事立法仍然也有些不成熟的表现。早年《民法通则》的制定,就曾遭到一些经济法学学者们的反对,嗣后又有民法与经济法长达数年的论战,不仅民法经济法学者系数卷入,许多法理、宪法和行政法学者也被潮流所挟,所发表文章数量之巨,所耗费的人力、物力,难以计数。实际上,以今天将私法作为市民社会基本法的观点来看,这些都是一些无谓的争论。私法本身包含了所有与建构市民社会有关的"私人性"的法律,具有其自身的一般价值和完整体系,是可以作为一个整体的理论而存在的。而且,这种理论也并不排斥具有一些"社会性质"但以"私的"价值为追求目标的成分(如反垄断法和反不正当竞争法)。

《私法》倡导将私法作为一个整体的学问进行整合性研究,特别重视私法基本理论,是一个非常有创见、有理论品位的学术出版物。事实上,现在提交到全国人大常委会审议的民法草案出现了一些立法随意性倾向,也是缺乏私法一般理论研究,特别是缺乏将私法作为一个整体进行研究的结果。没有对私法制度、私法理论与私法精神的统摄性研究,就很难保证民法典有一个完备的体系,民法也就会失去作为市民社会一般法所应当具有的包容性,也很容易使我们在制定中国民法典的过程中迷失方向。

在这个意义上,我欣喜地关注着《私法》的诞生与成长,希望《私法》能一如既往地奉行严格的学术标准和严谨的学术规范,为中国法学的发展留下一笔厚重的财富。

梁慧星
2003 年 4 月

目 录

谢怀栻教授序 …………………………………………………………（1）
王利明教授序 …………………………………………………………（3）
梁慧星教授序 …………………………………………………………（7）

[专题研究：民法法典化]

物权法草案（第二次审议稿）若干条文的解释与批判 ……… 梁慧星（1）
物权法制定之焦点 …………………………………………… 河　山（26）
民事习惯对民法典的意义
　　——以分家析产习惯为线索 ………………………………… 俞　江（44）
多次性分家研究
　　——湖北省团风县长林咀村有关分家的民事习惯
　　　调查报告 ………………………………………………… 蔡伟钊（66）
中国农村赡养习惯与国家法的背离
　　——以湖北钟祥石巷村的调查为基础 ……………………… 何永红（96）
中国农村的分家规范、家产分割与国家法
　　——从一份分书看农村分家问题 …………………………… 李传广（125）
家庭代际财产传承的习惯法、国家法和西方法
　　——以湖北省Z市S镇法庭纠纷处理为例 ………………… 余盛峰（149）

[论文]

19世纪德国法律科学 ………………………………………〔美〕马蒂阿斯·雷曼（189）
论法律上的归属 ……………………………………………………… 李锡鹤（248）

[评论]

20世纪侵权行为法理论 ·················〔美〕约翰·C.P.格尔德波格（268）
一般人格权的确立及其适用 ···························· 郑永宽（345）
审计师的激励结构与审计独立性 ························ 周学峰（371）
论学位论文写作方法 ·································· 梁慧星（400）

[编后记]

贩卖罪恶：我们到底害怕什么 ·························· 易继明（455）

Contents

Preface ··· by Xie Huaishi (1)
Preface ··· by Wang Liming (3)
Preface ··· by Liang Huixing (7)

Monograph: Codification of Civil Law

Explanations and Comments about Some Articles of *Real Right
   Law Draft* (The Second Draft for Examination
   and Approval) ··· by Liang Huixing (1)
Main Issues in Drafting *Real Right Law of the People's
   Republic of China* ··· by He Shan (26)
The Meanings of Civil Customs to the *Civil Code*
   ——Based on Civil Customs of Family Division ············ by Yu Jiang (44)
On Family Divisions
   ——An Investigation Report about Civil Custom of
   Family Division in Changlinzui Village, Tuanfeng County
   in Hubei Province ··· by Cai Weizhao (66)
The Deviation of the Maintenance Custom from Statutory Law in China
   ——Based on an Investigation in Shixiang Village, Zhongxiang City
   in Hubei Province ··· by He Yonghong (96)
Rules of Family Division and Statutory Law
   ——On Family Division of Rural Areas Based on a Contract of
   Family Division ··· by Li Chuanguang (125)

The Custom Law, Statutory Law and Western Law in Property Succession

between the Generations of Family

——Taking the Disputes Settlement Mechanism in the Court of

Town S, City Z in Hubei Province as

an Example ·· by Yu Shengfeng (149)

Articles

Nineteenth Century German Legal Science ············ by Mathias Reimann (189)
On Legal Belongingnesses ·· by Li Xihe (248)

Essays

Twentieth-Century Tort Law Theory ·············· by John C. P. Goldberg (268)
The Establishment and Application of General

Personality Right ····································· by Zheng Yongkuan (345)

Incentive Structure for Auditors and the Independence

of Company Audit ······································· by Zhou Xuefeng (371)

The Writing Methods of Academic Articles ·············· by Liang Huixing (400)

Afterword

Selling the Sin: What We Are Frightened of ················ by Yi Jiming (455)

物权法草案(第二次审议稿)若干条文的解释与批判

梁慧星[*]

内容提要：从物权法草案(第二次审议稿)的内容看，大多数规定是正确的，有的规定因为不符合中国国情而显得不适当，还有一些是违反常识的错误规定。草案在对不动产登记簿的"证据资格"、不动产登记的"权利推定"效力和"善意保护"效力，以及动产的"善意取得"等制度的规定上均存在明显的理论错误和矛盾。笔者对这些错误和矛盾进行了分析和批判，并提出修改或废除的建议，以期对立法者有所助益。

关键词：物权法草案　不动产登记　善意取得　物权变动　物权请求权　动产加工

Abstract: Examining the content of *Real Right Law Draft* (the Second Draft for Examination and Approval), we will find that most provisions are justifiable, some appear otherwise for being inappropriate to the situation of China, and others are against general understanding. Some provisions about the registration book such as its evidential competency, its constructive effect for qualified rights and its effect to protect bona fide third party, and provisions about bona fide acquisition for personal property are apparently theoretically wrong or contradict each other. The author analyzes these mistakes and then put forward some suggestions to modify or abrogate, hopefully to be beneficial to the presently going legislation.

---

[*] 梁慧星，男，中国社会科学院法学研究所研究员，山东大学法学院院长。

Key Words: *Real Right Law Draft*, Real Property Registration, Bona Fide, Acquisition Change of Real Right, Real Claim, Personal Property Processing

引言：物权法草案(第二次审议稿)的概要

第二次审议的物权法草案是在前面8月份的草案的基础上作了一些修改形成的，它总共分为五编，22章，共计297条。结构如下：第一编总则，包括第一章一般规定，第二章物权变动，第三章物权保护；第二编所有权，包括第四章一般规定，第五章所有权的基本类型，第六章建筑物区分所有权，第七章相邻关系，第八章共有，第九章所有权取得的特别规定；第三编用益物权，包括第十章一般规定，第十一章土地承包经营权，第十二章建设用地使用权，第十三章宅基地使用权，第十四章地役权，第十五章典权，第十六章居住权；第四编担保物权，包括第十七章一般规定，第十八章抵押权，第十九章质权，第二十章留置权，第二十一章让与担保；第五编占有，仅第二十二章占有。

物权法草案(第二次审议稿)的内容，可以分为三类：一类是正确的规定，这占大多数；另一类是不适当的规定，并不是没有道理，而是不符合中国国情(当然这也只是包括我在内的部分学者的观点)，无论如何不能说是错误规定，当然也不好说是正确的规定；第三类是显然错误的规定，因为违反常识。我现在就对第三类规定作评论。

一、不动产登记簿的"证据资格"

请看物权法草案(第二次审议稿)第17条："不动产登记簿记载的事项，是物权归属及其内容的根据"。

关于不动产登记制度的一个重要问题是，不动产登记簿在诉讼当中起什么作用？能不能作为诉讼证据呢？按照物权法草案的规定，不动产物权变动是以"登记生效主义"为原则，"不经登记，不发生物权效力"，既然其效力如此绝对，则不动产登记簿在诉讼当中应当是关键证据，应当具有"证据资格"。而不动产登记簿是否具有"证据资格",需要在物权法上规定下来,这就是物权法草案(第二次审议稿)规定第17条的理由。显而易见,本条规定的目的,是要赋予"不动产登记簿"以"证据资格"(亦称"证据能力"),使诉讼当事人可以用"不动产登记簿"这个"有形物"作为"证据",以证明某种"事实状态"(如"物权"的归属),而绝对不是要赋予不动产登记簿"记载的事项"以"证据资格"。

按照证据法原理,证据分为"人证"和"物证"。所谓"物证",指以"有形物"作为"证据",包括"文书"和"检证物"。现行《民事诉讼法》(第63条)将具有证据资格的"文书"称为"书证",将"检证物"称为"物证"。"书证"再分为"公文书"和"私文书"。不动产登记簿,属于"公文书"。无论是根据证据法原理,或者根据现行民事诉讼法,唯作为"有形物"的不动产登记簿,才能成为法官据以判断案件事实的"证据",而不动产登记簿所"记载的事项"绝非"证据"。

法律赋予不动产登记簿"证据资格",只是表明"不动产登记簿"可以作为诉讼"证据"使用,并不是说不动产登记簿"记载的事项"就一定"真实",法官就一定要采纳。而不动产登记簿所"记载的事项"是否真实,必须由法官作出判断。法官应当如何判断不动产登记簿"记载的事项",取决于作为证据的不动产登记簿的"证据力"(证明力)。而关于不动产登记簿的"证据力",将由物权法草案另作规定,亦即下面将要讲到的不动产登记的"权利推定"效力。

可见,不动产登记簿的"证据资格",与不动产登记簿的"证据力",是两项不同的制度。现在的条文之所以错误,就在于混淆了二者。建议将条文中的"记载的事项"五字删去,不然就要闹笑话。

二、不动产登记的"权利推定"效力

请先看我负责起草的物权法草案建议稿第238条的规定:"在不动产登记簿上记载某人享有某项物权时,推定该人享有该项权利。在不动产登记簿上涂销某项物权时,推定该项权利消灭。"这就是关于不动产登记簿具有"权利正确性推定"效力的规定,所要解决的是法官应当如何对待不动产登记簿"记载的事项"的"真伪"问题,亦即规定作为证据的不动产登记簿的"证据力"。

值得注意的是,物权法草案(第二次审议稿)是将不动产登记的权利推定制度,与动产占有的权利推定制度合并规定在一个条文。即该草案第4条规定:"除有相反证据证明外,记载于不动产登记簿的人是该不动产的权利人,动产的占有人是该动产的权利人。"

不动产登记的"权利正确性推定"的效力,是什么意思呢？举例来说,张三把产权登记簿复印件提交到法庭,前面已经谈到不动产登记簿具有"证据资格",是合格的证据,法官就应当认为张三的举证责任已经完成,不再要求张三进一步提供别的证据。但是,法庭究竟采不采纳作为证据的不动产登记簿上记载的内容,就取决于这个"权利正确性推定"制度。首先,我们的法官应当"推定"不动产登记簿上的记载是真实的,不动产登记簿记载"张三是所有权人",法官就"推定""张三是所有权人"。

请注意"推定"这个概念,"推定"是一个技术性概念,它的含义是"把什么什么当做真实的"。"推定""张三是所有权人",就是"把张三当作所有权人",并不是说"张三真的是所有权人",至于法庭最后是否"认定""张三是所有权人",关键要看争议的对方能否举出相反的证据。因此,法官"推定""张三是所有权人"之后,就应当问争议对方李四有没有"异议"。假设李四看见张三把产权登记簿复印件提交到法庭,登记簿上记载张三是所有权人,李四再也无话可说、不再争执,法庭就应当根据产权登记簿上的记载,做出判决"认定""张三是所有权人",亦即判决争议房产归张三所有。但在多数情形下,李四还会坚持争执,对不动产登记簿的记载的真实性提出"异议",主张不动产登记簿上的记载不正确。他提出的这个"异议",是对不动产登记簿记载"内容"提出的"异议"。虽然张三拿出产权登记簿作为证据,但李四主张产权登记簿的记载不正确,李四提出异议说,我们当初是合伙买房,只是登记的时候为了方便登记在张三名下。这种情形,法官当然不能直接根据登记簿上的记载就"认定""张三是所有权人",不能就这样"判决"争议房屋归张三所有;法官也不应当仅仅因为李四对登记簿上的记载有"异议",就"否定"登记簿的记载、"否定"张三是所有权人。法官正确的做法是:"责令"主张"异议"的李四就自己的"异议"举证。你不是说登记簿的记载不正确吗？那你就应当举证证明不动产登记簿的记载不正确。

如果李四真的举出了充分的证据,证明了不动产登记簿上的记载不正确,例如证明了的确是合伙买房,只是办理登记时图方便或者有别的原因,登记在张三的名下,则法庭应当采纳李四的反证,并直接根据此反证"认定"争议房产"属于张三和李四二人共有"。因为不动产登记簿上的记载,只具有"权利推定的效力",法庭只是据以"推定""张三是所有权人",现在这种"推定"已经被李四举出的"反证"所"推翻"。反之,如果李四不能向法庭举出充分的"反证"证明他关于登记簿的记载不真实的"异议",则法庭应当直接根据不动产登记簿上的记载,"认定"张三是争议房产的所有权人,亦即判决该房产归张三所有。

这里有一个问题,物权法为什么不规定不动产登记簿具有"绝对"的"证据力"?要求法庭必须严格按照登记簿的记载做出判决?这是由社会生活的复杂性决定的。不动产登记簿上记载的物权状况可能与真实的权利状况不一致,这既有当事人方面的原因,也可能有登记机构方面的原因如登记官员的过错。例如北京在某一段时间就推行过一种政策,教师买房可以得到百分之五价款的优惠。有一对青年夫妻要买房,想得到这个优惠,女方的母亲是退休教师,就以女方母亲的名义买房,享受教师的优惠待遇,最后当然登记在岳母的名下,实际上是夫妻二人买房、自己居住,使用岳母的名义签订买卖合同并办理产权过户登记。如果夫妻二人白头偕老,将不发生问题,一闹离婚就发生了问题。按照婚姻法的规定,该房屋是婚姻关系存续期间取得的财产,属于夫妻共有财产,现在离婚各方可得一半,谁要这个房子谁就得支付一半价款给对方。这个时候,岳母就出来主张权利,说这个房子是她的所有权,是她买的房子,并以不动产登记簿作为证据。北京就确实发生过这样的案件。这种情况下,男方即原来的女婿就对登记簿上的记载的真实性主张"异议",并举出了充分的反证。这个案件,最后当然采纳了男方的反证,推翻了登记簿上的记载,认定该房屋为共有财产。

因此,物权法草案不应规定登记簿具有"绝对"的证据力,正确的做法是规定不动产登记簿具有"权利正确性推定的效力"。亦即作为证据的不动产登记簿,只具有"推定的证据效力"。什么叫"推定的证据效力"?就是首先把它当作真实的来对待,对方如果有异议就责令对方提出反证;如果异议方举出反证,如举出买房时的合同书、怎么付款、证人等,证明登记簿上的记载不是真实的,登记簿上的记载就被推翻了,法庭就应当直接根据反证认定争议财产的物权归属。例如夫妻买房登记在岳母名下的例子,女婿在诉讼中说登记簿的记载不对,是我们夫妻二人买的房,当时为了贪便宜享受百分之五的政策优惠而登记在岳母名下,并举出了当初怎样凑钱买房、怎么商量、怎么付款的证据,使法官相信真的是夫妻二人买房,这时候产权登记簿上的记载就被推翻,法庭直接根据反证做出认定,判决该房屋属于夫妻共有财产。

可见,物权法上不动产登记的"权利推定效力"这个制度非常重要。由于有这个制度,在审理房屋产权争议的案件中,谁对产权证或产权登记簿的记载主张"异议",就应当由谁承担举证责任。法官应当责令"异议"一方举出反证,这叫不动产登记的"权利推定的效力","异议"一方能够举出反证,证明财产的产权状况和登记簿的记载不一致,法庭就直接采纳反证,登记簿上的记载就被推翻了。如果异议一方举不出反证或者举出的证据不足以推翻登记簿上的记载,法庭就应当按照产权登记簿的记载来认定产权归属。法院裁判产权争议案件,通常就靠这个制度。

特别要注意的是,不动产登记"权利推定"的规定,实质是规定作为证据的不动产登记簿的"证据力"。同时应当看到,这个制度针对的是物权的静态归属,着重保护登记簿上的那个权利人(登记名义人)。登记簿上"记载"张三是所有权人,法律就"推定"张三是所有权人,当然是保护张三,使张三免除举证责任,他只要向法庭提交登记簿或者产权证作为证据就够了;对方有异议,法庭要让对方去举反证,把举证责任的负担和风险转移给了异议方,异议方举不出反证,法庭就直接根据不动产登记簿上的记载认定房屋是张三的,这叫做不动产登记的权利推定。这个不动产登记的权利推定制度,是保护登记簿上的权利人,而且不是绝对的保护,实质是免除登记名义人的举证责任,使异议方承担举证责任风险。因此,可以说是一个证据规则,不是实体规则。

在下面我们将看到,物权法草案起草人不仅将不动产登记簿的"证据资格"制度,混淆于不动产登记的"权利推定"制度,而且进一步将不动产登记的"权利推定"制度,混淆于不动产登记的"善意保护"制度。

三、不动产登记的"善意保护"效力

请先看我负责的物权法草案建议稿第239条的规定:"以不动产登记簿为根据取得的不动产物权,不受任何人追夺。但取得人于取得权利时知悉权利瑕疵或者登记有异议抗辩的除外。"

不动产登记的"善意保护"效力是什么意思呢？如房屋在交易中，张三的房子卖给李四，李四又把这个房屋卖给王五，最后发生了问题，张三和李四之间的买卖合同被确认无效，根据合同法的规定，无效合同不发生所有权转移，李四不能取得所有权。既然张三和李四之间的买卖合同无效了，尽管已经办了产权过户，房屋所有权已经过户在李四名下，张三当然要根据法院认定买卖合同无效的判决，到登记机构去涂销李四的所有权登记。因为无效合同不发生所有权转移，所以李四未取得所有权，而李四已经把房子卖给了王五，李四与王五之间的这个买卖合同就构成《合同法》第51条所规定的无权处分行为。按照《合同法》第51条的规定，无权处分合同经权利人追认的有效，而张三当然不会追认，因此李四和王五之间的买卖合同就无效。这种情形，因无效合同不发生所有权转移，既然李四和王五之间的买卖合同无效，王五就不能取得房屋所有权。

但是王五在买这个房子的时候去查了不动产登记簿，登记簿上明明记载李四是所有权人，王五才下决心买了这个房屋，最后因张三与李四之间的合同无效了，导致李四的所有权被涂销，这些情形王五哪里知道？因而王五属于"善意第三人"，他订立买卖合同时并不知道李四没有所有权，当时登记簿上明明记载李四是所有权人，王五从李四那里买了房屋并且办了产权过户登记。这种情形，若严格按照无权处分制度，法院就应当根据张三的请求从王五手中强行收回这个房屋的所有权并返还给张三，法院真要这样判决，"善意第三人"王五就要遭受损害。

从法律政策上看，"善意第三人"是个特殊的概念。我国《合同法》第3条规定平等原则，合同当事人法律地位平等，凡属合同"当事人"，法律上都实行"平等保护"，但法律上对"善意第三人"却实行"特殊保护"，为什么呢？假设买房人王五查了登记簿，登记簿明明记载李四是所有权人，之后王五买了房并办了产权过户，最后我们的法院适用无权处分规则强行从王五手里把房子拿走了，你说这个王五将来还敢买房吗？他的亲戚朋友还敢买房吗？可以断言，谁知道了这个判决谁就不敢再买房，这样一来市场交易还能进行吗？可见，"第三人"与"当事人"不同，"当事人"的利益属于个人利益，而"第三人"的利益已经不同于一般的个人利益，"善意第三人"的利益关系到社会公共利益，关系到市场交易安全。法律保护"善意第三人"就不是简单地保护个人利益,而是保护市场交易的安全,是保护社会公共利益。因此我们看到,民法上凡是"善意第三人"都实行"特殊保护"。为什么?因为不如此不能保护市场交易安全,不能维护市场交易秩序。为什么叫"特殊保护"呢?就是把无权处分制度的效力否定了,作为无权处分制度的"例外"来对待。对于不动产交易的"善意第三人"怎样进行"特殊保护"?这就是物权法上的不动产登记的"善意保护"制度。

请特别注意,建议稿第239条的规定:"以不动产登记簿为根据取得的不动产物权,不受任何人追夺。"所谓"以不动产登记簿为根据取得的不动产物权",就是前面所举王五的例子,王五查看了不动产登记簿,见登记簿记载李四是所有权人,因此从李四手里买了房屋并办理了产权过户登记取得了该房屋的所有权。所谓"不受任何人追夺",就是"特殊保护",无论根据什么理由,即使根据"无权处分规则"买卖合同无效,都不能从王五手里把该房屋所有权拿走。惟一"例外"就是本条"但书":王五在订立买卖合同时,虽然登记簿上记载李四是所有权人,但王五已经知道李四与张三的买卖合同存在无效或可撤销的瑕疵,或者登记簿上已有"异议登记"。换言之,买房人王五在订立买卖合同时已经属于"恶意",当然不能得到法律的特殊保护。

按照不动产登记的"善意保护"制度,以不动产登记簿为根据取得的不动产物权,例如房屋所有权,这个所有权不受任何人追夺,任何人都拿不走。在前面的例子,张三要从王五手里取回房屋所有权,必须举证证明王五属于"恶意",否则法庭应当判决驳回张三的诉讼请求。究其原因,是因为不动产登记簿是国家专门设立的登记机构掌管的,物权法采登记生效主义,不动产登记具有权利推定的效力,当然受到公众的信赖,不动产交易的第三人既然信赖登记簿,其取得的物权就应当受法律的保护。因此,不动产登记的"善意保护"制度,在教科书上又称为不动产登记的"公信力"制度。公众既然相信你这个登记机构,相信你这个登记簿,他因此取得的权利就要受保护,不动产登记的"善意保护"和不动产登记的"公信力",只是名称的不同,讲的是同一个制度。

这个制度的关键,是以不动产登记簿为根据"取得"不动产物权,其政策目的是保护不动产交易的善意第三人,而不是保护不动产登记簿上记载的权利人。并且,这种保护,是绝对的使善意第三人取得权利,不存在以反证加以推翻的问题。因此,与前面讲的"权利推定"效力制度,决然不同。这两个制度,一个通过举证责任的分配,保护登记簿上的名义人,效力是相对的,许可以反证推翻,为解决物权存在的争议提供准则;一个是出于保护交易安全的政策目的,对不动产交易的善意第三人以特别保护,具有绝对的保护效力。这种权利取得,属于教科书上的原始取得。质言之,前者保护根据登记簿享有物权的人,后者保护根据登记簿取得物权的人,不容混淆。

请看现在的物权法草案(第二次审议稿)第25条:"基于不动产登记簿享有的物权,受法律保护,但记载于不动产登记簿的权利人在取得权利时知道或者应当知道该权利有瑕疵的除外。"条文说"享有"的物权,而不说"取得"的物权,不能体现保护交易第三人的政策目的,并与不动产登记的"权利推定"制度发生混淆。起草人居然忘记了自己在本草案第4条的规定:"除有相反证据证明外,记载于不动产登记簿的人是该不动产的权利人,动产的占有人是该动产的权利人。"可见一个"享有",一个"取得",一词之差,谬以千里!

四、动产的"善意取得"

我们已经看到,不动产交易的善意第三人,因为不动产物权变动以登记为公示方法,因此可以直接根据不动产登记去保护,物权法赋予不动产登记"公信力"、"善意保护"的效力,就可以达到特殊保护不动产交易的善意第三人的政策目的。动产交易的善意第三人怎么办呢?动产物权是以"交付"为公示方法,一般动产物权不要求登记,没有登记簿可以作为根据,因此,动产交易的善意第三人的特殊保护问题,需要创设别的制度予以解决,这就是动产的善意取得制度。

根据特殊保护不动产交易的善意第三人的同样的政策上的理由,动产交易的善意第三人当然也应当特殊保护。如果属于"特殊动产",即法律规定以"登记"为公示方法的动产,如船舶、飞机、机动车以及动产抵押权,可以用登记的"善意保护"制度去保护;其余的动产、一般的动产,法律规定以"交付"为公示方法,没有登记簿作为根据,这就需要创设一个新的制度,以排除无权处分的效力,实现特殊保护善意第三人的政策目的,这就是"动产善意取得"制度。

例如,张三的手机借给李四,李四把这个手机卖给了王五,李四把借人家的手机出卖了,这叫无权处分。按照《合同法》第 51 条的规定,如果张三不追认,李四不能取得处分权,无权处分合同无效,无效合同不发生所有权转移,王五不能取得手机所有权,张三有权起诉要求王五退还手机。但考虑到第三人王五是善意的,他不知道李四是无权处分,如果强行让他退,将来他就不敢买了,市场交易就不能进行,有必要特殊保护他。因此就创设动产善意取得制度,规定动产交易的第三人如果属于善意,从动产交付之时就取得所有权。王五从无处分权人李四手里买手机,如果王五属于善意第三人,一旦李四把手机交到王五的手上,王五就取得手机所有权。自手机交付之时,善意第三人王五取得手机所有权,张三的所有权也同时消灭。张三的损失怎么办呢?他当然有权请求李四赔偿。这叫动产的善意取得制度。

基于特殊保护善意第三人的政策目的,用登记的"善意保护"制度(登记的"公信力")保护不动产交易的善意第三人,以及特殊动产(船舶、飞机、机动车)交易的善意第三人;因为一般动产没有登记簿,不得已创设动产善意取得制度,以保护一般动产交易的善意第三人。有的同志不知道这个逻辑关系,他提出质问:难道不动产的善意第三人就不保护吗?他不知道不动产的善意第三人已有前面讲的登记公信力制度保护他。还有的同志坚持认为,发生善意取得要以无权处分合同有效为前提条件,因为他没有理解善意取得制度是无权处分规则的"例外",正是要用"善意取得制度"否定无权处分规则,以实现特殊保护善意第三人的政策目的。

值得注意的是,现在的物权法草案(第二次审议稿)正好发生同样的错误。物权法草案(第二次审议稿)第 106 条规定:

> 无处分权人将不动产或者动产转让给受让人,符合下列情形,受让人即时取得该不动产或者动产的所有权:
>
> (一)受让人在受让时不知道或者不应当知道转让人无处分权的;
>
> (二)以合理的价格有偿转让的;
>
> (三)转让的不动产依法应当登记的已经登记,不需要登记的已经交付给受让人的;
>
> (四)转让合同有效的。
>
> 当事人善意取得其他物权的,参照适用前款规定。

你看，条文规定"即时取得该不动产或者动产的所有权"，起草人居然忘记了草案第25条已经规定了不动产登记的"善意保护"制度，把实现同样政策目的的两个制度弄混淆了；条文规定以"转让合同有效"为发生善意取得的前提条件，则更是匪夷所思，如果"转让合同有效"，则受让人基于有效的买卖合同当然取得标的物所有权，还有规定"善意取得"制度的必要吗？起草人显然未弄懂"善意取得"制度的立法目的，正是针对无权处分合同无效，而强行使善意第三人"原始取得"标的物所有权。如果无权处分合同有效，则不仅不需要"善意取得"制度，且该第三人之取得所有权将属于"继受取得"。

五、以移转返还请求权代替交付

物权法草案（第二次审议稿）第32条规定："动产物权设立、转让前，第三人占有该动产的，可以通过转让向第三人返还原物的请求权代替交付。转让向第三人返还原物的请求权的，出让人应当通知第三人。物权自出让人通知第三人时发生效力。"

本条规定的是"以返还请求权代替交付"，这个例外规则所针对的是"运输中的动产"和"委托保管中的动产"的买卖、质押。先看"运输中的动产"买卖，买卖合同订立时，标的物还在承运人的轮船上，而轮船还在海上航行，没有办法进行"交付"，于是按照惯例，将"提单"交给买受人以代替"货物"的"交付"。按照《海商法》第79条的规定，"提单"分为"记名提单"、"指示提单"和"不记名提单"，其中"指示提单"可以背书转让，"不记名提单"无须背书即可转让。《海商法》第71条规定："提单，是指用以证明海上货物运输合同和货物已经由承运人接收或者装船，以及承运人保证据以交付货物的单证"。按照这一规定，"提单"既是证明运输合同成立的证据，也是"承运人保证交付货物的单证"，亦即"提单"是请求承运人交付货物的请求权凭证。教科书上称为"债权凭证"，谁持有"提单"，谁就享有请求承运人交付货物的债权请求权。

按照物权法草案（第二次审议稿）第32条的规定，货主在转让运输中的货物时，不必等待轮船到达目的港自己去提取货物后再"交付"给受让人，他可以将"提单"交给受让人以代替实际货物的"交付"，因此货物所有权自"提单"交付时移转于受让人。依本条规定,交付"提单"即等于"交付"货物,即发生货物所有权变动的效果,使"提单"因此具有"物权凭证"的性质,谁持有"提单"谁就享有货物的所有权。与所有权移转相同,如货主以货物设定"动产质押",他也当然可以"交付"提单代替货物的实际"交付",质权亦于"提单"交付时成立。

再看"保管中的动产",货主订立买卖合同之时,货物还保管在仓库经营者的库房里,此时货主与仓库经营者之间的仓储保管合同仍然存在。现行《合同法》第387条规定:"仓单是提取仓储物的凭证。存货人或者仓单持有人在仓单上背书并经保管人签字或者盖章的可以转让提取仓储物的权利。"因此,谁持有"仓单"谁就有权提取仓储物,他还可以转让该提取仓储物的债权。存货人或者仓单持有人如果出卖保管中的货物,不必亲自去仓库提取货物后再将该货物实际"交付"于受让人,他只须将"仓单"交付给受让人以代替货物的实际交付。而按照物权法草案(第二次审议稿)第32条的规定,保管中的货物的所有权,亦于出卖人将"仓单"交付于受让人之时移转于受让人。因本条的规定,"仓单"不仅是债权凭证,同时也具有了"物权凭证"的性质,"仓单"持有人即是该货物的所有权人。

顺便讲到,各国关于"仓单"的立法有"一单主义"与"两单主义"之分。按照"一单主义"的立法,保管人只能开出一个"仓单",持有人既可以通过"交付"此"仓单"移转货物的所有权;也可以通过"交付"此"仓单"设立动产质权。显而易见,如果已经设立动产质权,此"仓单"在质权人占有之下,出质人(货主)将不可能再转让该货物的所有权。按照"两单主义"的立法,保管人应存货人的请求可以开出两个"仓单",一个叫"存入仓单",一个叫"出质仓单"。从理论上说,"存入仓单"用于转让货物所有权,"出质仓单"用于设立动产质权,二者并行不悖。但在实际上,以"出质仓单"设立动产质权之后,就很难仅以"存入仓单"转让货物所有权,因为受让人担心所购买的货物有随时被质权人扣押、拍卖的风险。因此,不得已在转让货物所有权时一并交付"存入仓单"和"出质仓单","两单"实际上等于"一单"。鉴于我国合同法规定的"仓单"系采"一单主义",即"仓单"既是所有权凭证,可以通过"仓单"交付发生"所有权移转"的效力,也可以通过"仓单"交付发生动产质权设立的效力。一旦货主通过交付"仓单"而设立了"质权",则该货主不能再转让该货物的所有权,因为"仓单"在质权人占有之下。在一个实际案例中,货主在通过交付"仓单"设立了"质权"之后,另以书面"转让协议"方式将货物所有权转让给他人,一审法院判决认定该转让行为无效,二审法院改判该转让行为有效,结果使质权人遭受了重大损害。显而易见,二审判决是错误的,因为"仓单"是"保管中的货物"的"物权凭证",转让"保管中的货物"应当以"仓单"的交付,代替实际货物的"交付"。

必须指出物权法草案(第二次审议稿)第32条的错误:一是条文第一句中把"向第三人请求返还原物的请求权",误为"向第三人返还原物的请求权",把"返还请求权"的权利人和义务人弄颠倒了;二是条文第二句和第三句,增加规定以出让人"通知第三人"为物权变动的生效条件,是完全错误的。因为,在以"提单"交付代替实物"交付"的情形,载货船舶在茫茫大海上航行,如何"通知"?仅通知船东而不通知代理船东签发提单并占有货物的船长行不行?有通知的必要吗?在以"仓单"交付代替实物"交付"的情形,事先已经保管人在"仓单"上"签字或者盖章",还有再通知保管人的必要吗?并且,这样规定是对"提单"、"仓单"的"物权凭证"性质的彻底否定,与现行海商法关于提单制度和现行合同法关于仓单制度的规定显然抵触,在理论上是错误的,在实践上是有害的。使人不解的是,起草人为什么不查一查现行《海商法》和《合同法》的规定?

六、占 有 改 定

请先看我负责的物权法草案建议稿第254条关于"占有改定"的规定:"出让动产物权时出让人有必要继续占有该项动产的,出让人与受让人应该设定一项由受让人取得间接占有的法律关系,以代替实际交付。"条文说"出让动产物权时出让人有必要继续占有该项动产的",人们会问,既然要出卖该动产,又何以"有必要"继续占有该动产,这难道不是矛盾的吗?按照常理,要出卖就不能继续占有,要继续占有就不要出卖。为什么一方面要出卖,另一方面又要继续占有?这是针对融资租赁的一种特殊形式:"卖出租回",或称"回租"。

假设某个企业急需一笔生产资金,它向银行贷款,银行不贷给它,因为它此前的贷款都还没有还,或者银行虽然同意贷款,但要求设立抵押担保,而它的房地产早已抵押给银行了。该企业急需资金而又没有银行愿意贷款给它,这种情形它想到融资租赁中的"卖出租回",于是它找到一家租赁公司签订买卖合同,将自己最值钱的一条生产线的设备出卖给租赁公司,取得一笔价款以解决企业急需的生产资金;但是它并不是真的要出卖这套生产线,相反它还要靠这条生产线进行生产,因此它"有必要继续占有"这些已经出卖给租赁公司的设备。这种情形,显然不能把这些设备"交付"给买受人租赁公司,以完成设备所有权的移转。怎么样才能够既使该企业"继续占有"这些设备又实现其所有权向租赁公司的移转呢? 有办法,该企业再与该租赁公司签订一份租赁合同,把这套生产线的设备再租回来不就行了吗?

你看,现行《合同法》第242条明确规定:"出租人享有租赁物的所有权。承租人破产的,租赁物不属于破产财产。"虽然没有现实的"交付",但因为签订了租赁合同,合同法明确规定租赁公司享有这些设备的所有权,可见正是这个租赁合同代替了设备的实际"交付",而实现了设备所有权向租赁公司的移转,并同时使该企业作为承租人继续占有这些设备。按照民法关于占有的原理,在租赁合同关系中,承租人是租赁物的"直接占有人",出租人是租赁物的"间接占有人"。这一租赁合同关系,正是物权法草案建议稿第254条所谓用"以代替实际交付"的这样一项"由受让人取得间接占有的法律关系"。可见,关于"占有改定"的特殊规则,正是针对现实生活中的"卖出租回"这种特殊融资租赁合同形式的,其实质是用一项"租赁合同关系"实现标的物所有权移转,并满足出卖人继续占有该标的物的需要。

值得注意的是,物权法草案(第二次审议稿)的起草人没有理解这一点,该草案第33条规定:"动产物权转让时,出让人应当将该动产交付给受让人,但根据双方约定由出让人继续占有该动产的,约定生效时视为交付。"

假设在一份买卖合同中,"双方约定由出让人继续占有"标的物,我们的法院将如何对待这份买卖合同? 现行《合同法》第135条规定:"出卖人应当履行向买受人交付标的物或者交付提取标的物的单证,并移转标的物所有权的义务。"显而易见,这份假设的买卖合同中这样一个"约定由出让人继续占有"标的物的条款,"剥夺了"买受人请求出卖人交付标的物并移转标的物所有权的"主要权利","免除了"出卖人交付标的物并移转标的物所有权的"主要义务",如果属于"格式合同",法院将依据《合同法》第40条的规定认定该条款无效;如果不属于"格式合同",法院将认定构成《合同法》第54条"显失公平"的合同,而根据买受人的请求予以撤销或者变更。可见,条文规定"双方约定由出让人继续占有",是绝对行不通的,应当改为"双方应该设定一项由受让人取得间接占有的法律关系,以代替实际交付"。这样的法律关系,主要是租赁合同关系,还有借用合同关系。

七、法律行为之外的物权变动

须注意一个问题,并不是所有的物权变动都须要"公示"(登记、交付)。这就是法律行为之外的物权变动,法律行为之外的不动产物权变动不必进行"登记",法律行为之外的动产物权变动不必进行"交付"。所谓"法律行为之外"的物权变动,有下面几种情形:

(一)因公权力的行使发生的物权变动

物权法草案(第二次审议稿)第34条规定:"因人民法院的生效法律文书、人民政府的征收等行为导致物权的设立、变更、转让和消灭的,自法律文书生效之日或者人民政府的征收等行为作出之时发生效力。"法院的生效判决、政府的征收命令,属于公权力的行使行为,所引起的物权变动,按照本条规定,不需要进行"公示"。因法院生效判决导致的物权变动,自判决生效之时发生效力;因政府征收命令导致的物权变动,自政府的征收命令作出之时发生效力。

例如,法院审理产权争议案件,最后作出判决"争议房屋归李四所有",自判决生效之时李四就得到了该房屋的所有权,亦即自判决生效之时争议房屋的所有权就自动移转于李四名下。显然,这个时候还没有办理产权过户登记,不动产登记簿上张三仍然是"所有权人",但李四从判决生效时就已经得到了所有权,李四才是"真正的""所有权人"。判决一经生效,李四就可以拿着判决书到登记机构办理"登记"手续。特别要说明的是,李四凭生效判决办理的"登记",不是"过户登记"而是"变更登记"。政府征收也是这样,政府征收命令一经作出,国家就取得所征收土地的所有权。

(二)因继承发生的物权变动

物权法草案(第二次审议稿)第35条规定:"因继承取得物权的,自继承开始时发生效力。"本条规定,因继承发生的物权变动,从"继承开始"之时发生效力。什么叫"继承开始"?"继承开始"是继承法上一个重要概念。现行《继承法》第2条规定:"继承从被继承人死亡时开始"。可见,"继承开始"就是"被继承人死亡"之时。按照继承法的规定,自"被继承人死亡"之时,被继承人的财产就成为"遗产",其所有权就转移到继承人名下,如果只有一位继承人,"遗产"就归该继承人所有,如果继承人在二人以上,"遗产"就归全体继承人共有。

实际上,被继承人死亡之时,其是否留有"遗嘱"尚不确定,是按"遗嘱继承"还是按"法定继承"尚不确定,所以还不能确定继承人的人数,还不能确定继承人是谁,因此没有办法"分割遗产",没有办法办理"产权过户登记"。但是,被继承人已经死亡,权利主体已经消灭,不能让"遗产"处于无主状态,因此物权法草案(第二次审议稿)第35条规定:自"继承开始"(即被继承人死亡)之时,由继承人取得"遗产"的所有权。"遗赠"也准用同样的规定,从被继承人(遗赠人)死亡之时,即"继承开始"之时,遗赠财产的所有权就归了受遗赠人。到后来分割遗产时,如果受遗赠人"放弃"受遗赠,则该遗赠财产的所有权就归其他继承人。

须要注意的是,因继承而发生物权变动的这个规则,对法官裁判案件会有影响。例如父亲去世以后房产没有分割,由母亲管理使用,最后母亲又去世了,这个财产由农村的老大继续使用,老二在国外几十年后回来向法院提起诉讼。假设他以"侵害继承权"为由起诉,老大自然会以诉讼时效经过作为抗辩,法院审查诉讼时效确已经过,于是判决驳回老二的诉讼请求。假设老二以"分割共有财产"为由起诉,他不说侵害继承权,因为父亲去世时遗产就归属于兄弟二人共有,只是共有财产一直在大哥的掌管之下,他现在请求分割共有财产,而请求分割共有财产的请求权不适用诉讼时效,如果老二以这个理由起诉,法院就不能驳回他。法院查明这个遗产没有进行过分割,一直处于共有状态,法院就应当认可老二的请求,作出"分割共有财产"的判决。可见,因继承发生物权变动的这个规则,对当事人、对法院都关系重大。

上面谈到"继承开始"即是"被继承人死亡"之时,而此所谓"死亡"既包括"事实死亡",如老死、病死、意外事故致死,也包括"宣告死亡"。在"宣告死亡"的情形,自判决所确定的"死亡之时""继承开始"。这里顺便讲一个实例,一个人在"大跃进"年代失踪,致1959年所在单位及配偶均认为"已经死亡",在配偶(母亲)主持之下分割"遗产",农村的房屋分给老大,城里的房屋分给老二。后来母亲也去世了,兄弟二人一直相安无事。到改革开放以后,因房地产开发,城里的房屋显著升值,于是老大在1999年向法院申请宣告其父亲死亡,法院作出了"宣告死亡"的判决,而这时该人如果活着的话将已130多岁。宣告死亡的判决下达后,老大立即向法院起诉请求重新分割遗产,因为1959年父亲尚未"死亡"、继承尚未开始。于是,法院于2002年作出判决,认定当年母亲主持进行的遗产分割无效,并进行重新分割"遗产"。这样的判决是否正确?当然不正确。在母亲主持分割遗产已经四十多年之后,法院否定四十多年前的遗产分割协议,显然不合情理。其失误在于,把"死亡宣告"看作独立的诉讼行为,未注意到法院作出的死亡宣告将发生物权变动的效果,因而未注意到宣告死亡申请人要否定四十年前的遗产分割的意图。最后二审法院以"法律不溯及既往"为根据,先撤销"宣告死亡"的判决,再据此撤销"重新分割遗产"的判决。这一实例的教训是,法院审理案件不可"就事论事",一定要弄清楚当事人的真实目的,弄清楚案件的实质是什么,避免上当事人的"圈套"。

(三)因事实行为发生的物权变动

物权法草案(第二次审议稿)第36条规定:"因合法建造住房等事实行为设立和消灭物权的,自事实行为成就时发生效力。"所谓"事实行为",就是指用钢筋、水泥、砖瓦、木石建造房屋、用布料缝制衣服、用木料制作家具等行为。建成一栋房屋就发生房屋的所有权,制成一件衣服就发生衣服的所有权,完成一个书柜就发生书柜的所有权。房屋建成后还没有办理"登记",但房屋所有权已经发生。制成一件衣服,还没有"交付",但衣服的所有权就已经发生。完成一个书柜,还没有"交付",但书柜的所有权就已经发生。条文所谓"事实行为成就时",就是房屋建成之时、衣服制成之时、书柜完成之时。这些情形所有权之发生,属于法律行为之外的物权变动,按照本条规定自"事实行为""成就"(完成)之时生效,而不是自"登记"或者"交付"生效。

(四)上述三种情形的物权变动的"限制"

在上述三种情形,即草案第34条规定因判决和征收、第35条规定因继承和遗赠、第36条规定因事实行为,发生的物权变动,虽然在办理"登记"或者"交付"

之前已经发生效力，但是有一个"限制"，就是在完成"登记"或者"交付"之前，所有权人不能进行"处分"。例如，李四因法院判决而取得争议房屋的所有权，或者因继承而取得遗产房屋的所有权，但在李四持判决书或者遗产分割的协议书到不动产登记机构办理变更登记之前，不能处分该房屋（出卖、抵押）；例如，建造房屋，虽然房屋一经建成就发生了建设单位的所有权，但建设单位必须先到不动产登记机构办理了"所有权初始登记"，然后才能转让该房屋所有权或者设定抵押权。同样，制作衣服、家具，虽然在衣服、家具完成之时就已经发生所有权，但在所有权人实际"占有"该衣服、书柜之前（衣服还在缝纫店、书柜还在木工作坊），不能出卖；所有权人必须实际"占有"之后，才能出卖。制造船舶、飞机、机动车也是如此，自事实行为成就（组装完成）之时发生船舶、飞机、机动车的所有权，但在到有关登记机构办理"所有权初始登记"之后才能处分（出卖或抵押）。

可见上述三种情形发生的物权变动，如为不动产物权而未进行不动产登记的，如为动产物权而未交付占有的，法律限制所有权人的处分权，即限制"进入市场交易"，其政策目的，是为了建立市场交易的物权法律秩序，为了避免不动产登记制度被"架空"。此与物权公示原则的"登记对抗主义"是不同的。但现在的物权法草案（第二次审议稿）正好混淆了这一点，其第37条规定："依照本法第三十四条至第三十六条的规定，导致不动产以及船舶、飞行器和机动车等的物权设立、变更、转让和消灭的，应当依法及时补办登记。补办登记前，不得对抗善意第三人。"

按照现在的物权法草案（第二次审议稿）第37条的规定，建造的房屋、继承的房屋、判决取得的房屋，未办理登记前就可以转让、可以设定抵押，不动产物权变动的登记生效主义，就变成了"登记对抗主义"，显然是与前面关于物权公示原则的规定冲突的。此外，本条未提及一般动产，则制作的动产、判决取得的动产、继承取得的动产，还没有交付给所有权人"占有"，权利人就可以处分，显然会导致经济生活的混乱。因此，本条应当修改为："依照本法第三十四条至第三十六条的规定发生的物权变动，如为不动产物权而未进行不动产登记的，如为动产物权而未交付占有的，权利取得人不得处分。"

八、物权请求权

物权法草案(第二次审议稿)第三章"物权的保护",规定了一项新的制度,就是"物权请求权"。"物权请求权"是专门针对"物权"的法律救济措施,是"物权"的特殊保护方法。我们知道,"物权"同样受侵权责任制度的保护,"物权"受侵害将发生侵权责任请求权。这样一来,"物权"既受"物权请求权"制度的保护,也受侵权责任制度的保护,我们就须要弄清楚:为什么在民法规定了侵权责任制度之外,还要规定一个"物权请求权"制度?"物权请求权"制度与"侵权责任"制度的区别何在?二者的区别,主要是两点:第一是保护对象不同,物权请求权制度的保护对象只是"物权"一种,而侵权责任制度的保护对象,包括"物权"、"人格权"、"知识产权"及其他具有"排他性"效力的民事权利;第二是"构成要件"不同,"物权请求权"只有一个构成要件,即存在"物权",而一般侵权责任的构成要件包括"加害行为"、"损害后果"、"因果关系"和"过错",即使特殊侵权责任也须有前三项要件。物权请求权的优点,也正是在于其"构成要件简单",既然我是房屋的所有权人,我就根据这一点行使物权请求权,请求法院保护我的所有权,因为构成要件简单,因此物权请求权行使的程序就特别方便,只须提供证明自己享有"物权"的证据就足够了,法院也仅凭我享有"物权"这一点就给予保护。这就使请求权人避免了就侵权责任的"构成要件"举证的麻烦。因此,民法在侵权责任制度之外,特别规定"物权请求权"制度,作为保护"物权"的特殊救济措施。

例如张三把房屋出租给承租人李四,租赁合同期满后承租人李四不退房,这时出租人张三可以按照违约责任起诉,也可以按照物权请求权起诉,如果张三按照物权请求权起诉,他只要证明自己是房屋所有权人就够了。当法院查明张三真的是所有权人时,法院就作出判决责令承租人李四限期搬家。可见物权请求权在行使程序上非常简便。反过来,物权请求权也有一个限制,这就是行使物权请求权一定要有"物权"存在。"物权"什么时候存在?"标的物"存在,"物权"就存在。标的物一旦"毁损、灭失",例如房屋都已经烧毁,汽车已摔下悬崖变成一堆废铁,手机已经灭失,这时"物权"(所有权)已经消灭,你就不能再行使物权请求权,你只能向法院提起侵权责任之诉。这种情形,如果你不按照侵权责任起诉而按照物权请求权起诉,法院查明因标的物消灭而物权已经消灭,当然无所谓"物权请求权",于是法院作出判决驳回你的诉讼。因为没有物权也就没有物权请求权,你只能根据侵权责任起诉。这就是物权请求权和侵权责任的严格划分。也即是,为什么物权在受物权请求权保护之外,还要受侵权责任制度保护的理由。下面介绍具体的物权请求权:

(一) 确认物权请求权

物权法草案(第二次审议稿)第 38 条规定:"因物权的归属及其内容发生争议的,利害关系人可以请求确认权利。"这是关于"确认物权请求权"的规定。过去的教科书上并没有"确认物权请求权",迄今也有学者不赞成规定"确认物权请求权",因为"确认物权请求权"是针对法院的,实质上是一种"诉权",不似针对民事主体的"实体权"。起草人认为,按照法律原理,程序法上的"诉权"是为实体法上相应的"实体权"之实现而存在的,换言之,有一种"诉权"就必定有与之相对应的一种"实体权"。既然诉讼法上有"确权之诉",与之对应的物权法上的"实体权"就是"确认物权请求权"。物权法规定"确认物权请求权",就使诉讼法和司法实践中的"确权之诉",有了实体法上的权利根据,于法于理均无违背。按照本条规定,发生物权归属及其内容的争议的利害关系人,享有"确认物权请求权",亦即发生物权争议的任何一方,都可以行使这个请求权,向法院提起"确认物权之诉"。须注意的是,"确认物权请求权"的目的和作用,在于采用诉的方法解决物权争议,维护正常的物权法律秩序,因此"确认物权请求权"不应适用诉讼时效,只要物权争议存在,"确认物权请求权"就存在,不受诉讼时效的限制。

(二) 返还请求权

物权法草案(第二次审议稿)第 39 条规定:"无权占有他人不动产或者动产的,权利人可以请求其返还原物。"本条是关于"返还请求权"的规定。返还的对象是被他人占有的物权客体(标的物),无权占有他人物权客体(不动产或者动产)的人,是返还义务人。前面已经谈到,物权请求权的构成要件是"物权"必须存在,而"物权"存在的前提是作为物权客体的"物"(不动产或者动产)必须存在,这个"物"被他人无权占有,我就根据"物权"行使"返还请求权",请求无权占有人返还"原物"。如果"原物"已经灭失,当然也就无所谓"返还请求权",原物权人只能行使侵权责任请求权。

"返还请求权"是否适用诉讼时效？按照民法原理，"返还请求权"虽然性质上属于"物权请求权"，但与属于"债权请求权"的"履行请求权"、"损害赔偿请求权"类似，应当同样适用诉讼时效。但如果请求返还的财产是办理了登记的财产(不动产、船舶、飞机、机动车)，因为诉讼时效期满而允许无权占有人拒绝返还，就势必与登记制度的效力发生冲突。而登记的公示效力、对抗效力、权利推定的效力，是不应该因时间的经过而消灭的，否则就将否定登记制度本身。因此，请求返还办理了登记的动产、不动产的请求权，就不应当适用诉讼时效。例如，张三的房屋所有权是办理了所有权登记的，该房屋被李四无权占有，张三请求无权占有人李四返还房屋的请求权，就不适用诉讼时效。当然，如果被无权占有的财产没有登记，无论是不动产或者动产，其返还请求权应当适用诉讼时效。

(三) 排除妨害请求权

物权法草案(第二次审议稿)第41条规定："妨害行使物权的，权利人可以请求排除妨害。"这是关于"排除妨害请求权"的规定。所针对的是妨害人的"妨害行为"，这与后面的"消除危险请求权"针对危险设施等造成的"危险状态"，是不同的。排除妨害，就是请求法院判决强行排除妨害人的妨害行为。因此，依据"排除妨害请求权"提起的诉讼，称为"排除妨害之诉"，是以实施妨害行为之人为被告。你把人家通道给切断了，责令你恢复通道畅通。你把人家的楼梯给封堵起来了，责令你拆除封堵物恢复楼梯畅通。须注意的是，由规定"排除妨害请求权"的立法目的决定，"排除妨害请求权"不适用诉讼时效，只要妨害行为的结果存在，受妨害的物权人就可以行使此项请求权，提起排除妨害之诉，受理法院就要做出"排除妨害"的判决，强行排除妨害行为及其结果，恢复物权的正常行使。

(四) 消除危险请求权

物权法草案(第二次审议稿)第42条规定："有可能危及行使物权的，权利人可以请求消除危险。"这是关于"消除危险请求权"的规定。"消除危险请求权"，针对的不是人的行为，而是某种"危险状态"。依据"消除危险请求权"提起的诉讼，称为"消除危险之诉"，是以造成危险状态的树木、设施、建筑物等的所有人或者管理人为被告。受理法院应作出判决责令被告消除该"危险状态"。例如一棵大树的枝干伸到邻居的院子上面，枝干已经枯朽、摇摇欲坠，下面刚好是邻居停放奔驰汽车的车位，这个邻居随时就提心吊胆，你的枯枝掉下来把我的"大奔"砸坏了怎么办？这就造成一种危险状态。这个邻居就可以行使消除危险请求权，向法院提起"消除危险之诉"，请求法院责令大树的所有人或者管理人限期把枯枝砍掉，否则许可这个邻居自己雇人去砍，让被告承担费用。你那堵墙已经倾斜，随时可能倾倒，威胁到邻居的安全，邻居可以行使"消除危险请求权"，提起"消除危险之诉"，让法院作出判决责令你限期把危墙加固或者拆掉。基于"消除危险请求权"的立法目的，只要"危险状态"存在，就应当责令造成危险状态的设施等的所有人或者管理人予以消除，因此"消除危险请求权"也不适用诉讼时效。

（五）附带的损害赔偿

可能有这样的情况，因为"妨害行为"或者"危险状态"的存在，已经给受害人造成实际的损害（损失），是否许可受害人在行使"排除妨害请求权"或者"消除危险请求权"的同时，一并请求损害赔偿？有两个解决方案：第一个方案是坚持"物权请求权"以恢复"物权之圆满状态"为目的，不许可受害人一并请求损害赔偿，受害人应当在行使"排除妨害请求权"或者"消除危险请求权"之后，依据侵权法的规定另案提起"侵权损害赔偿之诉"。其结果是徒增当事人讼累和程序的繁复，并违反诉讼经济原则。因此，我负责的物权法草案建议稿采第二个方案，其第 270 条规定受害人在行使"排除妨害请求权"或者"消除危险请求权"的同时，可以一并请求损害赔偿。但此"损害赔偿"不构成一项独立的请求权，必须在行使"排除妨害请求权"或者"消除危险请求权"的同时一并请求。换言之，不允许受害人单独请求损害赔偿，其单独请求损害赔偿，必须依据侵权责任的规定。

遗憾的是，物权法草案（第二次审议稿）的起草人未能理解许可"附带的损害赔偿"的政策目的，错误地规定了属于物权请求权性质的"损害赔偿请求权"。该草案第 43 条规定："侵害物权，造成权利人损害的，权利人可以请求损害赔偿。"导致了"物权请求权"制度与"侵权责任"制度的混淆。这样一来，凡物权受侵害，受害人都必然依据本条行使属于物权请求权性质的"损害赔偿请求权"，民法侵权责任制度就被取代（取消）了。而在物权受侵害的情形，法院仅根据"物权"存在一项要件（这是物权请求权的性质和立法目的决定的），完全不考虑"加害行为"、"损害结果"、"因果关系"、"加害人过错"等要件，怎么可能作出合情、合理、合法的"损害赔偿判决"？有鉴于此，建议将第43条修改为："在第四十一条和第四十二条的情形，物权人受有损害的，可在请求排除妨害或者消除危险的同时，附带请求损害赔偿。"

例如，你把人家楼梯堵了，人家不得已从阳台架设梯子上下发生人身伤害，这笔医药费怎么办？因楼梯被堵，人家没法进出自己的房屋而到外面去住旅馆的那笔费用怎么办？你的大树枯枝摇摇欲坠，别人不敢在下面停汽车，把汽车停到收费停车场支出的停车费怎么办？这些都是"妨害行为"和"危险状态"给受害人造成的实际损害，应当许可受害人行使"消除危险请求权"和"排除妨害请求权"的同时一并附带请求损害赔偿。这个损害赔偿不是单独的请求权，是附带的，因此法院要在判决"排除妨害"或者"消除危险"的同时一并做出判决。当然，法院作出附带的损害赔偿的前提条件是，这笔"损失"（费用）与"妨害行为"、"危险状态"之间有"因果关系"。

现在的物权法草案（第二次审议稿）上还有一个条文，即第40条："造成他人不动产或者动产毁损的，权利人可以请求恢复原状。"按照此条文规定，"不动产或者动产"已经"毁损"，例如房屋已经"毁损"变成一堆残砖断瓦、汽车已经"毁损"变成一堆废铁，原来的"房屋所有权"、"汽车所有权"已经不存在，因此当然不再有什么物权请求权，受害人只能根据侵权责任请求赔偿。可见，本条规定的"损害赔偿请求权"属于"侵权责任"性质，而不是"物权请求权"。建议删去本条。

九、动产加工制度

现在再讲"所有权编"的"动产加工"制度。物权法草案（第二次审议稿）第119条规定："加工他人的动产的，加工物的所有权属于材料的所有权人。但是，因加工致使其价值显著大于原材料的价值的，加工人取得该加工物的所有权。法律另有规定或者当事人另有约定的除外。"这就是关于"动产加工"制度的规定。特别要注意的是，此所谓"加工"属于物权法上的制度，与债权法上的"承揽合同"截然不同。

现行《合同法》第十五章规定"承揽合同"，其第251条规定："承揽合同是承揽人按照定作人的要求完成工作，交付工作成果，定作人给付报酬的合同。承揽包括加工、定作、修理、复制、测试、检验的工作。"基于"承揽合同"的性质和目的，无论是由定作人提供材料，或者由承揽人提供材料，所制作完成之"工作成果"（动产），均归属于定作人。换言之，承揽人完成的"工作成果"的所有权必定属于定作人。定作人从什么时候取得该"工作成果"的所有权呢？鉴于定作人通过承揽人的"工作"而取得"工作成果"（动产）的所有权，属于因"事实行为"而发生的物权变动，按照物权法草案（第二次审议稿）第36条的规定，定作人应自"完成工作"的"事实行为"成就之时，取得该"工作成果"的所有权。在现实生活中，我们委托缝纫店制作西服、委托照像馆冲印照片、委托木器厂制作书柜，均不在"承揽合同"中"约定"承揽人所完成的"西服"、"照片"、"书柜"的所有权归属，为什么？因为承揽合同的性质和目的决定，承揽人所完成的"工作成果"当然归属于定作人，而无须当事人约定。

本条规定的"加工"，属于物权法上的一项"物权制度"，其"适用范围"是加工人"因故意或者过失"，以他人的动产为材料而制作新的动产。换言之，"加工人"既不是"材料"所有权人，也未受"材料"所有权人的"委托"。因此，所谓"加工"行为，应当构成侵权行为，该"加工人"应依据侵权法的规定，对"材料"的所有权人承担侵权损害赔偿责任。例如，张三误将李四的木料当作自己的木料"加工"完成一个"书柜"，如果李四将张三告上法庭，法庭将根据侵权法的规定判决张三对李四承担侵权损害赔偿责任，即向李四支付相当于该"木料"价款的一笔损害赔偿金，而用该"木料"制成的"书柜"，当然属于张三的所有权。假设李四在法庭上表示不愿意接受"损害赔偿金"，而要求取得该"书柜"的所有权怎么办呢？如果张三对此表示同意的话，法庭当然可以判决该"书柜"的所有权归属于李四，同时判决李四向张三支付该"书柜"价值超过"木料"价值的一笔补偿金，这样一来，李四于判决生效之时即取得该"书柜"的所有权。这种情形，实际上是用"书柜"所有权代替了损害赔偿金。但是，万一出现这样的情形，李四在法庭上坚持要求取得"书柜"的所有权，而张三却坚持不同意，法庭将怎么办呢？这种情形，就须要有一个判断"书柜"所有权归属的法律标准，用来指引法庭裁判并限制其随意性。这个法律标准，就是本条规定的"动产加工"制度。

按照本条第一句规定，"加工物"所有权归属于"材料"所有人，此为"原则"。

本条第二句是关于此原则的"例外"规定:"因加工致使其价值显著大于原材料的价值的,加工人取得该加工物的所有权"。在前述假设材料所有人李四和加工人张三均要求取得该"书柜"的所有权的情形,法庭就不再适用侵权法的规则而根据本条第一句关于"一般原则"的规定,判决"木料"所有人李四取得该"书柜"的所有权。如果我们把这个例子改变为:张三误将属于李四的"黄杨木"当作自己的,用来加工成一尊精美的"黄杨木雕像",在法庭上双方均坚持要求取得该"雕像"所有权。考虑到"因加工致使"该"雕像"的价值"显著大于"原材料的价值,法庭就应当根据本条第二句关于"例外"规则的规定,判决"加工人"张三取得该"雕像"的所有权,当然应同时根据侵权法的规定判决张三向李四支付一笔相当于"材料"价值的侵权损害赔偿金。

我在前面已经谈到,"动产加工"制度与"承揽合同"制度的不同,如果当事人之间存在"承揽合同",就绝无适用本条"动产加工"制度的余地。只是在"加工人"因故意或者过失而对他人所有的"材料"进行"加工"而不能按照侵权法的规定解决"加工物"所有权归属(即"加工人"和"材料"所有人均要求取得"加工物"所有权)的情形,才能适用本条关于"动产加工"制度的规定。可见,在适用本条的情形,绝对不可能存在"当事人"之间关于"加工物"所有权归属的约定(无论是"事先的"或者"事后的"),并且本条规定了在既不能适用合同法也不能适用侵权法的前提之下解决本案型的"一般"规则和"例外"规则,因此,绝不可能再有与本条不同的"法律规定"。可见,本条第三句关于"法律另有规定或者当事人另有约定的除外"的规定,属于画蛇添足,应当删去。

专题研究:民法法典化

物权法制定之焦点

河　山*

内容提要：我国应该制定民法通则式的民法典，它是《中华人民共和国民法通则》的扩写，民法典与民事单行法并存。按照这个思路，建议中止《中华人民共和国民法（草案）》进程，先制定《中华人民共和国物权法》；此后，没有必要再单独制定侵权行为法、人格权法、涉外民事关系法律适用法，可以直接按照民法通则体例编纂民法典。在制定物权法中，对于几个焦点问题提出如下意见：第一，我国是实行生产资料公有制和人民民主专政的社会主义国家，社会主义公共财产神圣不可侵犯，这是我国宪法决定的。因此物权法可规定一些关乎国计民生的财产享有豁免权，不得用于清偿债务。第二，时下盛行的法人所有权学说在理论上站不住脚，在实践中也会导致国有资产流失。笔者主张公司财产结构内外二元论：在内部，股东对公司财产享有所有权，并由其产生的董事会对公司财产经营管理；在外部，公司作为法人以自己的名义从事民事活动，并以公司财产对第三人承担独立责任。第三，传统物权法定主义理论颠倒了理论与实践的关系，物权的种类总是先由实践创设，而不是先由法律创设。许多物权，虽然法律没有规定，它也是物权。即使法定了的物权，也应该允许当事人根据实际需要对物权的内容进行补充约定；如果这种补充约定没有违反法律强制性规定，则物权内容应当依当事人约定。第四，《物业管理条例》关于业主大会、业主委员会的规定，与《城市居民委员会组织法》关于居民会议、居民委员会的规定存在许多交叉、重复现象，后者是我国基层群众性自治组织，不容业主大会、业主委员会对它冲击，房屋所有人有特殊的利益，完全可以在居民委员会内设业主委员会，不必在一个住房小区内另设业主大会、业主委员会，搞"两套马车"。第五，传统物权理论虽然

---

* 河山，男，北京大学法学院法律硕士研究生指导导师。

在所有权规定方面较为辉煌,但由于存在大量物权与债权的交叉,产生了"物权法的困惑"问题。第六,其他三个技术性问题:关于物,应该首先在物权法中明确规定;关于占有,不能单独成篇;关于法律责任,应该在物权法中删去原民法物权编草案中的"物权的保护",专门设立"法律责任"一章。

关键词:物权法 单行法 焦点 建议

Abstract:*Civil Code of the People's Republic of China* should adopt the pattern set by *General Principles of the Civil Law of the People's Republic of China* and it will be the expansion of the latter. This means that *Civil Code* will co-exist with specially and individually enacted regulations. Pursuant to this route, China should first draft *Real Right Law*, but there is no need to draft *Torts Law*, *Personal Rights Law* or *Conflicting Law* afterwards. As to the drafting of *Real Right Law*, the following opinions are presented: Firstly, the means of production in China is owned by the State and China is a socialist country under the people's democratic dictatorship, which determine that socialist public property is inviolable. Therefore, *Real Right Law* can prescribe those properties key to the national economy and the people's livelihood are exempt from discharging liabilities. Secondly, the prevalent legal persons' property ownership theory has no theoretical grounds and it will also lead to the loss of state owned property. The article holds that the property of the company has a dual structure, according to which interiorly shareholders have ownership over the property of the company and they select board of directors to manage it, and externally the company engages civil activities on its own name and it independently undertakes the liabilities. Thirdly, the principle that real rights can only be prescribed via statutes mistakenly understands the relationship between theory and practice. One specific kind of real right should first go in practice and then it can be set up in the statute. Many kinds of real rights still fall within the scope of real rights even without legislative confirmation. Even for those kinds of real rights that have already been prescribed in statutes, there should be further possibilities for the parties to make complementary agreements about their duties, which will be valid unless they break the forceful regulations. Fourthly, *Apartment Management Act* has some prescriptions about the apartment owners' meeting and the apartment owners' committee, which overlap the prescriptions set by *City Residents Committee Organizing Act*. City Residents' Committee is a local autonomous mass organization, and the apartment owners' committee can not threat its existence. To protect the special rights of the apartment owners, we can set the apartment owners' committee under the City Residents' Committee for an independent organization is not necessary. Fifthly, we can find many successful prescriptions about ownership in classic real right theory, while there are still so many overlapping prescriptions with those of the obligations that we are forced to confront "Real Right's Puzzle". Sixthly, there are still other technical problems, such as things should be first prescribed in *Real Right Law*, possession can not be prescribed in an independent chapter, and liabilities should be delegated to the chapter of "Legal Liabilities" and therefore to prescribe the protections for real right in *Real Right Law* is no more necessary.

Key Words: *Real Right Law*, Specifically and Individually Enacted Regulations, Main Issues, Suggestions

谈论物权,首先可提及《中华人民共和国民法通则》(以下简称《民法通则》)的"所有权和与财产所有权有关的财产权"一语。《民法通则》于1986年由第六届全国人大第四次会议通过,它是在民法草案四稿的基础上制定的。对于民法草案四稿中的几个法律术语,《民法通则》做了更改,如把"智力成果权"改为"知识产权",将"合同"改作"债权",也曾拟采用"物权"取代"所有权",但由于当时有人不赞成"物权"一词,故使用"所有权和与财产所有权有关的财产权",其实就是指物权。笔者在1988年出版的《民法通则概要》一书中撰叙立法旨意时,第十章的章名就取为"所有权和其他物权",在该章阐述了物权要点。随着法制进程的加快,在制定物权法时,人们已很少再为是否采用"物权"一词而进行争议了。

1999年《中华人民共和国合同法》通过之后,全国人大法制工作委员会开始物权法的起草工作。2000年笔者在草拟《中华人民共和国物权法草稿》条文中,深感物权法是民法中最难立法的一部法律。其难,一是物权法规范国家基本经济制度,而我国正处在经济转轨时期,难以用法律固定变革中的各种经济制度。二是传统物权法以土地为核心,建筑在土地私有之上,其有许多内容不仅跟不上现代信息社会的步伐,且传统物权理论存在陈旧,不少地方欠缺逻辑,与债权交叉,难以自圆其说,有不当之处。为此,2001年5月在十三陵水库召开的专家讨论会,笔者以"物权法的困惑"为题,先后做了两次发言,说传统物权理论的不足。又在2002年1月撰写了《民法典制定之焦点》,其中亦谈及物权与债权的交叉。2002年,广西大学法学院副院长戴红兵同志在我单位挂职结束时转送了孟勤国教授所著的《物权二元结构论》一书,读罢孟勤国教授的大作,真感遇到知音,我只是只言片语,人家都出书了。他在祖国边陲一隅,竟潜心钻研出如此成果,实为令人钦佩。这期间,亦几次与郑成思教授探讨物权法理论的问题,我们谈得十分投机。今疾书《物权法制定之焦点》,在物权法制定提上立法工作日程之际,再次质疑传统物权理论,以图减少差错,为制定出一部更符合中国实际的物权法尽职尽责。

一、是继续民法物权法编还是制定单行的物权法

2002年12月,《中华人民共和国民法(草案)》提请全国人大常委会审议,物权法为其中的第二编。今日,是继续完成《中华人民共和国民法(草案)》物权法编,还是制定《中华人民共和国物权法》,首先摆在了我们的面前。

《中华人民共和国民法(草案)》采取汇编式,将物权法、合同法、人格权法、婚姻法、收养法、继承法、侵权行为法、涉外民事关系法律适用法八个民事单行法拼接在一起,既大又不全。用这种方式编纂民法典,全世界独一份,法律界称道的甚少,几乎没有听到说好的。如何编纂民法典,笔者在《民法典制定之焦点》一文里阐述了自己的观点,又在讨论中用四句话概括:民法典不求大但求全;民法典民事权利点到为止;民法典与民事单行法并存;民法典是《民法通则》的扩写。应当制定民法通则式的民法典,这样的民法典也可以仍叫民法通则,民法通则与民事单行法共同构成中国民法。建议中止《中华人民共和国民法(草案)》的进程,先制定《中华人民共和国物权法》。物权法完成后,即可按照《民法通则》体例编

纂民法典,没有必要再单独制定侵权行为法、人格权法、涉外民事关系法律适用法。这三个单行法的条文不多,其基本内容《民法通则》都有,扩写《民法通则》就可以了。

二、社会主义公共财产是不是神圣不可侵犯

这次修宪,一些人指责宪法中的"社会主义的公共财产神圣不可侵犯",一味鼓吹私有财产与公有财产同等保护,认为不能光提"社会主义的公共财产神圣不可侵犯",你神圣我也神圣,也要规定私有财产同样神圣不可侵犯,或者索性主张删去"社会主义的公共财产神圣不可侵犯"一语。这种自由化观点当然要被修宪工作所拒绝。我国是社会主义国家,社会主义公共财产就是神圣不可侵犯,宪法的提法没有错,"社会主义的公共财产神圣不可侵犯"依然屹立在宪法之中。

我国经济制度的基础是生产资料的社会主义公有制,即全民所有制和劳动群众集体所有制。宪法十分强调社会主义公有经济,规定"国有经济,即社会主义全民所有制经济,是国民经济中的主导力量。国家保障国有经济的巩固和发展。""国家保护城乡集体经济组织的合法的权利和利益,鼓励、指导和帮助集体经济的发展。"而对非公有制经济则规定为:"国家鼓励、支持和引导非公有制经济的发展,并对非公有制经济依法实行监督和管理。"二者的提法是不同的,公有经济与非公有经济在宪法中的地位是有别的。

我国的经济制度以公有制为基础,多种经济成分并存,几种所有制经济共同发展,物权法要体现这一宪法原则。这一思想可开宗明义地在第1条立法宗旨中体现:"为保障国家、集体和公民、法人对物的占有和支配,巩固公有制为主体、多种所有制经济共同发展的基本经济制度,促进社会主义现代化建设,制定本法。"

我国是人民民主专政的社会主义国家,对于关系国计民生的财产就是要实施特殊保护。物权法可规定下列财产不得用于清偿债务,在还债中享有豁免权,不受法院强制执行:(1)涉及国家主权、安全的财产;(2)国家机关执行公务的财产;(3)承包地、宅基地等农民赖以生存的集体所有的土地;(4)涉及社会公共利益的财产;(5)公民必需的生活物品。

三、法人是否享有财产所有权

今日盛行法人所有权说,《中华人民共和国民法(草案)》在国家所有权中没有规定国家对国有企业的所有权,在用益物权中也没有规定《民法通则》的全民所有制企业经营权。笔者历来不赞成法人所有权的学说,这种观点不仅在理论上站不住脚,在实践中还容易造成国有企业资产为小团伙的财产,可以任由厂长几个人处分的错误观念,使国有资产流失,危害公有制。从法人制度产生上看,法人制度的建立,在于使公司财产与股东其他财产分离,由公司财产承担独立责任。笔者主张公司财产结构内外二元论。在内部,所有权是股东针对公司财产而言,公司财产所有权属于股东,股东所有权表现为股权,股东不直接经营公司财产,由其产生的董事会对公司财产经营管理。在外部,公司是法人,以自己的名义从事民事活动,以公司财产对第三人承担独立责任。所谓法人享有公司财产权,是指法人对公司财产享有经营权,对公司财产享有占有、使用、收益、处分权,以公司全部财产承担民事责任。公司对公司财产的占有、使用、收益、处分权,是公司经营权的体现,不是公司所有权的权能。公司所有权体现为股权,股东享有所有权,表现为自益权、共益权。对于国有企业,国家享有企业财产所有权,例如土地属于公有,国有企业只能享有使用权,不能取得土地所有权。国有企业是法人,享有经营管理权,对国有企业财产享有占有、使用、收益和授权范围内的处分权,它以自己的名义从事民事活动,独立承担民事责任。

四、关于物权法定主义

传统民法理论认为物权属法定权,法定权是法律直接规定的权利,物权的法定性指物权实行物权法定主义,物权的种类和内容由法律规定,当事人不能自由创设。对此,《日本民法典》规定:"物权,除本法及其他法律所定者外,不得创设。"我国台湾地区民法亦规定:"物权,除本法或其他法律有规定外,不得创设。"物权法定主义在某些方面具有一定意义,但从根本上说它颠倒了唯物主义的认识论。

马克思说,"社会不是以法律为基础的。那是法学家们的幻想。相反地,法律应该以社会为基础。法律应该是社会共同的、由一定物质生产方式所产生的利益和需要的表现,而不是单个的个人恣意横行。"① 法律以社会为基础,社会决定法律,这是马克思主义的唯物论。按照实践论原理,实践与法律,应先有实践后有法律,实践是母亲,法律是儿子。物权的种类总是先由实践创造出来,而后才被制定为法律。例如在改革开放中,安徽省凤阳县小岗村农民率先包产到户,吹响联产承包责任制的号角,中央将其经验推至全国,使亿万农户得有土地承包经营权,经过若干年的实践,《民法通则》才规定承包经营权受法律保护,即土地承包经营权产生于1978年,1986年才为法律创设。国有企业的经营权也是如此,先有两权分离的理论和实践,后有《民法通则》规定的全民所有制企业经营权。还有些用益物权,至今也没有法律明确它是物权,例如渔民对渔村附近的海域的使用权、航空公司对航道的使用权、频率经营人对频率的使用权,但不能因此就说它们不是物权。

物权的内容都要有法律规定,物权人不得创设,这种说法也未免绝对。法律规定得再细,仍不可能穷尽物权的内容,总得允许当事人根据实际需要补充约定。例如,农村土地承包法规定了土地承包经营权的相关内容,这些内容是法定的,但承包经营权的许多具体内容仍需要土地承包合同约定,这种合同约定的内容不是法定的,是约定的,其约定的内容就属当事人创设物权内容。

对物权的内容除做补充性创设外,如果当事人约定的物权内容与法律的规定相违,是从约定还是从法定,需看法律条款的性质。法律条款若属强行性规定,当事人的约定不能与之相抗。若法律条款是任意性规定,则可依当事人约定的物权内容从事。

五、居民会议、居民委员会与业主大会、业主委员会的关系

《物业管理条例》对规范非住宅小区的房屋物业行为具有意义,但其规定的

---

① 《马克思恩格斯全集》第6卷,北京:人民出版社1972年版,第291—292页。

住宅小区的业主大会、业主委员会与《城市居民委员会组织法》规定的居民会议、居民委员会存在交叉，二者关系似未捋顺，值得进一步研究。

《物业管理条例》规定业主大会由全体业主组成，业主是房屋的所有权人，业主大会产生业主委员会。《城市居民委员会组织法》规定居民会议由本区域内18岁以上的全体居民组成，居民会议产生居民委员会。这就可以推断出，在一个住宅小区，业主都是本区居民，许多居民也是业主，业主与居民是交叉的。同是这些人，却要分别组成业主大会、业主委员会和居民会议、居民委员会两个组织，有这种必要么？

同一伙人有无必要设置两个组织，要看这两个组织的职责是否重复。《物业管理条例》第2条规定，物业管理是指由业主和物业管理企业按照物业服务合同的约定，对房屋及配套设施和相关场地进行维修、养护、管理，维护相关区域内环境卫生和秩序的活动。也就是说，物业管理有维护公共设施、环境卫生、治安秩序三项职责。而这些职责在《城市居民委员会组织法》中都有规定，居民委员会负有办理本居住地区居民的公共事务和公益事业、协助维护社会治安、协助做好公共卫生的任务。《物业管理条例》让业主委员会与物业公司实施这三项职责，那么居民委员会的这三项职责是否要取消？居民委员会设的公共卫生委员会、治安保卫委员会是否也要被撤销？还是这三项职责两家都有权行使，相互扯皮？

按照《物业管理条例》，物业的具体工作是由被业主聘用的物业公司实施的。然聘用物业公司不是业主委员会的专利，在市场经济下，只要需要、有钱，谁都可以聘用物业公司，写字楼能聘，工厂能聘，业主委员会能聘，居民委员会也能聘。

业主大会、业主委员会与居民会议、居民委员会地域交叉，组成人员交叉，工作职责交叉，组织性质交叉，都是群众自治组织。两者最大的不同是"婆婆"不同，业主大会、业主委员会的"婆婆"是城市房地产机关，居民会议、居民委员会的"婆婆"是街道办事处。

如果说房屋所有人都要组建业主大会、业主委员会，那么农民是否也要组织业主大会、业主委员会，行使村民会议、村民委员会的部分职责？

居民会议、居民委员会和村民会议、村民委员会是我国基层群众性自治组织，是政权的细胞，不能容业主大会、业主委员会对它的冲击。如果说房屋所有人有特殊的利益，完全可以在居民委员会内设业主委员会，而不是在一个住房小区内设立与居民会议、居民委员会并行的业主大会、业主委员会,搞"两套马车"。

六、物权与债权的交叉

物权是一个古老的法律制度,传统物权理论认为它包括所有权和用益物权、担保物权。物权中的所有权,灿烂辉煌。然而,物权的用益物权、担保物权与债权存在着严重的交叉。用益物权仅适用于土地等不动产,显得守旧,用益物权的许多内容实为债权,担保物权完全可以融入债权之中,不必独立存在。几次谈"物权法的困惑",就在于此,为物权法理论的不足而遗憾。

(一) 用益物权与承租权等债权的交叉

物权中用益物权,是指对土地等不动产使用收益的权利。在物权理论中,有一部分用益物权是基于民事合同而产生的,如外村人对土地的承包经营权,通过出让合同取得的国有土地使用权,其经过登记被认为是用益物权。而债权中的租赁合同、借用合同也含不动产的租赁、借用,从而承租人、借用人亦产生对不动产使用收益的权益。如外村人的土地承包权、受让人的土地使用权被债权理论认为是土地租赁合同中的承租权,其也需登记。这就形成部分用益物权与承租权、借用权的交叉。

除承包经营权、建设用地使用权外,民法物权编草案中的邻地利用权、居住权也存在同样的问题。所谓邻地利用权就是用合同调整相邻关系,这完全可以用相邻权和债权解决,用不着法定邻地利用物权。所谓居住权,物权法草案的定义是居住他人房屋的权利,据此定义,承租、借用、代管关系全进去了。居住权还要进行物权登记,没登记又算什么权利?居住权也在同债权交叉。

同是对不动产的使用收益,两项法律制度都来管,必然发生交叉、打架。有人试图从登记和时间上划清物权、债权的界限,是难以行得通的。不能认为,登记了就是物权,不登记就是债权。登记是外部表现,不是内在划分的标准。不动产登记的作用是公示,不是物权与债权的划分标准。也不能以时间长短来划分,认为时间长的就是物权,时间短的就是债权。若买卖可破租赁,地上权与租赁权有质的区别,然买卖不破租赁,强化承租人地位,使承租权物权化,发生对世的效力,与物权一样可以对抗第三人。因此,对于交叉部分的不动产的使用收益,物权保护与债权保护的效力是一样的,二者渐趋同化。故如今不能容忍这种交叉。

用益物权与承租权的交叉,传统民法就没有解决好。例如永佃权,我国台湾地区民法规定,永佃权之设立,定有期限的佃为租赁,是债权,未定有期限的佃为永佃,是物权。这样划分物权与债权的界限,科学吗?

解决的办法,似可将交叉部分的用益物权剔除,即所有的用益物权,凡经民事合同产生的,均交由债权调整,用益物权只管经由纵向关系产生的对不动产的使用收益。例如,农民基于村民身份,通过行政的内部承包合同取得的人人有份的土地承包经营权、宅基地使用权是用益物权,单位通过划拨取得国有土地使用权是用益物权。通过纵横关系,划清用益物权与不动产承租、借用权各自的管辖范围。

这里特别要说一下债权的特性。传统理论认为,物权是对世权、绝对权,债权是对人权、相对权。这只说对了一半。有些债权确为对人权、相对权,但在租赁、借用、承揽、保管等物的合同中,债的管辖人占有债的标的物,当事人基于对物的占有,就可以对抗第三人,乃至对抗所有权人。这时的债权,具有与物权同样的特性,也是对世权、绝对权。

(二) 准物权与债权的交叉

准物权又称特许物权,是规定在传统民法物权编以外的用益物权。民法物权编草案将探矿权、采矿权、取水权、渔业权、驯养权、狩猎权规定为特许用益物权。这些权利许多是基于自然资源许可合同产生的,当属债权,而不是物权。

1. 关于探矿权、采矿权

矿产资源属于国家专有,国家是矿藏的所有人。国家实行探矿权、采矿权有偿取得制度,有偿探矿、采矿,是探矿人、采矿人支付价金,国家许可其探矿、采矿,国家以所有权人身份与探矿人、采矿人构成民事合同关系。可见,探矿权、采矿权是债权,不是物权。

有偿探矿属承揽合同,探矿人支付金钱,国家许可探矿人探矿,探矿人取得矿产资源勘查权。矿产勘探报告及其他有价值的勘查资料,实行有偿使用。

有偿采矿,为承揽加买卖的混和合同。采矿人支付资源补偿费,国家许可采矿人采矿并由其取得矿产所有权。采矿人采矿是承揽,预先支付的资源补偿费是矿产的对价,对所采的矿取得所有权。采矿后,矿即枯竭,因此采矿不是对不动产的使用收益,采矿权不是用益物权。

2. 关于取水权

取水权是指从地下、江河、湖泊取水的权利。对城市中直接从地下取水的单位,征收水资源费,其他直接从地下或者江河、湖泊取水的,按照规定征收水资源费。这种取水权犹如采矿权,亦是一种承揽加买卖的民事合同。国家是水资源的所有权人,取水人缴纳水资源费,国家许可其取水并由取水人取得水的所有权。取水人通过承揽行为取得水,又通过预先缴纳的水资源费对所取的水享有所有权。之后,取水人对所取得的水加以利用,如灌溉,利用后,水消灭。可见,取水也不是对不动产的使用收益,而是对水的处分。取水权不属用益物权,而是债权。

3. 关于渔业权

渔业权包括养殖权和捕捞权。养殖权不是单独的民事权利。在江河湖泊等水域、滩涂养殖水生动物、水生植物的养殖权同于土地承包经营权,属于渔村与渔民内部关系的,为用益物权;属于外部关系的,是租赁关系,为承租权。

在内水、滩涂、领海、专属经营区和其他海域捕捞水生动物、水生植物的捕捞权,犹如采矿权和取水权,有偿捕捞,亦为民事合同。国家享有野生的水生动物、水生植物的所有权,捕捞人支付渔业资源增值保护费,国家许可捕捞人捕捞,二者形成承揽加买卖债的关系。捕捞人通过承揽先占捕捞物,预先支付的渔业资源增值保护费相当于价金,向国家购买了这批捕捞物是动产,而用益物权调整不动产关系,将捕捞鱼、虾、蟹等水生动物的权利列为用益物权也未必吻合用益物权原理。

4. 关于驯养权、狩猎权

将野生动物的驯养权、狩猎权规定为用益物权更值得研究。首先,驯养、猎捕野生动物属于许可合同。其次,野生动物满世界跑,是动产,用益物权调整不动产的使用收益关系,把对动产的使用收益归入不动产的用益物权与物权法理不符。再次,在强调保护野生动物的今日,还在基本大法的物权法草案中规定猎捕非国家重点保护的野生动物的狩猎权,令人费解。

在自然资源的特许中,作为民事关系的许可合同与作为行政关系的许可往往是竞合的。许可合同是国家作为自然资源的权利主体,有偿许可单位、个人用益自然资源,被许可人支付的自然资源补偿费是用益自然资源的对价,是对自然资源所有权人的补偿,它的支付,是民事许可合同关系的重要体现。行政许可是国家从保护和管理自然资源角度,对用益自然资源的单位、个人资质的审查批准。符合条件的,发给许可证,它是用益自然资源的准入证。有了许可证,再通过许可合同,即可取得自然资源的用益权。这两种许可在现实中的交叉,随着法制的健全,有望逐步分离。

(三) 担保物权与合同中担保方式的交叉

民法物权编草案的担保物权,含抵押、质、留置、让与担保,它们与合同法中的担保方式多有交叉。

1. 抵押与质的冲突

顺便先说说抵押与质的冲突。担保法将抵押与质的区分标准划在是否转移占有上,担保物不转移占有的叫抵押,转移占有的叫质。然而,担保物经抵押登记后,还可以再转移占有,这是叫质,还是叫抵押呢?没有说清楚。疑划分标准不严谨。有人说,这叫抵押与质并用,如果算并用的话,也得规范二者的效力。有人说这不叫二者并用。究竟叫什么?《民法通则》规定了抵押而没有质,质含于抵押中。

2. 约定抵押权与法定抵押权应当同属优先债权

再转入约定抵押权与法定抵押权。抵押权可分为法定抵押权和约定抵押权。法定抵押权是法律有直接规定的抵押权。在工程建设中,定做人未给付建设费的,承建人对已建设的工程享有法定抵押权。法定抵押权产生后,建筑物为抵押物,承建人就此行使抵押权。约定抵押权是由当事人约定的抵押权,担保法中的抵押权即是约定抵押权。同是抵押,约定抵押权被写在民法物权编草案中,法定抵押权被写为我国《合同法》第286条。这种分离实在没有必要。约定抵押权基于抵押合同,完全可以放在债权中,性质属于优先债权,没有必要非称它为担保物权不可。

3. 留置权也属债权

留置权起源于罗马法,罗马法认为它是债中的恶意抗辩权,不认为是物权。法国民法典也不把留置当作物权,而把它看作同时履行抗辩权。德国民法典将留置权放在债编,认为是债权关系。我国《民法通则》把留置权写在债的担保条文中就挺好,没有必要照搬台湾民法,又在物权法中留笔墨。

4. 让与担保与债的交叉更为突出

让与担保有广义与狭义之分。广义的让与担保,指以保障债权实现为目的,转让特定财产,在债务人不履行债务时,债权人得就其标的优先受偿;债务人履行债务后,债权人得返还其标的的担保方法。广义的让与担保包括买卖式担保和让与式担保。买卖式担保又称卖与担保、活卖,是以买卖形式转移财产并附有买回条款。信用受领人享有返还信用而取回财产的权利,信用授予人不保留请求返还信用的权利。买卖式担保在日本称卖渡担保,其转移占有于债权人的,称卖渡质,不转移占有的,称卖渡抵当。

买卖式担保方式有二:一为保留解除权的买卖;二为附停止条件的再买卖。

保留解除权的买卖,即出卖人财产所有权转移于买受人,依价金的支付而受信用的授予,同时保留返还价金解除买卖的权利,而买受人无请求价金返还的权利。例如,甲需一笔款,将一幅画卖与乙,乙支付价金与甲;同时双方约定,甲在一定期间内保留返还价金而解除买卖取回画的权利。这样,如果甲在约定的期间内返还价金,乙即应将画返还给甲,而乙则不享有退还画请求返还价金的债权;如果甲在约定的期间内不偿还价金,即丧失了解除权。保留解除权的买卖与借贷不同。在保留解除权的买卖中,价金的返还非出卖人的义务,而为其行使买卖解除权的条件,买受人不享有请求返还价金的债权。但在金钱借贷中,还钱是借款人的义务,必须履行,贷款人享有请求还贷的债权。

附停止条件的再买卖,通称买回买卖,这种买卖附有停止条件,一旦条件成就,出卖人即可行使买回权,以受领人的价金或约定的价金,买回买卖标的。例如,甲将房屋卖给乙,同时双方约定,乙若再卖时,甲享有买回的权利。

让与式担保,又称狭义的让与担保,方式有二:一是附条件的让与担保;二是信托的让与担保。

附条件的让与担保,又分为附停止条件的让与担保和附解除条件的让与担保。附停止条件的让与担保,即双方约定以债务不履行为停止条件,而转移财产所有权于债权人。附解除条件的让与担保,即双方约定以债务的履行为解除条件,而转移财产所有权于债权人。

信托的让与担保,指债务人以提供担保为目的,将财产所有权转移于债权人,债权人一旦取得财产所有权,就负有不违反信托约款的义务,此时被担保的债权依然存在。当债务人不履行债务,债权人就应当将财产所有权归回债务人;当债务人不履行债务,债权人则有权就该财产优先受偿。例如,公民贷款买房,可以将房屋所有权转移于银行,银行不得擅自处分该所有权;公民还贷之后,银行应当将房屋所有权归还;公民不还贷之时,银行则有权就该房产优先受偿。

信托的让与担保,就是民法物权编草案中的让与担保。这种让与担保与融资租赁合同所反映的法律关系基本相同。法律术语不仅应当严谨,有准确的内涵与外延,且相同的法律关系还不能编造两个不同的名称,分置在两种不同的法律制度之中。马铃薯又叫土豆,土豆就是马铃薯;地瓜也称白薯,白薯就是地瓜。这种在生活中是允许的,但放在法律中则是大忌,其结果是导致适用法律上的混乱。不能说用"按揭"方式买房子就是物权,而用融资租赁方式买飞机就是债权,因为二者的法律关系基本相同。让与担保源于德国、瑞士、日本等大陆法系国家,融资租赁源于美国,叫法不同,但实质却差不多。

所有权保留与让与担保的属性相同,只不过是用于不同场合。一个是说,虽然你占有了标的物,但你不给钱,我就不给你所有权;另一个则说,虽然你占有了标的物,但你不还钱,我就收回标的物。合同法第134条规定了所有权保留,今又要在物权法中规定让与担保,只能说二者的属性没有分清。

以上可以看出,民法物权编草案中的让与担保与合同中的让与担保存在多处交叉。将民法物权编草案中的让与担保说是物权,又将合同法中让与担保说成是债权,还要将与信托式让与担保属性相同的所有权保留说是债权,实在是难以自圆其说。我国已在合同法中写了融资租赁合同,又要在物权法中写让与担保,这在法理上是说不通的。民法物权编草案的让与担保也是一种担保合同,放在债编中蛮好。

(四) 让典回归债权

典权被认为具有用益物权与担保物权双重性质,是否坚持这种学理,也值得研究。

典与当是我国古老的法律制度。封建法律把典与卖并称,同列一门,大清律例有典卖田宅条例。清末沈家本起草大清民律,并未将典放入物权。将典权列入用益物权,是《中华民国民法》的事情。民国政府的这一做法是否合适,不能不思考。典的回赎,类似买回,把两个相近的法律关系,一个放在物权,一个放在债权,并不科学。典权基于典合同产生,完全可以用债权法调整,没有必要硬行划归物权。倘若典能够回归债编,还可以扩大典的适用范围,不仅是不动产,动产也能出典。古时民间的典,动产、不动产均能设定,并不限于不动产。将典放入用益物权实为消减了典的范围。典回归债,还其本来面目,动产也能够称典物。典在债编外漂泊了七十多年,应该回归了。

七、其他技术性问题

除上述六大焦点问题之外,民法物权编尚有许多技术性问题值得探讨,需要进一步研究。这里,仅谈物、占有无需独立成篇、设置法律责任专章三个问题。

(一) 物

制定物权法,首先要对物有所界定,可以在第 2 条中就规定:"本法所称的物,是土地、建筑、林木、机器设备、生活物品、水、电、气、航道、频率、货币、作为物的凭证的有价证券等能够为人力所支配的有体物。"

(二) 占有无需独立成篇

1. 占有

占有指对物实事上的占据、控制。占有是一种事实,是人与物间的事实。有占有事实存在,基于对占有的保护,就会演绎出相应的占有权。所谓占有权,是指占有人享有占据该物,并排除他人干涉的权利。多种法律关系都会发生占有现象,因此占有权是一种泛称,不是独立的民事权利。

物的法律关系有几种,就会发生几种占有事实,占有的情形大致如下:

第一,物权关系的占有。物权关系的占有,指物权人占有标的物。

物权关系的占有,可以分为所有权关系的占有和用益物权关系的占有。所有权关系的占有,即所有权人占有所有物。占有是所有权的首项权能,所有权人对占有的所有物享有占有权,这种占有权是最完整的占有权。用益物权关系的占有,即用益物权人占有用益物,如村民占有承包地、宅基地。用益权人占有用益物的,享有占有权。

第二,债关系的占有。债关系的占有,指因债的关系而发生的占有。

债发生的原因主要有四种,就形成以下四种占有:一是合同关系的占有。承租人、借用人、借贷人、受托人、承揽人、承运人、保管人、仓管人、质权人因合同占有租赁物、借用物、借贷物、委托物、承揽物、运输物、保管物、仓储物、出质物。二是无因管理关系的占有。无因管理人占有无因管理物,如捡得人占有遗失物。三是不当得利关系的占有。不当得利人占有不当得利物。四是侵权关系的占有。侵权行为人占有侵占物,如盗窃人占有盗窃物,抢劫人占有抢劫物,抢夺人占有抢夺物。以上四种占有人对占有物也享有相应的占有权,不容他人非法干涉。

上述四种债关系的占有,前两种基于本权而产生的占有为有权占有,后两种不基于任何权利而产生的占有为无权占有。无权占有虽无本权存在,但侵占人仍有一定的占有权,其占有物不容他人任意侵夺。法律保护这种事实上的占有,不是纵容侵权,而是维护既存的社会秩序。

第三,遗产关系的占有。遗产保管人占有遗产,遗产保管人对保管的遗产享有占有权。

2. 关于占有篇

德国民法典的物权,将占有置所有权、用益物权和担保物权之外,独立成章。日本民法因袭之。我国台湾地区民法亦同,其民法物权编有10章,分别是:第1章通则;第2章所有权;第3章地上权;第4章永佃权;第5章地役权;第6章抵押权;第7章质权;第8章典权;第9章留置权;第10章占有。这种立法例,在我国影响很大,物权法理论书籍和学者起草的物权法草稿都是画虎。然而,将占有独立成章,这种立法例是值得商榷的。

首先,占有是一种事实,而所有权、用益物权是物权权利,二者并列相排,逻辑上不顺。

其次,占有是所有权的一项权能,占有章对占有的规定,多是阐述所有权占有权能,这完全可以在所有权中泼墨。例如,善意占有实为所有权的善意取得。又如,占有的自力防御、自力夺回,乃所有权及其他物权保护的自力救济。没有必要将所有权的内容割裂,一块在所有权章中规定,另一块则又放置到占有章中。

第三,租赁、融资租赁、借用、委托、行纪、承揽、运输、保管、仓储、出质等关系发生的占有,可适用所有权占有的相关原理。如,对占有的保护,台湾民法物权在占有章中规定:"占有人,其占有有被侵夺者,得请求返还其占有物,占有被妨害者,得请求除去其妨害,占有有被妨害之虞者,得请求防止其妨害。"而所有权章规定:"所有人对于无权占有或侵夺其所有物者,得请求返还之,对于妨害其所有权者,得请求除去之,有妨害其所有权之虞者,得请求防止之。"二者的保护方式是相同的,没有必要进行这种重复规定。对占有的保护,可适用于所有权的保护方式。

第四,占有权不是独立的民事权利,多种法律关系都会发生占有的权利,属于哪种法律关系就应在哪里规定,而不是把各种占有堆凑在一章。对占有在非所有权关系中的特殊事宜,可以在合同等法律中规定。

因此,无需在物权中置占有独立成篇。

(三) 设立法律责任专章

我国许多法律都设有法律责任专章,物权法也不应例外。可删去民法物权编中"物权的保护",增设法律责任一章。

法律责任中除规定物上请求权外,还应当增加规定物权保护的自力救济权。自力救济权是指公民、法人以自己的力量对不法侵害实施救济的权利。物权人以自己的力量对正在进行的侵害其占有的行为实施救济的权利,可包括自力防御权和自力夺回权。自力防御权是指物权人对于正在进行的侵夺、妨害其占有的行为,可以以自己的力量实施防御的权利。自力夺回权又称自力取回权,是指物权人对于已被侵夺的占有物,可以以自己的力量当场夺回的权利。例如,提包被人抢夺,被抢人可以追贼夺回,并有权将抢夺人扭送公安机关。

占有正在被侵害时,完全靠公力救济有时难解近渴,使物权人蒙受难以挽回的损失,故允许物权人在危迫中私力防卫。自力防御、自力夺回应具备五个要件:第一,需有侵害占有的行为。该行为是非法的。若合法行为,如司法机关没收非法财物,则不允许当事人自力防御和自力夺回。第二,是正在进行的侵害占有行为,这种行为包括已经发生和正在继续中的侵害。尚未发生或者实施完毕的侵害占有行为,不得为自力防御、自力夺回。第三,需是来不及请求公力救济。第四,需是对侵害人实施防御或夺回行为,不能殃及第三人。第五,救济行为是适度的,以能够防治侵害占有为度。超过此限度,行为则违法。

关于自力夺回的立法例,有的国家允许,有的国家不允许。这种争议反映在对侵害占有的行为实施自力取回的度掌握不好极易酿成危险。占有被侵害的自力救济,不同时期的适用方式有所不同。

物权人对于正在进行的危迫状态的侵害占有行为,实施自力防御、自力夺回,此时的自力防御、自力夺回与正当防卫是一致的。

侵害人对占有已经侵害,但侵害状态仍在继续中的,正当防卫乃无能为力,此时可依自力夺回救济。若不动产被侵夺的,物权人可以自力即时撵走侵害人,夺回不动产。若动产被侵夺的,物权人可以就地或者追踪侵害人,自力夺回该动产。

侵害人已经完全完成对占有的侵害,在这种状态下,物权人则不能实施正当防卫和自力夺回,其可通过物上请求权救济。符合自助要件的,可以以自助行为救济。例如,物权人的自行车被小偷偷走,几天后,物权人在路边发现了被盗的自行车,其可以实施自助行为,撬开锁,将自行车及时取回。实施自助行为,重要的一点也是自助行为人来不及请求公权力救助。

自力救济不仅适用于物权保护,也适用于物权人以外的其他占有人的保护。物权人以外的其他占有人的占有遭受侵害,占有人亦可行使自力防御权、自力夺回权,实施自助行为。

专题研究:民法法典化

民事习惯对民法典的意义

——以分家析产习惯为线索

俞 江[*]

内容提要：分家是古代中国调整家产传承关系的重要习惯之一，这一习惯已经有两千多年的历史。调查证明，这一习惯仍然支配着中国农村家庭的家产传承行为。该习惯的基本特点是，家长在生前将家产按亲子的数量平均分割后，交付于各亲子。我国现行《继承法》至今仍无视这种习惯的存在。民法典编纂在即，如何利用西方法律概念、方法和理论框架对分家及各种民事习惯进行学理分析，是中国民法学无法回避的任务。

关键词：分家　继承　民事习惯

Abstract: In the ancient China, family-division, which has already lasted over 2000 years, is one of the most important usages regulating the family property. It is verified by our investigation that this usage still dominates the rural family possessions in China. The fundamental characteristic of this usage is that parents hand over the family property to every parents-offspring before death, divided equally according to the quantity of their sons. However, the current succession law disregards the existence of the usage so far. During the drafting of *the Civil Code of the People's Republic of China*, it is inevitable mission for China civil law academic studies to judge how to academically analyze all kinds of civil customs via concepts, methods and theoretical frames of western law.

---

[*] 俞江，男，浙江诸暨人，法学博士，华东政法学院法律学院教授；邮编：200042。

Key Words: Family-Division, Succession, Civil Customs

两个现实的原因,驱使我不得不组织一次关于当代农村家庭财产传承习惯的调查研究:

第一,民法典编纂在即,把现行《继承法》直接纳入未来之民法典的声音,也越来越响亮。我对现行《继承法》一向不以为然。因为它并没有回应中国农村数亿家庭中流行的家产传承习惯。但在未对当代农村家产传承习惯进行实证调查之前,我不能确认这种习惯在今天的型态特征和具体内容。

第二,也是因为民法典编纂在即,厦门大学的民法学家徐国栋教授高调谈论:中国当今不存在任何需要民法典借鉴的民事习惯。[①] 由于他所持论点为"民事习惯无用论",所以,也就免除了亲自去调查民事习惯的义务,并有理由要求"有用论"者拿出一个实例来。我一向敬佩徐教授的率直作风,但对这篇引起巨大反响的文章中的所有观点都不敢苟同。我试图用一篇纯学理的论文来回应徐教授所提出的问题,并试图澄清学界一直以来对"民事习惯"概念的误解。但我也认识到,仅仅纯学理的探讨不足以回应徐教授的质疑。因为徐教授说:必须举出一个现存的民事习惯。因此,可以说,我的这次调查是被逼出来的。

2004年3月,我组织即将毕业的本科生,在湖北省钟祥、黄冈两县(市)所属的两个自然村,及两村所在镇的法庭,进行了为期两周的抽样调查。调查地点是随机选择的。选择在湖北省而不是别的地方,以及不能进行更长时间的调查,都是因为受到经费的限制。但调查材料足以证明,有着两千年历史的中国分家习惯,至少存在于21世纪的湖北省农村。利用这些调查材料,余盛峰、蔡伟钊、李传广、何永红、陈武、李莉、燕敏、那彦琳、沈燕红等九位同学制作了各自的本科学位论文。此后,蔡伟钊、何永红、余盛峰、李传广等四位同学愿意进一步修改他们的论文,最后形成了现在看到的模样。四位同学的论文,论述了分家习惯的四个重要方面。分别是:(1)分家习惯的概貌(蔡伟钊);(2)分家习惯对基层司法的影响(余盛峰);(3)分家文书的内容及意义(李传广);(4)分家习惯与农村赡养习惯的关系(何永红),等等。尽管离描述当今中国农村分家习惯的全貌尚有距

[①] 参见徐国栋:《认真地反思民间习惯与民法典的关系》,载徐国栋:《认真地对待民法典》,北京:中国人民大学出版社2004年2月第1版,第35—44页。

离,但由此可大致了解分家习惯的形态。

本文则通过概述诸子均分制或分家习惯的历史,展现其历时性、广泛性、体系性和稳定性等重要特征。同时需要指出的是,这一习惯与从西方移植来的继承法,有着质的差别。另外,本文仅是一个综述性的讨论,关于分家习惯内部的许多问题,如家产性质、家产主体、当代分家习惯的内容、国家法应如何规范分家习惯等,均付阙如。

一

在诸子均分制的内容和沿革方面,历史学家已经作了较多的研究。① 需要明确的是,这一制度很可能起源于战国时期秦国的家产习惯,此可从《汉书·贾谊传》那句"秦人家富子壮则出分,家贫子壮则出赘"一语中得到印证。秦孝公三年(前359年),秦国颁布了"分异令",曰:"民有二男以上,不分异者,倍其赋"。②这个法令,可视为国家出于增赋的需要,对当时已存在的本国习惯进行了确认和规范。"分异令"是第一次将分家习惯纳入国家法的视野,它使存在于秦国民间的分家习惯得以合法化。其后,秦统一全国,此令仍然有效,故此令又起到了将该习惯在全国范围内强行推广的效果。分家作为一种国家制度,与先秦时期的宗法承继制有所区别,后者主要解决家族、社会和政治身份的传承问题,而前者针对财产传承问题。如果按宗法承继制,家族的爵位、主祭身份等只能由宗子来继承。但财产如果也由宗子全部承受,则诸子将一文不名。分家制解决了这个难题,使诸子能够承受一定份额的家产,即"诸子有份"。从"有份"到"均分",民间习惯或有一个变迁过程,但已不能深究。总之,当后世提到"诸子均分"时,就是指的分家析产。"诸子",是参与分家的当事人,即俗称"兄弟分家"中的"兄弟"。"均分",则既是分家析产的原则,又是其结果。

历代儒者对诸子均分制不乏喷言。贾谊说,这种制度导致的后果是:"不同

---

① 可参看邢铁:《家产继承史论》,昆明:云南大学出版社2000年版。
② 《史记·商君鞅列传》。

禽兽者亡几矣"。① 话说得很重了,但人们未必买账。同时代的陆贾,"有五男,迺出所使越得橐中装卖千金,分其子,子二百金,令为生产"。② "千金"是财产重量,五个儿子每个分二百金,还是均分。可见,无论主流意识形态承认与否,分家已经成为民间主要的家产传承习惯。到了唐代,国家法再次确认这一制度。《唐律疏议·户婚》中规定:"若祖父母、父母令别籍",徒二年。疏议:"但云别籍,不云令其异财,令异财者,明其无罪"。③ 意思是说,祖父母、父母在世时,子孙不能做主"别籍"和"异财"。"别籍"是指把户口独立出来,"异财"就是"析产"或分家产。但是,征得祖父母、父母同意而"异财"("别籍"仍然不准),国家是允许的。这实际上是主流意识形态对习惯的妥协。从此,分家习惯在中国民间相沿不变。现在,历史学者借助对徽州文书中阄书的研究,已经能够详细描述19世纪中国分家析产习惯的细节。④ 需要补充的是,在我自己收藏的30余件徽州阄书中,从光绪二十七年(1901年)到民国三十八年(1949年)共22件。其中反映的分家习惯与19世纪大致相同。换言之,是否可以说,直至20世纪中叶,至少在中国农村,分家析产仍是家产传承的主要模式。

之所以说分家析产是传统家产传承的"主要模式",是因为这一领域内尚存有其他习惯。这些"其他习惯"主要有两种,一种是"立嗣",一种是"收养"。所谓"立嗣",后世也称"立继",是指家庭中没有直系子孙时,将宗族内的旁系男性后辈拟制为自己的直系子孙。因此,立嗣也可纳入今天意义上的收养范畴之内。但在古代,立嗣与收养(法律上一般称"乞养")之间的区别还是清楚的。立嗣行为发生在宗族之内,被立嗣的人又称"嗣子"或"继子"。而"乞养"主要是指,将宗族以外的男子拟制为自己的子孙,被乞养者又称"义子"或"养子"。如《大清律例·户婚》"立嫡子违法"律条下面的条例中说:"凡乞养异姓义子"如何如何,就是区别于"立嗣"的情况。

立嗣的原则是"昭穆相当",用今天的话说就是不能乱了辈分。换言之,古代

---

① 《汉书·贾谊传》。
② 《史记·郦生陆贾列传》。
③ 《唐律疏议》卷第十二《户婚·子孙别籍异财》。或参见《唐律疏议笺解》,刘俊文撰,中华书局1996年版,第936页。
④ 可参考张研、毛立平:《19世纪中期中国家庭的社会经济透视》,北京:中国人民大学出版社2003年版。

的家产继承(更多的时候是称为"承继")只能是下一辈承受上一辈的财产,而不能由同辈或上辈来承受。这一点是与现代继承制度相区别的基本特征之一。而至少在明代以前,立嗣人还需按丧服制的规定,在下辈血亲中,由近及远地选择。例如,有亲侄子时就不能立从侄为嗣。不过,明代的《问刑条例》规定:"若继子不得于所后之亲,听其告官别立。其或择立贤能及所亲爱者,若于昭穆伦序不失,不许宗族指以次序告争,并官司受理"。① 国家允许"立贤立爱",实际上突破立嗣所应遵循的亲疏规则。

除了"立嗣"和"乞养",家庭财产的代际传递还有一个渠道——招赘。民间俗称"招上门女婿"。招赘也是一种普遍的民间习惯,其中又因养老和承嗣的目的而有区分。但这里对招赘不再细述。

将立嗣、乞养和招赘等与分家相比,就会发现,分家适用于有亲子的家庭,立嗣、乞养和招赘等规则适用于无亲子的家庭。观念上,分家被认为是"正常的"家产传承方式,而立嗣、乞养和招赘则是一种补充方式。

二

在古代中国,分家习惯的内容,如主持人、受产人、析分财产的范围等等,在民间均有共识。② 同时,依据传世的分家文书,可以发现,分家还须遵循较为固定的程序,最为显性的程序就是亲邻参与和订立分家契约。亲邻参与,一方面可以协调当事人在分家过程中的意见或矛盾,一方面见证了分家过程,并使分家结果在社区中得以公示。订立分家契约,则包含一系列的程序,首先,在订立分书之前,应按兄弟人数,将家产平均搭配和分割,其次,用拈阄的方式来决定各份家产的归属。最后,才是通过分家契约的形式,将分家的结果记录下来。

不过,履行分家的程序,其目的不是为了平均,而是为了保障公正。在大多数情况下,如果分家结果不会引起争议,那么,不履行严格的分家程序也是允许

---

① (清)薛允升:《读例存疑·户律·户役》"立嫡子违法"。又可参胡星桥、邓又天(主编):《读例存疑点注》,中国人民公安大学出版社1994年版,第176页。
② 关于分家习惯的一些内容,可参看蔡伟钊:《多次性分家研究——湖北省团风县长林咀村有关分家的民事习惯调查报告》,载《私法》本卷。但古代分家习惯与当代有些区别,当另文处理。

的。如何分割家产,很可能是基于这样一种事实,即家庭内部在长期分工协作中,对如何搭配和分割家产已逐渐形成共识,最后仪式性的分家析产只是将这种共识确定下来。比如,大儿子一直喂养家里的羊,在分家时就可能将羊分给他,同时,由买羊而发生的债务,一般也由大儿子负担。也就是说,分家析产在实质上和程序上都尽可能地照顾了诸子的利益,遵循这一习惯而形成的家产分配结果,容易得到诸子的认同。

根据当代的分家习惯来看,也可推测,古代有大量未邀请亲邻参与见证和拈阄的情形,或者其中一项未具备的情形。这是因为,对这两种程序的分析是依据传世的分家文书。但普通的情形很可能是:作为一种有着广泛认同基础的日常行为方式,在没有多少利益可争时,分家不过是一句话的事情。也就是在父母兄弟之间,"说分就分了"。不但没有文书,甚至没有亲邻参与(邀请亲邻)。这种情形,自然也就没有文字可资研究。但这样的情况在当代农村却是普遍的。我们调查的两个村庄中,近二十年来,可以确认分家时写有分书的,石巷村三例(仅收集到一份分书),长林咀村一例也没有。而在石巷村的三例中,又有两例是因为家庭成员的关系比较特殊,其中,一例存在隔山姊妹关系(同父异母或同母异父),另一例存在收养关系。① 在调查中,曾有被调查人说到,因为分家时没什么财产,也没必要写什么文书。因此,依据今天的情形,从常理推断,即使在传统社会里,仍然不乏大量的分家行为是没有订立分家文书,没有拈阄,也没有邀请亲邻(邀请亲邻到场有一笔花费)的。而今天能看到古代的分家文书,要么是家产较大或至少是有值得分一分的家产,需要"白纸黑字"地写清楚,要么就是有隐性的矛盾在内。总之,当分家履行严格的程序如邀请亲邻、拈阄和写立分家契约时,已是一种慎重的表现了。

但是,不能因为有的家庭不履行邀请亲邻、拈阄等程序,就否认这些程序的固定性和规范性。在传统社会,分家的程序是众所周知的,只是看分家时是否有必要启动这些程序。一旦进入这些程序,其效力也是受到法律承认的。如《大清律例·户律·田宅》"典买田宅"下的条例之一规定:"告争家财田产,但系五年以上;并虽未及五年,验有亲族写立分书,已定出卖文约是实者,断令照旧管业,不

---

① 参见李传广:《中国农村的分家规范、家产分割与国家法——从一份分书看农村分家问题》,载《私法》本卷。

许重分、再赎。告词立案不行。"意思是，分家已过五年，或在亲族见证下写有分家文书，或已订立出卖契约的，均不得重新分家，官府也不予立案。按今天的话说，分家行为虽已成立，但须具备一定的生效要件后才能有效。其中，履行亲族见证和写立分书等程序是生效要件之一。

总之，稳定而普遍的分家析产习惯，使得那些有亲子的家庭在家产传承方面发生纠纷的概率降低到了最低限度。在有分书和亲族参与时，分家后即使发生争议，只需以分书为据，在社区内调解解决。而在"说分就分了"的情况下，其分家的结果具有更高的认同性，纠纷发生的概率更低。目前能见到的古代司法案例中，较少看到直接因分家而引起的纠纷，也是这个原因。当然，这不是说没有分家引起的纠纷。以樊增祥所判之案为例，与分家析产直接有关的案例有两起，一起是因为家长主持分家不均。① 一起是因为父母过世前没有分家，而两兄弟分家后，哥哥在去世前又未写立分书。② 这两个案例在反映古代分家析产纠纷方面具有代表性。从案例一可以知道，如果家长在世时主持分家，只要家长不偏心，一般很少再发生纠纷。而案例二又从反面说明了，父母主持分家对预防分家纠纷的重要性。正因此，《大清律例》"卑幼私擅用财"条中规定："若同居尊长，应分家财不均平者"，与"卑幼私擅用财"同罪。③ 这是《大清律例》惟一一处正面规范分家的律文（前引关于分家的条文皆为《大清律例》中的条例）。它确认了分家的基本原则即均分原则。这条律文下面还有条例，但除了规定"奸生子"应分得家产的份额与亲子不同外，立法精神仍是重申均分原则。

与分家造成纠纷率较低的现象相比，发生在"立嗣"和"乞养"领域内的纠纷则层出不穷，这是看过一些清代判案选集就能发现的问题。因本文无需论述立嗣和乞养，故不赘例。需要指出的是，由于立嗣和收养关系极易引起家产纠纷，《大清律例》立有"立嫡子违法"专条。而在该条下还有六个文字较长的条例，详细规定了立嗣和收养中发生的纠纷种类和解决办法。清代所谓的"条例"，是从曾经发生过的"成案"中精选出来的。在一个领域中条例如此之多，说明这种法

---

① （清）樊增祥：《樊山政书》卷二《批商周尹牧禀》，载沈云龙（主编）：《近代中国史料丛刊续编》，台北：文海出版社 1974 年版。
② （清）樊增祥：《樊山判牍》（正编）"批吕逢渭呈词"，大达图书供应社 1934 年版，第 137—139 页。
③ 《大清律例·户律·户役》"卑幼私擅用财"。

律关系中纠纷率较高。

三

用西方继承观念是无法理解诸子均分制的。西方意义上的继承,主要是指继承人对死者财产的承受。这一制度隐含了两个基本内容:

第一,个人财产制。个人财产制意味着,被继承的"财产"是被继承人的个人财产,而不是家庭财产。被继承人只要还能表达其意志,就可以自由处分自己的财产。

第二,死后继承制。继承人取得被继承人财产的时间,只能发生在被继承人死亡之后。

然而,中国的诸子均分制却是,受产人(即诸子)在符合一定条件后,即可参与或请求分割家庭财产。它的基本意义是:无论诸子是否为家庭财产的积累做出过贡献,无论父母在世与否,只要分家,诸子就享有均分家产的权利。同时,只要诸子之一具备了请求分家的条件(往往是他已经结婚或生子),他就可以随时提出分割家产。如果用现代法学概念来分析,那么,分家制中的家长并非家产的所有权人,而只是家庭财产的管理人。实际上,在财产问题上,古代中国很难说存在着一个以个人为主体的所有权制度。只要是财产,均会纳入家庭财产的范畴。如果说真有一个财产权的主体,那么,这个主体是户,而不是某个个人。立嗣和乞养现象也说明,即使在没有子嗣的情况,家长也有责任将家庭财产延续下去,因为这不仅仅是财产问题,而是家祀与嗣统的问题。经过个人所有权观念洗礼后的人们,已经难以想象这种家产制,也难以想象以户作为权利主体。因此,如果真要使用今天的财产权类型学说,那么,或许"共有权"较能帮助人们接近古代中国财产制的事实。也就是说,在一个实际意义的"家"(不一定以国家户籍登记簿册为准)中,两代直系男性血亲成员在未分家时,对家庭财产享有类似于共有权的权利。下一辈男性成员只是因为尚未成年,故不能管理家产。当下一辈男性成员结婚或生子后,他的家产管理能力会逐渐得到承认,分家行为也就可以展开了。而此时,分家析产也只是家庭财产在代际之间交接管理职责的仪式,并不代表儿子从这时候享有了家产的所有权,因为他只是有责任保管、维护和增值这些财产,并有责任以同样的方式将其交给下一代。在家产传承中,寄托着人们对家祀香火不断和嗣统绵绵不绝的厚望。

用西方法特别是罗马法概念无法理解这一诸子均分制所指向的观念和意义,遗憾的是,法史学界和民法学界都不乏用"法定继承"、"顺位继承"和"遗嘱继承"这样的概念来理解中国传统继承制度的情况。有的教科书甚至将中国古代的继承制度说成是以法定继承为主。其意思是,中国古代继承是"根据宗法关系来确定继承人的范围,是宗法制度的继承"。而"遗嘱继承"则被说成是关于财产继承的制度,是法定继承的补充。这样,中国传统继承制度就分裂为法定继承和遗嘱继承两个部分。

并不是说古代中国没有出现过类似法定继承和遗嘱继承的制度。日本学者仁井田陞所著的《唐令拾遗·丧葬令》中记载着一条令:"诸身丧户绝者,所有部曲、客女、奴婢、店宅、资财,并令近亲转易货卖,将营葬事及量营功德之外,余财并与女;无女,均入以次近亲;无亲戚者,官为检校。若亡人在日自有遗嘱处分,证验分明者,不用此令"。① 可见,这条令文正是处理无亲生儿子时财产传承的问题。此种情况下,除女儿可以参与继承外,没有女儿的,其他近亲属还可以按亲等远近逐次继承。而如果"自有遗嘱处分"者,可依遗嘱处分。这说明,遗嘱的效力尚优于"法定继承",而不是"法定继承"的补充。以后,宋元各代均各因袭唐制而有所变动。到了明代,由于分家析产和立嗣、乞养制的成熟,家产要么生前已经分析,要么已有嗣子或义子承继,遗嘱继承适用的范围越来越小。实际上,清代和民国的民间遗嘱主要是对立嗣或收养关系加以确认。少数情况下,则用以补充分家不能调整的情况,如未嫁女或归宗女需要扶养等。关于清代和民国的遗嘱习惯,我已撰另文详细论证。② 这里仅摘抄一件我所收藏的清代遗嘱文书作为佐证。

> 立遗嘱交单人汪启元,缘因吾父所生两子,吾属长房,娶室张氏。所生一子,娶媳胡氏。其子不幸早逝,未育麟儿续嗣。其胡氏监守柏舟,冰心矢志。且吾辛勤置创家产,约有数百余金。箕裘无绍,吾思夫

---

① 〔日〕仁井田升:《唐令拾遗》,栗劲等编译,长春出版社1989年版,第771页。
② 拙文:《从分家制看中国古代家庭财产制》,未刊稿。

妇年稀有外,未知暮景桑榆,先祀未立,何以克甘?倘若登泉,指何可对?抑想胡氏甘操荻水之情,倍有辛劳,亦未一毫而安,岂能隐忍?凑身在日,所将自创分受己业、屋宇、田地、山场,兼外店业、田地、租息等物,传与胡氏。今特浼托族房、亲房,议将金田侄之长子名唤福寿,年十一岁,自愿继与吾子媳汪胡氏名下为嗣,接代宗祧,承其先祖。扶养长成,攻书完娶,原系亲生一般,不外其二待。吾百年之后,衣衾柩椁,安望协心。其产业、屋宇、田地、山场、店业、田租等项,该身分法一概交与福寿收执经管,摽祀传流。吾在幽冥,大可怡情畅足,方为尽善。惟愿凛遵遗嘱,定为荣昌百世之兆,云而喜花萼之相辉,尔效古卢迈之道,以侄而主身之后,家室相宜,尚得木本水源,追荐千秋,皆是为人尽心之道,不可旦忘。自此嘱交之后,无得反悔,亦无得论其产疏。恐后有争竞之端,特附遗嘱交单,凭族执照,庶望将来大发其祥,永为子孙昌盛,妥谓久而不替。于是立此遗嘱交单为凭,永远大发存照。

光绪十五年十一月吉日　立遗嘱交单人　汪启元

同室人　　汪张氏

亲中　　　汪启星

近房　汪殿荣　汪和运　汪夏林　汪品松　汪华桂　汪观富　汪灶加

族中　汪和星　汪启泰　汪文金　汪文稠

亲戚　胡惠卿

凭中　汪介庭

依书　汪冕卿①

从这份遗嘱的内容看,汪启元之所以立下遗嘱,是因为所生之子已经过世,却没有亲生儿子。汪启元为使家祀不绝,决定立侄孙汪福寿为寡媳的嗣子。同时,将家产以遗嘱的方式"交与福寿收执经管"。立嗣制本来就负载着传授家产的功能,因此,有嗣子的情况,即使不立遗嘱,嗣子也可直接承受家产。这份遗嘱与其说是在处分家产,不如说是为了进一步明确嗣子的地位。或者,正如遗嘱中

---

① 《光绪十五年汪启元遗嘱》,自藏。

所说:"恐后有争竞之端,特附遗嘱交单,凭族执照"。即为了防止外人在将来争财产而特别为嗣子留下凭据。

总之,古人所谓"遗嘱",与今天在意志自由原则支配下的遗嘱制度,有着明显的区别。至于所谓的"法定继承",至少在明代已无痕迹。这是因为,立嗣制度在此时已非常成熟,即使死者生前没有立嗣,其遗孀或族房人等也会尽量在其死后选立嗣子。

因此,不是中国古代有无"法定继承"或"遗嘱继承"的问题,而是,如果用这两个概念作为中国传统继承制的分类,那么,不但会造成对传统继承制的误读,而且,强加上去的概念还会遮蔽历史中的真实面貌。

四

当我们接触到类似分家习惯这样的规则时,值得思考的是,究竟有多少这样的"安静的"规则仍然潜蛰在我们的身边。今天,大量的社会学调查材料证明,分家习惯仍然广泛地存在于中国农村。① 对湖北省钟祥、黄冈两(市)县农村的分家习惯的调查也证明,分家习惯仍是支配当地农村家产传承的主要规则。而令我们吃惊的是,在相距不到四百公里的地方,分家习惯的内容却大为不同。其中,钟祥某村的分家习惯以一次分家型为主,这一模式简单地说,就是在分家时将所有的家产计算清楚,一次性地在所有兄弟间析分干净。然而,当我们按照这一模式重新设计问卷后,却发现黄冈某村的分家几乎总是采取兄弟逐次分出的模式(系列分家型)。

但对于这些分家习惯的细节,本文不欲深究。本文也没有涉及分家习惯与其他习惯之间的关系。而深入认识这些问题,对于如何构建一部属于本民族社会的民法典是大有关系的。比如,在何永红的论文中,揭示了分家习惯中女子不参与分家的细节。从男女平等原则来看,这一习惯似乎应该受到否定。然而,分

---

① 可参考社会学家在今天中国农村的调查成果,如麻国庆:《分家:分中有继也有合——中国分家制度研究》,载《中国社会科学》1999年第1期;尚会鹏:《中原地区的"分家"现象与代际关系》,载《青年研究》1997年第1期。

家习惯并非孤立的存在,它是与其他习惯密切关联的。在包括分家习惯在内的中国家产习惯体系里,女子不参与分家是公正的,因为女子也不承担赡养老人的义务。① 有趣的是,通过镇法庭的案卷调查,余盛峰揭示了女子不参与分家也不承担赡养义务这一习惯,在基层法院里得到了默许。② 在此基础上,还可以进一步设想一种情形,即,如果父母去世后,未参与分家的出嫁女要求依据现行《继承法》来实现自己的继承权,那么,基层法院该如何对待呢?是承认分家习惯的效力?还是否认出嫁女的法定继承权呢?何永红和余盛峰在他们的论文里,做了很大的努力试图解释和解决这一习惯与成文法之间的矛盾。但我们更想知道的是,今天的法学界和国家法将如何解释和解决这一矛盾。

无论如何,家产传承制度都是中国社会中重要的财产制度。有学者甚至认为,中国一直停滞在前现代社会,罪魁祸首就是诸子均分制。正是因为诸子均分制,中国家庭的财产不断分散,家庭财富不能形成有效积累,抑制了资本向生产或商业领域的投入。反之,欧洲能够脱离封建社会,则得益于独子(长子或幼子)继承制。这种观点看到了家产传承制度的重要性,但夸大了家产传承制的功能。诸子均分制虽因均分家产而削弱了财富积累的有效性,但由于家庭财产是生前传递,也起到了缩短财产流转周期的作用,有利于调动家庭成员的劳动积极性。另外,有学者在研究了清代的分家文书后指出:

> 虽然道理上'家产分析,虽数万金,传历再世,愈析愈微',然实际上,由于各等级小家庭经济状况整体下降,富家及中等家庭分家后形成的新的小家庭,在起步时仍保持了相对于下一等家庭的经济优势。这就使一个上等或中等旧有大家庭分成的诸多新家庭中,有可能有一个或几个家庭依据相对的经济优势,或者读书做官,或者在打破大锅饭后,增强责任感,发挥主观能动性,发家致富,重新崛起,甚至超过旧有大家庭的财富。这个过程自然是贫富分化的过程,总会有一些小家庭败落。……但是,只要其中有一个小家庭依据起步时相对的经济优势崛

---

① 何永红:《论中国农村赡养习惯与国家法的背离——以湖北钟祥石巷村的调查为基础》,载《私法》本卷。
② 余盛峰:《家庭代际财产传承的习惯法、国家法和西方法——以湖北省Z市S镇法庭纠纷处理为例》,载《私法》本卷。

起（此类记载屡见不鲜），便保持了其家处于上中等家庭的动态的平衡。①

也就是说，虽然诸子均分造成了单个家庭财产的分裂，但从整个社会来看，却始终维持着相对平衡的贫富格局，在这个格局里，关键是如何经营财产。儿孙辈年轻有为，善于经营，小家庭不但可恢复到原有大家庭的财富程度，而且在总量上超过大家庭的也比比皆是。反之，不善经营，陷入贫困者也不足为怪。这就是"动态平衡"的意义。如果只是看到家产分析之后，总量上减少了，就断定不能形成家产的有效积累，那么，现代西方继承法均规定男女平等继承，其效果与诸子均分制相同，难道可断言现代西方社会的经济发展将从此式微乎？

关于"中国何以迟迟没有走出前现代社会"这样的问题，不是本文所能回答的。但如果问我清代中国人何以不将资本充分投入工业或商业领域，倒有一个例子，不知是否可以说明问题。清中期的小说《蜃楼志》是描写清早中期广州十三洋行的故事。正如书中所说："广东洋行生理，在太平门外。一切货物，都是鬼子船载来，听凭行家报税，发卖三江两湖及各省客商，是粤中绝大的买卖"。② 按说，做这等"绝大的买卖"的商人，该是成天想着如何扩大投资了罢。但小说一开头，新上任的"监督粤海关税务"赫广大就以一纸告示，"将各洋商拘集班房"。洋商苏万魁的儿子千方百计打通关节，才以 30 万两白银将其赎出。苏万魁经此一难，出狱后即刻花数万两银子捐官，再以官身为由，不但开去商户的身份，并申明儿子已是县附生，不用顶补，急匆匆地退出了"绝大的买卖"的圈子。③ 如果这种故事在古代中国经常发生，我想，谁都愿意做赫广大，轻轻松松地拿 30 万两银子，形成"有效积累"，而谁也不愿做苏万魁，担着性命之忧去投资。

可见，家产传承制虽然重要，但孤立地讨论其功能与意义，则是危险的。可以说，中国缺少的从来就不是财富，而是缺少保障财产安全的制度环境。那种试图从功能和效果上去论证分家制的落后性和西方继承制的先进性，从而在国家法上抹杀分家制的做法，就像掩耳盗铃，只能回避制度移植中的矛盾，不能否认矛盾的真实性。

---

① 张研、毛立平：《19 世纪中期中国家庭的社会经济透视》，北京：中国人民大学出版社 2003 年版，第 64 页。
② （清）庾岭劳人：《蜃楼志》，花山文艺出版社 1993 年版，第 1 页。
③ 同上书，第 18—21 页。

五

从这一意义出发,不但有必要揭示分家习惯与西方继承法之间的冲突,而且,必须全面揭示民事习惯与民法之间的关系。其中,对学界而言,"民法"的意义是清楚的,而"民事习惯"这个概念却未必如想象的那样清晰。

从清末修律以来,学界一直在反思西方法的移植工作。百年来,相关口号提出了不少,如立法应"参酌民情"、保护"地方知识"、注重"本土资源"或"习惯法",等等。口号很漂亮且鼓舞人心,然而,具体哪些"地方知识"、"本土资源"或"习惯法"是与法律直接作用的,却没有一个清楚的答案。更大的误解在于,"习惯法"已经被强化为这样一种印象:它要么存在于信息封闭的大山沟里,是"山杠爷"才知道的知识;要么存在于少数民族社会中,是"陪命钱"一类的违背现代伦理价值的规则。这种印象又直接指导了法社会学的研究,使得大量的调查经费投入到边远山区和少数民族习惯法的调查活动中。我并不是要否认调查边远山区和少数民族习惯法的学术价值,但不得不承认,这一方向上的调查研究越多,就越是强化了关于"民事习惯"的误解。到现在,大多数法学者认为,所谓"民事习惯",也像"习惯法"一样,不过是从古代流传下来的、远离现实生活的制度遗迹,如典、当等。它们或许可以作为茶余饭后的谈资,却不能纳入现代法的体系中予以考虑。即使予以考虑,也要么只是作为"反面教材"来烘托现代法的正确性,要么可以作为特殊的个案加以处理。至于徐国栋教授终于明确地提出民事习惯对民法典编纂的无用论,不过是以上误解的极端而坦率的表达。

然而,民法学所讨论的"民事习惯",绝不是以上意义中的习惯法。习惯法是一种规则,民事习惯是一种行为。民事习惯,是指自己和身边的人都在不断重复的行为方式。它是身边的知识,是人们浸淫其中却难以察觉的民事行为模式。比如,对于稍微了解一些当今中国农村家庭情况的人来说,分家习惯不是一件陌生的事物。人们容易忽视它,是因为它太普通而不易察觉,更没有想到要将其与法律或民法联系起来。而分家习惯只是民事习惯中很小一部分。应该看到,分家这种行为模式,已经具有较为固定的内容和操作程序,且包涵一系列的行为。因此,它已不仅仅是一种行为,而是由一系列行为方式构成的一个完整的习惯体系。对于这种具有完整性、系统性、稳定性的习惯体系,可以称为"民事习惯法"。之所以称它为"法",是指它不但具有体系性,而且具有规范性。类似于分家的民事习惯法,还有前面提到的典、当等。除此之外,据我狭窄的阅读面,在现实生活中仍然存在的民事习惯法还有不少。如涉及物权法领域的商铺永租权、"期房"①、法人收费权②、出租车经营权③及各种行业经营权④等,这些权利可以买卖、出租、质押,均可视为习惯中形成的准物权。涉及债法领域的习惯就更多了,由于契约自由原则,各种民间契约活动中均存在一种较为固定的契约习惯。这些契约习惯,有的已被《合同法》所规范。有的则因具有违法性而不能纳入民法,如"地下钱庄"⑤的储蓄、结算和融资契约;国内球市的赌博契约等。还有的契约习惯在古典社会里发挥过重要的功能,但在现代社会已不重要,如学徒契约、合会契约等;更多的契约习惯,则出现在新的民事关系中,如信用卡契约、物管契约、物流契约、快递公司与私人之间的快递契约、基因信息的采集与利用契约、网络交易与结算契约等。这些契约习惯的形成与发展状况正在受到法学中不同学科的重视。例如,信用卡契约在金融法领域得到研究,快递契约已冲击国家邮政系统,基因信息的采集与利用契约是知识产权法的关注对象。然而,实际上,它

---

① "期房",是指既没有竣工,也没有取得房地产产权证的预售商品房。人们习惯称之为"期房"。"期房"能否转让,现今的法律尚不明确。以上海市为例。1997年4月上海市政府发布的《上海市房地产转让办法》,明确期房可以转让,并可以向房地产登记机构办理登记备案;2002年10月上海市人大常委会通过《上海市房地产登记条例》进一步明确了房屋尚未建成预购的商品房发生转让的,当事人可以向房地产登记机构办理预告登记。这说明,"期房"在7年的时间里是可以转让的。但是,2004年4月14日,上海市人大常委会表决通过了修改《上海市房地产登记条例》的决定,对"不符合市人民政府有关规定进行预购商品房转让的,不予办理预购商品房转让的预告登记",从而禁止"期房"转让。

② 可参看李晶雪:《从收费权利质押看新型物权质押》,载《法制日报》2004年2月5日第10版。

③ 出租车经营权是出租车营运管制政策的产物,由于获取行业准入资格较难,出租车经营权可以作为一种准物权加以转让的现象,在全国各地都是普遍存在的。2004年7月发生的银川出租车停运风波,正是因为管理部门忽视了这一经营权人的利益。相关分析可见《银川出租车停运风波》,载《法制日报》2004年8月4日第3版。

④ 行业经营权涉及的方面更多。只要有一种行业处于管制阶段,都可能形成一种准物权形式的行业经营权。如旅行社的经营权、汽车生产的经营权等等。另外,由于行业营销过程中自然形成的垄断范围,也可视为行业经营权的一部分,如新出现的住宅小区宽带网的进入权。这些准物权均可出卖、租用、质押。

⑤ 现代"钱庄"破坏了国家的宏观经济调控政策,且涉嫌"洗钱",因此,国家法对其采取了彻底否定的态度。但在2004年专项整治"地下钱庄"之前,这一习惯仍可视为一种民事习惯法。有关报道可参看:《铲除神秘的地下钱庄》,载《法制日报》2004年12月7日第6版。

们均可视为一个统一的民事习惯领域。

以上所举的民事习惯法，都有可能直接影响传统民法的财产权体系。如果知识产权、人格权要纳入将来的中国民法典，还须考虑相关的民事习惯。从现有的情况来看，人格权和知识产权的研究均处于经验积累阶段，如何建构二者的逻辑体系，尚在讨论之中。因此，如何认识民事习惯对人格权和知识产权的影响，也尚未考虑成熟。我认为，在知识产权和人格权领域内，民事习惯的价值主要是从反面加以体现。这是因为，知识产权和人格权观念本身处于不断发展的过程中，某种知识产权或人格权能否成立，社会观念的认同是重要的标准之一。某种习惯或惯例可能一直存在着侵害知识权益或人格权益的情形，在社会观念转变之前，人们并不认为这种习惯或惯例是一种侵权现象。但随着观念的转变，习惯或惯例是否具有合理性开始受到质疑。这种对习惯或惯例的质疑，则可反面地证明，某种知识权益或人格权益已经发展到必须加以尊重的程度，从而产生了法律保护的需求。以人格权为例。医科大学组织学生实习是一种国际惯例。因此，医学实习可视为医科大学与学生之间的教育合同中约定俗成的内容，即医学教育合同中的习惯。医学实习当然是必要的，但随着观念的转变，越来越多的患者认为，一大群实习生围观其治疗是对自己隐私权的侵犯。[1] 于是，如何限制这种医学教育合同中的习惯，就成了需要讨论的问题。同时，"患者隐私权"也就可能成为隐私权的一种下位概念。再以知识产权为例。随着网络空间的成长，一些网络中的习惯已经逐渐形成。在一段时间里，网络爱好者将非原创信息进行整理和编排，本是为了方便浏览者下载和转载。因此，免费下载和转载整理过的非原创信息，逐渐成为网上不成文的习惯。但是，随着网站的发展，整理和编排非原创的专业信息已越来越耗时耗力。同时，专业网站和营利网站也希望通过提供这些资料来赚取经济利益，这样，整理和编排过的非原创信息就有了保护的需要。很显然，如果将编排过的非原创信息纳入知识产权法保护的范围，那么，免费下载这类资料的习惯就将受到限制，而"重新编排的非原创信息"也可能成为"数据库"的下位概念。

但是，即使所有未在上文提到的民事习惯法的总和，也只是民事习惯的一部

---

[1] 有关报道可参看《隐私权，患者难言的"心病"》和《医学惯例不能违背法律精神》，载《重庆日报》2004年6月15日第9版。

分。除了"民事习惯法"以外，民事习惯还包括各种单一的行为模式，我们可以将其称为狭义的民事习惯。所谓狭义的民事习惯是指，在各种民事关系中，为处理不同问题而形成的不同的行为方式。这些行为方式不具有完整性和系统性，但具有较为稳定的特征。它们散落在各种民事关系中，往往因地域、族群、时代或经济条件等因素的变化而变化，它们的共同点是，在约束条件下，为了处理某种具体问题，该种行为方式已经被人们接受并反复运用。

以分家习惯为例，分家习惯调整的民事关系是家产传承关系，其本身为一个行为体系。在这个行为体系中，不同地方、不同经济条件的家庭，在处理同一问题时，都会采取不同的方式。上文提到的"一次性分家"和"多次性分家"，就是在不同地域中形成的不同行为模式，即狭义的民事习惯。又如，分家的对象可分为财产和人两大类。其中，"分人"是指解决老人的赡养。在如何赡养老人的问题上，行为方式根据不同的家庭经济状况而定。具备一定经济条件的家庭，可为父母提供单独的住房和财产。但贫困家庭往往采取将父母分开，由兄弟各自赡养的方式。① 当后一种方式被许多家庭接受时，父母分开赡养也就成了"分人"时的一种民事习惯。

或许有人认为，分家习惯中同一问题上存在多种行为方式的现象，是因分家习惯未受到国家法的规范而造成的。如果将一种民事关系纳入现代民法体系，其中的民事习惯就会失去了生存空间。其实不然。必须强调的是，任何一种民事关系中，都存在多种民事行为，但不见得每种民事行为都会受到人们的重视，从而不断地受到重复。只有那些受到摹仿和重复的民事行为，才能成为一种民事习惯。从这一意义出发，作为抽象的、整体的民事习惯，其存在方式是普遍的，而非仅仅存在于某种具体的民事关系或民事法律关系中。民事习惯的存在形式的普遍性，还来自于更为深层的原因。实际上，只要在哲学上承认人的多样选择的可能性，承认人的主观意志具有独立性和自由性，那么，民事行为就必然呈现多样化的特征。同时，某些行为方式一旦出现，就可能被他人摹仿和重复。最后，在约束条件下，一些行为方式将被淘汰，而某种或某些行为方式会被公认为最优的或次优的选择，这些被公认为最优的或次优的行为方式，就是这里讨论的

---

① 对湖北省两个村庄的调查证明，这种将父母分开赡养的习惯是普遍存在的。参见何永红：《论中国农村赡养习惯与国家法的背离——以湖北钟祥石巷村的调查为基础》，载《私法》本卷。

民事习惯。如果说,各种民事行为是民法所需认真研究的对象,那么,民事习惯又是一切民事行为中最重要的一种。民法的发展史,不过是一部对民事习惯进行确认、限制或淘汰的历史。从这一意义上说,今天我们看到的各种民法制度,不过是被民法学家认识和分析后,进而被国家法采纳的民事习惯的总和。也就是说,没有民事习惯,不可能有现今的民法制度。因为,民法学家不可能凭空猜想一种民事行为,不可能凭空设计一种经验中从未出现过的民事行为。当民法学家认识到一种民事行为需要国家法加以规范时,这种民事行为必定不是第一次出现,而是已经作为一种民事习惯的型态存在于社会生活中。换言之,民法研究不过是对已经出现的民事习惯进行评价和论证。

然而,正是这一点是容易被现代民法学所忽视的。现代民法已经具有一个相对完善的体系。这个体系容易引发一种错觉,即民事习惯已经远离了民法研究领域,而这种错觉只是一种民法学经院化的极端表现。应该牢记的是,首先,现代民法体系是从罗马法和近代民法中发展而来。这就意味着,现代民法制度中的各种民事法律关系和民事法律行为,不过是经历了数千年的分析和整理后的成果。分析和整理工作虽然告一段落,但民事习惯的发展远远没有到达宣告结束的时候。从这一意义上,我们才敢断定,现代民法体系并不意味着民法和民法学的终结,民法和民法学都将处于不断发展和完善的过程中。这种过程,又在相当程度上表现为如何回应不断出现的新的行为方式或民事习惯。如果民法学不能观察和回应民事习惯的进程,民法学就将成为封闭的而非开放的体系,这无异也宣告了民法学的死亡。其次,现有民法体系在很大程度上是西方各国民事习惯的整理结果。即使在相同的民事关系中,由于固有观念、社会条件和巨大的个人创造力,在中国社会也将不断出现异于西方的行为方式或民事习惯,这又成为中国民法学必须关注的对象。而只有对这些本国的民事习惯加以回应,民法学才能为未来的中国民法典提供新的想象空间,从而为世界民法学的发展做出属于自己的贡献。

为了进一步说明这一问题,以房屋租赁关系为例。租赁关系是任何一个民族社会中都会出现的民事关系,其较为统一的特点是按固定期限分期缴纳租金。分期缴纳有利于承租人减少经济压力,也使出租人能够随着物价变动而调整租金。所以,分期缴纳租金成为经济能力较弱的人解决住房问题时的最优模式,租赁关系也终于成为民法所调整的对象。但是，即使在这种已经纳入《合同法》的民事法律关系中，仍然可以因环境变量的影响，出现不同的民事习惯。首先，因地域的不同，房源较为紧张时，出租人有较强的议价能力，可以要求承租人缴纳数月直至一年的租金，作为押金。俗称"押租"，这种习惯在北京市已不少见。"押租"在承租人退租时会全部退还，但不计利息。在承租人不缴或迟延缴纳租金时，出租人则可从押租中扣除租金。在房屋因承租人的责任而损毁或灭失时，可用押租作为赔偿金。在因不可归责于双方而房屋毁损或灭失时，可用"押租"来分担风险责任。很显然，"押租"已经成为房屋租赁关系中的一种民事习惯。民法学对于这种习惯应予承认还是禁止，尚需讨论。如果承认，其性质是租金还是保证，承租人的风险责任是否过重等等，都是中国民法学需要解决的问题。其次，由于承租人经济能力较强，且希望避免因租金涨价而增加成本，可以一次性地缴清数十年的租金，这在习惯中称为"永租权"。现在大城市的豪华地段已不乏类似习惯。永租权一旦设定，可以买卖、转租、质押等①，且各地附加在永租权人上的风险负担也不一致。② 而是否有必要将永租权设定为一种法定物权，则应由立法者考虑。如果将永租权设定为法定物权，如何平衡出租人、永租权人、转承租人之间的利益，不经调查和政策考量，恐难定论。

以上所举的房屋租赁关系中的民事习惯，是出现在中国社会中的现象。有的民事习惯在各种社会里都具有共同性，但在新事物未出现之前，习惯是不被人重视的。比如，顾客委托照相馆为自己照相，这是一种常见的承揽契约，在人们只是为了拍点"全家福"或登记照的时代，照相馆与顾客之间的交易习惯很少受到重视。但随着拍摄艺术照的盛行以及著作权观念的普及，越来越多的照相馆认为，自己对拍摄的艺术照享有著作权，并因此将顾客的艺术照张贴在照相馆橱

---

① 如清代至民国时期，北京一直有所谓"铺底权"习惯。"铺底权"即一种商铺的永租权，可以转让、出卖。北洋政府时期大理院曾有相关案例确认转让和出卖的合法性。例见大理院民事判决二年（1913年）上字第63号，《大理院判决录》（民国二年第六册），华盛印书局1914年9月版。

② 如民国时期天津的"顶首银"，就是一种永租权形式。当地对于"顶首银"的风险责任又有较为固定的处理习惯。《民事习惯调查报告录》记载："如果有顶首银，即有永租权的情况。则如果起火是由承租人的原因，则因为业主须负担重新造房的费用，因此，顶首银不归还承租人。如果起火不是承租人的原因，则业主另造房屋后，可以另租给他人，顶首银两由业主在三成中取一成作为弥补。"参见前南京国民政府司法行政部（编）：《民事习惯调查报告录》，胡旭晟、夏新华、李交发（点校），北京：中国政法大学出版社2000年版，第428—429页。

窗里,由此引发纠纷和诉讼。按照《合同法》第61条关于承揽合同的规定:承揽合同不能达成补充协议的,按照合同有关条款或者交易习惯确定。因此,要解决这类纠纷,就需确认照相馆与顾客的交易习惯,一般来说,这一交易习惯可以表述为:顾客支付报酬,影楼按照顾客要求拍照,并将底片和一定数量的照片交付给顾客。除非另有约定,不得留存底片和加洗的照片。因此,按照交易习惯,影楼没有将拍摄的艺术照用于商业用途的权利。由此例可见,民事习惯存在于生活中的方方面面,但如何凸现它的价值,以及如何发现和表述它,都是民法研究中不可轻视的任务。

总之,"民事习惯"是一种经验的产物,它普遍存在于民事生活中。民法在调整各种社会关系时,必须首先认识到存在于各种社会关系中的民事习惯,并对其做出价值判断。有的民事习惯是需要承认的,有的则需要否认或限制。比如,上文提到的将老人分开赡养的习惯,民间就有一种负面的评价,认为分开赡养是儿女强迫父母"离婚"。事实上,这种分开赡养的方式,也不利于老人的晚年精神生活,如果将来的民法典需要调整家产传承关系,则须禁止或限制。

但是,也正因为民事习惯的普遍存在,又使其难以被人发现。可以说,如何将民事习惯从平面的生活中提炼出来,并采用现代法律概念加以分析和解释,使其从常识上升为一种知识,从而能够与其他制度衔接或进入现代法律体系,是民法学的一项艰难的工作。这种工作不但要求民法学家必须具备一种理论与生活相联系的能力,还需要一种知识论上的自觉。这种自觉性的培养,首先需要摆脱那种对"民事习惯"概念的误解,摆脱那种过度讨论陌生领域的热情和惯性。由民事习惯被学界所忽视的现象看,有两种方向的批评是适合整个法学研究的。其一,在西方制度和最新理论面前眼花缭乱,忘记了法律尚须回应本民族社会中的法律现象;其二,在"考据癖"的驱动下,探寻那些不为人知的生僻角落,忘了观察发生在身边的事件。这两种看似不同的方向具有一个相同点,就是"求新"。

把这种批评界定在法学领域内,是因为批评本身也必须克制和限制。我完全能理解这两个方向上的兴趣,因为我自己既有"考据癖",也对新领域抱有浓厚兴趣。或许可以说,对无知领域或新领域的追寻就是学者的任务。但是,作为一门社会科学,法学肩负了直接地观察、分析和解释社会的任务。或者,观察、分析和解释现实生活中的法律现象,就是法学的主要任务之一。如果这一理解不错,那么,发现和分析社会生活中习焉不察的习惯,就不是给法学增加了额外的工作量,而是法学这一学科本应承担的。

发现和分析那些习焉不察的事物,并不比掌握一种西方法学理论或分析方法更容易。按照哈耶克的话来说是:"从知道如何(knowing how)行事或者从能够辨识他人的行为是否符合公认的惯例,到能够用文字陈述这类规则,仍有很长的路要走"。① 从这一意义来说,法律往往是或者也只是从事了一种否定性的工作,包括私法亦当如斯观。这是哈耶克在《法律、立法与自由》一书第一卷中所表达的核心思想之一。② 它的意思是说,法律只需尽可能地从反面为人的行动范围划出界限,而不需要也不可能处处从正面出发,去阐释行动本身及其应遵循的各种规则。阐释工作已经超出立法者的能力。因为,认识和发现那些习以为常的行为,以及隐藏在习惯中的众所周知的"规则",其前提在于必须首先认识人类行动本身,而认识人类行动与那种仅仅指出"不应为"的工作相比,对人类的智力更具有挑战性。事实上,认识、发现、理解和领悟人类的各种行动,并选择精确的语言将其表达出来,以使其成为人类共同的知识,已经不是某一个人或某一个学科,甚至不是在某一个指定时间内就能够完成的工作,而是整个自然科学、人文学科和社会科学的任务,法学也不例外。但是,如果法学仅仅是追随在法律的后面,把解释现行法作为自己的惟一工作,那么,法学的平庸化和贫困化将势所难免。

在此认识的基础上,可以发现,中国民法学对于中国农村家产传承领域的失

---

① 〔英〕哈耶克:《法律、立法与自由》,邓正来等译,中国大百科全书出版社2000年版,第114页。

② 在哈耶克的学说体系中,私法有着明显高于公法的地位。相关论述以及对公法的反感情绪在他的著作中随处可见。以《法律、立法与自由》一书为例,有关的言论可见第103、128、208—213页(引用版本为邓正来等译,中国大百科全书出版社2000年版。下同)。但很显然,他抬高私法的地位,并不是忽略公法的意义,而是希望通过矫枉过正的言论以使私法获得与公法相同的地位。同时,这种推崇私法的态度,在哈耶克的理论体系中又不仅仅是一种孤立的情绪,实际上,这种态度与他的"内部规则"与"外部规则"的类型学说相联系。而这一对概念是哈耶克晚年学说的重要分析工具。在很大程度上,推崇私法是因为推崇内部规则的结果。后者是在哈耶克的学说中,几乎可以用"行动秩序"、"自生自发秩序"等概念所替代。而私法则是对内部规则的一种直接回应。因此,在哈耶克的学说中,私法是如此的重要,私法"允许个人去追求他们各自的目的,并只是通过限定个人行动的方式而使他们最终都有助于普遍的利益"(第210页)。正因此,"事实性的行动秩序"(factual order of actions)对于私法是如此重要。按哈耶克的说法是:"尽管规范确实不可能从那些仅含事实的前提中推导出来",但是,"一项新的规范是否能够被融入某一现行的规范系统之中,并不是一个纯粹逻辑的问题,……因此,判断一项新的规范是否能被融入现行系统的标准,就可能是一种事实性标准"(第166—167页)。

语，以及"民事习惯无用论"的出台，都在注释着一个事实，即中国民法学仍处于模仿"西方言说"和追随现行法的阶段。对于民事习惯的漠视，证明中国民法学在很大程度上没有具有学科的自觉性。这里所谓的"自觉性"，不是指拒绝接受西方法学概念、法律方法和理论框架，而是指，能否主动地发现和挖掘本土法律现象，并用现代民法学的概念、方法和理论框架，去分析、解释这些法律现象，从而为把这些法律现象纳入中国将来的民法体系奠定坚实的理论基础。换言之，判断一个民族国家的民法是否具有自觉性，其中一个重要的标准是，观察这个民法典是否回应和规范了本民族社会中的民事习惯。能做到这一点，民法是自觉的法律。反之，以别国法的内容为本国法，则民法是非自觉的、幼稚的法律。例如，1911年10月，在大清王朝覆灭之前，第一个中国民法典文献面世，即《大清民律草案》。这个草案的物权编，设置专章以规范一种叫做"土地债务"的民事关系。然而，在中国传统社会中，却找不到与"土地债务"相对应的民事习惯。后人发现，即使在欧洲大陆，这种民事习惯也只是存在于德意志民族社会中。换言之，《大清民律草案》设置"土地债务"章，纯属无的放矢。从而，该章也成为清末民法学尚不具备自觉性的注脚。反之，《德国民法典》若不规范土地债务，则《德国民法典》与19世纪德国民法学的自觉性如何，也将打上一个问号。中国现行《继承法》虽与以上情形有别，但该法无视本民族社会长久以来且至今仍广泛存在的家产传承习惯，是否可认定为另一种非自觉的表现，仍有讨论之余地。

如果说，宪法关心的是公民在政治和社会生活中得以生存和发展的"底线权利"，那么，民法却被赋予了更多的任务。除了让市民获得基本的生存与发展能力之外，民法的另一个目的是，如何让人们"就其所是"的生活。所谓"就其所是"是指，民法的制度设计应该为人们提供方便，而不是干扰和打断人们习以为常的生活方式。唯如此，民法才能在人的自由得到保障的基础上，为舒适生活提供条件。也就是说，民法不但同样需要确认和保障那些"底线权利"如人格权和财产权，还须在此之外，确认和保障那些人们所熟悉的生活方式和行为习惯。正因此，民事习惯对于民法典尚非可有可无之事。

2004年3月17日初稿
2004年12月15日改定

多次性分家研究
——湖北省团风县长林咀村有关分家的民事习惯调查报告*

蔡伟钊**

内容提要：笔者通过实地调查发现，基于减轻家庭生活负担、缓和家庭矛盾或对习俗认同等原因，湖北省团风县长林咀村普遍采用多次性分家的做法。以此为出发点，本文详细地描述了该分家析产模式的整体概貌，并深入探讨了分家所涉及的析产、赡养、未婚弟妹的安排等主要内容。其中，重点论述了分家和析产的关系、可分财产的性质和范围、析产的原则及其可能与实际运作存在冲突等相关问题。此外，本文对分家纠纷的解决也作了简要介绍。

关键词：调查报告　分家　多次性分家　析产　民事习惯

Abstract: It has been found from a series of field investigations that the practice of dividing up a family more than once is very common in Changlinzui Village, Tuanfeng County, Hubei Province. From such a starting point, the author makes a detailed description of the general mode of such family division and property distribution, including property distribution, support for the aged, and arrangements for the unmarried brothers or sisters in family division. And the author analyzes the re-

---

* 本文是俞江老师组织进行的"有关分家析产民事习惯调查"的分报告之一，也是笔者的本科毕业论文。其从调查、选题、写作、修改到最终定稿，均离不开俞江老师的悉心指导；同时，调查组其他成员以及谢惠加师兄的批评和建议也使我受益匪浅，在此一并致谢。

** 蔡伟钊(1981—　)，男，广东潮阳人，中山大学法学院硕士研究生；邮编：510275，电子邮箱：weizhaocai@163.com。

lationship between family division and property distribution, the nature and scope of divisible property, the principles of property distribution, and the conflicts that may exist between the principles and actual operations, as well as the settlement of family dividing disputes.

Key Words: Investigation Report, Family Division, Family Divisions, Property Distribution, Civil Customs

引 言

民事习惯调查之于我国当前民法典编纂的关系及意义,在学界有过热烈的讨论,基本形成了两种截然不同的观点。赞成立法前先进行民事习惯调查的学者有之,如李建华[①]、纪坡民[②]、胡旭晟[③]、房绍坤[④] 等都论述了其必要性;持反对意见的也不乏其人,当中又以徐国栋先生的观点最为尖锐。[⑤] 现实的立法工作则呈现出一边倒的局面,即民事习惯调查在民法典的起草过程中没有得到应有的重视已是不争的事实。

诚然,在中国这样一个有着 56 个民族、960 万平方公里土地的国家进行大规模的民事习惯调查存在巨大困难,先调查再立法的方式很不现实。但因此否认中国民事习惯的存在并置之不理的做法,则是不严谨和不负责任的。反观以上的论战,虽都言之有道,但无一拿出当前普遍存在的民事习惯并对其进行调查以支持自身的观点。秉着事实胜于雄辩的原则,更为了挖掘一些潜伏在身边的民事习惯,以获得直观感受,俞江教授组织我们 10 位同学对湖北钟祥和团风两县进行了关于分家的民事习惯调查,以求填补这方面的研究空白。

[①] 参见李建华、许中缘:《论民事习惯与我国民法典》,载《河南省政法管理干部学院学报》2004 年第 2 期。
[②] 参见纪坡民:《近代中国的"民事习惯调查"运动》,载《南方周末》2002 年 4 月 18 日第 949 期文化版。
[③] 参见胡旭晟:《20 世纪前期中国之民商事习惯调查及其意义》,载《民商法学》1999 年第 2 期。
[④] 参见房绍坤、张平华:《制定民法典的三项基础工作》,载《求索》2003 年第 1 期。
[⑤] 参见徐国栋:《认真地反思民间习惯与民法典的关系》,载徐国栋:《认真地对待民法典》,北京:中国人民大学出版社 2004 年版。

选择分家作为调查对象,原因不仅在于它有着深厚的历史渊源,并至今仍是中国传统社会尤其是农村重要的家庭制度,也在于它与现行《继承法》有着极大的区别,更在于它所涉及到的赡养与财产纠纷有其本身的特色。如无视这种民事习惯的存在,当国家法律与其产生冲突,如何取舍将是留给法官的一大难题。

对于分家的调查研究,社会学者和人类学者为我们提供了很好的先例。如张研以48件徽州分家文书为中心阐述了清代的"分家"整体状况[1],王荣武从民俗学角度出发对"分家"现象进行了思考[2],麻国庆从中国分家制度研究中得出"分中有继也有合"的结论[3],王跃生在对冀南农村的深入调查基础上对集体经济时代农民分家行为进行了研究[4],而张尔升等则探讨了分家制度对农村经济的影响[5],另有国外学者如Cohen、Hsieh、Lavely、Skinner、Freedman等也同样对分家表现了极大的关注。[6]

笔者有幸参与了这次民事习惯调查,亲身感受到了分家制度在农村的根深蒂固,对该习惯也有了一定的认识和了解。作为本次调查成果的报告,笔者将结合所见、所闻、记录下来的数据、个案和自己的思考,尽量全面地考察和分析该村的分家习惯尤其是主要的多次性分家方式,力求准确地再现其原貌。至于本人对民法典编纂是否需要先进行民事习惯调查的立场,无须在此表明,一来是为客观陈述,二来是事实会回答一切。

一、调查报告有关情况的交代

此次调查分别于湖北钟祥县和团风县的两个村庄进行。对调查地的选择主

---

[1] 参见张研:《试析清代的"分家"——以48件徽州分家文书为中心》,载中华文史网(http://www.historychina.net),电子刊物《史苑》2004年第4期。
[2] 参见王荣武:《当前乡村分家习俗的民俗学思考》,载《民俗研究》1994年第3期。
[3] 参见麻国庆:《分家:分中有继也有合——中国分家制度研究》,载《中国社会科学》1999年第1期。
[4] 参见王跃生:《集体经济时代农民分家行为研究——以冀南农村为中心的考察》,载《中国历史》2003年第2期。
[5] 参见张尔升、蒋咏涛:《分家制度对农村经济发展的影响》,载《社会科学战线》2003年第3期。
[6] 以上外国学者的观点可参见李树茁、靳小怡、费尔德曼:《中国农村子女的婚姻形式和个人因素对分家的影响研究》,载《社会学研究》2002年第4期。

要是基于当地是否有同学可以带路,便于调查的因素考虑,是随机而典型的。在村庄内部则严格划定调查界限,进行全面普查,以客观真实地反映当地习惯。就团风县长林咀村而言,我们在全村名册中随机选定了第三组、第四组、第五组、第九组和第十组①的家庭作为调查对象。以上各组户数及接受调查的家庭数目如下表:

表 一

	第三组	第四组	第五组	第九组	第十组	总 数
户口簿户数	48	26	45	38	30	187
实际小户数	60	40	45	46	34	225
分家前户数	22	20	14	20	11	87
接受调查数	20	17	19	15	12	83
受访百分比	90.9	85	135.7	75	109.1	95.4

注:表中户口簿户数由村干部提供,实际户数在村会计的账本上查得,分家前户数是将各兄弟和他们的父母归为一户统计,接受调查数即采得的调查问卷份数,受访百分比是接受调查数和分家前户数的比。

从以上数据来看,本调查的受访率高达 95.4%。在具体调查中,有的受访者是父辈,有的是儿辈;有的几兄弟和父母我们都访问到了(以上出现超过 100% 的情况即为此例),而有的只访问了大家庭中的一成员,仅有少数家庭因为各种原因无法访问。② 总体而言,我们基本上对每个大家庭的分家情况都进行了调查,95.4% 的受访率充分说明达到了普查的效果,因此本报告所反映的当地分家习惯是具有代表性的。

在调查的时间段上,我们也进行了一定的限定。考虑到年代太久远不足以反映当前情况,且村民也可能淡忘某些细节,我们仅将自 20 世纪 80 年代以来发生的分家案例纳入考察的视野范围之列。

另外需要交代的是,女子在该村没有参与分家的权利,这虽不符合男女均有

---

① 该村将全村家庭共分成十组,以便于管理。
② 比如有的家庭夫妻都在外打工,有的家庭其成员早出晚归没法遇到,有的家庭对采访很反感无法接近等等。

继承权的法律规定①,但习惯即为如此,所以本文对分家的谈论仅在父母和兄弟间进行,并非有所忽略,而是出于尊重客观事实的需要。至于对女儿是否应有分家权利的探讨,则是另一个话题了。

二、分家的普遍性和多次性分家概念的提出

分家习惯在中国由来已久,最早可以追溯到秦国的家产分析习惯以及后来的"诸子均分制",这方面历史学家已作了很详尽的研究,在此无须赘述。② 而值得我们关心的是,该制度在历经了几百年后,丝毫没有退出历史舞台的意思,其在今天的我国大部分农村地区依然是主要的家产传承模式,大量的社会学调查提供了必要的佐证。③ 这大大增强了我们调查的信心,因为如分家习惯果真如此普遍,且能探究到其中规律的话,那种认为"中国没有习惯法"的言论也就不攻自破了。

令人欣喜,调查的结果充分支持了以上的观点,即分家习惯在农村的普遍性。从我们获得的83份问卷来看,分家的有75份,占了90.4%,而未分家的仅有8份,占9.6%。进一步分析,未分家的8户家庭中,5户是独子的情况,1户是无子招了一婿,只有2户是有两个儿子但未分家。如果按乡民的一般观念,严格意义上的分家只存在多兄弟间的话,即一个儿子以下的情况不存在分家,则该村兄弟间的分家率高达97.4%。如果再考虑未分家的其中一户是因为儿子都外出打工并在外定居,而另一户是老大已经去世,老二作为事实上的独子没有提出分家的话,那么本村多兄弟间百分之百都分了家。

从分家具体的时间上看,也得出了相同的结论。自1980年至2003年的23年时间里,每年至少有一例分家发生在本村,至多不过6例,各年分家数目差别

---

① 分家和继承完全是两个不同的概念,但此处笔者将参与分家的权利与继承权联系起来,主要是基于二者在财产传承方面的类似功能来考虑。意思是,按法律规定,女子有继承权,也即有从父辈获得遗产的权利,但在农村,父辈的财产基本已在分家活动中分析完毕,女子没有参与分家,自然无法获得父辈财产,继承权也就无法落实。

② 参见邢铁:《家产继承史论》,昆明:云南大学出版社2000年版。

③ 参见张研、毛立平:《19世纪中期中国家庭的社会经济透视》,北京:中国人民大学出版社2003年版。

不大。如果以1990年作为八、九十年代的分界点,则两段时期的分家数分别为37和35,相差甚小。这说明分家习俗的延续性和生命力,并没有消亡的迹象。虽然我们也可以发现从2000年开始的分家数相对较少,但并不意味着在21世纪这种习俗要逐步退出历史。因为据调查所得,分家减少的主要原因在于国家实施计划生育制度使得家庭人口急剧减少,基数少带来分家减少也就不足为怪,其分家比例基本没有变化,即分家依然是主流。具体各年的分家数目见下表:

表 二

年 份	1980	1981	1982	1983	1984	1985	1986	1987	1988	1989
分家数	6	1	5	6	1	2	4	3	3	6
总 数	37									
年 份	1990	1991	1992	1993	1994	1995	1996	1997	1998	1999
分家数	4	6	4	2	4	2	5	1	4	3
总 数	35									

年 份	2000	2001	2002	2003
分家数	1	2	1	2
总 数	6			

既然分家在本村如此普遍且仍有强大的生命力,那么何谓分家呢?按村民的原话,就是"一个大家庭分成几个小家庭,各'吃'各的"。这种说法虽直观,但没有说清分家的关键本质。从学界的研究成果来看,历史上主要存在两种分家方式,即一次性分家和多次性分家,含义各有不同。简单地说,前者指一个大家庭只分一次家,分时将所有财产计算清楚全部析清,时间通常是在父母死后或者诸子均已成婚;后者指父母生前诸子随着结婚而陆续分财异居,成立各自的家庭[1],分家次数通常比儿子数少一或者完全相等。[2] 以上两种方式并非一成不变,不同历史时期或不同地区有所差别,可能并存也可能单独存在。就本村而言,83份问卷中除了未分家的8份和一次性分家的6份之外,其余62份均记载了超过两次分家的情况,占所有分家类型的91.2%。具体各家儿子数目和分家次数见下表:

---

[1] 邢铁:《我国古代的诸子平均析产问题》,载《中国史研究》1995年第4期。
[2] 通常情况下,分家次数的差异主要取决于小儿子是否需要与父母分家。如不需要,则分家次数比儿子数少一,反之,则二者相等。

表 三

家庭类型	A	B	C	D	E	F
儿子数目	1	2	3	4	5	6
户数	12	25	19	7	3	1
平均分家次数	0.5	1.76	2.68	3.57	5	5

注：一个儿子的统计包含了继子的情况，户数表示对家庭类型的户数，平均分家次数由对应家庭类型的各家庭分家次数总和除以该类型家庭户数所得。

表中平均分家次数如按四舍五入的方式取整，我们发现各类型家庭分家的次数基本和对应的儿子数目相等，这与上述分析多次性分家概念时所指出的情况大致相符，也表明本村通常情况下小儿子会与父母再分一次家。而分家次数均值之所以略小于儿子数，原因有多方面：有的是家庭中兄弟间年纪相差很小，结婚时间挨得很近，可能合起来一次分；有的是分家时父母已故，儿子与老人无须再分一次家；有的是儿子外出打工并在外定居，也就不回村里参与分家；有的是兄弟已去世或被收养，自然没有再分家的道理；还有的是小儿子出于孝道，愿意跟父母同住不想分家，这在一个儿子的家庭中体现最为明显，有五户即为此类。

从以上材料来看，本村的分家习惯属于多次性分家类型是没有异议的。那么就本村家庭而言，为何要分家，为何要采取多次性分家的形式，何时分家，分家程序具体如何操作，分家涉及哪些法律关系呢？笔者将带着这些问题继续探讨。

三、多次性分家的原因考察

对分家原因的分析，在一定程度上能揭示民众的意识及行为，有助于我们理解多次性分家习惯在本村存在的必要性，更进一步可能对解释习惯法的形成有所启示。作为调查的重点，我们收集到了形形色色的关于该问题的答案。由于语言杂乱不便于研究，经过梳理和归纳，笔者认为大致可以归为以下几种类型：

表四　（总样本数：75 份）

原因类型	样本数	所占百分比%
减轻家庭生活负担	27	36
为缓和家庭矛盾	17	22.7
对习俗的认同	8	10.7
减轻家庭生活负担 + 为缓和家庭矛盾	4	5.3
减轻家庭生活负担 + 对习俗的认同	7	9.3
为缓和家庭矛盾 + 对习俗的认同	4	5.3
减轻家庭生活负担 + 为缓和家庭矛盾 + 对习俗的认同	7	9.3
其他	1	1.3

注：其他原因在表中仅有一例，其具体情况是父亲因生病，为避免传染给家人，主动要求分家出去自己吃，属于比较特殊的情况，不具普遍性，因而在以下的统计中暂将其忽略不计。

上表显示，分家原因主要有三，即减轻家庭生活负担、为缓和家庭矛盾和对习俗的认同，只不过有的是同时兼备而已。因此，针对这三种原因分别进行分析显然已能说明总体的情况。为了一目了然，我们可以将上表具有相同原因的项合并，即得：

表　五

原因类型	样本数	所占百分比%
减轻家庭生活负担	45	60
为缓和家庭矛盾	32	42.7
对习俗的认同	25	33.3

（一）为减轻家庭生活负担而分家

依据上表，为减轻家庭生活的负担无疑是导致分家的最主要原因，其所占的比例高达 60%。用村民的话来说，分家至少可以减轻两方面家庭的负担：一是大家庭（本家）的负担，具体表现在"家大了不好过"、"兄弟多过不好"、"房子不够住"、"负担重养不起"、"不分过不了"等；二是小家庭（分家）的负担，"自己挣钱自己过不用交家里"、"小家好借粮过日子"、"分家后各想各的办法各奔前程"、"分了经济好奔些"都是极好的证明。从父母的角度，随着子女的长大，除了吃饭，其他消费也相应增加，特别是儿子到了结婚的年龄，还得为其攒钱娶老婆，日子本已捉襟见肘，而人口的增加尤其是孙子的出世则无疑使家庭的日子更加艰难。如果说只有一个儿子尚能应付的话，多个儿子就很难吃得消。为了使没结婚的儿子也能顺利成家,父母迫切希望结婚的孩子能分出去独立以减少大家庭的负担。这就不奇怪大多数年纪大的受访者为什么发出"把儿子都拉扯到结婚,父母的心也操到了"的感慨了。从儿子的角度,结了婚生了孩子有自己的妻儿要照顾,可在大家庭里生活却要把赚的钱都上交,如有弟妹还没结婚,可能还得为他们成家的大事出力,自然感觉负担重而无法顾及,也希望能脱离出去独立过活。本村就有因儿子只顾养自己的妻儿,没将赚的钱上交大家庭而被父亲勒令分开过的例子。这样看来本村的男子似乎有点不懂孝道,一旦有了妻儿,则不愿奉养含辛茹苦把自己拉扯成人的父母,不愿再承担大家庭的负担。其实不然,正如大多数父辈所体谅的,"哪有父母不为儿子着想?他们(儿子)也有自己的孩子需要拉扯啊!"

这样看来,多次性分家在本村成为一种约定俗成的习惯也就顺理成章。结(婚)一个分(家)一个的方式,无论从父母还是儿子出发,感情上、利益上均得到了较好的平衡,也使得大家和小家的生计都能顺利地得以维持。

(二) 为缓和家庭矛盾而分家

一个大家庭中,不同婚姻单位家庭成员之间的矛盾往往十分复杂。就本村而言,具体体现在"吃饭习惯不同合不了一块,自己弄着吃"、"住一起不方便,恨不得早点出去"、"媳妇好吃懒做,婆婆看不惯"、"公婆老了啰嗦,拖累人"、"公婆偏袒小儿子,又贴钱嫁姑娘,就不给我们钱,可恨"、"二儿子不做事,在外面光打牌败坏家门"、"人多吵得多,一个人过舒坦些"、"经常争吵还不如自己过清净"、"闹矛盾不得不分了"等方面。从成员关系的角度看,父子之间,兄弟之间,妯娌之间,婆媳之间,都可能存在矛盾,而其中又以后者最为严峻,相当多的老妇人受访时都倾诉了对媳妇的不满,而媳妇则大多抱怨婆婆的苛刻和偏心。父子之间,就上述第一个原因分析的家庭负担方面本身已有一定矛盾,如遇上有不肖子成天不做事的情况,矛盾则往往会被激化,兄弟之间的吵架也多半是由此而引发。

表面上看,家庭矛盾的发生似乎都是为了一些鸡毛蒜皮的小事,争吵完很快就能复原。其实经济利益的冲突才是关键所在,而这在生活资料不富余、家庭负担极沉重的家庭成为了不可逾越的鸿沟。正如有的学者指出的,贫穷使人斤斤计较,贫穷使人不愿或不甘吃亏,贫穷使家庭成员关系紧张。① 这种情况下,分家成为解决家庭成员之间利益冲突的结果或为解决由利益引发的矛盾所采取的有力措施,无论父母还是已婚儿子,即使是在有条件维持大家庭的情况下,也倾向于分家以避免纷争。虽然核心家庭的夫妻也可能存在矛盾,但相对于复合家庭或者直系家庭来说显然小得多。

历史上某个时期或者某个地区,或是由于法律规定不许在父母生前分家,或是因为传统伦理观念的约束,或是家长在家产构成较为复杂时出于对家庭整体利益的考虑压制分家,分家意识只能到父母去世才能演变为分家之举,也即进行一次性分家就已足够。然而在以上限制都不存在的情况下,多次性分家,逐步将大家庭分成若干个核心家庭,无疑可以将家庭矛盾最大限度地降低。

(三) 对习俗的认同而分家

"树大分叉,人(儿)大分家"、"儿子大了自然要分家,没得什么原因"、"村里都是这样分家的,也就跟着这样分"等等之类脱口而出的回答在我们的调查中不算少数,如上表中高达 33.3% 的比例,让我们不得不承认分家作为一种习俗或者习惯已经在本村深入人心。习俗,通常指的是一个地区一定时期民众的行为方式和规则,它会随着社会的变动而变动,但一旦符合当地的情况能解决具体问题并被民众普遍接受,则在一段时期内具有较强的稳定性。正是因为分家在本村已经有了习俗的力量,即使没有遇到现实的困难,大多数家庭还是会自觉遵循这种习惯,而他人也不会对邻里的分家感到惊讶,反倒是没分的家庭在本村有点另类了。

其实,无论是要减轻生活负担也好,还是为避免家庭矛盾也好,作为个体的农民没必要、也不可能根据自己的情况去分析利弊,然后创造一种特殊而具体的解决办法。自觉且共同地选择了分家而且是多次性分家的方式,正是用行动充分证明了对该习俗的普遍认可。

---

① 王跃生:《集体经济时代农民分家行为研究——以冀南农村为中心的考察》,载《中国历史》2003 年第 2 期。

四、多次性分家的总体程序概貌

一般而言,"分家"指的是已婚儿子从其父辈家庭中分离出去的状态与过程。[①] 作为一种状态,它表现为子辈在父辈的扶助下"另起炉灶,另立门户",建立起一个在财产方面相对独立的核心家庭形式,一目了然无须加以分析;而作为一个过程,包括从提出分家要求到新家庭开始相对独立生活之间的一系列必经阶段,虽复杂但却很有研究价值,因为这一系列的程序本身就是习惯或者分家规则的一部分。不同分家模式从程序上可能存在巨大差别,笔者仅就多次性分家的具体程序作以下论述。

(一) 分家的提出

分家的提出作为整个分家程序的起点,具有关键意义。虽然"儿大分家"属正当习俗,但毕竟对于大家庭来说意味着从此要"分道扬镳"、"各吃各的",与中国传统的伦理观念所谓"家和万事兴"有所违背,谁提出分家对大家庭而言都难免有点"绝情"的味道。因而由谁来捅破这层面纱,是父辈还是儿辈值得关注。通过调查我们发现了如下表的情况:

表 六

谁提出	样本总数	父 辈			儿 辈		
		爹爹	婆婆	公婆	儿子	媳妇	儿子和媳妇
样本数	66	8	14	22	10	6	6
		44			22		
百分比%	100	12.1	21.2	33.3	15.1	9.09	9.09
		66.7			33.3		

注:未明确记载由谁提出分家的问卷没有计入上表的样本总数;下文其他表格中的"样本总数",与该表格类似,均指有明确记载相应事项的问卷数目,在此一并说明。

从上表可以明显看出,由父辈提出分家的占到66.7%,远超过儿辈33.3%的比例。和前面分析的为减轻家庭生活压力而分家联系起来,对于在大家庭中

[①] 王荣武:《当前乡村分家习俗的民俗学思考》,载《民俗研究》1994年第3期。

拥有当家地位的父母来说,面对生活的困境,为了大家庭得以顺利地生活下去,不得不采用多次性分家的方式,把结了婚的儿子一个个"赶出去",以缓解生活压力。另外,在家庭中的各种矛盾时有发生的情况下,父母也感觉难以再维和。因此,父母即使内心不大愿意大家庭的分裂,也会毅然提出分家,这是他们对于家庭全方位考虑的职责所在。儿辈虽然同样有分家的客观需要,但一来不是当家的人,二来碍于子尽孝道等道德上的约束,自然不大愿意主动提出以免得罪长辈。不过还是有33.3%的人敢于提出,这是何故?事实上,在调查中我们发现儿辈提出分家时媳妇所起的作用更大一些,媳妇作为"外来人"往往没有太多顾虑,会极力说服丈夫提出,在还有弟妹没有结婚的家庭这种情况甚为普遍。但如果没有丈夫的同意,妻子通常也不敢公然提出,除非婆媳矛盾已经激化到不可调和的地步,以上6例由媳妇提出的分家大都属此情形。

分家的提出还涉及到何时提出的问题。通常认为一经提出分家程序即告开始,也就是说分家的提出时间和分家时间相同。从调查结果看,90%以上的情况属于此类。但也有例外,"爹爹不让分"、"谈不合就不分"、"婆婆要赶我们走可我们没房住就不分"都反映了分家提出后往往还需要一个同意的步骤。关于哪些人不同意就不准分家的统计见下表:

表 七

	样本总数	父 辈			儿 辈		父辈和儿辈
		爹爹	婆婆	公婆	儿子	媳妇	
样本数	69	11	6	15	5	2	30
		32			7		
百分比%		15.9	8.7	21.8	7.2	2.9	
		46.4			10.1		

表中数据显示,父辈在绝大多数时候拥有决定权,占到46.6%,这跟父母在家庭中处于当家的地位是分不开的。需要儿辈同意则属于特殊情况,仅占10.1%,而当中多数是发生在小儿子和父母分家的情形。这里主要是因为,一来通常此时父母年老,不但不能主事,更甚者劳动能力可能已丧失,不孝的儿子硬要分那是没办法的事;二来对于父母而言,儿子们业已成家,使命基本完成,也就没有太多怨言了。值得留意的是,分家始终是双方的事情,父子协商一致还是占了相当大的部分,谁不同意都不行的情形占到43.5%便是有力的佐证。毕竟作

为家里的大事，关系各方利益，赋予大家发言权、选择权和一定的决定权才合情合理。

（二）分家的时间

分家的时间怎么确定，这看似简单的问题在学界却颇有争议。Cohen认为应以家产正式分割才算分家，如果家具是共同的，即便分居的人们，也都是一个家的成员，不算分家。① 从这影响极为深远的观点来看，分家时间无疑应是析产的时间。另有学者指出Cohen忽略了没财产的农户以分灶作为分家的指标，此情况下分家时间应是分灶时间。② 还有学者主张无论析产也好，分灶也好，都只是分家的重要指标之一，如没有正式的分家仪式，即使析产或分灶，也不能算是分家。③ 也就是说分家的时间应以正式的分家仪式为准。我们的调查倾向于支持了后者的观点，因为几乎所有经历过分家的受访者均表示分家当天的确干了一些和平常有别的事情，某种程度上也就是上述所说的分家的仪式。至于该"仪式"的情况，笔者将在下文分家的进行部分继续展开，这里暂且放下。虽然学术界争得颇为伤神，但在村民们看来这样的争论却显得有点多余，对于他们自身什么时候分的家，几乎每个人都记得非常清楚，没有任何疑问。很显然，作为一种习俗，置身其中的人的感受更直观也更具说服力，因而以此为标准的统计和分析也较为客观。分家的具体时间我们在前面已有统计，不过那不是我们关心的重点，我们更希望得知的是对于采用多次性分家的大家庭来说，其每次分家在时间上是否跟某种事件有所联系，从而得出一个普遍的规律。

历史上，一次性分家和多次性分家在分家时间上存在很大差异。对于一次性分家，由于儒家孝悌观念的影响或是法律的规定，往往是父母在世时不分家，父母亡后才在兄弟间进行一次性分析，分家时间通常和父母是否去世有密切关联，因而通过考察大家庭中父母是否健在对时间的确定有意义。然而，对于多次

---

① Cohen, Myron L., *House United, House Divided: The Chinese Family in Taiwan*, Columbia University Press, NewYork, 1976. 转引自麻国庆：《分家：分中有继也有合——中国分家制度研究》，载《中国社会科学》1999年第1期。
② 胡台丽：《合与分之间：台湾农村家庭与工业化》，载乔健（主编）：《中国家庭及其变迁》，香港：香港中文大学社会科学院暨香港亚太研究所1991年版，第213—220页。
③ 麻国庆：《分家：分中有继也有合——中国分家制度研究》，载《中国社会科学》1999年第1期。

性分家,通常在父母生前分家即已陆续进行,古时有"子壮则出分"的习惯,且一个家庭中可能存在几次分家的情形,所以从父母的角度出发显然很难以确定时间。在调查中,我们发现村民大多都通过儿子婚后年数和儿子生几个孩子来反映分家时间,而这两个指标恰恰为我们寻找规律提供了很好的突破口。

表八　在婚后多少年内分家

	半年	一年	二年	三年	四年	五年	六年	六年以上
样本数(总63)	9	5	23	16	5	4	2	1

表九　生了几个孩子后分家

生几个小孩后	零	一	二	三	三以上
样本数(总58)	9	42	4	2	1
		49			

从婚后几年内分的角度,两年和三年的情况最为普遍,分别为23例和16例,共39例,约占到所有样本数的61.9%;其次是一年内的有14例,介于四年和六年间的有11例,六年以上的仅有一例,总占38.1%。显然后者的各情况相对前者来说属于特殊情形。从生几个小孩的方面看,没有生小孩就分家的有9例,仅占15.5%;有一个小孩的42例,约占72.4%,属多数;而有两个和三个小孩及以上的仅有7例,占相当小的比重。将两个指标结合起来分析,我们看到,儿子结婚并不一定导致分家。如果仅结婚而没有生小孩,大多数情况下还是能维持大家庭的"和谐",上述结婚半年内分家的及没有孩子就分家的都仅9例即可证明。而一旦小孩诞生,分家就不可避免,这和"减轻家庭负担"的原因完全吻合。因此,"婚后即分财异居"的说法在本村并不准确,婚后生有一儿才算得上是本村多次性分家在时间上的通例。

(三) 分家的进行

广义上的分家进行包括从分家提出到小家正式成立的一系列活动,如何析产,养老问题如何商量,未婚弟妹如何安排等理所当然应被囊括在内。但考虑到以上三个问题的复杂性和重要性,笔者将在以下专节分析。这里主要探讨狭义上的分家进行,仅从程序上来观察多次性分家是否存在一些较为固定的操作方法。

1. 分家当日做了什么

上文中我们已经提到，村民在调查中大都表示分家当天的确干了一些和平常不一样的事，类似的回答占到我们访问数的 95% 以上，这说明存在某种仪式的可能。具体来看，吃顿散伙饭，可能请亲戚、村干部，也可能就自家的人，至少是要分出去的儿辈和父母一起，然后在饭桌上大家把分家的情况说清楚之后就分的约占 37.5%；说了分之后儿辈自己垒灶然后分灶吃的约占 29.7%；在一起商量具体怎么分家之后分的约占 12.8%；父辈或者儿辈一经提出，一拍即合没怎么商量就分了，但仍在一起吃、没分灶的约占 4.9%；父母给儿辈几双筷子几斤粮食搞个形式的约有 4.7%；当天大吵一架然后不得已分的约占 7.3%；搬家的仅占 3.1%。由于本题是根据村民的原话记录下来整理的，五花八门，因而分类上很难做到互不重合，统计上存在很不合理的地方。但我们仍然可以看到两种比较普遍的做法，即"散伙饭"和"另起炉灶"。前者体现了对大家庭依依不舍的传统家庭伦理观，后者则表明儿辈对独立生活的决心和信心。虽然形式上一合一分完全不同，但本质上都是"以和为贵"，吵架毕竟是较少发生的。

2. 分家的主持

纵观分家的整个过程，"商量"是其中一个不可缺少的环节。至于商量的内容是针对采取什么形式分，怎么分，分后怎么办或是其他的一些问题，在此暂不深究，我们要探讨的是在这一系列商量的过程中是否存在一个占优势地位的主持？即使是吵架分的家，那也总要有个说得上话的人出面来"拍板"吧。浙北一带的村庄，流行着请母亲的兄长来主持分家的习俗，在他们看来，舅舅这个称谓往往是和"公平"相联系的，这大概是因为娘舅居住在外村，与外甥家虽然亲近，但平时接触不多，没有实际利益冲突，对各外甥能一视同仁的缘故。[①] 本村的调查显示，85% 以上的受访者认为有主持的存在，而在 59 例有主持的样本中由谁来主持的统计如下表：

---
① 曹锦清、张乐天、陈中亚：《当代浙北乡村的社会文化变迁》，上海：上海远东出版社 1995 年版，第 372 页。

表 十

主持人	父	母	父母	叔	兄长	儿子自己	祖母	表叔
样本数(总59)	5	3	43	1	4	1	1	1
百分比%	8.5	5.1	72.9	1.7	6.8	1.7	1.7	1.7
	86.5				13.5			

很显然,分家作为家庭内部的事,像上述浙北一带由外人来支持的情况在本村并无实例,勉强说得上由家庭成员以外的叔叔、祖母和表叔来主持的都各仅有一例,而且通常是在父母已故时才可能发生。另外,由儿辈主持的仅有5例,其中不乏父母均去世的情况,也属特殊行列。总体来看,大多数家庭的分家都是由父辈来主持,而其中又以父母共同主持的情形最为普遍,达到了72.9%。一般说来,父母共同主持时母亲在其中发挥的作用更大一些,不少受访者的叙述有所透漏,这大概跟母亲在家庭事务的处理方面较有经验有一定关系。然而当家的毕竟是男性,父亲作为权威必不可少,所以父母搭档的效果实际最为理想。

3. 是否邀请亲戚、村干部或邻居等参加

请外人来主持分家的情况虽在本村极为少见,但并不意味着没有邀请外人来参加分家的仪式或参与分家的其他事务。从调查的结果看(见表十一),没有邀请任何人的情况显然占了绝大多数,这和分家作为家内事不宜外扬也无须他人插手的观念相吻合;但邀请他人参加分家的仍占有一定的比例,其中邀请亲戚的占14.9%,邀请村干部的占4.1%,而邀请邻居的仅占1.4%。比例虽然都很小,但同样不可忽视,因为"存在"定有其理由,为什么要邀请外人参加分家是回避不了的问题。邀请亲戚,主要是父亲的兄弟(母亲的兄弟在本村绝没有这种"待遇"),大多是来说"公道话"的,也就是以长辈的身份来说怎么分合理之类,但事实上是在为父辈撑腰。因为父母主持分家时主要从有利于维护大家庭的利益出发,有的要分出去的"不孝儿"难免产生抵抗情绪,有个家外的长辈在场说说"公道话"无疑能缓解紧张的气氛;另外,由于亲戚和本家的关系比较亲近,往往也直接帮忙处理一些具体的事务,例如做饭、打灶或搬家等。邀请村干部的情况实际上表明家庭矛盾已经发展到非常尖锐的地步了。村干部往往通过座谈的形式开导父子,以一个比较权威的仲裁者角色让双方都信服,从而缓解矛盾并使得分家得以顺利进行。邀请邻居的例子仅有一例,主要是让邻居做个见证人,以防止日后出现分家方面的纠纷时"死无对证"。需要补充的还有,无论是亲戚还是村干部,除发挥以上各自的作用外,往往也会以证人的身份出现。

表 十一

被邀请人	亲 戚		邻 居		村干部	
	样本数	比例%	样本数	比例%	样本数	比例%
是	11	14.9	1	1.4	3	4.1
否	63	85.1	73	98.6	71	95.9

4. 是否拈阄

分家作为家内事,"以和为贵"的精神在整个过程中起了一定的约束作用,因此即使某个当事人偶尔吃了点亏也可能"大事化小,小事化了"。然而并不是每个当事人都能达到"大公无私"的境界,尤其是在贫穷使得家庭成员间斤斤计较的情况下,矛盾往往不可避免。围绕财产的分配、老人的赡养等都可能产生分歧,如何化解就成了分家程序上一个很值得重视的问题。从现有的资料看,拈阄是较为常见的,将达不成合意的事项制作成阄,自己抓了什么就是什么,这种方法符合程序中立的原理,从而保证了分家结果的公正性,也使得争议的双方在感情上易于接受。正因为此,古代中国很多地方都有在分家过程中采用拈阄的固定习惯。但在本村,拈阄的现象却相当少,83例分家中仅有四例在分家过程中采用过拈阄。究其原因,一来是家庭成员间的忍让,二来则是由多次性分家的特征所决定。一次性分家通常是在兄弟间分,各方地位相对平等,程序上的公正对协调彼此的利益冲突有一定效果;而多次性分家的当事人往往一方为父母一方为儿子,如上文已论述的父母在其中占主导地位,可以"说了算",此情形下拈阄就显得有点多余。通过考察,我们把四例有拈阄的分家进行了总结,具体情况见下表:

表 十二

	拈阄原因	谁制作阄	阄的格式	拈阄顺序	其他情况
个案一	母亲先从哪家吃起	长兄	三个签分别写着1、2、3,代表顺序	随意	父亲早去世,母亲已不能下地干活,三兄弟一起分家

续表

	拈阄原因	谁制作阄	阄的格式	拈阄顺序	其他情况
个案二	都想住新房子	叔叔	三个签,两个写"新房子",一个写"旧房子"	一起抓、无先后	三兄弟一次分的家,矛盾很尖锐,父亲完全管不了事
个案三	争房子,房梁有好坏	父母	三个签分别写着1、2、3,代表不同房子	小的先拈	三兄弟,小的没结婚,但一起参与分财产,父母管不住了
个案四	分房时产生分歧,"抓阄不管好的坏的都没得怨言"	兄长	两个签分别写着"一"、"二",代表不同的房子	不分哪个先,一起随便抓	五兄弟之家,此前分家都没拈阄,此次为老七老八一起分家

通过对个案的分析,我们发现拈阄只发生在两个以上兄弟参与分家的时候,而抓阄的利益相关者也都是儿辈,即兄弟之间的分歧才可能采取这个方式,父母和儿子的分家是决不采用这种办法的。从某个角度看,以上的特殊情况更接近于一次性分家的特征。因此我们可以得出结论,多次性分家在各次分家过程中一般不采取拈阄方式,除非在有两个兄弟以上参与并且父母在当中不能处于主导地位的情形下才可能发生。

5. 是否制作分家文书

为了避免日后纠纷,分家时将分家情况、财产归属、赡养安排等达成共识的事项记录下来,制成分书,由参与分家的各方当事人签字,一式几份分别保存,这种在历史上有据可考、并且在当今法律界被认为极有必要的做法在本村却成为天方夜谭。83 例分家中既然没有一例制作分书,使得我们此前希望通过某份分家文书来分析该村分家个案的设想完全破灭。这种令人惊讶的现象在村民眼里却再正常不过。"父母兄弟间还需要立什么字据"、"说分就分了还记什么"、"记了有什么用,该吵的还是吵,该闹的还是闹"等回答让我们感觉自己的杞人忧天。分书之于本村分家当事人的意义,笔者认为跟费孝通先生在"文字下乡"中所论述的文字之于乡民的作用大抵有些类似,即在一个熟人社会里,用文字记载的东西总显得有些多余。

6. 是否立户

分家之后意味着大家庭的解散和小家庭的成立,日后财政收入、债务负担、家庭赋税等都各自分开。一般而言,分家当事人对于内部责任和权利的分配比较清楚,但外人却不一定能够了解,因而我们设想是否存在一种公示的程序,能使第三人得以知悉。例如有些地方的做法,即分家需到村大队申请户籍变更,小家庭成员从原来户籍中脱离出来,另立户册,既可以起到公示的效果,也便于村的整体管理。这样看似有效的做法,在本村并没有形成通例。据村支书介绍,户籍变更和分家是两码事。虽然曾要求分家后要换户口本,但出于经济上的考虑,很多人不愿意去花这个冤枉钱;另外,出于工作上的便利,干部们也不愿意为每次分家都办理更户手续,而是规定三年一次统一在一定时间内进行更换。因此,大多数分家和另立户册并不是同一时间进行。当我们问到国家税的征收以户为单位,不立户会不会造成征税不便时,村会计表示,由于村很小,相互间都很熟悉,谁家发生分家的事都很快就会被大家所知,且在实际征税时家庭的变更状态很快会得以反映,因而只需遇到情况后在会计账本上单独列户即可。这也是为什么在上文表一中户籍户数和会计账本上的实际户数不一样的缘故了。

五、多次性分家的主要内容

分家从表面上看是小家庭从大家庭分出去的过程和状态,但实质还伴随着一系列权利义务关系的变更,因而有必要考察其分家涉及的内容,即分家的"家"到底包含哪些内容,以助于最终确定当事人间的权责范围及利益归属。从调查中我们发现,分家实际上可以归纳为"分产"和"分人",前者指的是财产的分析,后者指的是老人赡养义务、未婚弟妹抚养义务的承担等。当然,古时的分家还涉及宗族传承和祭祀安排等重大问题,但本村分家并没有这些功能,故笔者接下来仅就分家涉及的最主要的内容即析产、养老和未婚弟妹的安排问题进行分析。

(一) 分家析产

财产传承对于任何家庭都不可避免,靠什么制度进行调整以及制度如何运作等是重大的课题。城市里按现行《继承法》调整财产传承行为似乎行之有效,但要求村民也按照法律来行事却难免有些苛刻。原因在于农村有着一套根深蒂固且运行良好的关于财产传承的习惯,全然不顾这种习惯而在财产传承领域推行《继承法》,效果如何值得怀疑。在本村,100%的受访者均表示,有子女且有一定财产的家庭都通过分家的方式来分配家庭财产,而采用法定继承和遗嘱继承形式的却没有一例。可见分家在家产传承中的地位非同一般。

析产在分家制度的研究中历来最受重视。事实上,从分家的原因和分家具体程序来看,可以说都与家庭财产的析分密切相关。而从上述一次性和多次性分家的划分来看,财产析分次数本身就是其中一个很重要的指标。一次性分家的情况下,财产全部拿出来然后一次性均分,操作起来相对容易。但多次性分家的析产远没那么简单。对于一个需要分多次家的家庭来说,家产的数量不固定,哪些能分哪些不能分很难说清楚,均分更是难以做到。其可分财产边界的模糊性及其本身操作的复杂性,使得对这种多次性分家析产的研究难以入手。笔者尝试理出一点头绪。

1. 分家和析产的关系

欲对分家析产进行探讨,首先应明确其涉及的范围,分家和析产的关系是回避不了的问题。"分家"和"析产"本身具有不同的含义。"分家"在上文已有涉及,即指小家庭从大家庭分离的方式或过程;而"析产"按本村的说法是,若干兄弟通过一定的方式均分以父母为核心的大家庭的全部财产,既包括以分家方式进行的财产分割,也包括父母没有分给各兄弟的财产在其生前或死后的析分。严格来说,后者的析产应属于继产或者遗赠的范畴,因为家长对那部分财产通常已享有完全的处分权,典型的例子就是当我们问一位有三个儿子且都已分家的老人,他现在住的房子属于谁且在他百年后将怎么处理的时候,他说"属于我的,我想给老二和老三,老大不听话不给"。这种做法是否合理暂且不论,但作为一种事实在本村相当普遍。所以,当我们提及分家析产时,仅指前者即通过分家形式进行的析产。

很多学者认为,分家必然伴随着财产的分析,所以常常将分家和析产一并而论,甚至等同。对此笔者不完全赞同。对于一次性分家,它最大的功能在于使得家庭的财产得以传承,因而可以说分家和析产一致。但对于多次性分家,却存在分家而不涉及析产的情况,通常发生在十分贫穷没有财产可分的家庭。本村 20 世纪 80 年代村民主要靠务农为生,收成仅仅能维持家人日常温饱,且有不少家庭是一家好几口人挤着一个破茅草屋,为了结婚后不用继续挤在一起,儿子一般都会自己拼命赚钱,然后做房分出去独立过,根本不可能从家里带走什么东西。

没本事的可能分了家还住一起,仅分开吃而已。据调查,"没什么可分"的情况在本村为数不少,有 27 例,占到了 36%,"没得么事分"、"都是出来自己搞,没分到东西"、"我们想要,公婆也拿不出来"、"那时家里就几个碗筷,能拿什么分啊"等都是鲜明的写照。这种条件下,分出去的儿子由于比较年轻,能干的活多,小家庭负担又较小,所以即使没从大家庭获得什么财产,往往也会过得比原来好。联系前面论述的为减轻家庭负担而分家,就不难理解为什么多次性分家存在分家而没析产的特例了。

另外,在本村还存在这样的例子,分家时没有析产,仅分灶吃,分房住,其他的东西都合着用,自己赚的归自己。但父母还是会帮忙做房子。新房做起后,儿子才出去单独住。虽然名义上没有提析产,但通过建房,事实上已经把财产转移给了儿子,此情形下,分家和析产显然并不是同一时间。

换言之,至少存在着两种分家与析产不重合的情况,一是无产可分时,只分家不析产;二是只分灶不析产,在多子和独子分家的情形下都可能发生。

2. 财产的性质

另一个问题是,分家析产析分的是谁的财产? 费孝通认为,"分家的过程也就是父母将财产传递给下一代的最重要的步骤之一。通过这一过程,年轻一代获得了对原属其父的部分财产的法定权利,对这部分财产开始享有了专属权"。① 依此观点,分家所析分的财产显然属于父亲。但笔者对此却并不赞同,原因在于本村的实际情况与该观点大有出入。

对于没有分家之前大家庭财产权的归属,调查结果更倾向于支持家庭成员共同所有,而非个人所有。从夫妻的角度看,百分百的受访者都表示没有丈夫或者妻子名义下的特有财产,即使妻子从娘家随嫁带过来的首饰或其他小物品,也同样属于夫妻共同的财产;从代际的方面看,所有的受访者均表明没有子女名义下的特有财产,儿子在没分家之前,所赚的钱和所获得的其他财产都必须上交父母,作为大家庭财产的一部分而满足日常开支或者存储起来。女儿在出嫁之前同样不允许藏有"私房钱"。虽然有个别家庭的儿子出去打工后没将财产上交,毕竟是少数,而且通常这样的行为会受到家人还有乡民的共同谴责。也正因为有此习俗,从 1995 年起随着大量的青年外出打工并把财产寄回家,本村乡民的

---

① 费孝通:《江村经济》,南京:江苏人民出版社 1986 年版,第 47 页。

生活水平才慢慢得以提高。据村支书介绍,现在村里的年收入60%以上是靠各家各户未成家的青年人外出打工所得。需关注的是,没成家的孩子通常都会遵照该习惯上交财产,但结婚的儿子则可能偷偷为自己的小家留下小部分财产。宽容的父母会默许这种行为,而严厉一点的家长则会闹起来,结果往往就是分家。

虽然儿辈没有私有财产,但父辈是否保有自己的财产,或更甚者将儿辈上交的作为家庭共有财产的部分据为己有呢?在本村,父亲虽表面上享有控制财产的权利,但实际上他只是在行使财产管理的职能,并非享有完全的处分权。具体讲,从财产开支的目的上,为家庭日常生活、孩子读书、种子和肥料,这几样基本已占到家庭总支出80%以上,仅有的剩余也是储存下来为儿子的婚事和建房所需,单纯用在自己身上的几乎没有。按村民的话说是"哪有自己的财产,还不是都为了这家,还不都为了儿啊"。从对财产的支配权上,家庭的重大开支,父亲不能一个人说了算。孩子没开始赚钱的,和母亲商量是免不了的;假设孩子已对家庭有所贡献,他的意见就相当重要。如没有协商而私自处分家产,很容易会引发家庭矛盾,进而纷争。村民对这样的家长一般会给予不好的评价,正说明了该做法有悖常理。

以上的分析表明,大家庭的财产应属于家庭共有较为合适。学界一般称之为"同居共财"①,用村民的话说即是"合着住,合着用,合着吃",不分彼此。正因为家产的共有制基础,家庭中各兄弟才认为理所应当地应得到自己的一份。从该意义上讲,分家析产本质上是共有财产的再分化过程,其与现行《继承法》以个人财产制为基础相背离。实际生活中,由于村民们按着习惯或者家庭伦理行事,将家庭财产平均分予各兄弟也就相安无事,似乎和现行《继承法》并无冲突;但如果出现了异类,即偶尔有个别父亲通过遗嘱的形式将家产赠与他人而不是自己的儿子,怎么办呢?按法律来说应当承认这种行为的效力,而按分家析产的习惯父亲却没有这样的权力。强烈冲突前,法官恐怕只会无所适从。按法律行事固然不错,可是当法律与现实脱节,法律的实施效果如何可想而知。推而广之,如果全国的农村与本村一样都存在这种情况,那我们就不得不反省现行《继承法》

---

① 关于"同居共财"的更多讨论和分析,可参见〔日〕滋贺秀三著:《中国家族法原理》,张建国、李力译,北京:法律出版社2003年版,第69—72页,其描述的现象与本村颇为相似。

的合理性。另外,若承认了这种家庭共有财产制,那何以女儿没有参与分家析产的权利?如果女儿要求分得财产,法律能否支持?这些同样值得深思。

3. 可析财产的范围

弄清楚财产的性质后,进一步地问题是家庭的共有财产包括哪些?而这些财产是不是都属于可析的范围?

调查反映,分家之前大家庭的财产主要有房屋(包括未建房的土地)、家庭耐用品(如电视机、电风扇、家具、厨具、坛坛罐罐)、农业用具(如拖拉机、耕牛、一般农具)、粮食(大米、粮油、其他作物)、金钱(包括金、银首饰等)。其中最普遍的财产是房屋,因为再穷也总有个地方落脚;金钱则不是每个家庭都拥有,尤其是20世纪80年代,靠农业收成仅能勉强维持生计,很难有额外的剩余;电视机、拖拉机等更为少见,仅个别拥有,而且那已是20世纪90年代后期的事了。至于在古代分家中常见的财产——土地则不属于家庭财产的范畴,而属于集体所有,家庭内部自然没有自由处分的权利。在采访中有的村民表示在分家时分了田,而事实上,即使分家没说,田地也理所当然应由其承包,此为农村实施按人头承包责任田的制度所使然。

对于这些财产,按本村的规矩均属于可供析分的范围。调查中没有发现父母指定哪些财产不准分的实例,也没有发现像古代某些地方的习俗一样需单独留出一部分财产供家族祭祀之用。但仍需指出,在多次性分家的情况下,可析财产的范围是不断变化的。举个例子,一个三兄弟的家庭,原有三间老屋。1988年老大分家时按当时家产三间老屋计算分走了其中一间;1992年大家庭成员齐心协力建了一新房,1993年老二分时的家产就应该按两间老屋加一个新屋计算,假设其分走了其中的新屋;之后,老三分家时家产就剩下两个老屋了。从这点看,虽与一次性分家显著不同,但其中所贯彻的"同居共财"是相通的。分出去的人对原大家庭财产的增多不享有任何权利,当然也不用为家产减少而负返还部分已获财产的义务。

4. 分家析产的原则

对于有财产的家庭,按什么习惯把家产分析给各兄弟,是析产问题中又一个重点。考察的结果显示,虽然分家作为家内事各有各的做法,但总体上仍具有一定的共性,受若干规则和习俗所制约。这种共性我们称之为分家析产原则。

(1) 均分原则

探究分家析产习惯的渊源，大抵可追溯至秦国。商鞅变法实施"分异令"后，"秦人家富子壮则出分"成了习惯①，儿子与父母分居、另立户头时必然带走一份家产，有几个儿子陆续带走几份家产，等于把家产由一个大家庭所有变成了若干个小家庭所有，这便形成了诸子析产制；又由于每个儿子单立户头后都要生产生活、纳税服役，负担相同，所以从父家庭中分去的财产也必然大致相同，这便在诸子析产中加进了"平均"因素，形成了所谓的诸子平均析产方式。②再后来，当后世提到"诸子均分"时，其实就是指的分家析产。③从该制度的历史轨迹看，多次性分家析产和"均分"原则从开始就是紧密结合在一起的，"均分"既是分家析产所必须遵循的原则，往往也是其结果。

在本村，"均分"原则在村民们意识里根深蒂固。从父母角度分析，一是儿子们都是自己的亲生骨肉，没理由偏心；二是出于对大家庭安定的考虑，也会极力维护"均分"的落实。从儿子方面考虑，自己是大家庭财产的所有者之一，分家时自然会据理力争，"互不相让"的结果客观上往往就产生了对"均分"需求和认同。事实上，"均分"既是对家庭财产共有性质的承认，也可以说是由共有性质所导致。

"均分"原则贯穿于分家析产的始终，可从以下个案得到很好的印证。

案例一：

三兄弟之家，家产有一头耕牛、一台拖拉机、三间老屋、老大妻子随嫁过来的嫁妆以及老屋内的生活用品如桌椅等。老大分家时，得了一间屋、妻子嫁妆和一台拖拉机。由于拖拉机比耕牛昂贵，故老大又折钱给了老二和老三每人600元。此时老二老三没分家，钱实际上给了大家庭；老二分家时，家中有一头耕牛、两屋和储蓄1000元，按当时折算耕牛加两老屋共1000元，老二表示不要房子，于是分了1000元出去另做房屋，其他的归老三；老三分家时，父母没留财产，两间房子、家中粮食和物品以及少量存款全给了老三，但父母随老三住。

---

① 《汉书·贾谊传》。
② 邢铁：《我国古代的诸子平均析产问题》，载《中国史研究》1995年第4期。
③ 俞江：《继承？抑或分家析产？》，未刊稿。

案例二：

三兄弟之家,家产有一老屋(三个房间)、屋内生活用品(坛罐)及一些粮食,欠集体1000元左右。1983年老大和老二一起分家,按当时房屋造价该房屋折价1000元左右,老大老二两人都没分房子,也不承担债务。老屋说好归老三所有,债务全由老三负担,但老大老二仍在屋里住,直到各自做了房才搬出去。另外,屋内坛罐和粮食等都平均分成三份,三弟兄每人一份。

案例三：

三兄弟之家,父亲已去世,家产有三间土房子(连在一起)。老大分家时得了一间土房子,老二分家时也得了一间,老三和婆婆一起住。后来房子不牢,三兄弟商量后拆了,瓦和梁有用,就将数目数清楚,然后每人各得三分之一。老大和老二每年多给婆婆30元,婆婆自己平时花,吃住则在老三家。

以上的案例,基本上代表了本村多次性分家析产的普遍做法,即每次分家时都将当时家产计算清楚,然后按参与分家和没分家的兄弟总数进行均分。分家的当事人把分到的财产带出去,而没分家的兄弟的财产份额则继续留在大家庭里。"折价"是均分中很重要的环节,除参照造价或市价外,通常需要由父母给予认定,以免兄弟间产生不必要的争吵。

(2) 家产搭配原则

绝对"均分"是理想的状态,但在实际生活中很难做到。打个比方,两个一模一样的东西两人平分很容易,可若有一老屋,一新屋,一耕牛要两人平分,怎么搭配怎么折价则存在疑问。这种在搭配家产上表现出的通行做法是我们所要考察的内容。

"大儿不理宗堂"是本村的一句俗语,大概的意思是大儿子可以分家出去,不用管祖业的继承、祖宗的祭祀等,这些都应该由小儿子来承担。正因为有此习俗,所以,作为家族产业的老屋一般会分给小儿子。上述案例一和案例二的情况都提供了很好的支持。从整个村的情况看,小儿子分了家族祖屋的占95%以上。虽说如此高的比例跟多次性分家中小儿子通常是最后一个分家的有很大关系,但几兄弟一起分时仍按这种分法则不能不说是一种比较典型的通例了。

另外,就本村而言,如何分配家产一般还基于这样一种事实,即家庭内部在长期分工协作中对如何搭配家产已经逐渐形成了共识,最后仪式性的分家析产只是将这种共识确定下来而已。比如,上述案例一中拖拉机是大儿子一直在开,分家时就分给了他,并让他折价补偿其他兄弟。换句话说,分家析产习惯在实质上和程序上都尽可能地照顾了诸子的利益,因此,遵循这一习惯而形成的家产分配结果,也极容易得到诸子的认同。

(3) 其他原则

对于析产的其他原则,笔者在这里只作一个罗列,即过继的儿子只参与现在家庭的分家析产而无权参与原家庭的此类活动,上门女婿只参与妻子一方的分家,出嫁女不能参与婆家的分家析产,孙子没有参与分家产的权利,等等。具体分析另见"关于各种类型分家情况"的调查报告。①

5. 多次性分家析产实际运作中的问题

(1) 均分的偏离

"均分"原则虽深入人心,但让人奇怪的是,仍有近 20% 的村民明确表示家产搭配不均。心有不满,只是碍于兄弟或父母关系觉得不均匀也就算了的,更高达 40% 以上。个人的主观感受当然是一个因素,然究其原因,笔者认为跟多次性分家的特征不无关系。

首先,分家的主持一般是父母,在财产的分配上(包括折价)通常就是父母说了算。严格来说,分家析产是兄弟间的事,由父母作中间人相对公平。但是,受感情影响,父母可能对某个儿子存在偏心,做出倾斜的决定不可避免。另外,若家庭中若还有未婚弟妹,出于对大家庭生计的考虑,父母往往会倾向于把更多的家财留在大家庭里。如此造成的客观结果通常就是"大儿子分少而小儿子分多",难怪埋怨父母偏心小儿子的声音会如此普遍。

其次,对于一个家庭来说,各兄弟分家的时间不同,而家庭财产又在不断变化,要做到平均相当困难。比如两兄弟之家,老大分时家里只有两间破屋,老大分了一间,可是到老二分时家中已做了新房,老二因而分得了新房。破屋和新房之间显然很难划等号。如果说,通过折价,在房产分配的问题上父母还可以做到

---

① 那彦琳:《分家析产的类型研究——长林咀村的分家析产习惯调查》,未刊稿。

相对平均的话,在为儿子娶媳妇置办家具(可以被看作分家前已经转移给儿子的"家产"之一)等方面就更难以做到均等。单就结婚聘金的多寡在20世纪80年代和90年代完全是天壤之别。

最后,有的父母为防止"老来没人养",可能会在家产"均分"时把自己也算上一份。本村有一例子,两兄弟之家,家中有房屋三间,婆婆作价6000,老大分时得了2000元没要房子。虽然是"均分",但基数增加了,在老大看来就很不满意。因为他觉得父母百年后不可能把财产带到土里去,而留的这份肯定就是给小儿子了。

(2) 关于债务的分担

欠债对于本村家庭来说十分常见。65份关于债务问题有记载的问卷里,欠债的就有40份,高达61.5%。其中,欠结婚债即为子女置办婚事负有债务的有26例,欠建房债的有24例,均超过60%,其他的如用于日常开销或丧葬事务欠有债务的则占很小比例。按常理说,债务的承担也应该遵循"均分"原则,但在本村却并不如此。通常的做法是"为谁欠的谁还"。比如为大儿子娶媳妇欠的债,分家时该债务就由他负责。

(二) 分家和赡养

分家和养老看似两码事,在农村却联系得很紧密。一般情况下,大家庭全部分家后,老父母可能已年老甚至丧失劳动能力。既然儿子们都已成家立业,反过来靠儿孙们养老送终就理所当然。但由谁来负责老人的赡养仍需要通过某种形式给予明确。法律固然有所规定,不过村民却不一定"依法办事"。常理论,分家时对这些问题进行商讨并落实应是比较可行的做法。关于养老的深入探讨,另有同学做专题报告,在此不予赘述。① 而需强调的是,一次性分家和多次性分家在该问题的处理上有所不同。一次性分家中赡养是不可或缺的内容,而就多次性分家来说,分家和养老的提出时间并非始终一致。具体来说,如果分家时父母还能"做得动",养老通常不会被提出来;只有到父母"做不了"时,才会涉及该问题。虽然分家没明确,但基于伦理约束,分出去的兄弟仍会聚起来重新商量,而结果大体是让父母"吃轮饭",由各家共同负担。如果遇到不孝的儿子,以分家是

---

① 参见何永红:《中国农村赡养习惯与国家法的背离》,载《私法》本卷。

被赶出去为由,不想承当任何养老责任,父母的处境就相当困难。老人埋怨没得到妥善安置的情况在本村不算少数。当我们问及为何分家时不说清楚,有老人说:"自己能做就不要给儿子负担,儿子养老子本来就是天理,还有必要说吗?谁想到会这样?"的确,在习惯或习俗影响极大的乡土社会,用某种形式去固化人所共知的常理或许有点多余,然由于多次性分家容易导致的职责不明并可能引发的纠纷却不得不引起我们的注意和思考。

(三) 分家和未婚弟妹的安排

表 十三

个案	弟妹情况	处理方式	理由	备注
案例一	一弟一妹	"我们都分开了,不出钱出礼,也不送礼"、"由爹爹婆婆负担"	"穷得要死哪管得上他们"	分家的为老二,采访本人
案例二	三个弟弟	"归爹爹婆婆管,我们借钱给五叔读书"	"家里难得有读书的,我们就帮他"、"没要求我们这么做"	分家的为老二,采访其妻
案例三	一弟一妹	"都跟父母过,我们什么都不用出"	"农村就这习惯"、"有大人在,哥嫂就不管"	分家的为老二,采访其妻
案例四	两弟一妹	"都归父母管,我们给了点钱意思"	"头上有大人安排,我们不用管,给几个钱也是赶礼"	分家的为老大,采访本人
案例五	一弟两妹	"凑分子养他们三个"、"妹妹出嫁要我们凑钱"	"父亲早死了"、"家里穷养不活,只能帮着"	分家的为老二,采访本人

各弟兄分家的时间不同,因而存在分出去的兄长是否需要对未婚弟妹尽抚养义务的疑问。从上表中的案例看,本村的通例是分家时并不涉及此类问题的协商和安排,因按习惯弟妹基本是由父母照管。用父母的话说,"让儿子轻装上阵好发展"、"没分出去的应该由我们来拉扯"、"自己的儿自己养哪有靠别人的",诸如此类,无不体现了父母的用心良苦;分出去的兄弟同样觉得这种做法合情合理,没有多少会有主动帮忙的意识。像案例中那种主动借钱给弟弟读书的,毕竟是凤毛麟角,而凑钱养弟妹或者更甚者给弟妹凑嫁妆的更是特例,一般只有在父母去世或者做不动了才可能发生。通常是逢年过节给弟妹点钱,意思一下,算是

赶礼,那就很不错了。可见,分家后弟妹归父母照管在本村是较为稳定的惯例。

六、多次性分家后的纠纷解决

秩序是法律的价值之一,因而作为法科的学生,除了对以上习惯的再现和分析,笔者更关注的是一旦超越了这种规则所允许的界限,产生了纠纷,人们会采取什么方式来解决。然而,令人诧异的是,虽然对分家颇有微言、小吵小闹的事例非常普遍,但真正产生显性矛盾并引发纠纷的却极为少数,全村仅有三例。其中两例是因为财产分配不均争吵过几回,另一例是由于婆媳之间争着当家而吵嘴,而他们的解决方式都是不了了之,诉讼到法院那是绝没有的事。"都是自家人有什么好闹的"、"吵也没用,还让人看笑话"、"无所谓,都让着点就过去了"这些朴素的话语,让我们感觉将其纳入国家法调控的多余。但是,值得重视,随着私有观念的加强,村民的个人权利意识在不同程度地提高,其结果往往就是家人之间互不相让,并最终不得不借助法律得以解决。如本村一位被儿子抛弃后自己过活的老人就曾气愤得对我们说:"要是还走得动,一定把儿子告了!"看似一时的情感宣泄,在笔者看来显然是一种村民可能寻求法律帮助的兆头。

结　　语

至此,通过对本次调查的研究和分析,笔者基本上为本村的多次性分家习惯勾勒了一个较为完整的框架,从中挖掘的一些共通的规则以及提到的其与法律存在的冲突值得留意。我们很难判断这种制度是否科学合理,或者说和一次性分家相比谁更加具有优势。但可以肯定的是,从村民对该习惯的评价及认同感来看,多次性分家在本村所发挥的功能乃至其地位,起码就目前而言是任何其他制度无法替代的。人们在这一框架内通过交流和磨合而各得其所,并相安无事。面对如此"平静"的制度,笔者甚至开始怀疑现有法律在其中所能发挥作用的可能性。

在这里,我们暂且抛开类似分家这样的习惯对民法典的编纂是否具有意义的争论,仅就"对人类的各种行动认识、发现、理解和领悟,并将其表达出来以使其成为人类共同知识"① 的角度看,笔者已经很努力地迈出了一小步。至于分家会不会在中国农村长久地存在下去,调查本身给不了任何答案,我们自然也无从得知。但笔者仍然有很强烈的预感,随着社会控制步伐的加快,农村的分家问题迟早会纳入国家的视野,而到那时,习俗和法律之间的冲突到底怎么平衡,恐怕任何一个法律工作者都无法回避了。很显然,笔者的意思是,尽早发现、尽早认识,防患于未然。否则,任凭社会控制的力量就可能出现完全忽视农村习俗的情况。要知道,"一旦法律将权利和使用者分开了,它就会找到合理的根据否认远古确定下来的惯例"。②

最后,请允许笔者用研究民间法的伟大先驱约翰·布兰德的话来结束本文。

"……没有什么与我们的调查无关,更没有什么不值得我们一顾,关心最贫穷的民众;就其中那么占有极低地位的小人物而论,他们在人类的政治事务中并非不重要"。③

---

① 俞江:《继承? 抑或分家析产?》,未刊稿。
② 〔英〕爱德华·汤普森:《共有的习惯》,沈汉、王加丰译,上海:上海人民出版社2002年版,第132页。
③ John Brand and Henry Ellis, *Observations on Popular Antiquities* (1983), Vol. I, p. xxi. 转引自〔英〕爱德华·汤普森:《共有的习惯》,沈汉、王加丰译,上海:上海人民出版社2002年版,第1页。

中国农村赡养习惯与国家法的背离*

——以湖北钟祥石巷村的调查为基础

何永红**

内容提要：本文以调查材料为出发点，详细描述了湖北省钟祥市石巷村的赡养习惯。在界定了"家"和"分家"的概念后，按多子家庭、独子家庭和无子家庭三种情形，逐一对赡养习惯进行了描述和分析，并试图从中提炼出一般的赡养规则。最后，本文以基层法院的案卷材料为依据，结合习惯和现行法，对赡养纠纷及其解决方式作了简要的分析。

关键词：分家 赡养习惯 诸子均分 共有

Abstract: Based on an investigation, this paper describes detailedly the maintenance custom in Shixiang village of Zhongxiang city, Hubei Province. Having stated the meaning of "family" and "family division", the paper describes and analyses the maintenance custom in three kinds of families: multi-son family, single-son family and non-son family, and tries to draw out the general rules of maintenance. Finally, based on the files obtained from the local court, this paper concisely analyses the maintenance disputes and their settlements.

Key words: Family Division, Maintenance Custom, Equal Division Among Sons, Common Ownership

---

* 本文在形成过程中，从调查、选题到定稿都在俞江老师的悉心指导下完成；同时，余盛峰、李传广、蔡伟钊等同学的批评也使我受益匪浅，在此一并致谢。

** 何永红，男，西南政法大学硕士研究生；邮编：400031；电子邮件：yong-502@163.com。

一、引　言

　　这次关于赡养习惯的调查是家庭财产习惯调查的一部分。其调查的总体计划是选择湖北一至二个村庄，调查关于家庭财产的收入、使用、分配等，以及分家和继承习惯引起的纠纷和处理情况；同时，收集家庭财产方面的文书。具体的调查问题都设计在一份问卷里，赡养主要集中于"分家补充"一项，作为问卷的第四部分"代际之间如何分配财产"的一个方面。本次调查以家为基本单位，每家做一份问卷，共收集有效问卷 44 份。访谈的对象为父母或儿女。由于他们在家中的身份不一样，因此对分家现象的描述和评价可能就有差别，但我们对信息进行了筛选，以让结论所依靠的材料尽量可靠。有关赡养的调查是与家庭财产习惯调查同步进行的，故对调查过程和调查方法不再赘述。① 调查赡养习惯的目的在于力图去发现和了解事实上农村中有关赡养的规则，也在于更好地理解分家习惯。

　　调查发现，在分家的家庭中，老人赡养同整个分家析产过程密不可分。在没有分家前或者独子家庭中，父母子女同居共财，老人的赡养较为简单。关于赡养纠纷及解决，我们在村中收集的材料较少，这或者是因为被访谈者隐藏矛盾，所谓"家丑不可外扬"，或者是因为赡养的显性纠纷本来就很少。在农村，一般是矛盾闹大了才会上法庭，所以，从基层法院的案卷中，我们得以了解石牌镇（石巷村所在的镇）赡养纠纷中矛盾最突出的那部分。

　　本文的主要任务是把我们在调查中所发现的规则描述出来。实际上，有关农村老年人的赡养（或称"养老"），社会学者已有大量研究成果，其最大特点是将赡养放在农村养老保险体系不完善的背景下来研究。"养老问题的解决分别被视作制度优越性的体现，计划生育的对策，老龄化社会到来的应付"。② 因此，这些文章和本文所采取的视角、方法及结论均有不同。

---

　　① 参见蔡伟钊：《多次性分家研究——湖北省团风县长林咀村有关分家的民事习惯调查报告》，载《私法》本卷。
　　② 王述智、张仕平：《关于当前中国农村养老问题及其研究的思考》，载《人口学刊》2001 年第 1 期。

二、关于家与分家

(一) 家的内涵

家首先是一个空间上的概念。农村的房屋通常是"小别墅"式的,家与家之间有非常明确的界限,一般不存在两家人共用走道、楼梯或院坝等情形,每家的土地和山林也都离自家房屋不远。这样的房屋样式有别于城市中单元房(apartment),而石巷村的房屋又有其独特之处,即大多数是由正屋和厢房屋等四周围起来的一个整体。所以,在外形上很容易把家与家之间区别开来。①

但是,这个意义上的家是直观的,要更好地理解分家及其赡养习惯,尚需对家的内涵作进一步的界定。从经济的角度讲,中国家庭的属性在于共财,其共财的核心是家庭财产由家政管理人统一管理,家庭成员的收入和支出统一入账,原则上,各家庭成员没有可供自己独立支配的特有财产。我们的调查也"证实"了共财模式在当下仍然延续。家产的来源有两部分,一部分是家庭成员劳动所得,另一部分是从祖父辈手中承继所得,有时后者的比重更大(主要表现为不动产)。家产代代相传,其中经过了不断的损益,一家人就是围绕这个财产共同体组织自己的生产和生活。在没有对家产进行分割——通过分家这种特有的方式——之前,财产处于一种共有的状态。

实际生活中,"家"构成农村中基本的生产单位。在家庭联产承包责任制的条件下,一家人(父母子女一起)围绕自家的土地进行农业生产,这使共财成为一种经济生活的必然。有时父母虽然在形式上可能还有自己的"责任田",但实际上是和儿子的"责任田"绑定在一起的。② 除了少数打工者的家庭外,农业收入是家庭收入的主要来源;家庭开支也是围绕农业生产进行的,原则上由家政管理人进行"统一核算"(见下表)。例如,"赶人情"(即送礼)是农村居民礼尚往来和

---

① 关于此类房屋的结构和功能,本次调查的另一位成员在其文章中的"家产分割的方式及分割的原则"部分有详细的介绍。参见李传广:《中国农村的分家规范、家产分割与国家法——从一份分书看农村分家问题》,载《私法》本卷。

② 钟祥县人民法院民事判决书中(钟法民字[1988]156号)就提到了,母亲刘万秀于1984年下半年离开大儿子刘国平跟小儿子刘国志一起生活,并将刘万秀的"责任田"划给了刘国志。

互帮互助的主要形式。它是指在同组(甚至更大的范围内),别家有红白喜事,本村人(也包括外村的亲戚)以家为单位送去财物——现在主要表现为金钱。礼物的轻重象征着关系的好坏,它同时还创造着一种舆论:这家人是否与同村人合得来以及这家人是否慷慨大方等。在熟人社会中,这不是一项可有可无的开支,从表中送礼一项在总开支中所占的比例就可见一斑(约占 1/5)。

家庭经济收支调查表

收入(元/年)	农业收入				非农业收入				总计	差额
	卖粮食	经济作物	养殖	临时出售	小买卖	村干部工资	劳务费	打工收入	12795.8	3047.5
	6187.5	1256.3	1020.8	339.6	533.3	62.5	408.3	2987.5		
支出	生产资料	税负	子女教育	差旅	送礼	食物	医疗	电话	衣服	总计 9748.3
	1586.6	647.9	1925	532.9	2008.3	1218.8	414.6	601.7	812.5	

说明:1. 该表是根据入户调查所得的资料计算的平均值,样本数为 24。
2. 生产资料包括种子、化肥、猪仔三项。
3. 有些项目如打工收入、村干部工资、子女教育等并非每家都有,这里算的只是平均数。
4. 非年度的支出如子女婚姻、丧葬和建房不便折算,未在该表中反映出来。因此,实际的"差额"比表中反映的要小。

另外,与财产相关的一个重要问题是家中的人。人与财并列成为家中的另一重要要素。人使家庭财产的功能得以发挥,其中,家政管理人——通常是父亲——的管理活动使家中的财产和人处于一个有机联系的整体。"国不可一日无君,家不可一日无主"、"家有千口,主事一人"等谚语,道出了管理人在家中的重要地位。

调查发现,管理人的形象不再是权力大威望高的家长形象。当问及家庭中是否有家长、谁是家长时,多数对"家长"一词并不很敏感,有时的回答也很勉强,而且被访者一般都会说是夫妻共同当家,"现在也不能一手遮天,女的掌管经济、开支,一个人做事没底,搞不成"。在儿子已经成年或者开始懂得经营家业时,儿子在家中的意见也不能被轻易地忽略。所以,对于上面提到的家产,所谓的家长充当的只是管理人的角色,他并不拥有完整的对家产的所有权。家政管理人指挥家庭的生产与生活,家庭的收支也是在家政管理人的名义下进行的。"父债子还"或许可以帮我们认识这点。在调查中,很多人明确告诉我们:"父债子不还,法律都不可能这么规定"。他们对此做出的解释是,儿子成长结婚都是老人操的心,以后权力交给儿子了,儿子自然就得接管当初欠下的债务。这里的债务是特指父母当初在管理家产和组织生产时以父亲的名义欠下的,严格说来,这种债不是"父债"而是"家庭之债"。① 依现代法观念,农民的这种法意识不可思议,但它或许可以通过引入家的概念而得到理解。分家的过程中,儿子从父辈手中承继了家产的同时也就产生了债务的承担问题。

综上,本文所使用的家是指家庭的财产以共有的形式存在,并在家政管理人的统一管理下收益和处分,各家庭成员与家产结合成的一个有机联系的同居共财体。

(二) 分家的内涵

如前所述,人和财是家的两个必不可少的要素,二者只要以上述方式结合为一个共同体就可称之为家。至于家中有多少人、有几对夫妇、父母是否健在、成员间是不是直系亲属等都与家本身没有直接的关联。一家之中,某个人的偶然退出(如去世)或加入(如娶媳妇儿)都不影响原来家的成立。家最常见的形式是父亲和儿子(已婚或未婚都包括在内)及未出嫁的女儿组成的直系亲属家庭。另一种不常见的形式是复合家庭,即祖父母、父母去世后,兄弟之间同居共财,甚至兄弟去世后从兄弟之间仍然同居共财——尽管这种累世而居的情形极其罕见,但在历史上作为家的一种类型仍然是存在的。而当维系这个家的经济和社会条件发生了变化,家产和人就可能会被分割成几个部分,以几个新的同居共财的形式存在,家也就走向了它的反面——分家。

分家是根据男系进行的,一般情形下,女儿无论出嫁与否都不参与家产分割。但是女儿招婿参与分家可以作为正常分家情形的补充(后面有较详细的分析)。财产代代相传,老家不断消亡的同时,新家不断产生。我们调查的只是20世纪80年代以后的分家过程,实际上只了解了整个分家历史中的某一环节。据在石巷村的调查,两个或两个以上儿子的家庭,才存在这里讲的分家情形。对于独子家庭我们将在后面专门探讨。根据分家的次数,可以将分家分为一次性分

---

① 实际上,父亲不太可能存在私人的债务,这与父亲本身没有私人的财产是一致的。但是,也并非一定不存在父亲因赌博等恶习私欠债务的例子。但这种情况足以引发家庭不和。因此,"父债子还"观念不包含这种特殊情形。

家和多次性分家。前者指部分或所有儿子结婚后一次性把家分完,以后不再分;后者指诸多儿子中从老大到老小结婚一个分出一个,直到"分完"为止。另外,依据家分完后,父母是否单独组成一个家庭,也可将分家分为两种:一种是所有的儿子都分出去后还由父母组成一个"空巢式"的家庭,他们拥有单独的房屋和一定的财产(这些财产或是在分家时已经确定了归属,或是等父母去世后再在儿子之间进行分割);另一种就是本次在钟祥调查时遇到的情形:分家时父母本身作为一种分配的对象,按照一定的原则被分配到各个儿子的家中,这样原有意义上的同居共财形式不复存在。前后两种分类表现出某种相关性。从石巷村的实际情况来看,无论是分财还是分人,大多数分家都意味着原有大家庭的分裂,即原有家庭共同体解体之后,本家裂变成若干个小家。

20 世纪 80 年代以后,分家时机大多在儿子结婚后 1 至 2 年内。分家一般不邀请邻居或村干部参加,部分会邀请"家门"如"幺爸"(在儿子的角度是叔叔)。对于分家的原因,被访者最多的说法是"人大分家,树大分丫",并认为那是一件很自然的事情,都接受和认同了这种习惯,但也有人明确告诉我们是为了子女更好地发展,"吃大锅饭不行,各是各的责任。"分家主要是家庭内部成员选个时间聚在一起,把分家的一些相关问题抬到桌面上来说一说。这种家庭会议并非像股东会那样正式讨论和表决,因为分家中的许多重要问题在日常生活中已经得到了相互的理解和认同,在这个意义上,分家是一个渐进的相互磨合的过程。但是"聚"仍有必要,其意义就在于把问题明确地提出来,经商量后达成较一致的共识,其中最重要的就是分财和分人,前者涉及到代际之间如何分配财产,后者主要是老人的赡养和年幼或未婚弟妹的抚养问题。

分家后,父母分别和其中一个儿子共同居住。分家后的家庭是相互独立的,有独立的财产和户口,父母分属到不同的家庭,其意义不仅仅是生活上的共同居住,而且从此以后,父或母和儿子组成一个新的家庭共同体,父母能劳动时就成为家庭的帮手,生病或者"老得不能动时"便成为家庭的负担。所以,对儿子来说,分到父亲还是母亲既有正面的利益也有负面的利益。平均来讲,农民一年的家庭收入扣除支出后并没有多少剩余,至于存钱为了将来的生病、子女上学或养老,那是比较少见的。① 父母即使再能为家庭做贡献也不能让家庭财富明显增加,而生病或丧葬恰恰是家庭的很大一笔开支,并且一次性支出,这对子女来说是个不小的负担。这样,父母跟谁住在一起就不仅仅是住的问题,而是关涉到利益的平衡。被访者自己也坦言:"(在双亲健在的家庭)两兄弟分家一般不存在问题,弟兄多了就比较麻烦了。"因为两兄弟分家搭配较平均。但在多子时搭配起来比较困难,因此,如何在各个儿子之间设定赡养义务,以及赡养义务与财产、年幼或未婚弟妹之间如何搭配就成了问题的关键。在 30 份多子分家的问卷中,对"分家是否商量老人赡养"问题,有 29 份回答"是"。足见赡养是分家中一个必不可少的内容,是在分家时"聚"的过程中明确提出和解决的。下面就是对多子家庭中赡养义务的设定的考察。

三、多子家庭的赡养问题

(一) 赡养义务的设定

1. 两个儿子两个老人的情况

分家时分财产遵循的是诸子均分的原则。一般地,家中有几个儿子就分成几份,有的财产不能分开就平均搭配,两个儿子一般都是"平半分"。

> 如 FMS 家,分家时的主要财产是一栋土房、一个新地基、一台拖拉机和一头耕牛。在当时,新地基、拖拉机分别比土房、耕牛的价值高。所以,他们把土房跟拖拉机搭配为一份分给老大,新地基跟耕牛搭配为一份分给老二。老大认为尽管"得土房划不来(不划算),因为马上要推掉",但"总的来说是平半分,当时也只能这样"。

父母一般是一人赡养一个,劳动能力、性别和血缘因素通常会起到很重要的作用。这主要是因为不同的家庭对获得父母帮助的需求不同,赡养父亲还是母亲存在有利益上的差别。

> 在 ZWQ 家,分家时老二负责赡养母亲,"因为老二小些,母亲可以

---

① 关于本次调查对象的经济状况,上文的表格中有详细说明。

多都忙干些家务活";在两例姐姐和弟弟分家的情形中,最终都是决定让姐姐赡养父亲,弟弟赡养母亲,因为让父亲依靠自己的女儿比依靠媳妇更为方便,特别是在生病卧床的时候;在"隔山姊妹"(即同母异父)家中,最后是老二赡养了亲生父亲,那样更为妥当。

本例用图一表示如下:

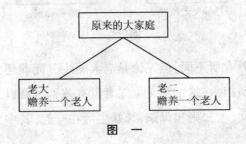

图 一

2. 两个儿子三个老人的情况

有的家庭分人时除了父母外,还有祖父母健在,那也是要妥善安排好的。在四个有祖父母的家庭中,前三个的共同特点是,分家时祖父都已经去世,老大结婚后先分出去了,并随后独立负担了祖母的生养死葬,而父母的赡养就由老二全部承担(见图二)。

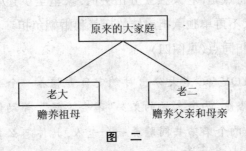

图 二

这表面看起来对老二有些不公平,其实不然。老大赡养在前,"那时比较穷",单独负担一个老人就比较不易了;另外,"老大多为家里干了些活,小的没有权利说";而且,父母跟老二住在一起,可以帮他操持家务。这样总的说来,兄弟间的利益能够达到某种平衡。

第四个家庭就是FMS家(见图三,前面有提到),不同之处在于,两兄弟年龄相差两岁,需赡养的老人有父母和祖父三人,为奇数,但在抚养的问题上还有一个未嫁的妹妹。

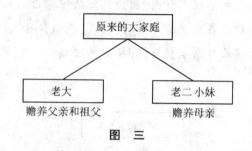

图 三

虽然赡养和抚养有所不同,但无论是老人的生养死葬还是弟妹的迎娶嫁送,对家庭都构成一个负担,在这个意义上二者没有差别。所以,分配的结果是老大负责赡养父亲和祖父,老二则和母亲、妹妹生活在一起,其中,妹妹似乎刚好起到了一种平衡作用。

3. 三个儿子两个老人的情况

在三个儿子分家的7份问卷中,其相同点是老人总共只有父母两人,老大婚后分出,剩下的所有家庭成员住一起,等老二老三其中一个结婚或都结婚后再分一次家,父母也从此分开居住。但是,在第一次分家时,父母的赡养已经商量好了。第一次分家的特点是,老大独立分出去时,家里至少还剩下一个弟弟未婚,除非单独约定,老大不再单独承担弟妹的抚养和婚姻负担。

其中的6份有相同点(见图四)。

如,三组YQY家,老大分出时约定负责赡养一个老人,当时家庭有债务但没分给他,两个未婚的弟弟"不会说话",劳动能力较差,其婚姻由父母负责,两个弟弟共同赡养一个老人,具体怎么负担再商量;四组ZYF家,老大分出去时赡养母亲,因为老大的妻子已经去世,母亲跟

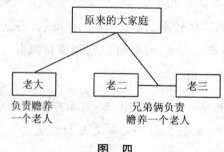

图 四

老大住在一起,可以料理家务。二姐招婿在家,并负责小弟的婚姻,姐弟俩共同赡养父亲。

可见,在老人的赡养问题上,虽然是三兄弟分家,却是按两份分的,老大负担一个老人看似吃了亏,实际上以不再承担原有家庭的其他义务为条件。

第7份有所不同(见图五)。

老大结婚分出;老二老三与父母住在一起。父母当时给老大5000元买新房,而价值约三万元的旧房和一台拖拉机分给老二老三,当时所有人的意见就是"多留些财产由爸妈抚养弟弟,并为他们操办婚事"。父母也只由老二老三赡养,但后来老三入赘,实际上,老三留下的财产权利和赡养义务由老二"概括承受"了。

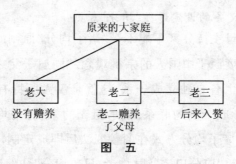

图 五

4. 四个儿子分家的情况

这种情形只有一例。实质上,那是两个儿子之间的分家。其分家过程用图六表示如下:

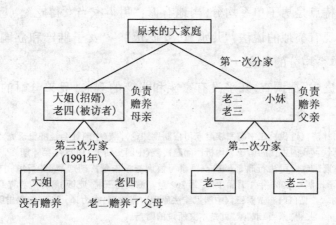

图 六

说明：老四跟大姐一家后，并没有独立的经济地位，所挣的钱交给姐姐保管，最后老四的婚姻也由大姐张罗。老四婚后与姐姐分家时也遵循"平半分"的原则，与一般情况下的两兄弟分家相同。

第一次分家之后，母亲去世办丧事时，老二老三也出了钱。原因是当时大姐和老四拿不出那么多钱，老二老三帮帮忙，算是互助。这不是对原来约定的不履行，而是弟兄间经过重新协议后，对赡养履行方式的默示的变动。

5．五个儿子分家的情况

对于 SXY 五兄弟分家的情况，调查了解到的信息很少，只知该家采取的是多次性分家。父母现由老五赡养。

（二）设定赡养义务的一般特点

1．诸子对赡养义务的设定遵循"均分"原则

传统家庭中，父母主持分家不能不受"诸子均分"原则的限制。根据陈其南的解释，诸子均分制度源于中国人的宗祧观念，"同属一父之诸子彼此之间必须分立，而在系谱意义上各自独立成一系，这就是汉人所特有的宗祧观念"。① 每个儿子均可与父系形成个别的联系，继承祖先的宗祧，平均享有父系祖先的产业。作为一种制度，诸子均分方式在商鞅变法后即成定制，并在民间通行，至迟在唐律里面就有规定："应分田宅及财物者，兄弟均分"。随后宋明清各朝律法均有相似的规定。② 我们的调查显示，这种分家方式没有消失的迹象。这说明不管在私有经济时代还是在集体经济时代，诸子均分作为一种规则自始就存在着。诸子均分的特点是男子单系均分，当地有谚："男得家当女得吃"。近代的民事习惯调查也发现有类似的说法："儿承家，女吃饭"。③ 女子继产和立嗣继产并非常态，是男子单系均分的补充。

现代家庭中，据调查，几乎没有家族和祖产的观念，兄弟分财的对象是属于

---

① 转引自林济：《近代长江中游家族财产习俗制度述论》，载《中国社会经济史研究》2001 年第 1 期。
② 参见邢铁：《我国古代的诸子平均析产问题》，载《中国史研究》1995 年第 4 期。
③ 前南京国民政府司法行政部（编）：《民事习惯调查报告录》，胡旭晟、夏新华、李交发（点校），北京：中国政法大学出版社 2000 年 1 月第 1 版，第 762 页。滋贺秀三将"吃饭"解释成养育到结婚为止，我认为是比较合适的。参见〔日〕滋贺秀三：《中国家族法原理》，张建国、李力译，北京：法律出版社 2003 年 1 月第 1 版，第 361 页。儿得"家当"或"家"就是本文所说的财产。

家庭所有的财产。家庭中也几乎不存在铁腕式的家政管理人,有时连这个家的分与不分都是儿子说了算,因为"父母老了后还得靠子女的,子女说分就分"。农村中分家的原则依然是诸子均分。如果父母不遵循这个原则,那么它不仅会让兄弟间因分家不公而同室相煎,家庭不和,还会让父母受到舆论的指责。更重要的是,父母本应"手背手掌都是肉"却厚此薄彼,这种做法会给儿子们留下以后不尽职尽责地履行赡养义务的口实。兄弟间每一个家庭的财富和经济承受能力以及"我应有份"的思想都不允许他们大大方方的视那些"坛坛罐罐"于不顾,于是财产分配的最好方式就是弟兄间的相互谦让和妥协。一般地,平均分割是各方都能接受的结果。

由于赡养义务的提出和设定是在整个分家过程中进行的,它与财产的分配和对年幼或未婚弟妹的抚养有很大的相关性。从分家的结果来看,30份分家的问卷中,有24份确定了父母的赡养;有2份是三兄弟分家,当时确定了由老大养一个老人,另外一个老人究竟在两兄弟之间如何分配尚未确定;还有3份是两兄弟分家,确定了一人养一个,到底谁跟谁在一起当时没有商量;最后1份是五兄弟分家的情形,那是典型的多次性分家,调查资料没有显示出分家时是否确定了老人的赡养问题。可见,分家时绝大多数家庭都会把赡养确定下来,即使在不那么明确的家庭,其中一个儿子要负责赡养一个或几兄弟共同赡养一个这点还是比较清楚的。赡养义务的设定并不单独解决,而是作为分家协议中的一个条款来规定。在调查收集到的那份分书中,"养老"是作为其中第三部分和"房产"、"农具"、"小弟婚姻"并列写出来的,按照约定,两位老人会在规定的时间分开跟儿子居住。① 这就说明,老人本身是和财产、债务以及其他负担搭配一起在诸子之间进行平均分配的,尽管有时儿子会表现得很谦让,但它并不影响这个判断在总体上的正确性。所以,相对于财产分配,诸子对赡养义务的设定也遵循均分的原则。

2. 家庭财产和赡养义务之间遵循潜在的对等交换原则

在谈到诸子均分原则时,通常想到的是横向的兄弟之间的分配,很少有人去考虑纵向的代际之间的关系。分家时,平均分财表明兄弟之间有相同的继产权,

---

① 参见李传广:《中国农村的分家规范、家产分割与国家法——从一份分书看农村分家问题》,载《私法》本卷。

平均分人则表明兄弟之间有相同的赡养义务。费孝通先生对此问题给予了较早的关注:"继承和继嗣的问题应被视为两代人之间相互关系的一部分,一方面是财产的传递,另一方面是赡养老人的义务。……因此,我们研究年青人赡养父母的义务必须联系继承问题"。① 不足的是,费孝通未深入解释继产和赡养之间的关联。

相对于分家而言,累世同居的大家庭是一种理想模式,而分家恰恰是根据所面对的经济环境和生活处境对这种理想大家庭做出的现实的调整,从而达到家庭利益的最大化;同样,相对于分开赡养,兄弟之间不计条件地共同赡养则是一种孝道理想,而分开赡养则是面对有限的资源在兄弟之间做出的不得已的平均分配。兄弟按"房"分产,但也要按"房"承担相应的义务,如负责祭祀祖先和赡养父母。有文章以调查材料为基础剖析了亲子之间所具有的这种对等关系。"具体的说,在村民的观念中,父辈财产分配上的'公平',和子辈对父辈养老上的'公平',形成了一对互惠的关系,前者成为后者的条件。这种观念左右了人们对亲子关系的定义和评价,在某种程度上也成为一种民间伦理价值"。② 从法院调得的案卷中我们也发现,当事人将赡养和财产之间的关系明确表述为交换关系。③

由于农村的养老保险对象仅仅限于"五保户",在无子且没有立嗣或收养的情况下,村集体便给予照顾。在几乎所有的农村家庭,人从出生到结婚到被赡养,都在家庭内进行,其生计依附于家庭的财产之上,而财产在家庭内部又"不分你我",所以,老人将其管理下的财产传承给儿子时,其附随于财产的潜在义务就是儿子对老人的赡养。分家是必然的趋势,如果父母管理下的财产受到均分原则的限制,但其自身的赡养却被置之于财产之外,或者在分财时不考虑赡养,那么老人的基本的生活保障就将落空。在有些场合,父母为了自己老来生活有保

---

① 费孝通:《江村经济》,载费孝通:《费孝通文集》(第二卷),北京:群言出版社1999年10月第1版,第63页。
② 杨晋涛:《川西农村"称粮"习俗和亲子关系探讨》,载《思想战线》2002年第5期。
③ 周传桂诉周永秀、刘勤英的赡养纠纷案中,原告有这样的陈述:"第三,我国《继承法》第二章第十三条之规定,而周刘二人是有能力有条件扶养我的人,可他'不尽扶养义务'。因此,我决定不给他任何财产。"据湖北省钟祥县人民法院民事第一审诉讼卷宗,该案原审法院为钟祥县人民法院,收案日期为1987年6月12日,判决书编号不祥。调查时间为2004年2月26日。

障,就留下部分财产(主要是土地,称之为"养老地"①)不分,以便能劳动时可以不依靠儿子而自食其力。但是,石巷村不是这样。因此,儿子在承继父辈管理下的财产时,相应承担赡养父母的义务是合理的,这也是分财产时附随赡养义务的最大意义。但这种在分家时所包含的对等交换或附随义务并没有写在分书上——有时分家本身就没有分书,更不用说单独的赡养问题了——也可能不被经常言说,但他却能得到广泛的理解和认同,所以这种亲子之间的对等交换原则是潜在的。

问题是,如果儿子所分得的财产和赡养义务的比例严重失调时——父母一点财产都没留是不可能的,至少有可供居住的房屋(哪怕是土房、茅草屋)和农业用具(哪怕是些"坛坛罐罐"),这是起码的生产和生活资料——儿子是否还负有赡养的义务?以及相类似的问题:对分家时没有分给他的老人,儿子们是否绝对的不再承担赡养义务?两个问题具有相似性,即财产和赡养义务之间能否形成绝对的对价关系。答案是否定的。

如果父辈留下的财产较少,很可能导致赡养纠纷和老人晚年的不幸福。但是,这种现象正是以承认父子之间的对等交换逻辑为前提的,作为村舆论和公正形象的代表,村干部在调解这类纠纷时并不承认儿子可以免除赡养义务。② 对于第二个问题,父母分开是一种类似于"家庭承包"的赡养方式,其最大特点是"责任到人",兄弟之间的权利义务边界相对清楚,这样就避免了利益的纠缠,也减少了纠纷的可能性。"经过你同意的,父母连同财产各自分开,各自往各自家里,还有什么好说的呢?"③ 若干年后,当初的不公平很难成为当下不赡养父或母的理由,"翻老账,那是不存在的事"。④ 所以,分开赡养比任何书面形式的协议都更为明确,更能保证分家协议的履行。这就是分开赡养的最大意义之所在。但它不能完全免除儿子对没分给自己的老人的赡养义务。事实上,分了家后父

---

① 参见〔日〕滋贺秀三:《中国家族法原理》,张建国、李力译,北京:法律出版社2003年1月第1版,第142—146页。
② 参见郭于华:《代际关系中的公平逻辑及其变迁——对河北农村养老事件的分析》,载《中国学术》2001年第4期。
③ 在石巷村八组对张姓老人访谈时,他对分家的"效力"就持这样的看法。访谈时间为2004年2月28号上午。
④ 同上。

和母之间会经常来往,偶尔也到其中的一个儿子家住在一起,兄弟之间也经常会有经济互助和社交联系,即"分中有继也有合"。① 分家后财产仍然共用是常见的,如几兄弟共用一头牛、一台拖拉机或一间房屋等,赡养也自然不可能那么彻底。上述四个儿子分家的情形中,老二老三就帮老大和老四料理了母亲的后事,这是一种互助。老二老三即使是在父亲去世时用不着帮忙,但平时可能有更多其他的事需要兄弟照顾。所以,包括赡养和财产的分配在内,分家协议只是表明兄弟间在分家时划清了权利义务的界线,但是以后的履行则可以变通。

四、独子家庭的赡养问题

这里的独子家庭并非指父母仅有一个亲生儿子或女儿,而是指在子女都结婚之后只有一个儿子或者女儿与父母共同居住。②

这种家庭始终没有实质性的分裂过,从来就是一个家庭,父辈和子辈之间的利益具有一致性。考察独子家庭的赡养必须以父子一家作为前提。所谓没有实质性的分裂,是指独子家庭在形式上有类似于分家的情形,即儿子结婚一段时间后,父母住在一边,并单独开灶,日常生活与儿子媳妇分开。但是,父母的房屋和儿子的房屋并没有被看作两处房产,耕种的土地也是以儿子的名义承包的,父母家的农具等财产,父母不能任意的折价处分和无偿赠与,它受到儿子"同意权"的制约。这种情况仍然是一种"同居共财",它本身就是一个法律概念,父子是否居住在同一所房屋里并不重要。所以,这种情形是前面提到的那种典型意义的家在实际生活中的一种变通形式。为示区别,将之称为"分灶"比较妥当。

当地人称管理家政为"顶职"(也有"接班"的说法)。这种"职"既是家庭经济投资、财产处分的权利,又是"上为老下为小"的赡养和抚养的义务。只不过,生活中顶职的人没有这样清晰的权利义务观念。一般的家庭中,"顶职"的人都有一种负担感,他们自己承认当地农民只能"一年糊一年",从前面的表中可以看出,农业收入平均占总收入的 68.8%;在家庭开支中,"生产资料"、"子女教育"

---

① 麻国庆:《分家:分中有继也有合——中国分家制度研究》,载《中国社会科学》1999 年第 1 期。
② 比如,一家有两个儿子,其中一个入赘;或者,有两个女儿,其中之一招婚,这种家庭也是本文所称的独子家庭。

和"送礼"三项占了很大部分,分别占总开支的16.3%、19.7%、20.6%。一个家庭稍有不顺便可能陷入入不敷出的境地,在我们调查的24家中,年终家庭净收入为负数的就有6户,占总数的25.0%。所以,如果农业发展水平比较低,家庭经济条件不好,那么家政管理人的"顶职"更多是在承担一种责任。赡养就是诸多责任中的一种。即使在较富裕的家庭中,父母的生计也依附于这个家以及家产之上,"顶职"的人必须负起维持家庭的责任,在这点上与较贫困家庭没有什么差别,赡养同样是子女义不容辞的责任。

在儿子或女儿没有"顶职"之前,父母亲就是家政管理人。慢慢地,儿子或者女儿羽翼丰满起来,就会挑起家庭的大梁,到最终"顶了父母亲的职"。这种"顶职"实际上是家政管理权从父辈转移到子辈的渐进过程,其具体时间是不明确的,因为它并不像分家那样还有比较程序化的事件。① 一般来说,顶职发生在子女成婚之后,因为子女一旦结婚就意味着原来的家庭不仅多了一个成员——儿媳或者女婿,而且还多了一个意志,这个意志在以后的家庭决策中会起到很重要的参考甚至主导作用。也有例外,即子女成婚后父亲仍然是户主,在家挑大梁,但这并不影响儿子"顶职"的发生,只不过早晚而已。当地的老人和子女不会把子女顶职看成是父母抚育子女过渡到子女赡养父母的转折点,父母退居二线仍然能够自食其力,靠自己的劳动生活,用不着子女经济上的供给。用老人自己的话说是"赡养只发生在睡着不能动了的时候"。这个"不能动"的时间并不一定是60岁或70岁,有时候老人在死之前都能动,这时所谓的赡养仅指一笔丧葬费加几桌酒席钱。但有一点是明确的,那就是,独子家庭的赡养建立在儿子"顶职"的基础之上。事实上,当儿子的发言比父亲更有分量,并最终管理起家庭的全部事务后,他的赡养义务才有可能发生。

五、无子家庭的赡养问题

(一) 招婿

石巷村的婚娶习惯一般是儿子把媳妇娶进来与父母同居共财,女儿嫁出去,

---

① 特殊情况下,家庭成员也可能用极端的方式如自杀来"顶了父母的职"。调查中遇到过这样的例子。

成为别人家的儿媳妇(出嫁女)。在没有分家之前,每一对年轻夫妇都有一间独立的居室——俗称为"房"(这就是房的来由),有几个儿子就有几房,前述中的"按'房'分产"中的"房"即是此意。如果是独子的话就不分家,前面已有交代。但也有女儿不嫁出而招女婿与父母同居的情形,当地称之为"上门"。这种现象在无子或有子的家庭都会发生。从调查来看,无子必然招婿,有子招婿属特殊情况,如小弟年龄尚幼无法管理家政而父母负担又重,需要大姐留在家操持家务。前者的比例要大于后者。女儿招婿的典型案例(其实该案例也是独子家庭赡养的典型)是石巷村五组"代代吃老米"一家,在当地"吃老米"乃女儿招婿之意。

> 那家五世同堂,第一代到第三代都是独女,招婿在家;第四代一儿一女,女儿嫁出去了,儿子娶了媳妇。第五代也是女儿,"将来又可能'吃老米'"。这五代人居住在由同一大门进出的四围式的房子里面,土地和农具都是共用状态的。五代人中充当家政管理人角色的只有第三代女儿一人,由她管理家庭的财产开支。

据邻居介绍,这个当家人的地位是她努力争取过来的(为夺取这个家政管理人的职位,她曾自杀过)。前面讲家政管理人并不一定由父亲充任而且也不再具有很高的权威,在这里得到了印证。这个家庭的财产继承和赡养相对简单,和独子家庭的赡养没有质的区别。

一般地,女儿嫁出去后便不具有均分家产的权利,同时也不承担赡养父母的义务。这在多子家庭和独子家庭是一样的。调查时被访者就表达了这种强烈的观念:"姐妹没回来参与分家,她们又不分家产,也不负担养老"。要注意的是,女儿出嫁获得的嫁奁在数量和性质上都和儿子分得家产是两回事;另外,这里的赡养(或养老)与一般意义上的尽孝(如过年过节时女儿的送礼)也属两个不同的范畴。赡养包括物质上的帮助和精神上的慰藉,至少包括父母生前的饮食起居和死后的安葬,那是一种经济上的付出。由于女儿的财产与丈夫甚至是公婆的财产一起处于共有状态,她自己没有独立的经济地位,因此,女儿没有可能对自己亲生父母尽赡养义务,但这并不等于女儿不承担任何的赡养义务,实际上,出嫁女成为夫家的儿媳,她须同丈夫一起挑起家庭的重担,赡养自己的公婆。从前面的分析就可看出,无论财产的存在形态还是家庭生计的维持都以家为基本单位。可见,家庭内的赡养和同居共财之间具有一致性,这是我们把握农村赡养问题的基本出发点。

在无子家庭,如果父母把所有女儿都嫁出去,父母晚年的生活、死后的安葬、财产归属以及传宗接代等等都将成为问题。所以,父母出于财产承继和赡养的双重考虑,就采用招婿的方式让女儿女婿顶替儿子媳妇的功能,和父母一起生活,将来承继由父母传承下来的财产,负责父母的生养死葬。女婿"上门"后,岳父母会把他称之为"女婿儿子"。这是个有趣的现象。在父母的亲属类别中,儿子是宗亲,女婿是姻亲。"女婿儿子"的称谓让女婿与岳父母的关系从姻亲关系变成了宗亲关系。当他成为"女婿儿子"后,女婿便可以承继女家之财产。同时,若双方没有约定赘婿的出舍年限,则岳父母生归婿养,死归婿葬。也鉴于此故,赘婿和岳父母居住在一起便理所当然。①这也从反面说明,正常情况下(即女婿不上门的情形),女儿和儿子在原来这个家中的权利和义务具有很大的不同。

可见,事实上,出嫁女既没有分得家产的权利也没有赡养父母的义务;父母招婿既为了家产的传承也为了老人的赡养。对于女儿分割家产和赡养之间的关系,有学者认为二者之间存在着一种交换关系,即女儿没有赡养父母的义务,因此也就没有分得家产的权利,上门女儿女婿具有赡养的义务,因此也可以分得家产。②

遗憾的是,我们的问卷没有把这个问题明确提出来,从被访谈对象中获得的关于这个问题的直接看法较少。另外,与招婿相类似的情形是"接脚夫",即丈夫死后其孀妇招夫上门,俗称"接脚夫",但新招之夫在家庭中的地位以及对原有家产的权利和赡养义务如何,我们却不得而知。这是调查范围狭小所致。

(二) 立嗣

在传统社会中,立嗣是指夫妇在无子的情况下于同宗内择"昭穆相当"者

---

① 赘婿不与岳父母共同居住常会引发矛盾。在马承良、王金英诉马翠萍(两原告之女)解除赡养纠纷案的民事调解书(钟民初字第343号)中认定:"被告婚后,未按照约定与丈夫(赘婿)常住原告家,致两原告不满,双方发生纠纷,致使关系恶化。"另外,在周国运诉周明兰案(钟祥县石牌人民法庭民事调解书[82]钟石法民调字第6号)中也见到:"1958年周明兰3岁时给周国运做养女,由周国运抚养成人。周明兰于1982年与菜台大队蔡祖祥结婚。到蔡家生活(不与父母同居),不愿赡养老人。周国运申诉我庭。"

② 费孝通在文章中也有类似的叙述:"这次我在江村访问当地农民,为什么女儿没有继承权,他们的答复是出嫁了的女儿没有负担赡养父母的义务。"费孝通:《家庭结构变动中的老年赡养问题——再论中国家庭结构的变动》,载费孝通:《费孝通文集》(第九卷),北京:群言出版社1999年10月第1版,第46页。另外,参见邢铁:《我国古代的诸子平均析产问题》,载《中国史研究》1995年第4期。

——也就是与自己儿子辈分相同的人，作为自己的儿子以承祀宗祧。从此，嗣子在宗系图中的地位完全发生了变化，他不再属于自己亲生父母而是嗣父母的那一支。随着身份的改变，嗣子对嗣父母家的财产权利和应承担的义务也会相应地发生变化。立嗣是为嗣子创设新的权利义务的重要行为，它有比较规范的手续甚至公开的程序和仪式。①立嗣在嗣父母生前或死后都可以进行。关于立嗣，民国初期的大理院判决例有相关规定，如：

> 妻族无干涉立继之权；立继并不以继单为要件，如果承继属实，自不容妄相争执；若出现不合法之承祧，而生存中又有应继之人出而告争，其告争自属合法。②

与嗣子类似的是"义子"或"养子"。"义子"是基于各种原因在本宗之外收养的儿子，义子的地位与嗣子不同，收养也没有固定的程序和仪式。但是，在没有宗祠和宗谱的家族，如果义子从小就被收养，并与父母居住了很长一段时间，尽到了赡养义务，那么义子也被视为具有跟嗣子相同的权利和义务。另外根据"有义子无义孙"的原则③，到了义孙这一代，义孙也就跟亲孙之间没有什么差别了。

在钟祥石巷村的调查就发现了立嗣方面的例子，当地称之为"过房"。一种情况是：父母将自己的儿子（在很小的时候）过房给自己的兄弟当嗣子，被过房的人与生身之家的家产断绝了关系，与嗣父（原来的叔伯）形成亲子关系，这在形式和实质两方面都和独子家庭的赡养一致。另一种情况是：被过房的人到了分家的时候才被过房给叔叔，即兄弟俩其中兄长承继生父的财产，赡养父母，弟弟承继叔叔的财产，赡养叔婶。这两种情况都和传统中的情形相同。但是，在调查中没有收集到类似于"立嗣单"的相关文书。

---

① 前南京国民政府司法行政部（编）：《民事习惯调查报告录》，胡旭晟、夏新华、李交发（点校），北京：中国政法大学出版社2000年1月第1版，第1000、1009页。有时程序比较简单，只请客就算完事了。在邓善余与邓善全的继承纠纷案（调查所获案卷没有编号）中有这样的事实："当时邓善全在1939年过继给邓维贵做养子，那时我们也比较小，邓维贵也请了客的。"

② 分别见于五年统字五五三号，九年统字一三七六号，七年统字八九八号。郭卫（编）：《大理院解释例全文检查表》，上海法学编译社、会文堂新纪书局1933年版，第32、75、89页。

③ 前南京国民政府的民事习惯调查报告录中有这样的记载："河北乡间谚语，有'有义子无义孙'之说，意即义子来自外姓，不可与亲子同论，虽有非我族之意，若义子则产于己家，虽义子所出，而情均天伦，固与亲孙无殊也。"前南京国民政府司法行政部（编）：《民事习惯调查报告录》，胡旭晟、夏新华、李交发（点校），北京：中国政法大学出版社2000年1月第1版，第807页。

另有一种被称为"押子"的情形,它与"义子"相似,但属不同的类型。无子之夫妇,抱引他人之子,名曰"押子",取其生长之意,为之娶妻,视同亲生,并有承继产业之权;如果后来生子,则亲身子与押子在财产承继上均分。可见押子的权利义务比较明确,地位比较稳固。①

六、赡养纠纷及其解决

(一) 总体情况

在调查获得的共 44 份问卷中,没有收集到有关赡养纠纷的信息,这样就无法了解本村中赡养纠纷的原因、比例等。但是,从石牌镇法庭调得的案卷中,我们得以了解石牌镇赡养纠纷中矛盾激化的那一部分。应该说,由于出身背景、思维训练及工作环境的缘故,基层法院法官能较好地把握住农村习惯并妥善解决纠纷。但由于工作的性质,他们在法律刚性规定前又不得做任意解释。所以,基层法官往往在判案中寻找法律与习惯之间的某种平衡。从而,以法院案卷为材料来重新审视农村中的分家及赡养现象无疑具有重大意义。

在 13 份案件中,调解结案的有 8 份,撤诉处理的有 3 份,判决 2 份。通常认为,清官难断家务事,赡养与其他事实之间的关系很难理清,非此即彼的判决不易让双方心服口服,因而即使判决也面临执行难的问题。另外,任何以货币为内容的赡养履行方式,都不可能体现"赡养"中"养"的全部内涵;判决执行很可能化解了表面上的纠纷,却导致了更为深层的矛盾。这恐怕是调解比例较大的原因之一。②

在石牌镇法庭的访谈调查中,共收集到 20 份与分家析产、赡养有关的案卷。其中与财产纠纷有关的有 8 份,涉及赡养问题的有 13 份(1 份交叉)。财产纠纷中属于习惯意义上的分家析产案件只有 2 例(尽管案卷中经常出现"分家"的字

---

① 调查中发现的两例"押子"的情形都发生在 20 世纪六七十年代。由于所押之子于 80 年代后才分家,所以进入了我们调查的视野。
② 郭于华在文章中向我们描述了玉泉老人在赢了赡养案的官司却依然得不到赡养的尴尬处境。参见郭于华:《代际关系中的公平逻辑及其变迁——对河北农村养老事件的分析》,载《中国学术》2001 年第 4 期。

眼),均为调解处理。一例是邱启鑫(兄)诉邱启贵(弟)的房屋纠纷案,双方经过协商达成协议:按照分家后双方各立门户以来形成的自然分割,产权归各自所有;对有争议的堂屋一间,产权归邱启鑫所有,邱启贵、邱启太(弟,本案第三人)如因特殊情况可临时使用。另一例是李德英诉邹秀梅的家庭纠纷案。这是国家权力介入分家析产的一个案例:李德英(嫂)与夫之妹(姑)及弟在法院的主持下分家。这次分家有其特殊性:一是其父母双亡后,兄弟妹之间仍然同居共财;二是弟兄之一死去,寡妇(李德英)又招夫(接脚夫)引起其他兄妹不满,要求分家。在财产分配上产生矛盾,因而诉诸法院。

另外,在13份赡养纠纷案中,其中有8份是有关收养(两例过房的案件也被归于其中)的,而直接要求解除收养关系的有5份,但是没有因兄弟分家而发生赡养纠纷的。在农村解决老人赡养问题时,收养恰恰是比例最小的那一部分。亲子和养子在分家与赡养上的不同的纠纷发生率形成鲜明的对比。

(二) 典型案例分析

该案例来源于钟祥市石牌镇人民法庭。① 基本案情和判决结果如下:

> 原告周传桂将两被告周永秀(男)和刘勤英(女)收为养子、养女后,于1965年为两被告操办完婚事。另外,原告有两个亲生女儿,大女儿刘芳(本案第三人)于1982年在家招肖乃兴为婿。1984年7月23日,原告及其丈夫主持周永秀和女婿肖乃兴分家(见图七)。经过协商,订立分家协议,并签字盖章。协议的主要内容是:肖乃兴分得老房,房内任何财物由其保管,并负担二老(指原告及其丈夫,后丈夫去世)和刘玉(原告的次女)三人;被告周永秀分得新屋,并负担一位老人(指原告)每年70元的生活费。分家后,原告随第三人生活,不久患病住院长达三年之久,花去医药费1338.6元。期间,原告找被告负担一定的药费,被告以"分家过活"为由拒绝承担,并将分得的房屋作价2800元卖与他人。原告得知大为恼火,遂于1987年6月向法院起诉,要求被告夫妇承担住院期间的药费;付给原告晚年的赡养费;同时要求收回被告已卖

---

① 据湖北省钟祥县人民法院民事第一审诉讼卷宗,该案原审法院为钟祥县人民法院,收案日期为1987年6月12日,判决书编号不详。调查时间为2004年2月26日。

的三间房屋归原告所有。

法院认定"分家合同"有效。原告提出将房屋收回归其所有是无理的,不予支持。原告要求负担赡养费和住院期间的医药费有理,应予支持。故判决:被告从1987年起,每年付给原告生活费80元整,原告仍随第三人生活;分家后起诉前原告患病的医药费由被告及第三人各承担669.30元;被告出卖之前的三间房屋产权归被告所有。

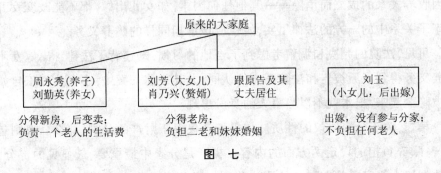

图 七

该案例有三个引人注目的地方。

第一,关于本案的当事人。从原告的起诉、被告的答辩、到法院的判决,小女儿刘玉始终都没有参加到诉讼中来。说明小女儿已经被排除到赡养的纠纷之外了。而大女儿是在家招婿,其享有的权利和承担的义务与儿子相同,与本案有利害关系,所以被列为第三人。在农村的语境下,这很好理解,出嫁女既没有分得家产,也不承担赡养义务。上门女婿的地位就相当于儿子,与我们调查的情况相符。

与此案相似的"周传秩诉周永生(长子)、周永胜(次子)、周永珍(长女)、周金梅(次女)赡养纠纷案"中①,虽然出嫁女在起诉书里以被告身份出现,但调解协议列举了周永生和周永胜的赡养义务后,写到"四被告今后不再承包其他任何义务",实际上是免除了女儿的法定赡养义务。

依照法律规定,子女对父母的赡养义务基于亲子关系发生。在法律上的亲子关系是指父母子女间的权利义务关系,它构成了家庭关系的核心,是法定赡养义务产生的前提。亲子关系分血亲和拟制血亲两种。前者基于血缘发生,是否

---

① 见湖北省钟祥市人民法院民事调解书(1999)钟石民初字第93号。

为婚生在所不问;后者是法律的拟制,指收养关系和继父母子女关系两种。《婚姻法》第 26 条规定,养父母和养子女间的权利和义务,适用本法对父母子女关系的有关规定。第 27 条规定,继父或继母和受其抚养教育的继子女间的权利和义务,适用本法对父母子女关系的有关规定。

亲子关系中"子"指子女,也就是女儿同儿子一样具有赡养父母的义务,除非法律另有规定——如《收养法》第 23 条第 2 款规定,养子女与生父母间的亲子关系因收养关系的成立而消除——其他任何因素,如女儿出嫁,都不能改变女儿作为亲子关系中的一方的法律事实,她也应该承担同样的赡养义务。

可见,法院的判决和调解考虑到了当地的习惯,却违背了法律。出嫁女不尽赡养义务得到了原被告和法院三方的认同,尤其是前一案中,小女儿刘玉自始至终被隐藏起来,根本就不以当事人的身份出现。

第二,关于分家协议的性质。如果析产仅限于财产的分割,那么分家则包含析产、赡养负担的设定两方面的内容。析产是分家中最重要、最显见的部分,它是共有权人对家庭共有财产的协议分割。家庭财产为家庭成员共同劳动所得,它既包括直接劳动,如干农活、修缮房屋,也包括间接劳动,如从事家务劳动。只要成年且有劳动能力的人,均为家产的形成付出了劳动,这是家庭成员作为家产共有人存在的依据。这点上,女儿和儿媳也包括在内,尽管她们做出的贡献可能比较小,但她们也和其他家庭成员一样,拥有对家产的潜在的份额。

但是,家产并不按人头分割。析产过程中,部分家庭成员是没有分得家产份额的。其一为出嫁女,其二为儿媳,其三为父母。女儿出嫁共有两类,一是女儿在姊妹中年龄偏大,在弟弟没有成年时嫁出,由于分家程序是在儿子部分或全部结婚之后启动,所以这时女儿的出嫁只是其中一个家庭成员的退出,它并不影响原有同居共财体的存续。二是女儿的年龄较小,这在一次性分家和多次性分家中有不同的处理方式。在石巷村,未成年女儿一般是分家时"搭配"给儿子,让儿子负担其抚养和婚姻;在调查的另一个村庄,由于父母本身没有被分开,女儿一般跟着父母生活,出嫁所需的费用在分家时已约定,各立门户的儿子到时"出一定的力"。这两种处理方式都没有为女儿留出既定的份额。其次,儿子结婚并不立即导致家的分裂。如果二者之间经历了一段较长的时间,儿媳也为家产做出了一定的贡献,但在分割家产时,她们不能作为共有主体,甚至连参与分家的机会也没有。① 再次，本来父母是为家产做出了较大贡献的成员，但在石巷村，分家意味着原有家庭的一次性的分裂。诸子均分过程中，父母没有分得其中的份额，而且分开和儿子居住后，也不再享有对儿子家庭的财产的份额。这种方式是否合理暂不考虑，但父母没有作为共有人分得财产是事实。

这样的分割方式的原因究竟是什么？家庭成员之所以同居共财，这与家庭成员间的血缘关系、乡村中特定的生产生活样式是一致的。家庭成员没有自己的特有财产首先是因为没有独立的劳动，各成员间的分工合作使财产统一收支成为必然。同时也应看到，这种共有形态不是建立在个人财产所有权的前提下。儿子婚后，便有独立的"房"。儿媳的随嫁财产无论多少都置于"房"中，处于该"房"的独立支配之下，不是让所有的家庭成员共有。分家后，儿子分得的家产与随嫁财产"混合"为新的同居共财体。所以，如果谈论共有主体，那也只能是"房"而非个人，儿媳没有分得家产的理由就在这。女儿出嫁和分家是家庭中两个不同的事件，由于出嫁女没有尽赡养义务，所以也没有分割家产的权利。但是，作为对其劳动的补偿，女儿有权在出嫁时获得一定数量的嫁妆。父母没有分得财产实际上是将自己的潜在的份额交由儿子掌管，以后的生活托付于儿子，这是父母对家产分割请求权的有条件的放弃，其中包含了赡养协议的达成，其基本原则是诸子均分，而且总体上还遵循谁多分家产谁就多承担赡养义务的对等原则。

本案争论的焦点之一就是，分家后原告患病医药费的承担问题。依照原被告及第三人间的分家协议，被告、第三人各自分得了家产，并承担了一定的赡养义务。案卷中没有揭示两处房产的价值，因此无法了解当时具体是怎么搭配的。被告是否应该承担原告一半的医药费，取决于分家时的约定。

法院认定分家协议有效，但以协议规定得不完善为由（协议没有对医药费进行约定），判定被告及第三人各承担一半。判决书没有给出分析，但可以推断法院判决的依据是，受被赡养人抚养教育的养子（被告是养子）应该同亲生子尽平等的赡养义务。本案中，原告夫妇分家后与第三人共同居住，这是个重要的事实，它意味着第三人对老人的赡养是概括性的，老人的衣、行、住、看病都应由第三人负担，被告要承担的义务已经列举在协议中——每年承担一位老人70元的

---

① 参见冀建峰：《农村家庭合法财产的分割：对山西省平遥县段村的调查》，载《山西农业大学学报》（社会科学版）2003年第3期。

生活费,且分家后已按协议执行。协议中没有规定医药费,不能简单视为当事人的忽略。据调查,20世纪80年代的分书很少,只有比较特殊的家庭(如有隔山姊妹或养子的情形),为防日后纷争才订立分书,医药费那么重大的问题是不会被轻易遗漏的。本次调查收集到的那份分书中,其中一个老人的衣、行、住、看病由谁负责规定得很清楚,这给我们很大的启示。

所以,在赡养纠纷中夹杂着两重关系。第一是赡养与析产之间的关系,二者互为条件,如果单独考察其中之一则会看不到问题的全部。第二是约定赡养和法定赡养之间的关系,约定赡养是当事人之间的自由约定,赡养义务的设定和财产搭配一起贯穿"均"的原则,体现村民的一种公平观念;法定赡养是确保老有所养的底线,它是当约定的一方已经无力承担赡养费时最后诉诸的规则。本案中,法院如此简单认定赡养协议并依法定赡养规则判决,实际上是出于对赡养习惯的不了解,或是了解但对当事人自由意志的不尊重。

第三,关于诉争房屋所有权的归属。本案中,让原告下决心起诉的导火索是被告将分得的房屋作价卖给他人,"原告得知后大为恼火"。问题不在于原告为什么要干涉,而在于能不能干涉,亦即被告出卖分得的房屋是否需要取得原告同意,或者是分家协议是否导致所有权的转移。

没有分家之前的家庭成员对家产共有,关于共有人的地位及分割方式前面已有交代。在析产中父母也分得份额并独立居住的情况下,儿子分家后所占有的财产只是作为共有人所分得的那部分,其占有、使用、处分都是独立的,不受到父母和其他兄弟的干涉。理由就在于,分家廓清了兄弟间的权利义务关系,也是儿子取得独立地位的转折点。分家包括对共有财产的分割和赡养义务的设定,虽然赡养义务的设定与财产分割具有相关性,但一旦分定,共有人便取得对分得的财产的所有权。所有权转移的时间应从分家之日算起。这时,对于儿子转让财产的行为,父母在感情上虽然难以接受,却无权干涉。

比较难理清的是下一种情况。像在石巷村一样,父母本来也应该有一份,但由于父母本身被分开,这份也就搭配到儿子的份额中,结果,父母潜在的份额与儿子的份额绑定在一起。但是,父母的份额究竟有多少,将来怎么分割,这是没有约定的,原因就在于这类析产中有赡养协议。财产交由儿子掌管,事实上放弃了对自己份额的权利,默认了儿子对财产的所有权,这时再区分儿子与父母各自的份额是没有意义的。所以,虽然父/母跟儿子同居共财,但不能认定分家后的财产仍然处于另一种形式的共有,而是儿子取得了分得的财产的所有权。

不难看出,这种情况下的父母不仅没有分得共有财产的份额,而且在儿子处分财产时连"同意权"也没有,其利益常常得不到保护。

但是,不能据此认为父母拥有同意权或应该有同意权。老人的利益得不到保护,常常处于弱势地位有其深刻的社会经济根源。① 本文要着重分析的是事实的析产和赡养规则,至于这些规则中哪些合理哪些不合理甚至有危害,这也是本文力图指出但却是另外一个层面的问题。那么,现行法律为分家制度中财产所有权的转移及纠纷提供了怎样的一个法律框架呢?

我国《民法通则》没有关于当代农村中代际之间转移财产的方式的规定,只有一般形式的共有条款,加上《婚姻法》中的"夫妻共有财产"和《继承法》中的"继承"条款,这些都不足以为分家析产中的纠纷提供明确具体的规则。在实践中碰到类似的案例时,最高人民法院用对下级法院的请示报告的答复函确立了一系列的判例,从这些判例可以看出目前法律对这个问题的态度。

对于已经分家析产,且事实上占有并管业多年的房屋,产权归各自所有,父亲把分出去的房屋以遗嘱形式赠与他人的,遗嘱无效②;房产证"误登"为一人的,房产证无效③;对兄弟目前在事实上占有的房产,另外一人主张自己的产权,但举不出更有力的证据证明其产权主张的,其主张得不到法院的支持。④ 可见,这三个案件的相同点是,分家析产多年后才出现纠纷,最高人民法院认可了"历史事实",把事实上的占有作为产权归属的依据,分家协议只是作为证据法上的原始证据存在。至于分家协议本身的性质以及分家协议是否导致所有权的转移,最高人民法院的态度是模糊的。本案的判决也没有给出理由。

---

① 参见郭于华:《代际关系中的公平逻辑及其变迁——对河北农村养老事件的分析》,载《中国学术》2001年第4期。
② 参见《关于对分家析产的房屋再立遗嘱变更产权,其遗嘱是否有效的批复》(1985),民他字第12号,1985年11月28日。
③ 参见《最高人民法院关于在土改前已分家析产的房屋,土改时误登在一人名下的产权仍归双方各自所有的批复》,1985年12月27日。
④ 参见《最高人民法院〈关于周维鸿诉周维华房屋产权纠纷案的复函〉》(89),民他字第51号,1990年3月10日。

七、结　　论

本文着重分析的是石巷村的分家及其赡养习惯,依据的材料主要是调查问卷,同时也参考了民国时期的《民事习惯调查报告录》[①]和法院的案卷。对材料进行整理和归纳时所使用的基本概念,如"分家"、"诸子均分"等,都来自当地的习惯,因此能较贴切地被用来描述我们要了解的习惯。对于各种实际具体情况,本文给予了分类介绍。所以此处对在石巷村发现的分家及其赡养规则不再重述。[②]

通过上述对事实上赡养规则的考察,不难发现,国家法与分家及其赡养习惯之间是有背离的,它主要表现在以下三个方面。

第一,法律具有疏漏。

首先,现行法律只规定了一般的共有(《民法通则》)和夫妻财产共有(《婚姻法》),但对家庭共有没作规定,哪些家庭成员可以成为共有人?以什么标准成为共有人——为什么女婿因为"上门"而对岳父母家的财产拥有共有权?共有财产的分割遵循怎样的原则——为什么不按人头分?分割财产的同时应该照顾到哪些人的利益——父母的利益如何保护?家庭成员的加入或退出时的权利义务怎样——女儿出嫁时为什么只能获得嫁奁而不能在分家时分得家产?这些问题是上述两种共有条款所无法涵盖的。

其次,习惯上代际之间传承财产是在父母生前进行,具体方式视家庭的类型而定,要么是诸子均分,要么是家政管理权的过渡,要么是招婿和立嗣。对这些关系,能够对其进行调整的现行法律首先也只能是《继承法》,然而,《继承法》在这些问题上没有明确的态度。为什么同是亲生子女,出嫁女和"上门"女婿不能

[①] 前南京国民政府司法行政部(编):《民事习惯调查报告录》,胡旭晟、夏新华、李交发(点校),北京:中国政法大学出版社2000年1月第1版。

[②] 本文对家庭共有以及分家的解释,都偏重于家庭经济功能的考虑。事实上,习惯中的很多规则都表现出反功利主义的特点。共有和分家的背后可能还包含着一种信仰,一种对于人生目的和超验价值的共同接受。但是,对这些因素的忽略,虽然使我们对分家制度的把握稍显片面,但对揭示事实上的分家及其赡养规则并无大碍。

获得生身之家的财产,兄弟姊妹间发生纠纷怎么定性?依据什么样的规则解决?等等。

再次,分家协议事实上导致所有权的转移。最高人民法院对下级法院的答复函中,确认了分家析产后对事实上管业多年的房产归兄弟各自所有。但所有权究竟何时、基于什么理由取得?答复函态度模糊。如果分家获得财产,但对这些财产的占有和使用尚未形成历史事实,那么分得家产的人对财产的处分是否需要经过父母和其他兄弟的同意?或者,如果财产在分家时分给儿子,但事实上由父母占有使用,父母能否再立遗嘱指定由女儿继承或遗赠他人?

第二,国家法无视赡养习惯带来的危害。

习惯从民间自发产生,它缺少理性建构的因素,因此在逻辑和体系上不像设计的规则那样严密,很多问题都比较模糊,一旦发生纠纷,即使法官参照当地习惯,但未经调查和分析的习惯,难以为司法提供确定的规则。事实上法官只能按自己对民间习俗的理解来办案,这种理解和所谓的"情理"相似,它本身不确定,对司法不具有普遍的指导意义。

独子家庭中,父母与儿子分灶的情况下,有时父母的独立程度很高,把它认定为父子同居共财和父子分家都不确切。另外,赡养协议中也有模糊的地方:赡养协议是在分家时兄弟父母多方自由协商的结果,大多数是默示的;赡养并不单独约定,它和财产的分配搭配在一起;只就赡养而言,兄弟间所承担的义务可能是不平等的,但实际上贯穿了"均"的原则,体现了村民的公平观念。

有些习惯不模糊,但它是违背人们的价值观的,即使在农村社会中也难以得到认同。如,老夫妻自分家就分开居住,情感得不到慰藉。虽然这种习惯也有产生的社会背景,但是对这些违背社会价值、违反人道主义原则的习惯,法律基本上持放任态度,让约定成了分家的惟一依据。法律有必要对财产分割或赡养问题规定一个底线,那样法官在判案时才有更改习惯的余地。

第三,国家法和赡养习惯之间存在矛盾。

女儿不承担赡养义务有合理的地方,这和女儿不参与分割家产有直接的关联。但是,不能就此下这样的结论:承认了女儿不参与分家产就是认可了男女不平等。否则,如何解释儿子"上门"后不分得生身之家的财产的现象呢?实际上,女儿不承担赡养义务是由农村的生产生活样式决定的,它是从夫居制度和家庭

专题研究:民法法典化

财产共有的必然要求。女儿出嫁后,其财产与丈夫甚至公婆的财产处于共有状态,她自己没有独立的经济地位。如果要求出嫁女从夫妻共同劳动所得的财产中取出适当部分来赡养父母[①],那么对丈夫及公婆是不公平的,因为女儿不能继承生身之家的财产——它已经在父母生前通过分家的方式传承给儿子了。

但是,这不等于女儿不承担赡养义务,丈夫对自己父母的赡养建立在夫妻共有财产的基础上,而且对公婆生活起居的照顾,媳妇比儿子可能尽了更多的责任。

总之,在女儿的赡养问题上,国家法和赡养习惯之间的矛盾不是因为男女平等与否,而是基于不同的考虑:国家法的规定建立在个人财产所有制的基础上,假设女儿有独立的经济地位;赡养习惯却建立在家庭财产共有制的基础上,家庭成员包括家产管理人都没有可供自己支配的特有财产。

---

① 这是目前法律的态度。参见《最高人民法院关于已出嫁女儿赡养父母和媳妇赡养婆婆问题的批复》,1958 年 1 月 20 日。

中国农村的分家规范、家产分割与国家法

——从一份分书看农村分家问题

李传广*

内容提要：本文从一份当代分书展开，依据分书的内容剖析了分家所包含的各种规则和原则；并通过家产分割与法律规定的共有财产分割、赠与、继承等制度的比较，分析了家产分割的法律性质。笔者的意图在于阐明：当今中国社会，还存在着一些像分家习惯一样的"隐形制度"，因此改进我们的立法和司法工作或许还需要进行一些民事习惯调查的工作。

关键词：民事习惯　家产　分家　分书

Abstract: Based on a contract of family division, the paper analyzes an old custom in rural China-family division, which includes the division rules and principles. The paper tries to discern the legal nature of the family division by comparing it with the legal principles of property division, donation and inheritance. As a conclusion, the paper emphasizes that some "non-obvious institutions" such as family-division custom still rule China society. Therefore, investigations of civil custom are necessary for the legislation and judiciary practice.

Key Words: Civil Custom, Family Property, Family Division, Contract of Family Division

---

* 李传广，男，湖北钟祥人，法学与计算机科学双学士（法学为主修专业），现就职于：广西永源电力建设有限公司（柳州）；邮政编码：545005；电子信箱：lcglcg1981@126.com。

一、引　言

关于中国农村分家习惯的调查研究文献,较早可见费孝通先生于 20 世纪 30 年代写的社会学博士论文《江村经济》。① 费孝通先生通过描写开弦弓村的家庭组织结构及功能,虽然没有对分家习惯作专门研究,但把分家习惯纳入到当地经济、社会文化背景下进行考察,可对分家现象有所认识。费孝通先生关于家庭问题的论述,对今天的研究仍有参考价值,但由于社会变迁——主要是制度变迁、经济形态的变化,其结论的基础也已发生了较大的变化。

从近年发表的有关农村分家习惯的调查报告、论文及出版的著作看,学者们大多仍是从社会学的视角(家庭组织结构、功能及其变迁,分家的原因,分家的时机,财产析分方式,赡养问题解决等)对分家这一社会现象进行研究。② 也有少数学者从经济学的角度(分家习惯对中国经济发展的影响)进行论述。③ 但鲜见有人从法制——特别是当代法制的视角对分家习俗这一"隐性制度"进行分析。

本文将从一份分书展开,主要从分书的内容来剖析分家过程中所显现出来的规范,并进而重点对家产分割与国家法上的有关规定进行了比较分析。④ 从分书展开研究的好处是:可以真实的材料准确再现分家时的情景,弥补访问记录准确性的不足。从现在的研究状况看,仅仅通过访问记录的研究存在以下不足:

第一,问卷本身的缺陷。由于调查的面涉及太广,不可能每一问题、每一答案的设计都与实际的情况相符合。问卷作为调查的指引在调查过程中需要不断

---

① 费孝通:《江村经济》,载费孝通:《费孝通文集》(第二卷),北京:群言出版社 1999 年 1 月第 1 版,第 1—220 页。
② 参见王跃生:《集体经济时代农民分家行为研究——以冀南农村为中心的考察》,载《中国农史》2003 年第 2 期;参见李树茁、靳小怡、费尔德曼:《中国农村子女的婚姻形式和个人因素对分家的影响研究》,载《社会学研究》2002 年第 4 期;参见郭于华:《代际关系中的公平逻辑及其变迁——对河北农村养老事件的分析》,载《中国学术》2001 年第 4 期;参见麻国庆:《分家:分中有继也有合——中国分家制度研究》,载《中国社会科学》1999 年第 1 期。
③ 参见张尔升、蒋咏涛:《分家制度对农村经济发展的影响》,载《社会科学战线》2003 年第 3 期。
④ 本次调查已由其他几位参与成员写成了调查报告,因而在一些数据的获取上不再亲躬,这倒不是偷懒,而是为了保证数据使用上的一致——而且这些数据都已经过各调查小组成员的复核。参见蔡伟钊:《多次性分家研究——湖北省团风县长林咀村有关分家的民事习惯调查报告》,载《私法》本卷。

完善。

第二,被访问者个人的局限。

首先,存在受访者记忆能力的限制。由于大多数分家都发生在1995年之前,有的甚至距今超过了20年,受访者回忆当初的分家全过程实属难事。

其次,受访者故意隐瞒和撒谎。如"家丑不可外扬",故意隐瞒家庭内部矛盾;在问及家庭收入状况时不说或少说以突出他们负担之重,生活之艰辛。在石巷村(所调查的两个村子之一)调查一钟姓农民时,他看了我们前面调查的几份问卷后直言不讳地告诉我们,有部分受访者在家庭收入和支出方面没有提供准确的信息。另一个例子是,在我们对参与分家的几个兄弟进行调查之后,通过对照发现他们对同一个问题提供的答案有时并不一致。比如在分开调查石巷村一潘姓兄弟时,两兄弟在回答兄长为抚养妹妹出了多少钱时,兄长说自己出了1000元,弟弟说其只出了400元。

总之,被访者的主观因素会对调查的结果产生较大的影响。幸好我们及时发现了这些问题并进行求证和修正,使调查所获信息的准确性得到了保证。

二、对分书的剖析

社会习惯与法律规范共同作为社会规范的组成部分[①],他们之间最重要的区别在于控制手段的不同,当社会习惯纳入到法律之中,或为法律所承认并由国家强制力保证实施时,它便成为了习惯法。但是社会习惯不同于法律规范,它有自己的逻辑和体系。在与法律不一致时,它们仍可以发挥作用。分书是我们研究这种社会规范的一个窗口,通过它,我们可以发现在分家之中所体现出来的社会规范。下面将展示我们所收集到的一份分书:

---

① 樊平将社会规范定义为:"社会规范是人们在改造社会的长期实践中形成的适应性行为模式。它一方面是对人们社会行为和社会关系普遍规律的反映、是一定社会人们行为和相互间关系基本要求的概括,另一方面,它是通过某种习俗、传统方式固定下来或由国家及社会组织认可,构成一定社会成员普遍遵循的行为准则",并对其进行了分类"为了分析复杂的社会现象,可以根据社会规范的控制手段和产生的历史顺序,划分为习俗规范、道德规范、宗教规范、纪律规范和法律规范"。参见樊平:《社会转型和社会失范:谁来制定规则和遵守规则》,载刘应杰等:《中国社会现象分析》,北京:中国城市出版社1998年12月第1版,第251页。

家长　廖国炎　王定英

长女　贾永秀

次子　廖正堂

证人　方民兴

　　　温继明

　　　伍逢银

充作新宅基费。其他小型财产：罐子、锅、碗、筷照理商议。

第一　房产

房屋一共七间半，其中正房西厢房四间半，廖正堂分得正房屋三间。屋三间、厢房屋四间半，方明兴分得东

第二

耕牛共一头，廖正堂与方明兴各分一半。农具：梨一张，折价二十元，秒一张耙一张，折价十元，计二十元方明兴分得秒子、耙，廖正堂分得梨一张。缝纫机归方明兴，折价二百五十元，

明兴负担。

第三　养老

周在洋　廖兴益就过去。

两老目前抚廖正堂，待廖正堂结婚后，随老意，愿意什么时候靠方明兴一个老人的衣、行、住、看病由方

第四

正堂婚姻廖正堂结婚方明兴出两百。

签名

贾永秀
方明兴　廖正堂
证人
温继明　周在洋
伍逢银　廖兴益

先对分书进行几点说明：

分书来源：这份分书于 2004 年 2 月 25 日从钟祥市石牌镇石巷村三组廖正堂家中获取，在收集到时已经残破，内容大概只保存了 70%。后来我们通过电话对廖正堂进行了回访，补齐了残损部分的内容，并进行了补充调查。

分家前至分家时的家庭基本情况：王定英在家"吃老米"(招赘)并与先夫生下贾永秀。先夫死后，廖国炎又"上门"(入赘)并生下廖正堂(1962 年，贾永秀未满周岁)。1980 年贾永秀招方明兴为上门婿，1986 年分家，分家时廖国炎与王定英均已年过 60，廖正堂未婚。

订立分书的原因：或许在传统中国社会订立分书是比较常见的事，但在我们

所调查的两个村子写立分书的情况并不多,其中,石巷村三例(仅收集到本文所列一份分书),长林咀一例也没有。在石巷村分家时写立分书的三例中,有两例家庭成员关系比较特殊,本例中,存在隔山姊妹关系(同父异母或同母异父),另有一例存在收养关系。在这种存在特殊情况(隔山姊妹、收养、招赘等)的家庭分家时订立分书可能是因为产生矛盾的概率比通常情况下要大,对两地法院的阅卷调查证明了这一点。在所有的赡养案件中系因存在收养关系而产生的纠纷在石牌镇占 8/12,在团风镇占 2/9。

虽然本例中订立分书的原因具有特殊性,但分书的内容却具有普遍性,它真实再现了分家时的情景,反映了分家的规则及原则。

(一) 家长观念及家长在分家过程中所起的作用

1. 现代家长观念与传统家长观念之比较

在传统中国社会,家长是家庭的管理机关,他通常是家庭中年长且辈分最高的男性。家长几乎管理家庭的一切事务,如管理生产经营(对家庭成员进行分工);管理财产的收支(对财产有最后的处分权,特别是贵重的财产如房屋、田产);安排子女的婚姻("包办婚姻");管理日常事务(社会交往、祭祀活动);对家庭成员进行赏罚等。

现在的家长不同于传统的家长。一是现在的家长往往由已婚的儿媳担当,并非年老的父母;二是现在的家长已不是针对全家人的称谓,通常只是对未成年子女的称谓,子女无论是未婚还是已婚,均不能在父母面前称自己为"家长"。

虽然家长观念已发生重大变化,许多在传统社会家长拥有的特权(父权)也已丧失了(这与农业生产经营方式的改变以及新的意识形态的渗透有关①)。但家长在家庭中的地位特别是在经济地位上高于其他家庭成员是显而易见的。他仍然代表家庭成员管理家庭财产,仍主持家庭重大活动,如红白喜事、寿辰、分家等。认识并理解家长在家庭中的地位有助于我们对家长在分家过程中所处地位的分析。

---

① 参见郭于华:《代际关系中的公平逻辑及其变迁——对河北农村养老事件的分析》,载《中国学术》2001 年第 4 期。

2. 家长在分家过程中扮演着双重角色：一方面作为分家的主持者，另一方面又作为赡养的对象

从对石巷村、长林咀村调查总结来看，分家时父母作为主持人的比例分别为69.6%、86.5%，这说明分家的主持者通常都是家长。家长作为分家的主持人主要有以下三个原因：一是源于家长在家庭中的权威地位。在分家之前，由于子女习惯于依赖父母并且长期接受其管束，因而父母在儿女心中总是权威者（除非儿子与父母在分家前已经反目，这种情况存在但数量很少）。二是由于分家过程中最主要的是财产分配问题，父母通常不参与财产的分割（这在下文将述及），因此最突出的利害关系存在于参与分家的儿子（下文所说的分家当事人）之间。所以父母通常处于一个相对中立的位置，让他们主持分家，也是为了保证分家的公正性。三是由于分家前父母作为家长实际上管理着家庭的财产及其他一些事务，因此存在一个承继的问题。这里的承继包含着丰富的内容，不仅包括了财产的传承，还包括家长地位的传承，宗祧"香火"的传承。因而父母主持分家具有"合法性"，分家在很大程度上是父母处分自己的"权力"的行为（也表现为责任）。

家长虽然是分家的主持者，但在分家过程中通常并不具有特权，他不能按自己的意志来分配家产，通常要考虑参与分家的儿子的意见。这是从这次调查中得出的结论，几乎所有的被访者都回答分家前在财产分配、扶养问题上经过协商。这种协商有时是长期的，共同生活期间相互之间通过了解对方的想法和要求，经过长期的磨合，双方（多方）在某些问题上形成自然认同或让步趋同，也就是说许多问题在分家之前——分家的标志性事件之前，已经得到了解决。在少数情况下这种协商是临时的，比如出现兄弟冲突、婆媳吵架等突发事件。这些通常都是家庭成员不能预料到的。尽管父母在家产分配、扶养问题上具有一定程度的决定权，但是他们不能忽视分家的公正性——因为他们承担着维持家庭和睦的责任，同时也须考虑自己的养老问题。

分家的不公正是导致养老出现纠纷的重要原因，这从访谈中充分地表现出来。比如石巷村廖兴益、廖兴家、廖兴强三兄弟分家时，由于父母已准备让廖兴家（排行第二）入赘，所以在分家时只分给他两件仓屋做嫁妆，但其不愿做上门婿，就把妻子带了回来，还占了本来分给廖兴强（排行第三）的房子，后来他拒绝养老，理由是当初准备把他"给别人"（上门），还只分给他两间仓屋做嫁妆，父母

厚此薄彼,所以不养他们。有学者这样描述了子媳不赡养父母的理由:"长子、媳也振振有辞,他们坚持认为,老人偏向两个小的儿子,他们'多得益'了,所以他们多承担对老父的义务是应该的"①;另有学者在阐述"平均主义理性"时指出:"代际间的取与关系须建立在相互的平均主义基础之上,具体地说,在村民的观念中,父辈财产分配的'公平',和子辈对父辈养老上的'公平',形成了一对互惠的关系,前者成为后者的条件"。② 这些论述都证明了财产分配与赡养负担相互之间存在难以割舍的关系,并进而说明家长作为分家的主持者,在财产上以及道德观念上都处于优势地位,因而在分家中拥有某些权力。但是,作为年老的被赡养者,他又是一个弱者,在分家中他们不能完全甚至是不能贯彻自己的意志。

(二)"当事人"的范围

这里所谓的"当事人"是指与分家有着直接利害关系的人,不同于"参加人",参加人是指分家时到场的人。区别表现在两个方面:一是分家参加人的范围比分家当事人的范围要广,包括:主持人、当事人、证人及其他参与人;二是参加人特指"到场"的人,但是当事人并不一定到场,比如在石巷村周明秀一家分家时,小儿子周发贵就在外打工未回。无疑,分家时要解决的主要问题是财产分割问题,而参与财产分割的人——儿子是权利义务的主要承载者(家产分配、债务负担、养老承担等方面),因此儿子应为当事人。那么,父母是否在分家的当事人之列呢?表面上看应该是,因为:第一,分家分掉了父母创造的财产,这不能说和父母没有利害关系;第二,作为受赡养人,分家的时候要提前解决父母的赡养问题,这也关系到父母的切身利益。但是,并不能因此就认为父母是分家的当事人,这主要是由于:分家最重要的是家产的分割,通常情况下父母并未分得财产,他们同儿媳同居共食,无需为他们单独留出财产,即使与儿媳分家他们也通常与儿媳住在一起,只是单独开灶而已;"轮吃"(亦称"轮火头"③ 或"吃火头"④)的就更不

---

① 郭于华:《代际关系中的公平逻辑及其变迁——对河北农村养老事件的分析》,载《中国学术》2001年第4期。
② 杨晋涛:《川西农村"称粮"习俗和亲子关系探讨》,载《思想战线》2002年第5期。
③ 谢继昌:《轮伙头制度初探》,载《中央研究院民族学研究所集刊》1985年总第59期。
④ 陈运飘、杜良林、曾骐:《普宁西陇的老人赡养方式与吃伙头初探》,载《中山大学学报》1997年第2期。

用分财产了。少数单独居住的父母通常也是另砌几间简陋的房子将就着。在石巷村,父母一般都分开赡养,与子女一起吃、住;在团风,父母与子女分家很普遍,但通常也与子女住在一起,只是单独开灶。"东西合都用"(公用),即父母对居住的房间只不过拥有暂时的使用权,而且其居住的房间也早已确定了归属。笔者认为:父母将家产进行分配,但其通常并不认为是其所有权的丧失,因为他们从来就没有认为家产归他们独自享有。需要强调的是,家是家庭成员考虑问题的基点,即"家庭本位"。"我们家里……"是在农民口中出现频率最高的语句模式。对农民来说,他们通常累世居住在一个地点,从第一代居住在这里的老祖宗开始,他们在这里砌了房子,买了地,并对房子进行增加、修葺、部分或彻底更新,在第一代年老之后将房子传给了第二代,第二代又重复同样的过程。如是,农民们形成了这样一种观念:今天的一切,实际上包含了所有前代人的努力,都必须通过分家的方式向后代传递。

在赡养问题上,老人处于非常被动的地位。父母作为赡养的对象,他们对子女来说是一种负担,从这个意义上讲,父母对子女来说是一种"消极财产",这项"财产"在分家时一同分配给子女。虽然他们在自己如何被赡养的问题上有发表自己意见的权利,但在子女面前,他们终究是个分配对象,即使他们在分家之后能够为儿子生产生活带来帮助,但作为分配对象的地位是无法改变的。

以上分析说明,无论是在财产分割还是在赡养问题上,父母都不具有主体特征。所以说他们不是当事人(这并非说分家无关父母的利益——特别是在赡养问题上,而是针对分家当时的"分配"来说)。

分书在写明家长之后,紧接着是长子女及次子,实际上就是指当事人的范围。前已说明,方明兴系赘婿,那么为何称方明兴为长子呢?这与传统中国社会习惯有很大差别。在传统中国社会,入赘的女婿(仅指"入舍赘"[①])须改姓女方姓氏。在分书描述的家庭中,女婿并不改姓,并且称之为子。其实,在石巷村,赘婿不改姓已是普遍现象,当没有亲生子时,他们称赘婿为儿子,当有亲生子时他们称赘婿为"女婿儿子"以示区别。这一现象说明,赘婿的社会地位提高了,不再像传统社会那样受人歧视。在团风长林咀村的调查得到同样的结论,当问及赘

---

① 参见邢铁:《我国古代的诸子平均析产问题》,载《中国史研究》1995 年第 4 期。

婿是否受到歧视时,长林咀村副主任回答"一样看待"。这与费孝通于 20 世纪 80 年代初对开弦弓村的调查得到的结论是一致的,"过去赘婿在社会上地位较低,现在实行了工分制的集体经济,他在家庭里的经济地位提高了,社会地位也相应提高了"。[①] 赘婿地位提高,与亲生子一样作为分家的当事人参与到分家之中。

(三) 证人的公证作用及公证的效力

在分书中列有四位证人。首先对这四个证人的身份做一下说明:温继明,廖国炎邻居,时任会计;伍逢银,一个"说话很公道"的同组村民;周在洋,时任生产队队长;廖新益,廖国炎侄儿。

在石巷村,分家时多请叔伯姑舅参加。也有请干部的,但很少。作用皆如分书言明:作为证人(在石巷村分家请叔伯姑舅参加的占 14/23,请村干部的占 3/23;在长林咀村请亲属或干部参加的比较少,分别为 11/74、3/74)。费孝通在《江村经济》中这样描述"父子或兄弟之间分财产时,舅舅是正式的裁判"[②],在《家庭结构变动中的老年问题——再论中国家庭结构的变动》中如此描述:"协商定当后,请个识字的人写成文书,姑舅双方亲戚也要在文书上画押作证;将来如果发生纠纷,由他们出面做断"。[③] 费孝通这两次调查相隔四十余年,但在农村分家时邀请亲属作为证人的习惯并没有改变。比较大的一点变化是,舅舅的地位似乎没有以前那么高了(在《江村经济》一书中,费孝通指出,舅舅之于外甥相对其他亲属来说有无可比拟的地位)。同时指出邀请证人的重要意义在"将来发生了纠纷,由他们做断"。

邀请证人是为将来可能发生的纠纷提供了解决机制,但更重要的作用是有效防止了矛盾的发生,分书中列出了四位证人,其中有村干部,有亲属,有被公认为说话"公道"的同组村民。在分家时请如此多不同身份的人作为证人并不多

---

① 费孝通:《家庭结构变动中的老年赡养问题—再论中国家庭结构的变动》,载费孝通:《费孝通文集》(第九卷),北京:群言出版社 1999 年 1 月第 1 版,第 47 页。
② 费孝通:《江村经济》,载费孝通:《费孝通文集》(第二卷),北京:群言出版社 1999 年 1 月第 1 版,第 63 页。
③ 费孝通:《家庭结构变动中的老年赡养问题——再论中国家庭结构的变动》,载费孝通:《费孝通文集》(第九卷),北京:群言出版社 1999 年 1 月第 1 版,第 48 页。

见,特别是请干部的情况不多见(在石巷村,除本例外,钟守金家分家时既邀请了亲属又邀请了村干部,长林咀村没有这种例子)。廖国炎在分家时邀请如此多的证人可能与家庭存在隔山姊妹与招赘的特殊情况有关,但这种特殊性并不影响这里要论证的规则的普遍性,反而有力地证明了这种规则,即邀请证人的目的决定了证人应具有公证性、权威性等品质。

避免矛盾的有效手段是保证分家的公正性。不公正往往是导致矛盾的根源,邀请一个值得信赖的第三人来担当公证人的角色是在乡土社会里保证公正的最好方法。与分家无利害关系是最基本的条件,公正而无偏私是最需要的品质。分书中一位名叫伍逢银的证人正是因为具有这种品质而被邀请,在询问廖正堂为什么邀请这样一个"毫不相干"的同组村民作为证人时,其回答一针见血:"说话蛮公道"。

证人拥有一定的权威是很重要的,公正可以增强权威性,但并不能替代权威。权威使人遵从,不敢轻易冒犯,这有利于矛盾的避免和解决。权威可能来自多方面:公正、职位、年龄、辈分或其他的东西。公正是权威的源泉之一,而职位或官位本身就是权威。在分书所列的四位证人中,有两位是村干部。村干部虽然只是个小官,甚至不能称之为"官",但是在乡村社会,他们具有十分特殊的地位。他们本身就是农民的一分子,因而最了解农民的想法,考虑问题也最贴近农民实际。经常帮村民解决纠纷也使他们具备了解决农民矛盾纠纷的经验。

具有亲属关系也是成为证人的一个理由。前面说到没有利害关系是充当证人的必备条件,要补充说明的是,上面所谓的利害关系主要是指直接的利害关系。但丝毫不会替别人家庭着想的人是不能充当证人的,公正的人常常能够做到这一点。对于村干部来说则是他们的职责。亲属处于情感或现实的考虑,希望在分家之后,新的家庭之间能够维持和睦,否则以后与新家庭之间也难以处理好关系。倘若某个亲戚分家产生矛盾,则以后很难同时搞好与几个"小家"的关系。所以亲属通常可以在分家时扮演证人的角色,而且是越亲越好,通常叔伯姑舅被认为是最亲的亲戚,所以邀请他们。廖国炎的侄子廖新益作为证人参与分家正是由于这种亲缘关系。

至于"公证"的效力,从正面来确定很困难。这不像国家公证机关所作的公证,其效力有明确的法律规定:要推翻他人已经公证的权利首先要否定公证的效力,否则,其主张不可能得到法院的支持。法律对分书的效力并没有明文的规定,所以很难从法律上确定分书的效力。虽然法律对这种公证的效力没有规定,但是并不影响其在分家过程中所起的实际作用,从本次对两地法院的问卷调查来看,没有一例纠纷涉及到分家时有分书的情况。这说明分书在当事人之间发生了效力,而分书的效力与公证的效力不无关系。① 很显然,书面形式的协议也要求程序的合法性,证人的参与并签名大大加强了这种合法性,减少了由于当事人的主观因素造成不公正的可能,比如当事人一方太年轻,不能完全表达自己的意愿。

(四)家产的范围、分割方法及分割所遵循的原则

1. 家产的范围

依《民法通则》规定②,所有家庭成员所拥有的全部财产应区分为家庭成员个人所有的财产和家庭成员共有财产两个部分。家庭成员个人财产是指个人独立劳动所得和接受赠与的财产。家庭共有财产指在家庭中,全部或部分家庭成员共同所有的财产,即家庭成员在共同生活关系存续期间共同创造的财产,一个家庭是否存在共有财产,取决于有无共同的生产经营活动。此外,《婚姻法》中还对夫妻间财产关系做了专门规定。

此处所使用的"家产"并非法律上的概念,而是民间的财产观念。通过这次调查,这一点已得到充分证明,在两个村庄,几乎所有的家庭都没有个人的特有财产。他们通常这样回答"我们屋里有……"而从不说"我有……",在他们的观念里一切东西都是属于家的,很少在家庭成员内部区分"你的"、"我的"。家长是家产的管理者,所有家庭收入都由家长来安排其用途。当然,遇有重大的支出还要征求其他家庭成员的意见。家产的主要来源是农业,农作物在收割之后由家长出售并获得价款,其他财产如猪、牛等牲畜也由家长出售并获得价款。这就是

---

① 在清代,证人签名是分书(合同之一种)发生效力的条件,参见俞江:《"契约"与"合同"之辨——以清代契约文书为出发点》,载《中国社会科学》2003年第6期。

② 参见《中华人民共和国民法通则》第75条:"公民的个人财产,包括公民的合法收入、房屋、储蓄、生活用品、文物、图书资料、林木、牲畜和法律允许公民所有的生产资料以及其他合法财产"。第78条:"财产可以由两个以上的公民、法人共有。共有分为按份共有和共同共有。按份共有人按照各自的份额,对共有财产分享权利,分担义务。共同共有人对共有财产享有权利,承担义务"。

说财产来源对于每个家庭成员来说都是透明的。但是,近年来外出打工对家长管理家产的习惯有所破坏。这主要是因为家长很难掌握甚至是不能掌握外出打工成员的收入信息,有的外出打工的家长也会"隐匿"收入,这势必破坏基于相互信任而建立起来的财产管理和使用规则。在我们所调查的村子,特别是石巷村,农业仍然是主要收入来源,原有的财产管理和使用规则还比较稳定。但在长林咀村,打工对于许多家庭来说已成了主要收入来源。由于我们这次调查的大多数分家事件发生在 1995 年之前,农村还没有出现打工热,家庭收入来源比较单一,基本上就是靠农业,并且主要是狭义的农业,因而家产由家长管理仍是主要的家产管理和使用模式。

正如有学者所说:"在吾国固有法制上,家有家产,而家产为家长与家属之公同共有(合有),并非俟家长死亡之后,始对家产有公同共有关系。因此,固纵使家长死亡,亦不过管理人(家长)地位有所更替而已,而别无现行民法所谓财产继承之开始"。① 这句话揭示了家产之归属和管理方式。

清楚了家产的归属和管理方式,就可以对家产的范围进行界定了:家产是由家长所管理的所有财产,不包括"私房钱"。② 这里需要特别注意的是,决不能将家产界定为"所有家庭成员所拥有的财产的总和",虽然两种界定方式使"家产"在数量上相近甚至相等,但这种界定与事实不符。如前述,农民的收入主要是来源于自产物的出售,如粮食、经济作物、牲畜出售等,这些交易行为主要是由家长来完成的,出售所得收入直接由家长控制;通常都由家长"结账",钱不会经过其他家庭成员之手,因而,除家长之外的其他家庭成员表面上没有收入,即使有也是"隐匿"或"不合法"收入。

通过以上分析已对家产的范围进行了概括。但家产主要表现在哪些方面呢?以下将通过对分书中关于财产分割部分的描述来具体说明家产的范围及不同财物的价值。分书中列明的财产包括:房屋、耕牛、农具、家具及其他小型财产。

---

① 陈棋炎:《亲属、继承法基本问题》,台北:三民书局 1980 年 1 月第 1 版,第 337 页。
② 私房钱在大多数情况下并不为其他家庭成员所知悉,既使知道,信息通常也不完整。也就是说,私房钱通常是不透明的,并且由于拥有私房钱破坏了家产的占有和使用规则,因而也是"不合法"或不符合习惯的,某个家庭成员拥有私房钱通常导致家庭成员内部的信任危机,很可能出现家庭纠纷。

第一，房屋是家产中最重要的组成部分。在分书的四项内容中，财产的书写顺序基本是按财产价值和重要性来排列的，将房屋分割单独作为其中一项并且作为第一项，这充分证明房屋对于农民的重要性，分家当事人最关注的就是他们将获得多少房屋，什么质量的房屋。

在传统农业社会，土地和房屋是最重要的财产。田产是农民的衣食之源，而且通常是惟一的生活来源，更是财富和地位的象征。土改时期对于农民成分的划分主要也是依据田产的数量，这说明了土地对于农民生存和发展的意义。费孝通先生在《江村经济》一书中对于土地的重要性有详细的论述。在那里，由于地少而导致溺婴。房屋的重要性略次于田产，房屋是安身立命、祛暑避寒之所，也是财富和地位的象征。正是因为土地和房屋对农民而言如此重要，所以无论富裕还是贫穷的农民，一旦有了积蓄，通常要做的第一件事就是添置房产，增加房屋。无房少地往往意味着社会地位的低下，被人瞧不起。

现在实行家庭联产承包责任制，恢复了农民对房屋的所有权，又通过发包的方式使农民获得了土地的长期使用权，但土地仍归集体所有，农民通常不把它们当作自己的财产，在他们看来，获得土地是依国家的政策，在分家时他们并不能完全按照自己的意思(特别是在数量上)分配耕地，因此，在当今中国农村，房屋对农民是最重要的财产。当然，这也不是绝对的，在团风，有个家庭拥有跑长途客运的汽车，这辆车少说也值 10 万。但这毕竟是少数，另外，这个家庭已不是真正意义上的农民家庭，因为它已不是将农业生产作为家庭收入的主要来源。

第二，除房屋以外的其他各项财产。在分书"第二"内容下，单列了以下四类财产：耕牛、农具、缝纫机、其他小型财产。

耕牛在所有家产中是放在第二重要的位置。迄今为止，在中国许多农村地区仍然采取牛耕，特别是在贫困地区、山区以及丘陵地区，更甭说在这户农民分家的时候(1986 年)。时至今日，石巷村及长林咀村仍以"牛耕"为主。在"牛耕"生产水平下，没有耕牛，生产根本无法进行。

农具是进行农业生产必不可少的工具。在分书中列出了这么几种农具：一张犁，一张耙，一张耖。从对其折价看，价值都不大，但把他们放在价值比他们大的多的缝纫机前面，就突出了其重要性。犁用来耕地，耙弄碎土块，而耖子则将碎土和成泥以利于禾苗生长，这些农具都是"精耕细作"所必备的。

专题研究：民法法典化

缝纫机是20世纪70年代中期"三大件"之一。电视机、洗衣机、电风扇与缝纫机的价值差距并不是很大，但电视机、洗衣机、电风扇是单纯的消费品，它们耗电却不能带来任何收益。看电视是精神生活的一部分，在贫穷的家庭是不会谈精神生活的；洗衣机的工作可以用人来代替；电风扇的"替代品"是芭蕉扇。缝纫机不一样，它不耗电，也不耗油，只费人力，在购买时支出一笔费用，以后就不用再追加投资了。另一方面，也是最重要的一个方面，缝纫机可以用来"缝缝补补"，可以在衣服开销方面省下一笔钱，因而缝纫机给其带来了积极利益。同时也说明廖国炎家在分家时比较贫穷。

按说，与缝纫机、电器这类物品并列应该是家具了，但由于家里穷，买不起较贵重的东西，所以在分书中并没有出现家具。最后一类财产是小型财产：罐子、锅、碗、筷子等日常生活用品。

2. 家产分割的方式及分割的原则

家产的分割方式及分割原则之间有着紧密的联系。分割方式反映分割原则，分割原则决定分割方式。家产分割的原则在分书中并没有写明，但是可以通过财产的具体分割总结出来。此分书对于家产的分割基本上贯彻的是平均主义原则，对于不同的财产，采用不同的分割方式，但每种方式都体现了这个原则。下面将通过认识家产分割的具体方法来探索平均主义的原则是如何贯彻的。

(1) 对于空间上各部分相互独立的财产平均分配。这里指的是房屋。廖国炎家的房屋"一共七间半，其中正房屋三间，厢房屋四间半，方明兴分得东西厢房四间半，廖正堂分得正房屋三间"。房屋本身是一个功能完整的整体，在石巷村，一项房屋通常包括堂屋、房屋、耳房(有可能没有)、厢房、厨房(有时也算作厢房之一间)、厅屋、天井。其功能分别为：堂屋吃饭、接待客人，相当于城市单元住房的客厅；房屋睡觉；耳房堆放粮食；厢房存放其他财物，亦可睡人；厨房烧饭；厅屋摆放杂物(主要是一些农具)，这种"四围"的房子不仅功能完整，而且很好的保证了财产安全。

既然一项房屋有一套完整的功能，为什么又对它进行分割呢？而对于各部分功能不同的房屋怎样分割才能做到公平呢？是否对房屋进行分割，这取决于家庭的经济能力，前面在讲家财范围的时候已经分析，该家庭分家的时候比较贫困。通常，比较富裕的家庭分家时总会为将要分出去的家庭先砌好房子再分家；

或者分家时给分出去的儿媳一定金钱让其盖房子单独居住,这种情况下,分家时对原房屋,即"老屋"不进行分割。但比较贫穷的家庭没有钱盖房子,只好在分家时将"房屋"进行分割,使分开后的家庭都有房子居住,廖国炎家分家时就处于这种情况。当然,也有在分家时某一方不分得房子,暂时共同居住,待盖好新房再搬出去的情况。

虽然房屋各部分有着不同的功能,但仍然可以贯彻平均主义原则。由于房间的功能不同,空间大小不一样,象征意义不一样,所以均分房间不能实现公平。这就只有一种办法,要分得质量好的房间必然在数量上做出让步,而分得质量差的房间必然对数量有所要求。正房屋部分质量比较好,而厢房作为正房屋的辅助部分,质量肯定差一些。这里的质量通常体现在房子的空间(宽度,深度,高度)、使用的材料(梁,椽,瓦)、做工(牢固,美观)。正房屋在这些方面比厢房都要好。所以,分得正房屋必须在数量上做出让步以实现公平。廖国炎家在分家时就是通过这种方式来实现公平的。长子分得厢房,所以在数量上占有优势,有四间半,而廖正堂只分了三间。这样,公平原则得到了贯彻。至于说为什么方明兴分厢房,廖正堂分正房,则可能和招赘有关。

(2) 对十分贵重而且又有公用性的财物实行共有(家庭之间形成的共有关系)。这在廖国炎家指的就是牛了,其实也可以是其他东西,比方说拖拉机,水泵之类的农具等。共有同样体现了平均原则,当事人对共有物有平等的使用权,在将来出售时当事人平等分得价款。牛作为共有财产,主要是因为分家之后,两家的田产总和与未分家之前相比并没有增加,一头牛仍可以完成两家的耕作,若将牛分给一家,而另一家再去买,势必造成浪费。从这种意义上说,分家时除贯彻了公平原则外,还贯彻了效益原则。另一方面,牛可以共有是因为它在使用上不会造成冲突——即具有了共有的可能性,分开后的新家庭可以通过协调来错开使用时间,而电器、家具之类的生活用品由于功能的特殊性不宜共有。

(3) 对于小型农具,采用折价的办法均匀搭配。分书中列出了三种小型农具:犁,耖,耙。小型农具若公用不仅麻烦而且无必要;另外,这三样农具都为单数,所以分割时存在搭配的必要。搭配之前首先要进行估价。分书上已写明:犁折价20元,耖折价10元,耙折价10元,方明兴分得耖、耙,廖正堂分得犁。两人分得的农具价值恰好相等,体现了公平。其实,对农具进行折价并不是目的,目的在于追求形式上的公平。最后分割的并不是金钱,而是物品,折价是实现公平的手段,在于向当事人宣告财产分割的公正性。

在"小型财产"的分割上也贯彻了公平的原则。虽然在分家当时并没有分割,但却写明"按理商议",而"商议"往往是实现公平的必要手段。

值得注意的是缝纫机的处理方式,"缝纫机归方明兴,折价 250 元,充作新宅基费"。表面上看,这样处理似乎违反了公平原则,既然其他财产已经平均分配,为何单单这台缝纫机却分给了方明兴了呢? 为何不折价均分呢? 有必要指出,前面已经确认在房屋分割上是公平的,但由于廖正堂分得正房屋,这就决定了方明兴一家将来要搬出。事实上,在调查之时,方明兴早已搬到离廖正堂家两里远的地方居住。正因此,事先就将方明兴将来出让房屋时的问题解决好了,缝纫机折价 250 元充当方明兴出让房屋时的补偿。虽在分书中未明写这 250 元钱是作为补偿,但从这 250 元钱指定的作用看,它是作为新宅基费给方明兴的。很显然:将来方明兴搬出后必须买新宅基地盖新房,而其搬出旧房,廖正堂是受益人,当然要由廖正堂补偿,这种补偿并不由廖正堂直接给付,而是通过廖正堂少分家产来实现。实际上是用分家产的方式解决了将来的债权债务问题。所以将缝纫机分给方明兴没有对平均主义原则造成破坏。

以上从每一样财产所采用的不同分割方式来证明家产分割过程中平均主义原则的贯彻,证明早在秦汉时期形成的"诸子均分"的家产分割原则在中国农村至今仍有顽强的生命力。

(五) 赡养与抚养问题的解决方案

分家主要解决两个问题:一是财产分割,二是赡养与抚养,这两个问题是伴生的,也是分家的应有之意。财产之于人的生存、发展的意义是任何东西都取代不了的。另一方面,由于赡养与抚养问题关系到所有家庭成员的切身利益,因而它也是分家最主要的内容之一。因此,不能将分家等同于"析产",析产只不过是分家最重要的内容。所以分书中将赡养与抚养问题解决方案与财产分割方案并列出来并将其放在财产分割方案后面。

实际上分书内容从整体上由此而分成了两大块:分财、分人。由于赡养与抚养问题特别是赡养问题有其他调查成员专门论述,所以此处对此一问题仅作简要说明。

1. 赡养问题

石巷村多为一次性分家(一次性分家所占比例为23/31),而分家时间一般为长子结婚后不久。① 在这种情况下,不得不考虑未婚子女的需要。另外,由于农村有早婚的习惯,通常长子结婚时父母年龄均不会超过50岁,分家时,父母实际并未丧失劳动能力,这时,他们根本不需要赡养,将儿子的需要和父母的能力结合起来产生了这样的结果:分家在许多情况下解决的是将来才实际发生的赡养问题。父母暂时辅助未婚的儿女,待子女都结婚后再由几个儿子分开赡养或以其他方式赡养(如"轮吃"或"称粮"②),在石巷村,多采用前一种方式。

2. 抚养问题

抚养与赡养是分不开的,抚养是父母的责任,在未履行完抚养责任之前,赡养一般不会发生。也就是说,抚养责任履行完毕的时间差不多就是赡养开始的时间。需要指出的是,这里所说的抚养不同于法律上的抚养,现行《宪法》及《婚姻法》都规定了父母有抚养教育未成年子女的义务,这一义务被限定在子女未成年时期即18岁之前。而在石巷村和长林咀村,抚养含义远不只此,父母的抚养责任通常要延续到子女都婚嫁之后(除非子女太多,在有的子女未婚前父母已丧失劳动能力),只有到这个时候,父母才算是"完成了任务"或"操完了心"。

清楚了赡养及抚养问题解决之一般方法后,再来看分书对赡养及抚养问题是怎样解决的,与普遍的解决方式有什么不同。在赡养问题上,规定了廖正堂婚前父母的赡养解决方式,即父母与廖正堂一起生活并抚其结婚,但由方明兴负担一位老人的衣、行、住、看病。为什么父母抚廖正堂却还要方明兴负担一位老人呢?实际情况是,1986年廖国炎分家时,方明兴已结婚6年,而且廖国炎夫妇已年逾花甲。虽说是"抚廖正堂",但毕竟年事已高,"心有余而力不足",抚养能力已受限制。而由方明兴负担一位老人的衣、行、住、看病,可以保证"抚"的目的的实现,如果不由方明兴负担这些开支,则二老须与正堂共同负担,"抚"的目的就可能落空,甚至不仅抚不了次子,而且给其带来负担,比如说老人生一场大病可

---

① 这里对只有一个儿子的情形暂不考虑,因为在中国农村,独子家庭很少。独子的家庭,可由独子直接承继家产,养老的责任自然由独子承担,不存在多种方式可供选择。

② 杨晋涛:《川西农村"称粮"习俗和亲子关系探讨》,载《思想战线》2002年第5期。

能需要很大的开销。

由兄长负担父母其中一人的衣、行、住、看病实际上也是其在间接的扶助未婚的弟弟。俗话说"长兄为父",这一方面是说长兄在弟妹面前拥有一定的权威;另一方面也说明兄长有照顾弟妹的责任。

在抚养上,分书中规定:廖正堂结婚由方明兴出两百元。既然家都分了,为什么还要方明兴部分负担正堂的婚姻开支呢?理由是出于父母年老和弟弟年轻情况的考虑。正如麻国庆在《分家中有继也有合》所言"'兄弟'关系是附属于'父子'纵式关系下的一组关系。在中国文化('孝悌')中,提及'兄弟',便说'兄弟如手足'"。[①] 因而兄弟之间相互扶助是十分普遍的现象。

前文已经论证,分家在财产分割上的最重要原则是平均主义原则,其次是效益原则,经过对赡养与抚养问题解决方式的分析,实际上还有一个原则:互助原则。这一原则是对形式平均的偏离,但它却体现了实质上的公平——考虑了当事人的年龄、能力及婚姻状况。

三、家产分割与国家法的规定

以上从一份分书展开,通过对分书各部分内容的分析揭示了分家习俗中的规则及原则:由家长主持分家,家长不能专断(潜规则),公证人须具有相应品质,分家须经协商磨合,财产分配须贯彻平均、效益、互助的原则等。在整个分家活动过程中,财产分配无疑是最受关注的,因为它关系到分家当事人的根本利益。以下将先分析家产的性质,然后通过家产分割行为与"相关"法律行为比较来分析家产分割的法律性质。

(一) 家产的性质

前面在讲家产范围时将其界定为"家长管理范围内的所有财产",由家庭共同劳动所得收入组成。实际上,家产的绝大部分都是由父母劳动创造的。无论

---

① 麻国庆:《分家:分中有继也有合——中国分家制度研究》,载《中国社会科学》1999 年第 1 期。

是对小家庭、扩大家庭还是大家庭而言。① 由于分家致使扩大家庭或者是大家庭都不会存在太久,通常在某个儿子婚后不久便会分家②,因而儿子对于家产的贡献一般很有限。尽管每个家庭成员对于家产的实际贡献不一样,并且他们对自己以及其他家庭成员对于家产所做的贡献都有着自己的度量,但他们通常并不会对家产做出区分,而是将家产作为"家"这个组织体的财产。尽管家长对家产有管理的"权力",但这并不意味着家长对家产享有所有权,他要想对家产进行处分,须经全体或大多数成年家庭成员的同意,也就是说在大多数时候他们处分家产的行为代表的是家这个组织体的意思。有学者指出"在分家析产的内在逻辑中,差序格局的家族伦理与家族共财观念不可分割地纠合在一起,其关键在于家产的主体是模糊的'家'而非个人,即使父家长也不能任意独立地处分家产;相对于家长,子辈们更不具独立的民事行为资格,分家的要求虽然也反映了他们对部分家产的支配欲望,但不能视作一种个人财产权利的主张,而应看作是他们在家族共有的那块'蛋糕'上切取更多份额的要求"。③ 另有学者在讨论"诸子均分"时认为,"诸子——无论他是否在财产上为其所在家庭作出过贡献——可以在家长在世时分割家产。换一个角度来说就是,家长并非家产的所有权人,而只是家庭财产暂时的管理人。实际上,在财产问题上,古代中国很难说存在着一个以个人为主体的所有权制度。只要是财产,均会纳入家庭财产的范畴,如果说真有一个财产权的主体,那么,这个主体是户,而不是某个个人"。④ 因而,我们将家产的性质定义为:以共同共有的形态存在并归属于家这个组织体的财产。

现行《民法通则》第78条规定了共有的两种形态:按份共有,共同共有。家产应属共同共有财产,根据《最高人民法院关于贯彻执行〈中华人民共和国民法通则〉若干问题的意见(试行)》第88条规定"对于共有财产,部分共有人主张按

---

① 费孝通将家庭结构分为四种类型:不完整的家庭(没有成对的配偶);小家庭(核心家庭);扩大的家庭(一对配偶加父或母);大家庭(两对及两对以上的配偶)。参见费孝通:《家庭结构变动中的老年赡养问题——再论中国家庭结构的变动》,载费孝通:《费孝通文集》(第九卷),北京:群言出版社1999年1月第1版,第52页。
② 参见蔡伟钊:《多次性分家研究——湖北省团风县长林咀村有关分家的民事习惯调查报告》,载《私法》本卷。
③ 张佩国:《传统中国乡村社会的财产边界》,来自http://www.ccrs.org.cn/big/ctzgxcshdcc.html(2004年5月10访问)。
④ 俞江:《继承?抑或分家析产?》,暂未发表。

份共有,部分共有人主张共同共有,如果不能证明财产是按份共有的,应当认定为共同共有",这一解释从举证责任的角度对按份共有与共同共有作了区分。通常说来,各家庭成员共同参与家庭劳动,由家长对收入进行管理,他们从不会约定各自在家产中占多少份额,因而家庭财产应属共同共有形式。对此,在我国民法学界也基本达成了共识,如梁慧星先生指出:"关于家庭共有财产,我国《民法通则》与《婚姻法》未作明确规定。但学说理论上,依《民法通则》关于共同共有的规定,一致认为家庭共有财产是共同共有的一种形式"。①

另须指出的是,现行《婚姻法》第 19 条规定"夫妻可以约定婚姻关系存续期间以及婚前财产归各自所有,共同所有或部分各自所有、部分共同所有。约定应当采用书面形式。没有约定或约定不明的,适用本法第十七条、第十八条的规定。"这一规定是说夫妻间财产关系可以通过约定的方式由夫妻自主决定。但在农村,从来就没有夫妻对于财产进行约定的情形,而且通过《婚姻法》第 18 条②规定的方式获取财产的情形很少并且通常数量也较小,所以夫妻间不仅在观念上,而且事实上不存在各自的独立财产。那么是否就可以说在农村夫妻间存在共有财产呢?笔者认为亦不存在。前面已多次指出,家产作为一个整体属于家这个组织体,既不是个别家庭成员的财产,亦不是某部分家庭成员的财产,家产只有一个共同共有层次,而不是两个。如下图,应表现为图一,而不是图二(面积代表财产)。在这里,法律制度与普遍存在的观念及事实发生了冲突。

| 所有家庭成员 |

图 一

| 夫妻 | 其他家庭成员 |

图 二

---

① 梁慧星(主编):《中国物权法研究》(上),北京:法律出版社 1998 年 6 月版,第 560 页。
② 参见《中华人民共和国婚姻法》第 18 条:"有下列情形之一的,为夫妻一方的财产:(一) 一方的婚前财产;(二) 一方因身体受到伤害获得的医疗费、残疾人生活补助费等费用;(三) 遗嘱或赠与合同中确定只归夫或妻一方的财产;(四) 一方专用的生活用品;(五) 其他应当归一方的财产"。

(二) 家产分割规则与国家法的背离

1. 家产分割与共有财产分割

搞清了家产的性质——家庭共同共有财产,再来看家产分割的方式。既然家产属于家庭共同共有财产,那么家产分割是不是完全按照法律对于共同共有财产的分割规定来进行的呢?并非如此。《最高人民法院关于贯彻执行〈中华人民共和国民法通则〉若干问题的意见(试行)》第 90 条规定:"在共同共有关系终止时,对共有财产的分割,有协议的,按协议处理;没有协议的,应当根据等分原则处理,并且考虑共有人对共有财产的贡献大小,适当照顾共有人生产、生活的实际需要等情况。但分割夫妻共有财产,应当根据婚姻法的规定处理。"根据上文对家产性质的确定,分家时不存在夫妻共有财产分割。上文在界定分家当事人的范围时已经明确,分家的当事人通常只包括儿子;作为共同共有人,而且是对共有财产做出主要贡献的共同共有人的父母并不参与共有财产的分割,这与上述最高人民法院的司法解释第 90 条是相违背的。家产(家庭共同共有财产)的分割并不是完全按照法律的规定进行的,这表现在两个方面:一是并非所有的共有人都分得财产;二是共同共有财产的分割并没有充分考虑到共有人对共同共有财产的贡献大小。

通过对家产的归属及其分割分别进行分析得出这样的结论:家产是所有家庭成员共同共有的财产,但是家产的分割并不是完全按现行法规定的共同共有的分割模式进行的。为什么会出现这种情况呢?这主要是因为:分家过程中的家产分割并非像《民法通则》规定的共同共有财产分割那样简单。家产分割承载了太多的传统知识,除了法律规定的"等份原则""贡献大小""适当照顾"之外,还要解决父母的赡养、子女的婚姻,甚至将来在兄弟之间产生的债权债务等问题,可以说,中国农村存在的家产分割习惯是一项比西方法中共有制度和继承制度更复杂的规范。

2. 家产分割与赠与

如上所诉,父母作为家产的共同共有人,对家产的积累做出了主要贡献,但通常他们并不参与家产的分割,这是不是说他们放弃了自己在家产中享有的财产权利,并将之赠与儿子了呢?有学者认为,分家时子女分得父母享有的那部分财产属赠与性质,"至于未成年子女长大后离开家庭,分居、分灶各自生活,并

'分'得父母的部分财产,只能视为父母赠与的财产,不能以为是对家庭共有财产的分割"①,这一结论值得商榷。

《合同法》第 185 条规定:"赠与合同是赠与人将自己的财产无偿给予受赠人,受赠人表示接受的合同";另外,第 190 条规定"赠与可以附义务",第 192 条又将"不履行赠与合同约定的义务"作为"赠与人可以撤销赠与的情形"之一。表面看起来,第 185 条似乎与第 190 条、192 条发生了矛盾:第 185 条规定赠与必须是无偿的,第 190 条、192 条却又规定赠与可以附义务。其实这并不矛盾,"赠与可以附义务"中的"义务"是指赠与人对赠与财产的用途和使用方式所作的限制,而并非是作为赠与交换条件的一种给付义务,也就是说,赠与人并没有因受赠人履行这种"义务"而获得利益。

但是,在分家习惯中,父母将自己在家产中享有的财产权利让与儿子并不是无偿的,儿子在家产分割中得到了本应分给父母的份额,是因为他们主动承担了赡养父母的责任;如果儿子们胆敢在分家时声明不赡养父母,父母是决不会让与他们在家产中享有的份额的。也就是说,在父母与儿子之间形成了一种交换:父母将其享有的财产让与儿子,而由儿子来承担对他们的养老义务。尽管现行《宪法》、《婚姻法》、《老年人权益保障法》都规定了子女对父母的法定赡养义务②,但这种交换在农村通常被认为是合情合理的。

结论:父母在分家时"放弃"自己的财产权利并非赠与,而是以自己受到赡养作为交换条件,并且这种交换主要是物质的交换,即父母让与财产换回的是物质上的养老保证,供给其吃、穿、住、医等,也正是由于父母在分家时必须得到这种保证,赡养问题与财产分割问题必须同时提出。

3. 财产分割与继承

儿子在分家时获得了本应分割给父母的财产是否意味着发生了继承呢(因为父母享有的财产通常最终归属于儿子)?这就要看《继承法》对于继承是如何规定的。

---

① 王利明:《物权法论》,北京:中国政法大学出版社 1998 年 4 月第 1 版,第 349 页。
② 参见《中华人民共和国宪法》第 49 条:"父母有抚养教育未成年子女的义务,成年子女有赡养扶助父母的义务"。《中华人民共和国婚姻法》第 21 条:"父母对子女有抚养教育的义务,子女对父母有赡养扶助的义务"。《中华人民共和国老年人权益保障法》第 15 条:"赡养人不得以放弃继承或者其他理由,拒绝履行赡养义务"。

首先要说明的一点是：排除"户绝"情况下的出嫁女分得家产的情形，在中国农村，嫁出去的女儿是不能分得父母财产的。"所谓诸子平均析产，含有两个基本特征：男子单系继承和平均"①，这是中国几千年的传统。这一传统至今也没有发生动摇。"嫁出去的女，泼出去的水"，费孝通先生在《家庭结构变动中的老年赡养问题——再论中国家庭结构的变动》中指出了女儿不能分得家产的原因："这次在江村问过当地农民，为什么女儿没有继承权，他们的回答是出了嫁的女儿没有赡养父母的义务"②；另外一点原因可能是女子对娘家所作的贡献本来较小，而且在出嫁时已获得了价值贵重的嫁妆作为补偿。但笔者在此并不以继承人是否符合法律规定来判断分家过程中是否发生继承，而是以是否产生了继承的事实来判断。

根据《继承法》第2条的规定，"继承从继承人死亡时开始"。也就是说继承人的继承权在被继承人死亡之后才发生效力。因此，对分家时是否存在继承问题，理论上要分两种情况进行讨论：分家时父母均在世，分家时父母双方或一方死亡。

在父母均在世的情况下，显然不存在继承问题。父母作为被继承人均在世时，他们本人均具有权利能力和行为能力，对自己的财产享有处分的权利，他们可以将自己的财产用于交易或赠与他人甚至抛弃，即使他们的子女要想获得他们的财产也只能通过这样的方式。而要发生继承必须等到他们辞世之后。

在父母双方或一方死亡的情况下，依《继承法》的规定当然地发生了继承的法律事实。这时用继承来解释儿子在分家时获取父母生前财产的现象似乎比较合理。但是，在父母双方或一方死亡的情况下分家并不多见，大多数分家是在父母均在世时发生的。也就是说父母均在世时其享有的财产就被分割掉了，即依《继承法》许多家庭在父母死亡之后不会发生继承，因为父母在死亡时没有财产。

在中国农村，没有继承的概念。农户通过分家的方式解决了代际之间的财产传承问题。在父母一方或者双方死亡后、家产分割之前，剩下的所有家庭成员仍然以家为单位对家产实行共同共有。根据调查，分不分家与父母是否去世之

---

① 邢铁：《我国古代的诸子平均析产问题》，载《中国史研究》1995年第4期。
② 费孝通：《家庭结构变动中的老年赡养问题—再论中国家庭结构的变动》，载费孝通：《费孝通文集》（第九卷），北京：群言出版社1999年1月第1版，第46页。

间并没有任何关联。① 通常并不因为父母一方或双方死亡而立即导致分家。也就是说共有成员的减少并不导致共同共有财产的变动。在一些地区的继承法中,这种对死亡者财产的处理方式称为"共同继承"②,而我国继承法中没有这一概念。

通过以上分析得到的结论是:家产分割过程中没有出现赠与或继承的法律问题,认为家产分割过程中出现了赠与或继承的法律问题是对现实中国的一种误解。但家产分割又不完全等同于《民法通则》对于共同共有财产的分割规定,对于家产分割而言,《民法通则》的规定过于简单。

四、小　　结

本文从分书展开,讨论了农村分家习惯作为重要的社会规范,它所包含的各种规则和原则;并对家产分割与法律上规定的共有财产分割、赠与、继承进行了比较分析。从中可以看出分家习俗作为一种家庭制度,有着自己处理问题的逻辑体系,不仅在程序上,在实体权利义务的分配上也受自有规则和原则的指导和限制。这与现实的法律规定有些差距。主要体现在:立法时未考虑农村的现实情况,或者说法律的规定"超前"了,将问题"简单化"了。

像分家习俗这种民事习惯在农村还大量存在,分家习俗只不过是处理家庭内部关系的习惯之一种;而家庭成员关系又是广泛的社会关系之一种。观察分家习惯的存在形态可以发现,中国社会仍然存在着一些独立发展的民事习惯。只有进行民事习惯调查才能发现与研究民间"小传统",通过这样的调查,我们可以发现法律规定与现实之间的差距,这有利于立法和司法工作的改进。从更大的方面讲,这也是法律本土化的必然要求。光"西天取经"是不行的,还得注重"中国国情"。

---

① 参见蔡伟钊:《多次性分家研究——湖北省团风县长林咀村有关分家的民事习惯调查报告》,载《私法》本卷。
② 我国台湾地区"民法"第1151条规定:继承人有数人时,在分遗产前,各继承人对于遗产全部为公同共有。

家庭代际财产传承的习惯法、国家法和西方法*

——以湖北省 Z 市 S 镇法庭纠纷处理为例

余盛峰**

内容提要：本文基于考察 S 镇法庭二十多年以来，家庭代际财产纠纷的档案资料，揭示了农村长期存在的代际财产传递的重要制度——分家析产。分析了这一内生自发秩序与外来的现代亲属继承制度的互动、冲突的格局。认为：这套延续已久的乡村习惯所面临的冲击，不仅来自社会结构变迁引致的外部影响，更为重要的是，由于现代法律话语的加入，代际间信息不对称加剧，进一步降低了代际之间的信任度。文章试图通过往返西方与中国这两套作为理念型的制度，突破过去相关研究中静止或孤立地考察制度的局限。基层司法在这一前在性结构的约束下，其运作方式也呈现特殊样态。另外，以纠纷解决作为观察视角，不仅有助于克服以偏概全的弊端，也可借此揭示国家—社会非均质化分布的真相。

关键词：析产　继承　赡养　基层司法　习惯法　西方法

Abstract: Based on the court files about the property disputes between the generations of the family during the past twenty years, this thesis reveals the im-

---

* 2004 年 2 月，俞江教授资助组织了"农村家庭财产民事习惯"的社会调查。调查分两路行动：一是到自然村进行入户调查，主要采用问卷调查、典型调查和访谈等形式。二是对基层法院的调查，主要是法官访谈与阅卷调查这两种形式，我们调取了与分家析产、赡养、继承纠纷相关的卷宗，进行摘录和复印。本文以湖北省 Z 市 S 镇法庭的卷宗档案为材料写成。在此，感谢俞江教授的大力资助和论文写作过程中的悉心指导。论文的写作艰辛，真正地让我体验到学术难为。论文也受益于与何永红、陈武、李传广学友的讨论，在此顺致谢意。

** 余盛峰，男，浙江平阳人，E-mail: ysf2009@tom.com。

portant and long-existing property inheritance institution in countryside and analyzes the modern succession system. The author holds that the collision is not only from the exterior influence caused by the vicissitudes of the social structure, but also from the decrease of the faith which originates from the intrusion of the modern law rules and the non-symmetry of the information accessibility between generations. The article reviews the special characteristics of the local judiciary system by disclosing the kind of particular order. It is beneficial to overcome the habit of directly describing, and the malpractice of taking the parts as the whole, and we can also find the truth of the non-balanced distribution of the rural areas.

Key Words: Property-division, Succession, Support, Local Judiciary System, Custom Law, Western Law

一、问题的由来

探讨中国问题，始终难以逾越搁在我们面前的中国村庄。任何回避或是虚假的理论框架，只能导致我们陷入学术泡沫的虚假繁荣中终至遮蔽真实的世界。毋庸置言，乡土中国正在发生深刻的变迁。① 众多村庄，正在接踵而至的现代性建构面前，渐次失去历史的记忆，传统社会分层也面临着不可避免的瓦解。如果不是缺乏学术的责任感和起码的敏感度，那么，重要的问题就是，我们应该如何保持持续的观察。

恐怕无人能否认家庭在中国历史上的重要性。中国传统家庭政治与国家政治所具有的同构性，以家庭为中心扩散形成的差序格局，以及生产—消费的同居共财结构，均是理解中国传统社会内核的基点。历经建国五十多年来数不胜数的社会改造运动，国家意识形态是否已经摧毁并取代传统的差序伦理，是否从根本上动摇了作为基本生产消费单位的家庭的基础？如果社会结构发生变迁，文化象征已经改变，那么，变迁又是在哪个层面上发生和如何发生的？在现代话语

---

① 参见贺雪峰：《新乡土中国》，桂林：广西师范大学出版社2003年3月第1版，特别见其第1篇《乡土本色》。

的冲击下,曾经成功维持农村社会秩序空间的"安静"的习惯,是否如某些学者断言已经不复存在或失去意义?① 探讨这些问题不能只是为了智识上的愉悦和挑战,将大量的心智和资源投入诸如"物文主义"或"人文主义"的争论,更不是建立在凭空想象之上的断然结论。② 民间原生态遭遇现代话语引起的冲突,主要还在中国的基层社会。答案也许更多地藏在现实生活的日常运作之中。

在未来很长一段时间,家庭仍将是中国社会的基本单位。观察这一社会组织的变化,以及当代乡村社会中代际之间财产传承与责任配置的逻辑,较之传统习惯发生的变化。所有这些,都从生活世界这一基本层面,展现着国家与社会的关系。换言之,观察重点是国家法与习惯法在社会变迁中的互动和冲突。③

比较法的考察,已一再证实私法中的"属人法"具有坚韧的生命力。不管立法者的姿态如何,异域法律的移植很难从根本上侵夺一国家庭、继承、亲属的传统领地。

分家析产是中国家庭再生产和家庭分化的重要动力,也是社会分层和流动的重要原因。分家而不是婚姻才是中国家庭的起点所在。④ 与舶来的西方继承法不同,分家析产具有特有的逻辑。差异的背后当然也蕴含着不同的自然观和人生观,以及深刻的社会结构和历史背景的差异。

对于分家的调查和理论研究,社会学、历史学和人类学者已经显示出他们的

---

① "中国农村相当庞大,发展又十分不平衡。当人们讲到村庄时,往往要么是在说一种类型的村庄甚至是某一个村庄,要么是在抽象地说所有中国村庄,而很少有差异分类型地说道中国的村庄,研究中国的村庄。"贺雪峰:《新乡土中国》,桂林:广西师范大学出版社2003年3月第1版,第24页。鉴于中国农村的复杂性,本文仅是考察的开始,而不是终结。

② 徐国栋先生自称其治民法二十余年,除了他所了解的民间订婚习惯,每每想破脑袋亦不知有什么习惯法存在。见徐国栋:《认真地反思民间习惯与民法典的关系》,载徐国栋:《认真地对待民法典》,北京:中国人民大学出版社2004年2月第1版。围绕民法典体系安排的论战之代表性观点,参见徐国栋(主编):《中国民法典起草思路论战》,北京:中国政法大学出版社2001年第1版。

③ 这里必须作一下说明,本文在不同的意义上使用国家法、制定法、西方法、现代法,以及习惯法、民间法、民间习惯、传统法意识等术语。民间法,在笔者看来,其外延过于宽泛,容易在制度层面上引发认识的混乱,不具有作为科学概念的严肃性,故与习惯法严加区分。习惯,可以包括不具有法特征的惯常性行为,因此亦与本文所揭示的,具有法特征的分家习惯法相区分。西方法是目前中国内地国家法和现代法的主要来源。制定法则是作为立法文件的国家法,在司法场域,国家法不一定与制定法完全吻合。当然,为了行文的流畅和修辞的需要,有时,本文也在一定范围内不作区分地使用这些术语。

④ 张研、毛立平:《19世纪中期中国家庭的社会经济透视》,北京:中国人民大学出版社2003年10月第1版,第1章。

专题研究:民法法典化

学术眼光和成果。① 令人遗憾的是,法律学者殊少对这一活生生的、普遍存在的习惯给予重视。② 翻阅目前坊间流行的婚姻家庭法、亲属继承法、法制史、法理学方面的书籍,基本上不存在对这一制度的细致记录与学理讨论。通过其他学科研究者的揭示,以及我们的调查所显示:至少自秦国"分异令"颁布以降就开始流行的民间分家习惯③,仍然顽强地生长在现代中国农村的家庭之中。父系的财产继承、从夫居、男性为主的家庭生活方式仍然稳固。当然,当代中国在国家权力的渗透和控制方面达到了前所未有的程度,导致乡土社会发生了巨大变迁。但所有这些变迁,仍不足以使得一套延续数千年的制度就此消逝。

与已有研究不同,本文试图从制度的视角对这一习惯进行新的认识。以历史法学的阐释意识,运用分析法学的方法,试图解释和评价该习惯上的法律关系与西方继承制度的异同点。分析建立在对基层司法纠纷处理的认识之上。选择司法场域作为基础是因为,它是从制定法到现实法的桥梁与中介。现代亲属继承制度与民间习惯的冲突和抉择,应会在基层法院的工作中得到直接、显见、生动、具体的反映。面对民间知识、信仰和秩序危机,司法的立场和态度如何,现代法如何看待民间习惯?诉诸法院权威的家庭财产纠纷的发生频率,当事人的诉求和答辩,相关案件发生与激化的原因,这些考察,可帮助我们深入理解民间习惯在维持社会秩序中的作用及其变迁。当然,也可以借此考察法律多元格局的可能性及其样态。在司法场域具体运作中,或许存在着比雄辩的哲学论证、静态的分析框架更符合原貌的思维结构和条理,而当事人视为"理所当然"的思维倾向,正是理解和把握它们的前提。

---

① 例见麻国庆:《家与中国社会结构》,北京:文物出版社 1999 年版;张研、毛立平:《19 世纪中期中国家庭的社会经济透视》,北京:中国人民大学出版社 2003 年 10 月第 1 版;邢铁:《我国古代的诸子平均析产问题》,http://www.guoxue.com/economics/ReadNews.asp?NewsID = 1532&BigClassName = &BigClassID = 16&SmallClassID = 16&SpecialID = 83,2004 年 5 月 15 日访问;王跃生:《华北农村家庭结构变动研究——立足于冀南地区的分析》,载《中国社会科学》2003 年第 4 期。

② 只有部分法制史学者对此作过专门论述,主要有:戴炎辉:《中国法制史》,台北:三民书局 1979 年第 3 版,第八章;梁治平:《清代习惯法:社会与国家》,北京:中国政法大学出版社 1996 年版,第 75—81 页。

③ 邢铁:《我国古代的诸子平均析产问题》,中国经济史论坛于 2003 年 8 月 28 日发布,http://www.guoxue.com/economics/ReadNews.asp?NewsID = 1532&BigClassName = &BigClassID = 16&SmallClassID = 16&SpecialID = 83,2004 年 5 月 15 日访问。

二、诉讼视野中的析产、继承和赡养纠纷

（一）材料

Z市S镇法庭1979—1997年共受理965个民事案件（历年数量为16、24、18、24、18、32、46、39、53、24、33、65、41、71、86、91、91、99、95）。根据最高人民法院民事案件案由规定(试行)法发（2000）26号，分家析产、继承、赡养均可作为立案事由。以析产作为案由的案件从1979—2002年只有两件（编号1、编号2案件）。我们调档复印的卷宗还包括1979—2002年案由为继承的全部案件以及主要的赡养案件，抽调案件按类别及收案时间列表如下：

表　一

编号	年份	案由	原告	被告	处理结果
1	1992.1	析产继承	蔡平华、马克珍等	马承林	调处
2	1994	析产	李本锦、石长秀	石金兰、曹文平	判决
3	1985	继承	邓善余	邓善金	调解
4	1987.12.6	房屋继承	石金秀	刘万秀	判处
5	1988.11.5	继承财产纠纷	孙大芳、周传玉等	周传发、范玉华	判处
6	1991.3.21	财产继承	文本梅	催兴斌	调解
7	1985.5.4	房屋纠纷	邱启鑫	邱启太、邱启贵	调处
8	1987.1.2	家庭纠纷	李德英	邹秀梅	调处
9	1980.11.8	赡养纠纷	曹喜	宋安达	调处
10	1982.7.25	赡养	周国运	周明兰	调解
11	1982.9.21	赡养纠纷	曾广英	王先秀、杜光永	调处
12	1984.8.20	赡养	王桂兰	刘明发	撤诉
13	1987.4.21	赡养	林奉玉	杨兆昕	调处
14	1987.6.12	赡养纠纷	周传桂	周永秀、刘丽英	判决
15	1988.3.9	赡养	刘家继	胡道法、刘道清	调解

续表

编号	年份	案由	原告	被告	处理结果
16	1988.10.25	赡养	邹开秀、宋国英	邹子佳	调处
17	1990.5.2	赡养纠纷	金家英	陈旺全 贾旺玉	撤诉
18	1997	赡养纠纷	彭习珍	彭宏玺 付宏伟等	不详
19	1999	赡养纠纷	周传秋	周永生 周永胜等	调解
20	1999	解除收养关系纠纷	马承良、王金英	马琴萍	调解
21	2002	解除收养关系纠纷	曾昭祥	曾宪明	撤诉

(二) 典型案件的展开

案件1（编号1）

案情：1982年11月，原告蔡平华与被告马承林之三弟马承茂结婚。1983年，原告蔡平华丈夫马承茂服农药自杀身亡。马承茂死后，被告马承林提出购买原告蔡平华的煤机。蔡平华与马承林达成协议：将煤机及机房以9300元卖给被告，被告先支付3700元，剩余价款在10日内付清。纠纷因被告此后一直拒付剩余价款引发。原告要求被告停止侵害，返还财产。

按照现代民法理论，这个案件属于买卖合同买受人一方不完全履行的违约责任，与因非法占有他人之物所引致的侵权责任之间的竞合，法官只要追究被告人的相关民事责任即可。但是，问题远不止这么简单。按照法律，原告丈夫死亡，所有遗产首先应按法定继承顺序分割。原告人却根本不关心这一点。马承茂的父母似乎也放弃了对其儿子的继承权请求。案件调查的深入，一系列充满戏剧性的事件得以展现。被告律师突然提出：本案诉讼主体与事实不符，马承林不存在侵权行为。他已将购煤厂的剩余价款付给了其父母，蔡平华应将其公婆作为被告！

被告人到了最后关口才将这一事实曝光。之前，马氏老夫妇对此情节也是只字不提。相反，在调解过程中，公婆俩与原告都指责被告平时不孝顺，不赡养老人，他们都指责被告非法侵占了原告的合法财产。原告未意识到：在诉讼中与自己站在同一战线上的公婆俩,却攥着她一再要求被告支付的剩余价款!

按相关国家法原理判断,法院应当据此驳回原告的诉讼请求,或是要求她改变诉讼请求。若非如此,就违反了法院中立消极的角色定位。但是,事情没有按照我们的逻辑进行。公婆为什么自始至终都未主张对其儿子财产的请求权,相反,是由被告在其答辩中,才主张继承关系的存在。这些疑点,用现代法律思维和西方继承制度,是无法理解的。

案件的档案中保存了一份马承茂去世之后,纠纷发生以前,关于如何治理原告家庭的协商纪要。通过它,我们才能发现民间的生活逻辑。我们将会看到,习惯法是如何成功规避西方继承制度的。所有的当事人基于什么样的知识基础、正义观和法意识,达到了一种区别于大传统、制定法、现代法的共识。这种共识与传统习惯法又发生了多大程度的交流和冲突?它与我们要重点考察的分家析产习惯存在什么关联?西方继承制度在这一过程中是否完全失语?

协商会议由村委会干部主持,参加人员包括马家父母、兄弟、妯娌及其亲友代表。会议伊始,主持干部为协商定下基调——处理马承茂家财产。原告首先表明了自己守寡治家、养老抚小的决心,以救赎自己在丈夫自杀上的过失。经要求,在原告清点自己家的财产之后,随之,被告及其弟对财产数目产生了怀疑,并质问原告带回娘家的皮箱中装了什么东西。似乎是为自己干涉弟媳家财产的行为谋求合法性,马承林说:

"我们清你的钱财,并不是怕你给别人,主要是摸下底,用于玉柱(原告人儿子)未来开支。"

"清的目的不是给别人,还是你自己的。"

面对咄咄逼人的追问,气氛开始变得紧张。原告矛头一转,斥责被告对老人不孝顺,不负担赡养责任。这似乎马上使她获得众人的同情。被告母亲也当场严厉斥责了他的儿子。

"只要她(原告)争气做家,我们二个老的不要她养活,只要她把二个小孩拉大成人。"

协商在调解干部的圆场下又回到对财产的处理上。

蔡平华:"我现在一个人又没有文化,没有办法管理,把财产作价卖了算了，存几个钱用来玉柱读书和家庭开支。"

原告哥哥："存款户头要是马玉柱的名字，我们姓蔡的决定不会要分文。"

调解干部最后"本着一个鸡蛋没散黄"的原则将财产处理交由被告负责。将财产在自家人中作价处理后，其中5000元定期存单过户给原告儿子马玉柱，剩下4700元，用于原告家修房和日常开支。

从上面的描述中可看到：父母与儿子因各种原因分家之后，并不因此消灭父祖子孙之间的孝的义务(赡养)和承继关系。很明显，协商过程中，不同当事人不断加以强调的，正是原告儿子马玉柱的承继权利。父子兄弟间存续着难以割断的联系。各方都在表明心迹：自己最终捍卫的，是原告丈夫之子马玉柱的利益。以此，他们争夺协商中的话语权力，并借此掩饰各自的真实意图。这里，所有话语沟通的共同基础是嗣续——即作为死者马承茂人格延伸的马玉柱构成了继承的本质。"婚姻之功用在于使人有后。结婚生子，造'新吾'以代'旧吾'，以使人得生物学的不死……以为自己生命已有寄托，即安然以俟死。"① 马承茂的财产权作为人格连续上的当然效果，概括性地转移给后继者马玉柱。马玉柱围绕着对家产的权利继任其父亲的地位。"我国礼教及旧律，重男系而轻女系。宗族系以男系为中心的团体，女子或姑姨等之女统的女系亲，不在此限。服制视其为男系与女系亲，而有重轻的区别。"② 原告女儿在整个协商过程中是被完全忽略的，她至多只是一个附从的受益者。妻家亲戚，必须一再强调自己无意夫家的财产，才能获得认同。只有在这种话语路径的范围内，他们才能为原告寻求地位的保障。作为妻子的原告，只是凭借夫妻一体的传统法意识，通过表明自己守寡持家、养老抚幼的决心，才因此获得对夫的代位权，继续保持原来属于夫的东西。妻本人不能视为财产的继承人，她只是作为丈夫和儿子的中继者。一旦她改嫁或是回娘家，就必须抛弃目前尚可支配的财产(除部分嫁妆外)。

现代继承话语在这里是听不到的。原告公婆对于自己儿子遗产继承权的抛弃，绝不是继承法上的抛弃继承权。在他们的意识中，接受作为自己继承人的儿

---

① 冯友兰：《中国哲学史》（上册），北京：中华书局1983年第1版，第429—432页。
② 戴炎辉：《中国法制史》，台北：三民书局1979年第3版，第22页。

子的遗产是难以理解的事情。因为,在他们看来,儿子的财产,本来就是他们给予的。儿子要做的事情就是延续嗣统和反哺赡养。原告对其丈夫兄弟的反击与对本家财产的维护,也不是对于自己合法继承权的追求,她要做的,只是维护基于早年分家析产业已形成的各房财产格局。为了掩饰自己的夺产企图,马家兄弟也只能攻击原告隐瞒家产,表明自己维护侄子利益的本意。这个案件中的协商格局,代表了当代乡村社会中的大家庭利益格局。我们可以在其中清晰地感受到一股强大的民间法意识——它构成了这一交往场域的共享知识。西方继承制度被所有当事人默契地排斥在外。或者说,它从来就不为人们所注意过。

回头再来考察当初揭示的矛盾情节,事实可能是:原告公婆为了确保自己孙子作为子嗣的地位,与被告达成默契:将以其孙子为户主的存款掌握在他们手中,以防止其他儿子的僭夺。更重要的是,要提防儿媳将来可能带产改嫁,或是将财产转移回娘家。毕竟,现代法鼓励婚姻自由、男女平等。而财产掌握在父母手中,总是给被告带来了将来获益的机会。因此,他也愿意达成与父母的默契,限制并排斥弟媳对于家产的既有权利。并且,他也愿意因此独自承受来自舆论的斥责和压力。

纠纷一旦达到国家司法这一场域,民间习惯最初独自运行无虞的状态就开始发生变化。当事人迫切了断陷入僵局的纠纷,这使得国家的权威因此拥有了一种象征性的权力。作为国家法的西方继承制度话语开始出现。司法这一场域,也为民间习惯法和国家法的实际运作,提供了一个可以相互进行规则竞争和渗透的空间。尽管,由于原告执著维护自家的既得利益,使得被告不得不违背诺言揭穿秘密。但是,因此产生的当事人适格的疑问,并没有阻止法院对纠纷的处理。虚幻的侵权之诉终于被还原为析产、继承纠纷。

考虑法院是否熟识民间习惯,进而在纠纷解决中,将它作为规则适用的基础,是没有多大意义的。法官总是受到"合法性"原则的限制,并被既有思想资源的前见所限制。更重要的是,以现代法律话语来化约民间复杂的关系结构总是来得更加经济省力。何况,还必须考虑证据规则和法律事实的概略化要求。通常,法院先倾向于以现代法律构造纠纷的法律关系和处理结果。最后,由于案件纠纷解决的压力,促使法官对处理结果做出某种妥协,某种看起来似乎经过民间习惯法过滤的妥协。

专题研究:民法法典化

对于本案,法院最终通过适用西方继承制度(适用法条包括《继承法》第9、10、13、15、26、29条和《民法通则》第75条),认定纠纷系由被告将价款交与他人所致,支持原告分割财产和继承丈夫遗产的诉讼请求(实际上,原告在起诉书中没有主张上述权利)。根据夫妻财产法定制和法定继承制度,将死者与原告进行婚后共同财产的分割后,以法定继承第一顺序,在原告及其公婆子女中作了平均的分配(除此之外,原告自愿付给公婆赡养费1146元)。在处理结果中,根本看不到被告的身影。案件受理费高达600元,由原告负担!

我们看到,由于社会变迁和现代西方法制话语的渗透,尽管传统关于家庭代际财产传承的知识系统依然稳固,但是传统宗族组织不复存在,道德约束和社会评价力量趋于消解,对于失范者的民间约束力量渐次丧失。种种因素使得在共享民间知识的过程中,因信息不对称导致信任度的降低。以该案为例,在共享家庭代际财产传承传统知识的过程中,正是由于代际间信任度的降低,使得矛盾变得凸显激化。本来,一套成熟的关于代际之间财产分配的知识运作,自古以来,已经发展出包括在出现无子、绝户、寡妻守志、改嫁等各种情形下的相应规则制度。代际间信任度的降低,往往使得一套曾经行之有效的传统制度,在出现异常情形下,面临崩溃的结局。编号为4、6的两个案件,均是在寡妻改嫁之异常情形下,由于国家法与习惯法意识的冲突,以及代际间信任度的下降所引发。编号为5、8的两个案件,则分别是在继母子之间和寡妇坐产招夫这两种情形下引发的。

案件2(编号4)

> 原告石金秀1977年与被告刘万秀之子刘国平结婚。1979年,刘国平与父母分家。1987年,刘国平病故,9月石金秀带子刘代春改嫁。之后,石金秀要卖掉房屋带走家产,刘万秀从中拦阻。1987年12月原告诉至法院,要求继承刘国平遗产。经法院多次调解未果,最终以判决形式结案。

对于出现寡妻带子改嫁的情形,民间传统承继习惯已经发展出一套相应的对策性制度。原则上,寡妻再嫁将失去对亡夫遗产的占有权。在传统法意识中,改嫁是妻在自己内心中放弃活着的夫之人格,并脱离夫之宗的行为,与此同时,必须放弃在夫家的权利①。在前夫有幼子,寡妇带子改嫁的场合,财产则以该子之名被保留,如果该子死亡,财产作为"户绝"处理。在这种情形下,带产改嫁为民间习惯法允许。显然,在传统法意识中,带产改嫁的前提,是子与父祖之间的关系不发生变动。寡妻由于改嫁失去对前夫遗产的全部权利,她只是中继性地替儿子保管遗产。将子带养成人、令其归宗,承续前夫祭祀,俗谓之"活带"。在"死带"——随母子改从后夫姓——的场合需待前夫宗族认可。以上所述之民间习惯法意识,可从被告人刘万秀起诉书中提供的村组干部处理意见窥知一二②:

第一,由刘代春继承全部财产(房产由石金秀负责保管,刘家三兄弟监督)。

第二,母亲刘万秀赡养安葬费,由石金秀负担其中五分之一——60元。刘代春以后回来由生产队接收。

刘万秀:"现在儿子死了,媳妇又要改嫁⋯⋯我现在没有依靠了,我当时提出要留厢房两间给我吃住,石金秀拒不同意。村干部也说财产既然分给了刘国平,就全部是他的,我没权力要一点。"

呈现于我们面前的,并不是在案情介绍中留给我们的印象:受旧封建意识毒害的婆婆,刁难儿媳,干涉其婚姻自由及继承财产的权利。

养老制度是中国家庭制度的一个重要部分,费孝通先生分别用"接力模式"和"反馈模式"概括西方与中国的代际关系③,分家析产和赡养构成了中国家庭制度的两面。"养儿防老"是中国均衡代际成员之间取予的传统模式,分家析产也是对老人赡养的划分和分担——继人或称分人。分家析产后父母的生计是充满风险的,特别是在分家时养老份较少的情形下。一旦儿子不愿负担赡养责任,其生存就面临现实威胁。特别是,社会变迁致使社会约束机制软化,而相应的社会保障体制没有建立。因此,我们不难理解,刘万秀因为其他儿子推脱赡养责任,一旦石金秀带产改嫁,刘万秀惟一的生存保障也将随之而去。

---

① 参见〔日〕滋贺秀三:《中国家族法原理》,张建国、李力译,北京:法律出版社2003年1月第1版,第341页。

② 仔细翻查案卷,惊奇地发现被告刘万秀的一张起诉书——时间在原告的诉状之前。事实应该是:被告首先向法院起诉,法院当然不理会她反对寡妇带产改嫁的主张,但是,为了解决纠纷的考虑,从而要求原告进入司法场域。原告与被告发生了一个彻底的转化——这种转化正是基于两种不同的知识观。

③ 费孝通:《家庭结构变动中的老年赡养问题—再论中国家庭结构的变动》,载《费孝通文集》第九卷,北京:群言出版社1999年版,第41页。

我们看到,包括村组干部在内的整个村庄知识,仍是地方性的关于分家析产习惯的记忆。刘万秀不知道存在另一套来自西方的继承制度,借此可以解决她的生活困境。她仍在试图利用传统法意识中关于带产改嫁部分的知识,以道德非难方式来维护自己的"生存权"。幸亏,由于她的"无知",误打误撞成为被告,反而借此解决了她的生活困境。

最终,法院经过对夫妻婚后共同财产的分割,以法定继承制度对遗产作了分配(适用法条为《婚姻法》第3条、《继承法》第10、13、29、30条)。这种双方都获得一定利益的格局,并不是她们当初意欲的东西。这从案件屡经调解不成只得以判决结束即可得知——显然,判决也只是强制力更强的调解书。对刘万秀来说,她基于继承权获得了生存上的保障,但是,她不能理解,为什么国家法最终也将财产判给了她的改嫁儿媳——并且比她孙子分到的都多。同样感到遭受打击的,是包括村组干部在内的整个村庄传统秩序——一套曾经行之有效的关于代际之间财产传承的信仰和知识。在下一次类似纠纷出现的时候,这套知识系统将变得更加小心谨慎——要么乔装改扮,要么装聋作哑。可以确定的是,民间习惯法的有效性将随着国家法的不断冲击而发生改变。对于石金秀而言,她也可能会为法院最终将由分家析产形成之财产转分给婆婆感到十分不解,在她眼里,那笔钱即使不是她,也是属于她儿子所有的。她们的困惑显然不会因判决书的下达而消失。

编号6案件则是寡妇带女儿改嫁的情形。原告诉诸司法权威后,来自西方的继承制度与传统代际财产承继的习惯发生了更为严重的对峙。毫无疑问,最终仍是以西方继承制度的胜出而告终(适用法条为《继承法》第26、30、33条)。当然,调解结果还是妥协,而不是对继承法的严格适用。与这个案件类似,编号5案件,也显示了原告人开始懂得使用来自西方继承制度中的权利话语,以维护自己的生存保障。令人印象深刻的是,她们的起诉书总是以声泪俱下的控诉开始,而以类似"只好"、"没办法"的词语结束,来修饰自己最后使用现代继承权利话语的万般无奈。

案件3(编号7)

该案当事人系亲叔伯兄弟,原有祖遗房屋一栋,前后共四层。双方当事人祖辈,虽然对房屋未有明确分割,但各已按遗传历史习惯分住

(起诉书中语)。多年来当事人各对已有的房屋进行维修管理并无争议。1985年4月，原告邱启鑫将归自己所有的第四层五间瓦屋租给供销社使用，邱启贵、邱启太提出邱启鑫的一间堂屋要放坐椅（供中堂），做红、白喜事，应属公有。为此，发生争执，原告人诉至法院，要求解决。

民间分家析产的习惯，并非都需要采取制定"分书"的形式对财产划分作书面确认。分书往往出现在财产数额较大、具有潜在矛盾的场合。大多数场合可能都是如本案中"祖辈虽然对房屋未有明确分割，但各已按遗传历史习惯分住"，这种基于历史形成的分家格局，往往具有高度的稳定性和认同性。我们注意到，纠纷的发生，始于原告人准备将房屋租赁他人。在这之前，"多年来各对已有的房屋进行维修管理并无争议"。

在分家场合，和谐与冲突并非是两种截然相反的状态。① 分家析产是家产的代际传递和兄弟分割的结合，并不是兄弟间财产边界的明确划分。事实可能是被告人指出的，"老三房"曾经每年轮流负责买香烛，在堂屋的神柜上敬神。这间堂屋虽然基于历史居住习惯归原告使用，但绝不是现代所有权意义上的。祖先生活在后代的祭祀中，他的财产亦由他们的祭祀者共同拥有，祭祀和财产被不可分割地统合于宗祧继承。在被告眼中，堂屋具有的祭祀功能决定了它的公共性。家庭成员无妨模模糊糊地共同拥有公产，而一旦某一成员以这个"模糊的公产"与外界发生交易，发生物权意义上的处分，那么，基于历史习惯形成的表面占有权或使用权，就不再是排他性的。因为，家族伦理"烟火"传递的亲属关系机制和家产继承规则纠缠在一起，以现代西方民法的观点根本无法厘清。② 基于分家析产形成的各家财产边界是相对清晰的，但是，对于承担某些公共功能的财产边界则是模糊不清的，"我的是我的，你的也是我的"。③ 潜在的财产请求在日常

---

① "和谐与冲突并非是两种截然相反的状态，而是内在地统一与传统中国农民的群体性格中。这不是抽象的文化哲学演绎，而是有其现实的社会基础。"张佩国：《近代江南乡村地权的历史人类学研究》，上海：上海人民出版社2002年版，第159页。

② 参见张佩国：《近代江南乡村地权的历史人类学研究》，上海：上海人民出版社2002年版，第162页。

③ "由于这个'私人的领地'总是和别人的'私人领地'相连，所以就无法拥有脱离'公'（联成一体）的自己独特的领域（自私）。换句话说，'私'由于参与了'公'而无法从'公'中分离出来并得以自立。"〔日〕沟口雄三：《日本学者视野中的中国学》，李苏平、龚颖、徐滔译，北京：中国人民大学出版社1996年版，第40—43页。

专题研究：民法法典化

生活中是高度自我约束的,所谓"克己复礼"。而一旦外部人介入这份财产的交易,冲突和纠纷就发生了。"财产是宗族真实存在的有形证据,因此,让渡财产不仅意味着财富的缩减,更是对宗族集体劳动成果的挥霍以及对祖先不敬。财产与祖先祭祀是紧密关联的,参与其一便意味着对另一项的介入"。①

传统社会已经发展出成熟的——一套用于分配和调整利益冲突的规则。这套众人默会的知识不是一套"权利话语"。当然,这套知识是可以被"权利—义务"的西方话语框架加以改造和重述的。事实上,本案原告在起诉书中,直接诉诸宪法关于公民私人所有财产保护的条款,对被告"你的东西也有我的份"的逻辑及其背后的知识观,作了"旧习俗"的批判性界定。权利话语包装下的利益诉求,最终战胜了"旧习俗"话语包装下的利益诉求。在调解书中,法院认定房屋产权归属原告,被告人理由不应成立。但是,权利话语仍然只是对案件的建构和制作,民间话语显然不会因此消失。所以最终,法院给民间话语存留了一个空间——"被告人如因特殊情况可临时使用"。"特殊情况"和"临时使用"解释的弹性,显然表明了法院对于民间话语的极大妥协。当然,这也可以看成是法院对民间话语的约束,正面肯定也多少包含了限制的可能。虽然在狭小的国家法缝隙中,民间话语得到了喘息的机会,但是,如同被抛至一个颠沛流离的世界,它注定要面临来自外界和自我的不断质疑。

案件4(编号3)

案由为继承的本案,实际上是一个典型的分家析产纠纷。原被告属于胞兄弟。纠纷的起因在于被告幼时过继给他人做儿子,因为过继时间不长继父即亡,且遗留财产十分有限,被告要求与原告共同参与原家家产的分割。矛盾时断时续地拖延了将近半个世纪,1985 年,两胞兄弟垂垂老矣,纠纷终于进入司法场域。②

在传统习惯法上,取得嗣子身份将失去生父的儿子的身份,并失去对生父财产的承继期待权和持分权。他成为嗣父的完全承继人,取得对嗣父的承继期待

---

① 〔美〕安·沃特纳:《烟火接续——明清的收继与宗族关系》,曹南来译,杭州:浙江人民出版社 1999 年第 1 版,第 56 页。

② 根据《继承法》第 8 条的规定,继承权纠纷的诉讼时效为两年,即使不知自己权利被侵犯,也不得超过 20 年。

权。当然,在嗣父家贫时,生父家庭拿出若干财产给嗣子也是允许的,但往往需要得到生父家庭中男性成员的共同承认。因此,根据传统习惯法的判断,被告将由于承继嗣父财产失去对生父财产分割的持分权。原告在起诉书中起诉的"被告不顾父辈遗言,捞取双份遗产",正是基于上述意识的判断。他显然没有想过利用关于继承权诉讼时效的规定。仅凭这一点,他没法引得舆论的同情和支持。由于与传统法意识相配套的刚性机制的式微,面对类似被告这种因生存困境执著争产的情形,社区开始变得束手无策。基于解决纠纷的考虑,法院的介入,也放弃了对诉讼时效的追究,以分家析产为案由做出了妥协性的处理。

民间分家纠纷的产生,并不意味着规则失去了约束的效力,相反,它反映出民间代际财产传承习惯的执著。只是由于社会变迁,一些当事人对传统规则的记忆已经模糊,而另一些当事人则利用传统规则的模糊性来否定其存在。这样,规则的理解显出多元的特征。通过对各种话语资源的争夺,寻求小家利益最大化的考虑,使得曾经稳定的分割财产的默会或谈判,因过高的交易成本而不再那么有效。编号2、编号8两个案件,就分别是养父母与养子女、坐产招夫寡妇与婆家为分家方案产生纠纷,最终只得利用司法权威,为陷入僵局的分家谈判作最后裁定的实例。

案件5(编号16)

1954年,原告夫妇久婚不育,经协商,将原告姐姐之子被告邹子佳收为养子(收养时3岁),将其抚养成人。被告于1973年完婚。1983年建新房,房屋建毕,家中一切开始由被告主事。自1984年,原告屡遭被告虐待,致伤多次。1988年6月,原告向法院起诉要求解除收养关系,同时要求被告返还抚养费及操办婚事的费用,以及家中所有财产。

在我国民间习惯中,养子主要以两种身份存在:一是作为继承性的法律上的养子,另一种是具有恩养性的事实上的养子。前者即案件4中所谓"过继"的嗣子,后者是"乞养"制度下的"义子"或"螟蛉子"。在本案中,区分被告作为哪种意义上的养子身份意义不大,因为他事实上已经从养父母手中得到家产。固有的亲子法以侍奉父母、家及宗族为根本。且不论养子虐待养父母这种大逆不道的情形,只要养父母终止收养的理由不是过分无理,养子对家产就没有权利,"如已得家财者,依诸律例,不得携回本生家庭"。①

显然,原告希望法院能运用上述这一套民间知识来教训不孝的养子。孰不知,在现代国家法的视野下,分家析产往往被理解为父母的赠与行为,赡养义务当然不能构成赠与的附加义务。② 赡养在当时的法律上(1980年《婚姻法》)只是一种法定义务。显然,养父母自认的道义上的正确性,在国家法面前失效了。不仅如此,他们要求养子返还抚养费的诉讼请求,也得不到制定法的支持。③ 一旦解除收养关系,他们甚至寻找不到支持其获得赡养费要求的正面规定。他们不知道:固有法上以养父为本位的收养制度,已经为现代法侧重为子利益的制度所取代。不仅原初他们可能期望的嗣续和祀统的希冀已然落空,甚至面临无家可归的现实威胁。

幸好,在原告起诉后,被告也不同意解除收养关系。看来,民间习惯及其配套的社会评价机制仍然在发挥作用。被告现实地感受到,一旦解除收养关系,他有可能被另一套区别于国家法的制度系统剥夺或限制既得的利益。法院最后巧妙地规避了原告的诉讼请求,确认收养关系继续维持。法官细致地对老人日常生活开支、医药费等细节对被告作了交待(适用法条为《婚姻法》第15条1、3款,第20条第1款)。作为互惠性的交换,法院要求原告平时帮助被告喂养耕牛,双方互谅互让、和睦相处。对于这样一个不符合制定法的处理后果,法官是心知肚明的。④但是在不突破制定法框架的前提下,这应该是法官所能做出的较好选择。至少,他努力使养父母子的关系恢复到矛盾发生前的状态。法律上的圆满解决,往往是把赡养问题合法地简化为钱财供应,且不论精神赡养和情感慰藉,现实存在的老人生老病死的问题,也是法律所无法解决的。⑤ 即使如此,在农村

---

① 戴炎辉:《中国法制史》,台北:三民书局1979年第3版,第260页。
② 赠与合同为单务、无偿合同,附义务赠与合同所附的义务并不是赠与的对价。
③ 1992年施行的《收养法》第30条规定:"养父母在受养子女虐待、遗弃情况下,可要求在解除收养关系时要求补偿所支出的生活费和教育费。"而在本案发生期间,尚缺乏对于养父母的权利救济的具体法律规定。
④ 在卷宗里,有一份院长对于不制作调解书的指示:"被告同意赡养,附加条件要原告帮助放牛,如发文书,此条不是赡养案解决的。如不写上,被告可能要反悔。为了使调解不反悔,故建议不发文书。"从这样一个指示中,是可以挖掘出许多信息的。
⑤ "孝子之事亲也,居则致其敬,养则致其乐,病则致其忧,丧则致其哀,祭则致其严,五者备矣,然后能事亲",《大明律集解附例·户部》。

老人社会保障机制未能建立,转由家庭负担这一功能的情形下,问题总会是层出不穷的。

  案件6(编号14)
  被告系原告的养女。1984年7月,原告夫妻与被告分家,约定原告由被告赡养。"双方各自履行对老人的赡养义务和承担百年归山之责"。分家之后,据原告陈述,被告屡屡对其进行人格侮辱,不承担赡养义务。1987年,原告诉至法院要求被告负担医药费和赡养费,并且要求收回分给被告的房屋。法院最后认定"原告主持被告及女婿分家,并立有分家合同,应视为有效……原告提出将房屋收回归其所有是无理的,但提出增加生活要求承担部分医药费的请求有理"。

  抽调案件中的赡养纠纷,基本上都涉及这样一个问题,即:分家析产形成的财产所有关系,在子女(儿子为原则)不承担赡养义务,甚至虐待的情形下,是否依然有效?根据笔者对案件的考察,法院几乎毫无例外地以类似于赠与合同的构造,承认了被告人的既得权利,原告只得基于赡养的法定义务,获得有限的钱财供应。当然也有例外,比如编号11案件:原告最后解除了与被告的收养关系,并与生产队达成遗赠扶养协议,财产最后归于生产队所有(1982年)。新的力量与制度的介入,在一定程度上缓解了制定法的危机。

  令人印象深刻的是,包括解除收养关系纠纷在内的13个赡养案件,有8个属于养父母子女的关系。其余5个案件则分别属于继母子、父母离婚、女儿负担赡养、原告丈夫病故等异常原因出现而导致。以上现象,似乎可以表明代际关系中的公平逻辑仍然存在,传统家庭代际传承的反哺模式仍然稳固。但是,从同一现象也可能得出完全相反的结论:传统制度和民间意识不得不越来越依赖于血缘关系的存在和维系。特别是考虑到:不到万不得已,父母是不愿意走上法庭的。

三、若 干 评 论

(一) 析产·继承·赡养

  在家庭社会学中,有一种相当流行的理论认为:任何社会,一旦经历了工业化、都市化和现代化的过程,其家庭结构必定会发生从联合家庭到核心家庭的转变。这一理论,显然不能解释中国社会的家庭史。历史学者和人类学者已经证实:在中国历史上,绝大多数家庭是由四到五口人构成的核心家庭或是主干家庭。① 费孝通先生认为,80%以上的农民最普遍的结合形态为父、母、子三角结构组成的基本家庭形态。②《红楼梦》里的超大家庭从来只是儒家的文化理想。"只有着重孝悌伦理及拥有大量田地的极少数仕宦人家总办得到,教育的原动力及经济支持力缺一不可,一般人家不易办到"。③ 尽管中国古代国家法一直对别籍异财采取排斥或不鼓励的态度,但是民间分家现实力量的强大,也使得国家法不得不做出种种妥协。④

"秦时民有二男以上不分异者倍其赋,又令民父子兄弟同室内息者为禁,是则汉时一般的习惯,很少父母已没仍同居至于三世的"。⑤ 这种长期在中国民间流行的分家习惯,必然具有其根植于农村生活的合理性,它给乡村成员所能带来的好处必然要大于它们引起的害处。否则,很难解释为什么"四世同堂"的大传统会让他们无动于衷。

从经济的角度来看,中国社会采取分家方式传承财产,主要是由于小农经济和其他资源上的限制,出经济学的解释,无法从根本上说明——为什么西方社会就一定不会采取这种方式传递财产。

西方继承制度建立在遗嘱继承的原则上。罗马《十二表法》以前便已存在遗嘱继承。公元前450年,《十二表法》首次正式肯定了遗嘱继承的存在。遗嘱继承优于法定继承,这是西方继承制度的一个原则。《法国民法典》、《德国民法典》、《瑞士民法典》、《意大利民法典》(包括我国的《民法通则》),都肯认了这一原则虽然后世民法社会化,各国民法通过设置特留份等制度,对当事人的遗嘱自由作了一定的限制,但是这终究只是对遗嘱继承的限制罢了。遗嘱继承优于法定

---

① 可参见李银河:《中国婚姻家庭及其变迁》,哈尔滨:黑龙江人民出版社1995年第1版。
② 费孝通:《生育制度》,北京:人民出版社1981年版,第88页。
③ 瞿同祖:《中国法律与中国社会》,北京:中华书局1981年12月第1版,第5页。
④ 可参见邢铁:《我国古代的诸子平均析产问题》,中国经济史论坛 http://www.guoxue.com/economics/ReadNews.asp? NewsID=1532&BigClassName=&BigClassID=16&SmallClassID=16&SpecialID=83,2004年5月15日访问。
⑤ 瞿同祖:《中国法律与中国社会》,北京:中华书局1981年12月第1版,第4页。

继承,因为现代民法制度是围绕法律行为建构的。它以承认被继承人的独立人格、完全的行为能力、财产的个人所有为前提。法定继承,也不是否定被继承人的意思自治,它不过是对当事人意思的一般默示推定,这从它又被称为无遗嘱继承即可知。这合乎逻辑地演绎出了遗产继承的惟一法律事实:死亡。死亡导致当事人的权利能力消灭,财产因此变为无主物。

古罗马法制度中,家父死亡导致:婚姻终止、家子成为自权人、合伙契约解除、对死者提起的诉讼消失等法律后果。财产也不可避免地因为家父自权人人格的消亡而成为无主物。因此,家父通常必须在生前即立遗嘱,特别在生死未卜的战前——就要立下战前遗嘱。在突然濒临死亡之际,就要立下铜式遗嘱。这样,就以生前的意志对死后的遗产预先作下安排,排除了未立遗嘱情形下,遗产由于意思的欠缺成为无主物,被外人以先占原则掳去的可能。

罗马社会的家父作为构建一个家的中心,其拥有的支配权(potestas)成为家庭内成员身份关系和财产关系的基础。家父死亡,其人格的延伸和遗产在家内的分配就是十分顺理成章的事。只有家父作为一个自权人,拥有完全的人格。家庭财产也只有他拥有绝对的处分自由。因此,罗马法上从来都是遗嘱继承优于法定继承,无论是家族兴盛还是家族观念渐亡的时代。家父从来就不缺少遗嘱的自由,在不希望家庭圣事被缺乏虔敬精神的人把持,在想临终时体验一下解放奴隶所带来的道德感时,他们尽可做出遗嘱。也因此,在罗马共和国末叶,由于社会生产力提高、商业发达、宗教和舆论的作用明显减弱的情况下,家父滥用遗嘱自由的情形不断增多。特别是,家族开始解体,使得继承人不再继承对宗族集团成员的权力,只继承财产。以自家继承人作为当然继承人,以最近的族亲(agnatio)——和父系相联系的家外血亲属——为第二顺序人的继承格局,开始丧失其宗教和伦理上的合法性和吸引力。偏离这一法定继承顺序,成为家父遗嘱自由的自然结果。

自家继承人不再被家父视为当然继承人。"因此,国家不得不采取措施予以补救,法律理论也有了转变,认为家长权是法律承认的一种特权,但同时也应负担一定的义务,家长不得滥用其权力"。[①] 但是社会变迁的巨大力量,特别是民

---

① 周枏:《罗马法原论》,北京:商务印书馆1994年6月第1版,第150页。

众信仰的改变,终究不是政治意志所能视而不见的。帝政以后,宗亲制逐渐被血亲代替,"罗马的继承,已经由身份继承演变成为财产继承了……到了优帝一世时更明定法定继承人也以血亲为基础,这样,法定继承和遗嘱继承的基础就一致起来了"。① 这即是西方现代继承制度围绕血亲建构的历史起源。从宗亲到血亲的转变,法定继承的第一顺序也相应地从自家继承人变为所有的直系卑亲属。被继承人的遗嘱自由重为新的法定继承立法所保障,同时,立法者通过规则的调整重新获得了对市民遗嘱自由的整合能力。在以血亲为亲系和亲等之基础上建立起来的亲属制度,正式奠定了日后整个西方继承制度发展的基石和方向。这里,并没有一个历史的突然断裂,并没有一个哥白尼式的巨大转折,相反,看似革命性的变动,实际上不过是一个特殊历史文明的合乎逻辑的发展和进化。

滋贺秀三正确地指出:"前近代的中国与旧罗马法的一点相似之处值得注意,这就是维系男系的家庭构成,但是有一点不同切不可忘,那就是罗马的父系(agnatio)血亲观念是基于家父权的社会因素为核心的;而中国的宗或族的观念则是基于生命本身延续的自然因素。在罗马,这两项规则或者从未存在过,或者虽曾存在过,亦在很初期的阶段即已消灭了"。② 罗马早期社会,讲求军事化的纪律,家庭作为社会基本的自治体,被赋予极大的政治和社会功能。家父获得了一种类似社会官员的角色,整个社会的政治秩序,就是在这样一个社会性的支配权下得以建构的。家父作为最基本的支配权人存在。他是家这个社会堡垒必要的惟一的指挥官和纪律官,他是家庭对内对外关系的最高代表人。生物性的联系,并不是一个家父的最高目的。家父的最高目的在于:由于他的死亡所产生的诸种社会法律关系的平稳交替。作为一个社会权利义务关系的定位点,他(它)构筑了人的关系和财产关系的基础。家,就是在家父权支配下的一切人和物。因此,家长死亡,这一个社会共同体也就随之解体了,旧的家庭完成了其使命并走向终点。接力棒被传递到了曾受家父支配的妻子、子女手上,他们成了具有完全人格的自权人。他们承担了新的社会使命:已婚的儿子与他的妻子、子女组成新的家庭而成为家长。其他子女则在监护制度的保护和监督下,等待着进入未

---

① 周枬:《罗马法原论》,北京:商务印书馆1994年6月第1版,第471、474页。
② 滋贺秀三语,转引自苏亦工:《中法西用——中国传统法律及习惯在香港》,北京:社会科学出版社2002年9月第1版,第272页。

来的新家庭。对于罗马家父权的"社会性",法学家乌尔比安在《学说汇纂》中有一段可资说明:

> 被称为'家父'者在家中有着最高的地位,即使他没有儿子,依然宜用这一称谓。因此,当我们讲到家父时,还要提出被监护人和家父死亡时隶属于他的人们开始有其单独的家庭。因为每个人都拥有了家父的名称。①

认识到了这一层,再来考察罗马的婚姻制度,就少了许多迷惑。与家父生杀予夺的肆意并行,罗马法学家对妻子地位作了这样的阐述:女性是其家庭的起源和终端(乌尔比安:D.50,16,195,5);兄弟处于第二亲等,因为生育我和兄弟的父亲和母亲在亲属关系中被认为处于第一亲等(保罗:D.38,10,10,6);亲属关系的初始权能由女性产生,事实上,仅仅是同一母亲所生的人才被认为是兄弟(保罗:D.38,10,10,6);解除婚姻应当将嫁资返还给妻子(乌尔比安:D.24,3,2pr)。② 家庭的生物起源在于婚姻,婚姻——与女性的结合——诞生了家庭,家庭的诞生赋予了罗马婚娶男性以一个载体——一个支配权赖以产生、运作的载体。家父支配权的惟一法律事实正在于:结婚。历史上罗马家父支配妻子的事实,与婚姻产生于夫妇结合的法理并不矛盾。特别是,随着社会文明化和理性化的进程,婚姻在罗马更是变成了人事,所以优士丁尼在《法学阶梯》中称"婚姻是男女以永续共同生活为目的的结合"。罗马法学家对于婚姻建构的法理抽象,经过历史长河的冲刷,经历住了岁月的考验并愈益深入人心,最后,立法者运用国家理性,将之沉淀为又一个西方文化的传统。婚姻已经不再以宗族利益为基础,而着重于婚姻当事人的利益,并尊重当事人本人的意志,妻子在家庭中的地位也得到了改善。

这不是历史的偶然而为。固然,罗马前期家父权与中国传统社会家长权有许多相似,但绝不能让表面上的形式相似掩盖住了文化深层的扞格。在中国人的传统法意识中,父子为天然的统一体。只要有后继者存在,父亲的人格就不因

---

① 〔古罗马〕查士丁尼:《学说汇纂》,〔意〕桑德罗·斯奇巴尼(选编):《婚姻·家庭和遗产继承》,费安玲译,北京:中国政法大学出版社 2001 年 11 月第 1 版,D.50,16,195,2(乌尔比安),第 5 页。
② 同上书,D.50,16,195,5,第 9 页;D.38,10,10,9,第 17 页;D.38,10,10,6,第 15 页;D.24,3,2pr,第 103 页。

死亡消灭,相反,他的人格在子嗣身上得以延伸,在后继者往往存在复数的场合,因其共同保有父亲后继者的资格①,为了避免可能导致的矛盾,父亲利用其权威在生前采取均分形式传承财产。这也可以解释中国传统社会存在的另一个现象:同居共财关系并不因死亡而必然消解。这个现象与生前的财产传承虽然看似矛盾,但实际上却是同一逻辑使然。滋贺秀三指出:

> 给家族生活带来重大变化,成为人们关注的焦点的法的事件,并不是人的死亡,而是与此在时期上没有直接关系地进行的家产分割。在同居共财制下,继承并不反映构成作为事件的这一现实,词汇也只有意味着作为关系的继承。②

"继承"一词,在中国古代汉语中不是一个常见的搭配。"继"字通常以人为目的语,古汉语中常见有"继嗣"之搭配。"承"字则通常在"承祀"、"承祧"和"承业"两种意义上使用。姚荣涛先生认为,中文中所说的"承"、"承继"、"继承",其本义系指由上而下的传递,所谓"自下受上称承","承"者"下载上也"。他指出:"把自己拥有的身份、财产传递给有一定血缘关系的人,这是随着私有财产出现而产生的人类社会的共同现象。在中国古代家长社会中,这主要表现为由上而下的男系纵向传递,即父亲向男性子嗣传递。从子嗣方面来说,则是后辈得到了前辈的身份财产"。③ 不是由上而下的传递,就不能称"承"、"承继"、"继承",而应是"入"、"管"。可见,中国所谓承继,是人格延续的结果,同时作为祭祀义务的保证,并概括性地继承财产。因此,与罗马早期继承法以家父权力这一要素来建构不同,中国法是围绕宗族关系来建构代际财产传递的。因此,女儿不可能作为承继的主体,遗嘱自由在中国传统社会也是不可想象的事情。④ 女儿获得奁产,父亲以遗嘱处分部分财产赠与他人,都不能从承继的角度来理解。它们充其量

---

① "同属一父之诸子彼此之间必须分立,而在系谱意义上各自独立成一系,这就是汉人所特有的宗祧观念",陈其南语,转引自林济:《近代长江中游家族财产习俗制度述论》,载《中国社会经济史研究》2001年第1期。
② 〔日〕滋贺秀三:《中国家族法原理》,张建国、李力译,北京:法律出版社2003年1月第1版,第89、94页。
③ 参见叶孝信(主编):《中国民法史》,上海:上海人民出版社1993年第1版,第82—83页。
④ 中国现行继承法对于遗嘱优先效力的规定(《继承法》第5条),即使与西方相比也是比较激进的。西方近世民法社会化的发展,促使各国民法通过特留份等制度,限制当事人的遗嘱自由。

只能被视作"承受"财产,并严格受限于父祖子孙传承这一锁链,只能在常识范围内作为家产受益者的身份存在。正如俗谚云:"男承家产,女承衣箱","男承家产,女承吃穿"。

让我们来看一下《礼记·昏义》中对于婚姻的论述:"婚姻者合二姓之好,上以事宗庙,下以继后世"。在这两句最古的同时也是最典型的关于婚姻的定义里,"我们看到很清楚婚姻的目的只在于宗族的延续及祖先的祭祀。完全是以家族为中心的,不是个人的,也不是社会的"。当然的,这不是女性自由意志的表达和尊重,且不是围绕于男性家长权建构的秩序。《礼记·昏义》云:"妇顺者顺于舅姑,和于室人,而后当于夫"。① 夫不过只是父祖子孙这一锁链中,承上启下的一环。在家内,其固然有统一绝对的、得对一切卑幼行使的家长权,但这绝不是可任意生杀予夺的支配权。他必须从他所处的地方左右环顾,在一个宗和家的差序格局里,恭谨地维护自己的权威,他必须以礼服人,而不是专以力嚇人。在中国传统社会,长者发火乱动,会被视为缺乏权威,权威在于克制。婚姻的最高目的,也不像罗马社会,主要为了完成家庭的社会秩序功能。"我们或可说为了使祖先能永享血食,故必使家族永久延续不辍,祖先崇拜可说是第一目的,或最终的目的"。② 在中国,古人相信鬼必须血食的。"不孝有三,无后为大",那样,祖宗便成为无祀之鬼了。

与中国不同,西方文化的起源之一——希伯来人也知道祭祀祖先的仪节,他们把它看作异族的习惯,或应行禁止的迷信。罗马人的祖先祭祀对于法律及命令有极重要的影响。这种仪节对于继承加以各种限制,但这些限制后来逐渐消灭,家神也成为家鬼了。"构筑中国法且维持其永久的最有效的代理人是祖先礼拜。罗马最初对于家神(household gods-lares and penates)也有一种祖先礼拜。但是附带的祭祀义务逐渐由私人的转化为公共的论坛(public forum)并授之予神学院(college of pohtiffis),后者则向坚持此道者征收继承税。在中国,既未发生这样的转化,也绝无任何转化的可能"。③ 特别是,西方基督教的兴起,更加否

---

① 以上两段引文,转引自瞿同祖:《中国法律与中国社会》,北京:中华书局 1981 年 12 月第 1 版,第 88、128 页。
② 瞿同祖:《中国法律与中国社会》,北京:中华书局 1981 年 12 月第 1 版,第 88 页。
③ Jameson 氏语,转引自苏亦工:《中法西用——中国传统法律及习惯在香港》,北京:社会科学出版社 2002 年 9 月第 1 版,第 257 页。

决了西方家庭家族祭祀的宗教功能。十戒里首先就禁止崇拜异神。基督教社会，人伦关系中最亲近的是夫妻："因此，人要离开父母与妻子结合，二人成为一体"(《旧约·创世纪》2:24)；"人要离开父母，与妻子连合，二人成为一体……你们各人都当爱妻子，如同爱自己一样"(《新约·以弗所书》5:31.3)。

每个社会的内生制度都是其整体传统的一部分。西方社会，至少从罗马社会开始，就建立在一种团体格局和"权利"的概念之上。通过权力（利）——义务的主客体两分，社会与个人以及家庭与个体之间，是相互分离的。每个家庭、每个个人面对着一个共同的团体。团体是建立在独立个体基础上的群体，个体间的界限是相对明确的。不仅作为肉体性的个人，即使无生命的团体也不影响通过法律的拟制获得其主体性。生命的偶然感体验，因为存在的时空断裂而不断加剧，因此，需要一个在天的父和天堂来弥补灵魂的虚空。

中国传统法律的精神则是建立在差序格局之上的礼法社会。① 家族主义和身份制度将整个社会纳入了一个你中有我、我中有你的网络。公和私是相对而言的，是可以随时加以解释转化的。个体只有在群体里才能发现自己的身和命。主客体不仅未分，也根本就不关心分离。权利或许只有在法所保护的利益中，才能看到一点似是而非的对应物。不仅在空间上相互往来，每个人还是历史长河中的一段。在父祖的嘱托下完成延续子孙的使命，在续嗣和祀统中，在日常的担水砍柴和身后重归于历史的满足里，获得了一点在风雨飘摇中安身立命的本钱。

在西方社会，一个人的权利能力始于出生，灭于死亡，而中国传统社会一个人的价值存在，并不当然地随出生和死亡而受影响；西方社会，一个人的生后财产按照遗嘱自由的原则处理，中国传统社会，因为根本不存在绝对的所有权，使得遗嘱也基本上丧失了存在的价值；西方社会即使宗族色彩浓厚如罗马早期，家父终究是一个具有自我意志自由的主体，中国传统社会即使财富丰盈如江南巨室，家父终究只是要完成其认为理所当然的使命；西方法定继承是对遗嘱的默示推定，中国的遗嘱则是在正统秩序范围内的有限调整。

西方继承不排斥女性，先不论后世直系亲属和妻子均得遗产的现代法典，单在罗马早期，根据《十二表法》，处于死者夫权下之妻子和父权下之女儿得为第一

---

① 这里使用了费孝通先生在《乡土中国》中提炼出的理念型概念，关于团体格局与差序格局，请参见费孝通：《乡土中国》，北京：三联书店1985年版，第27—28页。

顺序继承人,且继承份额男女平等。同居事实和权力(利)义务关系是继承的基础,男女性别差异则在其次。"继承人继承死者的支配权,对他们的可转让的法律关系的整体,继承人仅基于被继承人法律地位这一单一事实就可进行继承"。① 中国传统社会的家产则是:由父子共财而及于其直系卑亲。只有处于父祖子孙这一锁链中的父子共同拥有财产,即分中有继、继中有养、养中有合。② 因为,中国宗族是以男系为中心的团体,一个同宗共姓且共祀的男系血族团体。凡是同一始祖的男系后裔,都属于同一宗族团体,概为族人。而女儿由于同宗不婚的原则,一旦因为结婚,就丧失本宗的地位而归入夫宗的名下。"养儿为己,养女为人"。因而,有学者指出:"从这个角度看,排斥女子在其出生家族中的权利不是为了剥夺她的权利,而是使她能够全身心地投入到另一个家族,以便更好地完成其家族交流的社会功能和生儿育女的生理功能"。③ 女子终将成为别人的新娘,因此,她们除了获得一份嫁妆,就失去了作为家产承继人的身份。

基于同样的理由,死者的妻子也没有继承财产的资格。为了宗的目的,且夫妻一体的观念,在传统社会不存在夫妻共同财产的问题,只有一个家产的概念,遑论夫妻财产约定或分离的可能。妻有时可能会取得家庭财产的管理权能,或是一份养老财,但这与"继承"完全是两个不同的概念。承继多半在生前就发生——即分家析产,这实际上是子辈承继期待权的提前实现,因为不存在西方的独立人格的问题。这种父子共有是一种动态和历史性的共有,很难用现代法律公同共有的观念加以清晰的分割。由于家父拥有对家产的支配管理权的事实,往往有学者将它与西方的所有权概念相等同。或是像目前法院对分家析产等同于赠与的定位。事实上,家父的处分权能受到很大的制约。他生前的财产处分包括赠与,以及身后的遗嘱和遗赠,均在父祖子孙锁链的严格束缚之下。同时,由于一家同居共财的事实,也常会给人以一种家财共有的错觉。其实,父子以外的家庭成员,只能作为家产的受益人来认识,他们没有对于家财的承继期待权。家庭的生物起源和经济功能,与家庭的文化目的和宗教功能不能混淆在一起。与

---

① 〔古罗马〕查士丁尼:《学说汇纂》,〔意〕桑德罗·斯奇巴尼(选编):《婚姻·家庭和遗产继承》,费安玲译,北京:中国政法大学出版社 2001 年 11 月第 1 版,桑德罗·斯奇巴尼序,第 7 页。
② 麻国庆:《家与中国社会结构》,北京:文物出版社 1999 年版,第 55 页。
③ 苏亦工:《中法西用——中国传统法律及习惯在香港》,北京:社会科学出版社 2002 年 9 月第 1 版,第 272 页。

罗马法上收养不受同族关系和辈分之限制相异,中国传统收养的目的则在于:祭祀、承家、养老、恤孤。"继嗣"、"乞养"、"招赘"①,这些都是家庭再生产出现故障情形下的补救方式。补救的不是无主财产,而是宗祧的延续。

确实,将西方和中国的这两套家庭制度排列在一起,很容易得出如下的判断:一个重视个人自由意志,男女平等,科学理性;一个则在宗族的重压下压抑自由,提倡男尊女卑,迷信落后。特别是近代以来,中西对比带来的强大视觉冲击,遭受屈辱所带来的自卑和怨恨,以及民族国家构建过程中不断深入的意识形态宣传,这些都在不断销蚀我们对于历史传统的清晰记忆,影响我们的冷静判断,我们不断地被强化所谓"封建落后、迷信、吃人礼教、一无是处"的印象,在被动灌输的困倦和厌烦中,我们希冀通过毕其功于一役的努力将一切推倒,重新来过。

至少自1911年《大清民律草案》将西方亲属继承制度引入中国,历经北洋政府第二民草(1915年亲属法草案)、国民政府第三民草(1925—1926年亲属法及继承法草案)、南京国民政府民法典,中国亲属继承制度历经了一个家族主义→家族外衣下的个人主义→个人主义的轮回和嬗变。② 建国之后,以1985年《继承法》为标志,一套坚持继承权男女平等,依法保护公民私有财产继承权的制度终获建立。"继承"一词的所指,最终在制定法层面完成了西方意义上的转换。

建国之后,中国乡村历经了从土改到合作化,再到高级社、人民公社的历程。家庭生产和消费功能的丧失在大跃进时期达到顶点。随包产到户的家庭联产承包责任制推行,家庭生产与消费功能得以部分恢复,但是,曾经作为农民最大的财产——土地,则从农民家产的清单中退出。与非农收入的相对上升相比,农业生产的效率没有发生显著的提高。年轻一代所做出的经济贡献开始压过以农为本的年老一代。代际权力关系随这样一部家庭经济史的演变发生转移。经济重心开始从父辈转向子辈,女权话语的上升也在其中扮演了重要的角色。

如上文揭示的那样,一套旧的组织、制度、习俗和规范尽管仍然有效,但在西

---

① 嗣子必须从同宗昭穆相当者之中选择,唐户令有:"无子者,听养同宗于昭穆相当者。"关于过继与乞养的区别,清律注有:"过继则本宗别房子也,乞养则异姓义子也。"招赘,即属女娶男嫁以妻居的情形。可参见〔日〕滋贺秀三:《中国家族法原理》,张建国、李力译,北京:法律出版社2003年1月第1版,第三章、第六章。

② 可参见杨鸿烈:《中国法律发达史》,上海:上海书店1990年12月影印本,特别是第22章;俞江:《继承?抑或分家析产?》,未刊稿。

方权利话语的全面入侵前,已变得不再理直气壮。尊老爱幼的传统美德,由于缺乏支撑其存在的外部结构和舆论机制,一俟经济状况恶化,就可能借助分家不均等借口被抛诸脑后。传统,是以代际之间对于习惯法的高度认同,来担保父辈分家析产之后的高度风险的。如今,当父辈一再遭受晚辈的歧视与国家法律的冷漠,我们发现,传统分家习惯正面临现实的威胁。社会变迁开始瓦解父子一体、夫妻一体的观念,这一历程伴随代际信任度的下降产生一系列连锁效应,传统的"分家析产"制度不再那么有效运转。矛盾激化最终被诉诸法院,现代继承制度开始介入习惯法的空间,并对分家析产进行重新构造。矛盾可能得到暂时解决,但是这套新式话语,却可能继续弱化代际之间的信任度。[1]

梅仲协先生早在数十年前,在评价南京国民政府民法典时,即发出了历史的诘问:"将宗祧继承制度,根本废除,而纯采个人主义之遗产继承制,此其短处三。此宗祧继承,乃我国数千年来之旧制,民族之繁衍,文化之发扬,端有赖乎斯制之深入民心。……现行民法起草者,既昧于环境之考察,又未细味国父之遗教,徒逞一时之情感,将维持数千年民族蕃衍于不替之宗祧继承制度,根本废除,不佞愚鲁,诚不知其用心何居也……愚以为不分男女,均得继宗,应与两性平等之原则,不相刺谬"。[2] 时过境迁,岁月无情,反对也好赞成也好,舶自西方的亲属继承制度,其全面推行已是不争的事实。但另一个潜行的事实也是我们无法熟视无睹的:传统制度虽然被压制、被批判、被改造,但却仍如本文冰山一角所揭示的,它们仍然顽强地生长在它已经生长了数千年的土地上。

这种习惯绝不是一种俗见认为的落后的封建迷信,"经过儒家改造后的丧葬则并非纯出于原始的迷信或对灵魂不真的想象,而是折中于情感与理智之间的……其对待死者之态度是诗的,艺术的而非宗教的。其要在于求得情感的慰安而又不流于过度"。[3]

如果说,这套习惯只有在农村里才能生存,它必然与城市生活和工业社会的

---

[1] 这正如江庸对《大清民律草案》之评断:"欲存旧制,造成恶法,改弦更张,又滋纷纠,何去何从,非斟酌尽善,不能遽断。"引自林咏荣:《中国法制史》,台北:大中国图书公司1976年修订第6版(由于页码不慎丢失,后翻书逐字查找,还是没能找到。望请见谅)。
[2] 梅仲协:《民法要义》,北京:中国政法大学出版社1998年第1版,第20—21页。
[3] 冯友兰语,转引自苏亦工:《中法西用——中国传统法律及习惯在香港》,北京:社会科学出版社2002年9月第1版,第259页。

理念相悖。那么,苏亦工先生在其《中法西用——中国传统法律及习惯在香港》一书中,给我们提供了另一幅有违我们"常识"的画面。① 在沦为英国的殖民地后,通过义律公告,在香港形成了一个一岛两制的格局,占领以前当地通行的中国法律和习惯仍继续适用于华人,与英国的法律制度并存。这种一岛两制的格局直到香港回归,习惯法的官方权威,在《香港特别行政区基本法》第 8 条中得以承认。一百多年的殖民史,西风美雨强如香港,现代化发展强如香港,一套传统习惯法律制度不但没有消亡,相反,在各个领域——如婚姻、继承、地产,传统制度经过权利化、程序化、实定化的发展过程,愈益显出了其旺盛的生命力。由于贴近传统所引发的内在认同感,延续了华人在殖民地中对于自我历史的记忆,并在这一过程中,维护了作为一个文化群体的尊严。与惯见恰恰相反,以传统为基础的习惯,更可能是一种社会发展中的凝聚力量和创造力的来源,而不是阻碍。"它代表人类历史的连锁。要是没有继承,历史就无从进行,因为现在是过去的接续,又是将来的根源。继承是增殖资本,增加生产及财富的必不可少的条件,因为一个人如果不能确信他能以财产遗留给他的家庭,能处分他的财产,他就失去了努力工作、任劳耐苦的推动力了,这是显而易见的事"。② 同样地,沿用了南京国民政府民法典的台湾地区,1977 年台湾"最高法院"上字第 1340 号判决书中这样写道:"再观人生于世,莫不求有后,以冀生命之延续,自古以来,但闻人生死无后,宗族多为其受嗣以继其宗;从未闻死者有后,宗族反而出养其后以断其嗣"。③ 传统,不是一种惟古为佳的泥古主义(traditionalism),相反,它是一种接续过去和展眼未来的历史意识。对待法律,认识法律,必须具备一种超越浮浅和片面的实证主义的视野。

(二) 民间法·习惯法·国家法·基层司法

习惯、惯例、风俗、民间法、习惯法、惯行、风行、小传统、地方性知识,所有这些词语常常被用以指称同一个事物——即区别于国家正式法的,具一定强制性

---

① 参见苏亦工:《中法西用——中国传统法律及习惯在香港》,北京:社会科学出版社 2002 年 9 月第 1 版。苏亦工先生的著作,为我提供了很多资料的线索,在此表示对苏亦工先生的感谢。
② 〔意〕密拉格利亚:《比较法律哲学》,朱敏章等译,上海:商务印书馆 1940 年第 1 版,第 811—812 页。
③ 王泽鉴:《民法学说与判例研究》,第 2 册,北京:中国政法大学出版社 1998 年第 1 版,第 312 页。

的民间行为规范。但是所指的可变性又因能指的未定,使得同一词语往往被赋予不同的意义。① 这也是在考察基层司法制度中,将各种有别于国家法的东西熔于一炉的重要原因。词语的滥用,导致了认识上的混乱局面。事实上,分家析产之所以未能在现代法律体系中找到其适当的定位,从根本上说,就是制度话语的分裂所造成的,最终只能通过类比来稍稍缓解认同上的焦虑。

民间法研究的方兴未艾,同样反映出对于西方法律理论的复杂情结。② 一方面,我们需要这套理论来证立制定法。另一方面,我们又无法将民间规则纳入这套理论。特别是,西方法的话语体系,不但不能重述民间规则,而且一直遮蔽和割裂着它。于是,我们只能开辟出一块对应于国家法的所谓民间法领地,而它与西方法律理论中作为法律渊源的"习惯法"的关系,又是语焉不详的。采用国家法——民间法的二元构造,本意是暂时搁置认识论上的困境。只能确定一点,主权者制定的当为法律无疑,至于制定法之外的"柔性制度",就只有先放入民间法这样一个持保留意见的领地中了。结果是,势必将民间所有的特殊思维方式一股脑儿地归结为"民间法"。

我们发现了制定法之外随处可见的民间规则,并因此在法律社会学的旗号下建立了一个"民间法"的研究领域。这种表现为学术上的敏感和重视,一方面,推动了民间法的研究,而另一面,因为一开始即下意识接收的西方法律渊源理论,反而加剧了作为真正"法"的习惯法与道德律、礼节、日常生活习俗的混淆。他们往往将道德律、礼节、日常习俗、宗教习惯都一概视为习惯法。③ 他们持一种后现代的法律观,并且倾向于将法学和社会学、人类学方法相互混用。走马观

---

① 能指就是符号的笔画、发音等语词本身的音响形象,所指为语词的意义、内涵和思想等。许多陷入僵局的争论,可能更多的是语言哲学的问题。关于所指与能指的区分,可参见索绪尔:《普通语言学教程》,北京:商务印书馆1980年版。运用现代语言学研究法律移植的例子,见俞江:《近代中国法学语词的形成与发展》,载《中西法律传统》(第一卷),北京:中国政法大学出版社2001年版。
② 民间法的研究主要有:谢晖主编之《民间法》(三卷),济南:山东人民出版社出版;苏力:《法治及其本土资源》,北京:中国政法大学出版社1996年10月第1版;苏力:《送法下乡》,北京:中国政法大学出版社2000年10月第1版;王铭铭、王斯福(主编):《乡土社会的秩序、公正与权威》,北京:中国政法大学出版社1997年12月第1版;强世功(主编):《调解、法制与现代性:中国调解制度研究》,北京:中国法制出版社2001年9月第1版。
③ 比如,苏力先生在对一起乡村案件的分析中,总结出了一个他所认为的习惯法——"即一位男子同一位已婚妇女发生性关系,就对这位妇女的丈夫构成了某种伤害"。苏力:《送法下乡》,北京:中国政法大学出版社2000年10月第1版,第248页。

花的田野调查和检验西方理论的智识兴趣,推动他们通过寻找诸如常人方法学、福柯的权力技术分析、实用主义法学、制度经济学西方理论的框架来救急。结果是人为虚构出种种非真实的对象,或者忽略无法解释的对象,或者只是将之纳入"民间法"的容箱之中(Container)。

在考察民间法的过程中,他们往往采用这样的叙事方式:首先,对案件本身做一完全西方法律视角下的理想解释。然后,深入生动地描述民间法的运作状态。再将理想解释与现实状态的差值,统统归纳为一开始就想揭示的"本土资源"本身。最后,运用各种西方的框架,对这一人为抽象出的"本土资源"作各种过度的诠释。这种叙事方式,固然可以克服他们认为的法条主义的幼稚,揭示出民间的法律运行并不是完全清晰的法律产品,相反,"法律事实是模糊的,适用的法律条文是模糊的,作为专业法官的角色也是模糊的"。① 这就是他们的最终目的。在民间法旗号的遮护下,这种模糊的法学产品,丝毫未因其根本上的避实击虚而反思,相反,这就是他们所要揭示的民间法,这就是民间法——"模糊的法律产品"!

对此,吉尔兹曾作过批评:"风俗一词在人类学中把思想化约为习惯,这一危害大概仅次于它在法律史上把思想化约为惯例的危害"。② 体现为悖论的现实是:虚假的民间法研究反而模糊了真正的习惯法,揭示努力的结果是更加令人困惑。试图说服反对习惯存在者的结果是更加增强了他们之前的确信。在他们看来,如果习惯法就是这样一些模棱两可、似是而非的东西,那么,在学术游戏之外,可以就此宣判作为制度的习惯法的死刑了。看似对立的两大阵营,实质上同为政治意志和西方理论的雇佣兵。国家法—民间法的二元构造,首先就是西方法学理论切割下的产物,西方法律渊源理论不仅成为了发现法律的工具,也成为了法律移植国家确定自己传统规则有效性的标准。只不过,一个是从正面的角度发动一场剿灭战,另一个则是在国家法之外,通过迂回和进入,从内部瓦解和玷污习惯法的身份和合法性。从这个意义上说,民间法就是冒充为习惯法的犬

---

① 杨柳:《模糊的法律产品》,载强世功(主编):《调解、法制与现代性:中国调解制度研究》,北京:中国法制出版社2001年9月第1版,第492页。
② 〔美〕克利福德·吉尔兹:《地方性知识:事实与法律的比较透视》,邓正来译,载梁治平(主编):《法律的文化解释》,北京:三联书店1998年版,第119页。

儒派和投机者。与国家法一起,不约而同地成为了习惯法的杀手。这就是法律移植国家的尴尬。必须为真正的习惯法正名!

西方制度经济学认为,从个人的习惯(usage)到习俗(custom),从习俗到惯例(convention),从惯例到制度化(institutional)这样一种演进行程,大致反映出人类社会制度的历史发展。① 但是中国与欧美社会的制度演进行程显然有别。在中国并不存在习惯法逐渐获得实定性的机制,"土俗、土例、俗例、土风"等类似的词语不等于西欧法制史意义上的习惯法("例"、"惯例"、"俗例")。我们的调查也发现:在分家这一习惯上,甚至在同一村庄中也存在一次性分家和系列性分家两种不同的方式。那么,中国民间规范的真实存在样态又是如何的? 日本学者寺田浩明先生提供了一种观点:

> 关于规范存立的这种所谓客观的、制度化的框架在旧中国却完全不存在……个别人主张自己有理而开始从事的个别行动,可能随承认其合乎情理的人们在数量上的增加而逐渐扩大范围,最后成为一种由中心和边缘构成的"风气"或"风习"。②

这一论述,反映了中国"习惯法"区别于西方"习惯法"的特征。值得注意的是,寺田先生的判断,是基于对明清时期中国土地习惯的研究而得出的。或许是为了强调中国法律的独有特征,结果却是夸大了中国习惯的随意性,至少是将局部的特征上升成了整体的特征。在中西比较的意图下,有意无意曲解了中国习惯法作为"法"的身份。③ 本文揭示的中国分家习惯正可以作为驳斥这一观点的例证。尽管,在分家形式、分家时机、分家方式、分家主持、财产分配方案以及老人赡养方式,所有这些都可能因村庄类型、经济水平、地理特征、历史演变等多种因素产生不同的样式。甚至,在同一村庄也不可能遵循同一的分家方式。但是,历史上生长出的这一套代际财产传承的规则制度,事实上已比较明确地规定着人们之间的权利义务关系,具备了法的内容特征;同时,这套习惯规则依靠社区舆论、宗族会议、"中人"等社会认可的物质力量来保障实施,被人们内在地认同

---

① 韦森:《社会制序的经济分析导论》,上海:三联书店2001年第1版,第200页。
② 〔日〕寺田浩明:《日本的清代司法制度研究与对"法"的理解》,载王亚新、梁治平(编):《明清时期的民事审判与民间契约》,北京:法律出版社1998年10月第1版,第171页。
③ 感谢俞江老师向我指出了这一点,让我改变了之前错误的判断。

为理所当然,被重复地予以适用,从而具备了法的外在形式特征。形式的差异,也只是多种社会变量在分家习惯规则范围内调整所形成的结果。

在数千年的历史生长中,这套民间习惯被用来分配乡民之间的"权利义务",调整和解决他们之间的利益冲突,它们通过"特殊主义的关系结构",依凭民众对于地方性知识的共同信赖,从而获致由舆论机制支持的效力和确定性。这种习惯法的所指和能指不是任意的,民间生活中存在的道德律、礼节、日常生活习俗等,它们与习惯法存在本质的区别,"习惯法所涉及的行为领域与正式法律所涉及的领域基本上相叠"。① 法律规则必须能够被再解释——由社会之法律设施再解释,即 Bohannan 所谓的"双重制度化"。② 习惯法比普通习惯更具确定性和操作性,也更适于裁判,它区别于道德律、礼节、日常习俗的模糊性、非强制性、不可操作性、非确定性。本文中的编号 1 案件,就为我们生动地描绘了中国习惯法的特有逻辑和运作。

在这个案件描绘的协商会议里,所有的参与者,不管他们怀有怎样的动机,最终都在沟通中围绕于嗣续的基础。这就是他们所共同接受的"基础规范"(basic norm)。③ 围绕着这个基础规范,赋予了分家习惯以权威的统一性。借助于对这一基础规范的不断引用,赋予了其他下位规则以连贯性,形成了一套完整的自足的规则体系。作为一个事实性的事件——家子赡养父母并承继家产,这没有告诉我们更多的信息。它们需要借助于可适用的法律进行再解释,借此确定该事实行为的法律意义。

"主要是摸下底,用于玉柱(原告人儿子)来开支";"存几个钱用来玉柱读书和家庭开支";"存款户头要是马玉柱的名字,我们姓蔡的决定不会要分文"。可以看到,尽管协商过程中会有不断的争吵、不满和诘难,但是很快又会回到对这些"基础规范"的引用,批驳对于规则的偏离,并促使当事人反思自己的主张,从

---

① 梁治平:《乡土社会中的法律与秩序》,载王铭铭、王斯福(主编):《乡土社会的秩序、公正与权威》,北京:中国政法大学出版社 1997 年 12 月第 1 版,第 428 页。
② "一句话,习惯以互惠(reciprocity)为基础,法律则建立在此双重制度化的基础之上",双重制度化指可以被彻底重述、可受审理的规则。请见梁治平:《清代习惯法:社会与国家》,北京:中国政法大学出版社 1996 年版,第 143—144 页。
③ 这里使用了凯尔森氏的概念。所谓基础规范,即不能从一个更高规范中得来自己效力的规范,它是整个法律秩序的效力的最高理由,构成了这一法律秩序的统一体。可参见〔奥〕凯尔森:《法与国家的一般理论》,沈宗灵译,北京:中国大百科全书出版社 1996 年第 1 版,特别是第 10 章。

而使得协商能够继续进行。即使可能因此压抑自己的利益主张,他们也不将他们关心的法律关系,理解为自然的因果关系,而是理解为一种严肃的规范关系。他们不简单地说,某个人要求另一个人以特定方式行为,而主张这是"应然的"、"正义的"。每个人都对这套习惯采取了一种内在的观点。人们不只是运用道德说教和情理分析,他们用规则来推理、解释规则,评价他们自己和其他人的行为。当有人试图突破规则满足利益的时候,马上会有一种声音,用大家认同的规则,来论证他们敌意的反应和批评的正当性。批评的目的就是要使大家遵守规则。这不是纯粹的习惯,破坏习惯并不必然招致反对,破坏规则将导致批评。在偏离规则的情况下,不用上升到道德的高度,亦不用情理谆谆教诲,偏离规则本身就是批评该破坏的充分理由。大家根据规则,并对规则的遵守做出评判。这是一个具备第一性规则和第二性规则的法律规则体。① 不妨引用哈特的一段话加以说明:

> 每个棋手不仅本人以一定方式移动王后,而且对所有以那种方式移动王后的行为的适当性"有看法"。这些看法在偏离行为已经发生或有可能发生时,体现为对他人提出服从的要求;体现为认同这种来自他人的批评和要求的正当性的承认。为了表达这种批评、要求和承认,人们采用了一系列"规范性"语言。如,"我(你)不应该那样移动王后","我(你)必须那样移动","那样是对的","那样是错的"。②

事实上,就像哈特所说的象棋比赛,一个人要进行比赛就必须对棋局持局中人的观点——即棋手对他自己和其他各方所持有的批判反思态度。同样地,要理解该游戏就要懂得规则,使自己采取内在观点。如果你以前从来没有看过下棋,或者根本就不打算理解它,你就很难理解面前正在发生的事。你只能看到眼前零乱的走棋方式,特别是,如果你已经先入为主地接受了另一种棋类运动的规则。

在这个案件中,当事人各方都在努力遵守活动的规则——一套代际财产承

---

① 关于内在观点与外在观点,第一性规则与第二性规则的区别,请见〔英〕哈特:《法律的概念》,张文显等译,北京:中国大百科全书出版社1996年第1版,第五章。
② 同上书,第59页。

继的习惯法。所有人的行为都不是孤立的,相反,因为对这套习惯法规则的共同接受,才使得接受规则成为可能。"私人性地"遵循规则是不可能的,如同不能一个人下一盘棋。如果每个参与者开始坚持自己的一套私人规则,协商就进行不下去了。这正区别于道德律,道德律主要是一种个体仰望星空的内心超越。这也区别于习惯行为,你可以说,"我们通常在周末下棋",但是这并没有约束性,相反,受规则约束的行为就没有自由的选择性。比如告诫说,"你要玩,就必须遵守游戏规则"。

  法律不是一个自足的规则体系。对于习惯法的参与,也不仅仅是类似于参加棋赛对于规则的接受,不仅仅是一场语言的游戏。更重要的是,每个人在其中获得了其行为的意义。对于习惯法的遵守,不仅仅是一种合理、功利的功能考虑,相反,各方都必须做出一定的妥协和牺牲,来维护一种仪式、传统、权威和普遍性的"基础规范"。事实上,就像我们这次所调查的主题,很多习惯规则都是反功利主义的。赡养和分家,如果认为它主要解决代际财产的传递、代际的扶持、生计的更好安排,那么就无法解释为什么在经济社会发展如此不平衡的中国,不同的地域都集体无意识地趋向于同一制度。它的背后肯定包含着一种信仰,一种对于人生目的和超验价值的共同接受。从当事人的内在观点看,分家并不是仅因为合理才分,并不是借此可以在代际间产生效益的最大化和摩擦的最小化。恰恰相反,在社会急剧变迁的今天,坚持一种古老的习惯,可能要意味更多的麻烦、争吵和纠纷。当事人决不会在分家时因为理性的计算,因为分家可能带来的风险,和从外在观察者看来,一个势必没有效率的制度,而采取拒绝、驳斥和公然反对的态度。除非这个社会的信仰体系已经发生改变,社会成员已经抛弃了传统,否定了权威,消抹了社会记忆——"基础规范"的普遍性已经消亡。制度的经济逻辑,同时也蕴涵了这个社会的信仰体系。并且,不惜以效率的代价来维持社会生活的温情脉脉。在信仰消亡前,当事人会这样看待习惯法:这是一种应该,因为历史以来就是这样的,我的祖辈是这样做的,我现在的财产也得乎于此种习惯法的实践,即使国家法不同意;这也是一种正义的表达,只有这种表达才顺乎我们自己的看法,一种合乎我们生活之道的"权利和义务"的安排。更重要的是,这是一种善,甚至是一种超越道德的宗教观。

  家,是一个经济概念,家庭成员同居共财,是一个集合体共同面对自然、社会的堡垒。家,更是一个赋予了文化价值和生活意义的存在,连接着一个家庭的过去、现在和未来,在中国传统里就是宗——信仰体系围绕它加以建立。"人能有所立,则即能为人所知,为人所记忆,而不死或不朽。然若惟有立德立功立言之人,方能为人所记忆,则世之能得此受人知之不朽者必甚寡,大多数之人,皆平庸无特异之处,不能使社会得而记忆之。可知而记忆之者,惟其家族与子孙。特别注意祭祀祖先,则人人皆得在其子孙之记忆中,得受人知之不朽"。① 作为经济的家是一个过程、一个工具、一个肉体的维持。作为文化的家则是一个结果、一个目的、一个精神的存在。这并不是在经济的家和文化的家之间分出高低,恰恰相反,正是借助经济的家才能完成文化的意义,也只有它才分了家,有家可分。特别是,大传统以四世同堂为最高文化理想,最终在生活条件的约束下走向了民间的分家,这就体现了文化理想不能狂信地漂浮半空。另一方面,只有文化的家才使得要分家,并且是这样而不是那样分家。两者就是这样一个辩证的统一,而不是同一和对立。

再以体育比赛作个不太恰当的比喻。我们常常需要对一项体育竞赛的规则加以改进,这种改进是建立在对运动开展的认识之上。在不断的规则调试中,促进了一项体育运动的发展,并在发展中接受检验并进一步做出调整。如果因为比赛培养出的选手实力不济,而将所有问题归结于竞赛规则本身,并且决定选择运动开展最成功的规则,抛弃既有的比赛规则;结果,规则是被引入了,足球运动引入了 NBA 的篮球规则,那还是原来的运动吗?恐怕运动员只会因此变得更加无以措手足。

"当我们对于我们个体之于世界和历史的廓然大化之间的联系懵懂无知时,就必然会对我们思想的普适特性与原创禀赋产生虚妄的错觉。只有历史感才能保护我们怯除这一虚妄的错觉"。② 我们不妨以西方两大法系为例:

在罗马法系各国法中,所有权是指承认所有权人享有三种权能的总合,即使用权、收益权与处分权。这种分析,把使用权的权利(居住一所房屋)和管理物的权利(使人修理房屋)归纳为使用权,是不够明确的,而把从物质上毁坏物,与对

---

① 冯友兰:《中国哲学史》(上册),北京:中华书局 1983 年第 1 版,第 429—432 页。
② 〔德〕弗里德里希·卡尔·冯·萨维尼:《论立法和法学的当代使命》,许章润译,北京:中国法制出版社 2001 年 11 月第 1 版,第 85 页。

物作处分行为这样性质不同的权利归纳为处分权一个词则几乎是可笑的。以英美信托财产为例。受托管理人是所有权人,但他的特权受到信托财产授权书与大法官法院发展的衡平法规范的限制。在实际生活中,一般说他对信托财产有权完成管理与处分行为;但是,他既没有对物的使用权(真正意义上的)与收益权,也无权从物质上毁坏物。一个社会的法律制度,特别是习惯法,是这个社会传统历史叙事的产物:它告诉我们,什么活动适合于什么场合。它给我们提供了对于同一事物的特殊想象和期望,只有这样,我们在遵循这种法律制度时才有理所当然的承认,而不是一种被迫的接受和服从。英美普通法和大陆法的不同叙事结构,最终产生了不同的法律概念与类型。这足以迫使我们将视界转向对产生习惯法的中国传统社会空间的认识,寺田浩明提供了一种富有启发的观点:

> 这种充满互让或者是忍气吞声的社会空间,正是对应于缺乏制度性的装置来明确认定:究竟从哪里到哪里,才是正当地归属于自己的利益这一状况而发生的现象。不过,也同样正因为这一状况,那里存在的,同时又是一种"反互让的空间"。①

通过上述的"互让"与"反互让"的社会空间,有可能深化对本文考察的家庭代际财产传承的习惯法的理解。在种种结构性矛盾约束下的乡村民众,在一个有限的空间内处于不做声的推来挤去、暗暗较劲的状态。在这种现状中,一套内生自发制度得以产生,它是乡民们在日复一日的生活实践基础上的制度创设。这套制度有它自己的生命和它自足的意义世界。这样一个特定社会的成员所共享并相互传递的知识、态度、习惯性行为模式的总合,构成了一个独特的传统。这是一种区别于团体格局的差序结构——"特殊主义的关系结构"。但是,它的特殊性,并不能代表它就不是法,它有从根本上区别于道德律、礼节、日常生活习俗的特征。它的特殊性,也不代表它不能经过改造获得实定化、权利化、程序化的可能。

每一个社会、每一种法律体系都是其历史的囚徒。即使周遭的世界已经变化,传统仍有其效果。事实上,民间习惯与国家法的冲突和互动自古存在,静止、

---

① 〔日〕寺田浩明:《权利与冤抑》,载王亚新、梁治平(编):《明清时期的民事审判与民间契约》,北京:法律出版社1998年10月第1版,第212页。

孤立地认识二者，势必只会因或者低估或者高估的狭隘，限制了自己的视野。历史上，"律"也需要通过对民间习惯法的吸收改造，以"例"及其他方式将其纳入法律整合的范围。社会生活由一些传统的、谁也不认为有问题的行为方式统治着。这些"约定的"行为规则，只要不曾得到法官的认可，就不被认为是严格意义上的习惯或法，它们能否及怎样得到法官的认可经常不甚清楚。然而，如果不指出这些社会生活准则的存在，那么，对于习惯法作用的研究，就会是不完全的和虚假的。当一项规则被接受时，它就进入了一个不同的叙事语境中。该语境独立的话语动力，可能影响该规则的含义，并使其概念转向未被预料的反面。

结　语

本文揭示的基层司法中所体现出的"法律"，最终总是难以避免嵌入能体现民间信仰和地方性知识的"习惯"。"习惯"迫使国家法必须采取在"法律帝国"中设立"情理特区"的方式，避免自己丧失对于民间纠纷的管辖力。中国的基层司法实践展现出的独特形态，使其已不仅仅是一种普遍意义上的纠纷解决机制，同时，也反映出了现代性问题在中国展开中所面临的种种特殊问题。

可以看到，由于主客观条件限制所造就的，并不"现代化"的司法实践方式，在具体纠纷解决中，也以生活的自然理性，避免了由于社会急剧变革所引致的国家制定法和习惯法的张性和断裂。司法在制定法和习惯法之间扮演了一个经纪人的角色。但是，基层法院的合法性，同时面临中国语境下的二律背反。一方面，法治要求法院通过权利话语的象征性操作，借此获得自身的合法性，并保证公民自觉诉诸法律来捍卫权利，进而达至法律帝国的塑造。另一方面，法院又不得不通过规避对于法律的严格适用，采取实用策略的选择，满足当事人的内心要求，以避免当事人规避法律解决的尴尬。

由国家力量推动的现代化建设，意识形态不再只是扮演工具的角色，它转而成了目的本身。当事人在社会结构转变的过程中，正因为已经一再遭受了种种结构性矛盾的伤害，也一再加强了将纠纷解决作为弥补上次损失的意识。他们将纠纷诉诸法庭，是因为传统权威的式微，更重要的是，想在国家法和习惯法的中间地带及其重叠中，达到利益的最大化或是损失的最小化。

当事人人格的双重化，使得严格的法律适用和传统的习惯规则都不再满足他们脆弱的心灵。这种人格的双重化，对两种法律的合法性基础同时进行着潜在的瓦解。我们看到的是一幅精神分裂的国家与社会的图式。

中国的近现代史，就是一部资源禀赋先天贫弱、后天发展环境恶劣的民族追逐现代化的历史。为了民族独立、国家富强，在引入西方法律的基本价值时，也更多地出于一种功利的考虑。我们抱着一种侥幸的心理，懒惰和自负使得我们疏离于把握民众真正的生存状态。我们希望通过现代西方法律制度的引入，在此基础上形成具有私人意识的自治个体。为了这一目的，不惜使用强硬的政治手段。事实上，个体的自我意识，是建立在对于历史和社会的记忆之上的。记忆使想象将一系列相关的知觉连成了一个单一体，自我是记忆的产物。如果建立秩序最终以牺牲社会传统、习惯为代价，个体的记忆将在这一过程中被人为粗暴地打断。盲目接受这套西方法律制度的结果，将是陷入到无任何信仰和信任的精神困境里面。不但权威丧失认同，个体也终将在失忆的存在下，仅仅生活在当下，茫然地走在幻灭的大地上，不知来自何方，最终去往何处。"法律不必是永恒的，但它也决不能是专断的，所以，它必须根据对过去所做的事情的重新解释来改变。……历史，包括当代史所证明的恰好相反：人们不会衷心拥戴一种政治制度和经济制度，更不用说一种哲学，除非对他们来说，这种制度或哲学代表着某种更高的、神圣的真理。如果在人们看来，有一种制度与他们信仰（用全部生命去信仰，而不仅仅是在理智上认为如此）的某种超验实体相悖，他们就会抛却这种制度"。① 一个不能真正把握民众生存状态、无视农村和农民占国民大多数之现实的法律制度，其创制崭新秩序的企图，将是一种危险的知识之佞妄。"这一危险之重大，将与制定法典活动的巨大规模，及其与觉醒着的民族精神（spirit of nationality）沟通恰成比例"。②

若想拨开萦绕于周遭的历史迷雾，我们急需要一种新的语言和命名。母语的词汇和叙事，其中凝聚了历史先行者的智慧。我们需要在前人的基础上继续描绘这些构造。我们被迫回顾历史，探询当前问题的来龙去脉，在回顾和理解的

---

① 〔美〕伯尔曼：《法律与宗教》，梁治平译，北京：中国政法大学出版社2003年8月第1版，第25页。
② 〔德〕弗里德里希·卡尔·冯·萨维尼：《论立法和法学的当代使命》，许章润译，北京：中国法制出版社2001年11月第1版，第38页。

努力之中,一个更加吻合大型文明悠久经验的习惯法概念体系将渐渐浮现出来。法学何为?私法何为?1814年,德国法学巨擘萨维尼的历史呼声依然清晰有力:"法律首先产生于习俗和人民的信仰(popular faith),其次乃假手于法学——职是之故,法律完全是由沉潜于内、默无言声而孜孜矻矻的伟力,而非法律制定者(a law-giver)的专断意志所孕就的。……只有当我们藉由废寝忘食的研究,使我们的知识达臻完美境界,尤其塑育了我们的历史感与政治感时,才可能对我们所面临的问题做出信实的判断"。①

法律是一套规则,也是一个语言系统,更是一种文化。法律在语言中,并通过语言存在,而语言则承载着我们基因中继承的文化体验。我们对法律的服从,乃是源于一种两厢情愿的内在冲动,我们把这种冲动当作道德义务甚至是快乐来体验。这种情感的共鸣,是维系信仰和秩序的根本所在。个人对其世界的界定、情感的表达、判断的决定,这些文化的象征主要是与生俱来的。当个人出生时,这种象征已在社群中流动,而当他死后,它们还继续流通,只是经过了一些增加、减少以及局部的变更。他在世时,用这些象征或其中的一部分来建构所经历的事件。

不同的语言代表不同的世界观。当一套西方的法律语言被移植到我们的语言中时,会发生什么?对于发展极度不均衡、城乡差别如此巨大的中国来说,问题就显得更加棘手。名实不分,词物分离。理论认识实践,总是不断地面临水尽山穷的困境。是中国语境还是学术话语本身出了问题?是缺少规则,还是缺乏信仰,或是其他尚待我们挖掘的根源?到底是模糊的法律产品导致模糊的法学产品,还是恰恰相反?实际上,对于某一种文化的核心表达,常常根本不可能找到合适的对等表达。或许,正如维特根斯坦所说的,话语的界限就是我们理解的界限。

认为一种文化的法律源自某一民族之物质和精神生活的观念,与法律本身一样古老,这样一种法律观并不仅仅是寄寓法律安全的需要,也不是对于我们业已习以为常的惯行的偏好。在保守我们传统的过程中,我们延续了我们的存在方式,保持了我们思维模式和内容的一贯性,也因此,使得我们在日常的应对洒

---

① 〔德〕弗里德里希·卡尔·冯·萨维尼:《论立法和法学的当代使命》,许章润译,北京:中国法制出版社2001年11月第1版,第11、85页。

专题研究:民法法典化

扫中安顿了躁动的心灵。在对规则的自发遵守中,不仅因此捍固了一个社会的基本秩序,也使得我们在重重枷锁的禁锢下,获致了一种内心的真正自由,并因此种自觉的皈依,达到了作为一个人的真正尊严。没有任何自由的法律能没有这一点而有所发展。对于一国的私法,尤其如此。

19世纪德国法律科学*

〔美〕马蒂阿斯·雷曼** 常鹏翱*** 译

内容提要：19世纪德国法律科学是一种极其复杂的现象。一方面，它蕴涵了纷繁各异的方法，另一方面，它又是协调统一的。要了解它，就必须追溯其起源，展示其外在方面的差异性，展示其基本观念的内在一致性。

德国法律科学的产生，回应了因自然法解构而引发的方法论需要。为了迎合这些需要，就产生了历史进路和体系进路，最终形成了结合这两种进路的法学——萨维尼的历史法律理论。

在萨维尼的历史法学基础上，诸多流派得以成形。其中的一派注重体系，在这一派中，有的专注罗马法，有的则关注德国法。另一派强调历史，其中有的强调罗马法，有的则探讨德国法律史。这就有可能用诸多不同的方法来研究德国法学，但由此也很难看出这种差异性潜在具有的共同理念。

为了解决上述问题，就要分析和整合了这些基本理念，以显示在构成法律科学概念时，它们的相互作用居于什么样的位置。法律科学概念的主导要素是"历史"和"体系"。这些基本概念的意义容易被误解，这对评价19世纪德国法律科学是非常有害的。确定法律科学的主要成分，有可能展示它们的相互作用。法律科学的要旨是"历史"和"体系"的整合。这是19世纪德国法学家的基本信条，也是一个基本的方法论问题。它要求协调历史真相与逻辑规律。萨维尼把法律作为一种根植于文化的有机整体、并服务于保护个人自由的现象，这样，他

---

* Nineteenth Century German Legal Science, in *31 Boston College Law Review*, July, 1990, pp. 837—897.

** 马蒂阿斯·雷曼（Mathias Reimann），法学博士（德国弗赖堡大学，1982），法学硕士（美国密歇根大学，1983），法学教授（美国密歇根大学法学院）。

*** 常鹏翱，法学博士，中国社会科学院法学研究所副教授。

就把这两个概念合而为一了。法律科学是综合法律的历史方法、体系目标和个人主义功能于一体的结果,它同时具有实证主义、唯心主义和形式主义的特点。

关键词:德国法律科学　历史　体系　萨维尼

Abstract: Nineteenth century German legal science was a highly complex phenomenon. On one hand, it was marked by a great diversity of approaches. On the other hand, it was also united. To understand it, we must trace its origins, develop the diversity of its external manifestations, and demonstrate the internal coherence of its basic ideas.

The devolpment of German legal science was the response to the methodological needs that arose from the deconstruction of natural law. To meet these needs, historical as well as systematic approaches is explored, and the jurisprudence -Savigny's historical theory of law -combined both approaches is formed.

Based on Savigny's historical jurisprudence, a multitude of branches came ino being. One group of scholars pursed the systematic dimension and was spilt into those focusing on Roman law, and others dealing with German law. A different branch emphasized the historical dimension, again partially analyzing Roman law and partially exploring German legal history. The result was a variety of scholarship that make it possible to perceive German jurisprudence in many different ways, but which also makes it difficult to see the common ideas underlying the diversity.

To resolve such question, it is necessary to analyse and synthesize these fundamental ideas, from which we will know that how their interplay constituted the concept of legal science itself. The major elements constituting the concept of "Rechtswissenschaft"(legal science) are "Geschichte"(history) and "System". The meaning of these fundamental concepts is easily misunderstood, much to the detriment of a sober appreciation of nineteenth century German legal science. The identification of the major elements of legal science makes it possible to demonstrate their interaction. The gist of "Rechtswissenschaft" was the synthesis of

"Geschichte" and "System". This synthesis was the fundamental credo of German jurists throughout the nineteenth century and a basic methodological problem. It required the reconciliation of historical truth with logical order. Savigny united both concepts by presenting law as a phenomenon that was rooted in the organic whole of the culture and that served the protection of individual freedom. As a result of the combination of historical method, systematic goal, and individualist function of law, the character of "Rechtswissenschaft" was marked by a mixture of positivism, idealism, and formalism.

Key Words: German Legal Science, History, System, Savigny

现代法学显然是一种德国货。康德(Kant)、黑格尔(Hegel)、胡果(Hugo)、萨维尼(Savigny)、蒂堡(Thibaut)、法尔科(Falck)以及他们勤勉且并非碌碌无为的承继者们,已经在法学科学上不可抹煞地印上了他们的个性特质、他们的专用语、他们的道德论调、他们的哲学分析方法……①

当谢尔顿·阿莫斯(Sheldon Amos)于1872年强调德国学术对于19世纪晚期法律思想的重要性时,他表达了一个与其同代人有广泛共识的观点。他们之所以对德国学术有兴趣,主要因为英美法系之"古典时期"(classical period)的普通法学家——大致是从1850年代到第一次世界大战期间的两代人②,被法律作

---

① S. Amos, *The Science of Jurisprudence* 505 (1872).

② 我所称的"古典时期"大致等同于格兰特·吉尔莫(Grant Gilmore)所谓的"信任年代"(Age of Faith)。See G. Gilmore, *The Ages of American Law* 41—67 (1977)。这是一个被卡尔·卢埃林(Karl Llewellyn)称之谓"形式化风格"(the formal style)——See K. Llewellyn, *The Common Law Tradition* 35—45(1962)——和托马斯·C.格雷(Thomas C. Grey)称之谓"古典法律科学"(classical legal science)——See Grey, "Langdell's Orthodoxy", 45 *U. Pitt. L. Rev.* 1(1983)——所主导的时期。不过,不同的学者对这个时期的确切时间框架有不同的看法[比较 Kennedy, "Toward a Historical Understanding of Legal Thought in American 1850—1940", in 3 *Research in Law and Sociology* 3 (S. Spitzer ed. 1980)和 Sugarman, "Legal Theory, the Common Law Mind and the Marking of the Textbook Tradition", in *Legal Theory and Common Law* 26, 44 (W. Twining ed. 1986)(ca. 1850—1907)],法律科学的观念从1850年代到现实主义的萌生时期最为流行。对本文的主旨而言,第一次世界大战是一个便宜的时间定点,因为它标志着德国观念对美国法律思想的影响在迅速衰退。法律科学的概念尤其主导了朗代尔(Langdell)的法学及其在哈佛大学的学院,由此,它普及了美国的法律学术界。See J. Redlich, *The Common Law and the Case Method in American University Law Schools*, 16—17 (1914).

为一种科学的观念牢牢控制了。这种观念既非为德国所独占,也非德国原创①,但在19世纪,与任一其他的同代法律文化相比,德国学者更始终如一地信奉它,更激烈地争论它,也更大幅度对它予以完善。其结果就是,诸多英国和美国的第一流法学家将德国的"Rechtswissenschaft"(法律科学)视为一个参照点,并且还常常将之视为一种典范。② 目前,大多数英美的比较法律史学者认可德国法律思想的这种角色,并已经从方方面面对它进行了探讨。③

德国观念对"古典的"英美法学具有重要作用,19世纪的法学者和当今的法学者对此已经达成了共识,尽管如此,一直令人感到奇怪的是,19世纪的德国法律科学到底是什么,人们所知寥寥无几。与此形成鲜明对比的是,人们普遍援引它,但又含糊不明、矛盾百出。即使是"信任年代"④的普通法法学家自身,也对德国法律科学无清晰和一致的概念。有人称赞"在细节上的德国式精确"⑤,而有人批评德国式的"过分普遍化的倾向"。⑥这样,学者们用德国法学来为其论点着色,而这些论点时常是大相径庭的。当霍姆斯(Holmes)批评朗代尔时,他提及德国法律科学以证明形式主义和抽象逻辑之害。在另一方面,霍姆斯经常依据德国学术来支持其自己的结论。⑦当詹姆斯·克里杰·卡特(James Coolidge

---

① 最起码从中世纪起,法律作为一门科学的观念就是民法传统的一个主要成分。See H. J. Berman, *Law and Revolution* 151—64 (1983).在普通法系中,甚至在19世纪之前就有一个传统。See D. Boorstin, *The Mysterious Science of Law* (1941); Shapiro, "Law and Science in 17th Century England", 21 *Stan. L. Rev.* 727(1969).

② 例如,参见 J. Bryce, *On the Academic Study of the Civil Law* 17 (1871); Beale, "The Development of Jurisprudence During the Past Century", 18 *Harv. L. Rev.* 271, 283 (1905); Smith, "Four German Jurist", 10 *Pol. Sci. Q.* 664, 666 (1895)。

③ 例如,参见 Clark, "Tracing the Roots of American Legal Education", 51 *Rabels Zeitschrift* 313 (1987); Hoeflich, "Transatlantic Friendships & The German Influence on American Law in the First Half of the Nineteenth Century", 35 *Am. J. Comp. L.* 599 (1987); Reimann, "The Historical School Against Codification: Savigny, Carter, and the Defeat of the New York Civil Code", 37 *Am. J. Comp. L.* 95 (1989) [hereinafter Reimann, The Historical School Against Codification]; Reimann, Holmes' "Common Law" and German Legal Science, in: Robert W. Gordon (ed.) (forthcoming)[hereinafter Reimann, Holmes' "Common Law"]; Riesenfeld, "The Influence of German Legal Theory on American Law: The Heritage of Savigny and His Disciples", 37 *Am. J. Comp. L.* 1 (1989); Schwartz, "Enfluesse deutscher Zivilstik im Auslande", in *Rechtsgeschichte und Gegenwart* 26 (Wieacker & Thieme eds. 1960)。

④ See G. Gilmore, *The Ages of American Law* 41 (1977).

⑤ Holmes, "Book Review", 11 *Am. L. Rev.* 327 (1877);根据 M. Howe, *Justice Oliver Wendell Holmes: The Proving Years* 147 n. 28 (1963)所述,该评论没有署名但确为霍姆斯所作。

⑥ Smith, "Four German Jurist", 10 *Pol. Sci. Q.* 682(1895).

⑦ Reimann, Holmes' "Common Law".

Carter)抨击费尔德(Field)的纽约民法典时,他依据的是反对法典化的德国论点。费尔德转而指出,德国人实际上正在进行大规模的法典化,并引用德国作品来支持其自己的计划。①普通法学家对同一德国思想家的见解经常是如此的不一致,以至于如同历史学家梅特兰(Maitland)和分析法学家马克白(Markby)这样的风格迥异的学者均认为自己是萨维尼的追随者。②对不同的人而言,德国法律科学有多种含义,而且,其实它时常——如在霍姆斯的例子中——对同一人还意味着不同含义。

在当今的英美学术中,德国法律科学的意义仍然不清晰。既有的对19世纪德国法学的阐述,在很大程度上局限于对最基本的发展状况和为数不多的基本观念的总括式描述。③一些学者承认,法律科学在19世纪的概念源于萨维尼的著作,但人们甚至没有对他的理论进行哪怕有一点深度的研讨。有人认为它与朗代尔的英美古典正统类似,并承认它建立在有机成长和演绎逻辑之观念的基础之上,但这些观念的意义和关系与其方法支撑和含义一样模糊不清。④总而言之,德国法律科学是一种现象,对此,英美学者一直孜孜不倦地进行阐述,却从没

---

① Reimann, *The Historical School Against Codification* 101—07.

② See H. A. L. Fisher, *Frederick William Maitland* 18—19 (1910 & reprint 1984); W. Markby, *Element of Law* (1871).

③ 例如,参见 J. P. Dawson, *The Oracles of The Law*, 441—42, 451—59, (1968); O. Robinson, T. Ferguson, W. Gordon, *An Introduction To European Legal History* 465—72 (1985); P. Stein, *Legal Evolution* 51—68, (1980); Gale, "A Very German Legal Science: Savigny and the Historical School", 18 *Stan. J. Int'l L.* 123 (1982). 还有诸多有关德国历史法学派的更早期的论文,其中最有意思的要算 Kantorowicz, "Savigny and Historical School of Law", 53 *L. Q. R.* 326 (1937). 在从19世纪到20世纪早期的英美文献中,有关这个主题的阐述是很多的,这证明普通法学家对19世纪和20世纪早期的德国法学有相当大的兴趣。例如,参见 L. Cushing, *Introduction To The Study Of Roman Law* 269—79 (1854); N. Korkunov, *General Theory Of Law* 143—56 (1909); J. Reddie, *Historical Notices Of The Roman Law And The Recent Progress Of Its Study In Germany* (1826); Freund, "Historical Jurisprudence in Germany", 5 *Pol. Sci. Q.* 468 (1890); Leonhard, "Methods Followed in Germany by the Historical School of Law", 7 *Colum. L. Rev.* 573(1907); Rose, "Controversies of Modern Continental Jurists", VI *Monthly L. Mag. & Pol. Rev.* 77(1838—41?); Anon., "The German Historical School of Jurisprudence", 14 *Am. Jurist* 43 (1835); 另参见 Patterson, "Historical and Evolutionary Theories of Law", 51 *Colum. L. Rev.* 681, 686—89(1951).

④ See Clark, "Tracing the Roots of American Legal Education", 51 *Rabels Zeitschrift* 328—30 (1987). 格雷把"英美古典正统"比作1800年之后的通常所谓的欧洲"法律科学",但将萨维尼的著作称为该法律科学的"原型"。Gery, "Langdell's Orthodoxy", 45 *U. Pitt. L. Rev.* 5(1983), n.17.

有抓住其本质。①

本文是详细研究 19 世纪德国法学对古典时期英美法律思想之影响的初步工作。为了给理解该影响的不同情形和方面提供基础,本文分析了 19 世纪德国的法律科学概念。然而,它在两个方面进行了限定。本文关注的对象只集中于在 19 世纪早期有争论的"Rechtswissenschaft"的古典概念,该概念被历史学派所充分展开,并在之后被各种分支流派所修正,由此也就排除了由耶林(Jhering)及其承继者在 19 世纪晚期提出的崭新而激进的不同观念。② 而且,本文还只关注这个概念的法学维度,这样就把它在 19 世纪德国政治和社会背景中的作用之探讨,留待以后的研究。③

即使在这种有限的意义上,19 世纪德国法律科学仍是一种极其复杂的现象。一方面,它标志着诸多极其不同的方法,其中的大部分以这种或者那种形式反映在英美法律学术之中。另一方面,依据英美学者从未详尽探讨,但人所共知的"Rechtswissenschaft"概念,它又是协调统一的。为了追溯其起源,为了展开其外在方面的差异性,也为了展示其基本观念的内在一致性,本文采用三个主要步骤来探讨 19 世纪德国法律科学。④

第一大部分描述了德国法律科学的产生,这为后文铺垫了基础。一门新法学的发展,回应了因自然法解构而引发的方法论需要(第一小部分)。为了满足

---

① 例如,罗伯特·斯蒂文斯(Robert Stevens)承认德国"科学主义"对 1870 年之后美国法律教育改革的重要性,但从未界定这种"科学主义"是什么。R. Stevens, *Law School* 51, 134(1983)。然而,其作品表明,斯蒂文斯秉持的是 19 世纪晚期德国自然科学的方法论,而非萨维尼的法律科学观。R. Stevens, *Law School* (1983)。与此相反,当霍姆斯说"在德国的影响下,科学正逐步将法律历史纳入其范围"时,他指的是科学的德国史学。Holmes, "The Use and Meaning of Law Schools, and their Methods of Instruction", 20 *Am. L. Rev.* 919, 921(1886)。

② 这种 19 世纪晚期的法学与本文在此讨论的法学有如此大的差异,以至于需要对它进行单独的研究。由耶林之后的德国法学家发展起来的利益法学、自由法学派和社会法学,也对英美法律思想——特别是对庞德(Pound)、卡多佐(Cardozo)和一些现实主义者——有影响。初步的研究,参见 Herget & Wallace, "The German Free Law Movement as the Source of American Legal Realism", 73 *Va. L. Rev.* 399 (1987)。

③ 对德国民法典之政治背景的研究,参见 M. John, *Politics and the law in Nineteenth Century Germany* (1989)。

④ 第一、二大部分的讨论主要依据历史法学家自己的原初作品,而非有关他们的现代学识。这些部分表达的实质性观点大部分处于德国法律史学的公共领域之中,不过是由我自己予以阐释的。对于非处于公共领域者,文章注明它们是我的观点。第三大部分是我自己对 19 世纪德国法律科学的分析、整合和特征界定。

这些需要,第一流的学者们在研究实证法科学时,探讨了历史进路和体系进路(第二小部分)。随之而来的法学争论,以结合上述两种进路之法学——萨维尼的历史法律理论——的胜利而告终(第三小部分)。

萨维尼的历史法学成了种子,由此长出了许多分支。在第二大部分中,本文展现了法律科学的差异性。一部分学者坚持体系维度,并分为两派,即一些人专注罗马法,另一些人则涉猎德国法(第一小部分)。另一个分支强调历史维度,与上述情况类似,其中一部分分析罗马法,另一部分则探讨德国法律史(第二小部分)。其结果就产生了诸多学派,这就有可能用诸多不同的方法来研究德国法学,但由此也很难看出这种差异性潜在具有的共同理念。

在第三大部分,本文分析和整合了这些基本理念,以显示它们的相互作用是如何构成法律科学概念本身的。本部分首先确定和分解了所涉及的不同观念。通过分析萨维尼论文中的"Geschichte"(历史/history)和"System"(体系/system),构成"Rechtswissenschaft"概念的主要要素得以分离(第一小部分)。这些基本概念的意义容易被误解,这对慎重评价19世纪德国法律科学是非常有害的。把它们仅仅解释为对往昔之浪漫崇拜的产物,或者仅仅解释为盲从逻辑的产物,都会导致历史学派的前提看上去是如此的不理性以至于令人绝望,其结果看上去则是天真的形式主义。①其实,历史和体系是复杂的理念,它们反映了精妙的方法论考虑要素。确定法律科学的主要成分,有可能展示它们的相互作用。"Rechtswissenschaft"的要旨是"Geschichte"和"System"的整合(第二小部分)。这一整合是整个19世纪德国法学家的基本信条,也是一个基本的方法论问题。它要求协调历史真相与逻辑规律。萨维尼把法律作为一种根植于文化的有机整体、并服务于保护个人自由的现象,这样,他就把这两个概念合而为一了。此外,这些理念看上去非常模糊,但它们的确依赖于一种对现代法学之功能极其复杂的看法。作为一种综合法律之历史方法、体系目标和个人主义功能所产生的结果,"Rechtswissenschaft"的特点具有混合实证主义、唯心主义和形式主义的表征(第三小部分)。

---

① 爱德文·帕特森(Edwin Patteson)写道,"原始的或者非常古老的法律原则和教义是最好的,这基本上是萨维尼和德国历史学派的命题",他为这样的误解提供了一个例子。Patteson, "The Origin of the Case Method", 4 *J. Leg. Ed*. 1, 9 (1951).

在结论部分(第四大部分),本文简要地将上述内容与同时期英美学者的观点联系起来。在此,本文以一种初步的方式,认为正是德国法律科学分支之十足的多样性以及德国法律科学基本概念之洋洋大观,致使19世纪晚期的普通法法学家对它如此着迷。

一、法律科学的兴起

(一) 自然法的解构

在19世纪之初即将来临之时,由德国法学家发展而来的法律科学这个新概念,是对一特定之方法论挑战的回应。在康德的批判哲学摧毁了孕育在自然法之前提和方法中的信念——其主宰了此前的时代——之后,法学上留有空挡,上述的挑战主要由此而生。①

根植于希腊和罗马哲学中的自然法理念,一直是西方法律传统的一个根本构成部分,它在时代长河中获得了诸多意义。"理性法"(the law of reason)作为它的现代版本,形成了17世纪和18世纪的欧洲法律思想,其起源于霍布斯(Hobbes)、格劳秀斯(Grotius)、斯宾诺莎(Spinoza)、普芬道夫(Pufendorf)和莱布尼茨(Leibniz)。②但是,在19世纪德国,最突出和最有影响力的自然法版本是克里斯蒂安·沃尔夫(Christian Wolff)学派。沃尔夫和他的追随者成为在认识论上对自然法进行攻击的主要目标,而且,特别是对历史学派而言,他们还是自然法方法之缺陷的集大成标志。③

的确,沃尔夫的进路以极端的形式展现了"理性法"的魅力和缺点。作为一种体系逻辑的运用,它令人难忘;但作为一种法学方法,它则既肤浅又令人困惑。沃尔夫用几个基本法律原则来引出其哲学。他的箴言的大多数,如不伤害他人

---

① 除了由康德的著作所引起的法学窘迫局面之外,还存在对一门新法律科学非常实际的需求。德国法极其支离破碎、混乱不堪,非要加以统一整理和阐明清晰不可了。

② 对欧陆自然法传统的出色讨论,参见 F. Wieacker, Privatrechtsgeschichte der Neuzeit 249—347 (2nd ed. 1967)。另参见 H. Welzel, Naturrecht und materiale Gerechtigkeit (4th ed. 1962)。

③ See H. Hattenhauer, Thibaut Und Savigny 100 (1973); Savigny, Ueber den Zweck dieser Zeitschrift, 1 Zeitschrift fuer geschichtliche Rechtswissenschaft 1—7(1815)。

(neminem laede)或者使各得其所(suum cuique tribuere)的普遍命令,其实有古老的起源。但是,沃尔夫使它们直接源于人的本性,他认为它们是永恒有效的,并与它们的历史背景无关。他采用准数学的操作(更多几何学式的),从这些普遍性中逐渐把特殊规则演绎得如此细致,以至于这些规则似乎真能控制法律实践。用这种方式,他建立了一套庞大的、逻辑严密的、内容广泛的自然法体系。① 沃尔夫的逻辑方法主导了德国 18 世纪的法学理论。他的体系为法典化提供了一种模式,也对立法产生了特定影响,这在普鲁士表现得尤甚。②

在前康德的、18 世纪的意义上,这种自然法进路是"哲学"。正是常识环绕着伦理、数学、自然科学、法律和其他领域。③ 因为自然法学者没有看到分隔这些学科的刚性需求,也没有从哲学原则演绎实证法律规则的过程中看到害处。④然而,"理性法"和在法院适用的法律之间的裂隙实际上相当大,因为那个年代的法律实践——《当代实用法律编纂》(usus modernus pandectarum)——秉持其自有的混乱不清的路线,并且不太注意自然法学者的玄思哲学。⑤

尽管"理性法"的逻辑体系令人难忘,它仍然有重大的方法论缺陷,即其不加批判地混杂了诸多元素——伦理和法律、实证法和理想法、客观观察与主观推论。正如康德的批判哲学最终清晰无比地指出,上述每一种元素各有其不同的性质,由此也就要求不同的思维过程。故而,这些元素的混杂致使方法论如此混乱以至于令人绝望。

由于自然法进路没有区分伦理和法律,它混杂了不同类型的行为标准。康

---

① C. Wolff, Institutiones Iuris Naturae Et Gentium(1750); C. Wolff, Jus Naturae Methode Scientifica Pertractatum(8 vols. 1740—1748)。有关沃尔夫,参见 G. Kleinheyer & J. Schroeder, Deutsche Juristen aus fuenf Jahrhunderten 305—12(2nd ed. 1983)[hereinafter Kleinheyer/Schroeder]; F. Wieacker, Privatrechtgeschichte der Neuzeit 318—20(2nd ed. 1967); Stintzing & Landsberg, Geschichte der deutschen Rechtswissenschaft, vol. III, part 1, 19—206(1898)[hereinafter Stintzing/Landsberg vol./part]。

② F. Wieacker, Privatrechtgeschichte der Neuzeit 321, 332(2nd ed. 1967)。

③ 沃尔夫本来是数学和哲学教授,只是在其职业生涯的后期,才承担了自然法教席。

④ C. Ritter, Der Rechtsgedanke Kants nach den fruehen Quellen 26—28(1971).

⑤ "usus modernus pandectarum"——《学说汇纂(Pandechts)的现代运用》[或者《学说汇纂》(Digest)——查士丁尼《国法大全》(Justinian's Corpus Iuris Civilis)的最重要部分],它是风靡于 18 世纪欧洲中心的有实践定位的法律学术风格。正如其名字所暗示的,它基于现代目的而运用罗马法。虽然诸多现代法律原理必须归功于它,它也并非全面系统的,并且还缺乏一种合适的方法论理论。这样,19 世纪的法学家尤其认为它劣于他们自己的进路,而且不是真正"科学的"。

德秉持将它们隔离开来的观点。伦理标准是内在的,即其关注个人的道德心,但不能为外在的权力所强制实施。法律标准是外在的,即其关注个人的外在行为并能被——如国家——强制实施。这样,这两个领域内的规则性质是迥然不同的。例如,"诚实地活着"是一种伦理上的而非法律上的强行规则;与此相反,"履行你的合同义务"是一种法律上的强行规则,但人们之所以愿意遵守它的内在原因(伦理的或者非伦理的)则与法律无关。由于沃尔夫的基本原则,事实上甚至其整个体系都建立在这些规则之上,试图同时具有伦理性和法律性,结果就导致它们混杂一起并缺乏分析价值。[1]

更糟糕的是,18世纪的自然法学派还没有区分真实规则的知识和对理想标准的探求。康德通过分析人类思考的过程,确信在通过经验获得的知识和通过运用纯粹理性发现的基本准则之间存在着某种根本差异。[2]康德认为,尽管这两者都是可能的,但它们功能迥异。例如,在法律中,真实规则的知识是经验的问题(也许以记忆的形式出现),因此也是以经验为依据的。这些经验知识尽管在实践中是不可或缺的,但也从来不能决定这些规则的合理性。经验知识从不能生成理想标准。这些理想标准只能单单通过纯粹理性,从所有经验中完全而独立地予以发现。[3]然而,在自然法体系中,实证规则和理想标准经常是根本不能加以区分的。由于在经验(以经验为依据的真实)和纯粹理性(抽象合理性)之间,究竟何者是正当标准是不明晰的,那么,就不可能去证明它们的有效性。这样,自然法的基本准则就没有为法律体系提供可靠的基础。[4]

在康德之后的那一代法律思想家看来,这个批评彻头彻尾地对自然法学派

---

[1] I. Kant, Metaphysik der Sitten 214, 218—21(Akademie Textausgabe 1902)(1797).

[2] I. Kant, Kritik der reinen Vernunft (Koenigsberg 1781).

[3] I. Kant, Metaphysik der Sitten 229—30 (Akademie Textausgabe 1902)(1797), Einleitung in die Rechtslehre B. 康德自己发现的标准就是他所谓的绝对命令。See Metaphysik der Sitten 222—23 (Akademie Textausgabe 1902)(1797), Einleitung VI.

[4] 正如康德所明确承认的,自然法学家之所以没有区别理想标准和经验知识,是因为他们没有领悟到人为法和自然法之间的根本区别。对前者而言,它们是什么的(经验)知识和它们应是什么的(哲学)判断之间的区分是极其重要的,而这个区分对后者则没有意义。

提出了批评。①为了弥补方法论上的混乱,康德用清晰的方法和目标,将自然法领域划分为若干清晰界定的科目。康德首先把伦理与法律区别开来,前者与行为的内在标准有关,后者关注的是外在的、可强制实施的行为。在法律之内,康德分离了用以决定理想标准的法律哲学(哲学家运用纯粹理性的领域)和实证法科学(法学家汲取经验的领域)。②黑格尔推崇康德的上述区别,它们几乎成为19世纪初期的常识。③

然而,最终引发了如何贯彻这些专门科目的问题。④伦理能归入道德哲学。在法律中,对理想标准的探求是法律哲学的关注。康德论证了纯粹理性的运用、优点和局限⑤,而且,黑格尔很快提供了一个建立在其自己国家和法律理论之上的法律哲学。⑥但是,实证法科学的发展,对法学家而言仍是一个问题。在此,康德(以及之后的黑格尔)几乎没有提供直接的指导。由于这门科学是经验的而非推论的,故其必须与法律哲学迥异,只有这一点是清晰的。⑦但是,经验的东西如何能超越本质上是记忆的纯粹知识,并变成一门"科学"呢?

(二) 对实证法科学的探求

当19世纪早期的德国法学家探求一门新的法律科学时,他们也开始采用Rechtswissenschaft这个术语了。⑧ 这样,Rechtswissenschaft从一开始就意味着是有限定的康德意义上的法律科学——一门实证法科学。当然,这样一门实证

---

① 当然,除了康德哲学之外,还有致使自然法体系让位的其他原因。随着资产阶级首先在经济势力、其后在政治力量上的兴起,理性法的一般伦理原则所具有的僵硬模式成为日趋动态和复杂之社会的紧身衣。参见 Habermas, Wie ist Legitimitaet durch Legalitaet moeglich? 1987 Kritische Justiz 1, 8。特别是,当自然法哲学的进路在开明君主的专制政府里展示出自己的时候,资产阶级就反抗自然法哲学了。See F. Wieacker, Privatrechtgeschichte der Neuzeit 348—51(2nd ed. 1967).

② I. Kant, Metaphysik der Sitten 229 (Akademie Textausgabe 1902)(1797), Einleitung in die Rechtslehre A.

③ G.F.W. Hegal, *Philosophy of Law* §212, at 136(Knox trans. 1942).

④ 有关方法论内涵的深层次分析,参见 Bluehdorn, "Kantianer" und Kant. Die Wende von der Rechtsmjetaphysik zur "Wissenschaft" vom positiven Recht, in 90 Savigny Zeitschrift fuer Rechtsgeschichte, Rom. Abt. 305(1973)。

⑤ I. Kant, Metaphysik der Sitten (Akademie Textausgabe 1902) (1797), Rechtslehre.

⑥ See G.F.W. Hegal, *Philosophy of Law* §212, at 136(Knox trans. 1942).

⑦ See K. Kohlschuetter, Vorlesungen ueber den Begriff der Rechtswissenschaft 185—86(1798).

⑧ 通常参见 J. Schroeder, Wissenschaftstheorie und Lehre von der "Praktischen Jurisprudenz" auf deutschen Universitaeten an der Wende zum 19, Jahrhundert, 82—168(1979).

法科学的方法和目标依赖于使智识努力成为一门"科学"的诸要素。此外,至于这个问题,康德的批判哲学已开辟了新天地。它不但质疑了自然法进路,还赋予"科学"(science)——或其德语同义词"Wissenschaft"——一种新的意义。这种不同于此前观念的改变是微妙的,但对19世纪德国"Rechtswissenschaft"的发展却有重大意义。

在自然法时期,Wissenschaft意味着主观意义上的能力和知识,这表明了个体所知悉的某一主旨之情事以及他们通过逻辑而不得不提供知识的技艺——"展现某人以不容否定的理由、用不可辩驳的态度来断言的一切事物之心智能力。"[1]这种展现通常采用建立一种System的形式。System是一种规律,诸如一篇论文或者一场演讲之类的素材在其中得以呈现。它是一种外在概念,因为它标志着一种外在的排列。Wissenschaft这一主观概念和System这一外在概念在本质上是不相关的——没有另一个,一个照样能存续,尽管前者通常以后者的形式表现出来。[2]

在接近18世纪末的时候,出现了一种不同的内涵。法学家此时将"Wissenschaft"理解成体系化的"知识整体"(whole of knowledge)。[3]它表明的是客观意义上的知识——人类认识能力的产物、对品质的洞察力和事物的规律。这样的知识势必是体系化的。在此,"System"表明的是某一领域知识的结构。它是一个内在概念,因为它反映了其对象的内在结构,而这与其外在表现无关。至此,客观的"Wissenschaft"和内在的"System"被紧密地连接在一起,不可分割。"Wissenschaft"的特征就是认可某一对象的内在结构,即所谓的"System"。[4]这

---

[1] "eine Fertigkeit des Verstandes, alles, was man behauptet, aus unwidersprechlichen Gruenden unumstoesslich darzutun." J. Schroeder, Wissenschaftstheorie und Lehre von der "Praktischen Jurisprudenz" auf deutschen Universitaeten an der Wende zum 19, Jahrhundert 132(1979) [quoting C. Wolff, Deutsche Logik (1713)]。依据这些标准,法学是否有资格作为"Wissenschaft",在18世纪就已经是一个极其有争议的问题。J. Schroeder, Wissenschaftstheorie und Lehre von der "Praktischen Jurisprudenz" auf deutschen Universitaeten an der Wende zum 19, Jahrhundert 133—34 (1979).

[2] J. Schroeder, Wissenschaftstheorie und Lehre von der "Praktischen Jurisprudenz" auf deutschen Universitaeten an der Wende zum 19, Jahrhundert 88 (1979).

[3] Das "Ganze der Erkenntnis." J. Schroeder, Wissenschaftstheorie und Lehre von der "Praktischen Jurisprudenz" auf deutschen Universitaeten an der Wende zum 19, Jahrhundert 5(1979).

[4] J. Schroeder, Wissenschaftstheorie und Lehre von der "Praktischen Jurisprudenz" auf deutschen Universitaeten an der Wende zum 19, Jahrhundert 94—5, 98—9, 113—15, 130—31, 167—68(1979).

样,从康德的视角来看,新的法律科学势必至少要符合两个标准,这一点是很清晰的。首先,为了避免沃尔夫学派的推论,它势必只能是一门实证法科学,这就要求它的方法是极其经验的。其次,为了成为真正的"Wissenschaft",它势必要展开其对象的内在结构;由此,它的目标势必就是一种科学体系。

这两个条件为实证法科学的发展提出了重大挑战。经验的方法要求人们注意真实资料,体系目标要求人们展现这些资料中所蕴涵的某种规律。但是,一门新的法律科学的建立,不仅仅是一种挑战,还是一种希望。康德哲学不仅改变了"Wissenschaft"的内涵,而且还改变了其地位。只要科学仍表明主观知识,它就只能是达到某一目的的手段。就其新的意义而言,科学洞察了上述资料内在的体系结构,它本身就是一种目的。它支持了一种学术共同体的目标,还成为一种规范的概念。在 18 世纪的德国,Wissenschaftlichkeit(科学性/scientific character)还不是一种价值判断;在 19 世纪的德国,它成了一门学科之智识尊严的首要指标。

这种新的"Wissenschaft"尊严也许解释了这种现象:为何在 19 世纪初期,德国最好的法律智者都参与了新法律科学的发展之中。不同学派围绕着三个基本方法论问题,而就有关适当的进路展开了激烈争论。① 如果法律科学必须是经验的,那么,其资料源于何处? 如果其必须建立一个体系,那么,这个体系会是什么样子? 以及经验和体系这两者之间的关系是什么?

在理性主义时代让位于历史主义时代之时,第一个问题——相关资料的适当来源——的答案渐进显现。法学开始背离演绎逻辑的崇拜,并开始认为法律是一种历史现象。古斯塔夫·胡果(Gustav Hugo),这位最杰出的"Goettinger Rechtsschule"(哥廷根法学派)之学者②,代表了这股新潮流。对胡果而言,法律科学必须要解释实证法律规则背后的原因,而这些原因会是哲学的也会是历史的:

> 当直接面向实践的、类似交易的——正如人们所确称的那样——

---

① 综合研究,参见 H. Stuehler, Die Diskussion um die Erneuerung der Rechtswissenschaft von 1780—1815(1978)。

② 关于胡果,参见 Kleinheyer /Schroeder 128—31;Stintzing /Landsberg III. 2 378—81 (1910);F. Wieacker, Privatrechtgeschichte der Neuzeit 378—81(2nd ed. 1967)。

的法律知识只追问"法律是什么"这一问题时,科学的法律知识也要寻求其根据,而且,既然其根据是双重的——理性的根据和历史的根据,两个问题就随之而来:法律这一事物是合理的吗?该事物又是如何成为法律的呢?①

这种新法律科学的概念仍然比较粗糙,但它迈出了重要的第一步。在康德的意义上,它并不是十分"科学的",因为它没有探究其对象的内在结构,即科学体系。② 但是,在某种重要的意义上,它超越了康德,因为它要求科学的法学要历史地看待法律。法律科学的资料势必要来自历史。

第二个问题——如何从这些素材中建构一个体系——的答案,慢慢地从康德的"Wissenschaft"概念中发展起来。通过经验发现的法律资料的主要内容,莫名其妙地不得不被还原至它们的基本原则。然后,这些原则不得不成为构建一个理性体系的组织性标准。"历史—哲学派"(historical-philosophical school)——主要是约翰·保罗·安赛姆·费尔巴哈(Johann Paul Anselm Feuerbach)③ 和安东·弗利德里希·尤斯特斯·蒂堡(Anton Friedrich Justus Thibaut)④——以最佳的方式描述了这种进路。根据费尔巴哈的看法,该体系的建构需要三个步骤:

第一,法律概念之正确性、确切的必然性、高度精确性和明晰易懂;第二,法

---

① "Statt dass die unmittelbar practische, wie man mit Recht sagt, handwerksmaessige Rechtserkenntnis nur auf die Frage geht: Was ist Rechtens? so fragt die wissenschaftliche auch nach den Gruenden, und da diese doppelt sind: die Vernunftgruende und die geschichtlichen, so entstehen auch die beyden Fragen: Ist es vernuenftig, dass Etwas Rechtens sey? und Wie ist es Rechtens geworden?"G. Hugo, Lehrbuch der juristischen Encyclopaedie, Fuenfter, Ganz von neuem ausgearbeiteterVersuch 32—33 (1817).

② 但是,在强调实证法和由此相伴而生地排斥形而上学的玄思方面,胡果追随了萨维尼。对胡果而言,"理性的根据"("Vernunftgruende")不是哲学玄思。胡果没有在形而上学中看出很多意义,"因为在某种意义上,实证法中什么也没有;而在某种意义上,它能包容万物。"("denn mit diesem stimmt gewisser Massen Nichts, und gewisser Massen Alles, im wirklichen Rechte, ueberein"). G. Hugo, Lehrbuch der juristischen Encyclopaedie, Fuenfter, Ganz von neuem ausgearbeiteterVersuch 33(1817). 他反其道而行之,意欲看看"在好结果和坏结果上,通过经验能获取什么"("auf das in der Erfahrung Gegebene, auf die guten und schlimmen Folgen"). G. Hugo, Lehrbuch der juristischen Encyclopaedie, Fuenfter, Ganz von neuem ausgearbeiteterVersuch 33—4 (1817). 这样,胡果想探讨实证法,从它的历史背景加以解释,并验证它的实践合理性。

③ 关于费尔巴哈,参见 E. Kipper, Johann Paul Anselm Feuerbach(2nd ed. 1989); Kleinheyer/Schroeder 79—85; Stintzing/Landsberg III. 2 115—39 (1910); E. Wolf, Grosse Rechtsdenker der deutshen Geistesgeschichte 543—90 (4th ed. 1963).

④ 关于蒂堡,参见 Kleinheyer/Schroeder 287—90; Stintzing/Landsberg III. 2 69—88(1910); F. Wieacker, Privatrechtgeschichte der Neuzeit 390—91(2nd ed. 1967).

律规则的内在一致;第三,法律教条的体系一致。①

与此类似,蒂堡将法律科学界定为"法律的体系总括"。②由真实的法律原则组成的"System"已经变成了"Rechtswissenschaft"的标志。③

第三个问题——经验方法和体系方法之间的关系——被证明是最难的。在其他学者当中,费尔巴哈和蒂堡也只是说这两种方法都有必要。正如他们的进路名称——"历史—哲学的"——所显示的,它们发现实证法素材的方法是经验的④,其原初意味着是历史的,但将该素材嵌入一个有原则性的规律的技巧则是"哲学的"。在这个语境中,尤其对费尔巴哈而言,"哲学"是对法律基本概念的探求,是引致承认它们关系的推理,是用以将它们组织成一个体系的广义法律。⑤但是,历史方法和体系方法之间的相互作用仍不清晰。

尽管有这些通过发展实证法科学来开创法学新篇章的巨大努力,理性年代的影响仍然逗留在此"Rechtswissenschaft"的早期。在历经数世纪探求正义之后,法学家勉为其难地突然将他们的学科严格限定在什么是法律及其适宜的体系问题上,并排除了(将之留给了法律哲学)对它应当是什么的所有思考。对费尔巴哈和蒂堡而言,"哲学"不仅是原则性的法律推理,还是依据康德意义上的理性标准而对经验素材的价值判断。对他们而言,法律科学仍然不得不包括对通

---

① "Die erste ist die Richttigkeit, genauer Bestimmtheit, scharfe Praezision, lichtvolle Klarheit der rechtlichen Begriff; die zweite der innere Zusammenhang der Rechtssaetze; die dritte der systematische Zusammenhang der Rechtslehren." Feuerbach, Ueber philosophie und Empirie in ihrem Verhaeltnis zur positiven Rechtswissenschaft, in J. Feuerbach & C. Mittermaier, Theorie der Erfahrung in der Rechtswissenschaft 80 (1804 & 1968 reprint).

② "Ein systematischer Inbegriff von Gesetzen." A. F. J. Thibaut, System des Pandektenrechts 4 (7th ed. 1828).

③ 然而,对蒂堡和费尔巴哈而言,"体系"只是形式化的,即为了简化法律素材,将实证法分为并组织成形式类别。蒂堡认为,由于依据实质性原则,立法者没有制定规则,那么,一个实质(materielles)体系——即依据基本原则的体系——可能与实证法无关。A. F. J. Thibaut, System des Pandektenrechts 4 (7th ed. 1828). 费尔巴哈也论及"一种实证法科学的形式标准"("formellen Bedingungen einer Wissenschaft vom positiven Recht"). Feuerbach, Ueber philosophie und Empirie in ihrem Verhaeltnis zur positiven Rechtswissenschaft, in J. Feuerbach & C. Mittermaier, Theorie der Erfahrung in der Rechtswissenschaft 80 (1804 & 1968 reprint). 这就将蒂堡和费尔巴哈的"体系"概念与萨维尼的"体系"概念区别开了。

④ 有关19世纪早期法律经验主义和法律实证主义的概念,参见 Bluehdorn, Zum Zusammenhang von "Positivitat" und "Empire" im Verstaendis der deutschen Rechtswissenschaft zu Beginn des 19. Jahrhunderts, in Positivismus im 19, Jahrhundert 123—59 (J. Bluehdorn & J. Ritter eds. 1971).

⑤ Feuerbach, Ueber philosophie und Empirie in ihrem Verhaeltnis zur positiven Rechtswissenschaft, in J. Feuerbach & C. Mittermaier, Theorie der Erfahrung in der Rechtswissenschaft, 97—8 (1804 & 1968 reprint).

过经验发现的规则的体系化以及通过理性力量对这些规则的详细审查:"经验知识赋予法学以躯体,哲学知识则赋予其精神。"①

因为费尔巴哈和蒂堡假定对实证法的规范思考是法学家工作的一部分,他们就处于他们那个时代之法律改革的主要倡导者之列。由于确信后康德的、用以提供指导的实践理性的应用②,他们提倡通过现代的、文明的和理性的立法来改进法律。这个计划的最知名的事例是蒂堡在1814年所倡导的内容广泛的德国法典化。③

(三) 历史法学理论

当蒂堡倡导一部德国法典,而遭遇弗里德里希·卡尔·冯·萨维尼④ 在所谓的法典化论争中激烈反对时⑤,历史法学派产生了。萨维尼反对法典化的一个

---

① Feuerbach, Ueber philosophie und Empirie in ihrem Verhaeltnis zur positiven Rechtswissenschaft, in J. Feuerbach & C. Mittermaier, Theorie der Erfahrung in der Rechtswissenschaft, 1804 & 1968 reprint, p. 98. 另参见 Thibaut, Ueber den Einfluss der Philosophie auf die Auslegung der positiven Gesetze, in 1 Versuche ueber einzelne Theile des positiven Rechts 124—175(1817)。

② Feuerbach, Ueber philosophie und Empirie in ihrem Verhaeltnis zur positiven Rechtswissenschaft, in J. Feuerbach & C. Mittermaier, Theorie der Erfahrung in der Rechtswissenschaft 97—8 (1804 & 1968 reprint)。

③ A. F. J. Thibaut, Ueber die Nothwendigkeit eines allgemeinen buergerlichen Rechts fuer Deutschland (1814), reprinted in H. Hattenhauer, Thibaut und Savigny 61(1973)。

④ 有关萨维尼的文献是极其丰富的。最重要的德语作品有:J. Rueckert, Idealismus, Jurisprudenz und Politik bei Friedrich Karl von Savigny(1984); A. Stoll, Friedrich Karl von Savigny(1927—39); F. Wieacker, Gruender und Bewahrer 107—43(1959); E. Wolf, Grosse Rechtsdenker der deutshen Geistesgeschichte 467—542. (4th ed. 1963). 英文传记,参见 Montmorency, Friedrich Karl von Savigny, in Great Jurists of the World 561 (J. Macdowell & E. Manson eds.1914)。

⑤ 对原则争论的简要总结,参见 Reimann, *The Historical School Against Codification* 97—8, 以及 J. P. Dawson, *The Oracles of The Law* (1968); O. Robinson, T. Ferguson, W. Gordon, *An Introduction To European Legal History* (1985); P. Stein, *Legal Evolution* (1980); Gale, "A Very German Legal Science: Savigny and the Historical School", 18 *Stan. J. Int'l L.* (1982); Kantorowicz, "Savigny and Historical School of Law", 53 *L.Q.R.* (1937); L. Cushing, *Introduction To The Study Of Roman Law* (1854); N. Korkunov, *General Theory Of Law* (1909); J. Reddie, *Historical Notices Of The Roman Law And The Recent Progress Of Its Study In Germany* (1826); Freund, "Historical Jurisprudence in Germany", 5 *Pol. Sci. Q.* (1890); Leonhard, "Methods Followed in Germany by the Historical School of Law", 7 *Colum. L. Rev.* (1907); Rose, "Controversies of Modern Continental Jurists", VI *Monthly L. Mag. & Pol. Rev.* (1838—41?); Anon., "The German Historical School of Jurisprudence", 14 *Am. Jurist* (1835); Patterson, "Historical and Evolutionary Theories of Law", 51 *Colum. L. Rev.* (1951). 细致而深刻的分析,参见 J. Rueckert, Idealismus, Jurisprudenz und Politik bei Friedrich Karl von Savigny 161—93(1984)。

主要理由，是他不同意——其实是坚决抵制——蒂堡（以及费尔巴哈）所持的将理性作为法律科学之一个重要要素的信条。① 他们属于认为理性之价值远远高于传统之价值的"反历史学派"（ahistorical school），萨维尼则逆水行舟，发展了他的历史法学理论。萨维尼认真地对待康德，他毫不含糊地打破了理性法，坚定地排除了正义源于法律科学领域的所有推测，并发展了一种严格限定在实证法之中的法学。他的进路为与实证法律科学有关的基本方法论问题提供了深思熟虑的答案。萨维尼成了现代德国"Rechtswissenschaft"的真正奠基人。②

萨维尼认可胡果的这种看法，即将法律的历史之根看作揭示法律科学之资料的一种手段。他在构建一个体系这个目标上，与费尔巴哈和蒂堡的意见一致。而且，他也认为经验—历史的方法和体系的方法都很必要。但是，他从以下三个方面在整体上超越了他的同行的理论：第一，他的法律之历史本质的概念令人耳目一新、且独具特性；第二，他所设想的体系比费尔巴哈和蒂堡所设想的要成熟精细；第三，萨维尼提出的概念，结合了历史和体系这两个方面。萨维尼思想的这三个维度，是其所建立的历史学派的典型标志。本文将对它们逐一予以讨论。③

萨维尼将法律当作一种历史现象的观点既复杂又精巧，他明确表达了该观

---

① 当然，蒂堡和萨维尼之间的分歧要比此多得多。争论者是不同时代、政治议程和方法论进路的文化标志。See J. Rueckert, Idealismus, Jurisprudenz und Politik bei Friedreich Karl von Savigny 160—61 (1984); F. Wieacker, Privatrechtgeschichte der Neuzeit 395—96(2nd ed. 1967)。蒂堡和费尔巴哈严厉批评了历史学派，因为萨维尼将哲学要素（在通过理性检验法律的意义上）剔除出了法律科学的领域。有关萨维尼从唯心主义哲学转向的背景，参见 Jacobs, Des Ursprung der geschichtlichen Rechtswissenschaft in der Abwendung Savignys von Rechtsgeschidenis 241。

② 至少有评论者一位持反对意见，并认为胡果和费尔巴哈是现代德国法律科学的真正奠基人。不可否认的是，这些学者首先奠定了萨维尼的方法论基础，以至于他的思想的原创性不致被赞誉过头。H. Stuehler, Die Diskussion um die Erneuerung der Rechtswissenschaft von 1780—1815(1978)。但是，萨维尼超越了其前辈。而且，就对19世纪德国法学进程的影响来说，萨维尼无疑是最重要的思想家。

③ 萨维尼在四部重要作品中发展了他的法律科学概念。在 Juristische Methodenlehre of 1802—03. F.C. v. Savigny, Juristische Methodenlehre (G. Wesenberg ed. 1951) (1802—03) [hereinafter Savigny, Methodenlehre]中，他铺垫了早期的基础。他在十余年后的两篇评论中展开了其成熟的历史法学理论——他对蒂堡之 Vom Beruf unserer Zeit fuer Gesetzgebung und Rechtswissenschaft(1814) (reprinted in H. Hattenhauer, Thibaut und Savigny 95[hereinafter Savigny, Beruf])（英文译本，参见 A. Hayward, On the Vocation of our Age for Legislation and Jurisprudence(1831) [hereinafter Vocation])的回应，以及他为他和埃希霍恩(Eichhorn)创办的期刊 Ueber den Zweck dieser Zeitschrift, 1 Zeitschrift fuer geschichtliche Rechtswissenschaft 1(1815) 所撰写的介绍性评论。他在 System des huetigen roemischen Rechts(1840) [hereinafter Savigny, System I]第一卷中，又重申了他的理论。在 Methodenlehre 和 System 之间的37年中，萨维尼的思想多少有点变化，但他的基本理论在实质上未变。

点,以之作为沃尔夫学派的一个对应品。① 该观点的主要内容是,法律在本质上最初源于特定民族的习俗,而在文明进程的后期,它由饱学的法学家予以掌控执行,而且,它与时而有机地演进。

对萨维尼而言,作为习俗的法律,是在特定民族之内起作用的"默默运行的内在之力"。② 就像语言一样,法律反映了一个民族固有的特性。故而,萨维尼后来将法律称为"Volksgeist"(民族精神/the spirit of the people)。③ 我们可以轻易地就驳斥这个模糊得令人感到绝望的观点。尽管萨维尼的"Volksgeist"理论肯定包括了一个浪漫要素④,但它一点也不像看上去那样富有幻想力。"Volksgeist"具有非常特定的含义。在此语境中,"Volk"(民族)既不是一个社会性概念也不是经验概念,而是一个文化概念。而且,"Geist"(精神)不像黑尔格的"Weltgeist"(世界精神)那样是一个高度抽象的智识存在,而是一个民族具体的、有普遍共识的文化品格。这样,"Volksgeist"把一个民族的品性作为一种文化。法律是这种品性的一个部分。"从某种特定的视角来看",法律的"本质就是人自身的生活。"同样地,萨维尼以一种现代的态度,认为它"没有独立的存在"。⑤ 它的本质并非哲学或者理性,而是文化品格的表达。故而,它是一种历史现象而非一种形而上学现象。

萨维尼宣称,在文明的高级阶段,这种习俗法不再受制于普通民众,而是由学院派的法学家掌握了。乍看起来,专家的领导地位显得与整个民族精神中的

---

① See Stintzing/Landsberg III. 2 207 (1910).

② Vocation 30("innere, stillwirkende Kraefte");Savigny, Beruf 105.

③ Savigny, System I 14."Volksgeist"这个术语不是萨维尼的发明,而是普赫塔的发明。萨维尼从普赫塔那里借鉴了它。在他的早期作品中,他只是用了"共同体的共同意识"这个术语。Vocation 28("Bewusstsein des gesammten Volkes");Savigny, Beruf 104. 有关"Volksgeistlehre"——民族精神学——起源的更详细信息以及批评性评价,参见 Kantorowicz, Volkgeist und Historische Rechtsschule (1912), in H. U. Kantorowicz, Rechtshistorische Schriften 435 (Coing/Immel eds. 1970)。康涛奥维茨(Kantorowicz)对萨维尼的历史法学理论通常持批评态度。参见 Kantorowicz, Was ist uns Savigny?, n H. U. Kantorowicz, Rechtshistorische Schriften 397 (Coing/Immel eds. 1970)。

④ 德意志主义者比萨维尼自己更全面地展开了这个要素。有关德意志主义者对待历史方法态度的一个相似论点,参见 Vocation 28—30;Savigny, Beruf 104—105。

⑤ "Das Recht naemlich hat kein Daseyn fuer sich, sich Wesen vielmehr ist das Leben der Menschen selbst, von einer besonderen Seite angesehen."Savigny, Beruf 114—15. (此处正文中的英文是我自己翻译的,而非 Hayward 的拙劣翻译)萨维尼得出的结论是,为了避免跌入空洞的形式主义,法律科学必须注重实际。Vocation 47;Savigny, Beruf 115.

法律之根并不协调。但是,将"Volksgeist"作为一个民族文化之本质的观念,需要有更进一步的限定。萨维尼的"文化"概念不是人类学意义上的,而是智识意义上的。"文化"不是一个民族习惯的整体,而是其智识活动的性格。当这种活动与时俱进而更为精细成熟时,智识精英们在他们各自领域的思想对它的型塑就越来越多。故而,就法律而言,法学家将民族描述为一种文化。①

萨维尼不仅将法律视为一种习俗性现象,还将之视为一种在历史中发展着的现象。它与时而有机地成长。此外,我们必须谨慎以免发生误解。萨维尼在考虑法律的发展时,在头脑中并没有法律实践,所具有的是法学家的观念。法律的成长——"Volksgeist"的路径——是其智识原则的有机发展。

萨维尼对法律所持有的历史观点,决定了他的法律科学观念。由于法律在本性上是历史的,法律科学势必要成为历史的。人们对此又经常产生误解。这意味着不是为了历史研究而历史研究,因为其目标不是颂扬——甚至也不是描绘——往昔。相反,它意味着一种以发现其中最深层之原则为目标的实证法科学。但是,由于实证法是历史发展的结果,这些原则必须在法律史的维度中予以发现。对往昔的研究仅仅是一种工具。萨维尼所构想的不是"Rechtsgeschichte"(法律史/legal history),而是"geschichtliche Rechtswissenschaft"(历史的法律科学/historical legal science)。②

一旦发现了主要原则,历史工作就完成了。法律科学会厌恶原始资料,而将之留给档案和古文物研究。③这样,法律学家就会开始用这些原则来建构一个真正科学的体系。当然,这个体系的建构并不意味着,法律由此会被视为静态的。通过对法律史的理解,可以说,法律科学家只是掌握了迄今为止的法律成长。法律的主要原则自身是有机的,而这就要求更进一步的成长。但是,法学家如今已经完全理解了这些原则,由此也能依据它们来发展法律体系,而不会反其道而行之。

与其前辈的观念相比,萨维尼所秉持的这样一种体系思想要精确的多。④

---

① Vocation 28—30;Savigny, Beruf 104—105.
② 因此,其期刊的标题为"Zeitschrift fuer geschichtliche Rechtswissenschaft"(1815 年创刊)。
③ Savigny, Beruf 176.
④ 在这个领域,萨维尼的术语有点混乱。萨维尼有时候用"philosophisch"——哲学的(philosophical)——这个词替代"systematisch"——体系的(systematic)。例如,参见 Savigny, Methodenlehre 15。在这个语境中,"philosophisch"是体系的方法,而非(自然法)纯粹(康德意义上的)理性的形而上学。

对萨维尼而言,该体系不是"一种简单的框架",也不是"一种便宜的材料集合",而该框架或者该集合将"只是一种便于记忆的东西"。① 与之相反,萨维尼看到了"体系方法在承认和例证内在一致性或者关系方面的本质,由此,单个的法律概念和规则就被整合为一个大的整体。"② 在康德之后,只有这样的体系能被公认为是科学的,因为只有它能反映法律科学本身的内在结构。从方法论上看,这意味着体系将"界定单个规范之间的彼此关系,决定何者必须连接起来以及何者要保持分离。例如,物权和债权就必须予以分离。"③ 而且,"在这个体系的每个单独部分,规则和例外之间的关系必须被精确地显示出来。"④

最后,萨维尼相信,只有结合历史方法和体系方法,法律科学才有可能。历史研究为之提供素材(随着时间的流逝而被揭示出的主要原则)者,恰为体系随后给予其正当之科学形式者。而且,更重要的是,这两种方法虽然道不同,但事实上在追求一致的目标。

> 给定的法律类型是双重的,即一部分是共时性的,而一部分是历时性的,这就必然要求一种双重的科学处理。将共时性之类型归纳为内在的一体,是一种体系方法……然而,对历时性之类型的处理,则是真正的历史方法。⑤

---

① Savigny, Methodenlehre 16. "[E] in blosses Fachwerk, ein bequemes Aggregat der Materien," "blosse Erleichterung des Gedaechtnisses" Savigny, Methodenlehre.

② Savigny, System I XXXXVI. "[D] as Wesen der systematischen Methode ist die Erkenntnis und Darstellung des inneren Zusammenhangs oder der Verwandtschaft, wodurch die einzelnen Rechtsbegriffe und Rechtsregeln zu einer grossen Einheit verbunden werden."

③ Savigny, Methodenlehre 39. "Das Verhaeltnis der einzelnen Rechtssaetze untereinander bestimmt, was getrennt und verbunden werden muss. So muessen z. B. Real und Obligationenrechte getrennt werden." Savigny, Methodenlehre.

④ Savigny, Methodenlehre 39. "In jedem einzelnen Teil des Systems muss genau das Verhaeltnis zwischen Regal und Ausnahme dargestellt werden." Savigny, Methodenlehre.

⑤ Savigny, Rezension von Goenner, Ueber Gesetzgebung und Rechtswissenschaft in unserer Zeit, in 1 Zeitschrift fuer geschichtliche Rechtswissenschaft 395(1815). "Dieses gegebene Mannichfaltige...aber ist selbst zwiefach, naemlich theils ein gleichzeitiges, theils ein successives, woraus nothwendig auch eine zwiefache wissenschaftliche Behandlung enstenhen muss. Das Zuruechfuehren des gleichzeitig Mannichfaltigen auf die ihm innewohnende Einheit ist das systematische Verfahren... Die Behandlung des successiv Mannichfaltigen dagegen ist das eigentlich historische Verfahren." Savigny, Methodenlehre.

这样,正是这两种方法的结合,导致萨维尼的法学概念是"真正科学的"。①只有这两种方法一起才能达到科学的目标——在明显的纷繁多样和杂乱无章中发现统一和规律。

然而,在19世纪初期,法律的状态距离这种统一和规律还有很长的距离。原始资料的意义和权威、教义的历史发展、法律概念的本质以及它们相互之间的关系均混乱不堪。不过,人们不得不去做建立"Rechtswissenschaft"这项工作,其方法是首先通过历史研究,然后再通过体系研究。萨维尼自己在做这项工作中起到了带头作用,因为他既是一个法律科学的理论家,也是他那个年代最重要的法律学者。

萨维尼作为现代德国法律科学奠基人的声誉,在很大程度上取决于他在切实实施其建议方面取得成就。在1803年,这位24岁的马尔堡大学的年轻教授出版了"Das Recht des Besitzes"(《论占有权》)。②他利用"占有"(possession)这个有限的话题,例证了历史研究如何能把主导观念从原始记录中隔离出来。通过谨慎细致地分析罗马法资料,他表明"占有"的古罗马法依赖于少数一些明晰的原则,只是中世纪的学者在后来混淆了它们。萨维尼把这种中世纪的偏差抛在一边,并使用了他发现的古代原则,发展了一种"占有"的概念,它轻易地就在精确性和清晰度上超过了先前的界定。这本书立刻确立了萨维尼作为一位主要的罗马法学者的地位,并受到全世界法学家的推崇。

在之后的岁月中,萨维尼承担了广泛的法律重建工作,他成功地在其有计划的作品里运用了他所倡导的这两种方法。他首先对法律的历史发展进行了研究。他用了20年的时间进行这项研究,成果就是六卷本的"Geschichte des roemischen Rechts im Mittelalter"(《中世纪罗马法史》)。③尽管其中存在诸多的谬误之处,该作品还是为该领域持续不断地设定了标准。在完成历史研究任务后,萨维尼开始建构他所设想的法律体系。虽然他的"System des heutigen

---

① Savigny, Methodenlehre 396. Das Verfahren als "aecht wissenschaftlich[es]." Savigny, Methodenlehre.
② F.C.v.Savigny, Das Recht des Besitzes(1803).
③ F.C.v.Savigny, Geschichete des roemischen Rechts im Mittelalter (6 vols. 1815—1831).

roemischen Rechts"(《当代罗马法体系》)① 并未完成,它仍是他的综合能力的一个有力例证,并很快享有世界声誉。它为后世的体系性著述奠定了基础,19 世纪德国"Rechtswissenschaft"将在这些著述中达到其顶峰。

尽管萨维尼就其新法律科学提供的实际例证令人印象深刻,它仍然是极其有限的。萨维尼所考虑的仅仅是法律中的一个很狭窄的领域,而且他是从一个狭隘的视角进行考虑的。这些限制对德国法律科学的进一步发展是极其重要的。

萨维尼将其运用的材料限定在若干个方面。他的关注焦点基本上全部在私法——物权、家庭关系、合同、侵权和继承,而将宪法、行政管理法和其他的公法作为政治学而非法律科学的关注对象,从而排除在外。② 而且,萨维尼仅仅研究罗马资料。尽管他明确宣称他的科学方法能——事实上也应——用于法律中的德国因素,但除了说的好听之外,他对它们并没有付诸实践,这样也就为德国法律科学铺设了一条罗马主义的轨迹。萨维尼更进一步限定这种罗马私法的轨迹,因为他的注意力主要限定在知名法学家的文本以及由他们发展的法律概念之上。他的罗马法历史主要是一种罗马法学派的智识历史,而且,他的罗马法体系建立在观念之上,而非实践规则之上。萨维尼从一种狭隘的视角对这种有限的素材所进行的考虑,源于一种狭隘的、形式主义的法律功能观点。法律只是被用以限定自由的私益范围,其方式是这些范围能在一个社会中得以共存。它关注的不是去发现正义的真实观念,也不是对在某一案例特定背景下的当事人达致公平。它只是画出了"无形之线"③,在此,一个个体的自由不得不终止,其原因在于另一个个体的自由产生了。故而,在这些历史素材中,萨维尼只是在寻觅抽象原则,这些原则控制着私人个体之间的关系和交易。

这两种限制直接连接起来。古罗马法学家的作品表述了一种法律,其主要是关涉私益的,在本质上是个人主义的,在理性上是形式的。很难判断是否因为

---

① F. C. v. Savigny, System des heutigen roemischen Rechts(8 vols. 1840—1849). 这八卷本主要包括了基本原理。对于更具体的主题,萨维尼只是在两卷本的"Das Obligationerrecht"——《债法》(1851—1853)——中论述了债法。

② 早在"Methodenlehre"——《法学方法论》——一书(第 12 页)中,萨维尼刻意将宪法从法律科学中剔除出去。宪法关注的是国家的存续,而法律科学则与其(立法)活动有关。

③ Savigny, System I 331. "[U]nsichtbare Graenze", Savigny, System I.

罗马原始素材符合萨维尼预设的法律功能之观点,而致使他集中关注这些素材,也很难判断他的观点是否就是处理罗马素材的结果。然而,这一点会是真的,即萨维尼的观念和罗马法学家的进路极其类似。

作为这些限制的一个结果,以及不考虑所有相反的主张,萨维尼之法律科学所关注的焦点是狭隘的,特性则是抽象的。萨维尼的"Rechtswissenschaft"理论为后世人提供了一个强有力的模型,19世纪的德国法学家均不能摆脱其影响。但是,它的限制也成了批评和冲突的来源。

二、法律科学的多样性

萨维尼之后的所有德国法律思想家都以萨维尼的作品为依据,但在不同的方向上,不同的学者发展了萨维尼思想的不同方面,主要沿着在萨维尼进路中已经埋下伏笔的两条线,法律学派得以区分。区分之一与所采用的方法有关,法学家也就分为体系论者和历史学家。另一区分与所探究的材料有关,法学家随之分为罗马主义者和德意志主义者。

其结果就是区分了四种主要的进路。体系方法极其精确地用于罗马法素材,并导致建构了极其复杂的私法体系。当这种体系方法用于研究德国原始素材时,一种作为与罗马主义者竞争之对应物的德国法体系得以建构。此外,历史方法被用于民法传统的罗马因素,并在罗马法史方面产生了影响久远的学派。而且,它还被用于探究日耳曼和德国的往昔,并被用于撰写德国法的历史。①

---

① 这副19世纪德国法学的图像是不完全的。由于有几个较小的分支不那么重要,该图像忽略了它们。但是,它也排除了对宪政理论和法律有重大影响的黑格尔学派。但是,尽管黑格尔主义很重要,它对法律科学概念自身并无重要影响,因为法律科学大体上限定为私法。这样,19世纪的英美学者对黑格尔学派几乎忽略不计。

尽管其二者的进路有诸多相似之处(实证法科学的假定、历史和唯心的倾向、对有机概念的信赖),大部分黑格尔主义者都是历史学派的激进反对者。萨维尼否定他那个时代有法典化的能力,黑格尔自己对此提出谴责。G. F. W. Hegel, Philosophy of Right(1821), 136(Knox trans. 1942)。黑格尔的学生阿多尔特·甘茨(Eduard Gans)——首位尝试写一部法律通史之人,参见 E. Gans, Erbrecht in weltgeschichtlicher Entwichklung(4 vols. 1829—35)——和萨维尼之间的冲突是如此激烈,以至于在甘茨成为柏林大学教员时,萨维尼就不在该大学教书了。对黑格尔学派的简略评述,参见 F. Wieacker, Privatrechtgeschichte der Neuzeit 413—15(2nd ed. 1967)。另参见 Schild, Savigny und Hegel, in 18—19 Savigny Yla Ciencia Juridica Del Signo XIX 271(1978—79)。

然而，这四种主要的方法仅仅是韦伯意义上的理想类型。这些区分实质上并不十分严格。罗马主义者和德意志主义者的区分基本上是清晰的，而体系方法和历史方法通常是揉合在一起的，这在萨维尼的精神中更是如此。这样，对作为特定分支流派之代表人物的第一流学者的特性表述，通常是一个他们强调——而非排他性使用——这种或者那种方法的问题。

（一）体系维度：罗马法和德国法

萨维尼最直接的遗产，是其尽善尽美地对罗马法进了体系化处理。这种进路成了其时德国法律学派的最重要形式。它在德国占据了主导地位，并在国外有广泛影响，在后来被称为"Pandektenwissenschaft"（潘德克顿科学），一般说来，它是与德国法律科学最为一致的分支流派。这个经历始自概念法学家对体系方法的完善，终结于潘德克顿学者将该方法实践运用于罗马法素材。方法和素材的这种结合，产生了 19 世纪后半叶的伟大的体系著述，并最终导致德国私法的法典化。

萨维尼在《当代罗马法体系》中，展示了体系方法①，但是，该作品在体系计划方面的覆盖面不够广泛，执行得也不彻底。它依旧更多地依赖于规则，而非基本原则，而且，它也没有提出一种完美的法律规律。如果还要建构终极体系，萨维尼的方法就需要完善。这个体系势必要由法律的基本概念构成，并显示它们全体的有机一致性。

为了实现这个目标，萨维尼的罗马主义学徒超越了其原初的历史法学理论，并将他的体系进路转化为"Begriffsjurisprudenz"（概念法学/conceptual jurisprudence）。他们着手按照基本概念的纯粹性来隔离它们，依据逻辑来组织它们，并创设一个严密而自生（self-reproductive）的体系。有两位最杰出的概念法学家，他们是格奥若·弗里德里希·普赫塔（Georg Friedrich Puchta）和鲁道夫·冯·耶林（Rudolf von Jhering）。他们各自代表了这种进路的不同版本。

普赫塔是萨维尼在柏林大学的罗马法教席的直接承继者②，在历史要素和

---

① See F. C. v. Savigny, System des heutigen roemischen Rechts (8 vols. 1840—1849).
② 关于普赫塔，参见 J. Bohnert, Ueber die Rechtslehre Georg Friedrich Puchtas (1975); Kleinheyer/Schroeder 205—208; Stintzing/Landsberg III. 2 439—461 (1910); F. Wieacker, Privatrechtgeschichte der Neuzeit 399—402 (2nd ed. 1967).

体系要素对法律科学同等必要的假设方面，他显然追随了其前辈。①但是，在他的作品中，他忽视了历史研究，而把体系方法推至一个新的极端。②"体系"对普赫塔的意义要大于对萨维尼的意义。它不仅是"连接法律构成部分之内在一致性"的一种反映③，而且，还正是法律本身之特质："法律本身就是一个体系"。④在其作品中，普赫塔提出并着手建构一个内容广泛的实证法概念之规律，该规律根据概念的内在关系和它们一般性的层次来组织它们。从最一般的概念中，他逐步推导出特别概念，并用这种方式创设出一个概念金字塔，所有的部分在其中都是有逻辑关联的。⑤

一个超越萨维尼的、可能更为重要的步骤，是假设体系自身能够产生新法律。它的逻辑不仅是组织性的，而且还是生产性的。这种主张的基础是普赫塔对萨维尼之"Volksgeist"理论的完善。普赫塔赞同法律源自民族精神，以及法学家在高级阶段是法律的守护人。但是，他区分了三种不同来源的法律：直接源自民族的习俗法（Volksrecht）、来自立法者的制定法（Gesetzesrecht）和由法律科学创制的法学家法（Juristenrecht）。⑥当普赫塔宣称立法和法律科学不只是原初之习俗法的高级表达形式，还是法律自身的来源时，他就超越了萨维尼。"这样，科学不仅是一种接入活动，还是一种产出活动。它本身就是一种法律之源，除了习俗法和制定法之外，还有科学法。"⑦在高级发展阶段，习俗法变得不那么重要了，而立法和法律科学——尤其是后者——则变得更重要了。

普赫塔认为他的时代已经为法律科学的主宰准备好的条件。其结果就是，法学家不仅必须将既有的法律素材予以体系化，还要创设新的科学法。这个创设不得不发生于体系之中。新规则能从既定原则中推导出来，而且，甚至新概念也能通

---

① G. F. Puchta, Cursus der Institutionen 99—100(2d ed. 1845).
② See W. Wilhelm, Zur juristischen Methodenlehre im 19. Jahrhundert 76—80(1958).
③ Des "inneren Zusanmenhangs, welcher die Theile des Rechts verbindet," Puchta, Cursus der Institutionen 100(2d ed. 1845).
④ Weil "das Recht selbst ein System ist." Puchta, Cursus der Institutionen 99—100(2d ed. 1845).
⑤ 这种方法和体系在某些方面与理性法很类似。
⑥ G. F. Puchta, Das Gewohnheitsrecht(2 vols., 1828—1837).
⑦ "So ist die Wissenschaft nicht bloss eine receptive Thaetigkeit (Interpretation der Gesetze und des Gewohnheitsrechts), sondern auch eine productive. Sie ist selbst eine Rechtsquelle, neben das Gewohnheitsrecht und das gesetzliche Recht tritt ein Recht der Wissenschaft." G. F. Puchta, Vorlesungen ueber das heutige roemische Recht 39 (2d ed. 1849).

过既有概念的合并或者分裂而被创设出来。所有的科学法都源自体系的逻辑。

普赫塔经常为其进路的抽象性而受到责难。不可否认的是,他对概念体系的推崇,要承受无视社会现实和政治现实的风险。但是,他的法学并不是完全缺乏实践理性的结果,也不是无视社会和政治生活之现实的结果。正如一些学者所指出的,普赫塔显示了对实际解决方案的意识,以及对其周围之政治强力的一种敏锐洞察力。①但是,即使是这些学者,也没有对普赫塔对概念逻辑之强力的信条给出一个有利的解释。我们可将这个信条视为这样的确信,即概念及其体系一致性反映了现实的基本结构。在其抽象形式中,如同一种元语言那样,其认可一种集中的讨论,据此,新结构得以面世,否则就不得而见了。

在普赫塔去世20年后,概念法学在鲁道夫·冯·耶林的理论中达到了其顶峰。② 耶林的进路主要在两个方面超过了普赫塔的思想。当耶林要求把法律科学从罗马法实质内容中解放出来时,以及当他赋予概念法学一种特别的自然主义形式时,他就背离了普赫塔(以及萨维尼)。

在对古罗马法进行了数十年的研究后,甚至罗马主义者在临近19世纪中期之时也开始对《学说汇纂》感到厌倦了。有个共识在扩大,即罗马法的实质内容已经被吸收殆尽了。萨维尼提出的给予古代法学家的作品以密切注意的要求,似乎不再有什么必要了。相反,现在能更自由地利用罗马法,而且,在现代需求要求有现代解决方法之际,甚至能忽视罗马法。③耶林告诫其同代人要直面这个现实,即"乌尔比安(Ulpian)和保罗斯(Paulus)的时代已经永远逝去了,而且无论如何努力都不能回转。如果你希望找回这些逝去的岁月,你就不得不忘记每个

---

① R. Ogorek, Richterkoenig oder Subsumptionsautomat 198—211(1986); F. Wieacker, Privatrechtgeschichte der Neuzeit 400(2nd ed. 1967).

② 下文仅仅论述耶林早期的法学。在1860年代,耶林的法律思想有了急剧转变,他厌恶了概念法学和"Pandektenwissenschaft",转而信奉一种新的、社会学的法律概念。See R. Von Jhering, Der Kampf ums Recht(The Struggle for law)(1872); R. Von Jhering, Der Zweck im Recht(Law as a means to an end)(2 vols.1877—83)。后期的耶林颇有法律现实主义的预见。See R. Von Jhering, 1 vom Geist des roemischen Rechts auf den verschiedenen Stufen seiner Entwicklung (9th ed. 1907)31—35,[hereinafter Jhering, Geist I]。正如导言所言,本文不阐述这些后来的发展。
关于耶林,参见 Kleinheyer/Schroeder 132—137; Stintzing/Landsberg III. 2 788—825(1910); F. Wieacker, Privatrechtgeschichte der Neuzeit 450—453(2nd ed. 1967); E. Wolf, Grosse Rechtsdenker der deutshen Geistesgeschichte 662—668(4th ed. 1963).

③ See Stintzing/Landsberg III. 3 743—750 (1910).

时代都应是一个新开端,而不是在复制另一个时代。"①然而,耶林将作为一种智识练习场的古罗马法看得颇高。这样,他的"罗马法精神"的目标是提取古代法学家之方法的本质,以为"通常有关法律本质和表征的普通科学"的宗旨来利用它们。②耶林意欲汲取罗马法的方法本质,同时终结对罗马法之实质内容的盲从。③

法学家逐步摆脱了古罗马法的魔力,越来越受到自然科学的影响,在19世纪中期左右,自然科学产生了令人难忘的成果,并获得了智识威望。物理、化学和生物学中的思想对法学家有了吸引力,他们在寻求就像自然科学家掌控自然世界那样的方式来掌控法律世界。耶林版的概念方法证明了这种新趋向。当他将其进路命名为"自然—历史方法"(natural-historical method)时,他表明的是他认为这是历史法律科学之一种新的、"自然的"版本。

"自然—历史方法"由三个步骤构成。首先,"分析"(analysis)将法律规则和关系的联合体分解为单个要素。它创设了一个法律之积木目录,一个"法律字母表"。其次,"集合"(concentration)从众多的单个规则中提取了基本概念,例如,合同的概念就源于规范合同关系的规则。最后,"建构"(construction)通过依据这些要素和概念的内在关系进行组织,建造了一个体系。在这个体系中,法律被抬高到一个"较高的整合状态"。④ 它的本质

> 不(只)在于这个事实,即没有法律的体系一致性,就不能理解法律,因为这(也)是一种具有任何(其他)知识客体的情形……在法学中,体系任务的突出特征在于,如同在其他任何一门科学中一样,特殊者不只是适得其所,而且,这种正式程序对主题事项有一种实质影响,这种程序导致法律原理发生一种内在的变质。法律原理具有一种崇高的景

---

① "[D]ie Zeiten von Ulpian und Paulus sind fuer immer vorueber und werden trotz aller Bemuehungen nicht wiederkehren. Um sie zurueckzuwuenschen, muss man vergessen, dass jede Zeit Original und nicht Kopie einer andern sein soll." Jhering, Geist I 47.

② "[E]ine allgemeine Lehre von der Natur und Erscheinungsform des Rechts ueberhaupt." Jhering, Geist I 23.

③ E. Wolf, Grosse Rechtsdenker der deutshen Geistesgeschichte 633—636(4th ed. 1963).

④ R. von Jhering, 2 Geist des roemschen Rechts, 361(7th ed. 1907). 对耶林之方法更全面阐述,参见 W. Wilhelm, Zur juristischen Methodenlehre im 19. Jahrhundert 112—116(1958).

状,它们剥去了它们支配性和禁止性的品质,而且自身转变成法律组织的要素和品质。……一个门外汉会很难相信这种可能性,即与法律原理中的意蕴相比,在法律概念、分类等之中——简言之,在教义逻辑中——的实践意蕴是如何更为精深的。可以说,法律的这一逻辑就是盛开之花,是法律原理的实际意蕴;在一单个的正确表述的概念中,也许就有十个优先法律原理的实质内容。①

这样,法学就不再只是对给定材料的解释和组织,而是转变成一门"自由的艺术和科学;转变成的这门艺术巧妙地对材料进行了塑造和构造,使其获得生机;转变成的这门科学在智力王国里能被叫做一门自然科学,而无论其客体的实证特征。"②

在普赫塔原初版本或者耶林之后的自然主义版本中,"Begriffsjurisprudenz"将法律简化为一种归纳和演绎的游戏。科学真理以及由此而生的科学法律规则的权威,并不依赖于它的历史文献、实践理性或者社会效用,而只是依赖于它与所有体系之整体的逻辑关联。法律不再是一种历史的产物,而是一种逻辑衍生品。

在19世纪中叶,德国法律思想是概念法学的天下。它的绝对统治,证明了萨维尼之历史学派的原初概念所产生的影响日渐式微。的确,萨维尼的诸多基本原则——对实证法的情由独钟,不遗余力地研究往昔,以及将体系概念作为法

---

① Seine Bedeutung "besteht nicht darin, dass das Recht ohne seinen systematischen Zusammenhang nicht verstanden werden kann, denn das ist bei jedem Gegenstande der Erkenntis der Fall...Bei dem Rechte besteht nun das Unterscheidende der systematischen Thaetigkeit darin, dass dadurch nicht bloss wie bei jeder andern Wissenschaft das einzelne an seine richtige Stelle gebracht wird, sondern dass dieser formale Prozess eine materielle Rueckwirkung auf den Stoff ausuebt, dass durch diese Procedur mit den Rechtssaetze treten gewissermassen in einer hoehern Aggregatzustand, sie streifen ihre Form als Gebote und Verbote ab und gestalten sich zu Elenmenten und Qualitaeten der Rechtsinstitute...Ein Laie...wuerde des kaum fuer moeglich halten...wie den Rechtsbegriffen, Eintheilungen u.s.w. kurz der dogmatischen Logik eine intensivere praktische Bedeutung innewohnen kann als den Rechtssaetzen. Diese Logik des Rechts ist gewissermassen die Bluethe, das Praecipitat der Rechtssaetze; in einen einzigen richtig gefassten Begriff ist vielleicht der praktische Inhalt von zehn frueheren Rechtssaetzen aufgenommen." Jhering, Geist I 36—37.

② "[F]reie[n] Kunst und Wissenschaft; zu einer Kunst, die den Stoff kuenstlerisch bildet, gestaltet, ihm Leben einhaucht, und zu einer Wissenschaft, die trotz des Positiven in ihrem Gegenstande sich als Naturwissenschaft auf geistigem Gebiet bezeichnen laesst." R. von Jhering, 2 Geist des roemischen Rechts 361(7th ed. 1907).

律之内在结构的反映——现在已经被吸收到主流法学之中了。在此意义上,所有的德国法律科学都是历史学派的组成部分。然而,大部分的罗马主义者不再追求历史方法和体系方法的统一。

普赫塔和耶林的作品导致罗马主义学者这一派分裂为多数派和少数派,多数派在普赫塔和耶林的指引下,注重现代教义学研究,并抛弃了全面而严肃的历史调查;少数派则成为对当代无甚兴趣的法律史学家。① 由此,罗马主义者抛弃了萨维尼的主要思想——将真实的历史素材加工为能表现历史统一和法律科学规律的有机体系,而这一点常常被忽视。

在临近19世纪中叶之时,有若干因素导致萨维尼之原初计划的式微。到1840年代时,正如萨维尼自己所表明的,许多历史工作已经完成了②,而体系方法的前景仍很光明。包括萨维尼在内的第一代历史学派的力量正在衰退。而且,浪漫主义时期——萨维尼之历史倾向及其"Volksgeist"观念从中受益良多——走到了尽头。在诸多方面难言成功的1848年革命要求采取政治行动,并涤除诸多沉思冥想的、古典主义的态度,而这种态度正是萨维尼之理论依据。③ 德意志主义法学派对罗马法之主宰的抨击,以及他们对法律和政治改革的呼吁,均展现了上述的思潮变革。最后,资产阶级势力的增强——这是商业和工业化日渐增强的一个结果——致使仅仅依赖于缓慢的法律有机成长的现象越来越不可接受。这样,就有了一种要求急剧改革的紧迫感,而历史法律理论——其坚决杜绝从法律科学王国中探求法律革新——也就乍现了过时的迹象。

在1850年代早期,罗马主义者之间有一个日趋扩大的共识,即法律科学将往昔置之脑后,并建构一种现代而实用的法律体系的时机到了。④ 概念法学提供了这种方法。的确,更有实践意识的法学家可能会带着狐疑的眼光来看待普赫塔和耶林对抽象逻辑的崇拜。但是,即使他们也不能不受到概念方法之美好——事实上又是非常实际的——前景的诱惑。如果法律的所有基本要素都能从

---

① See Stintzing/Landsberg III. 2 459—460 (1910).
② Savigny, System I XIII, XVI.
③ 当普鲁士皇帝于1842年任命萨维尼为司法大臣时,他放弃了在柏林大学的教席,而且,他在1847年成为普鲁士内阁的首席大臣,在1848年的革命中,他和内阁同僚辞去了职务。
④ See Stintzing/Landsberg III.2 743—50 (1910).

给定的规则中予以提取,就有可能"节约"法律的"素材"。① 这样,使所有法学家都饱受其苦的迄今仍乱为一团的现象,就能被还原为基本原则。法律之清晰明白和方便易行的程度也就更巨大了。而且,作为一种包括所有基本原则的逻辑体系,法律科学能够达到严密周全和完整无缺。从体系之外考虑,这将导致法律推理相当具有预期性和独立性。而且,概念方法最终甚至可能从体系自身中创设新法律。

实现上述这些经济、严密和自生的期望,是 19 世纪后半叶之法律科学的议程。通过把普赫塔和耶林的概念方法② 适用于"Pandects"(《学说汇纂》)——这是乌尔比安《学说汇纂》中包括大部分古罗马法的部分,罗马主义者创造了"Pandektenwissenschaft"。从《学说汇纂》中,他们提取了最主要的概念——人、物、债、合同、侵权、继承等,并用它们构建了一个现代而实用的法律体系。在耶林的教义学著述中,他自己就是这个学派最主要的代表人物之一,并发展了若干最重要的现代民法原理。③

潘德克顿科学的收获很丰富。它的宏伟的私法体系在教学和写作方面有了发展。在 1860 年代,阿道夫·冯·万格罗(Adolf von Vangerow)④ 在海德堡大学的讲席中巧妙地展现了潘德克顿体系。有数百名学生——其中有不少外国留学生——听了冯·万格罗的讲授,其作为一名老师的名声就超越了德国。他的有关《学说汇纂》的著述收录了他的讲授内容,成为其时的最主要权威著述之一。⑤

然而,波恩哈特·温德夏特(Bernhard Windscheid)的有关《学说汇纂》法律的著述,很快就让万格罗的著述黯然失色。⑥温德夏特是万格罗在海德堡教席的承

---

① "[Mit dem] Material zu oekonomisiren." R. von Jhering, 2 Geist des roemischen Rechts 322(7th ed. 1907);另参见 Jhering, Geist I 41。

② 虽然其自然主义的术语几乎丧失殆尽了。

③ 耶林从古罗马法中抽取新理论的能力之最有力的展示,就是其发展了缔约过失(culpa in contrahendo)的概念,即甚至在缔结合同之前,缔约当事人就相互负担了注意义务的原则。See R. von Jhering, Culpa in Contrahendo, 4 Jahrbuecher fuer die Dogmatik des heutigen roemischen und deutschen Privatrechts 1 (1861).

④ 关于万格罗,参见 Kleinheyer/Schroeder 354。

⑤ K. A. von Vangerow, Lehrbuch der Pandekten (3 vols. 1863—1869).

⑥ B. Windscheid, Lehrbuch des Pandektenrechts ((3 vols. 1862—1870).

继者,也是耶林的一个终生好友,当为最重要和最具知名度的潘德克顿学者。①他的作品被公认为是潘德克顿科学的集大成者,它融合主要概念之清晰性和平衡解决方法之意义于一体,由此而得到了公正的赞誉。

温德夏特将他那个时代的私法表述得极度复杂,不过,也像一个内在逻辑规律那样极其清晰。在一个设计细致、等级严明、严密周全的体系中,每个概念和每个规则都各得其所。② 与任一其他的作品相比,它都似乎更能证明这一点,即概念法学可能通过一种科学体系来调整众多的法律素材。它整合和简化了多样而杂乱的实证法。基于这些特质,在19世纪末期,温德夏特的著述无论在学者中还是在法院里几乎就像一部法典那样权威。就像万格罗的讲授一样,温德夏特之教科书的知名度超越了德国国界。

但是,潘德克顿科学也有其严重的缺陷。普赫塔和耶林之概念方法的影响导致它极度做作。它所依据的概念是抽象实体,其从真实法律规则中提取出来,但也因此背离了客观现实。它从这种抽象概念中逻辑演绎出了法律规则,目的在于得到一种被描述成永恒法律真理之化身的体系。但是,在其逻辑的优雅中,它对19世纪末期的德国社会现实没有给予足够的注意。它所知悉仅仅是合同、侵权和物权,而对劳工冲突、铁路事故和肮脏的居住条件一无所知。③

体系化的罗马主义法律科学的最终成果是在1874—1896年间起草、在1900年颁行的德国民法典。④ 温德夏特自己参与了第一起草委员会。确实,法典的作者不仅借鉴了罗马主义者的成果,还吸收了本土的德意志法。但是,就其他的所有方面来看,该法典是潘德克顿科学的一个儿子。它的结构正是伟大的潘德克顿学者之著述的结构。其中所使用的素材有很多取自温德夏特的教科

---

① 关于温德夏特,参见 Kleinheyer/Schroeder 301—304; Stintzing/Landsberg III. 2 854—865 (1910); E. Wolf, Grosse Rechtsdenker der deutshen Geistesgeschichte 591—621 (4th ed. 1963).

② 对温德夏特作品的赞誉,参见 Stintzing/Landsberg III. 2 859—860 (1910).

③ 对温德夏特作品的一个美国式批评,参见 Smith, "Four German Jurists", 12 *Pol. Sci. Q.* 59 (1897).

④ See F. Wieacker, Privatrechtgeschichte der Neuzeit 468—86 (2nd ed. 1967). 英文的同代记述,参见 Freund, "The Proposed German Civil Code", 24 *Am. L. R.* 237 (1890), 以及 Freund, "The New German Civil Code", 13 *Harv. L. Rev.* 627 (1899).

书,以至于该法典通常被称为"一篇以成文法形式表现的温德夏特之潘德克顿论文"。①而且,它所依据的方法——一种通过逻辑操作而使主要概念相互连接形成的体系——正是概念主义的特征。最终,它在概念精确、体系一致和逻辑自洽上包含了潘德克顿科学的思想,但是,它也显现了抽象性的缺陷和对一个现代工业化社会之需求的漠视。②

部分地正是因为这些原因,历史学派的另一重要分支——德意志主义者——认为罗马法对现代法学而言不是一个合适的基础,他们认为正是罗马法产生了上述的那种进路。而且,尽管罗马法的诸多实质内容和方法在文艺复兴时期得以继受,但其终究是一种异域之古老文化的产物。然而,当代的需求要求德国有一个现代的法律体系。从该视角来看,在中世纪有其自己独立根基的本土德国法的基础上建立这样一个体系,是更有意义的。作为潘德克顿科学之主要竞争者的德意志主义者正是转向这个传统的。③

研究德国法对于历史学派而言,自始就是其工作的一部分。在19世纪的头20年期间,罗马主义者和德意志主义者和平共存,并认为他们自己追随的是同一历史法学。萨维尼和卡尔·弗里德里希·埃希霍恩(Karl Friedrich Eichhorn)是其时最杰出的德国法学者,他们在1816年创设了"Zeitschrift fuer geschichtliche Rechtswissenschaft"(《历史法学期刊》),这是历史学派的喉舌。④ 萨维尼与雅格布·格林(Jakob Grimm)——另一主要的德意志主义者——之间有深厚的个人友谊。抛开细小差别,德意志主义者同意萨维尼原初的思想,即一种新的、历史的、系统的实证法科学。仅有的主要差别与他们研究的素材有关。

但是,这种和谐局面没有延续下去。即将来临之冲突的根源在于一个根本分歧。大多数德意志主义者在一种传统的、普遍的意义上认真地对待作为民族习俗的法律观念,而萨维尼和他的门生则用他们自己特有的精英式方式来理解

---

① "[E]in in Gesetzesparagraphen gebrachtes Windscheidsches Pandektenlehrbuch." Kleinheyer/Schroeder 301.

② 有关该法典之背景及其制定情况,参见 M. John, *Politics and the Law in Late 19th Century Germany-The Origins of the Civil Code* (1989).

③ 对历史学派之德意志主义分支的更全面地阐述,参见 Stintzing/Landsberg III. 2 495—560 (1910).

④ 关于埃希霍恩,参见 Kleinheyer/Schroeder 72—5;Stintzing/Landsberg III. 2 495—560 (1910);F. Wieacker, Privatrechtgeschichte der Neuzeit 403—404 (2nd ed. 1967).

它。这在若干个方面引发了摩擦。德意志主义者认为,如果法律是民族精神的一种表达,德国的——而非罗马的——素材理所当然地是德国法律科学的主要客体。这样,萨维尼持续不断地抬高罗马法,就使其疏远了许多德意志主义者。而且,如果法律是民族习俗,它应当——至少在某种程度上——为民众所掌控。许多德意志主义者由此接受了世俗正义的浪漫观念,并反对萨维尼持有的由受过学术训练的科学法学家进行统治的观念。最后,作为习俗之法律的确要循序渐进地演进。因此,与罗马主义者相比,德意志主义者这个团体对历史方法更有兴趣,相应地对体系建构不那么感兴趣。在萨维尼令人仰视的权威将历史学派捏为一体的时候,这些紧张关系是潜在的。然而,当普赫塔放弃有利于独尊罗马法体系的所有历史学成就时,尤其是当他论辩说民俗法基本不考虑现时、而法学家法应占据统治地位时,公开冲突就爆发了。

从本质上讲,这种冲突是政治冲突。它在一定程度上是法律之民粹主义和精英主义这两种观点的交锋。在格奥若·巴泽勒(Georg Beseler)对普赫塔的抨击中,这种交锋是明晰可见的。① 在其著作《民俗法和法学家法》中②,巴泽勒否认了法学家对领导地位的谋求,并为世俗民众以传统方式发展他们德国法的权利进行辩护。罗马法学从头至尾都是复杂的,没有哪个外行有望对其进行深入理解,它已经疏远了法律和人民之间距离,而对它的继受则是一场"国家灾难"。③ 尤里乌斯·海尔曼·冯·科尔希曼(Julius Hermann von Kirchmann)在1848年做了著名的演讲"论作为科学之法学的无价值"④,其中也有类似的抨击。科尔希曼论辩说,法律科学不仅在方法论上没有意义,而且,由于其抽象性破坏了正义感,故它实际上还是极其有害的。⑤他尖锐地表达了广泛的反精英主义情绪:"国家

---

① 关于巴泽勒,参见 B. R. Kern, Georg Beseler, Leben und Werk(1982); Kleinheyer/Schroeder 29—32;Stintzing/Landsberg III. 2 507—519 (1910); F. Wieacker, Privatrechtgeschichte der Neuzeit 408—410 (2nd ed. 1967)。

② G. Beseler, Volksrecht und Juristenrecht(1843).

③ "Nationalungluceck", G. Beseler, Volksrecht und Juristenrecht 42(1843).

④ J. H. von Kirchmann, Die Werthlosigkeit der Jurisprudenz als Wissenschaft (Meyer-Tscheppe ed. 1988)(1948).人们通常不认为冯·科尔希曼自己是一个"德意志主义者",但其小册子中表露的观点与更浪漫的德意志主义者的观点有紧密的关联。

⑤ J. H. von Kirchmann, Die Werthlosigkeit der Jurisprudenz als Wissenschaft 39—41 (Meyer-Tscheppe ed. 1988)(1948).

厌倦了科学的法学家"。①

德意志主义者还公开宣称罗马法学是一种政治压迫的工具。在他们民族—浪漫的情绪中,他们将查士丁尼的法律视为奉行专制统治的王国,该法在专制主义盛行时被国王和作为其幕僚的博学法学家适用于德国。该法在摧毁德国民众在整个中世纪就一直享有的传统权利和自由方面,起到了推波助澜的作用。②德意志主义者对中世纪法的研究,是复兴这个传统的一个尝试。这样,1848年的革命将罗马主义者和德意志主义者置于相反的两极——萨维尼及其学派紧紧地依附于普鲁士王国,而巴泽勒和德意志主义者则加入了为宪法和基本权利而斗争者的行列——就不足为奇了。

与上述情形相反,许多德意志主义者在法学上持续不断地分享罗马主义者的方法和目标。他们认为这样看待法律科学并无任何不当之处。他们只是意欲将它运用到德国素材之中。对这些素材的科学处理,应当证明德国法延续了其自身的基本原则和逻辑规律。这样,德国法就不仅在政治上更可取,而且在智识上也与罗马法处于平等地位。埃希霍恩这位历史学派的共同创始人,在19世纪早期就已经依据这种精神在工作。在1840年代,当萨维尼写作《当代罗马法体系》的时候,体系方法在德意志主义者之间也日渐流行起来,巴泽勒自己就出版了《普通德国私法体系》。③一些德意志主义者甚至追随了普赫塔的概念主义路子。当普赫塔的门生、德意志主义者卡尔·弗里德里希·维勒海勒姆·格巴尔(Karl Friederich Wilhelm Gerber)和耶林共为《现代罗马和德国私法学说新年刊》编辑时④,德意志主义者在概念主义的旗帜下又一度与罗马主义者密切合作。自19世纪中叶以来,格巴尔和其他人一道在概念之逻辑规律的设计方面与潘德克顿学者展开了竞争。⑤他们希望在这一点上说服同代人,即为了创设一种现代

---

① "Die Nation ist der wissenschaftlichen Juristen ueberdruessig." J. H. von Kirchmann, Die Werthlosigkeit der Jurisprudenz als Wissenschaft 45 (Meyer-Tscheppe ed. 1988)(1948).

② 特别是,它用一种在问询官员面前进行的秘密的书面程序,替代了在公开法庭之世俗法官面前进行的口头程序。德意志主义者要求转向陪审团的审判,其目的在于从由罗马主义法学家及其专制法律代表的国家威权中保护个人。

③ G. Beseler, System des gemeinen deutschen Privatrechts (3 vols. 1847—1855).

④ Jahrbuecher fuer die Dogmatic des heutigen roemischen und deutschen Privatrechts (K. Gerber & R. von Jhering eds. 1857).

⑤ See K. F. W. Gerber, System des deutschen Privatrechts(2 parts, 1848—1849).

的法律体系,法律科学无需求助异域的资源。

尽管有这些雄心壮志,而且德意志主义者也尽力而为了,但没有终结罗马法主义者对法律学术和实践的支配。然而,德意志主义者对法律原理做出了重要贡献。尤其在古罗马资源没有涵盖之处——如商业企业、公司、保险和海商,德意志主义者创建了法律的整体领域,其中的许多内容在后来都纳入了民法典和商法典。[①]"Rechtswissenschaft"被用于本土德国法传统后,也产生了令人难忘的成果。

这些成果在普通法系同样也倍受尊重。对诸多英美学者而言,最令人难忘的德意志主义法律科学力量的展示,是奥托·冯·吉尔克(Otto von Gierke)[②]的这篇权威文献《德国合作社法》。[③]吉尔克追溯了德国历史上的合作社观念,将之描述为德国私法基本制度之一。在他的作品中,历史研究直接用以建立一种基本法律概念并界定其特征,从该概念中能得出现代规则和原则。吉尔克的作品还包括了一种政治因素。他认为合作社是德国法之集体主义特质的表现,这不仅与罗马法之蔓延的个人主义刚好相反,事实上还是后者的解毒剂。当罗马主义者的个人主义势将要充斥民法典草案时,吉尔克成了最热切和最有影响的批评者之一。[④]最后,吉尔克及其德意志主义同行阻止了一次纯粹的罗马主义法典化,在整个19世纪维持了本土德国法传统,并使其走入20世纪。

(二)历史维度:罗马法史和德国法史

罗马主义和德意志主义的概念法学家投入他们全部精力来努力实现萨维尼的终极目标——一种科学的法律规律,他们逐渐忘记了萨维尼原初理论的另一半——法律的历史品格。他们不仅忽视了历史研究,而且还将他们的体系描述为永恒逻辑的结构。但是,萨维尼的历史遗产体现在一群与众不同的学者作品

[①] See Allgemeines deutsches Handelsgesetzbuch of 1861 (Deutscher Bund); Handelsgesetzbuch 1897, in force 1900(Deutsches Reich).

[②] 关于吉尔克,参见 Kleinheyer/Schroeder 93—8; Stintzing/Landsberg III. 2 912—916 (1910); E. Wolf, Grosse Rechtsdenker der deutshen Geistesgeschichte 669—712 (4th ed. 1963).

[③] O. von Gierke, Das deutsche Genossenschaftsrecht (4 vols., 1868—1913).

[④] O. von Gierke, Der Entwurf eines buergerlichen Gesezbuches und das deutsche Recht(1889). 对该民法典,也存在诸多的社会主义批评,其中最重要的是 A. Menger, Das buergerliche Recht und die besitzlosen Volksklassen(1890).

之中，他们的关注的是往昔的事实，而非现时的理论。

然而，自历史学派初期开始，历史研究的意义就有了重大改变。对萨维尼而言，法律科学在本质上是历史的，而不是法律史中的一次练习。历史研究只是一种用以揭示法律最深层之基本理念的工具，这些理念是将被构建的体系的基础。但是，当诸多此类作品在19世纪中期左右被完成的时候，历史研究自身逐步得以从附属功能中解脱出来。现代法律体系因而适得其所，而且，也有可能单纯为了往昔的知识而看待历史。而当法律史对实践目的不再直接必要时，它便油然产生。其结果就是，德国法律科学之纯粹的历史学分支对法律实践基本上没有贡献。

但是，萨维尼之后的那一代法律史学家不再把这样的贡献当作其最主要的任务。无论他们是罗马主义者还是德意志主义者，他们都将自己更多地视为对法律有专攻的历史学家，而非对历史有兴趣的法学家。从专业角度来看，他们更接近朗克（Ranke）和布克哈德（Burckhard）而非普赫塔和温德夏特。他们的学派是历史科学的一个主要分支，该科学自19世纪早期就已经在盛行于德国，并在19世纪后叶得到全世界的承认。法律史学家从这种声誉中获益，并对这种声誉做出了贡献。

法律史学家强调确立事实真相并进行解释，这正是真正科学家的写照。相应地，他们在两个领域开展了卓有成效的工作。他们收集并编辑了原始资料，而且还就法律史撰写了内容广泛的论文。

在罗马主义者这边，萨维尼自己已经开始钻研他花费数年时间在欧洲图书馆中搜寻到的原始手写稿资料。但是，他的同代人巴特后特·格奥若·尼布尔（Barthold Georg Niebuhr）有了最重要的发现。就尼布尔之古典主义态度、保守倾向和后期作为一名普鲁士王国政治家的职业而言，他是一名与萨维尼类似的人。他遵循萨维尼之敏锐的洞察力，在1816年于Verona的一个图书馆里发现了一本近乎完整的盖尤斯《法学阶梯》（Institutes）的手写稿。这个重写本不仅是几乎不为人知的最重要的古罗马文献之一的一个完全复本，还是直接源于古代的首要而惟一的文本。只有在6世纪编辑的尤士丁尼的《学说汇纂》的摘录中，其他古代法学家的作品才以这种方式而得以保存。尼布尔和萨维尼共同编辑了这个文献。在萨维尼创建历史学派和呼吁回顾原始资料的两年后，他的计划已经产生了多得令人难以想象的成果。

尼布尔的发现大大提高了罗马主义历史学派的国内外声誉。而且,它还激励罗马主义历史学者在印制可信的原始资料的版本工作上持之以恒。尤其是在19世纪后期,学者们把历史研究与高级哲学方法结合起来。这种结合产生了丰富的成果,其中最显著的例子是特奥德·莫姆森(Theodor Mommsen)[1]对《学说汇纂》的评论版和奥托·勒那勒(Otto Lenel)的《永久告示》(Edictum Perpetuum)版本。[2]

当一个可靠的事实记录在原始资料的基础上被创设出来时,就有可能得到科学的历史文献。尼布尔用其罗马史给我们提供了一个令人难忘的早期例子。[3]这本书复杂难懂,但它表明通过审慎地关注疑难资料,也即通过一种真实科学的进路,就有可能真实地表述往昔。两个世代后,莫姆森的《罗马国家法》表明,德国罗马主义编史已经达到了如此精致的水准,以至于世界上其他地方都望尘莫及。[4]

哲学研究对德意志主义法律史学家甚至比他们的罗马主义同行更重要。由于缺乏诸如《国法大全》(Corpus Juris)这样独一无二的权威资料优势,他们急需德国法律史之原始文献的可靠版本。在1819年,卡尔·弗里海尔·弗姆·斯旦(Karl Freiherr vom Stein)已经开创了"Monumenta Germaniae Historica",这是一个收集德国法律史素材的项目。在发表的第一手资料中,有来自中世纪早期的德意志部族法。萨维尼的学生和朋友雅格布·格林[5]出版了《德国古法之诸要素》[6]和"Weisthuemer"。[7]德意志主义者效法他们,继续印制历史文献的作品集。

这些重要版本成为德意志主义之科学的历史研究的基础。通过细致考察原

---

[1] Digesta Iustiniani Augusti I, II (1868—1870). 关于莫姆森,参见 F. Wieacker, Privatrechtgeschichte der Neuzeit 417—419 (2nd ed. 1967)。与尼布尔相比,莫姆森是一位训练有素的法学家。

[2] O. Lenel, Das Edictum Perpetuum(1883).

[3] B.G. Niebuhr, Roemische Geschichte(3 vols. 1828—1832).

[4] T. Mommsen, Roemische Staatsrecht(1887).

[5] 关于格林,参见 Kleinheyer/Schroeder 105—107;Stintzing/Landsberg III. 2 277—286 (1910);F. Wieacker, Privatrechtgeschichte der Neuzeit 405—406 (2nd ed. 1967);F. Wieacker, Gruender und Bewahrer 144—161(1959)。

[6] J. Grimm, Deutsche Rechtsaltertuemer(1828).

[7] J. Grimm, Weisthuemer (4 vols. 1840—1863).

始文献、利用考古发现,他们开始用他们的探知替代对历史事实的推测。学者们——如阿米拉(Amira)、吉尔克、郝依泽尔(Heusler)、冒尔(Maurer)和佐姆(Sohm)——在他们的论文中,构建了有关德意志和中世纪法律制度的新知识。[①] 他们的学派甚至在英格兰法律史的某些领域中开辟了新天地。布鲁那(Brunner)对陪审团起源的研究[②] 和那泽(Nasse)对早期农业共同体的研究[③],受到了普通法历史学家的称赞和仿效。[④] 就像他们的罗马主义同行那样,德意志主义的法律史学家为世界规模的科学编史设定了标准。

作为19世纪之德国法律科学的主流,所有这些分支学派——潘德克顿科学、现代德国法的体系科学以及罗马和德国法律史——都是历史学派的组成部分。这副图像实际上的多样性甚至比其表现出来的还要丰富,因为这些分支中的每一种都是由诸多具有不同风格和特殊兴趣的单个学者所构成。除此之外,多数作品同时可归入数个类别,吉尔克的历史学派以及体系学派即如此,而其他作品——诸如萨维尼、蒂堡、巴泽勒以及冯·科尔希曼的计划作品——则根本就不能归入这些类别。

可是,追溯这些分支学派从18世纪到19世纪的发展转向,可以看出它们并不完全是分离和独立的现象。通过基本理念的一个共同核心,它们得以连接起来,它们全都围绕这个核心而运行。这个共同核心就是法律科学概念本身。

三、法律科学的概念

法律科学这个概念乍看起来不易理解,它并无公认的界定标准,其含义在整个19世纪也不停地在变化。因此,现代德国法律史学家和理论家基本上没有进

[①] See Stintzing/Landsberg III. 2 495—561 (1910).

[②] O. Brunner, Die Entstehung der Schwurgerichte(1871). 另参见 F. Liebermann, Die Gesetze der Angelsachsen(3 vols. 1903—1916); F. Liebermann, Ueber das englische Rechtsbuch Leges Henrici(1901); F. Liebermann, Ueber die Leges Anglorum Saeculo XIII(1894); F. Liebermann, Ueber die Leges Edvardi Confessoris(1896)。

[③] E. Nasse, Agricultural Communities of the Middle Ages (H. A. Ouvry transl. 1871).

[④] See Adams, "Book Review", 114 N. Am. Rev. 196 (1872); Pollock, In Memoriam Fredric William Maitland, 23 L. Q. R. 137(1907)(praising Brunner).

行这种尝试,即为萨维尼及其承继者那代抽离出一个一致的法律科学概念。与此相反,他们为不同阶段的 19 世纪法学界定出不同的法律科学特征。①

但是,在萨维尼之后,德国法学家自己在谈论和写作"Rechtswissenschaft"时,似乎真有这样一个东西一样,并共同使用该概念。无论当前他们脑子里是什么进路,他们也不可能无差别地使用这个术语。与他们的英美同行相比,他们都在德国法学方面受过训练,而且对萨维尼原创的历史法学理论尤为熟悉。当然,对所有的学者而言,"Rechtswissenschaft"并不总是精确地指向同一个东西。但是,他们对该术语普遍而持久的运用,说明他们共用了一套基本理念。的确,实际上他们所有人将"Rechtswissenschaft"归于此种或者彼种形式,这一事实也许就是尽管存在个人对抗、政治分歧和法学论争,他们仍能被统合为一种学术文化的最重要因素。②

这种共用的基本法律科学概念由若干相互作用的概念组成。其结果就是,"Rechtswissenschaft"的意义有多重维度并复杂难懂,但它并不因此就是不确定的或者是不清楚的。由于它的根基在萨维尼的历史法学理论之中,从他的理念视角能最佳地通达其实质。这些基本理念包括作为一种历史("Geschichte")产物的法律之观念,作为一种体系("System")的法律之观念,以及一种在实证法律科学内的结合上述这两种观念的观念。萨维尼之后、耶林之前的所有重要的法学范式,都是在这些基本主题的基础上发生变化。故而,要理解"Rechtswissenschaft"之概念,我们就必须首先理解"Geschichte"和"System"的意义,然后还要理解它们的相互作用。

(一)"Rechtswissenschaft"的要素:对"Geschichte"和"System"的分析

萨维尼原创的"Geschichte"和"System"之概念自身并不是单一不变的。相反,它们已经有了多重维度。萨维尼的承继者用这些维度中的每一种,作为进一步发展的基础。

---

① 例如,参见 K. Larenz, Methodenlehre der Rechtswissenschaft 11—38(5th ed. 1983); F. Wieacker, Privatrechtgeschichte der Neuzeit 348—513 (2nd ed. 1967)。

② 一个有名的例外就是冯·科尔希曼。蒂堡也对法律科学的恩惠提出了质疑。A. F. J. Thibaut, Ueber die Nothwendigkeit eines allgemeinen buergerlichen Rechts fuer Deutschland(1814), reprinted in H. Hattenhauer, Thibaut und Savigny 72—73(1973)。

在萨维尼将法律作为一种"Geschichte"产物的观念中,至少有三个相互交织的不同要素能被隔离出来。它们全都以此种或者彼种形式表明,萨维尼深深地确信法律是一种文化现象。因此,它们全都反对过去的自然法法学,这种法学的最基本缺陷就是忽视了这种基本事实。

首先,法律的历史品格只不过表明作为一种文化现象的法律是与时俱进的,以及当前是历史的产物。①这可以叫做萨维尼理念之直白的"历史主义要素"。它并非为萨维尼所洞察,而是已经为维科(Vico)、孟德斯鸠(Montesquieu)、胡果以及其他人所强调。在此,萨维尼反对的是自然法时代的反历史的理性主义及其只依据理性就能创造法律的信条。这种历史主义是19世纪期间历史作为"regina scientiarum"之普遍兴盛的一部分。这个时代的历史倾向培育了古典主义态度,其中的一例就是萨维尼热衷于罗马法,该倾向还培育了德意志主义者在热爱田园牧歌式的中世纪往昔中所流露出的一种浪漫情绪。

对历史的崇拜有了规范化的潜在可能。萨维尼所倡导的不是简单地重返往昔,他也不曾主张法律规则和制度会随时间流逝而变得更好。其实,根据他的理论,诸多古老的法律素材不得不被抛弃,因为它们并非法律之有机成长的部分。但是,由于现时法在历史中有其根基,那么,当前的法学势必将往昔当作其参照点。考虑到往昔是当今的一个模式,那么,至少在某种建议的样式里,当今只是一小步。在历史法学家当中,还没有对依赖于往昔的哪个阶段——是古罗马时期还是中世纪德意志传统——达成共识。但是,对早期的罗马主义和德意志主义而言,历史不仅必然要决定当今,还以某种特殊的方式为它的成形提供了论据。

这种法学的"历史主义"观念对法律科学的目标有实际的内涵。因为法律是一种历史产物,试图通过理性、经由有意识之行为来创造它是没有意义的。这样,正如普鲁士、法兰西和奥地利法典所例证的法典化就是一场闹剧。为了理解法律,就要更加注意其历史背景以及特定文化的法律传统。

诸多德国法律思想就是从这个首要的——相当简略并缺乏新意的——历史主义要素中发展起来的。一般说来,这个结果是一种对法律之历史维度的突出

---

① von Savigny, Ueber den Zweck dieser Zeitschrift, Zeitschift fuer geschichtliche Rechtswissenschaft 1—5(1815).

认识,也是一种对历史研究之必要性和尊严的信仰复兴。特别要提及的是,在十九世纪后期,作为一门学科的、完全专门探讨法律传统的法律史被独立创设出来了。

其次,法律不仅经受着变革,它还是进化的结果。在萨维尼的"Geschichte"观念中,这可被称作有机主义要素。在此,萨维尼有意无意地吸收了拉马克(Lamarck)早期的进化观,这在他那个年代讨论得很多。① 的确,这种形式的进化论不是经验的,也即它没有建立在具体观察的基础之上。在渐进演化的观念方面,它属于一种唯心主义的信仰。换言之,它更多地属于黑格尔主义,而非达尔文主义。

尽管这种有机主义也反对18世纪的理性主义,但它尤其更反对那种对先前历史进程的武断破坏,就像通过法典化来废除旧法或者通过法兰西革命来打破传统的社会结构。在快速的社会、政治和智识变革迫近之时,它表达了一种对持续性的渴求,这是其时德国国内外之诸多同代人的共同心声。在这个方面,萨维尼的法学特别适于拿破仑战争后德国贵族强烈的保守倾向。而且,萨维尼自己就是一名厌恶并害怕急剧革新的贵族②,他成了维护传统结构的一个标志。

这个"有机主义要素"对可能的实证法科学、对认识理性和实践理性都是不可或缺的。从认识论上看,由于科学在寻求认可外在事实中的内在规律,故它是必要的。因此,就要寻找它们相互关系之中的规律性。当万物作为一种机械世界的观点被抛弃后,正是有机主义要素在根本上证明了这样的规律性确实有存在的希望。法律的有机成长依据科学所能察知的原则,预示着有序的发展,而非那种其无能为力的、不确定的规则变化。特别是,法律的成长遵循有机原则的这种确信,有可能填补往昔知识中的缺口。通过理解这些原则以及法律发展的基础模式,科学家有望从那些已经确立的事实中推断尚不为人所知的事实。这样,命中注定有遗漏的历史记录就不是严重的障碍,因为一旦科学家从用以察知有机原则的素材中获得了足够的认知,逻辑推论就能补足剩余之处。③

---

① See J. Stern, Thibaut und Savigny 25(1914).
② See F. Wieacker, Gruender und Bewahrer 119—121(1959); E. Wolf, Grosse Rechtsdenker der deutshen Geistesgeschichte 507 (4th ed. 1963).
③ 在此,萨维尼的理念与尼布尔的理念有密切的关联。See F. Schnabel, 5 deutsche Geschichte im 19. Jahrhundert 56(1965).

历史学派对制定法的立法活动抱着敌对态度,而上述这种有机主义正是它持该态度的主要理论缘由。① 如果法律有机地成长,那么,这种成长就不能被打扰或者被抑制。然而,立法已经有了这种打扰或者抑制、或者两者兼备的现实威胁。立法只要革新,即变更既有的规则,就有可能偏离有机成长。这样,它就违背了控制法律成长的更高级别的法律,并引发必须予以避免的骚乱。它是人类意志的一次练习,但是,有机成长没有为自觉的选择留有余地。即使立法避免革新并只容纳制定良好的规则,它也有潜在的害处,因为它为那些规则套上了有阻止进一步成长之倾向的僵硬的制定法形式。就像法国民法典那样的渐进的法典化合并了上述那两种邪恶,从而被人所诅咒。

之后的德国法律科学分支流派用一种生物学的方式理解了"有机主义要素",它们从这种要素中得以发展。对萨维尼而言,法律作为一种有机成长之产物的理念主要是一种文化观念。但是,普赫塔已经将法律概念视为"活生生的存在"。之后,耶林和其他人将法律概念描述为活着的、生生不息的生命体。在此,有机主义导向了一种"法律生物学"(biology of law)的观念。② 当然,这些术语只是在认识论的意义上使用。但是,当进化论在 19 世纪后期成为时髦时,法律能被视为像生命本身一样的一种进化现象。而且,法律科学能被视为等同于自然科学。萨维尼的有机主义允许其门徒们将达尔文视为同行。他们通过将它们学科成就比作《物种起源》中的开创性发现,从而能提高他们对这些成就的信心。

最后,将法律视为一种历史现象,意味着考虑了它的与形而上学方面相反的实证方面。这在萨维尼的历史理论中可以称为"实证主义要素"。在此,"历史"指的不是传统,而是法律事实。就它们的本质而言,并在所有的资料都是已经给定的东西,因此也已经是往昔之一部分的意义上,事实是"历史的"。在萨维尼的早期作品中,他已经指出:"所有的客观资料知识被称为历史知识,这样,法律科学的整体品性必须是与历史有关……"。③ 这种观念反对理性年代的形而上学(也即事实独立的、因此也是反历史的)推论,并被用以攻击 19 世纪实证主义科

---

① See Savigny, Beruf 105—108, 126.
② J. E. Kuntze, Der Wendepunkt der Rechtswissenschaft 90 (1856) ("Biologie des Rechts").
③ Savigny, Methodenlehre 14. "Alles Wissen von einem objektiv Gegebenen nennt man historisches Wissenm, folglich muss der gesamte Character der Gesetzgebungswissenschaft historisch sein." Savigny, Methodenlehre.

学的兴起。在逐步脱离推论而转向事实的年代,历史势必继哲学之后成为人文学科的王后,法学也势必同样变得与历史有关。

这种"实证主义要素"在方法论上的含义,是哲学不再被视为法学的一个必要部分。萨维尼确信,即使"哲学是仅有的铺垫性知识,它对法学家是一点也不必要的。"① 它的玄思式的或者规范性的潜质无助于法律科学家履行基本任务,也无助于理解实证法并将实证法予以体系化。

"实证法"在此时有了新的意义。对自然法信徒而言,法律的形而上学方面是永恒的,而其"实证的"方面(真正立法者的法律)在其本质上则是随意的。对萨维尼以及历史学派而言,它属于另一条路子。形而上学法学仅仅是推测性的,因而也是随意的,而在历史上确实存在的"实证"法——至少在与其有关的部分——是民族精神的表达,因此也是历史上的必然。"实证"在这里意味着存在,而非为所欲为。既然真实的科学必须处理在历史上存在的事实(因为它们是自然事实或者是实证法资料),而不处理人类的随意性,它势必是实证主义的,因而也与历史有关。在这个意义上,实证法科学和法律的历史科学就是一回事。

19世纪德国法律科学风行这种"实证主义要素"。普赫塔和耶林——潘德克顿主义者——麾下的概念法学和大多数的德意志主义者严格遵循实证法科学的计划。当他们放弃了历史研究时,在他们无视法律之历史背景的意义上,他们的方法就变成反历史的,但在实证主义的立场上,它仍然是"历史的"。这解释了德国法律科学——即使在萨维尼的原初计划于19世纪左右退位后——是如何能仍旧被德国国内外的众多学者认为是"历史的"。

这样,德国法律科学的"历史"品格就有了极其不同的意义。它多少能表明一种对往昔的古典或者浪漫崇拜,一种对历史发展之有机性质的信仰,或者它能为科学的实证主义形式提出假定。

---

① Savigny, Methodenlehre 50. "[Aber] auch als blosse Vorkenntnis ist die Philosophie dem Juristen durchaus nicht notwendig." Savigny, Methodenlehre. 我们绝不能误解萨维尼,以为他看贬了哲学。恰恰相反,他极其严肃地对待它,以至于他发现法学家是不堪忍受的半吊子哲学家。"谁没有感受到接近哲学的驱动力,就应让其自个呆着。哲学研究需要的可不止是半年时间,而是要穷其一生。"("Wer nicht zur Philosophie getrieben wird, der lasse sie liegen. Ihr Studium erfordert nicht bloss ein halbes Jahr, sondern ein ganzes Leben.") Savigny, Methodenlehre. 与自然法学家相比,萨维尼将哲学和法律科学视为独立的学科,它们需要不同的进路和技巧。

然而,所有历史学作品的目标是法律的科学规律——"体系"。因为对萨维尼而言,法律仅仅是限定私人自由空间的无形界线,该体系则表述了这些界线的全部网络。因此,它的本质是在逻辑上协调的私人权利整体。就像萨维尼的"Geschichte"概念一样,这个网络也有数个特征,使得其承继者能得以发展。对它的理解至少也有三个维度。

首先,体系是实证法的内在规律。这意味着它在特性上与它的自然法前辈差别极大。沃尔夫的体系是一种施加于法律之上的、人为创设的外在规律。在玄思推论的基础上,它是主观的,因而是非科学的。萨维尼的体系是对已为法律所包含的内在规律的有机改造。在实证的历史素材基础上,它是客观的,因而是真正科学的。

这样一个内在规律的观念成了"Rechtswissenschaft"的支柱之一。德国法学家宣称不是要创设一个体系,而是要揭示一个到目前为止是无形的原则一致性。甚至当普赫塔或者耶林之体系中的万物皆有逻辑、凡事没有经验时,逻辑被认为已经内在于法律,只是等待发现而已。

其次,体系是完美而健全的。这不是通过详述就能完成的:那几乎是不可能的。但是,萨维尼指出:

> 世间必定有一种另类的完美,用几何学的技术表达也许例证了它。换言之,在任何一个三角形中,从特定资料的关系中,必然能推论出其余的全部;那么,给定两边及其夹角,就能得出一个三角形整体。与此类似,我们法律的每一部分都有可以给定其余部分的点:可以将它们称为主要公理。①

这样,在包含了用以演绎尚未说明的规则之构件的意义上,科学体系就会是严密周全的。耶林用化学术语对它予以阐释,这表现为他写到:

---

① Vocation 38—39. "Allein es giebt allerdings eine solche Vollstaendigkeit in anderer Art, wie sich durch einen Kunstausdruck der Geometrie deutlich machen laesst. In jedem Dreyeck naemlich giebt es gewisse Bestimmungen, aus deren Verbindung zugleich alle uebrigen mit Nothwendigkeit folgen: durch diese, z. B. durch zwei Seiten und den zwischenliegenden Winkel, ist das Dreyeck gegeben. Auf aehnliche Weise hat jeder Theil unsres Rechts solche Stuecke, wodurch die uebrigen gegeben sind: wir koennen sie die leitenden Grundsaetze nennen." Savigny, Beruf 110.

法律科学能够为生活中的无穷复杂的具体事件提供简单的试剂。谁意欲只是通过法律规则来决定这些事件,谁就会毕生困惑,因为生活中的化合物之潜质是无穷尽的,以至于一部法典之最丰富的决疑术似乎也是匮乏的。然而,有了这些微乎其微的试剂,我们能解决每个事件。①

体系之完美、内在完备的假设,成了概念法学、罗马主义和德意志主义共同的基础。在概念主义对体系逻辑的抬高中——这在耶林的自然—历史方法中表现的最为极端,概念主义提出了"Pandektenwissenschaft"的方法论基础和法学教条。

在此方面,体系反映了自然法时代的遗产。的确,萨维尼、普赫塔和耶林坚持认为他们的体系是内在和有机的,而非外在和形式的,但是,不可否认的是,像这样的一种逻辑完美和完备的体系观念来自理性法。在体系内进行逻辑演绎的方法同样如此,尽管19世纪法学家对它予以大幅改进。潘德克顿主义者从沃尔夫的门生处采纳了他们的"Pandektensystem"——潘德克顿体系——的具体结构。②

逻辑完美和体系完备极具诱惑力。体系有望控制19世纪德国普遍的法律混乱状态,在此时的德国,自身极其复杂而且通常不确定的现代罗马法,与大量的德国本土制度——数十个公国的制定法、以及与混乱芜杂的习俗法处于共生状态。表述在潘德克顿主义论述中的体系就像穿越一片荒野的向导那样得到遵循。

最后,体系不是静态的,也不是不可再生的,而是动态和有机的。因为它从有机成长的原则中构建出来,它具有了它们进化的本质。在萨维尼看来,"我们必须将体系当作一个整体,并认为它是发展着的,也即作为一个整体法学体系的

---

① R. Jhering, Geist I 40—51. "[D]ie einfachen Regenzien fuer die unendlich komplizierten konkreten Faelle des Lebens. Wer letztere nur mit Rechtssaetzen in der Hand entscheiden wollte, wuerde in unaufhoerlicher Verlegenheit sein, denn die Kombinationskunst des Lebens ist so unerschoepflich, dass die reichste Kasuistik eines Gesetzbuches ihren ewig neuen Faellen gegenueber duerftig erscheinen wuerde. Vermoege jener wenigen Reagenzien hingegen loesen wir jeden Fall auf." R. Jhering, Geist I.

② See F. Wieacker, Privatrechtgeschichte der Neuzeit 373 (2nd ed. 1967).

历史是真正重要的东西。"① "与意外和个体随意性无关"②,而且依据"时代的精神和需要"③,形成它的法律概念能产生、改变或者消灭。体系甚至有潜力从其自身产生新法律:

> 然而,通过奋力揭示和完善其内在一致性之素材的科学形式,新的有机生命得以产生,并反过来影响该素材,这样,从科学自身之中,一种新的法律创制就不可遏制地产生了。④

在此,萨维尼将他的有机主义和他的这种信念——法律科学对文明高级阶段之法律发展的责任——结合起来。

普赫塔进一步发展了体系的这个创新性方面,他假设通过合并老原则,可以创设新原则,这样,正如萨维尼所言,体系不仅是完美的,而且甚至超出了其自身。

> 我把它称为概念的系谱,它意味着一个人绝对不能把这个层次看作一个仅有的定义排列。每一个这样的概念都是活生生的存在,而非仅仅是僵死的工具……每一个都是一种与其起源之个体截然不同的个体。⑤

耶林从其自然主义视角出发,断言法律科学能够像化学那样——以基本要素——运作。这致使法律科学家不仅要分析既有之事物,而且还要创造新的混合物。而且,法学像生物学那样研究一种"有机体"。⑥耶林在工作中看到了再生

---

① Savigny, Methodenlehre 32. "Man muss das System im ganzen nehmen und es sich als fortschreitend denken, d. h. als Geschichte des Systems der Jurisprudenz im ganzen, hierauf kommt alles an." Savigny, Methodenlehre.

② Savigny, System I 17. "[U]nabhaengig von Zufall oder individueller Willkuehr." Savigny, System I.

③ Savigny, System I 18. "Sinn und Beduerfnis der Zeit." Savigny, System I.

④ Savigny, System I 46—47. "Indessen entsteht durch die dem Stoff gegebene wissenschaftliche Form, welche seine innewohnende Einheit zu enthuellen und zu vollenden strebt, ein neues organisches Leben, welches bildend auf den Stoff selbst zuruechkwirkt, so dass auch aus der Wissenschaft als solcher eine neue Art der Rechtserzeugung unaufhaltsam hervorgeht." Savigny, System I.

⑤ G. F. Puchta, Cursus der Institutionen 101(2nd ed. 1845). "Ich nenne dies eine Genealogie der Begriffe, darin liegt, dass man diese Leiter nicht als ein blosses Schema von Definitionen betrachten darf. Jeder dieser Begriffe ist ein lebendiges Wesen, nicht ein todtes Werkzeug... Jeder ist eine Individualitaet, unterschieden von der Individualitaet seines Erzeugers." G. F. Puchta, Cursus der Institutionen 101(2nd ed. 1845).

⑥ Jhering, Geist I 26.

过程。"概念具有创新性,它们结合并孕育新的概念"。①体系的创新力以这种或者那种形式,变成了系统的德国法律科学的基本信条。对法律科学家而言,这种创新力有重要的优势,它预示了从令人讨厌的制定法之立法活动的必要性中解脱出来。如果解决新问题的方法已经包含在体系之中,或者至少能从中得以解释,就没有必要超越法律科学并求助于有意识的立法活动。而且,如果不能阻止这样有意识的活动,体系的创新潜能至少能对抗它们的随意性。如果体系通过逻辑推论甚至创设了新方案,至少从理论上讲,就真的没有选择或者异议的余地了。体系的逻辑为所有的情景提供了一个值得依赖的向导。

这样,就像"Geschichtlichkeit des Rechts"(法律的历史性)一样,"wissenschaftliches System"(科学体系)也是一种有着多重维度的观念。它标志着所有模式之私权利的内在规律、其原则之完备一致性中的逻辑完美性和科学法之成长和再造的能力。

当萨维尼提出将历史方法和体系目标之结合作为一种真正法律科学之标记时,"Geschichte"和"System"的不同维度就在相互起着作用。因此,"Rechtswissenschaft"这个概念是所有这些因素的产物。它在视角上同样是丰富的,但是,其若干方面之间的内在张力也为之烙下了印记。

(二)"Rechtswissenschaft"的精神:对"Geschichte"和"System"的整合

由于"Geschichte"之诸要素和"System"之诸要素是冲突的,"Geschichte"和"System"的结合就在方法论上提出了一个巨大的挑战。萨维尼借助了另一个要素——一个诸概念共有并能调和它们的要素,从而平息了这一冲突。

"Geschichte"和"System"之间深深冲突是发生于实证主义方法和体系结果之间的一个冲突。一方面,法学的方法不能不是历史的,在其实证主义的维度,这意味着它不得不避开推测,而指望在真实历史资料中发现实证法。在另一方面,它的结果不能不是体系的,这意味着它不得不依据实证材料自身的内在逻辑,从该材料整理出一种规律。只有实证材料确实包括了这样的体系规律,这种结合才能成功,但这尚未被探测出来。问题在于,有足够有力的理由相信与此相

---

① Jhering, Geist I 40. ("Die Begriffe sind produktiv, sie paaren sich und zeugen neue.")

反之处。这些理由既有理论上的,也有实践中的。

从一种理论视角出发,很难简单地解释为何在实证法中应当有一个内在的逻辑体系。实证法存在于大多数人类有意识的立法和司法活动之中。这种意识通常并非依据逻辑而被落实。相反,法律选择回应变动着的需求,依赖于时代和环境,或者仅仅表达了短暂的个人偏好、偏见或者情绪。对与萨维尼同时代的某些人而言,这使得实证法就像法律科学的客体一样完全正当。冯·克尔希曼就悲哀地嚷嚷说:"通过实证法,法学从真理的女祭司转变成偶然、错误、激情和非理性的女仆"。① 而且,法律科学是没有意义的,因为实证法通常能否定科学完成的任何结果。冯·克尔希曼惊呼到:"立法者校正了三个词,整个图书馆就都将变成废纸。"②

现实世界中的情形充分确证了这些疑惑。实证法随着时间和空间的改变而变化很大。单在19世纪早期德国司法权的拼凑物中,法律传统、制定法、法典和法院判决无时无刻不在发生着冲突。对更早时代或者其他国家的状况回顾,更表明混乱是至高无上的统治,而且实证法的内在规律是一种幻想。更糟糕的是,立法者还频频妄称自己有权支配法律科学,并且甚至禁止法官对它有丝毫的留意。③

其结果好像是,专注实证法的历史方法和内在逻辑规律的体系目标在根本上是不一致的。在终结混乱之认可的实证主义方法和与实证法无关的建立在理性之上的逻辑规律之间,法学家对其两者不可能同时拥有,只能是要么这个或者要么那个。

尽管如此,在法律思想史中,同时拥有上述两者愿望一直都是很强烈的。尽

---

① J. von Kirchmann, Die Werthlosigkeit der Jurisprudenz als Wissenschaft 27 (Meyer-Tscheppe ed. 1988)(1848). "Aus einer Priesterin der Wahrheit wird sie durch das positive Gesetz zu einer Dienerin des Zufalls, des Irrtums, der Leidenschaft, des Unverstandes. Statt des Ewigen, Absoluten, wird das Zufaellige, Mangelhafte ihr Gegenstand." J. von Kirchmann, Die Werthlosigkeit der Jurisprudenz als Wissenschaft (Meyer-Tscheppe ed. 1988)(1848).

② J. von Kirchmann, Die Werthlosigkeit der Jurisprudenz als Wissenschaft 29 (Meyer-Tscheppe ed. 1988)(1848). ("drei berichtigende Worte des Gesetzgebers und ganze Bibliotheken werden zu Makulatur")

③ See H. Conrad, 2 Deutsche Rechtsgeschichte 384—385(1966). 1794年的普鲁士普通邦法(Allgemeines Landrecht)也对"饱学之法学家的观点"(Meinungen der Rechtslehrer)提出质疑。Allgemeines Landrecht fuer die preussischen Staaten, Einleitung (Introduction) I. Art. 60. 另参见 Savigny, Beruf 148—149。

管这两个要素可能并没有得到如此有意识的确认,但它们确是人类需求的表达。尤其是在形而上学的玄思破灭之后,顾及真实历史事实的需求非常大。但是,它们表现出的混乱也是令人恐惧的,而且引发了对规律的强烈渴求。这样,当萨维尼开始面向历史事实并要探求其中的体系时,他期望着去满足专注真实世界的需求,并实现发现它有序存在的希望。

对于历史方法和体系目标之间的冲突,萨维尼提供了一个既有理论又有实践意义的解决方法。这使得他的法律科学成为一种强有力的智识模式,几乎没有哪个同代人能摆脱其魔力。

从理论上讲,他在世界是通盘有机的观点基础上,解决了历史和体系之间的两难。萨维尼承认,历史素材的整体确实是混乱的。但是,他坚持认为,并非所有的历史素材都值得科学对待。必须渗漏与科学有关的素材,抛却残余物。对科学相关性的检验,要看特定素材是否是有机整体的一个完整部分,或者看它是否是一种失调——如萨维尼所言,它是否是"必要的"或者"随意的"。为了实施这个检验,法学家必须理解法律的有机整体。通过研究实证法与时俱进的发展,能达到这种理解。根据"严格的历史方法",法律科学家必须"回溯所有给定的素材直到其根源",并如此揭示其有机原则。[1]法律演进给法律科学家展示了该有机整体的本质,并能使其决定哪部分素材是该整体的部分,而哪部分与它无关。这样,法学家能从杂乱的实证法中提取出主要原则。这些主要原则——并非杂乱的规则——是科学的关注所在。

最后,在主要原则的整体之中有一种内在的规律。在萨维尼历史法学理论的核心,存在着一种确信,即这些原则都是内在一致的,因为它们对整个(文化的)民族而言,都是一真实法律之同一有机整体的部分。[2]它们之所以都是同一有机整体的部分,是因为它们都是民族之同一精神的表达。这是因为法律原则反映了共同法律意识的基本模式。科学法学家们只要将它们转化并压缩成逻辑形式即可。[3]这样,在民族精神中的所有原则的共同根基,确保它们都是从同一块布料上裁减下来的。它们都源于同一精神,即决定科学体系之内在规律的精

---

[1] Savigny, Beruf 166. ("jeden gegebenen Stoff bis zu seiner Wurzel zu verfolgen")
[2] See Savigny, System I 9—10.
[3] See Savigny, System I 14, 16, 46.

神。以这种风格,萨维尼解决了历史方法之实证主义本质和体系之逻辑要求之间的冲突,其调和的方式借助了"Geschichte"和"System"共有的基本要素——从民族精神中产生的有机主义。

这种进路是有意进行选择的。萨维尼的有机主义要求根除对失调和混乱负责的要素——人类意志之飘忽不定的本性。萨维尼通过表述不相关的法律制定者个体(立法者、法官或者学者)的意志,对此进行了努力尝试。当然,这样的一个个体能创设出显然违背基本原则的规则。但是,那些随意的规则恰恰表现为失调,而非有机进程的部分,这样也会被法律科学所清除。由于它们压根就没有得到认可,因而也就压根不会危及科学体系。

从整体上看,萨维尼对历史和体系的调和带有同义反复的意味:实证法中存在规律,但只有那部分实证法说明,它没有侵扰这一规律。然而,他的结论也会被视为表达了一种对法律和法律科学深思熟虑的观点。既有规则的整体性存在于一个民法之基本文化特性的表现部分之中。在此,规则依赖于反过来反映文化习惯和价值的原则。这些文化习惯都源于民族品性,并且都是相当协调的。由于法律原则反映了这些习惯,原则同样是协调的。这样,法律的这部分具有一种隐蔽的、内在结构的特点。一种科学进路能发现原则及其结构。但是,规则的整体性也包括了诸多要素,它们只是随意之立法决定的产物。法律科学必须洞悉并据此放弃那些要素。它们没有表现民族的文化,而只是特别表现了立法选择。最终,法律科学的正当功能是为了保持一个民族之法律的、具有文化基础的部分,使之成为法律科学之真正的长期传统,就将它们予以隔离并使之具有富有规律的形式。①它必须使这种传统免受没有持久价值之立法的干扰。②这样,它能保护实证法和一个民族对抗短视之立法的干扰之间的协调。

对萨维尼而言,这种用以将小麦从谷糠中区分出来的标准根本就不是纯粹智识上的,而是富有实践性的。在"Volksgeistlehre"(民族精神学说)中,存在着这样的信条,即有机生长部分由于反映了实践需要,故会这样生长。民众及其普遍意识没有——像一个立法者可能会——从瞬息欲求中,而是从实实在在的实

---

① 萨维尼称其为"das Wahre"。Savigny, System I XII(Vorrede).
② Savigny, System I. (das "Unaechte").

践需求中创制法律。这由有机进程的集体的、无意识的品性加以确保。① 这样，推崇有机制度和规则，确实保障了法律的实践效用。②当然，这全部依赖于对法律进程的一种"无形之手"的观点，据此，如果听凭法律自身的话，法律会最佳地运作。

在一个民族文化和有机主义的浪漫观念、历史之进化观念的信条和对法律及国家之"无形之手"的立场存有广泛共识的年代，萨维尼的进路听起来是合理的。但是，它仅仅是一个理论，而且，根据法律的实践混乱状况，民族精神统领全盘的要求看上去不那么牢靠。然而，萨维尼在实践中证明了这一点，即历史方法的确能分离主要的原则，并能用一种体系化的方式将它们联合起来。

其主要作品的读者们肯定对以下几点铭刻在心，即他兼容并包地处理素材，熟练便宜地发现原则，精致文雅地将它们相互连接起来。的确，看上去好像他的方法能发现混乱之中隐藏着的规律。

但在事实上，只有基于萨维尼及其罗马主义继受者小心翼翼地将其素材局限于罗马法的原因，上述的成果才有可能。的确，罗马法自中世纪以来就是西欧的普通法。但是，它不是让萨维尼真正重视的那部《中世纪普通法》(medieval ius commune)。他的古典主义态度导致他的注意力集中于古罗马素材。他推崇古罗马法家学的观念和方法，认为它们的作品显然优于中世纪注释者的作品。③ 这样，他想净化中世纪要素的法律教义，并在查士丁尼的国法大全和盖尤斯的《法学阶梯》被发现后，回归到它们的原初文本。

对古罗马法的更近距离观察揭示出，发现《学说汇纂》和《法学阶梯》之中的连贯原则是不足为奇的。古罗马法学家都是以一种极其相似的模式在工作。他们是小规模的、自发形成的精英分子，具有相同的文化背景、社会环境和智识兴趣。他们持续不断地争论法律事项，并依据彼此的观念。人们只有指望他们的作品会淋漓尽致地表达他们文化的同一智识精神，并因此使作为他们分析基础

---

① 在一种几乎是缅怀现代心理学的意义上，萨维尼就这样更信赖无意识的人类活动，而非有意识的决断。

② See Savigny, System I 14—16.

③ 罗马法学家心怀实践，萨维尼推崇他们总是孜孜以求地处理具体问题。但是，他真正的兴趣在于作为智识事业的法律以及法律概念的进化。由于他认为法律基本上是由法学家形塑出来的习俗，故他基本上不留意包括法院和案例在内的罗马法律实践以及罗马立法。

的原则在文化上连贯一致。

这些原则能被抽象出一种逻辑规律也是不足为奇的。在逻辑一致性上所为的努力,是古罗马法学家自身之推理的标志。他们几乎没有耗费时间来纠缠实体正义的理论,而是下功夫完善逻辑分析和整合。换言之,罗马法的真正本质对其概念的逻辑规则提供了支持。如果把作为积木的抽象原则有技巧地叠放起来,能形成一个连贯一致的体系,则它就认可要抽取这种抽象原则。

这样,在萨维尼及其继受者的综合技巧以及罗马法学家自身的精深见解面前,古罗马法的体系化的确几乎什么也没有证明。它只是证明了这一点,即萨维尼的文化一致性的假设和原则的逻辑规律,对源于一种极其类似和精英式的法律文化之中的法律是真实的,而该法律文化自身已经强调了逻辑一致性。但是,罗马法主义者的成功压根不意味着,一个相似的逻辑规律也能在其他情形中得以发现。尤其在法律文化更多样化、更普遍,而更少关系到整体一致性之处,"Geschichte"和"System"的兼容性处于不能确定的状态。

(三)"Rechtswissenschaft"的特性:实证主义、唯心主义和形式主义

19世纪的德国法律科学在所有的本质方面都跟随了萨维尼。它仅仅注重实证法。它主要对其有机的本质感兴趣,并只是认真考虑了选择出来的资料。而且,它最终决定去发现和发展法律的逻辑结构。这使得"Rechtswissenschaft"成为一种集实证主义、唯心主义和形式主义于一体的奇特东西。

它的实证主义源于萨维尼将法律界定为一种文化现象的原初法律概念。这种实证主义在数个方面展现了自己。它将法律科学建立在(法律)资料——即在真实历史素材中发现的实证规则——的基础之上;作为文化的一种表达,法律就像语言一样,需要被观察和描述,但无需去创造和规定。这样,它将形而上学的玄思和道德判断排除在法律科学之外。它要求人们根据理性规则,把法律作为在历史上给定的材料而无需改变其实质。这些要求与为"Rechtswissenschaft"所认可实体性法律观点——而非与程序性观点——紧密相连。将法律视为先于官方实施其规则的习俗①,或者视为由法律科学家验证的一种逻辑体系,意味着法

---

① Savigny, System I 14—15.

律并非争议之子,而是它们先在的实质解决方法之子。它被适用于冲突,而非在冲突中生成。

必须将这种风靡于19世纪德国法学的实证主义与两种相关的形式区别开来。① 首先,它与实证主义截然不同,后者承认所有的法律,仅仅因为这是被"假定的"。这种"立法实证主义"认可法律是适当立法者的指挥官。与之相反,德国法律科学否定了基于此种理由的认可,而且,的确认为通过立法制定出的诸多法律是随意的,因而也是与科学无关的。萨维尼及其承继者仅仅接受科学的法律。这种"科学法律实证主义"之所以认可法律,不是因为它源于官方权威,而是因为它在主要原则中的基础及其逻辑一致性。其次,它也不同于孔德(Comte)及其信徒的科学实证主义。他们意欲将科学归结为物理、社会和心理事实的观察。与之相反,德国"科学法律实证主义"分析了智识构造——法律规则和原则。这些构造不是孔德意义上的事实,而是智识演进的资料。科学实证主义寻觅外在世界中的规律,而德国法律科学信奉法律观念演进中的规律。

其结果就是,德国法律科学不仅是实证主义,而是还是一种特殊意义上的唯心主义。这种唯心主义是萨维尼的"Geschichte"观念——特别是它的"有机主义要素"——的产物。只有在显然混乱不堪的实证法之中的有机整体一致性的假设,才有可能在历史和体系之间建立连接。因此,对这种有机整体的探求,成为"Rechtswissenschaft"的北极星。德国法律科学对此类历史资料没有兴趣,但对其中包含的程度较高的真实性却有兴趣。单个规则群因时间和空间而偶然存在,但它们只展现了普遍有效的原则,因为在它们无穷的多样性中总有民族精神的统一体。实证资料是终极理念的外在形式。在这种真实性的理想化形态中,萨维尼位于谢林(Schelling)、赫尔德(Herder)和黑格尔的传统行列之中,并信奉他们将历史作为一种展示理念并显示绝对之过程的信条。②

这种唯心主义风靡了整个19世纪的德国法律思想。"Wirklichkeit"(真实性/reality)表达了"Wahrheit"(真相/truth)的信条以多种形式呈现出来。对萨维尼而言,历史素材包括了民族精神的文化真相。对普赫塔而言,实证法烙上了概

---

① 下述的区别基于 F. Wieacker, Privatrechtgeschichte der Neuzeit 431—432 (2nd ed. 1967).
② See J. Rueckert, Idealismus, Jurisprudenz und Politik bei Friedrich Karl von Savigny 232—236, 240—241, 406—414(1984).

念及其体系之逻辑真相的印记。对德意志主义者而言,中世纪素材的本质是大众自由和世俗正义的理想。他们全都注重实证资料,不过,这只是因为他们把这些资料当作是绝对理念的表达。

但是,即使不考虑作为这种实证主义之基础的唯心主义,它在实践实施中也是形式主义的。这种形式主义具有双重性。法律科学将法律的形式概念作为基础,而且,它还将形式逻辑作为其方法。

作为"Rechtswissenschaft"基础的法律之形式概念,源于康德并为萨维尼所认可。康德试图克服自然法理论的混乱状态,他将法律从道德中分离出来,并将它严格限定为外在行为的规则。这样,康德将法律界定为某个人的自由与其他个人的自由得以共存的条件。①萨维尼汲取了这个观点,他将法律视为决定个人自由空间界线的"限度"。②法律的功能是保护对抗他人自由的个人自由,而非实施任一种实质道德或者政策。法律因而与实质正义的观念无关,也与社会目标的实施无关。它不考虑协商权力或者团体利益的平等性。它仅仅是一种形式上的、抽象的决定,用以决定"个人存续和行为所能享有的安全而自由的空间"之界线。③

萨维尼及其承继者用这种自由主义的信条来反对国王在此前数世纪的家长式统治。④ 极权君主给自然法的道德性披上立法的形式,试图用法律来实施伦理标准、经济计划和政治目标。⑤ 当德国法学家在其时提出"伦理、政治和经济考虑不为这样的法律人所考虑"时⑥,就无必要证明他们无视这些要素对社会生活的重要性。它也表现了他们的自由主义,据此,伦理、经济和政治决定应留给个人而非要由法律予以规定。当然,这种自由主义反映了日渐强大的资产阶级的利益。如果法律不应侵害超出相互保护之必要限度的个人自由,只要他人的同样自由不受合法的侵害,个人就必须有订约和使用其财产的自由。这样,法律

---

① I. Kant, Metaphysik der Sitten 230—231(Akademie Textausgabe 1902)(1797).
② Savigny, System I 331.("die Graenze")
③ Savigny, System I 331—332.("innerhalb welcher das Daseyn, und die Wirksamkeit jades Einzeln einen sichern, freyen Raum gewinne")
④ 尤其在1794年的 Allgemeine Landrecht fuer die Preussischen Staaten——《普鲁士一般邦法》(Prussian General Land Law)——极其详尽的规则中,这种家长式统治展示了其自己。
⑤ 对较早的警察训令(Polizey-Ordnungen)之家长式统治的研究,参见 K. Maier, Die Anfaenge der Polizei-und Landesgesetzgebung in der Markgrafschaft Baden (1984)。
⑥ B. Windscheid, Gesammelte Reden und Abhandlungen 112(1903).

的形式主义概念就为经济自由主义提供了支持。

然而,我们绝不能把萨维尼误认为是一个政治自由分子。与康德相反,萨维尼仅仅关注对反对国家干预之个人行为的保护,而不关注对对抗公共权力之政治权利的保障。他心目中的自由是资产阶级的自由,而非……自由。德意志主义者正是为后者而斗争的,而且他们发现自己在政治上站在了萨维尼的对立面。

萨维尼的法律之形式概念也是高度个人主义的,因为它认为法律是一个有关个人行为自由的问题,而非一个有关社会结构内之种种关系的事项。这显然与萨维尼历史法学理论中的集体主义要素相反。实证法的起源在于集体意识之中,它的功能是保护个人自由。从这个视角出发,法律科学对私法的强调就只具有逻辑意义。公共规则有对集体利益中的个人自由施加限制的威胁。①这也许在很多情形中都是不可避免的,但它并非法律的真正目的,并且确实也不是法律科学所真正关注的。

当萨维尼将古罗马法学家的方法作为19世纪德国法学的模式时,他将抽象的、形式主义的法律概念付诸实施。从拉贝奥(Labeo)到帕比尼安(Papinian),他们都将注意力集中于规则的抽象的、形式化的合理性之上,这些规则构成了古罗马之有产者的私的、个人主义的法律。萨维尼从来没有认真地解释,为何要将罗马法文化的民族精神适用于他自己的那个时代。但是,这样的解释在理论上有难度,在实践中又是多余的。至少对德国的罗马主义者而言,他们的时代需要私的、个人主义的和形式化的法律,这一点似乎是不言而喻的。就像罗马法一样,它不得不为日渐复杂的私人事务的调和提供一个精密的计划,而且不卷入其时的政治斗争之中。在此意义上,古罗马法的精神确实非常契合于19世纪德国资产阶级的需要。

作为一种方法,德国法律科学的形式主义在萨维尼的"System"观念中有其根基。他已经论证到,从体系之内既存的原则和规则中,新原则和规则能以准数学的风格演绎出来。在此方面,他不是反对——而是沿袭了——自然法传统。当概念法学和潘德克顿法学把体系方法又往前推了一些,并将法律推理主要视

---

① 萨维尼已经抱怨了那种"支配万物并意欲支配更多"("alles zu regieren, und immer mehr regieren zu wollen")的倾向。Stimmen fuer und wider neue Gesetzbuecher, 3 Zeitshrift fuer geschichtliche Rechtswissenschaft 1(1816), reprinted in H. Hattenhauer, Thibaut und Savigny 250(1973).

为逻辑运作时,法律科学以一种极端的形式表现为形式主义,除了逻辑的、体系的推论之外,它显然将其他法律方法都排除了。

这样,就其焦点集中于历史资源以及就其放弃探求规范标准而言,19 世纪的德国法律科学是实证主义的。就其信奉包含永恒原则的历史偶然性规则以及就其世纪存在理性的假设而言,它是唯心主义的。就其排除实质考虑的法律定义以及就其坚持演绎逻辑而言,它又是形式正义的。

因此,"Rechtswissenschaft"是一个充满张力的概念。但它融合了现实和理想、历史和逻辑、有机和体系,预示着要解决到目前为止被认为还未解决的冲突。历史变革和永恒真理得以调和,因为前者仅仅表现了后续阶段的后者。同时期的多样性和面面俱到的统一体得以结合,因为其中一个只是基于另一个的大量变种而已。有机成长和体系完美共同存续,因为进化发展了永恒逻辑的种子。而且,集体意识和个人自由琴瑟和谐,因为源于民族精神的法律却包含了个体自由。

作为实证主义、唯心主义和形式主义要素融合的结果,"Rechtswissenschaft"在法律科学的麾下,以和平合作的方式调和了法律理论和实践。[①]法学仍与实践联系起来,因为它从实证法中汲取了终极理念,然后作为一种形式逻辑体系返回给它。反过来,法律实践与法学有联系,因为它通过形式逻辑,从原则体系中导出它适用于具体案例的实证规则。这样,"Rechtswissenschaft"在法律行为者之间提供了一种功能多样化,并在同时确保了一种及于所有人的基础法学理论。

四、法律科学的解读:英美的视角

从英美的视角来看,德国法律科学之外部分支的多样性及其方法保证——这两者都蕴涵于德国法律科学的基本理念之中——使该法律科学成为一种极具迷惑力的现象。德国法律科学之学派的多样性,使得普通法之法学家把它看为诸多不同的事物。而且,德国法律科学的基本概念也甚合他们的内心信念。

我们在导言部分提及的英美学者对德国法学有着纷繁多样的理解,让人摸不着头脑,而德国法律科学分支的多样性解释了这种现象。他们在论及"历史学

---

① Savigny, Beruf 171—174; Savigny, System I XIX-XXVIII.

派"(或者论及通常所谓的德国法律科学)时,好像这是一种单一的现象,而且,好像每个人都知道它是什么并对此有共识。同时,每一位这样的学者所认识的其实只是德国法律科学之诸多不同方面中的这种或者那种而已。换言之,英美法学家达成的共识的是德国法律科学的形式术语,而通常并非其实质内涵。

他们通常只是在一种比较狭隘的意义上提及历史学派,即提及萨维尼在1814—1815年间的原初研究项目及其直接的前作和后续。它们的特征仍然是相异的,但至少在主题事项上存在着默契。当然,这种原初项目也是如此含糊不明,以至于中世纪历史学者和分析法学家将萨维尼视为一种典范——一位深奥的历史学家或者一位伟大的教义学和系统论的思想家。

在其他情形,英美学者完全在一种更宽泛的意义上来认识历史学派,即将萨维尼之研究项目所引发的后续研究包括在内。在此,不时有人提出大相径庭的观点。罗斯科·庞德(Roscoe Pound)在历史学派中看到了一种有害的"概念法学"①,但是,当詹姆斯·布雷西(James Bryce)基于"至少可能会依靠历史学派来给我们提供事实"的理由,而赞美历史学派给所有形式的法学提供了"最好的庄稼"时②,庞德也赞美历史学派是一种"面向统一、面向体系、面向一种合乎逻辑之原则实体的力量"。③同样,敏若·史密斯(Munroe Smith)能严厉批评德国法律科学的抽象性和原则性,而霍姆斯却赞叹它对细节的钟爱。

所有这些认识都是不完备的,但它们没有一个因此就是错误的。其实,如果它们的作者所认识的是德国法律科学的不同方面——普赫塔和耶林之宽泛的概念主义、布鲁那和郝依泽尔的审慎研究、万格罗和温德夏特的体系论文或者莫姆森和阿米拉编辑的原始素材,那么,它们全都是和谐一致的。④

---

① Pound, "Mechanical Jurisprudence", 8 *Colum.L.Rev.* 605, 613(1908).
② J.Bryce, *Studies in History and Jurisprudence* 624 (1901).
③ Pound, "Taught Law", 37 *A.B.A.Rep.* 975, 996(1912).
④ 作为德国影响的一个结果,19世纪后期的美国"历史学派"在很大程度上同样是多样化的。对不同学者而言,它因而也意味着不同的东西。当庞德抱怨"在过去的50年中,它独占性地支配了美国法学思想"之时,他是在批评它注重优先原则而反对立法。R.Pound, *The Spirit of the Common Law* 155—156 (1921)。与之相反,托马斯·C.格雷对它的看法基本上与詹姆斯·克里杰·卡特一致,秉持作为习俗之法律的观点(Grey, "Langdell's Orthodoxy", 45 *U.Pitt.L.Rev.* 1, 30(1983)),而罗伯特·格而顿(Robert Gordon)用术语表述了霍姆斯、比格洛(Biglow)、塔耶(Thayer)和阿麦斯(Ames)在1880年代和1890年代于哈佛进行的"法律史中制度演进研究"。R.W.Gordon, "J.Willard Hurst and the Common Law Traditon in American Legal Historiography", 10 *Law and Soc.Rev.* 9.15(1975).

这样,德国法律科学分支的多样性使其对论争而言,成为一个有用但也危险的资源。普通法的法学家基于个人的视角,会在德国法学中看到诸多好坏不一的品性,这样也从中产生了支持时而针锋相对事项的论点。然而,不利之处在于,如果不加澄清的话,这些不同的意义也变成了术语混乱、以及由此产生的错误交流的一个来源。

但是,不仅因为在法学论战中,德国法学的多样性提供了一座有丰富藏量的武器库,而且还因为法律科学的德国理念自身——其历史观念、体系观念以及最重要的是这两者的结合——深深吸引了诸多的英美学者,所以,德国法学是具有迷惑力的。他们不可能在有关"Rechtswissenschaft"不同观念之复杂的相互作用中,完全理解这个概念,但是,也没有必要多少有意识地去感知其吸引力。

在它所有的三个要素中,"Geschichte"这个方面是吸引人的。历史主义要素与普通法学家的传统感以及对往昔指引的探求,是和谐共存的。其实,萨维尼可能更贴近普通法学家的意愿,而非诸多19世纪德国法学家的意愿。对诸多19世纪晚期的进化论信徒而言,它的有机主义以及对法律理念成长的强调听上去像是真的。当然,萨维尼强调和平而无声的发展,他根本就不是达尔文主义者,但是,特别是从其后德国法学家的作品中,能读出法律和生物学紧密关联的意蕴。而且,"Geschichte"最终强调研究(历史)事实,这对那些赞成科学之新实证主义概念的人而言,听上去是不错的。此外,萨维尼的资料观念远远不同于19世纪后期实证主义者的资料观念,但是,要明辨其差异,就要求对萨维尼工作的熟悉程度,要大于大部分英美法学家已经或者意欲对该工作的熟悉程度。

另外,"System"的观念在多个方面都是吸引人的。法律之逻辑排列的观念吸引了诸多19世纪后期的英美法学家,他们对普通法缺乏体系一致性的状况感到了厌烦。在废除令状形式之后,判例法日渐混乱的局势变得极其明显,这使得英美法学家感到惶恐不安。这种观念——这样一种体系会是完备的——深深吸引了那些渴求一种周严法律规律的人,这样的规律能用便宜的机制控制所有的社会事项。在霍姆斯和庞德之前,没有多少英美法学家认为它是一种冠冕堂皇的幻觉。而且,有机而自生体系的观念吸引了相信普通法自治的人,他们希冀在法学家的控制下,而非在民主选举的立法机构的控制下来审视它。这样的体系能从内部发展起来,那么,源于外部的立法就是一场不必要的扰乱。①

最后,但并非最不重要的是,反映民族精神和需求的真实历史记载与对饱学的法学家而言是一种体系规律之完全协调的前景,吸引了发自内心相信它的每个人。如果使法律生活同时既是逻辑的又是经验的,就有了超越逻辑和经验二分法的指望。②

---

① 这个群体的一个重要代表人物是萨维尼的美国门徒詹姆斯·克里杰·卡特。See Reimann, *The Historical School Against Codification* 114—118.

② 当然,也有其他因素吸引英美学者关注19世纪德国"法律科学",但他们必须有进行独立研究的余地。在这些因素中,"Rechtswissenschaft"的制度意蕴——法学概念和法律学术地位之间的关联、法律教育的质量和作为一个整体的大学体系——占有突出的位置。

有疑问的是,即使在德国法律科学产生的法典化之中,它也从未真正地实施其调和历史和逻辑的宏伟蓝图。我在此不关注这个问题。不过,应提及的是,当美国的精英学者开始放弃古典法律科学,转而支持社会学法学和法律现实主义时,美国法学派在第一次世界大战左右避开——而且通常是彻底反对——德国法学。

论法律上的归属

李锡鹤*

内容提要：法律上的归属包括权利客体的归属，权利的归属，财产的归属和人身的归属，最终都表现为权利的归属。主体对自己的人身的权利，不存在归属权和非归属权的区别。主体使用物和智力成果的权利，可分为归属权、非归属权，以及对他人客体的许可使用权。归属权是权利客体归属于权利主体之权利，权能完全，权利主体在法律许可的范围内享有对客体的完全行为资格，是自主支配自己之"物"的权利。非归属权是权利客体不归属于权利主体之权利，权能不完全，权利主体在法律许可的范围内享有对客体的不完全行为资格，是自主支配他人之"物"的权利。他人客体之许可使用权是许可使用他人客体的权利，使用对象归属于他人，也不是使用人的权利客体，使用人必须按照使用对象归属权人的意志使用标的物，但权利的交换价值归属于使用人。

关键词：归属　归属权　非归属权　许可使用权

Abstract: Legal belongingnesses involve belongingness of the objects of right, belongingness of right, belongingness of property and belongingness of personality and status, which all ultimately manifest as belongingness of right. There is no classification of right of belongingness or right of nonbelongingness as to right of personality and status of one's own. Right of subject to use things or intellectual property can be classified into right of belongingness, right of nonbelongingness and right to use others' object under permission. In the context of the right of belongingness, the right's object belongs to the right's subject, and its powers and

---

* 李锡鹤，男，华东政法学院教授。

functions are complete, therefore the subject enjoys complete behavioural qualifications toward the object under statutory limits. This is a right to control his own "thing" independently. In the context of right of nonbelongingness, the object doesn't belong to the subject, and its powers and functions are incomplete, therefore the subject only enjoys incomplete behavioural qualifications toward the object under statutory limits. This is a right to control others' "thing" independently. Right to use others' object under permission is a right permitted to use others' object, and as the subject matter belongs to other subjects, not user, the latter must comply with the owner's will who owns the subject matter, while the exchange value of the right goes to the user.

Key Words: Belongingness, Right of Belongingness, Right of Nonbelongingness, Right to Use under Permission

一、法律归属的对象

《商君书》有这样一段话：

> 一兔走，百人逐之，非以兔也。夫卖者满市而盗不敢取，由名分已定也。故名分未定，尧、舜、禹、汤且皆如鹜焉而逐之；名分已定，贫盗不取。①

引文是对法律作用的一个很通俗又很恰当的表述。作为法家的商鞅已经认识到，法律是用来规定某些事物的归属的，因而可以定分止争。法律上的归属应该成为一个基本的法学范畴。所谓法律关系，就是法律规定的归属关系。

在引文中，法律定分止争的对象是财产。其实，法律不仅规定财产的归属，还规定人身的归属。所谓财产关系，就是因财产的归属而发生的法律关系。其中，物权和知识产权反映静态的财产归属关系。此类关系属于特定人与不特定人之间的关系。债权反映动态的财产归属关系。此类关系属于特定人之间的关

---

① 《商君书·定分》。

系,与不特定人无直接联系。在债权关系中,给付物通常归属于债务人,但债务人必须履行债务。债务履行后,债权消灭,给付物归属于原债权人。债权实际上间接地反映了财产的归属关系。所谓人身关系,就是因人身的归属而发生的法律关系。财产关系中的财产,人身关系中的人身,就是传统民法所谓的法律关系的根据。探讨法律归属,自然应该探讨财产和人身的归属。

法律是通过规定权利来定分止争的,探讨法律归属,应该探讨权利的归属。

权利是权利主体支配权利客体的行为资格,探讨法律归属,应该探讨权利客体的归属。

法律归属包括财产的归属、人身的归属、权利的归属和权利客体的归属。

以上内容涉及财产、人身、权利主体和权利客体等概念。探讨法律归属,首先应该明确这些概念的含义。

(一) 主体、客体和人身的概念

通说认为,法学上的主体是权利义务的承载者。这一观点是正确的,但这样的表述没有涉及权利主体和权利客体的关系。民法学教科书只界定权利主体,不界定权利客体,甚至只有法律关系的客体的概念,没有一般的权利客体的概念。然而,权利主体是相对于权利客体的概念。离开了权利客体的概念,权利主体的概念是无法阐明的。法律关系是权利主体之间的权利义务关系,与权利主体是完全不同的概念。严格说来,法律关系没有客体。所谓法律关系的客体,只是一种引申的说法,正如时效是对时间的规定,不是主体,不存在客体问题,但通常将时效适用的权利称为时效的客体。

主客体是一对矛盾,各以对方为自己的存在前提。在主客体关系中,主体指能动的一方,即主动的作用者。主体的特征就是能动性,主体性就是能动性,主体就是能动者。客体指被动的一方,即主动作用的对象。客体的特征就是被动性,客体性就是被动性,客体就是被动者。能动性是意识的本质属性。意识的能动性是通过意志形式表现的。主体可以在客体上实现自己的意志,即对客体发生一种自主作用,法学中称支配。需要指出,支配和作用是不同的概念。作用可分为自主作用和非自主作用。支配是对客体的自主作用,对客体的非自主作用不是支配。区分支配和非自主作用,是认识权利关系的前提。主体对客体的支配,其实是其意志对客体的支配。主体可以在客体上实现自己的意志,意味着可以对抗不特定主体的意志。简单地说,主体就是支配客体者,客体就是被主体支配者。主体失去了对客体的支配资格,就失去了客体,不成为主体。

意志是决定达到某种目的而产生的心理状态。主体的意志是通过行为支配客体的。行为是意志的表现,是主观见之于客观的过程,需要特定的承担物。行为的承担物存在于意志之外,是意志的"表现介质"。法学中所谓的人身,其实就是主体意志的"表现介质",主体行为的承担物。主体的人身必须受主体意志的支配,不能受其他主体的支配,否则主体的意志无法表现为行为,也就无法支配自己的客体,不成为主体的意志。主体的人身是主体意志的存在条件。主体即由意志和人身组成。这是主体的结构。主体的意志是主体的核心和灵魂。主体的人身是主体意志的载体,主体的存在形式。这里的"载体"只是个比喻,不是其本义,不能作物理意义上的理解。

在现代社会,法学主体包括完全行为能力人、限制行为能力人和无行为能力人。无行为能力人无法律意义上的意志,限制行为能力人只有部分法律意义上的意志。在法理上,他们应被视为以监护人的意志为自己的意志或部分意志,从而实现自己的主体资格。监护人因此成为他们的代理人。当然,监护人的行为不得违反法律,不得损害被监护人的利益。没有监护人的意志,无行为能力人的主体资格,限制行为能力人在其重要民事关系中的主体资格,只是理论上、概念上、字面上的主体资格,不是现实的主体资格。

(二) 财产是人身的相对概念

从是否受人力支配的角度,万物可以分为不受支配物和受支配物,前者如日月星辰。从是否可为人类利用的角度,受支配物可进一步分为不可利用物和可利用物,也就是无用物和有用物。前者如工业污水、核废料。当然,这里的"受支配"和"无用",只是就当时或目前的科学水平而言。从是否稀缺的角度,受支配的有用物可进一步分为不稀缺物和稀缺物,前者如空气、阳光、海水。在可支配、可利用、稀缺之物中,可与主体分离者就是法学中的财产,不可与主体分离者就是法学中的人身。这里的"分离"并非物理意义上的"分离",而是法律意义上的"分离",即不受原主体支配。法学中的客体,即由法学中的财产和人身组成。主体的人身不可与主体分离,是主体的专有客体。主体的财产可与主体分离,是主体的非专有客体。主体的存在形式和主体是不同的概念。主张人身既是主体的存在形式,又是主体的客体,不会混淆主客体关系。

财产和人身可为人类利用,对主体来说,它们都是价值的载体。其中,财产是交换价值(可换价值)的载体;人身是禁止交换之价值(禁换价值)的载体。

人身由人身要素组成。人身要素分一般要素和特殊要素。一般要素分有形部分和无形部分。有形部分包括生命、健康、身体、行动等,无形要素包括姓名(名称)、肖像、名誉、隐私等。将肖像归入无形要素,是因为它不可占有。特殊要素指主体的身份。前文指出,人身关系是因人身的归属而发生的法律关系。具体的人身关系是因具体人身要素的归属而发生的法律关系。一般人身要素的归属关系是特定人与不特定人之间的关系,发生人格权,属绝对权。特殊人身要素即身份的归属关系有两种情况:(1) 特定人与不特定人之间的关系,发生绝对身份权,如荣誉权;(2) 特定人之间的关系,与不特定人无直接联系,发生相对身份权,如配偶权。

二、权利客体的范围

前文指出,客体是相对于主体的概念。在主客体关系中,主体指支配者,客体指被支配者。主体从来是也只能是客体的主体。同样,客体从来是也只能是主体的客体。所谓权利有主客体,其实是指权利关系有主客体,并非权利本身可支配什么对象,或权利本身受他人支配。

权利是法律确认的行为资格。行使权利就是为某一行为。权利主体为任何行为,都是通过支配自己的人身——确切地说,支配自己的某一项或某几项人身要素——完成的。人身实际上是任何权利的客体。主体的部分不等于主体。主体支配自己的人身是支配自身的某一部分,不是把自己变成客体。意志不能支配意志本身。主体可以支配自己的某一部分,但不能支配自己。主体不能成为客体:既不能成为他人的客体,也不能成为自己的客体。主体一旦成为客体,就不成为主体了。

权利可分为人身权和财产权。人身权是主体的固有权利,是主体因自己的存在而享有的权利,与主体不能分离,具有禁换价值。人身权包括人格权和身份权。人格权是具体主体作为一般主体而享有的权利,仅凭人格即可享有。身份权是具体主体作为具体主体而专享的权利,除人格外,尚须凭借身份方可享有。财产权是主体的非固有权利,除人格外,尚须凭借身份以外的因素——本质上是主体自己的行为(含推定的默示行为,欠缺行为能力人之法定代理人的行为视为本人的行为),方可享有,包括物权、债权和知识产权,具有交换价值。因他人之行为,如侵权,亦可取得债权,但只是补偿本人损失,除精神损害赔偿外,并不增加财产(所谓惩罚性赔偿金实为精神抚慰金),且债权之实现必须通过本人的行为。因法律之直接规定,如善意取得、时效,亦可取得财产权,但此类规定均建立在本人行为的基础上。

有些权利,权利主体行使时,除支配自己的人身外,还支配某一"身外之物",如物、智力成果。此类权利,可以其特有客体与其他权利相区别,学理上也以其特有客体命名,如物权、知识产权。通常仅以其特有客体为其客体,不以权利主体之人身为其客体。

有些权利,如人身权、债权,权利主体行使时,都只支配自己的人身,不支配"身外之物"。

关于债权的客体,有两种观点:一种认为是债务人的给付行为,另一种认为是给付物,即标的物。需要指出,民法学实际上用客体这个概念表示主体的行为对象。但同是主体的行为对象,与主体的关系可能完全不同:如主体的所有物,主体可支配;主体的租赁物、保管物、借用物,主体可作用但不可支配;债权之标的或标的物,主体不能作用,但可请求相对人支配。应该区别行为人可实现意志的行为对象和不可实现意志的行为对象。民法学需要引入客体的概念,仅仅为了表示主体可实现意志的行为对象,从而明确主体的自由范围。行为人如不能在行为对象上实现自己的意志,行为人不具有主体性,行为对象仅仅是其行为对象,不是其客体。

在现代法律中,权利不及于他人人身。债权人行使债权时,不能支配债务人的行为。因此,给付行为不是债权客体。债权人行使债权时,也不能支配标的物(这里只讨论不占有标的物的债权,占有标的物的债权将在下文讨论)。债权人受领标的物后,方可支配标的物,而此时债权已经消灭。因此,给付物也不是债权客体。实际上,债权人行使债权时所能支配的,只有自己的人身(行动)。债权的客体是权利人的人身。

人身权的客体是主体的人身。作为相对于财产权的权利,人身权是一个抽象权利,是各具体人身权的概括,现实中并不存在。现实的人身权是具体人身权。各具体人身权的客体是主体的各人身要素。人格权的客体是主体的一般人身要素,身份权的客体是主体的特殊人身要素——身份。其中,人身自由权的客体也是主体的行动。同以权利主体的行动为客体,债权的客体和人身自由权的客体有所不同:

第一,通说认为债权是请求权,其实,债权的基本权能是受领,请求是受领权能的救济形式。债权可表现为请求权能,也可表现为受领权能。但债权人完成请求行为,无须债务人以特定行为协助;而完成受领行为,须债务人以特定行为协助。前文指出,权利客体是权利主体可实现意志的对象。这意味着债权人欲为请求行为时,债权和其他权利一样,当然有客体;而欲为受领行为时,如无债务人以特定行为协助,债权并无客体,不能显示权利的本质属性。基本权能须特定人以特定行为协助方有客体——其实就是须特定人以特定行为协助方成为权能,是债权和其他权利的本质区别。

第二,债权可以让与,让与前的客体是让与人的人身,让与后的客体是受让人的人身。

人身权不可让与。因此,债权的客体是可替代的,人身权的客体是不可替代的。人身权的客体是主体的"身内客体"。债权的客体则有两重性:一方面,债权的客体是权利人的行动,行动是主体的人身要素,在这一意义上,债权的客体是主体的"身内客体";另一方面,此类人身要素可以替代,在这一意义上,债权的客体又是主体的"身外客体"。债权客体的两重性决定了债权既以人身为客体,又可与主体分离,具有交换价值。

通说认为,权利本身也可以成为权利的客体,譬如,主体可以处分自己的权利。这一说法似可商榷。所谓处分权利,就是为处分权利的意思表示,主体的实际支配对象是自己的人身,权利只是逻辑上的客体。严格地说,权利的客体只有人身和权利以外之财产——物、智力成果。

三、归属权和非归属权的概念

在民法学中,财产可分为可实际占有的财产和不可实际占有的财产。可实际占有的财产就是物。不可实际占有的财产包括智力成果和所有权以外的各种财产权。如果一物归属于某主体,民法学称该主体对该物享有所有权。在民法学中,所有权是惟一被称为归属权的权利。如果主体对一物享有非归属意义的权利,民法学称该主体对该物享有他物权。一个物上可能同时存在两个以上权利,如果其中一个权利表示物与主体的归属关系,其他权利表示物与主体的非归属关系,民法学可以用所有权和他物权明确地区别两者。

对不可实际占有的财产的权利,同样存在归属意义和非归属意义的区别。然而,现有的权利类型无法表示这种区别。譬如,民法学称对不可实际占有的财产的共有为准共有,在准共有中就存在这种情况。

笔者曾经指出:共有不是两个以上主体对同一未分割的可实际占有的财产共享一个所有权,而是两个以上主体对共有财产的各个份额分别享有所有权。[①] 可以推论,准共有应该是两个以上主体对同一未分割的不可实际占有的财产的各个份额分别享有权利。不可实际占有的财产包括他物权、债权、知识产权。各准共有人享有的当然是他物权、债权或知识产权。但各准共有人对准共有财产的各个份额并不享有他物权、债权或知识产权,那么,享有什么性质的权利呢?

各共有人对共有物的各个份额分别享有的权利具有归属意义,应称所有权。各准共有人对准共有财产的各个份额分别享有的权利也具有归属意义,可称归属权。民法学需要一个表示主体与"身外客体"的归属关系的权利概念,这一概念就是客体归属权,简称归属权。所有权是归属权的下位概念,是对可实际占有的财产的归属权,属于物权;是对自己之物的权利,称自物权。民法学也需要一个表示主体与"身外客体"的非归属关系的权利概念,这一概念就是客体非归属权,简称非归属权。他物权则是非归属权的下位概念,是对可实际占有的财产的非归属权,对他人之物的权利。

---

① 参见拙文:《论共有》,载《法学》2003 年第 3 期。

四、对他人客体的许可使用权

(一) 对物的许可使用权

大陆法系中的物权,指权利人直接支配物的权利,权利人可在法律许可的范围内,对抗不特定人的意志,在物上实现自己的意志,权利客体是物,义务人是不特定人,或者说,是对(相对于)不特定人的权利(通称对物的权利),义务的内容是不作为(不为妨碍行为)。大陆法系中的债权,是权利人受领和请求特定人之特定行为的权利,不能支配物,权利客体是权利人的人身,义务人是特定人,或者说,是对(相对于)特定人的权利,义务的内容是作为或不作为(不为特定行为)。应该说,物权与债权的区别是清楚的。虽然承租权与用益物权外观很相似:两者均由标的物所有人设定,权利人均可占有、使用标的物,但仍存在质的区别。

第一,动产上无单独的用益物权,以下只讨论不动产租赁关系。租赁关系无需登记,说明租赁关系是特定人和特定人之间的关系,不是特定人和不特定人之间的关系。承租人的相对人是特定人——出租人,不是不特定人。在不动产租赁关系中,承租人占有不动产,但占有并非不动产物权之公示方式。不动产承租权无不动产物权之法定形式。

第二,物权的根本标志是权利人可在标的物上实现自己的意志。所谓实现自己的意志,就是可对抗不特定人的意志。租赁关系存续期间,出租人必须按照合同提供标的物;如无法定或约定事由,解除合同须承担违约责任。这说明承租权对出租人有一定的对抗性,但这种对抗性并未达到物权的效力。承租人可以作用标的物,但只能在标的物上实现合同内的意志,即符合出租人意志的意志。这种作用不是自主作用,这种关系不是支配关系。从根本上说,承租人使用标的物,实现的不是自己的意志,而是标的物所有人的意志。承租期内,出租人如愿意承担违约责任,保证承租人享有相当于承租期的待遇,应允许出租人收回标的物。承租人对出租人的对抗性是对特定人的对抗性,约定性对抗性,合同内对抗性,即债权对抗性;不是对不特定人的对抗性,法定性对抗性,合同外对抗性,即物权对抗性。

第三,租赁合同是有名合同。法律对有名合同均有规定。对合同的规定,就是对当事人双方权利义务的规定。同是合同权利,法律的规定是有区别的。有些合同权利,虽由一方当事人设定,但以不特定人为相对人,如地上权、地役权、永佃权、典权、抵押权、质权等,其种类、权能、取得和变动方式,只能由法律直接规定。规定权利就是规定义务。法律对此类权利的规定其实就是规定了不特定人的义务范围——不作为范围。有些合同权利,由一方当事人设定,并以设定人自己为义务人。法律虽然对此类权利也有所规定,如规定某些权能,但只是为了实现合同目的,并非为不特定人规定义务范围。如《合同法》第216条规定:"出租人应当按照约定将租赁物交付承租人,并在租赁期间保持租赁物符合约定的用途。"此类权能本质上仍属于约定权能。此类权利属于债权。因法律规定了此类权利的某些权能,即认为它们是法定权利,缺乏根据。

通说认为,法律规定买卖不破租赁,承租人在同等条件下对承租房屋享有先买权,承租权的这些权能都以不特定人为相对人,租赁权因此物权化了。此说根据不足。租赁关系存续期间,承租人可占有、使用标的物。这是标的物所有人行使权利的方式。承租权虽然不是用益物权,但对标的物所有人来说,存在与不存在租赁关系,所有权行使的状况毕竟是不同的。将所有权的瑕疵局限于标的物上的他物权,不能反映此类状况。权利行使的一切合法妨碍,都是权利的瑕疵。根据民事关系当事人地位平等的原理,第三人购买租赁物,取得的所有权上应附有原来的瑕疵。买卖不破租赁不过是确认了瑕疵,并没有扩大瑕疵;承租人的法律地位提高了,法理地位没有提高。承租权对作为所有权人的买受人的对抗性,其实是合同内对抗性的一种曲折表现。承租人的先买权不能作用标的物,不具有物权对抗性。买卖不破租赁和承租人先买权,都没有真正赋予承租权合同外对抗性。

如果法律的目的是为了使非所有人能够一般地使用标的物,那么,法律规定承租权即可。如果法律的目的是为了使非所有人能够像使用自己之物那样使用标的物,法律必须使使用人可直接根据法律,而不是根据合同,作用标的物,即享有合同外对抗性,可对抗不特定人。使用人和标的物所有人的关系成为特定人和不特定人之间的关系。解决的办法便是创设用益物权。在用益物权设定合同中,所有权人只是为相对人设定了用益物权,用益物权的权能却由法律直接规定。有学者指出了建筑用地使用权和租赁权的种种区别①,但两者的根本区别是:租赁权对标的物的作用实质上不具有任何合同外对抗性;而用益物权对标的物的作用具有合同外对抗性,权利人可依法定权能对标的物发生合同外作用,请求不特定人排除妨碍。合同外的作用意味着权利人在标的物上实现了自己的意志,该作用因此而成为支配。标的物非所有人对标的物享有的全部合同外权能,均由法律直接规定,属物权权能。如我国《农村土地承包法》第 32 条规定:"通过家庭承包取得的土地承包经营权可以依法采取转包、出租、互换、转让或者其他方式流转。"

租赁关系反映当事人之间的一种信任关系。租赁合同是双务合同。承租人不得擅自转租标的物,更不得擅自转让承租权。我国台湾地区禁止承租人转租耕地之一部或全部,即使出租人承诺(台湾地区《土地法》第 108 条)。但用益物权人可自主转租和转让标的物。用益物权之转租、转让权能均由法律直接规定。用益物权人行使转租、转让权能时,标的物所有人不得干预,实际上处于不特定人地位。处分权能——即可自主转让(含抵押)本权,是用益物权的标志性权能。对标的物的其他合同外权能通常依附于处分权能,或为其派生。处分权能的实质不是处分权利,而是处分权利客体。如果用益物权设定合同约定,用益物权人不享有处分权能,该约定不得对抗第三人,当事人所取得的实际上不是用益物权。如果租赁合同约定承租人享有转租权能,此转租权能来自合同,不具有合同外对抗性,承租权仍是债权。

我国台湾地区《民法典》第 443 条规定,如无相反协议,房屋承租人可将承租之部分房屋转租他人。此类转租权能可视为得到了出租人许可。《日本民法典》第 605 条规定:"不动产租赁实行登记后,对以后就该不动产取得物权者,亦发生效力。"不动产以登记公示。不动产承租关系如经登记,承租人对标的物的占有、使用就可对抗包括所有权人在内的不特定人,所有权的占有、使用权能就和所有权分离,承租权实际上已成为一种用益物权。登记后的对抗性由法律直接规定,属合同外对抗性。

由于动产价值通常低于不动产,法律不在动产上单独设定一个可对抗所有

---

① 〔日〕三和一博、平井一雄:《物权法要说》,东京:青林书院 1989 年版,第 125 页。转引自陈华彬:《物权法原理》,北京:国家行政学院出版社 1998 年版,第 499—500 页。

权人的用益物权。非所有权人通过合同对动产的任何占有、使用,都不发生用益物权。

在大陆法系中,利用身外之物的财产权通常可分为三级:以对土地的利用为例。第一级,土地所有权。第二级:他物权,包括:(1)土地使用权人的土地使用权,如传统民法中的地上权、地役权、永佃权,我国目前的土地批租权、土地承包权,等等;(2)土地抵押权;(3)地产典权,同时具有用益和担保性质。第三级,土地承租人的租赁权。第一级是对土地的归属意义上的权利。第二级是对土地的非归属意义上的权利。第一、二级都是相对于不特定人的权利,权利存在于土地上,权利的客体是土地,属于物权。第三级是相对于土地出租人的权利,权利不存在于土地上,权利的客体不是土地,而是权利主体的人身,属于债权。土地所有权、土地上的他物权,以及土地租赁权,都可作用于土地,但作用不同。物权——无论所有权还是他物权,其权能皆由法律直接规定,可对抗任何人。物权人行使对土地的权利,实现的是自己的意志。此类关系属法律上的支配关系。土地租赁权为合同所约定,承租人必须按照土地所有人的意志使用土地,实现的是所有人的意志。此类关系不是支配关系,而是许可使用权关系。土地租赁权是对他人客体的许可使用权,权利人通过支配自己的人身,许可使用他人的土地。

可以推论,在上述利用物的关系中,相对应的权利应为:所有权、他物权,以及对作为他人客体之物的许可使用权。所有权和他物权均以物为客体。对作为他人客体之物的许可使用权的客体不是物,而是权利主体的人身。

(二) 对智力成果的许可使用权

在一些媒体中,常常出现"自主知识产权"这样一个概念,但未见明确的界定。从文字看,应该是相对于"他主知识产权"的概念;但从前后文来看,似乎是相对于智力成果许可使用权的概念。这是一个需要澄清的问题。

知识产权关系是特定人和不特定人就智力成果的归属而发生的法律关系,不能约定,只能法定。正如法律不在动产上创设用益物权一样,法律也不在他人智力成果上创设具有非归属意义的用益性知识产权。各种智力成果许可使用权皆由合同约定,许可使用权人不因合同取得合同外的权利。使用人和许可人的关系是特定人之间的关系。智力成果许可使用权是债权,是对作为他人客体之智力成果的许可使用权,不是知识产权。其客体不是使用的智力成果,而是使用人的人身。使用人不是智力成果权利人。

但在现代民法中,知识产权可以成为质押标的。知识产权质押后,质权人就对本权享有处分权能,成为智力成果的权利主体。从法理上说,智力成果质权是客体不归属于主体之权利,是具有非归属意义的知识产权。不存在非归属意义上的用益性知识产权,但存在非归属意义上的担保性知识产权。

可以推论,在对智力成果的利用关系中,财产权可分为三级:第一级,以归属于自己的智力成果为客体的权利(通称自主知识产权),为归属权;第二级,以归属于他人的智力成果为客体的权利,为非归属权;第三级,对作为他人客体之智力成果的许可使用权。

(三) 对他人人身的许可使用权

主体的人身是主体的客体,不能成为其他主体的客体。但其他主体可通过合同,使用他人某一人身要素,如肖像。通常是有偿合同。使用他人肖像的权利,不是使用权,而是许可使用权。权利客体不是肖像,而是使用人的人身。使用人不是肖像权人,而是肖像权人的债权人。

五、许可行使他人权利的行为资格

对他人客体的许可使用权关系是一种有偿使用关系,通过合同而取得。许可使用权人对许可使用对象的归属权人有合同内的对抗性。许可使用权是一项权利,一宗财产。如果通过合同无偿使用他人客体,在给予使用人合理的宽限期的前提下,使用对象的归属权人可随时请求返还标的物,使用人无任何对抗性,不享有许可使用权。在学理上,通过合同使用他人客体属有权使用。但不同的合同,使用的根据也不同。通过物权合同的使用为物权使用。通过租赁合同或有偿使用合同的使用为债权使用。通过借用合同或无偿使用合同的使用为许可行使他人权利,使用人并未取得任何权利。许可行使他人权利与许可使用权很相似,但不是权利,也不是财产,实际上只是扩大了使用人的人身自由权的范围。

这样,对"身外之物"(物和智力成果)的合法使用关系,可分为四个等级:

(1) 归属权关系,权利及其权能均由法律直接规定,不得由自己或他人设定;(2) 非归属权关系,权利由使用对象(权利客体)之归属权人设定,权利之权能由法律直接规定;(3) 许可使用权关系,权利由使用对象(非权利客体)之归属权人设定,权利之权能亦由其设定;(4) 许可行使他人权利关系,使用对象之归属权人未为使用人设定任何权利,不属于财产权关系。

六、法律归属的含义

主客体的归属关系在法律上是什么含义呢?

笔者曾经指出:所有权和他物权的根本区别在于:所有权人可从物权的全部权能中,任意利用一种或若干种权能。在这一意义上,所有权权能完全。他物权人只能从物权的部分权能中,任意利用一种或若干种权能。在这一意义上,他物权权能不完全。[①] 这就是说,所谓一物归属于某主体,指该主体在法律许可的范围内,享有对该物的全部行为资格的任意选择资格,法学上称对该物的完全权能。可以推论,这一原则也应该适用于智力成果,即适用于全部身外客体。

那么,如何理解人身的归属呢?

所谓人身的归属,其实是人身要素的归属。所谓人身要素的归属,不能理解为该人身要素与哪个主体存在生理上的联系,或指称、反映哪个主体,而应理解为支配该人身要素的行为资格的归属。根据现代的法理,主体的人身要素只能由主体自己支配,均归属于主体。

前文指出,债权的客体是主体的人身,虽可替代,但总是权利人的人身,归属于权利人。

可以得出结论:一客体如归属于某主体,即表示该主体可在法律许可的范围内,从对该客体的全部支配方式中,任意利用一种或若干种方式。身内客体均归属于权利人。对身内客体的权利,无论人身权和债权,均不存在归属权和非归属权的区别。换言之,归属权和非归属权的区别,只存在于对身外客体的权利中,即物权和知识产权中。

---

① 参见拙文:《所有权定义形式之比较——与梁慧星先生商榷》,载《法学》2001年第7期。

前文指出,利用"身外之物"的财产权中,除具有归属意义的权利外,还包括:(1) 对"身外之物"的不具有归属意义的权利,如他物权;(2) 对他人客体之许可使用权,如承租权、智力成果许可使用权,他人肖像许可使用权。这些权利都是不可实际占有的财产。这些财产无疑归属于权利人。可见财产的归属和客体的归属是不同的概念。这里涉及到权利和财产的关系。

民法中的财产包括物、智力成果和权利。但实际上,对于主体来说,一切财产,最终都表现为权利。也就是说,对主体来说,法律所规定的归属于自己的一切财产,最终都表现为法律赋予自己享有某些行为的资格。有归属的财产的法律含义就是具有交换价值的行为资格。该财产的价值就表现为主体的行为资格的交换价值。任何具有交换价值的行为资格都是财产。权利当然归属于权利人,但权利归属的真正含义是享有对权利客体的行为资格的选择资格。他物权的归属并非指权利客体的归属,而是指对客体的不完全行为资格的任意选择资格的归属。对"身外之物"的许可使用权的归属,并非指"身外之物"的归属,而是指该许可使用权所蕴含的行为资格的选择资格的归属。

财产的交换价值,就是可利用该宗财产的权利的交换价值。同一宗财产,可成为两个以上不相冲突的权利的客体,或者,可为两个以上不相冲突的权利所利用;每一个权利均是一个行为资格,每一个行为资格均蕴含了一个交换价值;该宗财产的价值就是各行为资格的交换价值之和。

七、关于"利益"之法律归属

民法理论中,经常使用"利益"一词,但"利益"不是法学术语。所谓"利益",应理解为:对主体来说,如某"身外之物"之存在,有利于主体,则该"身外之物"为主体之"利益"。"利益"只能有利于主体,不能有利于"利益"自身。因此,"利益"必须在主体"身"外,不是主体之组成部分。否则,"利益"有利于主体,蕴含了"利益"有利于"利益",违反"利益"之本义。

民法学上之"利益",应该具有法律意义,即为法律所确认,受法律的保护。是否受法律的保护,应该是民法学的"利益"与其他"利益"之区别所在。民法是对权利的规定,民法只保护权利,主张民法还保护主体的权利以外的"法益"的观点不能成立。民法是通过保护权利客体保护权利的。民法学的"利益"必须是主体的权利客体。权利客体只有两类:财产和人身。民法学中所指称之"利益",如受法律的保护,或是财产,或是人身,两者必居其一。由于"利益"为主体的身外之物,民法学的"利益"和主体的财产是同义词,表示不同于主体的人身(确切地说,不同于人身要素)的民事客体。在民法学中,"利益"和财产的区别在于:"利益"只有在与其归属者的关系中才成为归属者的利益。这意味着利益是一种"向量",不存在"无主利益";而财产不是"向量",存在无主财产。民法学的"利益"有特定的含义,具有法学范畴的地位。应注意区分"有利"和利益。"有利"仅仅表示有利于某主体,未必受该主体支配,如某地气候有利于某人的健康。不受某主体支配的"有利",不是该主体法律上的利益。主体不能请求法律保护不受其支配的"有利"。受某主体支配的"有利",才是该主体法律上的利益。在民法学中,主体利益的归属应界定为主体财产的归属。

八、信托财产的归属关系

信托制度为英美法系所创设。在信托关系中,受托人可以"所有人"名义占有、使用、收益、处分信托财产。英美法理论认为,对于信托财产,受托人享有普通法上的所有权,受益人享有衡平法上的所有权。英美法中的所有权和大陆法中的所有权含义不同。信托制度被大陆法引进后,通说认为,受托人对信托财产享有名义上的所有权,受益人享有受益权。但名义上的所有权是什么性质的权利?受益权又是什么性质的权利?并未明确。

所有权只存在于物上,是对物的完全权利,不能由他人设定。所有权的全部权能,皆由法律直接规定。所有权人可在法律许可的范围内,对所有物作不定向的支配。所有权人决定了所有物上的权利形式。而信托财产可以是物,也可以是不可实际占有的财产。受托人对信托财产的权利由委托人设定,虽然包含占有、使用、收益、处分四项权能,但都只能定向利用,不得故意或过失损害信托财产或受益人权利,这说明任何一项权能实际上都受到信托合同的制约。受托人以所有人名义对信托财产的支配,是一种受合同制约的定向支配。信托财产上的权利形式由委托人设定,并非由受托人设定。显然,所谓的名义所有权不是大陆法所有权,也不是归属权。

根据法律,受托人得许可他人使用信托财产,也可处分信托财产,这意味着对委托人来说,受托人权利具有一种合同外对抗性,不是债权;如信托财产为物,应为物权;如信托财产为不可实际占有的财产,应为非归属权。受托人不能以信托财产为自己谋利,对信托财产的使用、收益只有操作意义,不能归入用益物权或使用权。这一性质类似于传统民法中的管理权,如:管理人对宣告失踪人的财产,监护人对被监护人的财产,代理人对被代理人的委托财产,遗产管理人对遗产,财团法人对捐赠财产,清算人对破产财产,等等,当事人都享有一种可对抗不特定人的行为资格,但都不能为自己谋利。区别在于,传统民法中的管理权不具有所有权的外观,而受托人对信托财产的权利具有所有权的外观,是一种外观所有权,实际上是一种大陆法传统权利类型中所没有的特殊物权或非归属权。

受托人对信托财产的权利不是所有权,那么,谁是信托财产的归属权人呢?

信托关系由委托人和受托人通过信托合同约定。在信托合同中,委托人为受托人设定了对信托财产的定向支配权,对委托人的合同请求权。受托人为委托人设定了履行信托义务请求权,为受益人设定了受益权。从前文可知,受托人对信托财产的权利是一种特殊的非归属权。受益权是受领和请求受托人的特定行为的权利,属于债权;所含监督、异议、知情、撤销等权能,均不得直接对标的物占有、使用、收益和处分,实为债权之救济权利,派生权利,属于债权之权能。受托人过错损害信托财产时,委托人和受益人得请求受托人赔偿损失或恢复原状;受托人违反信托本旨处分信托财产时,委托人和受益人享有撤销权和追及权。学理上认为,委托人和受益人的恢复原状请求权、撤销权和追及权,均具有物权性质。这一看法似可商榷。任何不能直接支配物的权利都不是物权,任何对特定人的请求权都是债权。受托人如过错损害信托财产,学理上认为既有违约性质,又有侵权性质。前文指出,委托人和受益人对信托财产均无权利。委托人和受益人对受托人的权利均由委托合同设定。受托人为受益人设定受益权时,受益人未必知晓。但受益人因受托人过错损害信托财产而请求受托人损害赔偿时,应推定受托人和受益人之间就受益权事项达成了合意。因此,受托人过错损害信托财产构成违约:既违委托人和受托人之约,又违受托人和受益人之约。称受托人侵权根据不足。在他益信托关系中,无论委托人,受托人还是受益人,都不是信托财产的所有人、归属权人，信托财产上无所有权或归属权，信托财产无所有权人或归属权人。这意味着在他益信托合同存续期间，信托财产无归属。

通说谓信托财产具有独立性。财产无独立问题，这一表述不准确。如果所谓的"独立性"是指信托财产不归属于委托人、受托人、受益人中的任何一方，应表述为信托财产无归属。

九、如何理解无主物之归属

自罗马法以来，无主物一直是指无所有人之物。在大陆法系中，无主物、捐赠物、共有物、总有物上均无所有权。① 无所有权即无所有人。无主物在被先占取得以前无归属。捐赠物在管理人交付受捐赠人以前无归属。在共有关系中，两个以上主体对同一未分割物的各个份额分别享有所有权。全体共有人同时分别行使自己的共有权，发生相当于行使共有物所有权的效力。共有物归属于全体共有人。在总有关系中，总有团体各成员对同一未分割物的任何份额均不享有所有权，但全体总有人同时分别行使自己的总有权，发生相当于行使总有物所有权的效力。总有物归属于全体总有人。可见，无归属和无归属权是不同的概念。无归属权指无人对标的物享有所有权。无归属不仅指无人对标的物享有所有权，而且包含无法对标的物发生所有权的效力。无归属权之物并非必然无归属。

传统民法区分有主物和无主物的目的，在于无主物适用先占取得所有权，有主物则不适用。但不能推论，无主物和有主物的区别就在于是否有所有人和所有权。实际上，无主物不仅无所有人，更重要的是，对无主物的任何支配，都不侵犯任何人的权利。这意味着无主物上无任何权利。因此，无主物不能理解为物上无所有权，而应理解为物上无权利。无主物之"主"，不能理解为所有人，而应理解为权利人；不能理解为客体的归属，而应理解为财产的归属，即客体所蕴含的交换价值的归属。捐赠物、共有物、总有物、信托财产，均无所有权，但均有权利；不是无主物，而是有主物。无主与无归属不同，与无归属权也不同。无归属

---

① 关于共有物和总有物上的权利关系，参见拙文《论共有》所引文，载《法学》2003年第3期。

物,无归属权物,都可能是有主物。前者如捐赠物,后者如共有物。

前文指出,财产可分为物、智力成果和所有权以外的财产权。进入公有领域的智力成果,不具有稀缺性,已不是法学中的财产。无主财产中,不存在"无主智力成果"和"无主财产权"。因此,无主财产和无主物实际上是同一概念。传统民法中,无主物适用先占取得所有权。但现代社会,有些无主物,如国家保护的野生动物,不适用先占取得所有权。

共有权(含准共有权)的总和,总有权的总和,都相当于归属权。但共有权,以及准共有权,是份额归属权。[①] 总有权是一种成员权,不是份额归属权。

法律的直接作用就是规定财产和人身的归属。法律是通过规定主体的人格等级,规定人身的归属的。所谓规定人格等级,就是规定主体的人格,主体在自己的等级上,与其他主体竞争,即通过支配按等级归属于自己的人身,去取得财产,包括自己的劳动和他人的劳动。在原始社会,无剩余劳动,原始人不可能通过占有他人的人身去占有他人的劳动。剩余劳动产生后,统治阶级总是通过占有他人的人身——奴隶主通过完全占有奴隶的人身,封建主通过不完全占有农奴的人身——占有他人的劳动,即通过压迫实现剥削。在人格平等的社会,任何人不能占有他人的人身,占有他人劳动的手段只能是合同,即通过合同实现剥削。规定人身的归属其实是为了实现主体的财产资格。人身权实际上以财产权为宗旨。人身关系实际上服从财产关系。在这一意义上,法律的真正宗旨是规定财产的归属。

在现代社会,主体的人身要素均归属于主体,对主体的"身内客体"即人身要素的权利,无归属权和非归属权之分。对主体的"身外客体"即物和智力成果的权利,可分为归属权、非归属权、许可使用权。归属权是权利客体归属于主体的权利,是在法律许可的范围内对客体的全部行为资格的任意选择资格,是对客体的权能完全的权利,是自主支配自己之"物"的权利。非归属权是权利客体不归属于主体之权利,是在法律许可的范围内对权利客体的不完全行为资格的任意选择资格,是对客体的权能不完全的权利,是自主支配他人之"物"的权利。非归属权是一宗财产,表示财产的归属。许可使用权是许可使用他人客体的行为资

[①] 关于按份共有和共同共有之区别,参见拙文《论共有》,载《法学》2003 年第 3 期。

格,也是一宗财产,表示财产的归属。许可使用不是法律上的支配。许可使用权的客体是权利主体的人身,不是许可使用的对象。许可使用对象归属于他人,也不是使用人的客体,但许可使用资格所蕴含的交换价值归属于许可使用权人。

　　最后需要说明,从表面上看,法律上的归属可分为积极的归属和消极的归属。权利客体、权利、财产和人身的归属,都是积极的归属;消极的归属包括义务的归属和责任的归属。但责任是转化形态后的义务,责任的归属可归入义务的归属。而义务归属其实是权利归属的一种形式。从实质上看,法律上的归属只包括权利客体、权利、财产和人身的归属,最终表现为权利的归属。

20世纪侵权行为法理论[*]

〔美〕约翰·C.P.格尔德波格[**]

杨 燕[***] 云建芳[****] 译 云建芳 校

内容提要：本文介绍和分析了代表20世纪美国和加拿大侵权行为法理论的五种主要的理论学说，即关于侵权行为法的传统观点、赔偿遏制理论、企业责任理论、经济遏制理论、社会正义理论、个人正义理论。对每个理论从解释性、描述性和对该理论的批判三方面进行分析。最后，笔者在对这些理论进行分析的基础上，进行了总结并提出了一些建议。

关键词：侵权行为法 传统观点 赔偿遏制性理论 企业责任理论 经济遏制理论 社会正义理论 个人正义理论 解释性方面 描述性方面 矫正正义

Abstract: This article introduces and analyzes five main theories and accounts which represent the development of the American and Canadian tort laws in the 20th century: traditional accounts, compensation deterrence theory, enterprise liability theory, economic deterrence theory, social justice theory and individual jus-

---

[*] 2003年本文获得乔治顿法学杂志出版社(Georgetown Law Journal© 2003)的授权许可。

[**] John C. P. Goldberg,美国范德比尔特(Vanderbilt)大学法学院教授。这篇文章有Gary Schwartz 的功劳，在侵权法学者中他总是力图促进理解。本文可能已部分出现在约翰·P.格尔德伯、安斯尼·J.斯伯克和本杰明·C.兹普斯克合著的《侵权行为法：责任和赔偿》一书中(于2004年出版)，感谢Heidi Li Feldman 组织的新过失侵权理论学术研讨会，以及Heidi, Mark Geistfeld, Steve Hetcher, Ellen Smith Pryor和Ben Zipursky提供的有益的批评和建议，以及米歇根大学、范德比尔特大学、华盛顿大学法学院的成员对本文早期草稿的评论。也感谢Mark Brandon, Homer Goldberg, Chris Guthrie, Don Herzog, Deak Nabers, Richard Nagareda, Mark Osiel, Robert Rabin, Tony Sebok和Catherine Sharkey。本文得到了范德比尔特大学法学院的一项研究的支持。

[***] 杨燕,女,华中科技大学法学院硕士研究生。

[****] 云建芳,女,华中科技大学法学院硕士研究生。

tice theory. Then it analyzes these theories from interpretive aspects, prescriptive aspects, and theoretically criticizing aspects. Finally, it draws the conclusions and put porward some suggestions on the basis of the analyses stated above.

Key Words: Tort Law, Traditional Account, Compensation Deterrence Theory, Enterprise Liability Theory, Economic Deterrence Theory, Social Justice Theory, Individual Justice Theory, Interpretive Aspects, Prescriptive Aspects, Corrective Justice

前　言

当我们考虑"新过失侵权理论"时,先考察20世纪的侵权法理论是大有裨益的,它的发展也是日新月异。由此,本文分析了代表20世纪美国和加拿大侵权法主要理论成果的五种理想化理论。[①] 这五种理论分别是:赔偿遏制理论,企业责任理论,经济遏制理论,社会正义理论,个人正义理论。[②] 它们在各自提出的概念范畴内对现代侵权法的具体问题进行了如火如荼的争论,例如根据过错责任标准或严格责任标准,是否应当让侵权行为人为意外伤害承担责任。

为详细描述这些理论,把它们进一步区分为解释性理论和描述性理论是大有裨益的。根据解释性理论,侵权法理论旨在解释我们现有的侵权法。同样,它可能结合多种观点呈现解释性侵权行为法理论的完美画卷。具体地说,某种对侵权行为法的解释可能包括:对现代侵权法是如何形成的进行历史性的描述,一系列关于侵权学说和规则的实质含义进行概念层面的论述,最后对侵权法发展的目标进行功能层面的描述。例如,一些解释经济遏制理论的版本包括:在历史

[①] 接下来是分析的重构,它可能需要进行正当性证明。一个正当性是侵权法学术并不是总是因为诡辩而著称,也不是因为学者们妄自尊大的理论而著称。在某种程度上,本文可能确定和分析20世纪主要的侵权理论的一些基本观点和假定,和区别这些理论之间的真正不同点,这也许有助于清晰地理解和洞悉新世纪侵权学术。

[②] 本文关注五种理论,排除了其他对侵权的分析,如女权主义理论。同样,它不会尝试在侵权行为法和可选择的其他制度的著作中调查经验主义的文献。这些遗漏不是否定未进行论述的理论的价值。相反,他们反映了关注学者中的"主流"观点的决定。最后,文章大多集中于美国和加拿大学者的理论,因为侵权行为的理论化在这些理论学者看来比其他国家相应的学者看来更为当务之急。

层面说明现代过失侵权行为法产生于不断促进有效规则发展的诉讼过程中,在概念层面说明在过失责任中过错标准最好被视为无效或无用,在功能层面说明过错标准的运用能提高预防措施的效率性。①

描述性侵权法理论对侵权法应该是什么提供详细的描述。这些描述往往是假设性的。同样,它采取了一种条件性的论述形式:如果侵权法的目的是 G,那么它应该采用 F 的形式。或者,它也可以采取无条件的论述形式,即直接认为侵权法的目标应当是 G,所以应当采取 F 的形式。再考虑经济遏制理论的例子,描述性经济遏制理论声称——假设性地或无条件地,这取决于理论家——侵权法应当能够促进有效的遏制,或者侵权法应该被能够更有效地促进遏制的制度所取代。②

这里讨论的五种理论的形成并没有直线式的时间顺序。尽管如此,笔者对它们的分析会继续按着松散的时间顺序方式进行。第一部分简短描述侵权行为法的传统观点。③ 在这个基础上,第二部分到第五部分分别详细分析赔偿遏制理论,企业责任理论,经济遏制理论,社会正义理论。尽管此消彼长,互相竞争,但每个理论都有一个共同的前提,即传统侵权法观点在 20 世纪初土崩瓦解,因而需要几种与传统观点根本不同的理论来说明侵权法是什么和应该如何运行。第六部分转而考虑个人正义理论。个人正义理论又可细分为几种理论,这些理论组成了一个丰富多彩的大家庭,然而与前四种理论相比较,许多个人正义理论对侵权法的分析都与传统论述相一致。在结论部分,本文提出了通过分析考察可以获得的经验教训。

---

① 参见下文第四部分的 A 小节。

② 参见下文第四部分的 B 小节。利用下面这种解释可能更为有利。这种分类不是提供详尽的或者永恒的法律理论,下文将表明,在这些分类之间有着重要的理论上的区别。我也没有宣称这些分类彼此之间是封闭的,例如,罗纳德·德沃金有时就认为"合适"和"正当性"完全是完全不相关的法律理论的两个独立方面。参见罗纳德·德沃金:《法律帝国》,第 230—231 页(1986 年)。相反,我只是进行了临时的分类,是为了有利于阐明侵权法的争议。

③ 我故意使用"观点"一词而非理论一词。传统观点从未被真正地理论化,部分是因为对该理论没有感觉到需要或者是没有明显的评估侵权行为法的范畴和价值的制度选择。此外,本文的焦点是 20 世纪主导的侵权行为法理论。如下文所解释,这些主导的理论填补了传统观点的漏洞。因而,认为传统观点为"20 世纪"侵权行为法理论是不适当的。并不是说传统观点在现代没有支持者,也不是说它阻碍了 20 世纪法官造法而是说它倾向于作为 20 世纪侵权理论的陪衬。

一、传统观点

同现在一样,在建立美利坚合众国之时,"侵权"一词就有时被用来指民法的一个部门,它处理诸如攻击、殴打、欺诈、诽谤和损害之类的诉讼。① 同时,它沿用了中世纪更广泛的用法,即作为"不正当行为"或"侵犯"的代名词。② 甚至起初不使用侵权概念的法学家们似乎也承认"侵权"部门法。他们只是使用了不同名称来称呼它,诸如"私人不正当行为法"、"个人不正当行为法"、或"不正当行为法"。③ 而布莱克斯通交替使用了不同的名称,包括现代用法意义上的"侵权"。④

无论用什么名称,18世纪后期和19世纪早期的法学家们有着某种"侵权"观念。他们认为,侵权行为法是普通法中民法的部门法,也是因市民——或在特定条件下国家——进行有害的不正当行为而向受害的另一方提供救济。⑤ 强调这种简单的观点中体现的几个含义对我们之后的论述是有用的。

第一,与财产法或刑法相比,侵权行为法在法律体系中被认为处于不重要的地位。⑥ 在传统观点中,与其说它被认为是微不足道的或肤浅的,倒不如说认为它的作用是十分有限的。⑦ 用现代生活中的例子类比,它在普通法体系的地位相当于篮球队中的"第六人",或电影中的配角:他在球场(屏幕)上出现的时间是短暂的,然而对于球队(故事叙述)的成功是非常重要的。

第二,在传统观点中,侵权行为法与有同样作用但效果更突出的刑法被认为

---

① 4 St. George Tucker, Blackstone's Commentaries 117(1803)(推测最适用美国的用法是布莱克斯通用"侵权行为"来描述无契约的民事不正当行为)。
② D. J. Ibbetson, A Historical Introduction to the Law of Obligations 97(1999)(指出中世纪对侵权行为、侵犯和不正当行为同等视之)。
③ 参见 2 ZEPHANIAH SWIFT, A SYSTEM OF THE LAWS OF THE STATE OF CONNECTICUT 1—290 (1796)(对个体的不正当行为诉讼进行分类), THOMAS WOOD, AN INSTITUTE OF THE LAWS OF ENGLAND 534(1724)(描述了私人诉讼的分类), Thomas C. Grey, "Accidental Torts", 54 *Vand. L. Rev.* 1225, 1233—1235(2001)(指出了民事法律中区分违约责任和侵权责任的作用)。
④ 3BLACKSTONE,《英国法评述》,第 116—117 页(1979 年再版)(1765—1769)。
⑤ Id., at 129—138(将人身保护权和错误监禁侵权相联系)。
⑥ 例如,布莱克斯通在其著作中的第二卷和第四卷论述财产法和刑法,而侵权行为法在第三卷中不到一半,但它也包括了今天所称的民事程序和民事救济。参见前引 BLACKSTONE, at 115—269。
⑦ 参见前引 BLACKSTONE, at 55—56。

像孪生兄弟一样，都旨在确定正当行为与不正当行为的标准。一些令状如侵犯令状、具体侵犯令状，因为可以具体问题具体适用，提供了市民（或官员）可能对其他人实施的不法行为的各种形式。① 比如殴打令状控诉的是侵权行为人殴打或不适当地接触他人。一个具体的关于言词（诽谤）的诉讼控诉的是那些嘲笑他人的言论。玩忽职守的诉讼控诉的是专职人员未向委托人提供普通的职业技能服务。

虽然类似的刑法也是对不正当行为的惩罚，但侵权行为法仍然有两个方面与之不同。一是它赋予个人或团体，而不是其他人或政府官员，有主张遭受不正当行为侵害的权利，控诉侵权行为人违背了侵权行为法的标准。在这种意义上，侵权诉讼被认为是受害人私人的行为，其方法是赋予遭受侵害的人有权提起诉讼来维护自己的权利或利益。② 二是，如果侵权诉讼胜诉，法院一般责令侵权人赔偿受害人的损失，通常是以损害赔偿金的方式。侵权行为法因而被认为是为个人提供救济的法律而不是为公共目的进行规制或惩罚的法律。③

如果"形式主义者"一词是指认为侵权行为法的存在有着自身的目的，或因为它正好对律师和学者们造成了有趣的疑惑，那么传统观点就不是形式主义的。的确，如果有人问19世纪早期资深的律师设立侵权法律的目的，他可能会回答说它是普通法律体系的一部分，普通法总体上旨在确认和保护人们的身体健康权、自由活动权、名誉权、财产所有权。④ 然而，如果不是形式主义的，传统描述就可能是自满的。这段时期大部分英美律师可能满足于认为侵权行为法属于普通法律制度的一部分，且能最好地为实现自由政府的目的服务。进一步地，有人可能会在布莱克斯通的理论中寻求更细致的尝试。然而，就大部分内容看来，侵权行为法被认为像普通法律体系中的其他法律一样是理所当然的。

传统观点也对侵权诉讼进行了描述。侵权诉讼案件被认为是解决根据法律

---

① 参见前引3 BLACKSTONE, at 115—223（对人身和财产的侵害的各种诉讼分类）。
② 对传统观点的这一特征的刻板表达是这个规则，但现已大多被法令所取代：原告或者被告的死亡会引起或终结它们之间的侵权诉讼，因为争议是私人的，所以没有任何其他人有合法的理由去继续该诉讼。Id., at 302.
③ Id., at 116.
④ 参见 John C. P. "Goldberg, Rights and Wrongs", 97 *Mich. L. Rev.* 1828, 1828—1929 (1999)（详细简练地论述了这些类似观点）。

是否应当让侵权行为人对原告遭受的侵害承担责任的问题。在解决这些争议时，法官与陪审团应当适用主要法律来判定案件事实，从而决定原告是否遭受了被告的不法侵害，并且是否有权从被告那里得到赔偿。① 直到19世纪晚期，评论家们才开始根据正式的"要件"和"抗辩"来构建这些规则和概念。② 因而，提起殴打控诉的原告就必须举证证明侵权行为的发生、因果关系和有害的（或有攻击性的）接触。③ 而一个过失侵权诉讼的原告需要证明被告有义务、违反了义务、事实原因、近因和损害。④ 反过来对这些原理的法律分析要求运用一些相应的概念如合理性、可预见性和直接性。

最后，传统观点认为，通过以这种方式运用法律规则、原理和概念，法官和陪审员开始适用社会责任规范，这种规范长期以来已经通过律师的分析得到了提炼和细化。⑤ 可以确定的是，侵权诉讼事由的分析要素和根植其中的概念被认为是法律的构建。传统观点并没有把它们视为"通常的"、"滞后的"或者"超前的"，反而认为它们是被律师、法官和学者们创造的具体用语。⑥ 它仍然把这些概念和理念与他们努力构建和管理的社会生活相联系。甚至如果侵权行为法不仅仅简单沿用不当行为和责任的通常含义，那么已经构建的侵权行为法将更为清晰地表达其含义。因而侵权行为法的原理和概念，至少在有能力的法官和尽责的陪审团看来，是"习惯形式中开放的自然的花朵"，而不是"人为强加或迫使而非自然而然生成的规则"。⑦

随着20世纪的临近，传统观点受到了一系列相关挑战，如变化中的经济、政

---

① 这些观点看起来似乎明显陈腐。实际上，他们也倾向于被现代侵权行为法理论所否定。值得一提的是，作为侧面，传统观点对侵权案件裁决的观念不是一种法律推理的"推论式"的观念，也不是关于法庭调查和审判过程的天真的观点。相反它只要求拒绝采纳法律和事实怀疑论的极端形式，比如认为法律规则和标准没有内容，审判程序不仅仅只会产生错误，而是几乎或根本不能判定原告与被告之间到底发生了什么。

② John C. P. Goldberg & Benjamin C. Zipursky, "The Moral of MacPherson", 146 *U. Pa. L. Rev.* 1733, 1746—1747(1998)(描述了过失的概念)。

③ 参见 2 Simon Greenleaf, A Treatise on the Law of Evidence § 84, at 74—75(5th ed. 1856)(对非法接触进行了定义)。

④ 参见前引 Goldberg & Zipursky, at 1746—1747。

⑤ 参见前引 1 Blackstone, at 63—73(将皇室法院制定的法律描述为对一般习惯的详细论述)。

⑥ 因而布莱克斯通区分了自助——如自卫，是自然法设定的权利——和由英国法院和法律提供的法律救济。参见前引 3 Blackstone, at 2—5。

⑦ Pokora v. Wabash Ry. Co., 292 U. S. 98, 105(1934).

治和思想等条件。正如文章所提到的,因传统观点不能接受新的挑战,所以在20世纪需要大量的侵权行为法理论对侵权行为法做出新的解释和说明。

最主要的基本的挑战是现代工业经济的快速发展。随着工业化的趋势,工厂车间、机动车辆和有关产品意外事故成为主要的问题。如果它们不是处于中心地位,那么侵权行为法就处理次要地位的侵权行为如诽谤和过失。① 随着这类意外事故的增多,传统观点所提供的解释性观点好像不能解决这类事故。中庸主义者对不正当行为的描述开始不适应这个世界,即意外事故导致的身体伤害问题开始成为主导。② 此外,侵权行为法关注的这类意外事故不同于传统的"A打了B"的侵权行为。这些新的侵权类型产生于这样的行为——例如,商店地板和产品的设计——这在日常生活和一般的道德中不会立即遇到。现代侵权行为法没有直接具有与社会惯例相一致的不正当行为和责任的特征。

政治上,传统论述受到了民主党和改革论者的挑战,这表现在几个方面。③ 首先,意外事故问题变得如此显著和普遍以至于使侵权第一次成为一个重要的社会问题和政治问题。④侵权行为法的运作不再附属于政治。更进一步说,随着美国政治逐渐越来越民主,普通大众遭受的伤害越来越为法庭所重视,这也归因于放松限制临时性费用的安排。⑤习惯模式也受到了其他相关政治制度和法律制度的挑战。具体来说,保险制度和早期福利国家——尤其是对工人的补偿制度——共同成为侵权行为法制度可能的补充或替代。⑥ 但是这些可选择的制度的存在就足以让法学家和政治家严肃思考超出侵权行为法范围的意外事故问题,并对此作出法律制度上的回应。

政治敏锐性的变化也开始违背习惯的理念。19世纪中后期倾向于主张广

---

① 参见 LAWRENCE M. FRIEDMAN, A HISTORY OF AMERICAN LAW 300(2d ed. 1985)。
② 参见前引 Grey, at 1257—1268(认为霍姆斯的影响源自于他承认有可能根据过失责任重新构架侵权行为法)。
③ 参见前引 Friedman, at 476—479(描述了政治上对侵权行为法的批判)。
④ John C. P. Goldberg, Unloved: "Tort in the Modern Legal Academy", 55 *Vand. L. Rev.* 1501, 1506—07 (2002)。
⑤ Peter Karsten, "Enabling the Poor to Have Their Day in Court: The Sanctioning of Contingency Fee Contracts, A History to 1940", 47 *Depaul L. Rev.* 231, 240—42(1998)。
⑥ 参见 John Fabian Witt: "Toward a New History of American Accident Law: Classical Tort Law and the Cooperative First Party Insurance Movement", 114 *Harv. L. Rev.* 691, 779—837(2001)(描述了早期的第一方保险制度和合作保险制度)。

泛的合同自由、反对政府规制的法官通常都会在侵权问题上主张个人主义。因而,比如他们有时不得不强加侵权责任,尽管在他们看来,这会给行为人的自由增加不适当的负担,尤其是在商业领域。[1] 具有代表性的例子当然是对于产品造成的伤害适用当事人意思自治规则(the privity rule)。[2] 同样,他们倾向于通过一些抗辩如促成过失和风险自担,对受害人受到的伤害配置责任。[3] 随着民主主义和激进主义成为有力的政治运动,侵权行为法——不亚于通过实质正当程序形成的宪法原则——被它与自由主义的联系所破坏。

从理念上讲,受当时产生的实用主义、理想主义、逻辑实证主义影响的法学家们得出的结论是,当代的律师和法官会愚蠢地认为侵权行为法的规则和理念确实能指导侵权纠纷的司法实践。[4] 可能在早期对那些把习惯的道德带进法律的法官和陪审团来说,这些理念很有用。然而,随着近代世界的远去,这些理念似乎失去了存在的基础和内容。相反,它们成为空洞的标签,法官可以运用它们来证明其判决的正当性,而不需要为此提供任何实际或政策上的理由。一些问题诸如被告是否对原告承担责任,或被告的疏忽大意是否是原告受伤害的一个近因,即使曾经重要过,但现已开始变得没有意义。因而,发现法官用有关好的政策形成自己的价值观来填充空白,你不必惊讶。比如,当19世纪晚期法官采取契约规则限制缺陷产品责任,他们这样做,不是因为结果是被责任理念以任何方式强迫形成的,而是因为他们开始考虑到合理的经济政策支持有限的企业责任。[5]

总而言之,在物质的、政治的和理念的条件下,侵权行为法在19世纪晚期到20世纪早期的变化意味深长。传统观点——侵权行为法被理解为建立在普遍的道德基础上的一套规则和理念,用来解决A起诉B的不正当行为的争议——已不再与当代的现实或政治和知识的敏感性相符。的确,很多学者会很快得出

---

[1] 在1850年以前财务法院的贵族们似乎特别倾向于限制企业的责任。参见 Michael A. Stein, "Priestley v. Fowler(1837) and the Emerging Tort of Negligence", 44 *B.C.L.Rev.* 689(2003)。

[2] 参见前引 Goldberg & Zipursky, at 1750—1751。

[3] 参见 William L. Prosser, HANDBOOK OF THE LAW OF TORTS § 51, at 391—392(1941)(谴责在雇员起诉雇主的诉讼中运用风险自担规则的众多判决)。

[4] 参见前引 Goldberg & Zipursky, at 1757—1558, 1800—1802。

[5] Id., at 1760—1761.

结论:如果侵权行为法要被理解或维护,它不得不建立在新的基础之上。20世纪70年代这成为美国侵权行为法理论的主导课题。

二、赔偿遏制理论

20世纪最有影响的侵权行为法学者在赔偿遏制理论下形成了一个多样变化的团体。霍姆斯是该理论的始祖。[①] 20世纪中期的拥护者如利昂·格林(Leon Green)和威廉·布鲁塞(William Prosser)使该理论得到进一步的发展,20世纪后期最突出的拥护者有肯尼思·亚伯拉罕(Kenneth Abraham)、迈克尔·格林(Michael Green)、詹姆斯·亨德森(James Henderson)、威廉姆·鲍威尔(William Powers)、罗伯特·拉宾(Robert Rabin)、加里·施瓦兹(Gary Schwartz)、亚伦·特韦斯基(Aaron Twerski)和约翰·韦德(John Wade)。这些学者以书本、论文和文章的形式为数以千计的法官和律师对侵权行为法提供了大量详细解释。他们在起草的有影响力的美国法律协会的侵权行为法"重述"和侵权行为法体系中的1991年"报告人的研究"中起了领头作用。[②] 此外,20世纪大量或主要的侵权行为法学术研究在赔偿遏制理论之下成为了"规范的科学"。

对于熟悉侵权理论的学术文献的读者来说,赔偿遏制理论能取得巨大成功是奇迹,因为在这些文献中几乎没有提及该理论。部分原因是该理论的拥护者之间在实质问题上难以达成一致。[③] 还因为这些学者通常倾向于怀疑"理论化"或"哲学化"分析模式的效用,他们认为这种模式与学者们经常使用的功能主义、

[①] 参见前引 Goldberg & Zipursky, at 1752—1756(指出了霍姆斯将侵权法作为一种赔偿和遏制的机制的基本观点)。

[②] 以前的每个由作者或合作作者编著的侵权行为法都作为侵权行为法的案例读本或侵权行为法的初级读物。他们大部分都在美国法律协会所作的侵权法工作中起了重要作用。迪安·普鲁塞和韦德在第二次重述的报告中起了作用,参见《第二次侵权行为法重述》的第四部分,1979年。亚伯拉罕和拉宾教授都是报告人研究的作者,参见《关于企业因个人损害而承担责任的报告研究》,1991年第5期。格林教授,亨德森,鲍威尔斯,施瓦兹,和特韦斯基同为第三次重述的报告人。参见《侵权行为法第三次重述:比例责任》,1998年第5期;《侵权行为法第三次重述:产品责任》,1998年第5期;《侵权行为法第三次重述:身体伤害的责任(基本原则)》,在第五期(暂定草案第2部分,2002年)。

[③] 参见下文。

工具主义、实用主义以及目的分析模式相对立。① 这些职业的理论怀疑论者暗含着放弃理论化：我们从事的是严肃的、有牢固基础的分析，我们不需要进行无用的理论化工作。采取这种态度在想象中似乎是有效的。但事实上，赔偿遏制理论作为一种惟一的对侵权进行理论化的模式具有独特的地位，侵权本身就需要大量解释和证明。然而，如果有人跳过那些拒绝理论化者的观点，就会发现赔偿遏制理论和本文讨论的其他理论一样都是关于侵权行为法的理论。

A. 解释性赔偿遏制理论

根据引言中的分类，人们可以从解释性方面理解赔偿遏制理论，即首先从该理论的拥护者所发展和认可的一系列相关的历史性和功能性的论述开始，而后总结出赔偿遏制理论的核心特征。

1. 历史主义和功能主义的论述

在承认侵权诉讼可能曾经确实符合第一部分所描述的传统观点的前提下，赔偿遏制理论承认这些诉讼运用了可理解的法律规则和原则来解决相对简单的纠纷，因为这些规则和原则符合日常生活中关于不正当行为和责任的常识性观念。② 在典型的诉讼中，原告 P 诉称被告 D 侵犯了相对无争议的道德规范或原则赋予他的权利（比如，故意地或不合理地殴打另一个人），通过古老的普通法令状比如侵害令状，这样的规范已被吸收到正式的法律之中。如果 P 提起这样的诉讼，那么他可以期望从 D 支付的赔偿金中得到满足。因而，前现代侵权行为法的特征是：解决私人之间争议的法官通过正规的法律体系，运用普通的道德原则，来决定特定的被告是否侵犯了原告的权利，并且基于正义，被告有义务就违法行为提供赔偿救济。

---

① 例如，参见 William L. Prosser, "My Philosophy of Law", 27 *CORNELL L.Q.* 292, 294(1942)（评述 MY PHILOSOPHY OF LAW(1941)），在 TRIALS & TRIBULATIONS: APPEALING LEGAL HUMOR, 1, 3, 4(DANIEL R WHITE ED, 1989)（在有趣的反对法律的哲学化时，论述到"我没有发现任何合理的理由说明为什么法律应该比休闲的生活更有意义"）；Robert L. Rabin, "Law for Law's Sake", 105 *YALE L.J.*2261, 2283(1996)评述 Ernest Weinrib, *The Idea of Private Law*(1995)（强调需要注意对侵权行为法有目的的关注）。

② 例如，参见 Robert L. Rabin, "Some Thoughts on the Ideology of Enterprise Liability Theory", 55 *MD.L.Rev* 1190, 1191, 1193 和注释 22 中, 1195—1196, 1201(1996)（反对现代侵权法的历史是从过失责任到严格责任的转变，赞同基本转变是从矫正正义的道德观念到以政策为导向的集体正义观念）。

然而在19世纪晚期和20世纪早期，典型的侵权诉讼发生了实质性的变化。在一些方面变化是细微的。的确，如果一个观察者只注意侵权诉讼的外在形式或诉讼中律师和法官使用的语言，那么他可能会看不到发生的变化。毕竟，20世纪的侵权诉讼仍然是P对D导致的损害提起诉讼，要求损害赔偿。而且，律师和法官仍然是用侵权行为法的传统语言来处理这类案件。所以这些外在形式上的一致性会令人产生误解。而实际情况是当代的侵权行为法只保留了传统的外壳，它实质上是一个全新的事物。①

尽管诉讼形式仍然是P起诉D，但D已渐渐地不再是独立的个体，而是无形的实体了，比如D公司。② 而且，P主张的内容不是像D公司那样的实体应当对其对P实施的不法行为造成的损害承担"责任"，而是主张由公司的所有者——股东对个体雇员的行为所导致的损害负责。③ 由此可看出，说一个公司实施了不法行为就是错误地将这个无形的实体作为一个自然人来对待，从而得出在这种拟制的基础上，应当由没有实施不法行为的个体（所有者）对不法行为承担责任。④

另外，侵权诉讼不再精确地是对D是否违背了已被吸收进法律中的确立的习惯道德做出判决。这有以下几个原因。随着现代化的发展，人们越来越怀疑是否有可能对道德标准或原则达成一致。⑤ 而且，正如上文所述，现代的原告控诉的行为不再是日常的不法行为，如D故意殴打P或盗窃P的东西。相反，他控诉的是现代的商业企业未能保证雇员、顾客和旁观者的安全，而这本应当是它必须做到的。⑥ 对这类行为没有可现成适用的习惯规范。因此现代的法官们逐

---

① 参见前引 Reporters' Study, at 25。（法院判决赔偿只是分配经济责任的标志性开端，它最终会在法庭之外的社会中发挥作用）。

② 参见前引 Friedman, at 468（指出侵权诉讼在19世纪晚期产生于机械造成的意外事故，包括对企业、主要是铁路公司提起的诉讼）。

③ 参见前引 Reporters' Study, at 25。

④ 参见 Oliver Wendell Holmes, Jr., the Common Law 6—10(Boston, Little, Brown and Co.(1881))（认为较好的法律部分来源于古老的法律，它迷信地认为不正当行为是出于单调的目的），Felix S. Cohen, "Transcendental Nonsense and the Functional Approach", 35 *Colum. L. Rev.* 809, 809—12(1935)（认为确定公司住所的调查是毫无意义的）。

⑤ 参见 John C. P. Goldberg, *Style and Skepticism in The Path of the Law*（指出霍姆斯对道德过错行为的怀疑）。

⑥ 参见前引 Friedman, at 468。

渐适用法律标准——合理注意标准——来对行为进行评价,这并非偶然,这个标准是一个客观标准,旨在表明社会对行为人的要求,而不是旨在衡量行为人道德上的应受谴责性。随着经济和社会的现代化,客观过失趋于在侵权行为法中占据主导地位,而且侵权行为法的形式越来越多的是法官基于其关于特定的行为是否为社会所需要的观念做出的裁决。①

因此,如果侵权行为法的运作不再与传统观点相一致,那它是如何运作的呢?这里,赔偿遏制理论的历史角度的论述融入和支持了它的功能角度的论述。实质上,作为私法之空洞的道德部门的侵权行为法逐渐转变为新兴的行政国家的一个有生机且重要的组成部分。通过赋予原告有提起诉讼的权利,且根据客观的合理性标准这些诉讼大部分都可以被提起,侵权普通法开始赋予法官和陪审团在社会政策问题上的立法权。不合时代地说,侵权行为法采取的形式是授权法令如《职业安全与健康法案》,它设立了一个代理机构(OSHA),负责为实现政策目标(如,工作场所的安全)对行为进行规制。② 因此侵权诉讼不再是根据法律对"事实和争议"做出裁判,而是成为法官和陪审团基于一种前瞻性观点对行为进行规范的场所。总而言之,侵权行为法已由私法转变为了"公"法,即它的功能是实现集体正义而非矫正正义。③

但是审理侵权案件的法官和陪审团组成了哪类机构?他们规制的目的是什么?这可以从侵权行为法提供的救济的特征中找到答案。④ 如果授权法令的任务(环境保护、工作车间安全)是具体指明特定的机构能够或应该规制的范围,那么普通法授予法官享有的给予救济权就对侵权行为法授予的准立法权进行了主要限制。这样,他们通过表明侵权行为法的功能使其成为了一个独特的法律部门。

审理侵权案件的法官和陪审团通常无权对一般公众发布可单独适用于解决

---

① 参见前引 Prosser, § 1, at 8—10(强调法律上的过错标准是"社会上不合理的"或者"社会上有害的"行为)。

② 29 U.S.C. § 651—652(2000)(详细论述目标和确立 OHSA 的权威)。

③ Leon Green, "Tort Law Public Law in Disguise(Pts. I & II)", 38 *Tex. L. Rev.* 1, 257(1959 & 1960),参见前引 Rabin, at 1193.

④ 认为侵权行为法的救济目标与概念怀疑论和经验主义对赔偿遏制理论的理解相一致。从描述性赔偿遏制理论来看,侵权行为法惟一"真正的"功能是赋予法官和陪审团以权威性和权力,以及由此产生的实质性结果即对被告的惩罚和对原告的补偿。

未来的私人纠纷的命令和强制许可。他们"立法"形成的法规必须由针对特定当事人的裁决组成。侵权法进一步限制了法官作出裁决之前应对当事人如何行为。例如，法官不能(在被告并无藐视法庭的情况下)判被告监禁。实质上，法院只有两种基本的救济选择权。在某些情况下，它可能对行为发布禁令。然而，更多的情形是，它会强令从被告向原告的金钱转移。① 而且，在实践中几乎所有的侵权案件都是以金钱支付的方式结案的。②

因此，如果侵权诉讼的动因是使法院能够立法，那么正是赔偿救济使侵权法具有了一系列具体的政策目标，且法官和陪审团确实在而且应当遵守。的确，赔偿救济的本质表明侵权判例中的特别立法只能促使达到两个目标：遏制反社会的行为和赔偿受害人。因为法院有权责令被告支付损害赔偿金，所以从原则上说，法院能够遏制被告和其他类似的行为人从事不应当从事的行为；至少支付损害赔偿金的威胁会影响行为人的决定，并且法院会依赖未来的审判来允许或禁止行为人的行为。同样，法院可以至少赔偿部分受害人。因此，在普通法下处理诉讼且被侵权法赋予立法权的法官和陪审团，完成并且只完成两件事情：遏制和赔偿。由此我们得出了赔偿遏制理论的基本观点，该观点在过去的 50 年中已被无数的法律评论文章重复论述：即侵权行为法的功能是赔偿和遏制。③

因此，现在我们对解释性赔偿遏制理论有了一个宏观上的了解。从历史的观点上说，它提出了一个观念，即侵权行为法由一种裁决私人之间侵权行为的制度转变为一种使法官和陪审团为公共利益立法的制度。从功能的观点上说，它表明这种判决"立法"的规制目标是遏制反社会的行为和赔偿这类行为所侵害的受害人。

---

① Dan B. Dobbs, The Law of Torts § 377, at 1047(2000)(指出支付损害赔偿金和发布禁令是侵权诉讼通常采用的两种救济方式)。

② Steven K. Smith et al, Bureau of Justice Statistics, Tort Cases in Large Counties 2(1995)(指出 75% 的案例是通过协商解决的)。

③ 在赔偿遏制理论内部对采取哪个或者优先采取哪个目标存有分歧。早期的理论家如普鲁塞认为赔偿是主要的，遏制是次要的；后来的理论家包括斯科尔沃兹正好与之相反。比较前引 Prosser, § 2, at 10, § 4, at 28(民法侵权诉讼的目的是对损害提供赔偿)和 Gary T. Schwartz, "Mixed Theories of Tort Law: Affirming Both Deterrence and Corrective Justice", 75 Tex. L. Rev. 1801, 1828(1997)(侵权行为法最初的目的是遏制，但它也会在不能进行遏制时对不正义造成的损害进行赔偿)。

2. 功能方面的概念化原则

赔偿遏制理论的规范的解释性分析包括采取上述的框架和应用该框架提高我们对侵权法原则的理解。这些理论家推测,一旦我们发现侵权行为法真的是为实现赔偿和遏制的政策目标而进行规制,我们就能够更好地根据其功能理解现代侵权法原则的趋势和内容。换句话说,侵权行为法的两个功能使那些原本空洞的原则性的规则和概念具有了含义,比如过失侵权行为法中的过错标准或"责任"和"近因"的构成要件。

在极大程度上,解释性赔偿遏制理论家们尝试描绘法律从前现代到现代的历史转变的最终完成。具体地说,这些理论家试图记录法官如何消除侵权行为法的传统观点的最后痕迹。为此,他们分为两个步骤来完成。第一步由霍姆斯创立,确立过失责任作为侵权法的主导,将严格责任、故意侵权和其他具体的侵权行为(如妨害和诽谤)作为侵权行为法的补充。[1]根据这种观点,侵权行为法几乎成为过失责任的同义词。[2]殴打、攻击和类似的行为被作为历史古物,严格责任被限制适用于少量的案例如野生动物的行为和极端危险的行为。[3]

第二,他们努力证明现代过失侵权行为法本身是如何单独运作的,它完全摆脱由前现代的侵权法时期遗留下来的专断的限制——这种限制被认为根植于责任和近因的构成要件之中。沿着这条思路,赔偿遏制理论家热衷于将侵权行为法的变化描述为:废除产品责任诉讼中的当事人意思自治规则;废除或更改主权、善心和家庭关系等免责情形;在假设前提的责任诉讼中放弃原告身份;消除对过失导致精神伤害和纯粹经济损失的诉讼请求的专断的限制(如危险规则的影响和适用范围);抑制延期诉讼;以及从共同过失到比较过失的转变。[4] 总的说来,他们认为这些变化表明了一种向"完全"过失责任制度发展的不可逆转的趋势,在这种制度下,行为人对因自己的不合理行为而对任何人造成的伤害,在

---

[1] 参见前引 Grey, at 1226.

[2] 参见 Oliver W. Holmes, "The Path of the Law", 10 *Harv. L. Rev.* 457, 471(1897)(对侵权行为法提出了一种一般责任理论,惩罚未能避免本可预见的伤害的行为)。

[3] 参见 Restatement (Third) of Torts: Liability for Physical Harm (Basic Principles) (Tentative Draft No. 1, 2001)(在旨在重述侵权行为法适用于身体伤害的"基本原则"的文章中,提出了相当简单的对故意侵权和严格责任的态度),参见前引 Goldberg & Zipursky, at 1777—1790(对该论点进行了评论)。

[4] 参见 Gary T. Schwartz, "The Beginning and the Possible End of the Rise of Modern American Tort Law", 26 *Ga. L. Rev.* 601, 605—617(1992)(勾画了其发展变化)。

表面上是应当负责任的。①

那么,根据赔偿遏制理论家的观点,20世纪侵权行为法的发展就是现代过失侵权行为法的产生,以及它向纯粹"过错责任原则"的演变,即一种未被专断限制的表面上证据确凿的过失责任规则。② 从某种意义上说,20世纪的侵权行为法可以被说成:它注定是向现代侵权法的公法性发展。因此对现代侵权法的惟一解释就是其旨在遏制不为社会所容许的行为和赔偿因此行为遭受侵害的人。③ 而且,如果行为是不合理的——即从平衡论的角度看,如果它对社会造成的损害多于带来的利益——那么该行为就是不为社会所容许的。④ 最后,从实质意义上可以将损害理解为:任何损失都是损害,而不管损失的形式如何。因此赔偿遏制理论和纯粹过错责任原则配合得天衣无缝:正因为侵权法的目的是遏制社会中不正当行为和赔偿因该行为导致的任何实际的福利损失,也正因为该行为是不合理的而成为不正当行为,所以从表面上看,只要行为人不合理的行为造成了伤害,行为人就应当对这种伤害进行赔偿。这样一来,因为受害人得到的这种损害赔偿金来自于实施了反社会行为人的口袋,所以会遏制将来发生这样的行为。

在1920年到1970年这段时期,认为侵权法不可逆转地转变为完全适用过错责任原则是现代侵权法的公法本质的自然反映的观点,可能被视为是解释性赔偿遏制理论的核心观点。然而,令人尴尬的是这种转变在20世纪70年代停止了,并且之后法院似乎偏向于往前追溯传统侵权行为法中的道德原则。比如罗兰德(Rowland)革命⑤——它通过消除被邀请实施行为者、被许可的行为者和侵犯者之间的区别,在负有义务的情况下确立纯粹过错原则——但还不完善,且很多司法判决对此都明确地完全或部分予以否定。⑥ 同样,对过失导致的无

---

① 参见前引 Restatement (Third), §6, at 84(根据三个因素即不合理的行为、因果关系和损害界定了表面上证据确凿的过失案件)。一些赔偿理论家不同意这样的分析。参见下文第二部分的 B 小节。
② 参见 Robert L. Rabin, "The Historical Development of the Fault Principle: A Reinterpretation", 15 Ga. L. Rev. 925(1981)(解释和勾画了过错责任原则的发展)。
③ 参见下文。
④ 参见前引 Prosser, §4, at 21(指出反社会的行为产生了侵权行为责任)。
⑤ Rowland v. Christian, 443 P.2d 561(Cal. 1968), 参见前引 Schwartz, at 610。参见前引 Schwartz, at 660。
⑥ 参见前引 Schwartz, at 660。

形经济损失的责任进行限制的规则依然是有限制的。① 而且,在提出精神痛苦也可适用过错原则的观点之后,甚至连加利福尼亚州最高法院也返过头来适用一系列形式化了的规则,来限制可能获得赔偿的原告的范围。②

这些变化的结果是,当代的赔偿遏制理论家们留下了一个解释上的难题。即如果现代侵权法是一种旨在赔偿和遏制的制度,并且如果过错原则能完美地实现这些目标,那么为什么法官不断根据例如有限责任原则和近因原则增加现代侵权法的适用例外呢? 这里,赔偿遏制理论家们已做出了第二种解释,旨在根据侵权行为法的这些不同的特征完善该理论。具体地说,他们认为对管理、公平和合法性的次位的限制已导致法官们不再完全适用纯粹过错责任原则。

正如我们所看到的那样,法官在处理法律诉讼时必须造法,而且有很多争议任何特定的法院系统都可以处理。如果过错责任原则的完全适用会导致人们提起过多的诉讼——例如,会使那些受到精神伤害的人们提起诉讼——那么法院可能会不愿意适用该原则,即使它会促进遏制和赔偿目标的实现。③ 同样,法官需要提防捏造的损害和诉讼欺诈。根据侵权法授予的权力,法院应当规制不合理的行为,因为这样有可能威胁人们不对他人造成真正的伤害。然而某些种类的诉讼——特别是主张难以证明的精神损害的诉讼——可能会导致不道德的诉讼人和代理人提起虚假的侵害之诉。④ 在这些情形下,法院出于管理上的考虑,通过对过错责任原则加诸名义上的责任和近因要件,从而限制过错责任原则的适用。

人们也会发现其他顺位的考虑,即在赔偿遏制理论家们看来,应当支持对过错责任原则进行限制。一些人似乎推测法院立法容易受大众观念的限制,而这种观念会影响到法院立法的正当性。律师知道法官和陪审团立法,但是普通大众可能意识不到。因此,如果法官和陪审团在审理侵权案件时,用一种不同的方式来考虑赔偿和遏制目标,即明显抛开法院应当做什么的流行的观点,那么他们是在冒险要求恢复选举或对侵权法立法进行改革。具体来说,在某种程度上存

---

① 参见前引 Schwartz, at 658。
② Thing v. LaChusa, 771 P.2d 814(Cal. 1989).
③ 参见前引 Prosser, §4 at 25(指出了水闸原理在限制补偿的侵权判决中的重要性)。
④ id, §34, at 212(指出限制对精神损害的责任的惟一有效观点对欺诈的关注)。

在各种各样的可能缺乏合法性的判决——比如,关于是否应当禁止特定种类的产品(如香烟)或特定的实践或活动(如郊外的鸡尾酒会)判决——如果法官仅仅为保护自己不受政治的不利影响,就可能倾向于不允许陪审团强加责任。① 另一些赔偿遏制理论家提出法官在进行造法时也可能会考虑公平观念。比如,这种观念表现在法官不愿意对导致了无形经济损失的过失行为人完全适用过错责任原则(比如因会计上的操作失误而给投资者造成损失,或因过失操作交通工具而导致公路或港口的堵塞,以及随之而来的该地区经济活动的减少):不当行为引起的经济波动后果所可能产生的责任大大超出被告的行为违反社会的程度。②

B. 描述性赔偿遏制理论

一些赔偿遏制理论家完全否认描述性的分析。正如上所述,没有致力于确定实施制度的负面约束程度的那些人,不仅限制了过错责任原则的实施,而且也应该限制其实施。例如,在这些理论家之中有一些人讨论过管理上的限制是否能证明法庭继续坚持的观念是正确的,即特殊的、有限的责任规则应当适用于因过失导致的无形经济损失。这里,对经济影响的考虑使大部分赔偿遏制理论专家倡导一种或另一种有限责任形式,比如仅仅通过受害人和行为人私下或接近私下的协商以得到补偿。③

然而,在赔偿遏制理论阵营中一些持不同意见的主张描述性的理论家们,已着手更为宏伟的目标,即质疑过失和过错责任原则在赔偿遏制理论中的核心地位。具体地说,这些批评者已开始质疑过错标准以及包含在过错责任原则中的要求,即原告必须证明她的损害和被告的侵权行为之间存在因果联系的要求,是否是实现遏制和赔偿目的的有力工具。

关于过错标准,持不同意见的理论家们已经表明,作为判定是否存在过错的

---

① 参见 James A. Henderson, Jr., "Expanding the Negligence Concept: Retreat from the Rule of Law", 51 *IND. L. J.* 467, 470(1976)(指出当法官公开作出自由的政策判决时,司法制度会受到威胁)。

② 参见 Robert L. Rabin, "Tort Recovery for Negligently Inflicted Economic Loss: A Reassessment", 37 *Stan. L. Rev.* 1513, 1534 (1985);也参见前引 Rabin, at 1205—1206(指出正义规范在限制过错责任原则的适用上所起的独立作用)。

③ 参见,如 John C. Siliciano, "Negligent Accounting and the Limits of Instrumental Tort Reform", 86 *Mich. L. Rev.* 1929, 1974 (1988)。

合理人标准非常有弹性,以至于在决定要遏制的行为和要给予赔偿的损害时会导致令人不满的任意性。① 要解决这个问题,他们认为,陪审团在认定过错时必须要受到以责任或者近因为主的根据法律做出的司法裁决的限制。② 一些评论家提出,法庭最好在严格责任规则(可能与减少陪审团在给予损害赔偿时的分歧的技巧有关)和免责规则(第一当事人保险)之间作出选择。③

与此相似,一些描述性赔偿遏制理论家提出,从功能上说过错责任原则的因果关系要件在实际操作时通常会难以实现赔偿和遏制的目标。他们指出,实质因果关系要件的功能与遏制反社会行为和赔偿受害人的目标之间没有内在的联系。④例如,可以设想这样一种情形,D粗心大意地驾驶着一辆车沿着城市的街道行驶但没发生交通事故。5个街区以外,P在跨过排水沟的时候扭伤了脚,且她自己没有任何过错。如果设立一种机构,比如职业安全与卫生条例管理局(OSHA)对行为进行规制以在事发前降低伤害的风险是合理的,那么为什么法官和陪审团不能通过类似的方式来立法,对D的不合理的有风险的驾驶进行制裁,即使在此案中它并没有造成任何伤害? 同样,如果P能证明她的确受到了伤害,所以她需要得到赔偿,而且能进一步证明D从事了反社会的行为,那么为什么D的行为不是导致她遭到伤害的原因是至关重要的呢? 毕竟,令D对P支付损害赔偿金的侵权诉讼会实现遏制和赔偿这两个目标。

因此,根据赔偿遏制理论内部持有不同意见者的观点,过错责任原则的因果关系要件并不为实现遏制和赔偿的政策目标所需。更糟糕的是,它的运作事实上常常不利于这些目标的实现,比如下面这种情形:行为人反复从事令人不愉快的行为,但只给原告造成了少许被伤害的风险。例如,设想这样一种情形,一位航运航线的所有人指示他所雇佣的船长决不能进行任何营救落水船员的努力。假使这项阻碍营救的政策是不合理的,因为有成本低且容易的方法来实施营救,但是,对任何落水的船员来说,这些努力所产生的实际营救的可能性只有10%。因而没有哪一位原告为未获救援而死亡的海员提起的诉讼能胜诉,因为,对于每

---

① 例如,参见 Kenneth S. Abraham, "The Trouble with Negligence", 54 *Vand. L. Rev.* 1187, 1189 (2001)。
② 参见,如前引 Henderson, at 526(促使法院坚持对过失责任进行正式的原则上的限制)。
③ 参见,如前引 Abraham, at 1189。
④ Kenneth S. Abraham, The Forms and Functions of Tort Law 102—105(1997).

个人来说,营救失败的可能性远远大于营救成功的可能性。因此反社会的行为没有得到遏制,它的受害者也没有获得赔偿。

依据持有不同意见者的观点,关于要求证明因果关系的最好的论述是进行行政管理的第二位原因。如果没有实际的伤害,法官们就将不知道被告的反社会行为对谁造成了风险,风险有多大,以及如何制裁这个不法行为。[①]然而,根据这种要求因果关系要件的理由,似乎可以得出,如果行政管理问题能被克服,那么就应该放松对因果关系的要求。例如,考虑机会损失的案件,一位医生因为过失而未能诊断出病人的病情,结果导致病人康复的机会从40%降至10%。如果这位病人死了,并且控诉的理由是由于医疗过失而有过错地导致了病人死亡,那么原告会败诉,因为他不能够证明医疗过失是他死亡的"若非,则是"(but-for)的原因——不管怎样,病人可能都会死。描述性赔偿遏制理论家认为,要求原告证明因果关系的规则阻碍了遏制和赔偿目标的实现,因为它使过失行为完全得不到遏制,使伤害——生存机会的丧失——得不到赔偿。而且,在这类为数不多的案件中,对管理或均衡的关心可能会通过比不利于得到赔偿的自证规则(per se rule)宽松的一个规则得到满足。因此,这些原告应该获得按比例支付的损害赔偿金,即原告得到的数额是所有与其死亡有关的损失的赔偿金中的一定比例,这些数额与因医生的过失而导致的痊愈机会的降低相一致(根据上文的假设,为死亡损害赔偿金的30%)。[②]

C. 对赔偿遏制理论的批判

正如上文所指出的,虽然主张赔偿遏制理论的学者们仔细观察和论述了该理论的具体适用,并且也对其适用提出了质疑,但他们对该理论更广阔的基础关注较少。正如我们所看到的,解释性赔偿遏制理论始于这样的观点,即传统的观点已明显不适用于现代的侵权诉讼了。然而它所包含的观点倾向于结论性、偏向性,且可能与该理论将遏制作为侵权法两个目标之一不一致。比如假设有这样一个案例,保险公司和其他企业的所有者是侵权诉讼判决的主要付款者,很难

---

① Kenneth S. Abraham, The Forms and Functions of Tort Law 102—105(1997).
② 例如,参见 Aaron Twerski & Anthony J. Sebok, "Liability Without Cause? Further Ruminations on Cause-in-Fact as Applied to Handgun Liability", 32 *Conn. L. Rev.* 1379, 1388—1403(2000)(被枪击的受害人起诉枪支制造商有过失地增加了他们被射击的危险,要求按比例得到补偿)。

得出针对所有者的判决对实施了侵权行为的个人没有实际意义。正式的制度安排如经验值和保障合同,以及非正式的制裁如失业和名誉损失,确信在许多情形下,侵权裁决所涉及的一部分或所有损失是由实际的侵权行为人造成的。的确,如果不是这样,那么关于侵权法能够遏制反社会行为的观点——补偿遏制理论的基本观点——将同样是错误的。

同样,一个不易察觉到的事实是,一个医疗过失案件的原告如果从医生的保险公司而不是医生本人那里得到赔偿,那他就是不自觉地否认了自己证明医生有过错地对他造成了侵害的能力。可以肯定的是,医生和保险公司之间的合同关系将支付赔偿金的责任转移给了保险公司。然而,它并没有转移或避免判决所确定的医师所负有的责任。的确,正是这种责任才引起了保险公司支付赔偿金的义务。同样,除非是在假想的情况中,否则行为的责任不能归于虚拟的团体,该观点建立在一个无可辩驳的假定之上,即意图、目的、粗心等等只有作为个体的自然人才具有。这个假定并非不证自明,更不是靠直觉。相反,正如法官弗兰德里(Frendly)的著名论断那样,把行为、精神状态和责任归因于如公司和政府等实体是司空见惯的。[①]

此外,尽管不再考虑古典的论述,但赔偿遏制理论通过不正当地运用该论述的关键性特征依然保留了解释性古典论述中一些合理的观点。典型的是,当赔偿遏制理论家们提起赔偿目标时,他们并不是指"遭受侵害的原告接受金钱",而是指"承认她遭受侵害的被告对原告支付赔偿金"。后一种用法使赔偿遏制理论家无形中保留了传统侵权学说所具有的批评性和直观性特征,即当法官着手制定政策时,只是做出因为被告的行为导致原告受到了侵害所以被告应当向原告支付损害赔偿金的裁决。然而,正如一些描述性赔偿遏制理论家们所指出的那样,关于为什么法院应当采取一个一般规则,即如果被控诉的伤害是由被告不合理的行为所导致时,不合理的行为会被遏制,并且伤害会得到赔偿,对此赔偿遏制理论提供了理由,但并不是显而易见的。[②] 在某种程度上,解释性赔偿遏制理论家运用"赔偿"语义的模糊性来回避这个问题。

---

① 参见 Ira S. Bushey & Sons, Inc. v. United States, 398 F. 2d 167, 171(2d Cir. 1968)(指出优秀者运用了"根深蒂固的意识"即商业企业不能放弃它所从事的典型行为引起意外事故的责任)(特此强调)。

② 参见下文。

赔偿遏制理论的其他方面的论述也是值得商榷的。从霍姆斯时代开始,该理论的拥护者就提出,现代过失侵权行为法对客观的过错标准的采纳是传统论述及其关于侵权法旨在为不正当行为提供救济的观点被淘汰的一个重要标志,从某些方面来看这个客观标准不考虑作为个人的被告是否有能力满足这个标准。这种观点与时代不合,至少也是落后的。对客观标准的运用至少可以追溯到 1837 年 Vaughn 诉 Menlove 一案的判决①,更远可以追溯到几个世纪以前,那时司法中就运用惯例和特别的商事和职业标准作为在具体侵权诉讼中判定行为的标准。② 简而言之,现代对客观标准并没有什么特别的改进,它仍旧是传统侵权法的一个特征。这个历史事实也对霍姆斯式的论述进行了一种概念上的反驳。霍姆斯只是提出因为道德标准要求行为人为他本人不应当受到谴责的行为承担责任,所以行为的标准不能是道德标准。他之所以提出这个观点,因为他将不正当的行为等同于个人应受谴责的行为。③但是,事实上这种联系决不会是显著的。事实上,不少学者已经提出了关于不正当行为的众多观点,根据这些观点,说一个人实施了不正当的行为是完全可以理解的,即使他不必特别因为如此行为而受到道德上的谴责。④

回顾起来,赔偿遏制理论特别依赖道德、法律和概念的怀疑论,这种怀疑论在 20 世纪的前半个世纪在美国的法律学者中非常流行。⑤ 尽管它使我们不去评价这些怀疑论的有效性,但人们至少可以指出在 1890 年或在 1930 年什么可能成为关于道德和法律概念的空洞性的有力证据,这些概念在今天已经不再被普遍认为是重要的。⑥ 至少,人们可以安全地断言赔偿遏制理论家没有从事哲学方面的工作,而这对做出"简易判决"以反对运用这些概念对侵权行为法进行

---

① 132 Eng. Rep. 490(C.P. 1837).
② 参见 A. K. Kiralfy, The Action on The Case 138(1951).
③ 参见前引 Goldberg, at 273.
④ 参见 Jules L. Coleman, Risks and Wrongs 329—360(1992);Arthur Ripstein, Equality, Responsibility, and the Law 84—85(1999).
⑤ 参见下文.
⑥ 参见前引 Goldberg & Zipursky, at 1802—1806.

的论述来说是必需的。①

赔偿遏制理论对现代侵权行为法原则的论述提出20世纪侵权行为法的主要发展几乎是过错责任原则的发展,这种观点也受到了反驳。举个例子来说,如MacPherson诉Buick之类的判例废止了意思自治规则的适用。②赔偿遏制理论将废止意思自治的限制责任规则等同于在产品责任领域适用纯粹的过错责任原则。但这不是卡多佐在MacPherson一案中给出的意见,也不是最好在现代过失侵权行为法中理解这种原则上的转变及其与其他转变的联系的观点。纽约州上诉法院认为Buick应该对MacPherson进行赔偿③,不是因为它假设行为人只要实施了不合理的行为并造成了损害就应该表面上证据确凿地承担责任,而是因为它认为生产者和消费者之间的关系使生产者负有一种义务,即对产品可能造成伤害的危险向消费者提出警告。④

一般而言,赔偿遏制理论尝试仅仅依据两个因素来解释过失侵权原则的内涵和外延,即受作为第二位考虑的可管理性以及正当性的"政策"影响的过错责任原则和公平,因其具有很强的可操作性而被称为简约论,是否具有解释上的价值值得怀疑。抽象的"政策"观点只能用于支持限制或不限制具体的过失责任形式的判决。⑤即使赋予它足够的决定权,它也通常似乎不能解释为什么要对过失责任进行限制。比如,将对过失导致精神损害的情形限制过失责任的适用,解释为旨在避免大量的欺诈诉讼,似乎不太令人信服。这在解释运用另外的第二顺位的原因限制过失责任的适用上也是站得住脚的。⑥考虑拉宾教授对于负有不对他人造成无形的经济损失的有限的注意义务的解释。他认为这些对过错责任原则的限制是由于"(司法上)对不合比例的惩罚深恶痛绝"。⑦所缺的是对为什

---

① 参见 John C. P. Goldberg, "The Life of the Law", 51 *Stan. L. Rev.* 1419, 1475(1991)(评论了 ANDREW L. KAUFMAN, CARDOZO(1998))(指出了现代学者趋向于认为霍姆斯的"法律生命"的名言警句似乎建立了一个永恒的真理,这极具讽刺性)。
② 111 N. E. 1050(N.Y. 1916).
③ Id., at 1052(限制根据扩大责任的观念判定过失)。
④ Id., 参见前引 Goldberg & Zipursky, at 1812—1825。
⑤ 参见前引 Goldberg & Zipursky, at 1741—42, 1776 n.164.
⑥ John C. P. Goldberg & Benjamin C. Zipursky, "Unrealized Torts", 88 *Va. L. Rev.* 1625, 1667—88(2002).
⑦ 参见前引 Rabin, at 1534.

么同样的司法关注和同样的合比例性(proportionality)的责任原则在其他的过失侵权情形下却不予适用进行解释。在这里我想到的不仅仅是适用薄骨(thin skull)规则的案件,在这些案件中因为原告未被察觉到的身体柔弱而要求被告支付巨额赔偿金①,而是由于被告极小的过失而导致广泛和基本的损害的所有案例。② 为什么司法对合比例性的关注看起来好像仅在强调不合比例性会引起的连锁反应,从而以此来反对其他形式?

解释性赔偿遏制理论的两层结构——过错责任原则作为主要的适用规则,对可管理性的考虑作为第二位的规则——可以提出论据证明其未能揭示侵权原则的轮廓和结构。例如,从普罗塞(Prosser)开始③,赔偿遏制理论家就称在所谓的有限责任案件中(比如过失造成精神损害或因疏忽大意而未能营救成功)真正起作用的是,法官出于不对虚假伤害提供赔偿和造成过多诉讼的考虑而对过错责任原则进行正常适用,这已成为该理论的标准。④虽然这些政策上的考虑巩固了用以确定是否施加责任的原则性的规则,但并不是说对法官关于责任问题做出的裁决的解释应当是:除非存在特别的管理上的问题,否则就应当施加责任。在这种模式下,假定被告有注意义务不对原告造成伤害,但是如果司法制度不能令他对此承担责任,那么他就有可能因此而受益。然而法庭通常、也很可能不考虑在责任规则下实际需要是否要求法院根据政策对一个有过失的被告予以免责从而使他从中受益。⑤相反,法庭首先要考虑被告是否负有注意义务不去伤害原告。⑥这两种考虑之间的区别很小但却非常重要:是否承认对原告负有注意义务的问题与是否予以免责的问题有着很大的不同。前者主要关注被告应当如何使自己的行为不侵犯他人,后者要求法院推测令被告对其行为承担责任所产生的

---

① 参见前引 Dobbs, §188, at 464.

② 参见 Jeremy Waldron, "Moments of Carelessness and Massive Loss", in Philosophical Foundations of Tort Law 387, 387—389(David G. Owen, ed., 1995)(指出侵权行为法愿意适用不合比例的责任)。

③ 参见前引 Goldberg & Zipursky, at 1762—1764 n.109。

④ Id.

⑤ John C. P. Goldberg & Benjamin C. Zipursky, "The Restatement(Third)and the Place of Duty in Negligence Law", 54 Vand. L. Rev. 657, 665—674(2001).

⑥ Id.

制度上的影响。①

在描述性层面,一些赔偿遏制理论家支持将过错作为判定责任的一般标准,所提出的关于正当性的论述非常之少。的确,他们将全部注意力集中在过失上,而很少说明为什么他们把过失视为遏制和赔偿的恰当结合。下文将讨论的现代经济学理论表明,从遏制的角度来看,严格责任和过失责任之间没有区别——这两种标准都主张承担责任的理性行为人应当采取比规制其行为的成本更低的预防措施。②而且严格责任从原则上说能够提供与受害者更相一致的赔偿,所以它为什么不是主要的适用规则呢?对此大部分赔偿遏制理论家令人难以理解地自满,得意地认为过错长期以来一直是法院处理非故意伤害案件时采取的一般规则。③或者说,他们认为严格责任会导致"过度遏制",也即会大大地压制合理的行为。④

第一个回答不仅回避了问题的实质,也似乎破坏了过错标准的可理解性,因为它认为过错只是前现代时期的历史遗留物,即法院认为他们处理侵权案件的目的是在当事人之间实现正义。⑤毫无疑问,这没有解释为什么现代的法院应当继续将过错责任作为一般规则。第二个回答只是重复了霍姆斯的无助的观点,即"行为……倾向于实现公共利益"。⑥从这种理论角度来看,我们需要知道对行为进行规制与因此节省下来的成本进行交易是否值得。

对描述性赔偿遏制理论的另一个抱怨是它非常不稳定并且有点只为自己服务。该理论拒绝了传统观点,它在很大程度上分散了法律,法律被理解为一系列原则、规则和概念并区别于这些原则、规则和概念旨在实现的任何功能。⑦然而赔偿遏制理论没有尽量填补它拒绝考虑法律推理和具体的分析模式之间的空白,相反它认为对每个缺乏明显解决方法的案件需要进行全面的立法上的评价,

---

① John C. P. Goldberg & Benjamin C. Zipursky, "The Restatement(Third) and the Place of Duty in Negligence Law", 54 *Vand. L. Rev.*, at 720—736(指出早期的描述性理论将侵权行为法重新界定为法律综合体而非特别政策判决的集合)。
② 参见下文。
③ 参见前引 Schwartz, at 607。
④ 参见前引 Abraham, at 1188。
⑤ 参见前引 1 REPORTERS' STUDY, at 29;以及 Schwartz, at 606。
⑥ 参见前引 Holmes, at 95。
⑦ 参见本文的相关论述。

即评价是否要制裁有疑问的特定行为。这部分因为,尽管他们否定传统的法律分析,但赔偿遏制理论家大多为具有高水平技巧的律师,他们的能力表现为分析判例法和对责任问题提出律师的观点——例如,反对模仿或者获取有关特定案例的结果产生的激励性影响的经验性的信息。① 结果,他们对应该如何处理案件的分析通常采取软政策的形式——关于特定结果也许能够实现遏制和赔偿但又不放弃行政管理的模糊且稳定的建议。制定软政策的努力反过来会造成这样的印象,即侵权行为法或者侵权学术没有自身的内容,而只是对政策因素的无规律和特别的平衡。② 它也可能会产生这样的疑问,即赔偿遏制理论在将法官作为专业的立法者和规制者时,就已经在某种程度上将那些乐于作为司法立法者未指定的政策顾问的法律教授的潜在影响最大化了。③

最根本的是,描述性赔偿遏制理论提出了一个关于侵权普通法的合理性的基本问题。在其他法律领域,如宪法,对假定的司法强大判断力的认可是作为反对司法能动主义与支持立法和规制对法院具有权威性的强有力的论述的一部分。④ 在侵权行为法领域的法官造法,因为在某种程度上可以被立法矫正,并没有面对同样被少数派反对的局面,这是千真万确的。赔偿遏制理论对法官具有造法责任的肯定,是根本不明显的。换句话说,赔偿遏制理论逻辑的终点可能不是布鲁塞大胆设想的反形式主义的普通法判决的新局面,在这种局面下,法官直接从事"社会工程"。⑤ 相反,社会工程可能通过侵权行为法立法的改革和管制取代形成的优越的美国法来保障实施,在这种情形下,至少在理论上行为人会更容易作出政治上的反应。⑥ 通过让法律跳出侵权法律和将侵权案件降为进行立法的情形,赔偿遏制理论家可能放弃了他们所选择的对统计学和经济学的信奉。⑦

---

① 因而普鲁塞、拉宾和斯科沃尔兹的著作的读者不会有资料、等式或者模型。相反,人们会在最好的司法意见中找到他想要的极其精辟的法律论述。
② 参见前引 Goldberg & Zipursky, at 1777—1790(对这些观点进行了评论)。
③ 参见前引 Goldberg, at 1510(指出了普鲁塞的讽刺性言论即他赞同赋予法官造法的权力)。
④ 参见前引 Goldberg & Zipursk, at 1777—1790。
⑤ 参见前引 Prosser, §3, at 15。
⑥ 参见,如前引 Dobbs, §219, at 557(指出侵权行为法改革者推动新法令的制定)Id., §384, at 1071(damage caps); Id., §389, at 1085(取消一些责任或者联合责任); Mary J. Davis, "Unmasking the Presumption in Favor of Preemption", 53 *S. C. L. Rev.* 967, 971(2002)。
⑦ 参见前引 Holmes, at 469。

三、企业责任理论

一个典型的民事侵权行为通常会以保险公司或社团法人向受害人支付赔偿收场。因此,侵权行为法,同保险制度一样,可能具有将由个人或单个家庭承担的负担转嫁给许多人承担的作用。然而,只有那些能找到一个能干的律师,愿意打官司,有可能提出令法官与陪审团的证据,并且非常幸运地被一个有偿付能力的被告所侵害的那些损害者才能通过侵权法将其损失分散。而且,侵权制度适用的方式是,提起诉讼的原告几乎没有人不仅可以得到基于需要的微薄救济,并可以获取由于造成巨大的精神痛楚与折磨而偿付的巨额赔偿(有时是惩罚性的)。

关于作为给予基本救济方法的侵权行为法制度,上述对它潜在的价值和严重缺陷的观察构成了侵权行为法的企业责任理论的基本动力,该理论对它的研究主题存在着批判但又有些矛盾的态度。企业责任理论家们主要试图确立这样一个观点,即现有的侵权行为法对于意外事故受害人的救济是极端糟糕的。但是他们之中仍然有很多人倾向于(至少在替代赔偿制度的公众性和政治性都不足的情况下)鼓励法官们改革侵权行为法以扩大责任,从而使司法机关作为救济机构能更令人满意地行使职责。该理论最重要的支持者有帕崔克·阿提亚(Patrick Atiyah),艾伯特·埃伦兹维格(Albert Ehrenzweig),马克·弗兰克林(Marc Franklin),查里斯·格瑞高瑞(Charles Gregory),弗莱明·詹姆斯(Fleming James),罗伯特·克顿(Robert Keeton),杰弗里·克奈尔(Jeffrey O'Connell),弗吉尼亚·诺兰(Virginia Nolan)和艾德蒙德·阿尔森(Edmund Ursin)。

A．解释性的企业责任理论

解释性的企业责任理论主张将演进中的政治和反形式主义法学与一个特定假设——工业经济中的意外事故的性质结合在一起。惊讶于人类为工业化所付出的代价,改革论者们倾向于认为侵权行为法——具体来说,过失侵权行为法和对原告行为的三种抗辩(促成过失,雇员规则和自冒风险)——是一种自由主义过度的体现。① 美国政府仍然沿用侵权行为法古老的道德机制来处理意外事故，即使欧洲各国已开始发展更合理、以统计为基础的管理制度和公共救助制度，这只能表明美国自由资本主义发展秩序紊乱。这种对过失侵权行为法的解释的代表是查尔斯·格里高利极具影响的历史性阐述——后来由墨尔顿·赫维兹（Morton Horwitz）推动发展到逻辑极至，即不管是有意或无意，过失侵权行为法只服务于资本的利益。② 根据这种观点，19世纪法官们最初的判例认可过失侵权行为为一种独立的民事侵权行为，其与适用于意外事故的严格责任这个传统基准相背离。③ 这样，过失侵权从一开始，就被作为以工人和他们的家庭的利益为代价的工业制度的附属产物。

企业责任理论，与赔偿遏制理论差不多同时产生，它们都主张道德和概念怀疑论。但是，与赔偿遏制理论不同，企业责任理论家对在过失责任幌子下的法官立法这一前景抱有较小的希望。最坏的情况是，责任、近因、促成过失等术语，仍然可能造成表面上的迷惑，据此那些支持工业的法官们将会运用正义和法律来掩饰他们牺牲普通公民的利益来保护公司所得的努力。最好的情况是，它能使法官们通过不现实的探索这些无意义的概念的含义，解决实施救济这个真正的社会和政治问题。由于空洞，过失责任制度无可避免地导致法官们在赔偿认定上产生严重的政治偏见和职权专断。如此只有一小部分令人同情的和幸运的受害人被陪审团判定给予远超过需要的过多赔偿，而大部分的受害人却得不到任何赔偿，这毫无疑问会使企业责任理论家们总是对救济体制的"抽奖式的过失责任认定"和"贫富两极分化"嗤之以鼻。④

过失侵权行为法相对于现代社会的不合理性由许多企业责任理论家们所支持的这个假想——工业化经济中的侵权行为将采取某种特定形式——进一步证明。具体来说，他们认为现代侵权行为表现出的三个基本特征：(1) 伤害是由于

---

① 参见前引 Friedman, at 470—85。
② Mortion J. Horwitz, The Transformation of American Law: 1780—1860, at 85—99 (1977); Charles O. Gregory, "Trespass to Negligence to Absolute Liability", 37 *Va. L. Rev.* 359, 382—383 (1951).
③ 参见上注 Horwitz, at 85—99；以及 Gregory, at 382—383。
④ P.S. Atiyah, The Damages Lottery 143—150 (1997); Stephen D. Sugarman, Doing Away with Personal Injury Law 38—39 (1989).

可以预见但却无法制止的大规模、重复的行为所致;(2)索赔要求是由那些无法支付费用且失去工资的人们提出的;(3)被告都是有能力通过责任保险和个人保险分散损失的人。① 从历史观点来说,这种模式的第一个范例当然是工场车间里发生的意外事故,会引起一场受伤的劳工(或者说是劳工阶层)对雇主提起的诉讼。到20世纪中期,第二个范例成为核心:大批量生产的货品导致的伤害事件使消费者对生产者提起诉讼。②根据企业责任理论,一旦这类基于过失的意外事故成为现代社会意外事故的主要形式,那么试图通过过失责任制度对其做出反应显然是荒谬的。③过失责任的整个要点即对意外事故是否可被归因于特定人的错误做具体的调查。如此,它则完全不适用于工作场所或产品的相关伤害。

B. 描述性的企业责任理论

根据有关过失侵权行为法的起源和功能的强有力的关键性解释,可以毫无意外地发现,从描述的角度上说,很多企业责任理论学家们都支持由第一方和第三方的保险制度代替侵权制度和过失责任。一些支持者提倡完全废除关于意外事故伤害的过错责任制度而赞同社会保险制度。④而另一些则提出适用于具体领域的制度诸如机动车辆无过错保险制度,该制度意图将强制性保险支付医疗费用和误工费的基本赔偿与受害人保留对更严重的伤害和意外事故提出侵权诉讼的权利结合起来。⑤

但是,如前所述,认为企业责任理论家完全抛弃了侵权行为法是错误的。的确,很多企业责任理论家们写到司法体系的读者们希望促进侵权行为法的发展,因为侵权行为法能大致接近于实现可靠和以需要为基础的救济的理想。例如,弗莱明·詹姆斯(Fleming James),可以说是企业责任理论的带头人,支持和提倡

---

① 参见 John C. P. Goldberg, "Comment, Misconduct, Misfortune, and Just Compensation: Weinstein on Torts", 97 *Colum. L. Rev.* 2034, 2045—2048(1997)(讨论了弗莱明·詹姆斯关于不可避免的意外事故的理论)。
② Id., at 2047—2048.
③ Id., at 2047.
④ 例如,参见 Marc A. Franklin, "Replacing the Negligence Lottery: Compensation and Selective Reimbursement", 53 *Va. L. Rev.* 774(1967).
⑤ 例如,参见 Walter J. Blum & Harry Kalven, Jr., Purlic Law Perspectives on a Private Law Problem: Auto Compensation Plans 3—8(1965)(描述计划)。

在产品责任领域采用严格责任,舍弃过失责任中的限制性"免责规则"和传统豁免,扩大连带责任,发展市场份额责任,以及在司法上严格控制陪审团对非经济损失给予赔偿,将这些作为次好的解决方案,并作为向可靠的赔偿目标迈进的重要步骤。[①] 这种观念是要法官们改革侵权法律制度,以使可预测的意外事故造成的可统计的损失由雇主或产品制造商(企业责任中的"企业")的第一保险支付,然后再转由公众消费者承担。

最近,关注美国诉讼体制的学者们强调集团诉讼的前景,这类诉讼允许法官为大规模侵权行为的受害者们创设独立的赔偿制度。事实上,正是因为大规模侵权诉讼的目的是运送"个别"正义——通过集团诉讼机制可以减少重复诉讼引起的成本消耗和延误现象,所以才决定对单个问题如因果关系、赔偿金通过协商予以解决,根据预先设定的赔偿标准而非"全面赔偿"的原则支付赔偿金——与早前的学说发展相比,他们更期望通过司法诉讼来实现企业责任理论一直渴望达到的目标。[②]

C. 对企业责任理论的批判

虽然美国的司法权限不包括为支持纯粹行政补偿制度而废除侵权行为法,但企业责任理论确实对侵权法产生了实质性的影响,尤其是在20世纪前中期,它见证了严格产品责任和无过错机动车辆保险制度的适用。[③] 然而近些年来,这一进程失去了许多的动力[④],原因有二:其一是因为通过法律提供补偿的呼声相较于从新交易时代到大社会计划[⑤],这段时期而言受到了更多的质疑,其二是企业责任理论受到了一些实质性的批判。

[①] 参见,如 Fleming James, Jr., "Tort Law in Midstream: Its Challenge to the Judicial Process", 8 *Buff. L. Rev.* 315, 334—338(1959)。

[②] 参见前引 Goldberg, at 2050—2059。

[③] 参见 G. Edward White, "The Unexpected Persistence of Negligence", 1980—2000, 54 *Vand. L. Rev.* 1337, 1342—1343(2001)。

[④] Id.这一论述并不表明企业责任理论缺乏现代的追随者。参见 Virginia E. Nolan & Edmund Ursin, Understanding Enterprise Liability: Re-thinking Tort Reform for the Twenty-first Century(1995 年)。它也并不暗示这场运动已经失去影响力。参见前引 Rabin, at 1193—1198(指出企业责任理论继续对法官的意愿产生影响,即法官倾向于在过失侵权行为诉讼和产品责任案件中接受再分配理论)。这也不表明否认其他一些人力图从另外的角度对企业责任理论特点的总结进行辩解。参见 infra notes 142, 256。

[⑤] 参见前引 White, at 1361—1364。

尽管在这特别的 50 年,该理论作为对现代侵权行为法的标准的历史性论述,但提供补偿的主题,以及过失责任制度是在政治回归主义的背景下产生的这个更一般的论述,得到了极大的适用。有些人总结说 19 世纪的司法判决和意见并没有形成一个前工业时期的模式或前被告式(pro-defendant)的模式。① 另一些人对于将从 19 世纪以前到 19 世纪末侵权法的转变归结为一个简单的不支持对受害者给予赔偿的过程,提出了异议。首先,根本不清楚 19 世纪前的基线是否是严格责任原则——即不考虑其是否有过错,侵权行为人对其实际造成的任何损害都要承担责任。尽管早期的侵权法表面上似乎没有要求原告在形式上以过错作为承担责任的基础,但是似乎是法官通过"不可避免的意外事故"概念将"过错"引入了法律,以及至少允许陪审团在做出裁定时考虑过错。②

其次,即使严格责任在早期是一种正式的规则,但是在一种被概念化和几乎完全根据因果关系确定责任的侵权制度下,可能承担责任的行为人的范围也明显小于过失侵权行为法下责任主体的范围。具体来说,许多主体享有侵权责任免责的待遇,因为法院不愿意在一个导致了伤害的复杂的因果关系链中认定参与者的责任。例如,法院以压倒多数地倾向于将"行为人的行为"而非"被告的行为"——包括第三方的行为和原告自己的行为——作为替代性的原因,从而打破被告行为的因果关系链条,因而使那些在因果关系上导致了伤害的被告不承担任何责任。③ 在这一点上,通过将承担责任这一规范问题(义务和违反义务)区别于或多或少的因果关系中的事实问题,意外事故侵权法向过失责任模式的转变会在实际上给可能的原告带来很大的益处。④ 在这样做的时候,有足够的证据可以证明过失责任制度令原告有提起诉讼的权利,允许他们构建自己的诉求,即请求司法上直接认可新的注意义务(而不是通过争辩例如"远因"和"近因"等

---

① 例如,参见 James W. Ely, JR., *Railroads And American Law* 211—212 (2001); Peter Karsten, *Heart Versus Head: Judge-made Law in Nineteenth-century America* (1997); Gary T. Schwartz, "Tort Law and the Economy in Nineteenth-Century America: A Reinterpretation", 90 *YALE L. J.* 1717(1981).

② J. H. Baker: THE INTRODUCTION TO ENGLISH LEGAL HITORY, 第 93—94 页,1990 年第 3 版;参见 Stephen G. Gilles, "Inevitable Accident in Classical English Tort Law", 43 *EMORY L. J.* 575, 576(1994).

③ 参见 Gary T. Schwartz, "Weaver v. Ward", 74 *Tex. L. Rev.* 1271, 1274—1275(1996).

④ 参见 M. J. Prichard, Scott v. Shepherd(1773) and the Emergence of the Tort of Negligence 33 (1976).

概念的确切理解),因而禁止司法依赖替代原因。① 或许这种转变最显著的表现是批判性地重构促成过失理论——即从一个绝对的、可取代的因果关系原则转变为一个责任分配的减轻因素,而又不会破坏原告的起诉事由。②

　　企业责任理论家关于过失责任制度为一种不可靠的赔偿制度的批判也易受到攻击。他们的批判建立在一个合理假设之上:应当给予无辜的意外事故的受害者进行救济的诉讼请求以最好的优先地位。同样,就传统观点而言,很难质疑下面这一命题,即侵权法需要利用机械性规范所以不是一种分配救济义务的有效机制。而且,这两种观点本身都不能充分支持对过失责任制度的武断性的谴责。它们最多可以建立以下这个附条件的命题:如果衡量过失侵权行为法价值的惟一标准是,它是否能够对意外事故的受害者提供灾难救济,那么过失侵权行为法是有严重缺陷的。所缺乏的是对于为什么人们会认为提供灾难救济是衡量过失侵权行为法的价值的惟一标准的论述。

　　例如,根据传统观点,侵权法的要点并不在于提供灾难救济,而在于使私人主体有权从造成其损害的行为人那里获得救济。③ 或许从这个角度而言,这种救济有时是通过侵权的被告向原告支付损害赔偿金达到的,但这只是侵权制度产生的一种偶然的影响而不是它的主要目的。而且,这种观点的支持者们并不否认意外事故的受害者要求获得救济的紧迫性。相反,他们认为足以得出的结论是侵权法的主要功能不是而且也不应当是提供损害救济,因为其他制度如私人和公共保险可能更适合满足这种要求。因此,这种抽签式的批判与其说是对侵权行为法的彻底批判,不如说它是对单独依赖侵权行为法实现对灾难的救济的法律制度的彻底批判。④

　　论述到此,企业责任理论的法理学和经验主义的论述形成了。作为对前述相反论述的回应,就是否认侵权法除了为意外事故的受害者提供救济之外可以有任何可理解的目的。如果这种观点得以成立,那么由一种更为有效的赔偿制

---

① 参见 M. J. Prichard, Scott v. Shepherd(1773) and the Emergence of the Tort of Negligence 33 (1976)。
② 例如,参见 Smith v. Smith, 19 Mass. 621, 623(1824)(将促成过失作为一种优位的因果关系原则)。
③ 参见上文。
④ 参见前引 Goldberg, at 1518 & n.63(提出分配正义应当关注侵权法体系之外的内容)。

度来替代就不会有任何问题了。这种否定反过来建立在前述的法理学和经验主义的论述之上。换句话说，仅仅因为企业责任理论家认为包括权利、义务和近因在内的概念只是虚构的，所以他们声称侵权法不能被理解或抗辩为一种旨在纠正不正当行为的制度。类似地，经验主义认为，现代意外事故的认定主义是以过错为基础的，并允许这些理论家放弃那种认为侵权法可具备除赔偿受害者以外的任何功能的观点。如果现代侵法权主要关注"不可避免的"意外事故，那么就没有必要将它设计为一种追究个人责任的制度或者一种通过支付损害赔偿金而制裁和遏制未来的不正当行为的方法。

我已经在赔偿遏制理论中指出现实主义者的道德和法律怀疑论不可能是真理。① 企业责任理论的经验主义的假设也同样不可能无懈可击。一些人已经对工业、汽车和产品领域的意外事故都被企业责任理论认为不可避免的断言提出了挑战。例如，可能现代的产品责任诉讼并非总是符合弗来明·詹姆斯提出的流水线过失的论述。② 相反，他们愈发倾向于以厂商有意识的产品设计和警告义务为基础提起诉讼。如果许多与产品相关的意外事故是可预见的而非不可避免的，那么企业责任理论家只关注侵权法的赔偿目标就值得推敲了，因为有意识的设计选择（与不可避免的过错相反）不仅是追究责任的适当依据，而且有可能因受侵权法制裁的威胁而得到遏制。这反过来表明了企业责任理论反对全额赔偿和惩罚性赔偿的正当性。③它也表明建立在赔偿模式上的侵权法可能冒着至少对一些商业活动会过度遏制的危险，或者可能促进那些安全性差的黑市交易的发展。④

另一些评论家则试图从企业责任理论的描述性方面来证明它是搬起石头砸自己的脚。对于为扩大责任而对侵权行为法进行司法上的改革的呼声，评论家们认为扩大侵权责任会造成责任保险制度的架空，这反过来又会导致分散成本

---

① 参见上文的有关论述。
② 参见前引 Schwartz, at 624—625(指出因设计缺陷以及违反警告义务而提起产品责任诉讼的出现，以及法庭倾向于从风险效用角度对它们进行分析，这与传统过失侵权法对过错的要求极其相似)。
③ 参见前引 Goldberg, at 2059—2060.
④ James A. Henderson, Jr. & Aaron D. Twerski, "Closing the American Products Liability Frontier: The Rejection of Liability Without Defect", 66 *N.Y.U.L.Rev.* 1263, 1287—1292, 1311—1312(1991)(提出严格责任制度压制了新产品的生产以及促使消费者寻求不安全的黑市交易)。

和赔偿目标的落空。①普里斯特(Priest)也认为扩大的侵权责任实际上不会带来成本的公平分配，相反会使那些境况本来不佳的消费者承受不成比例的负担，他们将不得不为产品、汽车保险以及其他付出更多的成本。②

企业责任理论家提出的替代侵权法的制度也受到了批评。工人赔偿制度的经历表明他们不赞成以牺牲遭受较小损害的人的利益为代价来补偿遭受严重损害的受害者。③一些评论家认为企业责任理论家提出的制度和他们所欲替换的过失责任制度一样都不是原则性很强。例如，无过错汽车保险制度依赖强制保险来使那些在意外事故中受到伤害的人获得赔偿。这些强制制度有效地将汽车事故的成本在全体司机而且也仅在汽车司机之间进行了分配。为什么所有的司机甚至是那些小心翼翼较少出事故的司机，也要承担那些疏忽大意的司机所带来的成本呢？即使他们应该，又为什么其他行为人——例如，行人、土地所有者、产品生产者却没有被强制参与到这一保险中呢？如果强制保险是对意外事故导致的社会混乱的较好解决方案，那么公平是否要求制度由公众税收来支撑，并且适用于人为意外事故的受害者和所有灾难的受害者呢？④

四、经济遏制理论

关于侵权行为法的经济遏制理论的产生大大回应了企业责任理论和赔偿遏制理论的不足。大部分对资本和市场不存疑问的经济学理论家们被与企业责任理论相近的反资本主义的、再分配的政策分散了精力。⑤同样，在他们看来，成

---

① George L. Priest, "The Current Insurance Crisis and Modern Tort Law", 96 *YALE L.J.* 1521, 1525(1987).

② Id., at 1585—1586(考察了20世纪80年代中期的发展趋势)。

③ 参见前引 REPORTERS' STUDY, at 115—117。

④ 参见前引 Franklin, at 777。

⑤ 尽管不是所有，但大部分理论都受到了阻碍，科拉布里斯的研究主题是列举经济学的观点来解决一些企业责任原则出现的困惑，克洛里和汉森教授也对这个问题进行了论述。参见 Neil Duxbury, "Law and Economics, Science and Politics", 15 *L. & Hist. Rev.* 323, 325—326(1997)(指出了他们研究课题的内容不同), Steven P. Croley & Jon D. Hanson, Rescuing the Revolution: "The Revived Case for Enterprise Liability", 91 *Mich. L. Rev.* 683, 767—786(1993)(论述了一种成熟的企业责任制度)。

熟制定决策的赔偿遏制理论的特征是缺乏严谨。① 为弥补这两种理论的不足，经济遏制理论家运用微观经济分析来解释和分析侵权行为法。

正如我们所看到的，企业责任理论主要采用一种事后观点来看待侵害行为：它分析一旦发生损害法律将如何分配这些人为造成的损失。② 相反，侵权法的经济遏制理论采取一种事前观点。他们认为侵权行为法的目的是遏制将来意外事件的发生，提高整个社会福利。通过发布禁止令和向胜诉的原告提供金钱赔偿，侵权行为法具有了惩罚—规制作用，即给与将来的行为人一种物质激励，促使他们在行为时采取预防措施或者避免不法行为的发生。③

将法律与遏制不法行为相结合的理论在英美国家已有相当长的历史。④ 如上所述，早期的赔偿遏制理论家认为遏制功能是侵权行为法要实现的两个目标之一。⑤ 然而，在20世纪的后半世纪，对微观经济分析的学术研究已经发展出意外事故侵权法理论，它的目标纯粹是有效率地遏制意外事故。这一领域侵权行为法学术研究的带头人有约翰·布朗(John Brown)，奎多·卡拉布里斯(Guido Calabresi)，罗纳德·科斯(Ronald Coase)，罗伯特·库特(Robert Cooter)，理查德·爱普斯坦(Richard Epstein)，马克·格拉蒂(Mark Grady)，乔恩·汉森(Jon Hansen)，威廉姆·兰蒂斯(William Landes)，理查德·波斯纳(Richard Posner)以及史蒂芬·萨维尔(Steven Shavell)。

侵权行为法的经济遏制理论开始于一个微观经济学的假设，即一个人做出是否或如何从事特定行为的决定，是通过权衡该行为的成本和收益。在进行这种计算时，先定义一个自私的人，她只会考虑她将负担的成本而不考虑对他人造成的成本。⑥ 在其他条件是一样的情况下，一个人拥有一个养猪场，旁边住有一户邻居，她会不断增加猪的数量，直到他每增加一头猪的成本和她从中获得的收益相一致。如果没有合理的规则去规制她的行为，那么所有人将不会考虑这样

---

① Cf. Robert Cooter 和 Thomas Ulen, Law and Economics 3, 270(2d ed. 1997)(表明经济分析提高了不严密而单凭直觉进行思考的律师在法律特别是侵权行为法领域处理案件的能力)。
② 见下文的论述。
③ 参见前引 Cooter & Ulen, at 270。
④ William M. Landes 和 Richard Posner, The Economic Structure of Tort Law 4(1987)。
⑤ 见上文的论述。
⑥ 参见前引 Cooter & Ulen, at 261—262。

一些成本,即邻居生活质量上的损失,比如腐烂的气味和随着猪的数量的增多而引起的嘈杂声。这些后面所谈及的成本被称为外部成本。通过对行为人发布禁止令或令其支付赔偿金,侵权行为法可强迫他们决定是否或者如何行为时考虑——使其外部成本内在化——外部性。比如,一旦我们所设想的养猪户服从法律规定,她必须赔偿受到她侵害的邻居,那么她可能会作出合理的决定即养更少量的猪。对侵权行为法进行经济分析所产生的问题是,在什么条件下以及在何种程度上侵权行为法应该对行为人进行强制从而使外部成本内在化?

因为经济学关心的问题是如何让整个社会最大效率地利用资源,所以它推荐设定的规范应当实现预防措施和意外事故的"社会最佳"的结合。这种假定在某种程度上会根据经济学的理解阻止人们采取预防意外事故发生的措施,因为采取预防的成本会超过事故本身所造成的损失。因而,从原则上说,如果侵权行为法正确地实施,那么承担责任的威胁会使行为人只采取那些预防措施,即其成本低于没有采取预防措施时可能遭致的损害。用另一种方式说,从经济分析的立场看,侵权行为法的目标是减少以下三个因素的总量:预防意外事故的成本、意外事故造成的损失的成本和实施侵权行为法的成本。[1]

在具有以上几个共同特点的基础上,经济遏制理论可以被分为两个分支。第一个分支,主要是由理查德·波斯纳和威廉姆·兰蒂斯提出的,它主要致力于论述一种解释性观点,即效率分析这一分析工具能够使我们理解侵权行为法的基本特征。第二个分支主要是提供描述性的分析,即试图决定如果达到预防与事故责任的有机结合,应该如何设计意外事故侵权行为法。

A. 解释性经济遏制理论

在《侵权行为法的经济结构》[2]一书和其他著作中[3],威廉姆·兰蒂斯和理查德·波斯纳认为效率性概念是侵权法的"罗斯塔·斯通"(Rosetta Stone),标志是波斯纳对过失概念中的过错或疏忽的论述,它在司法中被典型地界定为行为的疏忽,即不能像一个理智的或者谨慎的人在特定状态下行为。[4] 波斯纳指出,从

---

[1] Guido Calabresi, The Cost of Accidents 26—29(1970).
[2] 参见前引 Landes & Posner.
[3] 如 Richard A. Posner, "A Theory of Negligence", 1 *J. LEG. STUD.* 29, 31—32(1972)。
[4] 参见前引 Cooter & Ulen, at 270。

表面上看,过错的意义和功能令人迷惑。"合理"和"谨慎"的概念似乎是道德上的概念。① 然而法律对过错的界定与道德解释并不一致,因为它是一个认定个人责任的客观标准,即使他们缺乏灵敏或智力的能力以致不能满足这个标准。② 然而通过理解过错表示的是过失侵权行为法的目标不是实现道德而是遏制侵权行为,就可以消除这个迷惑。当过失标准判定因不合理的行为而承担损害赔偿金时,它是在谴责和遏制浪费社会资源的行为。③ "存在过错"是指未能采取其成本比意外事故造成的成本低的预防措施,因而制裁有过错的行为可以促进有效率的遏制。对于这种过失—浪费的解释性理论的最初学术支持,可以在 *United States v. Carroll Towing* 一案罗尼德·汉德(Learned Hand)的判决意见中发现。④ 它运用数学公式,将过失理解为采取预防措施的失败,而且预防的成本(B)小于未采取预防措施所带来的损失($P*L$)。⑤

与此相似,兰蒂斯和波斯纳认为几乎其他所有的侵权行为法的基本概念和原则都可以运用有效遏制理论得到解释。因此,效率性被理解为提供了适用的实质内容和基本原则,包括:过失标准一般适用于非故意的侵权行为;严格责任适用于与产品有关的伤害;将某些侵权行为划归为故意侵权;决定适用损害赔偿金还是惩罚性赔偿金的规则。⑥ 从这些列举中选出其中一个进行说明:效率性解释了让行为人对某些故意侵权行为如不正当转移(偷盗)他人的财产承担责任的作用。当适用于故意强制侵占行为时,侵权行为法惩罚这样的行为——即使对行为人来说财产的价值大于所有者认为的价值——因为强迫转移财富产生的交易成本比自愿转移的成本大得多。换句话说,故意的转移财产是可诉的,因为一种可讨价还价的财产权制度比任意拿你所想要的制度通常更有效率。它反过来解释了故意侵权行为中的惩罚性赔偿金的适用:法律的目的是鼓励人们自由交易,禁止偷盗。⑦

---

① 参见前引 Richard A. Posner, at 32。
② Id., at 31。
③ Id。
④ 159 F.2d 169(2d Cir. 1947)。
⑤ 参见前引 Posner, at 32(引用了 Carroll Towing 一案, 159 F.2d at 173)。
⑥ 参见前引 Landes & Posner,(应用经济分析的方法解释和阐明大量的学说)。
⑦ Id., at 48。

总之,解释性经济遏制理论的核心观点是侵权行为法显示了对实现有效遏制目标的制度上的关注。实际上,兰蒂斯和波斯纳做了更进一步的论述,他们认为,侵权行为法原则——至少当它在20世纪前半个世纪出现时——几乎完美地遵循这样的规则,即它本来应该由不了解当代法律现状的效率分析家来选择。[①] 然而,根据这样的观点,经济解释理论产生了一个新的难题:如何解释一代代拥有独立审判权限的法官,一直以来并不经常进行经济利益分析,然而却产生一套始终反映效率性考虑的规则?在这里,经济学解释家们进行了历史性的和规范性的考虑。

从历史的角度看,解释性经济遏制理论认为在普通法内存在着类似于生物的自然选择机制的制度机制,倾向抵制无效率的原则而保留有效率的原则。比如,一些学说认为诉讼会激励人们只挑战无效率的规则,从而保证,随着时间的流逝,这些无效率的规则会受到挑战从而被推翻。[②] 这种准达尔文的论述得到了另一种论述的进一步补充,该论述将更大的原因力量给予中介机构。正如兰蒂斯和波斯纳所说,在众多目标中,法院更自然倾向于效率性目标,该目标通过司法裁决可以相对现实的达到,而其他目标(具体说,分散性的重新分配)则相反,它们通过同种方式难以达到。[③] 波斯纳也辩论到,在普通法的黄金时代,美国主要的法官包括卡多佐和汉德都是对法律进行经济学思考的先导者。[④] 这一事实有助于解释为什么受他们影响的法律会包含效率性考虑。最终,经济遏制理论提供了一个规范的论述,旨在揭开普通法明显趋于效率性的神秘面纱。这个论述是效率——财富最大化——是一个法律应该追求的有价值的目标(有价值的目标,由某些理论家所提出)。[⑤]因此对普通法的法官追求效率性不必感到惊讶。

---

① 参见前引 Landes & Posner,(应用经济分析的方法解释和阐明大量的学说),at 1。
② 参见 Jeffrey Evans Stake, "Pushing Evolutionary Analysis of Law or Evolving Law: Design Without a Designer", 53 Fla. L. Rev. 875, 880 & n.22(2001)(描述和列举了各种各样的关于效率性演进的著作)。
③ 参见前引 Landes & Posner, at 18—19。
④ 参见 RICHARD A. POSNER, CARDOZO: A STUDY IN REPUTATION 99—101(1990);以及前引 Posner, at 32(讨论了汉德公式)。
⑤ Richard A. Posner, "Wealth Maximization and Tort Law: A Philosophical Inquiry", in PHILOSOPHICAL FOUNDATIONS OF TORT LAW, at 99—103.

B. 描述性的经济遏制理论

另一派主要的经济遏制理论主要是分析不同的侵权规则所产生的相似的遏制效果。在这些学者看来,一个具体的侵权原则,或整个侵权法所研究的问题是假定性和分析性的:假设人们渴望在将来提高对资源的有效利用,那么人们应当选择什么样的规则和制裁措施呢?

正如科斯和卡拉布里斯在两篇有重大影响的论文中首次强调的那样,回答这个问题充满危险性。① 通过前瞻性的遏制分析来代替事后的观察通常很难达到,因为责任观念已经深深地植根于普通的英语语言中了。假设在一个管辖区内每年都会发生很多意外事故,其中包括汽车与自行车相撞,其结果是一些骑自行车的人受了伤,但汽车和汽车司机并没有受到损害。在人们通常看来,认为汽车司机"导致"了这些伤害的发生是再合适不过了。然而,以这种方式使用原因一词就已经是运用了一种事后观察,这会扭曲前瞻性的遏制分析。认定是汽车司机导致了这类意外事故的发生意味着司机——作为主动的加害者——是有责任的,而骑自行车的人——作为被动的受害者——是没有责任的。但是,从遏制角度来看,汽车司机和骑自行车的人都是导致该类意外事故发生的因素,因为如果这类碰撞要发生,双方都必须实施一定的行为(驾驶汽车,骑自行车),因此双方应当同样地成为制裁和未来要遏制的对象。因此,经济学家关心的问题不是谁导致了意外事故的发生,而是:(1) 在这类情况下,是否存在最符合成本效率的预防措施,如果一个或多个行为人采取了这些预防措施,将能够阻止或降低这类意外事故的危害性? (2) 如果有,为了鼓励人们采取这些预防措施,法律应当制裁谁?②

这种严格前瞻性的分析如何应用于我在前面假设的意外事故问题上呢? 假设分析表明,在汽车与自行车相撞的意外事故中,如果骑自行车的人使用了安全设备,如反射镜、旗标、头盔,那么该类意外事故所造成的净损失就可以减少。经济学分析表明只要降低这类意外事故所花费的社会资源较少,就应当采取预防

---

① Guido Calabresi: "Some Thoughts on Risk Distribution and the Law of Torts", 70 *YALE L.J.* 499, 499—500(1961); R.H.Coase: "The Problem of Social Cost", 3*J.L. & ECON.*1, 2(1960).
② 参见前引 Cooter & Ulen, at 272—281(分析了如何有效地刺激行为人加害受害人)。

措施。但是，法律应当规定由谁采取这些有效的预防措施呢？直觉的答案似乎是法律应当通过规定司机不必负责任的规则来促使骑自行车的人采取预防措施。这将会迫使骑自行车的人承受意外事故的成本，从而促使他们采取有效的预防措施。

然而，正像科斯阐述的那样，这一直觉观念需要改进。在假设无"交易成本"（即无需花费成本就可以得到所有的相关信息，并且可以准确地理解这些信息，无谈判成本等等）的情况下，法律只需确保这类有效的预防措施得以实施，而不必关心应当由谁承受骑自行车的人所遭受的损失。[1] 例如，假设我们采取了与直觉相反的规则，也即使汽车驾驶人承担责任的规则。在假设无交易成本的情况下，汽车驾驶人将会欣然同意装置骑车设备是成本最低的预防措施，并会付钱给骑自行车的人以使他们使用这些设备。自然，不同的责任规则——骑自行车的人承担责任的规则和汽车驾驶人承担责任的规则——会产生一个重要的分配上的后果：在第一个规则下，骑自行车的人可任意使用的收入将会减少，因为他们不得不承担采取预防措施的成本，而在汽车驾驶人责任规则下，汽车驾驶人的收入会减少，因为他们不得不为骑自行车的人购置安全设备。但是，这一分配上的问题与有效率的遏制分析是无关的，至少乍一看如此。问题不是让骑自行车的人或汽车驾驶人承受成本是否公平，而是如何激励他们采取有效的预防措施。[2]

科斯的分析的意义并不局限于消极的一面，即在无交易成本的情况下，法律选择规制谁是无关紧要的。因为，正如克拉布里斯（Calabrese）强调的那样，科斯的分析中包含了积极的一面，而这与现实世界更密切相关。一旦将交易成本概念重新引入我们的分析之中，那么，对汽车驾驶人来说，安装相关的自行车设备就不是无成本的，说服骑自行车的人使用这些设备也不是无成本的，从而经济学分析的一个关键问题就出来了：在所有可能的责任承担者之中，谁最能够辨认并实施有效的预防措施？运用克拉布里斯的话来说，经济遏制分析家不仅想知道什么样的预防措施是有效的，而且想知道谁是"成本最小的预防者"（cheapest

---

[1] 参见前引 Landes & Posner, at 33—34（描述了科斯的分析）。
[2] 但是参见下文（指出了分配上的影响有时可能具有效率性含义）。

cost avoider)——即能以最小的代价实施这些预防措施的人。①

与科斯和克拉布里斯确立的概念基础不同,20世纪70年代的经济分析家将注意力集中在为现代意外事故法的核心问题提供经济学解释上。下面这个问题自霍姆斯时期就已经被提出了:关于意外事故伤害适用的规则采纳严格责任规则还是过失责任规则更好? 布朗和萨维尔表明,在很多情况下,经济学对该问题的回答是模糊的。②

考虑萨维尔对我们提到的汽车与自行车相撞的例子的分析。③ 假设,如果不采取任何预防措施,骑自行车的人每年将遭受1.5万美元的损失,这些损失包括医疗费用、肉体痛苦和工资损失。进一步假设,通过以下方法可以减少每年的损失数额。第一种方法是,汽车驾驶人每年总共花2000美元安装日间连续灯(daytime running lights),从而使他们的汽车更容易观察到骑自行车的人。在不采取其他预防措施的情况下,这将会使总的意外事故成本减至1.2万美元。第二种方法是,骑自行车的人每年花费3000美元安装保护装置,从而在没有其他预防措施的情况下,将意外事故成本减至1万美元。第三种方法是,同时使用日光灯和保护装置,从而将意外事故的成本减至6000美元。在这种分析中,不管另一方如何行为,每个行为人都尽到注意义务是有效率的,因为任何一方的预防成本都小于采取预防措施所降低的意外事故成本。当然,理想的方法是双方都尽到注意义务,因为这样会使预防成本和意外事故的成本最小(2000美元+3000美元+6000美元=1.1万美元)。哪一种责任规则——严格责任还是过失责任——能够确保这种有效率的方法得到实现呢?

答案是只要严格责任制度允许对原告有无过错进行抗辩,则二者皆可。④在过失责任规则下,每个汽车驾驶人都知道如果她安装了日间连续灯就说明她是无过错的(因为她采取了有效的预防措施),从而不必对她因驾驶而给骑自行车

---

① 参见前引 Calabresi, at 135—143。卡拉布里斯走得更远,并且提出法院只需要对"谁"这个问题提供一种深思熟虑的答案。参见 Guido Calabresi & Jon. T. Hirschoff, "Toward a Test for Strict Liability in Torts", 81 *YALE L.J.* 1055, 1060(1972)。

② 参见 Steven Shavell, Economic Analysis of Accident Law 26—32(1987); John P. Brown, "Toward an Economic Theory of Liability", 2 *J. LEG. STUD.* 323(1973)。

③ 参见前引 Shavell, at 26—32。这种分析认为如果汽车驾驶人和骑自行车的人采取相关的预防措施,不仅仅在总量上是有成本效率的,而且对每个汽车驾驶人和骑自行车的人来说也是有效率的。

④ Id.

的人造成的损失承担责任。同样,因为骑自行车的人知道汽车驾驶人会通过安装日光灯而使其行为有效率,所以他们将不得不承受自己遭受的损失,从而他们会付钱购买保护性装置,因为比起不安装这些装置从而要承受由此遭受的损害成本来说,这更划算。这样一来,过失责任达到了我们理想的效果。

现在考虑允许分担过失的严格责任制度。在这一制度下,即使汽车驾驶人采取了合理的预防措施,也不会减轻他们对其造成的损害的责任(对经济学家来说,这就意味着严格责任制度)。尽管如此,对他们来说,支付2000美元加1.2万美元的意外事故成本也要比支付1.5万美元划算,因此,他们会采取安装日光灯这一预防措施。同时,如果骑自行车的人不采取本可以采取的预防措施,则分担过失抗辩会阻止他们从汽车驾驶人那里得到赔偿,所以,骑自行车的人将有动机安装保护性装置以确保他们可以使与汽车相撞导致的损失得到赔偿。

简而言之,只要在诉讼中过错条件适用于至少一方,那么当事人就会主动采取社会理想的预防措施。但是,这并不意味着这两个规则的效果是相同的。具体来说,在由谁承受即使采取了预防措施仍会发生的剩余的6000美元损失问题上,这两种制度是不同的。在过失责任规则下,如果双方都尽了注意义务,那么剩余的意外事故成本将由骑自行车的人承受。在严格规则下,双方也都尽了注意义务,但剩余的成本将由汽车驾驶人承受。上文已经指出,经济分析不关心使一方还是另一方承担这种损失是否公平。然而,正如萨维尔指出的那样,如果一个行为人阻止意外事故发生的能力不仅受其采取预防措施的影响,而且受她从事一项具体行为的程度的影响,那么分配上的差异可能具有经济学含义。[1] 正如我们所看到的,在严格责任制度下,驾驶汽车时尽到了正当注意义务的汽车驾驶人,必须承受他们所导致的意外事故的剩余成本,至少在第一种情况下如此。因此,尽管他们不能通过更加小心驾驶来降低对骑自行车的人造成的伤害进行赔偿的可能,但是他们可以决定,考虑到严格责任规则下的驾驶成本,他们将尽量少开车。因此,经济学分析表明,对责任规则的选择应当部分取决于限制驾驶汽车或骑自行车在经济上是否值得。[2]

除了对动机的影响之外,过失责任和严格责任制度之间还可能有另一个重

---

[1] 参见前引 Shavell, at 29。
[2] Id.

要的区别:它们各自的管理成本。克拉布里斯和爱普斯坦已经具体论述到,尽管不同的责任规则对动机造成的影响是相同的,但是严格责任制度更可取,因为实施过失责任的成本更高。① 之所以这样说,有以下理由。首先,在现实社会中,确定某一被告的行为是否与汉德公式相冲突,需要收集和分析大量信息。而且,信息总是不完全和不确定的,并且是由对交通事故等特定领域没有专业知识的陪审员和法官审查和判断这些信息。因此,在对过错的判定上很可能存在着大量错误。② 在这些方面,过失责任制度会比严格责任制度导致更大的成本,因为严格责任不要求判断被告是否存有过错(尽管它仍然要求判定原告是否存在过错)。但是,正因为严格责任降低了获得赔偿的门槛,它可能会鼓励人们提起更多的诉讼从而使总的管理成本增加。③ 尽管这样,卡拉布里斯和爱普斯坦还是认为严格责任下因诉讼的增加而导致增加了的成本仍然小于实施过失制度的成本。④

除了具体规则的效率性问题之外,描述性的经济遏制理论中一个最终的并且也是更普遍的问题是,不考虑责任标准而从总体上看,意外事故法的设计是否足够好从而能实现理想的遏制目标。这个问题包括了两个辅助性问题。第一个问题是,从效率观点来看,合同法领域和侵权法领域的分界点何在。第二个问题是即使侵权法有一个合法的独立于合同法的适用领域,但是与关于遏制的其他可选择的制度相比它是否是更有效率的。

侵权法通常是根据一个适用于所有情况的一般规定(one-size-fits-all manner)来判定某一行为是否应当受到制裁。可以说,这阻止了当事人以一种双方互惠的方式设计他们的行为,从这个意义上来说,侵权制度可能比合同制度更加没有效率。例如,产品责任规则要求产品制造商负有使他们生产的产品符合法定的无缺陷标准的义务。⑤ 这样一来,这些规则就会阻止仅有极小的不安全性

---

① 参见前引 Calabresi, at 250—251; Richard A. Epstein, Torts 95—96(1999)。
② 参见前引 Abraham, at 1202—1203(认为当没有独立的规范用于过失侵权案件时,对事实的不同认定者可能会得出关于合理性的不同的结论)。
③ 参见前引 Epstein, at 95。
④ 参见前引 Calabresi, 及 Epstein, at 95—96。
⑤ 参见 Henningson v. Bloomfield Motors, Inc., 161 A.2d 69, 96(N.J. 1960); MacPherson v. Buick Motor Co., 111 N.E.1050, 1053(N.Y.1916)。

但价格更便宜的产品被生产和投向市场,从而阻止消费者自己决定是否要用金钱来换取安全。实际上,侵权法的做法是命令消费者从生产者那里得到责任保险,尽管被完全告知详情的消费者可能会放弃该保险而换取较廉价的商品。①

在此,经济学家之间争论的焦点在于:如果当事人可以获取大量有价值的信息,并能够清楚理解这些信息,而且有进行谈判的真正愿望和能力,则他们乐于进行此种交易的程度如何。②

最后,甚至对于那些经济学分析家认为不应当由合同制度调整的交易来说,也存在一个进一步的问题,这个问题在前面论述效率理论的合理性时提到过,就是:由受害者首先提起诉讼,并且在诉讼中决定是否进行制裁的根据是事后考虑已经遭受了的损失,而非前瞻性地考虑有效遏制,这样一种制度是实现有效遏制的最好的制度吗?一种更简单的调整性罚金制度,同时辅以由公众或私人保险支付赔偿的制度会不会更能实现有效率的行为?一些经济学家认为这些问题的答案不在侵权法中,而在准予罚金和给予赔偿的其他独立制度之中。③

C. 对经济遏制理论的批判

在解释性经济遏制理论的简化论中,至少在兰蒂斯和波斯纳提出的有影响的理论中,解释性的经济遏制理论也许只能通过庸俗马克思主义者的论点进行反驳了,后者认为,法律是阶级斗争的产物。④ 这些简化论者阻碍了一些马克思主义者建立一个合理的法律实证主义理论的努力⑤,他们也说明了解释性的经济学分析所存在的不足。

解释性的经济学分析的目的是确定普通公民和法学工作者事实上所运用的一些概念的含义,例如,认定某一行为有过错是什么意思——这种努力注定是要

---

① 参见 Alan Schwartz, "The Case Against Strict Liability", 60 *Fordham L. Rev.* 819, 837—840(1992)。

② 参见 Mark Geistfeld, "The Political Economy of Neocontractual Proposals for Products Liability Reform", 72 *Tex. L. Rev.* 803(1994)(分析了合同在产品责任法中的作用)。

③ 参见 James J. Heckman, "The Intellectual Roots of the Law and Economics Movement", 15 *L. & Hist. Rev.* 327, 328—329(1997)。

④ 参见 Alan Hunt, Marxist Theory of Law, in A Companion to Philosophy of Law and Legal Theory 355, 355—391(Dennis Patterson ed., 1996)。

⑤ Id., at 355(指出马克思主义理论在现代法学理论中很大程度上起着一种"对抗性"的作用)。

失败的。例如,波斯纳法官认为过错的归属包含了职责,因为有过错的行为违反了禁止实施不经济行为的规范。退一步说,他的这种观点是牵强的。[①] 想象一个听到医疗过失事例的人摇着头说:"医生像这样地浪费我们的资源是糟糕的。但只要他们不再浪费社会财富就可以实施医疗过失行为"。

同样,有观点认为过错是一个只有经济学理论才能解释的概念,这个观点建立在一个很多人都会反对的假设之上,即:"客观过错"与道德和正义观念是不相容的。[②] 另外一些人已经表明,罗尼德·汉德(Learned Hand)提出的关于过错的公式不是试图从有效率的资源配置角度给过错下定义,相反,汉德公式只是说明了一个抽象观念,即法官和陪审员在判定是否存在过错时要考虑各种因素之间的平衡,但他并没有具体说明什么才是预防所带来的负担,也没有说明在一项具体行为可能造成的所有损失中应当考虑哪一种损失。[③] 这样一来,汉德公式可以有一种解释,——可能最初也赞同这种解释——就是,法官和陪审团考虑了被告导致风险的行为所具有的价值,而忽视了该行为可能导致的各种损失。这两个问题可能与对汉德公式的严格经济学解释不相符合。

描述性的经济学家自己也认为不同的侵权原则事实上无法根据效率得到说明。例如,萨维尔和普林斯克认为,根据效率性原则,对那些公开且故意实施的不法行为(例如故意非法侵占和非法接触)不应当适用惩罚性赔偿金,但是当隐蔽的行为很难察觉时则可以适用(例如,转换污染)。[④] 与此相似,普里斯特(Priest)的一个著名观点是经济学分析不赞同由陪审团决定是否给予精神损害赔偿,从而使其作为原告因身体伤害可以得到的损害赔偿的一部分。[⑤]

关于效率理论对侵权法的解释性论述的一个相关的反对意见是,它不能最

---

① 参见接下来的文章。
② 参见前引 Coleman, at 334—335,以及接下来的文章。
③ 参见 Stephen G. Gilles, "On Determining Negligence: Hand Formula Balancing, the Reasonable Person Standard, and the Jury", 54 *Vand. L. Rev.* 813, 849(2001); Michael D. Green, "Negligence = Economic Efficiency: Doubts", 75 *Tex. L. Rev.* 1605, 1611(1997)。
④ 参见 A. Mitchell Polinsky & Steven Shavell, "Punitive Damages: An Economic Analysis," 111 *Harv. L. Rev.* 869, 954(1998)。
⑤ 参见前引 Priest, at 1546—1547。但是同时参见 Steven P. Croley & Jon D. Hanson, "The Nonpecuniary Costs of Accidents: Pain-and-Suffering Damages in Tort Law", 108 *Harv. L. Rev.* 1785, 1791—1793(1995)。

终解释为什么我们要采用侵权制度。具体来说,人们不清楚为什么我们会有这样一种制度:要求原告首先提起诉讼,雇用外行的陪审员确定损害赔偿,要求原告证明被告的行为对他或她造成了损害。

从原则上讲,只要行为可能造成的损失大于预防成本,那么行为就应当被制止。但是只有当一个私人受害者选择提起诉讼时,侵权制度的遏制作用才起作用。也许规制性罚金制度能够同样地、甚至更好地实现有效遏制的目标。事实上,经验证据表明,这样一种制度可能更可取。因此,经济学理论不能对侵权法的深层结构提出有说服力的论述——它们最多提供一种不确定的假设,即使受害人能够作为私人代理人行为的制度通常比规制性的罚金制度更有效率。① 很明显,对解释性的经济遏制理论结构的批判不仅来自那些倾向于怀疑对法律进行经济分析的理论家,而且来自经济学家自身。②

即使经济学分析支持由私人诉讼驱动的遏制制度,但是在只允许遭受侵害行为实际侵害的人提起诉讼的制度,和允许所有因侵害行为而遭受危险的人提起诉讼,从而使他或她因该行为造成的期待损失中相应的部分得到赔偿的制度之间,它也不应当有所不同。例如,假设一个汽车驾驶人会因为高兴而习惯性加速,从而对许多行人的生命造成了风险。进一步假设,他一度运气非常好,没有撞倒或吓到任何行人,直到有一天,他撞伤了一个人。假设在任何情况下司机的行为都是有过错的,因为与它造成的财产损失和身体伤害相比,预防的成本非常小。对于为什么法律只允许因驾驶而遭受损害的人而非所有遭受危险的人提起诉讼,兰蒂斯和波斯纳的解释非常特别。他们认为,之所以只有遭受损害的人才能提起诉讼,是因为这样的管理成本较小,而且当处理实际的损害赔偿案件时,

---

① 参见 Ernest J. Weinrb, The Idea of Private Law 46—48(1995);也参见 Jules L. Coleman, "The Structure of Tort Law", 97 *Yale L.J.* 1233, 1245(1988)[参见 Steven Shavell, Economic Analysis of Accident Law(1987)和 William Landes & Richard A. Posner, The Economic Structure of Tort Law(1987)];参见前引 Heckman, at 328—330。

② 这种批判只是在卡拉布里斯的著作的表面背后或者是他的一种推论。参见前引 Calabresi, at 311—318(预测过失侵权法将让位于分散成本的"企业责任"制度或保险制度);也参见前引 Heckman, at 328—330。

陪审团更容易正确地进行 P×S 的运算。① 但是这种解释不能够解释侵权法的基本要求,即一个人在提起诉讼之前,他必须遭受了损害。②

在侵权普通法中,陪审团所起的核心作用(当然,在联邦制国家其作用已经被立法所取代)在表面上令人不解。为什么一个旨在实现有效遏制的制度会雇用外行的陪审员决定行为是否有过错呢？为什么在做出这个重要决定时,从来没有人指导陪审员去考虑效率性呢？社会正义理论和个人正义理论都好像很有道理地指出,之所以要陪审员做出这个重要决定是为了对强大的行为人提供一种一般性的控制,或者是为了使法律上的过错观念符合一般道德③,但是经济学家却没有对此提供相应的解释理论。④相反,经济学解释理论家好像仍然固守着霍姆斯的期望,即随着时间的流逝,司法规则将会替代专门的由陪审团决定过错的制度。经济学解释不仅有一种支持法官而非陪审团的固有偏见,而且也一贯地支持法官而反对其他所有的制度参与者。通过认为普通法,并且只有普通法可以用来而且确实实现了有效遏制,对侵权法的经济学解释暗含着,只有法官而非立法机关或行政机关才最有能力起草和采纳易于理解的法律规则。⑤ 考虑到经济学方法与对司法能动主义的指责之间发生的偶然但频繁的联系,就可知这种暗示是笨拙的。

最后,解释性的经济遏制理论家们很难明白下面这个要求的含义,就是原告要得到损害赔偿就必须证明"若非,则是"因果关系的存在,这个要求适用于绝大多数侵权诉讼。从遏制角度来看,如果它在将来有造成伤害的危险,那么有过错

---

① 在讨论涉及具有长期潜伏期的疾病的诉讼时,兰蒂斯和波斯纳清楚地认为,根据他们对侵权法的观点,发生损害并不是诉讼开始的一个要件。尽管他们承认,至少在这里,效率理论与英国的传统理论不相符合,但他们提出了非常奇怪的建议,既基于伤害发生的可能性的增加,而非伤害本身提起的诉讼,将"不仅仅是一场可望实现的对侵权法基本结构的革命,而且可能事实上已经是法律原则的一部分了。"参见前引 Landes & Posner, at 265—268。

② 例如,假设户主 H 最近购买了一个汽油架,他有时将烟头插入点燃的木炭里使它熄灭,因此这增加了对他的邻居 N 造成身体伤害和财产损失的风险。如果这类伤害没有实际发生(也假设 N 既没有遭受精神压力,也没有遭受经济损失),那么 N 将不能对 H 有风险的行为提起诉讼。因为 N 没有受到侵害,所以他不能提出主张说 H 的行为对他造成了侵害。

③ 参见本文的第五部分和第六部分。

④ Steven Hetcher, "The Jury's Out: Social Norms' Misunderstood Role in Negligence Law", 91 *GEO. L. J.* 633, 647—652(2003).

⑤ 参见前引 Landes & Posner, at 18(认为法官独立于政治将能够使他做出客观的,也即非重新分配式的判决)。

的行为就应当被制止,而不管它过去是否真的造成了损害。① 因此,正如克拉布里斯曾经指出的那样,如果一个人可以证明,电视制造商最有能力制止将来汽车事故的发生,那么经济学分析就要求电视生产商承担责任,尽管他们的行为和意外事故之间不存在任何因果联系。②

兰蒂斯和波斯纳回应了这种反对观点,指出"若非,则是"因果关系说明了事前的可能性。③ 在他们看来,如果在一个具体案件中缺乏因果关系,那么就可以拒绝给予损害赔偿,因为这表明,考虑到被告行为的环境,与其他因素相比,他的行为导致的风险如此之小,以致鼓励被告在将来采取预防措施是不效率的。换句话说,不要求有因果关系告诉我们,因为汉德公式中的 P 非常小,所以尽管被告没有采取预防措施,也不能说他是有过失的。正像理查德·怀特指出的那样,这种不要求因果关系就可判定过错的模式违背了常识和人们对法律的通常理解。④ 考虑这样一个例子,如果一家旅店配备了防火梯,但是当火灾发生时,只有一个人死亡了,而且这个人的死亡是因为他身体柔弱以致不能使用防火梯,所以就认为即使没有配备防火梯,店主也是无过失的,这种逻辑是非常奇怪的。事实上,尽管事实是即使有防火梯这位客人也会死亡,但起诉店主过失地置人于危险之中(假设存在这种犯罪)也是非常合理的,从而避免了客人因缺乏因果关系而仍然提起侵权诉讼的情形。

解释性的经济学家的传统观点已经受到了严重挑战。他们的准达尔文式的观点之所以受到攻击,是因为它不能提供一种合理的选择机制来解释为什么只有有效率的规则才能继续存在。例如,即使起诉动机只对无效率的规则提出了质疑,但是这种解释不能说明为什么我们会有一种普通法的诉讼制度,从而回避了达尔文观点中的实质性问题。⑤ 当然,对于为什么普通法从一开始就是趋于

---

① 参见下文。
② 参见前引 Calabresi, at 136。
③ 实际上,他们的回应是首先指出律师和学者不认为因果关系的概念是可理解的。他们这一令人奇怪的发现,根源于他们将"事实原因"和"近因"混为一体,从而能够使他们认定他们的效率性理论不必解释侵权法中因果关系所处的明显的核心地位。参见前引 Landes & Posner, at 229。接着他们进一步表明传统认为属于因果关系范畴的问题最好通过汉德公式来解决。Id., at 229—230。
④ 参见 Richard W. Wright, "Actual Causation vs. Probabilistic Linkage, The Bane of Economic Analysis", 14 J. LEGAL STUD. 435, 452—455(1985)。
⑤ 参见 Jules L. Coleman, The Practice of Principle 27(2001)。

有效率的这一问题,解释性的经济学家完全可以将侵权法的存在作为一种假设的事物,并将自己限定为是一种"路径依赖"的解释。① 但是接下来我们需要知道的是,近代历史的特别之处是什么,比如效率性考虑可以对法律的形成提供一种强有力的解释,但却不能解释普通法最初是怎么形成的。这种解释使用的一个观点是法官们正在逐渐自觉地考虑效率性问题,由此它不再是达尔文式的了,而变成了一个关于法官如何对侵权法进行推理的有争议的论述。在这个问题上,值得指出的是,波斯纳对卡多佐和汉德观点的解读已经被认为包含了严重的错误。② 最后,就连波斯纳本人也承认,他关于财富最大化是侵权法应当优先追求的目标的论述值得怀疑。③最近,他又采取了一种"实用主义"的观点来论述法律问题,这种观点认为理性地评估不同法律规范的有效性是不可能的。④ 由此,解释性的经济遏制理论显示它本身不像是对侵权法的正当有理的解释,而更像是一连串无法被证伪的论断。

---

① 参见 Mark Geistfeld, "Economics, Moral Philosophy, and the Positive Analysis of Tort Law", in Philosophy and the Law of Torts 250, 252—257(Gerald J. Postema ed., 2001)。

② 参见前引 Gilles, at 848—849(讨论了波斯纳对汉德提出的理论的分析);参见前引 Goldberg, at 1438—1441, 1450—1455(讨论了波斯纳对卡多佐提出的理论的分析);参见前引 Green, at 1611(讨论了波斯纳对汉德提出的理论的分析)。

③ 参见 Richard A. Posner, "Wealth Maximization and Tort Law: A Philosophical Inquiry", in Philosophical Foundations, at 99, 101—103。波斯纳运用实用主义来支持在道德推理上对主观主义的怀疑,这是极具讽刺性的。在早期的法律从业者如杜威看来,实用主义被作为一个反对怀疑主义的信条,通过消除理想和现实,认知和实际行为,主观和客观,以及尤其适用于眼前讨论的客观事实和主观价值之间的严格区别,追求提高实用的和道德的推理。参见 John Dewey, THE QUEST FOR CERTAINTY 254—286 (1929)(反对严格区分事实和价值的主张,赞同道德推理和道德认知的可能性)。

④ 参见前引 Posner, at 101。上文对解释性经济遏制理论具有的不足的讨论提出了一个重要的问题,即如何评价对侵权法所作的解释性论述的充分性。不幸的是,这些问题超出了本文讨论的范围。一个问题是人们会怎样理解这些问题所提出的现象。提供一个与典型的案件判决结果相一致的理论就足够了吗? 或者人们必须知道法律从业者运用法律概念和判例的含义吗?最低限度的标准将会包含对侵权法的解释性论述是可行的,即使它提供的是一种"好像是怎样"的解释。因此,如果侵权法的内容和结构看起来好像旨在实现意念中的有效遏制,那么人们就已经对侵权法提出了一种充分的论述,尽管有证据表明侵权制度的目的并非如此,而且该制度的参与者也不会认为自己会追求或讨论这个目的。一个更有力的观点可能是认为一种解释性的论述是不充分的,除非它能够说明当律师和法官运用法律概念时所谓何意。第二个问题是一种解释必须达到什么程度的全面或完整才会被认为是充分的。对此问题的一个观点是,可能被认为是不太有力的解释论,只要一个对侵权法的解释性理论与侵权法原则和实践相一致,那么就可以认为该理论是充分的。例如,一个温和的解释性的经济理论可能满足于说明已存在的过失责任原则能够实现有效率的预防目标,也即从整体上看,这些规则并不否定效率性原则。相反,强烈的解释论坚持认为只有当它能够表明侵权法的制度和原则根据一种特别的安排是如何组合在一起的——也即该制度具有一个深层结构或逻辑,一种解释性论述才算完成。

描述性的经济遏制理论也遭到了批判。很明显,遏制理论的一个基本前提是法律制裁能够起到遏制的作用。但是,正如一些主张企业责任的理论家已经指出的那样,大量的侵权行为瞬间即逝,从而无法加以制止。[1] 更普遍的情况是,现有的现象表明行为人不会因为有承担责任的威胁就会做出符合法律规定的行为。[2] 这并不是赞同对规范的经济遏制理论的整体谴责,但它确实表明经济学家需要认识到经济学分析的局限性,它只能在某些领域发生作用,只适用于那些有理由认为会对法律制裁做出反应的人。

另一种批评指出了对经济学方法的缺乏技巧的运用所存在的危险。虽然宏观经济分析的技巧可以有助于分析家思路清晰地进行推理,但是,运用相关的经济学模型,如果没有必要的信息,就连谨慎的职业者也很难从个案和个别问题中得出准确的结论。举例来说,萨维尔起初持有分析性的观点,即责任可以影响行为的程度,转而认为经济分析赞同普通法的传统做法,即对特别危险的行为如爆炸和饲养野生动物适用严格责任。[3] 然而,不论持有哪种观点,萨维尔都没有解释为什么制止这些行为对社会来说是有效率的。[4]同样,爱普斯坦仅仅声称,但事实上并不赞同过失责任制度的实施成本可能为采取严格责任提供了经济学上的理由。[5] 在与此类似的情形下,人们可能有理由担心在经济学观点掩饰之下,经济学家表现出对于不同行为人分别享有的权利进行了实质性的政治上的考虑。

与之相关的批评是,在某种程度上,描述性经济遏制理论的提出不仅仅是针对学者,而且也针对了律师,它可能很难在实践中得以应用。有时经济学观点对假设上出现的小小变化都反应迅速,从而使这种方法具有可操作性,也许它同传统的理论分析一样易于操作,尽管它试图替代传统理论。即使不具有这样的可操作性,经济学观点也容易被法官和律师错误地适用,因为他们通常缺乏必要的

---

[1] 参见上文的有关论述。
[2] 通常参见 Don Dewees et al., Exploring the Domain of Accident Law (1996)(比较关于侵权法对不同种类意外事故的遏制效果的经验证据)。
[3] 参见前引 Shavell, at 31。
[4] Id., at 31—32.
[5] 参见前引 Epstein, at 96—99。

训练,因此在适用经济学方法时容易犯类别上的错误,或者意识不到他们不知道的。①

这里,经济学分析面临的一个重要的难题是,在何种程度上分析家会降低对个人理性的严格假设从而使行为的经济学模型更具有现实性。通过扩大成本和收益的范围,并且考虑人们认知上的偏见是如何导致行为人对这些成本和收益产生误解,从而将认知心理学与社会规范理论进行整合会使各种经济学分析之间的差别更小而趋于一致。② 但是,这样的结果是,经济学分析可能会变得更加不确定,也更加不能预测对行为进行制裁所产生的效果。举个最简单的例子,如果行为人习惯性地过低或过高估计某些风险实际发生的可能性,那么这一事实就与法律是否能够通过汉德公式确立的过失标准来促使人们采取有效率的预防措施密切相关。同样,如果个人决定会受人们如何做出决定的影响,那么在设计法律规则时就不得不考虑这些人们所固有的观念。

最后,对于为什么将效率性作为侵权制度追求的一个目标,经济学家基本上不能提供任何有力的解释。经济学家当然可以说对效率性的追求只是假设性的,但是如果这样做,他就是回避了一个重要的实质问题,这个问题与律师和法学家都相关:如果法律不应当追求效率,那为什么我们会赞同根据效率性分析所得出的结论? 尽管对分析的目的采取一种不可知论的态度是一个很好的方法,但是担心是,通过拒绝讨论或承认法律可能追求的其他目的,或者如何协调法律对其他目的的追求与其对效率性的追求,描述性经济遏制理论的个别学者可能会放弃不可知论的态度,转而在事实上赞同效率性。③ 如果情况是,或者有可能是,很多分析经济学家都持有某种道德怀疑论,这尤其是危险的。因为根据这种怀疑论,可选择的法律的目标,如保护权利或实现对财富的公平分配,都被认为是空想。最近,对于使总的社会财富最大化是法律制度的恰当的目标这一论述,

---

① 因此,爱普斯坦最近告诉法官不要为他们并不擅长的经济分析烦忧,相反他们要采取一种默认的推论,即如果当事人之间在侵害发生之前就具有某种关系,那么他们就可以运用合同来配置伤害风险(假设是对原告的伤害)。参见 Richard A. Epstein, "The Economics of Tort Law: A Hurried and Partial Overview", 10 *KAN. J.L. & PUB. POLICY* 60, 62—63, 70—72(2000)。

② 通常参见 Jeffrey J. Rachlinski, "A Positive Psychological Theory of Judging in Hindsight", 65 *U. Chi. L. Rev.* 571(1998)(分析了事后偏见在评价过错和责任时所起的作用)。

③ 参见 James R. Hackney, Jr., "Law and Neoclassical Economics: Science, Politics, and the Reconfiguration of American Tort Law Theory", 15 *Law & Hist. Rev.* 275, 307, 311(1997)。

卡普罗教授和萨维尔教授正致力于完成一种系统性的辩护。① 他们的这种努力受到了许多怀疑论者的欢迎。②

五、社会正义理论

社会正义理论家认为侵权制度是一种旨在矫正政治权力不平衡的机制。具体来说，他们认为，侵权法会修正利益团体在政治上出现的反常现象。金钱利益集团，特别是公司，阻碍或破坏了立法并且收买了旨在监督和控制它们的管理机关。结果，通过生产有危险性的产品并且隐瞒与产品危险性相关的重要信息，这些利益集团以社会公众利益为代价去追求董事和股东的私利。例如，枪支生产者的游说成功阻止了有意义的枪支安全立法，而制药公司通过控制政府管理的程序，从而使 FDA 放宽了对可能具有危险性的新药的审查。

除了立法和行政方法之外，侵权法通过使公民有权因公司的不法行为而对公司提起诉讼，从而矫正了权力之间的不平衡。具体来说，侵权法允许独立的法官和陪审团来决定国家和其他拥有强大权力的行为人是否应当负责任。因此，遭受枪击的受害人提起的过失诉讼，和承受了治疗这些受害者的费用的城市提起的公害诉讼，弥补了因缺乏对枪支的有效控制所造成的不足。同样，产品责任诉讼限制了制药公司生产有危险性的和无效的药品而牟取暴利的行为。关于侵权法的社会正义观念在实践中与拉尔夫·纳德尔(Ralph Nader)联系最为密切。进一步发展了社会正义观念的学者有里查德·阿贝尔(Richard Abel)，阿尼达·伯恩斯坦(Anita Bernstein)，卡尔·伯格斯(Carl Bogus)，托马斯·科尼葛(Thomas Koenig)，以及米歇尔·拉斯塔德(Michael Rustad)。

---

① 参见 Louis Kaplow & Steven Shavell, "Fairness Versus Welfare", 114 *Harv. L. Rev.* 961 (2001)。

② 关于对卡普罗和萨维尔的著作的怀疑性论述，参见 Jules L. Coleman, "The Grounds of Welfare", 112 *Yale L. J.* 1511(2003)；并参见 David Dolinko, "Review Essay: The Perils of Welfare Economics", 97 *Nw. U. L. Rev.* 351(2002)；Michael B. Dorff, "Why Welfare Depends on Fairness: A Reply to Kaplow and Shavell", 75 *S. Cal. L. Rev.* 847, 862—888(2002)(认为任何社会福利功能都包含着一种公平判断)。

A. 解释性和描述性的社会正义理论

解释性和描述性的社会正义理论关注的是侵权制度的几个重要特征，使侵权制度能够使拥有权力的行为人服从。第一，通过赋予私人提起诉讼的权利，侵权普通法使单个的公民能够在法庭上质问利益团体的行为，并且能够以损害赔偿金的形式对其处以罚金从而对这类团体传达一种信息。在侵权法中，公民既可以用他或她自己的权利主张对抗强势的一方，又可以作为私人代理人来大体上规范行为人的行为。[①] 第二，这些理论家强调侵权法不断发展和完善的本质特征是诉讼的动因，这个特征允许侵权诉讼的原告发现权力及利用权力的新形式，并为此寻求救济。[②] 第三，社会正义理论指出了侵权诉讼中的调查程序所具有的价值，通过法庭调查，原告的律师可以提供书面证据证明诸如社团提供了虚假信息或实施了不法行为。[③] 第四，社会正义理论特别强调外行的陪审员在诉讼中所起的作用。在该理论中，陪审团被认为是普通人利益的维护者，以对抗作为私法主体的团体的权力，就像在革命时代，陪审团对英国君主的权力起着重要的审查遏制作用。[④] 第五，社会正义理论强调给予损害赔偿——尤其是惩罚性损害赔偿——在对自私的团体的行为进行限制上所起的关键作用。社会正义理论认为，只有惩罚性损害赔偿才能说明"侵权并不单单给予损害赔偿"，而是使富有且拥有权力的人支付超过其所造成的损害的金钱。[⑤] 与这些解释性的论述一致，描述性的社会正义理论主张在产品责任、工作歧视、医疗过失等领域扩大责任，并且反对现代侵权法改革，反对立法和司法通过规定一些制度来限制法院的权利和陪审团判断，如司法对案件的统一管理、立法对损害赔偿的控制、以行政手段取代诉讼手段等等。[⑥]

[①] 参见 Thomas H. Koening & MichaellI L. Rustad, in Defense of Tort Law 9(2001)。

[②] 参见 Anita Bernstein, "Complaints", 32 *McGeorge L. Rev.* 37, 51—53(2000)。

[③] 参见前引 Koening & Rustad, at 5(认为律师应当负有证明弗莱斯通轮胎存在缺陷的责任); Id., at 82—83(讨论了在另一个产品责任诉讼中对关键的内在缺陷的证明)。

[④] 参见 Stephen Landsman, "The Civil Jury in America: Scenes from an Unappreciated History", 44 *HASTINGS L.J.* 579, 618—619(1993)(进行了这种联系)。

[⑤] 参见前引 Koening & Rustad, at 175—204。

[⑥] 通常参见 Richard L. Abel, "Questioning the Counter-Majoritarian Thesis: The Case of Torts", 49 *Depaul L. Rev.* 533(1999)(认为法官最好代表人民大众的利益而非立法机关和行政机关的利益)。

社会正义理论在主张渐进式政治方面与企业责任理论的主张具有一种相似性。但二者在一些根本问题上是不同的。企业责任理论的论述基于这种观点：即向那些尽可能对资金有迫切需要并能够进行有效利用的人提供资金。① 它通常不会将损害归结为是恶势力造成的。相反，他们认为损害是在工业经济和后工业经济时代从事某种行为所不可避免的结果。② 与此相对应，社会正义理论家主张由陪审团进行审判、给予惩罚性赔偿金和诉讼制度，这与企业责任理论家完全不同，后者典型地认为最理想的解决方法是无过失赔偿制度，而不是向原告提供巨额赔偿，因为这样做的结果是惩罚了个别的企业但却使个别的原告获得了一笔横财。③

B. 对社会正义理论的批判

社会正义理论在许多方面都受到了批判。就它对侵权法提供的解释性理论来说，解释性的社会正义理论是如此挑剔以至于几乎可以认为它不是一种真正的解释。解释性的社会正义理论，与解释性的赔偿遏制理论一样，首先将注意力放在侵权法赋予法官和陪审团的权力上。④ 然而，后者将侵权法的原则，尤其是过失责任原则解释为一种可以达到遏制和赔偿目的的复杂而且设计良好的机制，而前者，似乎将侵权法理解为一种要求并且只包括三个特征的制度：发现事实真相、由陪审团审判和给予损害赔偿，同过去一样，侵权法仍是可以公正地使处于弱势一方的公民能够确认并惩罚不法行为的制度。

从描述性的角度来看，社会正义理论假定一个具体的政治决策过程一贯向公司的利益倾斜，而往往忽视消费者的利益。⑤ 如果这个假设不能被关于规制行为的个案所证实，那么这种理论就一无所得。该理论也可能误导人们认为所

---

① 参见上文有关论述。
② 参见前引 Goldberg, at 2052—2053（认为，正像韦恩斯坦法官例证的那样，企业责任理论趋于认为意外伤害是一种不可避免的并且可以预测到的行为"成本"）。
③ Id., at 2057—2059.
④ 参见上文的论述。
⑤ 例如，参见前引 Abel。

有或大部分的侵权诉讼采取的形式是在电影 Erin Brockovich①和 A Civil Action② 中所刻画的那种 David-and-Goliath 式的诉讼。事实上，对特定产业如石棉和烟草提起的诉讼，即使一开始是被力量薄弱的、企业家的律师提起，但也可以作为一种零售业被资金雄厚且组织良好的原告公司所管理，这些公司通过一些组织如美国律师协会从而有了自己的政治影响力。③ 不管这是否是一个人们想要的情况，社会正义理论有义务承认立法和诉讼有时会比它的倡导者所表明的情形运行得更好。

正如可提出证据加以证明的那样，对作为社会正义理论基础的政治经济的论述同样是挑剔的(selective)。如果公司和其他行为人有时以公众的利益为代价从事实现自我利益的行为，那么它们有时也在市场上进行关于产品是否安全的竞争。人们亲眼看到了在 20 世纪 80 年代安全性成为汽车销售的一个主要卖点。④ 同样可提出证据加以证明，社会正义理论家并没有充分注意到侵权责任潜在的回归趋势。由于因侵权所承担的责任转化为了因产品更加安全导致的产品价格的增加，或者转化为了责任保险的成本，因此，情况好像是侵权法对拥有较低收入的消费者造成的不利影响大于它对富有的相对方也即经营者造成的不利影响。⑤ 社会正义理论也依赖于民主党党员所做的假定，即复杂的工业过程，通常是将一种风险转化成为另一种风险，而非消除了风险，并且这可以有效地被外行的陪审团观察到，从而对这些工业程序加入了一般的善恶观念。⑥ 毫无疑问，一些也可能是大量的公司不法行为，比如隐瞒关于产品危险性的信息，可能非常符合上面的这种假定。当然，其他的行为，比如公司决定拆除一项具体的安

---

① Erin Brockovich(Universal Studios 2000)(刻画了一个无畏的律师助手，他揭露了向一个社区供应的是被污染的水，并且帮助社区居民从应负责任的公司那里取得了 33 亿美元的赔偿)。

② A Civil Action(Touchstone Pictures 1998)(刻画了一个疲惫不堪但依然无畏的律师，他对两家公司提起了诉讼，诉因是它们倾倒的有毒废物对一个社区的供应水造成了污染)。

③ 参见 Stephen C. Yeazell, "Re-Financing Civil Litigation", 51 *DePaul L. Rev.* 183, 216—217 (2001)。

④ 参见 Fred Mannering & Clifford Winston, "Automobile Air Bags in the 1990s: Market Failure or Market Efficiency?", 38 *J.L. & Econ.* 265, 278(1995)(认为对空中安全袋的采纳显示了一个供应汽车安全设备的市场)。

⑤ 参见前引 Priest, at 1585—1586。

⑥ 参见前引 KOENIG & RUSTAD, at 74(为陪审员具有的诚实和能力进行辩护)。

全设备,可能不符合这种假定。① 最后,即使承认公司不法行为普遍存在的假定,产生的问题是根据侵权制度提起的诉讼,由于具有对抗性和公开性的特征,是否总是或正好是迫使公司行为者采取更安全的商业实践的最有效的方法。②

六、个人正义理论

赔偿遏制理论、企业责任理论、经济遏制理论和社会正义理论都建立在一个共同的假设之上,即传统对侵权制度的论述在现代条件下已经不适用了(可能它曾经是适用的)。然而以上每一种理论都承认,侵权实践的形式和侵权法的术语,都反映了传统的对侵权制度的论述。至少,乍一看,侵权诉讼例如过失诉讼的目的不是赋予法官和陪审团有权力对社会所不希望的行为做出宏观上的立法判定,不是给予意外事故保险,不是确保在意外事故上花费社会资源必须符合效率性,也不是矫正政治决策程序表现出的对公司进行制度上的倾向性支持。相反,从表面上看,侵权诉讼似乎符合传统观点的描述。也就是说,它们似乎赋予了受到不法行为侵害的受害者寻求救济的权利。在这个意义上,上文介绍的各种理论都建立在下面这个前提之上,即现代侵权法理论必须揭开侵权实践的面纱,从而确定侵权实践实际上实现的目标不同于它看起来正实现的目标。

正像在第一部分中指出的那样,关于为什么现代侵权理论认为我们需要一种揭开侵权实践面纱的理论,对此问题的解释根源于这个观点,即始于19世纪晚期的经济上、政治上、思想上出现的变化说明了侵权法的传统观点在实践上、政治上和思想上是站不住脚的。③ 工业和其他机器制造业中发生的意外事故成为侵权行为的主要形式,司法对"权利"和"义务"的理解固有的保守性,以及学术

---

① Reid Hastie & W. Kip Viscusi, "What Juries Can't Do Well: The Jury's Performance as a Risk Manager", 40 *Ariz. L. Rev.* 901, 914—916(1998)(认为陪审员可能会对被告对风险的事前认知进行不正确的评估);Gary T. Schwartz, "The Myth of the Ford Pinto Case", 43 *Rutgers L. Rev.* 1013, 1020—1022(1991)(讨论了对福特的行为的误解)。

② 通过对历史奇闻的描述,Jan Schlictmann,诉讼中原告的代理人,写出了 A Civil Action 一书,并将其拍成了电影,他最近又提倡当事人之间的和解。参见 Families and Companies Settle Toms River Cancer Cluster Case, 22 Andrews Hazardous Waste Litig. Rep. 10 (2002)。

③ 参见上文的有关论述。

界中逻辑实证主义、经验主义、效用主义和法律现实主义的盛行,共同构成了对传统侵权观点的反对。①

在第二次世界大战后,学者们开始重新审视侵权理论得以发展的基础。具体地说,随着民事权利运动的兴起,对极端实证主义和经验主义的反对,法律现实主义进行实证分析的失败,以及强有力的反效用主义的道德理论和政治理论的出现,从事宪法研究的法学家开始重新恢复传统关于自由、正义、权利和义务的观点,他们认为这些传统观点在现代社会仍然适用,而且他们不一定是自由主义,也不仅仅是挡在法官前面的无用的摆设。② 20世纪最后30年的侵权学术研究反映了这些变化。因此,自1970年以来,很多有影响的侵权理论家就致力于恢复和修正传统的观点,他们将侵权法与诉讼当事人之间旨在实现正义的实践联系起来。侵权理论中的"个人正义"理论的代表有朱里斯·克里曼(Jules Coleman)、理查德·爱普斯坦(Richard Epstein)、乔治·弗莱彻(George Fletcher)、托尼·赫诺里(Tony Honore)、斯蒂芬·佩里(Stephen Perry)、欧内斯特·韦恩瑞布(Ernest Weinrib)、卡斯瑞恩·威尔斯(Catherine Wells)以及理查德·瑞特(Richard Wright)。

也许因为通常是具有分析哲学训练背景的学者主张个人正义理论,所以该理论具有许多不同的形式。本文在这一部分将会强调其中的三种,即自由主义理论、相互性理论、矫正正义理论。事实上,其中的每一种理论都被它的提倡者认为是一种矫正正义理论,但是,我所使用的矫正正义是指个人正义理论之中的一种。

A. 自由主义理论

自由主义侵权理论明确追求的目标是,通过在侵权法中运用财产和所有权的概念,重新将侵权法与自由主义政治联系起来。该理论的前提是一个人对他自己——他的身体和名誉以及他通过合法行为得到的东西有绝对的控制权。作为个体的行为人的优点是行为人合法主张、创造、要求的所有财富都是他的并且只是他的。没有人,无论政府还是其他人,可以通过税收或其他强制转移的方法

---

① 参见上文的有关论述。
② 参见前引 Goldberg & Zipursky, at 1799—1811。

对这些财富提出主张或造成实质性的破坏。不好的一面是,正如可以排他性地拥有财富一样,行为人也同样专门拥有"不利后果"。如果行为人的行为侵害了另一个人的人身、财产或名誉,那么他就造成了损失,并且根据正义原则他必须赔偿受害人从而消除这种损失。[①]自由主义理论家已经从不同的角度论证了这个假设。有些理论家表明该假设源于对自由政治的最好理解。[②]还有一些理论家认为该假设也运用了概念如因果关系的一般含义。[③]

1. 解释性的自由主义理论

通常说来,自由主义理论并不对现代侵权行为法提供一种有说服力的解释性的论述。然而,它主张重视传统的论述。例如,爱普斯坦就说明了自由主义理论精确地运用了古老的英国法中所包含的责任观念。[④]

2. 描述性的自由主义理论

与过失占据主导地位的现代意外事故法制度相比,自由主义同时指出了侵权责任的扩张和缩小。一方面,关于承受一个人导致的不利后果的自由主义观念表明了从过失责任向严格责任的过渡,因为对自由主义来说,其惟一关心的问题是某一特定受害者遭受的损失是否可以追溯到另一个人的行为。[⑤] 如果可以,那么正义就要求通过支付赔偿从而将损失转移到另一个人身上(然而,如果损失不能归结为另一个人的行为,那么就由受害人单独承担损失,除非他人自愿承担)。另一方面,主张适用严格责任的同一种所有权理论也说明了个人拥有一种根据他们自己设定的条款自愿转移财产的自由权利,只要这种交易不对第三方造成损害。因此,在一些领域如医疗过失和产品责任领域中,自由主义倾向于认为侵权法的适用是不合理的家长式的,因为它强迫病人和消费者选择一种强制的安全水平,而他们宁愿选择接受价格更低且安全性更小的商品和服务。[⑥]

---

① Jules Coleman & Arthur Ripstein, "Mischief and Misfortune", 41 *McGill L.J.* 91, 102(1995).
② 关于现代对这种观点有影响的论述,参见 Robert Nozick, Anarchy, State, and Utopia 3—148 (1974)。
③ Richard A. Epstein, "A Theory of Strict Liability", 2 *J. Legal Stud.* 151, 160—166(1973).
④ Id., at 166—82(运用古老的英国判例来解释以原因为基础的责任制度)。
⑤ 参见前引 Coleman & Ripstein, at 102。
⑥ 参见前引 Epstein, at 384—385(对于与合同法相反侵权法是否适合用于在生产者和购买者之间设定产品的安全标准,他表示出了怀疑)。

3. 对自由主义理论的批判

自由主义侵权理论已经遭到了很多批判。它最初的排他性所有权的假设是有力的,但在政治理论上也是有争议性的。同样,它试图将所有权利描述为私人财产所有权的变量是有问题的。例如,如果一个人 P 拥有好名声,那么从字面上看,这就意味着 P 拥有他人的想法:毕竟,正是他们对 P 的看法和意见决定了他的名誉。① 自由主义理论家可能会反驳说,这种批评对所有权概念的理解太表面化了。然而,这种回应需要大量成本。从实际的所有权到比喻的所有权就像将实际的同意转换为假设的同意——这减少了观点的说服力,并改变了观点的基础。② 观点不再是一个诽谤了 P 的人实际上损害或转移了 P 的财产,而是 P 遭受了一种利益上的侵害,这种利益在某些方面类似于他不受任何干扰的所有权和他对有形财产的享用中体现出的那种利益。对论点的后一种表达暗示的是,承认在另外一些方面荣誉体现出的利益不同于拥有不动产体现出的利益,因此这两种利益可能需要通过不同的规则进行保护。

斯蒂芬·佩里运用了科斯和卡拉布里斯关于因果关系固有的相互性的论断,并进一步提出自由主义对作为配置责任基础的因果关系的依赖是不明确的,而这一点是必要的。除非通过两个行为人的行为,否则一个侵权不可能发生:从物理学上说,原告被打破的鼻子既有可能是被告打伤的,也可能是原告自己主动接近被告而发生的。不可能根据因果关系来确定应当由哪方行为人承担损失。③ 相反,人们必须运用除因果关系之外的规范性标准(例如,殴打原告的人的行为是非法的)。即使有可能在众多行为人中辨别出是谁导致了某种既定的损失,自由主义仍面临着另一个困境。确实以因果关系为基础的责任形成了一个错误的侵权责任范围(至少在那些不由合同法调整的领域如此),然而不加任何修饰的行为和所有权的观点好像不能对侵权责任设定原则性的或合理的界限。因此,

---

① 在这一点上要感谢 Don Herzog。
② 参见 Ronald Dworkin, "Why Efficiency?: A Response to Professors Calabresi and Posner", 8 *Hofstra L. Rev.* 563, 574—575(1980)(指出从现实同意到假设同意的转换从根本上改变了赞同将财富作为一种善的论述的性质)。
③ Stephen R. Perry, "The Impossibility of General Strict Liability", 1 *CAN. J. L. & JUR.* 147, 155—156(1988)。

自由主义被迫承认它的观点具有假设来自于一般语言或效率性考虑的局限性。①

B．相互性理论

政治理论家约翰·罗尔斯在第二次世界大战后最先重新运用反效用主义的道德和政治理论②，所以在他的著作中发现更显著的对侵权以正义为基础的论述，并不令人惊讶。将罗尔斯的政治理论应用于侵权法上出现在乔治·弗莱彻（George Fletcher）的著作中，稍后被乔治·克廷（George Keating）进行了重新加工。

1．解释性的相互性理论

弗莱彻最先提出，相互性理论的核心观点大部分是基于历史的和概念上的，而非功能主义的或描述性的。同赔偿—遏制理论家一样，弗莱彻论述到，在20世纪初期，传统的、以正义为基础的侵权法观念让位于效用主义或工具主义的考虑，根据后者，法官配置责任的根据是责任所产生的总的社会影响。③然而，弗莱彻认为，通过重新发现传统的、以正义为基础的侵权法观念，他可以表明严格责任和过失责任——现代侵权理论家认为它们是基于侵权法是什么或应当是什么的不同观念的规则——相反可以被看作是对单一的正义原则的补充表达而曾经存在过，他称之为"相互性原则"。④

为揭示传统的普通法对严格责任和过失的使用具有根本的一致性，弗莱彻区别了可能发生侵害行为的两种情形。第一种情形是，在一个可识别的"行为社团"内部的个人对彼此互相造成了大概可比较的风险。第二种情形是，实施了行为的一方单方对未实施行为的一方造成了伤害的风险。弗莱彻认为，对产生于第一种情形的侵权诉讼来说，传统的普通法认为被告方是否存在过错是与正义相关的，这也是为什么规制这类案件的侵权法在决定是否判定被告承担责任时，要求考虑被告的过错。然而，对于第二种情形，过错是不相关的，这也是为什么这类案件传统上适用的是严格责任。⑤

---

① Richard W. Wright, "Causation, Responsibility, Risk, Probability, Naked Statistics, and Proof: Pruning the Bramble Bush by Clarifying the Concepts", 73 *Iowa L. Rev.* 1001, 1015—1018(1988).

② John Rawls, A Theory of Justice(1971).

③ George Fletcher, "Fairness and Utility in Tort Theory", 85 *Harv. L. Rev.* 537, 541—543 (1972).

④ Id., at 550.

⑤ Id., at 544—549.

在现代,关于第一种情形的例子是驾驶汽车,其中,过错与正义是相关的。小心的汽车驾驶人相互之间对彼此造成了某些风险,因为,即使汽车驾驶人非常小心,大量的汽车碰撞仍是不可避免的。但是,因为每一个汽车驾驶人从其他人的小心驾驶中遭受了几乎同样程度的风险,所以这样的驾驶造成的意外事故并没有违反相互性原则或遭受等量风险的原则。因此,过去的侵权法会使一个尽管尽到了合理注意义务但仍然导致了意外事故的汽车驾驶人免于承担责任,因为他在行为时并没有过错。相反,那些鲁莽驾驶的人就要承担责任,因为,与小心谨慎的汽车驾驶人不同,这些汽车驾驶人对他人造成的风险超过了小心驾驶所造成的基本风险水平,因此法律要求他们对那些被他们造成的非相互性风险所侵害的人进行赔偿。

关于过错是不相关的第二种情形的例子是瑞兰德诉弗莱彻(Ryland v. Fletcher)这一具有里程碑意义的案例①,在该案中,一个土地所有人建造的水库溃决了并且淹没了他邻居的煤矿。在该案和其他类似例子如爆破案例中,行为人对他人造成了单方面的风险——因为受害人并没有对行为人的安全造成等量的风险。在弗莱彻看来,以前的侵权法对于这些具有特殊危险性的行为造成的侵害不允许进行无过错抗辩,这只是对相互性原则的另一种表达,只不过是在不同的情况下。② 实施行为的一方之所以应当负严格责任,是因为即使行为人尽了合理的注意,但因为被动的受害人并未对积极的行为人施加任何风险,所以危险的施加一定是非相互性的。因此,正义就要求行为人向受害人支付损害赔偿,而不考虑其是否有过错。

以这种方式,弗莱彻表明,严格责任和过失责任——自霍姆斯以来的理论家认为二者是绝对不同的——曾经被理解为是对一种单一正义原则的两种表达。这个正义原则认为每个人都应当享受同等程度的安全,免受(人为造成的)风险的侵害。③因此,一个因行为人对他造成了不公平的风险从而受到侵害的受害人——弗莱彻将这种风险称为"非相互性的"风险——根据传统侵权法,可以合法地诉称她遭受到了一种不公平,因此有权从对她造成了不公平的行为人那里取

---

① L. R. 3 H. L. 330(1868).
② 参见前引 Fletcher, at 544—546。
③ Id., at 550.

得赔偿。

2. 描述性的相互性理论

弗莱彻主要是想重新恢复将过错和严格责任理解为一种单一的、传统的正义观的体现这一观点。乔治·克廷通过在当前情形下对它们进行重新思考从而修正和更新了弗莱彻的每一个核心观点。[①]因此，与弗莱彻相反，克廷认为相互性观点在现代侵权原则中是存在的并且运行良好，尽管有时遭到一些反对以正义为基础对侵权法进行论述的侵权学者的反对。[②]第二，克廷认为非相互性的情形比弗莱彻最初提出的更多——例如，包括产品的生产和销售的情形——因此目前侵权责任所起的作用比弗莱彻认为的要大。实际上，克廷提出单方施加风险的情形如此普遍，以致严格责任应当成为现代意外事故责任默认的规则。[③]第三，因为克廷关心的问题是提高相互性理论在现代侵权法中的地位，所以他更多注意到了如何将相互性原则确定为一种合理的正义原则这一规范性的工程，这种正义原则产生于罗尔斯关于平等人们之间的合作的公平条款的观念。[④]

3. 对相互性理论的批判

弗莱彻可能会承认，如果把相互性理论理解为一种关于法律事实上会在什么情形下认定责任的描述性论断，那么该理论就非常值得怀疑。例如，正像克里曼已经指出的那样，根据这种理论，尽管小心的汽车驾驶人彼此之间施加了相互性的风险，且他们与步行者（几乎不会对汽车驾驶人造成任何风险）之间并没有施加相互性的风险，但是侵权法并不认为撞倒步行者的汽车驾驶人应当承担严格责任。[⑤]同样，根据相互性理论，可能出现的情形是，在一场包括两个有过失的汽车驾驶人而且其中有一个受了伤的意外事故中，受伤的汽车驾驶人不能取得赔偿，原因是他们对另一方施加了相互性的风险。然而法律将允许给予他损害

---

① Gregory C. Keating, "Reasonableness and Rationality in Negligence Theory", 48 *Stan. L. Rev.* 311, 313—318(1996).

② Gregory C. Keating, "The Theory of Enterprise Liability and Common Law Strict Liability", 54 *Vand. L. Rev.* 1285, 1333(2001).

③ Gregory C. Keating, "Distributive and Corrective Justice in the Tort Law of Accidents", 74 *S. CAL. L. Rev.* 193, 200—201(2000).

④ 参见前引 Keating, at 317—325。

⑤ ules L. Coleman, "Justice and Reciprocity in Tort Theory", 14 *W. Ont. L. Rev.* 105, 112 (1975).

赔偿,尽管要受到比较过失裁定的约束。同样,假设这样的情形,吸入过多的烟味可能造成的伤害是得哮喘、支气管炎或癌症,由此抽烟的人单方面对不抽烟的人造成了伤害的风险。但是,法律并不要求他们对这种行为负严格责任。

描述性的相互性理论受到了来自不同方面的批判。一些批判提出相互性理论太抽象、太难以理解。① 人们也可能担心相互性理论会在经验的相互性观念(统计行为人彼此之间施加的风险的量和程度)和规范的相互性观念(应当允许一个人对别人施加的风险的程度和类型)之间举棋不定。也很难以一种很原则性的方式确定行为发生的相关的"风险社团",因此很难确定相互性要求适用严格责任还是过失责任。例如,如果消费者同时也是制造公司的股东,那么可以说所有在这种公司拥有股份的消费者既受到了产品侵害的风险,又对他人施加了这种风险吗?如果可以这么说,这是一种相互性风险的情形吗?②

C. 矫正正义理论

个人正义侵权理论中的第三种普遍的理论来自于认为侵权法旨在使受到侵害的原告恢复到侵害发生之前的状况这一普通的观点。根据这种观点,侵权法的目的是恢复一种被侵权行为人的行为破坏了的平衡。如果实施了一项侵权行为,就破坏了一种既存的状态而造成了一种混乱:在法律介入之前,完全由受害者承受这种结果。③ 如果我们假设受害者是无辜的,那么侵权法试图回答的问题就变为:是否存在这样的一个人(或一些人),由于他与暂时由受害者承受的混乱之间有一种规范的联系,从而使这种混乱可以被转移给由他承受?与企业责任理论不同,重新分配损失的目的不是将损失进行广泛分散以致没有人会感受到损失的负担。相反,它的目的是确认是否有另一个人,由于他与混乱的关系从而产生一种由他整理这种混乱的义务。如果有,那么侵权法就是在"矫正"不公平——即恢复事先已存在的平衡——方法是通过支付与损失的价值相等的损害

---

① ules L. Coleman, "Justice and Reciprocity in Tort Theory", 14 *W. Ont. L. Rev.*, at 117(指出相互性理论与一种为了安全而最大限度地限制自由的制度相一致);比较前引 Goldberg, at 1853—1856(质疑它是否有助于将不同的侵权行为降至为一种相互性理论或合理性理论)。

② 这一观察要归功于鲍伯·拉斯姆森(Bob Rasmussen)。

③ Jules L. Coleman, Second Thoughts and Other First Impressions, in ANALYZING LAW 257, 302 (Brian Bix ed., 1998)。

赔偿金,从而令损失的全部价值被转移到有责任的一方身上。①

韦恩瑞布、克里曼、佩里和利普斯坦的观点尽管在细节上有所不同,但都具有上文描述的一般特征。他们都认为人们负有一些不对他人造成某种侵害的主要义务。例如,人们有义务不去故意侵害另一个人的身体,或者有义务采取合理的注意从而避免对另一个人的身体造成侵害。如果违反了这些主要义务而对他人造成侵害,法律对此的回应是产生一种第二性的义务,即令侵权人弥补因违反这些义务所造成的损失。根据这种观点,侵权法的目的是规定行为人对彼此负有的主要义务,并且提供一种机制使第二性的赔偿义务能够得到强制履行。

1. 解释性的矫正正义理论

从各个方面来看,矫正正义理论几乎完全是解释性的,并且除此之外,在很大程度上是正式的和系统的。它的主要目标是对具有英美侵权法独特特征的法律制度所要实现的目的提供一种理性重构,这些特征包括由原告首先提起法律上的诉讼,被起诉的一方是特定的、原告认为应当承担责任的当事人,要求证明因果关系,支付损害赔偿金。② 与其他主要的侵权理论不同,矫正正义理论致力于表明,侵权法的基本特征并不仅仅是历史遗留的产物,也不仅仅是一种实现遏制和赔偿的便捷的手段,而是旨在通过将侵权损失转移给侵权行为人从而矫正私人之间的不公平的一种制度。③

尽管人们普遍认同这一理论目标,但在矫正正义理论内部仍然存在着重要的相互冲突的争论,这里仅仅指出其中的两个争论。第一个是,侵权法最好被认为是对行为人的"侵权行为"本身的回应还是对行为人的不法行为造成的"侵权损失"的回应。克里曼采纳了后一种观点。他认为,侵权开始于无辜的受害人 V 不应当承受的损失。但是,这本身不足以说明为什么另外的人或实体就应当承受这种损失。例如,如果 V 的损失是一场飓风造成的,那么就没有特别的理由

---

① 恢复平衡的观点,以及"矫正正义"这一概念通常可以追溯到亚里士多德,他区别了矫正正义和分配正义。亚里士多德认为矫正正义是通过令侵权行为人向受害人支付同时消除"收益"和恢复"损失"的赔偿,从而消除侵权行为人的侵权"所得"和侵权行为人的受害人遭受的相对应的"损失"。例如,可参见 Stephen R. Perry, "The Moral Foundations of Tort Law", 77 *Iowa L. Rev.* 449, 453(1992)。

② 例如,参见前引 WEINRIB, at 1—2, 9—10(认为它的任务是解释侵权法的实质内容以及为什么侵权法要采取包括"两方当事人"的程序)。

③ Id.

要求另一个人承受这种损失。我们需要的是一种对条件的论述,即在何种条件下,除他们共同具有人道性或公民身份之外,还有一种特别的理由,使至少有另外一个人(称之为 W)承受 V 的损失。①

根据克里曼的观点,这样的一种重新分配必须满足两个条件。第一个也是根本的条件是,V 必须证明其他人对她实施了侵权行为。换句话说,正是侵权行为人才有可能承担 V 的损失。如果在这个世界上不存在侵权行为人,那么就没有理由根据矫正正义将 V 的损失转移到另外的人身上。第二个条件是,要实现损失的转移,V 必须进一步证明在众多的侵权行为人中有一个或多个人在事实上对她造成了损失。如果 V 能够证明一个侵权行为人 W 的行为与她遭受的损失之间存在因果关系,那么 V 就可以说明 W 具有一种特别的原因应当以支付赔偿金的方式承担 V 的损失。根据这种观点,因为 W 实施了侵权行为,所以才使他有可能成为有义务赔偿 V 的损失的人,但是这种可能性只有在 W 正好对 V 造成了损失的时候才转化为责任。②

韦恩瑞布批评了克里曼关于矫正正义所矫正的是侵权损失这一观点,理由是它造成了因果关系和侵权行为之间的巨大分裂。③假设当 V 骑自行车时,W 驾驶的汽车撞倒了她,从而 V 受到了伤害。进一步假设 W 在去年一年中因超速而收到了三张传票,并且她的超速构成了侵权行为。最后,假设当 W 开车撞上 V 的自行车时并没有超速或鲁莽驾驶。根据克里曼提出的理论,很明显 W 具有一种弥补 V 所遭受的损失的义务,因为 W(通过在其他情形下加速)实施了不法行为并且对 V 造成了损失。但事实是,W 的不法行为并不是导致损失的行为——这是过失侵权法的一个基本要求,而克里曼的矫正损失的标准并没有理会这一事实。

按照韦恩瑞布的说法,这个例子告诉我们,克里曼在认定矫正正义旨在矫正"侵权损失"时非常不严格。相反,他认为,矫正正义矫正的是侵权行为本身。在汽车——自行车的例子中侵权法不会让 W 承担责任,因为 V 不能证明她的损

---

① 参见前引 Coleman, at 326。
② 同上。
③ Ernest J. Weinrib, "Non-Relational Relationships: A Note on Coleman's New Theory", 77 *Iowa L. Rev.* 445, 446—448(1992).

失是因为 W 对她实施了侵权行为造成的。在韦恩瑞布看来,对他的观点的一个主要的原则性说明是卡多佐在 *Palsgraf v. Long Island RailroadCo.* 一案中所持的多数意见。① 尽管铁路列车员的不法行为对帕尔格拉夫夫人造成了损害,但是他们的行为并不是非法的——列车员所做的只是在一辆行驶的列车上通过推拉一个乘客去"帮助"她。可以确定的是,他们的行为对在行驶的列车上站在他们所帮助的乘客旁边的人来说是有侵害性的,——这些人遭受了一种受到这种行为导致可预见的身体伤害的风险。帕尔格拉夫夫人,由于站得比较远,因此没有受到侵害,因为这种情况下没有迹象向列车员表明如果他们帮助这位乘客,他们就要冒着对她造成侵害的风险。因此,在韦恩瑞布看来,卡多佐拒绝让被告承担责任的意见是正确的。因为帕尔格拉夫夫人本人没有受到铁路公司的实际侵害,所以在过失诉讼中她无权胜诉,因为过失诉讼中只有那些受到实际侵害的人才有权从侵权行为人那里得到救济(以支付赔偿金的形式)。

作为回应,克里曼和佩里从另一个角度质疑了韦恩瑞布的观点。② 假设韦恩瑞布的观点确实优于克里曼的在当前侵权原则中反映出的矫正正义观点。他们仍然会反驳说,它不能解释为什么"矫正的"正义理论必须将支付全额赔偿金作为侵权法最基本的特征。如果侵权法原则的目的是矫正侵权行为,那么为什么这种矫正采取的形式是支付损害赔偿金而不是道歉、惩罚、社区服务等形式呢?③ 他们认为,韦恩瑞布不能解释对侵权行为的矫正是如何转变为对这种侵权行为造成的损失进行赔偿上的。

在矫正正义理论内部的第二个争论,避开了第一个问题,关心的是在确定何时施加补救义务时责任观念和公平观念分别所起的作用。与克里曼一样,佩里相信,在首先确定了可能被转移承担无辜受害者遭受的损失的人或实体的范围之后,矫正正义仍会继续发生作用。但是,在他看来,第一个问题是通过一种责

---

① 162 N.E. 99(N.Y. 1928);参见前引 WEINRIB, at 159—164. 兹普斯克教授将帕尔斯格拉夫(Palsgraf)案与一个对更广泛的"适格的原告"的要求联系起来,这个要求贯穿整个侵权法,并且与韦恩瑞布相反,它表明一种民事追索理论可以比矫正正义理论更好地理解侵权法的这一要求。参见 Benjamin C. Zipursky, "Rights, Wrongs and Recourse in the Law of Torts", 51 *Vand. L. Rev.* 1, 70—93(1998)。

② 参见前引 Coleman, at 316—320。

③ 参见前引 Perry, at 480。

任归责原则得以解决的。① 借用赫诺里的观点②,佩里认为可以根据一种"结果责任"的观点来确定可能负有责任的当事人的范围,这种观点基本上是这样:当一个人从事某种行为时,如果对另一个人的伤害是这些行为可预见到的结果,那么如果这种伤害现实发生了,行为人就要承担某种责任,因为伤害是可以避免的(只需要决定不实施这种行为)。但是,认为因为本可避免的伤害发生了所以产生了某种责任,并不等于是认可了严格责任制度,因为根据责任的现实需要性和它们的法律强制执行力,一个人可能承担的责任形式根据造成伤害的情况是多种多样的。例如,如果一个人的无过错行为可预见性地导致了一场意外事故,那么他可能仅仅承受道歉的责任或努力进行援助的责任。那么,仍然存在的问题是,详细规定在何种情形下,可以认定一个或多个对结果负有责任的行为人已经承受了特殊的继发性的对他们导致的伤害进行弥补的义务。正是对这些情形的确定才允许将受害者的损失重新分配给一些或所有对结果负有责任的行为人。根据佩里的观点,这些情形可以通过某种人们熟悉的侵权法原则得以具体确定,这个原则对那些通过实施某种故意的、鲁莽的或过失的行为造成了伤害的行为人施加责任。因此,如果对结果负有责任的行为人只有两个人——一个有过错的被告和一个无辜的原告,那么损失就会被分配给由有过错的行为人承担。③

克里曼反对这种观点:一项独立的责任归责原则可以确定从规范上说可能有资格承担另一个人的损失的人们的范围。他认为,根据这种观点,一项无争议的归责原则内涵必须是非常广泛的,但这样一来,它就无法限制可能的损失承担者的范围。④ 相反,分配的公平观念就完全可以确定应当由谁承受某项损失的成本。换句话说,公平观念确定了谁会满足承受弥补损失义务的条件。因此,一个人不会首先确定在所有人中谁与一项坏的结果之间有联系,然后再在这些人中进行挑选,确定谁在行为时是有故意的,或鲁莽的或有过失的。相反,人们的做法是,通过判断行为人的行为方式是否可以以一种相关的方式将他与一般公

---

① 参见前引 Perry, at 497—498。
② Id., at 497—498(引用了 Tony Honore, "Responsibility and Luck", 104 *Law Q. Rev.* 530 (1988))。
③ Id., at 499.
④ 参见前引 Coleman, at 50—51.关于佩里所作出的回应,参见 Stephen R. Perry, "The Distributive Turn: Mischief, Misfortune and Tort Law", in 前引 Analyzing Law, at 141, 150—151。

众区别开来,从而确定由谁承受损失。例如,如果一个行为人的行为不符合合理行为人的标准,那么他就符合条件去承受另一个人的损失。这样做的一个理由是,因为可以合理地说,行为有过错意味着对他人实施了不公平的行为。

2. 描述性的矫正正义理论

考虑到矫正正义理论关注的是理性地重构侵权法原则的深层结构,所以可以说对它的描述性理论是很薄弱的。韦恩瑞布对这种情况提出了一个极端的观点,他非常故意地认为,不应当根据侵权法的目的去理解或支持侵权法。[1] 比韦恩瑞布更委婉,克里曼对此表达了一种不可知论。他强调,他对侵权理论的学术研究只是为了表明侵权法实践是能够被理解的,而不是为了表明它是正当的、有理由的。[2] 利普斯坦采取了弗莱彻的某些观点,认为矫正正义是对罗尔斯提出的公正和平等的基本原则的一种表达。[3] 然而尽管他认为最好的情况是矫正正义制度与公平相一致,但也存在的可能性是,通过像新西兰那样设立由公共税收组成的意外事故资金,如果不能更好,至少公平也可以得到实现。[4] 至少,在克里曼和利普斯坦的理论中,对矫正正义进行描述时表现出的这种慎重反映了这样一种考虑,即对矫正正义的追求可能会导致分配上的不公平。正是因为要使事态恢复原状,所以适用侵权法的目标是恢复事前的财富分配。对克里曼举出的例子稍加变更:根据侵权法的基本原则,一个穷人因为过失而使他的汽车撞上了比尔·盖茨的劳斯莱斯汽车,因此他就要赔偿盖茨因此所遭受的损失,而不管他们之间存在着巨大的、可能不公平的收入差别。[5]

3. 对矫正正义理论的批判

也许在侵权法教授中很普遍的是,认为矫正正义理论与现代侵权法是无关

---

[1] 参见前引 Goldberg, at 1502。

[2] 参见前引 Coleman, at 58—59。这是一种稍微有点夸大的看法。他认为应当将侵权法看作是对矫正正义原则几个可能的制度上的表现之一。

[3] 参见前引 RIPSTEIN, at 2。利普斯坦的工作兼采了我所论述的相互性理论和矫正正义理论。佩里认为利普斯坦(和克里曼)尽管名义上是矫正正义理论家,但实质上却是认同罗尔斯提出的相对性的理论家,因为在确定第二性的赔偿义务何时产生时,他们运用的标准是分配正义而非矫正正义。因此,尽管他们论述了何种条件下一个人(D)产生了一种对另一个人(P)进行赔偿的"义务",但在佩里看来,他们的结论是只要分配正义要求损失应当从 D 转移到由 P 承担,那么 D 就应当赔偿 P。参见前引 Perry, at 150—152。

[4] 参见前引 Ripstein, at 20 n.24。

[5] 参见前引 Coleman, at 304。

的,其实质内容是陈旧的,被误认为不热心对侵权法进行一种"功能上"的论述。这些批评都没有特别很好地被接受。

　　对于第一个反对观点,上文在说明赔偿遏制理论时已经提到过,赔偿遏制理论家认为回应的权威性和责任保险已经使得矫正正义观念与现代侵权法不相关了。[①] 关于第二个反对观点,说矫正正义最关心的是理解侵权法的制度结构,而不关心具体的侵权法原则,这是正确的。但是,这并不能说明矫正正义理论是陈旧的、过时的。正像克里曼已经指出的那样,正是因为它告诉我们将刑法视为一种旨在实现分配正义的制度可能说明了刑法的重要特征,同样,将侵权法视为一种旨在实现矫正正义的制度可能说明了侵权法的重要特征。[②] 考虑到其他主要的理论家在试图根据目前所表现出的现状理解侵权法制度时所面对的困难,情况尤其是这样。最后,还有一种反对意见认为矫正正义理论是形式主义的而非功能主义的,因此造成了混淆。一些矫正正义理论,和其他侵权理论一样,反对的一种观点是:理解或应用侵权法的最好方式是单独根据它们的功能去对待侵权法的每一个概念和原则。[③] 但这不是说这些概念和侵权法通常没有要点或目的。根据矫正正义的观点,侵权法的要点是实现正义。这大概是可以理解的——尽管存在争议——将增加个人权利和建立公正的管理制度的目标归于美国宪法。这种观点,即组成侵权法的制度、规则和概念的目的是矫正其他公民或政府官员对作为个体的公民造成的不正义,更易于理解。当然,如果一个人认为主张功能主义的最好的侵权理论是根据侵权法实现总体社会福利比如效用的最大化的能力来解释侵权法,然后他会得出的观点是矫正正义对侵权制度的解释不是功能主义或实用主义的。但是,这种观点由于缺乏一种对最初假设的解释,因此纯粹是命令式的。我们需要知道为什么一个人应该以这种方式限制功能主义

[①] 参见上文。
[②] 参见前引 Coleman, at 33; Goldberg & Zipursky, at 1641—1649.
[③] 参见前引 Coleman, at 13—24(赞同对侵权法的核心概念进行一种非功能主义的理解)。关于从哲学上对反对对法律概念进行工具主义的论述,参见 Benjamin C. Zipursky, "Pragmatic Conceptualism", 6 *Legal Theory* 4(2000)。关于对此的一种运用,参见 John C. P. Goldberg & Benjamin C. Zipursky, "Concern for Cause: A Comment on the Twerski-Sebok Plan for Administering Negligent Marketing Claims Against Gun Manufacturers", 32 *Conn. L. Rev.* 1411, 1420(2000)(认为对事实因果关系的要求不应当被认为是纯粹工具主义的,也就是说,不应当作为"一种当不再有助于实现遏制和赔偿的目标时就可以被放回到工具箱中的工具")。

的定义。对矫正正义理论的批评即使有,也很少能够提出,这种解释和那些运用实际上对效用主义的批判做出的解释是不证自明的。①

以上说明了前述对矫正正义理论的批判是站不住脚的,但并不等于说矫正正义理论是无法进行批判的。第一,矫正正义理论对结构和形式的强调,尽管不被反对为是平凡陈旧的,但当被认为不能解释矫正正义理论对侵权行为的看法时,也很容易遭到反对。正如克里曼承认的那样,侵权的概念是矫正正义理论始终要面对的,并且需要予以明确。②

第二,即使作为结构性的理论,矫正正义也会遇到困难。具体来说,矫正一种不正义或清理混乱的观念表明,侵权法的核心特征是通过要求侵权人支付全额赔偿金来恢复一种事前存在的平衡。从解释性层面上看,这一特征导致了几个问题。例如,它说明设计良好的惩罚性赔偿金制度是有问题的。③更根本的是,将侵权法描述为旨在恢复一种平衡是错误的。④因为侵权诉讼事实上不可能消除侵害,也不能使原告得到完全意义上的补偿。⑤ 简言之,它们不能使世界恢复到事前存在的那种平衡。相反,它们提供的补偿方式是使受害人实施报复。⑥例如一个人身伤害控诉,不单单要求被告对他破坏的状态进行修理,或把他拿走的东西放回原处。通过创制一个现在是并且将来永远都是某一侵权行为的受害人,侵权已经不可逆转地改变了这个世界。控诉的目的不是消除损失或恢复原状,而是不仅要消除受害人的损失,而且要消除受害本身。

第三,尽管通常认为矫正正义是一种对侵权法的"深层结构"和"实践"的解释——具体地说,解释为什么侵权法的实践形式是 P 诉 D($P\ v.\ D$)形式的法律诉讼,但是它不能充分具体地说明它进行解释的方法。例如,与英联邦的侵权实践不同,美国侵权实践的一个核心的最明显的特征是民事诉讼中的陪审团审判。矫正正义理论会认为自己有义务解释美国法律实践中的这个重要特征吗?如果

---

① 参见前引 Goldberg & Zipursky, at 1807—1812.
② Jules L. Coleman, "The Practice of Corrective Justice", in 前引 PHILOSOPHICAL FOUNDA-TIONS, at 53, 57—58.
③ 参见前引 WEINRIB, at 135 n.25.
④ 参见前引 Weinrib, at 135 n.25.
⑤ 参见 Ellen S. Pryor, "Rehabilitating Tort Compensation", 91 *GEO. L. J.* 659, 687—911(2003)。
⑥ 参见前引 Goldberg & Zipursky, at 1643—1644.

有,它的解释是什么?如果没有,根据什么可以说明它不是侵权法制度和侵权法实践的核心?①

第四,正如可以提出证据证明的那样,矫正正义理论太过狭隘地集中于一个行为人是否应当以及何时承担补救责任这一道德问题上,而没有充分地考虑政治理论中的一个相关的问题:为什么法律制度要提供一种强迫这些责任得以履行的机制?换句话说,矫正正义理论家不均衡地将注意力集中在被告的义务上,因此没有注意到法律制度具体规定原告所处地位的方式,方式是原告主要基于这些义务寻求补救。如果侵权法的目的是将责任配置给侵权行为人,或者为消除侵权导致的损失而配置责任,那么为什么要如此设计侵权法以至于可以由原告选择强制执行这些责任?为什么应当由原告决定这种义务何时被强制执行?矫正正义没有注意侵权法的特殊做法是赋予原告有基于被告对他们造成的损害提起诉讼的权利,因此矫正正义理论好像对侵权法实践只提供了一半的解释。②

第五,现代的法律职业者,包括律师和法官,更倾向于根据赔偿遏制理论、企业责任理论、经济遏制理论、社会正义理论来认识侵权法,而更少认为侵权法实践也符合矫正正义观念。因此,举例来说,法院越倾向于直接抛弃将证明因果关系作为过失侵权诉讼的一个要件,或者将分散损失看作是施加责任的一个充分的基本原理,侵权法实践就越不会符合矫正正义理论。当然,这并不是说矫正正义致力于形成一种静态的、固定的侵权法观念。通常,法律上的特别调整,比如采纳市场份额责任,也可以根据矫正正义理论得到解释。③ 但是,激进的改革侵权法的主张会使至少侵权制度的某些方面不再符合矫正正义理论的解释。

第六,矫正正义理论家有义务对正义和其他考虑之间的相互关系提供某种解释,包括社会福利的考虑。例如,法官是否有权基于某种政策而不必考虑原告起诉的理由?尽管侵权法的目的是允许受到侵权行为侵害的受害人有权消除受

---

① 参见前引 Hetcher, at 633, 653—654. 但是参见 Catherine Wells, "Tort Law as Corrective Justice: A Pragmatic Justification for Jury Adjudication", 88 *Mich. L. Rev.* 2348, 2402—2410 (1990)。

② Benjamin C. Zipursky, "Civil Recourse, Not Corrective Justice", 91 *Geo. L. J.* 695, 718—721 (2003).

③ Arthur Ripstein & Benjamin C. Zipursky, "Corrective Justice in An Age of Mass Torts", in 前引 Philosophy and the Law of Torts, at 214, 231—244(认为市场份额责任的一些形式与矫正正义理论是一致的)。

到的侵害,但对此是否存在实用主义的限制？或者即使在不可能的情况下也必须实现正义吗？①

最后,从描述层面上看,矫正正义理论家提出的不可知论尽管易于理解,但可能最终证明是有问题的。如果支持侵权法的所有理由是,侵权法是可以被理解的,那么侵权法是一个我们应当认可的实践吗？至少,在一个存在规制和保险的后侵权时代,一些矫正正义理论家看起来与企业责任理论家同样浮躁,极少有人冒险去解释为什么矫正正义是现代法律制度的一个必要的或者是重要的特征。②

结　　论

通过前面的介绍,读者可能有理由问他或她可以从中得出什么结论。对此,有四个合理的回答。但是每一种回答看起来都不能完全令人满意。

第一个也是最有争议的回答是,从上文的论述中可以得出这样的结论:律师和学者试图建立侵权法理论但毫无结果,所以我们最好不要对其进行理论化。相反,我们应当专注于分析没有答案和没有要点的理论争论所集中关注的具体问题。

第二个回答可能是,人们需要更多的信息:这些争论告诉我们,除非了解更多关于侵权法在实践中如何实际运作的事实,否则我们将永远不会有所成就。例如,除非我们知道更多规则所产生的遏制效果,否则我们不可能解决企业责任理论和经济遏制理论之间的基本争论。

第三个回答是,我们应当乐于接受理论提供给我们的启迪。理论不能指导我们如何行为,因为它不是规范。但是,它可以开阔我们的视野,帮助我们看到对侵权法的现象的另外可选择的解释,因此使我们对这种可能性有更丰富的感觉。

---

① 参见前引 Goldberg & Zipursky, at 718—723, 749—750(讨论了法院可能会根据政策免除违反注意义务的行为人的责任的情形非常有限)。

② 参见前引 Goldberg, at 1514—1517. 利普斯坦也许是例外,参见其前引书。

第四,也是最后一个回答是,人们可能会采取一种适度的多元论观点。由于侵权法由许多方面组成,因此毫不奇怪每种理论都会提出自己的观点,即每种理论都会强调一种与侵权法相关的因素,而我们应当接受所有这些因素。这种回答,尽管与第三种回答类似,但从某种程度上说野心更大。它认为多元论的理论不仅开阔了律师的视野,而且能够也应当告知律师之间关于侵权法中具体问题的争论。它表明应当在不同情况下考虑不同理论的洞察力。

第一个回答应当被抵制,因为它不可避免地会造成无诚意。也许将每件侵权案件都视为是独特的、自成一体的是可能的,但是有机会考虑这些案件的每一个律师和学者,都被鼓励从更一般意义的角度对可以或应当用什么来论述这个案件提出主张或结论。讨论侵权案件不可避免地会使人去讨论侵权法。在讨论一个侵权问题或一件侵权诉讼时,如果一个律师精确地或完整地提出了这个观点,即如果施加责任确实(或没有)促进了遏制和赔偿效果,那么就应当(或不应当)施加责任,则她的根据就是侵权法的功能是什么或应当是什么。简言之,否定一种理论一般不会排除,通常还会鼓励私下运用某些特殊的理论。

在构想的第二个答案中对信息资料的要求很值得注意。我们确实需要知道更多侵权法的遏制效果和侵权制度中无以计数的其他事实。如果行为人通常对侵权法的制裁毫无反应,那么我们就会知道侵权法理论上可以实现什么样的目标和侵权法看起来应当实现什么样的目标,如遏制。同样,人们可能想知道怎样才能衡量过失责任制度和严格责任制度各自的实施成本,以此作为一种有助于解决对描述性的经济理论中长期争论的一个问题的方法。然而,尽管不考虑对这类模糊的现象进行相关的研究和提出精确的衡量所具有的困难,对资料的精心搜集和理解,尽管是重要的,也远远不能使我们实现这些目标。同政治理论一样,法律理论也抵制弄虚作假:面对看起来矛盾的信息,补充的假设可以被用作改进了的假设(就此,没有什么比兰蒂斯和波斯纳提出的经济学解释表现的更明显了)。对一些人来说,理论化的这种特征为对理论化这一事业进行指责提供了基础。比这较为温和的说法是,人们可能仅仅怀疑理论上的争论能否通过理论观察找到最终的解决办法。

上文构想的第三个回答从表面上看非常具有吸引力。了解侵权理论家定义理论主题的不同方式是有好处的。然而法理学家面临的任务是如何通过理论上的争论提供实用的结论。在法律上,理论的重要性不仅仅在于它能够开阔人们的视野,而且在于它可以用于实际的审判和决策。也许我们追求的仅仅是法理学家之间的一场永无止境的争论,法理学家自己能够清醒地认识到他们明白表示的立场,但是这对像法律一样的实用性规则来说,是一个有点不太适度的要求。

最后,第四个回答,将这种问题视为适度的、和平共处的、理论上的多元论。这样一种宽容的结论必然会吸引现代美国的众多律师。尽管如此,冒着不被容忍的风险,我想反对这个结论。然而,我的观点在很大程度上取决于谁正在从前述的分析中得到教训,其目的是什么。让我们首先考虑处理侵权案件的法官对多元论的要求,然后再考虑它对侵权法学者的适用性。

适度的多元论作为对司法狂热主义的一种矫正方法非常有用。依此,如果法院的法官都倾向于根据一种具体的描述性侵权理论做出判决,那么想象这样一种情形:在侵权案件中决定所有法律问题的法官都要去询问自由主义理论或者罗尔斯的理论会得出什么结论——而这种理论当然欢迎法律学者努力承认其他理论,只要其他理论表明法官选择的决策模式在实践上和规范上都是有问题的。

但是如果适度的多元论可以矫正这种特殊的不正确的做出判决的方式,那么通过从根本上改变它可以稍微达到一些效果,但如果说它运行良好则不能实现任何目标。问题的一部分是不同的侵权理论通常包含了对解释和描述的反对。一个矫正正义理论家对过错这一法律概念的含义或它的功能的论述可能与解释性的经济理论家对此的论述完全不同,有时在适用上相互冲突。同样,一个描述性的企业责任理论家与一个社会正义理论家对侵权法应当是什么和侵权法实际如何的论述也非常不同。

考虑类似于此类的冲突,适度的多元论的优点——即承认所有的理论,但对它们不做任何评判——仅通过两种方式得以维持。第一种方式是,人们可能通过确立一种认为应当适用并胜过其他理论的理论所确立的一系列无所不包的原则来解决最激烈的争论。不幸的是这样的原则不曾出现过。那么,另一种方式就是留给法官一些信息,由法官对任一决定中各不相同有时又互相对立的考虑之间实现一种隐蔽的平衡,并做出判决,这样我们最终触及到了现代法理学上的一个基本问题。我们必须或应当承认,对于任何一个侵权判决或任何一个侵权原则来说,我们只能说如果被很好地设计,那它会反映在不同的考虑——包括那些被直接否定了的考虑之间,实现了一种没有明确表达也不能明确表达的平衡吗?我认为,做出这种承认并不等于放弃法律的理念。毫无疑问一些现代法学学者会满足于这么做。尽管如此,我仍推测,大多数律师和公民相信判决不应当仅仅包括一系列"互不相干的组成部分"。[1]相反,他们希望法律追求协调性——即根源于基本的公平、可预测性和效用观念的一种要求。[2]

因此,根据一种主要但有争议的关于判决的论述,我们想从法官那里得到的不是特别的或隐蔽性的平衡,而是使其做出的判决能够形成一种相对和谐的规则和原则的集合,它们共同构成了"侵权法"。然而,如果要实现这个目标,法官必须认识到,这是他们正在从事的工作,也即他们需要将自己看作是一项旨在追求可理解性以及和谐性的事业的参与者。如果解释性的理论如解释性的经济遏制理论和企业责任理论对侵权法的论述是不合理的,那么它们并不强烈主张司法忠诚。[3] 一种有效的预防措施水平的确定并不是一个归因于我们的侵权法不同的基本方面的合理的原则,也不是根据需要分配灾难损失。事实上,正像描述性的理论家意图承认的那样,侵权制度仅仅是一种实现这些目标的第二好(也可能是第三或第四好)的机制。可以确定的是,法官在审判侵权案件的过程中有时有机会和有权力实现这些目标,但是当他们有意这样做的时候,他们并不是在适用和发展侵权法,而是背离了侵权法。[4]

那么我们需要,但又不能在20世纪的侵权理论中发现的是一种真正以侵权法为根据的理论——这种理论对侵权法和侵权实践的理解与我们所能发现的差不多。在我所考察的理论中,矫正正义理论也许最接近这一目标,不幸的是,它

---

[1] Benjamin N. Cardozo, The Nature of the Judicial Process 126(1921).

[2] 不必说,对这些主张的支持不在本文已经讨论的范围之内。关于讨论一致性、多元论和公平之间的联系的观点,参见John C. P. Goldberg, "Note, Community and the Common Law Judge: Reconstructing Cardozo's Theoretical Writings", 65 *N.Y.U.L. Rev*. 1324, 1334—1342, 1350—1352(1990).

[3] 它们是否应当影响立法活动是一个不同的问题。

[4] 我的观点是如果法官认识到侵权法差不多是一个具有和谐性的法律,且在处理侵权案件时会做得很好,但这并不等于说法官应当严格遵守程序或应当禁止他们重新整合法律。通常说来,重新整合对维护法律的和谐性是必要的。参见前引Goldberg, at 1348—1354(指出了卡多佐赞同法律必须随着社会环境和社会规范的变化而变化这一事实)。

太过于抽象,所以与其说它提供了一种侵权理论,不如说它提供了一种关于侵权法的结构和形式的理论。即使这样,对于这种结构它也没有提供充分的论述。

我先简要地将注意力从法官身上转移到侵权法学者身上,然后再进行总结。因为对于法官来说,适度的多元论作为一种对教条主义的矫正方法毫无疑问是合适的。不幸的是,它留给学者所能做的仅仅是进行超越彼此的讨论。我们能够比这做得更好吗?我将指出,前文的讨论说明了某种方法论上的指引,当侵权理论家对"新过失"以及更一般地说对这个世纪的新的侵权法进行理论化时,他们可以从这些方法中受益。这些方法不是清楚地考虑侵权法所不可缺少的或不证自明的基本条件,相反,它们是可能有助于提高该领域的学术研究的实用方法。

(1) 不要信任理论的否定。在 20 世纪,没有有影响的侵权法学者会合法地称,他已经避开了仅仅赞同实际的、有用的、实用主义的或现实主义的理论。没理由认为 21 世纪的学术研究在该方面会有所不同。

(2) 要区别旨在解释侵权法的理论和旨在对侵权法提供描述性论述的理论,不论它是假设的还是绝对的。如果关心解释,还要评价是哪种解释性观点:历史的、概念的、功能的或其他。①

(3) 抵制将侵权理论之间的争论归结为是提出侵权法的一种目的或功能的理论与没有如此的理论之间的争论的诱惑。一些理论完全是工具主义的,而另一些理论则有可能对一些不可以任何简单的方式进行简单化的概念进行功能主义的考虑。尽管如此,本文提出的所有理论都对侵权法提出了一种实用主义的解释。例如,没有理论根据侵权法的优雅和形式美好对其进行解释和辩护。

(4) 区别一种理论对侵权法的目的或目标的论述和它对另一种论述的附带影响。例如,一个矫正正义理论家可能认为侵权法的目的是为了在当事人之间实现正义,但同时承认侵权法的影响有时包括遏制不法行为和赔偿有需要的受害人。

(5) 承认经济理论和正义理论之间的两方的争论并没有穷尽所有侵权理论。正如我们所看到的,20 世纪出现了至少五种理论,正像上文论述的那样,我

---

① 正如上文表明的那样,我的主张不是说这些理论具有某种特别的认识论上的作用,也不是说它们都是无懈可击的。我只是主张它们可以对分析侵权法理论提供有用的启发或指导。

并不是试图以我自己的想法理解这些理论。而且,甚至在这些理论中,经济学理论和正义理论又包含众多不同类型的主张。

我希望,这些建议会帮助学者避免20世纪侵权理论中的一些混乱,并对这一学术领域中不同的问题提供更完善的解释。也许他们甚至有可能达到理论上的升华。然而,他们应当考虑一种不同的理由——这种理由并不包括要求一种方法论上的改进,相反却表明了一种视角上的转换。

正如我在引言中指出的那样,20世纪侵权理论是由工业革命发起的,并且在很大程度上继续带有这种印记。对霍姆斯和他的追随者来说,侵权法是一种规制意外事故的法律。在他们看来,产生于工业革命之前的古典理论并不考虑紧迫的政治问题,即是否应当通过严格责任标准或过失责任标准对工业上的行为进行规制。① 就连矫正正义理论家,虽然在某些方面更倾向于赞同古典的论述,但也深受霍姆斯观点的影响。因此,他们也将注意力集中在意外事故法以及严格责任和过失责任的对抗问题之上。②

做出预测是一项危险的工作,尤其是一个法学教授做出的预测。尽管这样,人们仍可能预测,在不久的将来,规制的意外事故法将不再是侵权法的焦点。甚至在现代意外事故法的核心领域——产品责任——人们也已经看到了因未能提供警告和告知以及错误陈述而导致的诉讼的相对增加。这些不是对霍姆斯据以勾画侵权理论的机制的破坏。而且,至少像人们诉称的那样,这些诉讼涉及的是应受谴责的行为,而非不可避免的意外事故和困难的对产品设计安全进行的成本——收益判断。简言之,后工业革命可能很快就会使霍姆斯的理论面临同样被认为退化的风险,正如工业革命对古典理论造成的影响一样。③ 因此,很有可

---

① 参见前引相关注释。

② Ernest J. Weinrib, "Correlativity, Personality, and the Emerging Consensus on Corrective Justice", 2 *Theoretical Inquiries in Law* 107, 158—159(2001)(指出矫正正义理论家关注的焦点是一系列相对狭隘的原则问题)。

③ 第三次侵权法重述的暂定草案意图重新论述侵权法的"一般原则",使它可以用于身体伤害,然而几乎完全将它限定为用于"意外的人身伤害和财产损害",然后甚至排除对财产责任、玩忽职守和积极的义务进行的狭隘的定义。参见前引 Goldberg & Zipursky, at 675—677(指出报告人关于草案包含"一般原则"但却排斥实质问题或侵权法本身的主张非常奇怪)。一种观点认为第三次重述仅仅是识别了霍姆斯最初提出的理论,参见前引 Grey, at 1226, 1226 n.1, 1256—1257, 1266—1280。葛瑞提出这种分析部分是为了说明重述草案代表了现代关于侵权法的正统观点。时间将证明一切,但是它仅仅可能证明是20世纪侵权理论的挽歌。

能的情形是,很快人们就会不要求侵权理论家提供关于意外事故侵权法的理论,而是要求提供全面的易于理解的关于侵权行为法的理论——这些理论将"新过失"作为一个包含多方面然而非常和谐的侵权行为法的一部分。具有讽刺意味的是,传统的论述可能会为这种努力提供一种有希望的起点。

一般人格权的确立及其适用

郑永宽[*]

内容提要：文章在说明一般人格权的自然权利属性的基础上，主要致力于从社会实证、法理论构成及法规范体系等层面为一般人格权制度于实证法上的确立提供论证支持，并尝试为一般人格权制度的具体法律适用寻获有效的法律方法。

关键词：一般人格权　自然权利　实证法上的确立　法律适用

Abstract: On the basis of the explanation of the natural right attribute of general personality right, the author devotes himself to demonstrating the establishment of general personality right on positive law from such aspects as social practice, the constitution of legal theory and the system of legal norm. Besides, the author also attempts to acquire an effective legal method in the application of the institution of general personality right.

Key Words: General Personality Right, Natural Right, Establishment on Positive Law, Application of Law

> 一切理论都是灰色的，唯有生命的金树，才会枝茂长青。
>
> ——歌德

---

[*] 郑永宽，男，中国政法大学 2003 级民商法博士生。

一、导　　论

"人格性(personnalite)正在向财产夺回桂冠"。① 此一断言是在考察作为人的属性的种种利益的人格权在现当代民法中得到普遍承认,人的"人格地位"的提高在法律方面表现出前所未有的广度和深度的背景下得出的。在此,不拟探讨该观点的真理性,但毫无疑问,其得以提出绝非无稽之谈。面对此一富有感召力的论断,人们很容易为其所蕴含的力量和精神而感动和着迷。时值今日,国人正着力于制定自己的民法典之际,我们决不能无视此一断言所产生的时代背景。它促使我们去思考,相较于此前财产关系占据统治地位的私法,人格尊严的保护如何在其中表现其所应有的地位。以此为契机,国内学界开始重视对人格及人格权的理论研究,而一般人格权的深入探讨则是此中无法回避的一个重要问题。然值得注意的是,德国的人格权理论基本上是围绕着除个别人格权外,"一般人格权"是否应该被承认而展开讨论。② 而与此形成对照的是,国内学术界多仅就一般人格权的内容、功能、性质等制度既存层面问题作简单介绍,此可谓"只知其然,不知其所必然"。此一理论研究层面尚无法引导我们去进一步探讨一般人格的确立于法理论构成、法规范体系及法适用领域所可能面临的诸多问题,因此对于一般人格权的制度构造恐难以提供精当的理论指导。

"自然人人格权制度是民法中与人类思想联系最为密切的制度之一,是凸显法律实证与法律价值关系的焦点制度,也是最富有发展性的一个私法制度"。"自然人人格权发展问题成为当前法学界关于法律发展的方法和原则争论的一个焦点范例"。③ 如果这些观点无误的话,正如下文的分析所表明的,一般人格权制度最突出地表现以上所表述的一切。必须指出的是,德国法学界就一般人

---

① Paul Roubier 语,转引自〔日〕星野英一:《私法中的人》,王闯译,载梁慧星(主编):《为权利而斗争》,北京:中国法制出版社 2000 年 10 月第 1 版,第 362 页。
② 〔日〕星野英一:《私法中的人》,王闯译,载梁慧星(主编):《为权利而斗争》,北京:中国法制出版社 2000 年 10 月第 1 版,第 359 页。
③ 龙卫球:《论自然人人格及其当代发展进程》,载于许章润(主编):《清华法学》(第二辑),北京:清华大学出版社 2003 年版,第 130 页。

格权的争论由来已久,但是,要在法律上承认和规定这种人格权保护,还面临着诸多法学理论上的,特别是法律技术上和实践上的难题。一直到今天,这些难题仍然阻碍着一条保护人格的一般性法律规定的产生。① 由此,足以提醒我们在一般人格权的制度确立上所应有的小心谨慎。基于此问题意识,本文试图去探讨一般人格权的确立及其适用所面临的问题。

二、人格权性质解析

黑格尔说:"法的命令是:'成为一个人,并尊敬他人为人'"。② 作为直接体现使人"成为一个人"的权利的人格权,是指主体为维护其独立人格而固有的基于自身人格利益的权利,如生命权、身体权、名誉权、姓名权、隐私权等。③ 人格权是法律人格处于趋向完满状态下理性人类所必备的权利,个人在法律上和事实上不享有人格权,则必将丧失做人的根本权利和作为人的基本价值。"根据人格权的一般结构,人格权是一种受尊重权,也就是说,承认并且不侵害人所固有的'尊严',以及人的身体和精神,人的存在和应然的存在"。④ 在此,人格与人格权通过人格尊严思想的介入而被联系起来。

康德曾说:"你的行为举止应该是这样:无论是你自己,还是在任何其他一个人,你都应将人类看作是目的,而永远不要看作是手段"。⑤ 在此,"人是万物的尺度,是存在的事物存在的尺度,也是不存在的事物不存在的尺度"。⑥ 立基于人格之上的人格权本身即包含着对人性的尊重,其被视为系自人格价值理念基础上形成,去表达对于人格的拓展和完善。近代法律人格,以伦理性为本源,具

---

① 〔德〕霍尔斯特·埃曼:《德国民法中的一般人格权制度》,邵建东、常青、虞蓉、邹海蓉译,载梁慧星(主编):《民商法论丛》(总第23卷),香港:金桥文化出版(香港)有限公司2002年6月第1版,第413页。
② 〔德〕黑格尔:《法哲学原理》,范扬、张企泰译,北京:商务印书馆1961年6月第1版,第46页。
③ 马俊驹、刘卉:《论法律人格内涵的变迁和人格权的发展》,载《法学评论》2002年第1期,第30页。
④ 〔德〕卡尔·拉伦茨:《德国民法通论》(上册),王晓晔、邵建东、程建英、徐国建、谢怀栻译,谢怀栻校,北京:法律出版社2003年1月第1版,第282页。
⑤ 同上书,第46页。
⑥ 普罗塔戈拉语,转引自夏勇:《人权概念起源》,北京:中国政法大学出版社2001年7月修订版,第111页。

有极其丰富的内涵,其蕴含的基本价值(平等、自由、安全与人的尊严)构成近代人权观念的核心内容。人权通过强调人之作为人所应有的资格、能力和自由,来维护人的尊严和价值,防止和扼制任何把人作为手段或工具的功利主义的、结果主义的考虑。① "只有一种天赋的权利,即与生俱来的自由。……这是每个人生来就有的品质,根据这种品质,通过权利的概念,他应该是他自己的主人"。② 从这个意义上讲,人格权是一种自然权利,是最基本的人权。

关于自然权利,有学者给予这样的总括性论述:

> 这些伟大的思想家③ 不再像他们的前辈那样沉醉在人的自然本位里,他们毅然地把他们所认定的人之作为人都拥有的平等、自私、自立、自尊、自卫之类的本性宣布为权利。按照他们的逻辑,既然本性乃是自然,那么,本性权利就是自然权利,而且这种权利由于出自'本位',出自'自然',所以是与生俱来的。既然自然权利是由自然法这个终极的、超验的权威来规定和支持的,那么,自然权利就是超越实在法而存在,并且是不可剥夺的。既然本性是人所共有的,而且表现了人之作为人的基本规定,那么,本性的权利就是人所共有的。所以,自然权利或本性权利,就是人权。④

以上系笔者对人格权性质的认识。这种认识同样适合于作为其属概念的一般人格权,即一般人格权仍然具有自然权利的基本属性。⑤ 在今天,当我们说一般人格权是一种自然权利时,我们主要不是在追溯权利的来源,而是在探寻权利的本质或性质,即其所蕴含的价值理念,如果说人格权主要表现某种主观价值关系,财产法主要是一种客观财产秩序,而此前私法基本立基于此种客观秩序的逻

---

① 参见夏勇:《人权概念起源》,北京:中国政法大学出版社 2001 年 7 月修订版,第 176 页。
② 〔德〕康德:《法的形而上学原理——权利的科学》,沈叔平译,林荣远校,北京:商务印书馆 1991 年 9 月第 1 版,第 50 页。
③ 指主要以荷兰的格老秀斯、斯宾诺莎,英国的霍布斯、洛克,以及法国的伏尔泰、卢梭等为代表的,中世纪末期以来的一批自然法论者。
④ 夏勇:《人权概念起源》,北京:中国政法大学出版社 2001 年 7 月修订版,第 139—140 页。
⑤ 关于一般人格权性质的认识,尚有许多不同的观点,如人格关系说、概括性权利说、渊源权说、个人基本权利说,等等。详可参见王利明、杨立新、姚辉编著:《人格权法》,北京:法律出版社 1997 年版,第 25—26 页。以上诸说虽不失其正确性,但均没有道出一般人格权的根本性质,而只是从标的、功能、地位等方面揭示其内涵而已。在此,不拟详论。

辑而建构其制度体系及规范理念,则依托于价值的不可知论或非唯知论的伦理学立场,伴随着人权思想的深入而推动的人格权观念的发展,意味着在此后的私法上,面临着如何在客观实在法上有效规范主观价值秩序的问题。此问题可谓系思考人格权,特别是一般人格权制度的基本问题。正如下文分析所展示的,本文的主要架构亦基本上针对此问题而生。

三、一般人格权制度的确立

(一) 社会实证层面的考察

在私法的发展史上,相较于财产权的发展,人格权的发展显得缓慢。在近代私法,"民法中的人作为法律人格形式平等的人,仅是财产自由并受充分保护的人,人被淹没于财产中"。[①] 历史上,即使是在庄严宣告《人权宣言》后的法国民法典,"也只是作为法律人格来保护自由、平等的人;作为人,却没有提及向他人主张正因为是人才属于人的那些性质和权利的思想"。[②] 而在19世纪的德国,由于对德国私法学具有支配性影响的萨维尼,虽然承认每个人得不受他人意思支配而独立地支配自己的意思领域,但却否认了对自己自身的实定法上的权利,使得19世纪德国法学的主流失去了对人格权的关心。受此影响,再加上当时的时代背景,使得德国民法典只是采取了保护个别的、狭窄的人格权的制度,其对人格权的保护规定在今天看来显得很不周密完整。

在第二次世界大战后,出于对纳粹"轻视人、蔑视人、使人不成其为人"[③] 的行径的强烈反思,法律开始重视对人格尊严的尊重及人格的保护,使得人格权得以被广泛地承认。人们普遍认为,通过特别人格权的模式不足以保护各方面的人格。凭着对纳粹统治的经验,人们对任何不尊重人的尊严和人格的行为都变

[①] 马骏驹、刘卉:《论法律人格内涵的变迁和人格权的发展》,载《法学评论》2002年第1期,第30—31页。
[②] 〔法〕萨瓦第埃:《当代私法的社会与经济条件的变化》,第335页。转引自〔日〕星野英一:《私法中的人》,王闯译,载梁慧星(主编):《为权利而斗争》,北京:中国法制出版社2000年10月第1版,第355页。
[③] 马克思语,转引自夏勇:《人权概念起源》,北京:中国政法大学出版社2001年7月修订版,第176页。

得敏感起来。① 而且由于人类生活关系趋于复杂,以及科学技术的进步和大众传播方式的迅速发展,对于个人生命领域的侵犯随时都可能发生。由此,对于个人价值,也即对于人格权的保护,显得比以往更为迫切。而与此同时,战后各国基本法普遍重视对人的基本权利的保护,以及随着人权运动的开展,人权思想的深入,法哲学也专注于对人的尊严的分析考察。以此为契机,作为表现人的尊严和人性的发展的最高价值的一般人格权得以被提出并被承认,而其在司法实践上亦被广泛地适用。人们普遍认为,一般人格权的实际利益在于,它使得对于需要得到保护的各个实证法条文中没有的人格利益,和伴随着社会以及技术的发展变化而出现的新的人格利益的保护成为可能。② 这涉及对一般人格权制度功能的认识,即意味着把它作为基本权母权来认识,承认其为一种渊源权,由此可引导出各种具体人格权。这亦是我们的兴趣及关心所在,它吸引我们将目光投向宪法关于人的基本权利的规定,同时促使我们去思考,一般人格权作为渊源权,其根据何在?这即涉及下文所要考察的一般人格权在法理论层面的论点。

(二) 法学理论层面的论辩

前文业已述及,或许人格权的核心问题在于思考如何在客观实证法上有效规范主观价值秩序。此问题突出体现了在人格权制度上所凸显的法律实证与法律价值的紧张关系,而如何处理这一关系则成为一般人格权制度首先须在法理论层面完成的课题。

1. 人格权作为自然权利在私法上的存在

人格权是一种自然权利。这是我们的结论,也是我们思考问题的出发点。在此,笔者无力去探讨"是否存在自然权利"诸如此类的艰深问题。作为自然法理论表现形态的自然权利论,笔者认为以下这种研究自然法的立场是可取的,"关于自然法的研究,现代学者所须注意的,与其说是这学说本身,倒不如说是它的功能,与其说是有关基本本质的争论,倒不如说是它背后所隐藏的问题。'为了了解自然法之突出地位,我们必须从心理方面去解释它,因而把经由它的媒介

---

① 参见〔德〕卡尔·拉伦茨:《德国民法通论》(上册),王晓晔、邵建东、程建英、徐国建、谢怀栻译,谢怀栻校,北京:法律出版社2003年1月第1版,第170页。
② 参见〔日〕星野英一:《私法中的人》,王闯译,载梁慧星(主编):《为权利而斗争》,北京:中国法制出版社2000年10月第1版,第359页。

而运作的力量跟它关联起来'……我们必须试着看穿自然法之抽象与学究的外观,我们必须力求了解其不断重现之原因"。① 这是一种现实的研究立场,我们必须确保我们的法学思考与社会现实紧密联系。

  自然法学代表了历史上最重要的文化思潮,这一思潮决定性地影响了整个西方法律思想史的一般特征。自然法理论的核心在于确认了基于"自然法"与"实在法"的区分且"自然法"优于实在法"而对法所持有的二元观念"。② 及于近代,自然法理论基本上转变为关于自然权利的一套理论。③ 自然权利主张,自然法赋予人永恒不变的权利,自然权利出自于人之为人所固有的伦理本质,是超越实在法而存在的,并且是不可剥夺的。自然权利同时结合社会契约论,在很大程度上扭转了人类对国家与个人关系的看法。而在今天,自然权利理论之所以仍具有很强的生命力,则主要在于它为人权作辩护。

  人格权为自然权利,这种性质认定很自然地表现出对实在法的敌意与怀疑。人格权作为一种内在于主体自身,以维护其人格尊严的权利,它天然反对"权利法定"的法律逻辑,它害怕这样的逻辑最终将致使人格尊严及人格的发展只是受制于立法者的意志——那可能只是几颗"自负的脑袋"的无规律转动。它主张实在法是不够的,应赋予其应有的超越于实在法的地位。应该说,这种要求不显过分,它契合于人格权的自然权利本质。但同时我们也必须看到,这种从人的本性中得出的自然权利,其内容是含糊不清且过于随意的,它随每一阐释者而有不同,这是其致命弱点。而且作为一种价值,如果具有意义,一定要被人们以规范的面貌加以表达。④ 权利不是由法律创造的,但权利的实现却是以法律为转移。

---

  ① 〔英〕登特列夫:《自然法——法律哲学导论》,李日章译,台北:联经出版事业公司1984年12月初版,第7页。
  ② 〔意〕Franco Buonsignori:《自然法学、法律实证主义和立宪主义》,薛军译,载《中西法律传统》(第二卷),北京:中国政法大学出版社2002年10月第1版,第350页。本文在此不拟详细介绍自然法理论,这不是本文目的所在。关于自然法的历史演变及其复杂多样的理论形态,详可参照〔英〕登特列夫:《自然法——法律哲学导论》,李日章译,台北:联经出版事业公司1984年12月初版。
  ③ 参见〔英〕登特列夫:《自然法——法律哲学导论》,李日章译,台北:联经出版事业公司1984年12月初版,第45—60页;又参见〔美〕庞德:《通过法律的社会控制》,北京:商务印书馆1984年版4月第1版,第45页。
  ④ 参见〔英〕登特列夫:《自然法——法律哲学导论》,李日章译,台北:联经出版事业公司1984年12月初版,第118页。

离开法律,权利便失去了任何实际意义。① 依此,必须强调的是,人格权并不是反对在实在法上被确认,相反,其应该被如此确认。这里,法律可以看作是人们在牵涉到行动时追求明确评价标准而产生的结果。权利于其中被标示于明确的形态并有着自己清晰的界限,它表示一个不容他人侵犯的个人意思自治的领域。而人格权作为自然权利,其真正反对的是以实证法的规定去作为裁判人格权存在与否的尺度,该主张内在地反对前述明确评价标准的追求,因为它无助于形成可预见性的明确规则去引导人们的生活。而该种规则恰是法实证主义所着重追求的,同时也构成法治的德性之一。在此,典型地表现了自然法与法实证主义之间的紧张。

2. 法实证主义的追求与限度

法实证主义思想的全面兴盛应自19世纪起,其时正值自然法论没落之际,对此不应仅仅视为只是一种巧合。② 与主张法的二元论的自然法学相对立,法实证主义表现出与自然法学截然不同的观念,它主张一元论。自然法在事实上并不存在:它只是一种虚幻的观念,它没有资格作为法而存在,而属于道德领域。惟一真实存在的法就是实在法,它是人类活动的产物,展现于历史之中,并以不同的形式表现出来。③ 由此联系于自然权利观念,法实证主义认为,即便人们承认某些个人权利可以在人性本身找到深刻的根源,但这些权利也只有在实体规则承认其存在的限度内才具有有效性。这种立场很契合于法治的追求,作为法治的德性之一,或者说其非常重要的一个内在条件,即在于法律的稳定性或说人们对于法律的可信赖性和可预期性,因此它要求法律必须相对清晰,规则必须是明确的,以使人们能在稳定的规则体系下去安排自己的事务,从而促进个人的自

---

① 参见〔英〕哈耶克:《自由秩序原理》,邓正来译,北京:三联书店1988年版。
② 关于法实证主义的不同种类与基本命题,请参见颜厥安:《法与道德——由一个法哲学的核心问题检讨德国战后法思想的发展》,载颜厥安:《法与实践理性》,北京:中国政法大学出版社2003年5月第1版。
③ 参见〔意〕Franco Buonsignori:《自然法学、法律实证主义和立宪主义》,薛军译,载《中西法律传统》(第二卷),北京:中国政法大学出版社2002年10月第1版,第353页。

由和经济的发展。① 这是对精确制定的规则的信任,目的在于相同事物相同处理以及避免法官恣意。他们相信:"首先,法律规则保证了集体探寻公正的成果以及以往经验的传递。其次,法律规则适应了人们能够预见的愿望,保证着社会秩序必需的安全性和稳定性。最后,法律规则的一般性和抽象性在一定程度上是公平的保证"。② 但是我们必须清楚地认识到,法律的确定性从来都只是一种相对的理想,法律确定性的要求,此前没有,今后也绝不可能以几乎毫无漏洞的实证立法全然予以实现。人的有限理性③ 意味着人不能洞察所有,也不能预见未来。它使我们相信,如果我们过分拘泥于法律的确定性结构,必然"会使法律的发展在适应新的而且不断变迁的社会与经济环境时受到不当的限制"。④ 而且,如果我们承认人格权是一种自然权利,是一种肯定与尊重人格尊严的价值权,则很显然,价值并不是事先恒定的,总会有新的价值产生出来,而对既有秩序提出挑战。在人格权上,"人们终究不可能在范围上通过划界将所有人性中值得保护的表现和存在的方面无一遗漏地包括进来。因为人们不可能无遗地认识到可能出现的所有冲突"。⑤ 因此,法律学者总会被迫痛苦地觉察到"确定性"之限度,他被迫领会到"价值"与"规范"、"真理"与"确定性"之间不停的相互作用。⑥ 这意味着,在人格权问题上,我们仍受困于自然法与法实证主义的内在紧张之中。而这似乎意味着我们需要一种超越或说融合二者之上的法学理论及能同时顾及二者的人格权制度。

3. 可能的途径:立宪主义与一般人格权

将立宪主义与一般人格权摆在一起,笔者希冀在立宪主义的理论预设下合

---

① 在此,本文不拟详细探讨所谓实质法治的理论,它负载有太多的社会价值目标,因而显得复杂与沉重。这里只是指出形式法治理论(狭义法治论)对规则明确及法律可预期的要求。对于法治相关内容,可参考梁治平(编):《法治在中国:制度、话语与实践》,北京:中国政法大学出版社 2002 年 12 月第 1 版;又参见夏勇(主编):《公法》(第 2 卷),北京:法律出版社 2000 年 12 月第 1 版。
② 〔法〕雅克·盖斯旦、吉勒·吉博:《法国民法总论》,陈鹏、张丽娟、石佳友、杨燕妮、谢汉琪译,谢汉琪审校,北京:法律出版社 2004 年 5 月第 1 版,第 29 页。
③ 这是哈耶克穷其一生始终在强调且为大多数人所接受的论断。
④ 〔英〕Dennis Lloyd:《法律的理念》,张茂柏译,台北:联经出版事业公司 1984 年版,第 98 页。
⑤ 〔德〕卡尔·拉伦茨:《德国民法通论》(上册),王晓晔、邵建东、程建英、徐国建、谢怀栻译,谢怀栻校,北京:法律出版社 2003 年 1 月第 1 版,第 174 页。
⑥ 参见〔英〕登特列夫:《自然法——法律哲学导论》,李日章译,台北:联经出版事业公司 1984 年 12 月初版,第 119、120 页。

理地建构一般人格权制度，藉该制度同时兼顾法律实证与人格权作为自然权利的各自的主张，又在一定程度上可避免双方各自的不足，以此希望能解决人格权在实证法上确立可能面临的理论难题。

法与道德的关系问题始终是西方法文化中的核心问题。面对自然法与法实证主义之间难以克服的内在紧张关系，人们试图去寻求超越于二者或能将二者调和的理论解释途径，如法律诠释学、法律论证理论、一般法律原则、制度法论等等。① 笔者则倾向于立宪主义的理论建构，至少在一般人格权问题上是如此。

立宪主义是西方文明的产物，"是对充满苦难的生活经验的批判和总结"。② 从历史上看，立宪主义产生于自然法，特别是自由契约论时代洛克、卢梭等人的自然法学，其目的在于限制国家权利、确保个人的自由权利，它构成西方现代和当代政治文化的基础。但是随着实证法学的到来，立宪主义并没有消失，这构成我们兴趣之所在：当代的立宪主义或当代重要的立宪主义思想，在提出其政治伦理观念——这起源于自然法学——的时候，却是依据实证法学的原则，具有明显实证法学的意味。③ 以此为视角，立宪主义不仅是一种政治哲学，或亦可被视为关于法与道德关系的第三种理论思路。

关于立宪主义，我们主要提及以下理论要点④：

(1) 确认关于法在根本上具有规范性、体系性和等级性的观念，法与国家和立法密切联系，但不排除其他实在的法源及制度背景。

(2) 在法的等级的顶端安排宪法作为基础性规范，以其作为确立和认可法的标准，这样就在法律体系两个不同的层面之间导入一个区分。

(3) 声明宪法也是一种实在法，是代表了历史上产生的政治——文化统一体的制宪权运作的产物。制宪权、社会契约以及人民主权是法律体系的最终渊源，并且基于社会大众的历史——经验意志奠定了法律体系的基础。

---

① 详可参考：〔德〕亚图·考夫曼：《法律哲学》，刘幸义等译，台北：五南图书出版公司2000年版，第39—53页；〔英〕麦考密克、〔奥〕魏因贝格尔：《制度法论》，周叶谦译，北京：中国政法大学出版社1994年4月第1版。

② 陈弘毅：《法理学的世界》，北京：中国政法大学出版社2003年1月第1版，第109页。

③ 参见〔意〕Franco Buonsignori：《自然法学、法律实证主义和立宪主义》，薛军译，载《中西法律传统》(第二卷)，北京：中国政法大学出版社2002年10月第1版，第356页。

④ 以下提及的几点主要参照〔意〕Franco Buonsignori：《自然法学、法律实证主义和立宪主义》，薛军译，载《中西法律传统》(第二卷)，北京：中国政法大学出版社2002年10月第1版，第357—358页。

(4) 确认宪法不仅仅是一种技术性形式性规范,它除了作为确立和认可法的标准,同时也是政治机制组织规则,是一套原则以及广义上的政治伦理价值宣言。由于这些伦理在宪法中得到阐明,因此也成为确立和认可法律体系内容的实质性——伦理性的标准。

(5) 确立一种强烈的"刚性"宪法观念。

Buonsignori 教授针对以上几点,坦陈立宪主义的确具有鲜明的实证法学特征,但 Buonsignori 教授显然看到了,在宪法之中存在一套广义上的政治伦理原则及价值观宣言,这种有机的道德性的内容,被安置于法律体系的最高等级之中,并成为确立和认可法的一种价值哲学评价和考量机制。对这一点,如果仔细观察,就可以发现它是一种典型的自然法学,但与自然法学似又存有实质上的区别,因为在这里,政治伦理义务只能通过被法实证规定这样的形态进入法律体系之中,而不是道德对于法直接的干预。因此,我们看到的是一种结合了实证法学和自然法学的某些因素并试图将其加以协调的新图景。① 因此,这里存在对这种图景或说思路的解释,Bunosignori 教授显然不同意将此认定为系"实证法学的变革和完善"的观点,他认为这些原则和价值宣示具有特别的、广义的特征,对这些原则不可能以技术性、法律性的语言进行严格的定义,使其成为严格的、技术性的、法律性的概念,所以真正的法律化就极其困难。因此,这些原则被实在性地规定于法的内部,这虽然对其性质有一定影响,但却绝对不可能完全改变其原有的道德性质。依此,则立宪主义仍然属于自然法学的范式,它无非是在自然法理论的基础上吸引了实证法学的某些重要因素而已。②

笔者倾向于这样的解释思路。立宪主义,实为宪法的实质价值主义,它在一方面基于实证法学的基本原则,将法与道德相分离,在另一方面,又通过一般性价值原则在法与道德之间确立起一种联系,据此道德可以有限地渗透到法之中。这是一种将法律实证与法律价值相调和的产物,发展至今,已在当代诸多法律体系中得到认可。此思路显然很契合于解决人格权实证法化的困境。在今天,基于对人的尊重及人权思想的深入,宪法普遍突出了对人的基本权利的重视,并强

---

① 参见〔意〕Franco Buonsignori:《自然法学、法律实证主义和立宪主义》,薛军译,载《中西法律传统》(第二卷),北京:中国政法大学出版社 2002 年 10 月第 1 版,第 358、359 页。
② 同上书,第 360、361 页。

调了人格的价值及人格的发展。因此,现代各国宪法多设有关于人格及人格权保护的基本原则规定,这是对人格权保护的实质价值秩序,但是必须明确的是,宪法并不是想以少数几条一般性原则取代具体私法制度,而是要承认和确认作为一个整体的私法制度及其根本基础,但同时又想以自己的价值准则来衡量私法制度,并将它纳入整体法律制度的一体化之中。[①] 这意味着民法中的一般人格权制度存在的正当性,它承载着宪法关于基本人权的价值意涵,系对宪法价值秩序的具体展开与表达,同时也是对宪法间接私法效力学说的肯认。通过这一制度,使得民法的实证法规定向着价值领域适当敞开,一般人格权从而成为沟通民法与宪法,实在法与道德价值的中间桥梁之一。从而,在立宪主义的理论构架指导下,一般人格权一方面指向于人格权的自然权利属性,他方面却以法规范形式规定于实在法之中,同时,通过宪法的价值系统指引及控制一般人格权的适用与发展,使其不至于变异为个别意志恣意妄为的不可捉摸的立场。这也是我们的关切所在,以此理论指引下建构的一般人格权,是否足以胜任对人格权的充分保护而不至于沦为虚无的什么都没有,这是问题存在的另一方面,将于后文详论。

(三)制度规范层面的解析

本文以上部分为一般人格权制度在实证法上的确立提供了在社会实证与法学理论层面的论证支持,但此仅就现今各国共有情境与共通理论上所作的论述,其尚不足以为一般人格权制度在各国实证法上的确立提供充分的支撑条件。对于是否承认一般人格权,各国学者尚有诸多不同意见及论证理由。本文在此的论述即为此中极为重要的问题之一,其具体展开有助于将我们的视角拉回到具体制度规范的关系层面上来思考问题。

对于人格权,有人认为,人格权基本上是消极防御权,其主要功能在于防范他人对人格的侵犯。笔者在此不拟详论该观点在多大意义上是可信赖的,但至少其在一定程度上正确揭示出人格权在实证法上的存在形式与具体适用样态。人格权的保护,主要仰赖于侵权行为法规则,此基本上是各国共同的制度安排,

---

[①] 参见〔德〕卡尔·拉伦茨:《德国民法通论》(上册),王晓晔、邵建东、程建英、徐国建、谢怀栻译,谢怀栻校,北京:法律出版社2003年1月第1版,第115页。

因此,不同的侵权行为规则保护机制则很可能对一般人格权的确立与否产生重要的影响。

在德国法上,关于一般人格权的争论,首先主要是围绕着是否承认一般人格权为《德国民法典》第 823 条第 1 款意义上的其他权利,从而使得除了对人的生命、身体、健康和自由提供外在的保护外,内在的、精神的人格也通过一条普遍适用的、侵权法上的一般性条款予以保护了。① 此显然与《德国民法典》所确立的侵权行为类型构成很有关系,因为依《德国民法典》第 823、826 条的规定②,一般人格权不属于第 823 条第 1 款中的"其他权利",则对其救济只能诉诸于第 823 条第 2 款规定的"违反保护他人之法律"的侵权类型与第 826 条的"故意以背于善良风俗之方法加损害于他人"的侵权类型,而这两种侵权行为类型中所设定的形式要件与主观要件的要求显然对于人格权的保护殊为不力,于此,一般人格权的承认与否攸关人格权保护的实现。而在法国与日本,情况有很大的不同,在关于由自己的行为造成损害的侵权行为场合,人们在解释《法国民法典》第 1382 条与《日本民法典》第 709 条时一般认为,二者的保护同样包含了广泛的各种"法律上应受保护的利益的侵害",而基于一般人格权内容与范围的不确定性,其在实践中应保护与否及受保护的详细内容尚须与其他权利与自由相权衡,因此,并不存在作为认定损害赔偿的前提而承认一般人格权的实益。③ 这确实是一般人格权制度于实证法上确立在制度层面上存在的问题,而其同时亦构成我国学者在探讨一般人格权问题时所不能不应对的问题之一。因为,迄今为止,我们并没有

---

① 〔德〕霍尔斯特·埃曼:《德国民法中的一般人格权制度》,邵建东、常青、虞蓉、邹海蓉译,载梁慧星(主编):《民商法论丛》(总第 23 卷),香港:金桥文化出版(香港)有限公司 2002 年 6 月第 1 版,第 412 页。

② 《德国民法典》第 823 条规定:"(1) 因故意或者过失不法侵害了他人生命、身体、健康、自由、所有权或者其他权利者,对他人因此而产生的损害负赔偿义务。""(2) 违反以保护他人的目的的法律者,负相同的义务。如果根据法律的内容并无过失也可能违反此种法律的,仅在有过失的情况下,始负赔偿义务。"第 826 条规定:"以违反善良风俗的方式故意对他人施加损害的人,对他人负有损害赔偿义务。"法条内容的引用见《德国民法典》,郑冲、贾红梅译,北京:法律出版社 1999 年 5 月第 1 版。

③ 该问题在〔日〕星野英一:《私法中的人》(王闯译,载梁慧星(主编):《为权利而斗争》,中国法制出版社 2000 年版)第 360、361 页有所提及。事实上,该问题的提出尚涉及两个基本问题:其一,对一般人格权如何在法律适用中加以保护? 对此问题能否妥善解决实际上也涉及在实证法上应否确立一般人格权制度,但由于该问题的重要性与复杂性,本文拟在其后以"一般人格权的法律适用"为题加以评论;其二,作为认可这些损害行为进行中的排除妨害请求权和有发生侵权危险时的预防妨害请求权,除适用于具体人格权利,是否应构成一般人格权的问题。此问题涉及对人格权的救济保护,笔者拟以另文论述,在此仅就正文提出的问题作一探讨分析。

在实证法上确立类似于德国民法的侵权行为类型构成,而理论界亦多有认为,侵权行为法,不仅在于权利的保护,其亦保护未上升为权利的诸多法益。确实,诚如 Yzguierdo Tolsada 所说,欲以损害是否源于对"命令或禁止性法律"的违反来判决损害的"不正当性"是毫无意义的。这一标准是不充分的,因为存在许多未经特别规定调整、禁止或惩罚却能导致赔偿义务的加害行为。① 在此,该问题的纵深讨论涉及对"权利的本质",尤其是"权利与利益的关系"的认识。

康德在谈及权利的定义时写道:"问一位法学家'什么是权利?'就像问一位逻辑学家一个众所周知的问题'什么是真理?'同样使他感到为难。"对于权利本质的探讨,西方学者付出了极大的努力,但"西方学界对权利含义的解释不仅莫衷一是,在方法上也是纷繁杂乱的"②。在此,我们必须认识到,对权利本质的解释只是种种不同的理论模型而已,其生命力并不取决于各自的"真实"程度,而取决于它们在面对现实时解释力的大小。③ 故而,"纵使没有一种假说可以完全证实,但是如果发现在使每种假说都能自圆其说并且能符合已知事实时所能包含的东西,这里面也就有着一种真正的知识了"。④ 所以,对上述问题的讨论,将主要立基于对权利与利益关系的分析阐述中去寻求对一般人格权在实在法上承认与否的论证支持。

关于权利与利益,皮文睿在其文中主张,权利在性质上是伦理主义的,而利益是结果主义或功利主义的。因而权利从两个方面来看都优先于利益,即权利制约利益和权利不是以功利或社会效果为基础,而是以其与利益无关的正当性演化的道德原则为基础。⑤ 但作者在文中未对其观点作论证,因此笔者尚无从确知,也无力亲自去确证这种视权利区别且高于利益的多少诉诸于直觉,而立基

---

① 〔德〕克雷斯蒂安·冯·巴尔:《欧洲比较侵权行为法》(下卷),焦美华译,张新宝校,北京:法律出版社 2001 年 12 月第 1 版,第 297 页注 281。
② 夏勇:《人权概念起源》,北京:中国政法大学出版社 2001 年 7 月修订版,第 42 页。
③ 朱庆育:《权利的非伦理化:客观权利理论及其在中国的命运》,载《比较法研究》2001 年第 3 期,第 22 页。
④ 〔英〕罗素:《西方哲学史》(上卷),何兆武、李约瑟译,北京:商务印书馆 1963 年 9 月第 1 版,第 66 页。
⑤ 此观点无异于认为,权利是一回事,而利益则是另外一回事,二者冲突时,权利占有绝对优势。详可见〔美〕皮文睿:《论权利与利益及中国权利之旨趣》,张明杰译,载夏勇(主编):《公法》(第 1 卷),北京:法律出版社 1999 年 12 月第 1 版。持类似观点的有罗尔斯、诺齐克、德沃金等,可参照罗尔斯的《正义论》、诺齐克的《无政府、国家与乌托邦》以及德沃金的《认真对待权利》等相关著作。

于自由主义意识形态之上的论点具有多强的说服力,但诚如作者所言:"虽然实践中权利和利益之间肯定有某些调和,但是它们之间的区别在概念上仍是必要的,在实践中仍是重要的。从概念上来说,除非权利具有使其区别于利益的某种特殊的地位,否则权利将仅仅是文字,如德沃金提出,如果没有权利,就会以微不足道的理由而证明侵犯权利的行为合法,那么权利则不再具有任何道德、法律或政治利益"。① 确实如此,权利不应被等同于利益,否则将难以解释清楚为何诸多实在法会去规定或确认诸多个人权利,而其逻辑起点应在于肯认权利具有高于利益的价值或说是位阶。否则,如果在耶林的意义上说,权利的本质是为利益,此观点难以说明作为事实的利益何以能转变为规范意义上的权利。或者如人们所努力的,在利益说与法力说结合的基础上,将权利理解为受法律保护的利益,此视角仍难以说明为何要将某些利益而不是另外一些利益规定为权利,而最终的判断如果不是立法者的恣意,则仍需要诉诸于某种多少带有共识性的价值权衡。而若采此解释途径,则意味着权利应具有高于利益的价值位阶。在此,权利应"是旨在保护个体对抗国家专制主义侵犯的民主与自由理念运动的产物"。② 关于权利的语言是一种特别有力的表达方式,它表达的是尊重个人,尊重他的尊严和价值,以及尊重他作为自主的道德行为者的地位。③ 在此,权利显然具有一定的伦理内涵,利益不是权利,而只是权利实现的目的或目的之一。以此立论为基础,引导我们去进一步论证将"一般人格权"作为权利规定于实在法上的可欲性。

如前所述,人格权为自然权利。这些权利虽然由法律加以限定,但却不根源于法律,而是先于法律的存在,其深层渊源应在于人性本身。人格权表达的是对人的根本权利和人的基本价值的尊重。所以说,如果关于权利的论述表明对人的道德自主所有的深刻认识,权利应具有内在的伦理内涵,则其伦理性应在人格权中表现得最为充分。当今世界,人们日益重视对人权的保护,各国宪法基本法

---

① 〔美〕皮文睿:《论权利与利益及中国权利之旨趣》,张明杰译,载夏勇(主编):《公法》(第1卷),北京:法律出版社1999年12月第1版,第127页。
② 〔法〕雅克·盖斯旦、吉勒·吉博著:《法国民法总论》,陈鹏、张丽娟、石佳友、杨燕妮、谢汉琪译,谢汉琪审校,北京:法律出版社2004年5月第1版,第126页。
③ 陈弘毅:《权利的兴起:对几种文明的比较研究》,周叶谦译,载夏勇(主编):《公法》(第1卷),北京:法律出版社1999年12月第1版,第183、184页。

大多规定有对于人格与人格权的尊重和保护,这是在人性反思之后对于人的价值与尊严的进一步彰显,其规定于基本法中表达的是一种价值秩序、价值系统。该价值系统指引及控制具体法律规定与法律裁判中各项变异因素以使其符合公平正义。而如前文分析,一般人格权于民法中的存在可谓对于前述价值宣示的具体衔接、落实与表达,是在中等抽象的程度上促使对人格尊重与保护按照社会接受的价值系统前进而不失于僵化。从这个意义上讲,一般人格权于民法中的确认,首先在于我们主张,利益并不等同于权利,人格权不应是或不仅仅是某种利益,其应具有高于利益的价值位阶,在此表现了对于人性的深刻解读。因此,"一般人格权"以权利的形态规定于民法实证法,而不仅仅视人格权为一般利益,并通过侵权行为法的具体判断适用,或许更足以彰显对人格权价值的认识与对人的尊重,更鲜明体现私法对于个人的终极关怀,尽管这样的辩论更具理论色彩,而略偏于法律的实用面向。与此主张相对应,人格权既为自然权利而具有其内在的伦理内涵,则其系以其伦理价值、道德属性来自论其正当性,而不是简单的与利益相比较的功利标准去决定其应受保护的地位。因此,在具体的裁判适用中,对于一般人格权的保护与否应仅需与特别重要的公共利益及其他基本权利与自由相权衡,相反,不能简单的以所谓公共利益或个人一般利益去否弃人格权的价值地位。① 另一方面,一般人格权本身不是作为具体人格权的抽象,而主要是作为具体人格权的补充而提出的,如前文分析所得,一般人格权的提出本身就是法实证主义与自然法学在实证法上融合的表现,其本身作为衔接、落实宪法价值系统的中等抽象程度上的价值原则,意味着其任务在于控制和指引加诸于法官身上的于一定价值秩序内的解释、"造法"的裁判行为,使伴随于法解释的价值判断、评价正当化,而不失之于法官的恣意与好恶,以尽可能确保法律的合理性控制。从这个层面上讲,在实在法上以权利形态确认"一般人格权"仍具有其一定的意义。而在具体立法例上,瑞士的相关规定很是值得我们关注。一般认为,《瑞士民法典》第 28 条第 12 项②首先规定了自然人的人格权概括性保护条

---

① 这里涉及权益的价值位阶与系列,本文在此不拟详论,只是点明即可。
② 该条规定:"人格受到不法侵害时,为了寻求保护,可以向法官起诉任何加害人。"参见《瑞士民法典》,殷生根、王燕译,北京:中国政法大学出版社 1999 年 8 月第 1 版。

款①,而根据《瑞士债法典》第41条的规定②,可知其侵权之债保护并不限于权利,而应及于一般利益。所以,这样的立法例或可为一般人格权于实在法中的确认提供一份支持。

或许,我们仍将回到争论问题的焦点上。是的,一般人格权由于其范围与内容的不确定,其并不具有清晰的权利边界,并不能充分权利应具有的指引人类生活的效用。但是,如我们终将看到的,这样的论辩仍不具有很强的说服力,以使我们弱化对一般人格权确立的主张。

法律的明确、清晰、稳定、可预期等等,都是法治的内在德性。但法治永远只是一种理想,一个我们知其不可能却仍执著于追求的目标。而作为法治的内在德性,法律的明确、可预期亦只具有相对性。人的有限理性、生活事实的丰富多变、语言固有的模糊性以及法律解释中的诠释学特性等等,均意味着概念法学最初所构想的简单地通过逻辑的理论以自动实现法律适用的目标的丧失。恩迪科特即认为,模糊性是法律的一个本质特征。③ 而在考夫曼看来,根本没有一个"清楚的字义",一个单义的"意义概念",严格地说,只有数字概念才是明确的,所以每个法律适用,并非形式的逻辑推论,亦非单纯的涵摄,而是一种类推过程。④ 因故,现今各国多采纳规则/原则的混合模式来作为法秩序的妥当模式。⑤ 以这个视角立论,我们尚可认识到,事实上,适用一般人格权与适用其他概括性条款以及不确定的法律概念是一样的。而且,即使在具体权利,如具体人格权,事实上永远避免不了因其模糊性而致使权利界限不清楚之处,而在其适用上仍须将其他权利与自由相权衡。因此,以一般人格权的范围与内容不明确而否弃一般人格权的确认,并不具有足够的说服力。所以,笔者仍主张在实在法上确立一般人格权,尽管这可能不是惟一的制度安排。固然,一般人格权因此而存在着问

---

① 尹田:《论一般人格权》,载《法律科学》2002年第4期,第12页;施启扬:《从个别人格权到一般人格权》,载郑玉波(主编):《民法总则论文选辑》(上),台北:五南图书出版公司1984年7月初版,第378页。

② 该条规定:"任何人由于故意、过失或者不谨慎地实施不法行为给他人造成损害的,应当承担赔偿责任"。参见《瑞士债法典》,吴兆祥、石佳友、孙淑妍译,北京:法律出版社2002年版。

③ 参见〔英〕T.A.O.恩迪科特:《论法治的不可能性》,陈林林、傅蔚冈译,载《比较法研究》2004年第3期。

④ 参见〔德〕亚图·考夫曼:《类推与"事物本质"》,吴从周译,颜厥安审校,台北:学林文化事业有限公司1999年11月第1版。

⑤ 该主张主要由德沃金与阿历克西所提,但是二者的观点有所不同。

题,而这则主要是其在具体法律适用中所应解决的问题。

四、一般人格权的法律适用

本文以上部分从各个不同方面努力去确认一般人格权于实证法上的存在。但对于一般人格权,或许其根本难题尚不止于其确立与否的论辩,而更为棘手的问题则在于一般人格权的法律适用此一法律技术上和实践上的难题。可以说,能否妥善解决此一难题,不仅对于一般人格权的发展,甚而对于其最终确立均具有至为重要的意义。

据文献资料所载,关于人格权,《德国民法典》的立法者之所以未规定一条一般性的、侵权法上的一般条款,主要出于三个方面的原因:第一,不可能承认一项"对自身的原始权利",因为否则就会得出存在一项"自杀权"的结论;第二,债的产生以财产价值受到侵害为前提;第三,人格权的内容和范围无法予以充分明确的确定。[①] 应该说,对于前面两点,人们的争论已经不大,而讨论的重点则主要集中于最后一个问题。的确如此,关于一般人格权此一"框架性权利"[②],由于其应受保护的人格领域在内容和范围上具有不确定性和模糊性,因此,其范围亦不可能像对有体物的支配权那样具有公示性。由此存在的问题是,由于人格权的权利界限无从清晰,实践中应如何承认和保护其相关权益。此外,承认一般人格权还必须具备下列前提:不仅必须对实定法所承认的权利予以考虑,而且还必须顾及所有的"合法利益"。这样一来,加害人与受害人的关系便以其同样的不确定性和不稳定性相对立而存在,导致人们必须从个案到个案对保护权益和侵害权益进行权衡。[③] 这就是一般人格权制度在法律适用上所面临的困境,也是所有欲于其私法领域确立一般人格制度的法律所不能不因应的方法论上的难题。

---

① 参见〔德〕霍尔斯特·埃曼:《德国民法中的一般人格权制度》,邵建东、常青、虞蓉、邹海蓉译,载梁慧星(主编):《民商法论丛》(总第23卷),香港:金桥文化出版(香港)有限公司2002年6月第1版,第413页。
② 德国法通说认为一般人格权为一种框架性权利,当然,对此认定仍存有不同意见。
③ 参见〔德〕霍尔斯特·埃曼:《德国民法中的一般人格权制度》,邵建东、常青、虞蓉、邹海蓉译,载梁慧星(主编):《民商法论丛》(总第23卷),香港:金桥文化出版(香港)有限公司2002年6月第1版,第416页。

对此难题的思考与解决,当我们将其置放于当前法学界关于法律适用方法论辩的大背景下时,或能为我们带来一些启发和帮助。

在历史上,曾经有这么一个时代,人们满怀信心地热衷于相信:必定能够通过精确制定的规范建立起绝对的法律清晰性和法律确定性,特别是保证所有法官和行政机关的决定和行为的明确性。这个时代是启蒙时代。[①] 这个理想主要为概念法学所承继和主张。那时,人们大多认为,法律适用只是法律规范单纯涵摄的逻辑演绎过程,法官的制定法适用应是逻辑式的自动实现,在此,不需要其他任何评价。法官应该只是"制定法的奴隶"[②] 而受制定法的严格约束。这种关于制定法与法官关系的观念在19世纪被动摇了。自那时起,人们日益相信在实证法规中必然存在的不完整性,而且是一种双重的不完整性,亦即一方面实证法无法穷尽所有的生活事实关系,另一方面,法规中的概念亦无从精确地界定其意义。[③] 因此,法律适用,必得诉诸于法律解释,而法律解释,必然伴随有价值判断的实践。这一点,在今天几成共识。现在,人们不再迷信只具有历史意义的机械的法律适用论,人们倾向于认同,"不管是在实践(='法适用')的领域,或是在理论(='教义学')的范围,法学涉及的主要是'价值导向'的思考方式"。[④] 此即当前广泛认可的价值法学的思维模式。其并未完全否弃规范法学及其逻辑演绎法于法学中的应用及其地位,而只是反对过分高估制定法于法律实现过程中所扮演的角色。同时,基于法适用中法律解释的广泛存在,充分重视解释法律的主体在个案中的"创造性作用"的发挥,从而寻求能将抽象法规妥善而具体地应用于个案之中。在此,表达了对"个案正义"的强调,或许,正如考夫曼所言,没有任何法律会基于它的一般性而对于所有的个案都是公正的。[⑤] 而伴随价值判断而来的,法解释的中心问题则是应该如何使价值判断、评价正当化。可以说,当前诸多的法学理论与方法的论辩即围绕此问题而展开。

---

① 〔德〕卡尔·恩吉施:《法律思维导论》,郑永流译,北京:法律出版社2004年4月第1版,第130页。
② 博克尔曼语,转引自〔德〕卡尔·恩吉施:《法律思维导论》,郑永流译,北京:法律出版社2004年4月第1版,第130页。
③ 参见颜厥安:《法与道德——由一个法哲学的核心问题检讨德国战后法思想的发展》,载颜厥安:《法与实践理性》,北京:中国政法大学出版社2003年5月第1版,第177页。
④ 〔德〕卡尔·拉伦茨:《法学方法论》,陈爱娥译,台北:五南图书出版公司1996年12月第1版,第367页。
⑤ 〔德〕亚图·考夫曼:《法律哲学》,刘幸义等译,台北:五南图书出版公司2000年版,第193页。

这就是笔者所简要描述的、尽管并不完整的关于现今法律方法争论的大环境。这里，我们尚可发现，当前法学"对'评价法学'的转向、对涵摄模式的批评，以及偏向于考量个案正义及'论证'程序"。① 而当我们将目光投向于一般人格权，我们亦应认识到，一般人格权制度作为一般条款，从方法论立场上看，并未拥有特殊的结构，相反，其构成当前法律方法论辩的焦点范例之一。相对于其他更为具体的制度，一般人格权只是表现出"程度的差别，而不是方式的不同"。② 它更为强烈地认知和确信，于法律适用实践中，法律评价与评价者"价值观、目的论等非认知的态度"③ 存在的不可或缺性。从这个意义上，亦可以说明，仅仅依凭法律适用方法上存在的问题去否弃一般人格权于实证法上的确立，似有未足。

在德国，依通说，侵害一般人格权的违法性必须在个案中通过法益权衡和利益权衡的方式予以确定。这一过程分为三步：第一，认定相互对立的法益和利益；第二，评价相互对立的法益和利益；第三，权衡相互对立的法益和利益。④ 并且赋予一方的利益或另一方的利益以完全的或部分的优先地位。这是一种通过利益考察的评价法学的思维方式。在今天，它基本上获得认同，已无人再争论其正当性，此尤其表现于司法裁判领域。对于权利内容与范围不明晰的一般人格权，其法律适用尤其应借重于此种评价方法，当无疑问。

但是，须注意的是，正如前文所述，权利并不简单等同于利益，权利应具有较高的价值位阶，利益要求的满足只是权利的目的或目的之一。"道德的价值，如平等、信赖、尊重人的尊严，不是其他的某一种利益；它们毋宁是私法原本具有决定性意义的秩序要素；它们不是处在待规定的事实构成一旁，而是位居其上。"因此，一切法律适用的最后基础必须"是对我们法律秩序立于其上的这些价值的沉思"。⑤ 显然，对于人格权的保护，涉及尊重人的尊严的道德价值，因此，只有存

---

① 〔德〕卡尔·拉伦茨：《法学方法论》，陈爱娥译，台北：五南图书出版公司1996年12月第1版，第6页。
② 〔德〕卡尔·恩吉施：《法律思维导论》，郑永流译，北京：法律出版社2004年4月第1版，第153页。
③ 梁晓俭：《实践理性：一种法学方法论意义上的探究》，载《比较法研究》2004年第2期，第35页。
④ 参见〔德〕霍尔斯特·埃曼：《德国民法中的一般人格权制度》，邵建东、常青、虞蓉、邹海蓉译，载梁慧星（主编）：《民商法论丛》（总第23卷），香港：金桥文化出版（香港）有限公司2002年6月第1版，第420、421页。
⑤ Coing语，转引于〔德〕卡尔·恩吉施：《法律思维导论》，郑永流译，北京：法律出版社2004年4月第1版，第239页。

在其他基本权利、自由或重大公共利益，始得立于利益权衡之后阻却对人格权的保护。因为，利益始终只是评价权衡的手段，一种借以决定评价的方式，利益并非一切。这是我们在借助评价法学时所必须清醒认识的。

也许，通过具体判例的分析考察，或可有助于较深刻地领会前述评价法学的法律适用方法。以下，请容笔者详细参引德国联邦宪法法院针对克劳斯·曼所写的"梅菲斯托"作成的裁判，并据而作为问题进一步深入探讨的引子。

联邦宪法法院裁判的该案涉及的法益，一方面是《基本法》第5条第3项所保障的艺术自由，另一方面则是人格权（名誉权）。在结论上，法官们有不同的意见。然而他们却一致认为，《基本法》第5条第3项赋予个别艺术家基本权，而且这种基本权不受《基本法》第5条第2项所规定界限（为保护青少年及个人的名誉权所订定的法律）的拘束。这并非意指，艺术自由全无限制，毋宁意指：其界限须求之于宪法本身的规定。因此，艺术自由就可能与（同受宪法保障的）人格范围发生冲突。法官们也都一致赞同，于此必须"以当下案件事实的具体情境为根据"从事法益衡量。法官意见的歧异出现在：对列入比较衡量的因素，彼此有不同的评价。半数的法官极力强调，像小说这样的艺术作品，假使其于某程度上取材于实际的事件，则其所发生的影响将不仅局限在美学的层面，毋宁在社会层面上也会发生作用，因为某些读者对小说中的角色，会忽略他们在艺术上固有的意义，将之与作者取材的历史人物等视同观。读者这种等视同观，可能会扩及作者——为小说中的角色——自由创造出来的负面特征，如是，此历史人物的名誉即可能受到严重的伤害。这些法官认为，本案正属此种情形。Dr. 施泰因法官于其不同意见书中对此特表反对：只从那些会把小说内容视为事实，"不以艺术特有的观点来对待小说"之读者的观点出发，以此种态度来作法益衡量，就宪法赋予艺术自由的崇高地位而言，并不恰当。如"仅依小说在美学层次以外的作用"来判断，因而忽略艺术与事实的特殊关系，就会对《基本法》第5条第3项第一句所保障的自由权作不当的限制。此外，这项不同意见书中更提及，如果以艺术作品的角度来评断的话，对历史范例（格林德根斯）的单纯取材，"相较于事实与诗意的结合，其显然处于次要的地位，虽然援引之处仍然可以辨识"。他更认为，"在从事（具有宪法评价意义）相冲突利益的衡量时"，对死者人格尊严的贬抑，并未严重到"足以正当化禁止著作物传布"的程度。于此，比例性思想又隐约可闻。

假使以能够适切分辨小说角色及事实其间差异的读者为出发点,则相较于对该历史人物之声誉可能造成的减损,禁止著作物传布之命令所造成的侵害程度显然不成比例。女法官鲁普·V.布吕内克的看法更甚于此,她认为:因基本法未明定艺术自由的界限,可见立宪者"在有疑义时要赋予艺术自由优越地位"。因此,为保护人格而对之加以侵害,"只能是应严格认定的例外"。质言之,只有当小说"整体看来,主要以侮辱或诋毁特定人为目的"时,换言之,系为此目的而滥用小说的艺术形式时,始能加以限制。[1]

通过上引判例分析,我们可较深切体会评价法学方法的具体适用。然而,不可回避的是,在各个法官颇具说服力的不同观点中,我们能感知不同的权衡意见。在此,我们开始遭遇法解释的中心问题,即如何正当化伴随于法解释的价值判断与评价。这个目标简单地说,就是在否定了逻辑演绎法于法学中的地位后,试图去重新寻回法律解释的客观性基础。"当我们认为,法律的解释适用必定带有评价的因素,而评价一方面不能免于主观因素之介入,另一方面又不能只是评价者的主观认定时,我们就必须为据以评价的价值标准找到另一个理论上的根据"[2]。因此,该问题可谓系一般人格权能否妥善适用的焦点所在。

面对此问题,人们似乎本能的去试图寻求足于确定价值位阶的"价值图表",然而,在一个日益多元化的社会中,人们每每发现,这样的尝试最终带来的更多是失望。确实如此,"假如雅典人认为各种价值中最尊贵的是自由,而斯巴达人却认为是纪律,那么,理性实在无从解决这个纷争"[3]。于是,人们更多地去依托价值的不可知论的伦理学立场。尽管有学者试图去排定且满足于一个大致的价值系列,但仍然不具有最终确定性。以至于恩吉施曾经很无奈地指出:"没有可以突破相对主义恶性循环的出口;最后,我们必须勉强接受这个世界的实况,它似乎就是要密藏于内,不让我们窥见那些明确清晰的价值准则、阶层秩序及优先

---

[1] 案件分析详见〔德〕卡尔·拉伦茨:《法学方法论》,陈爱娥译,台北:五南图书出版公司1996年12月第1版,第318—319页。

[2] 颜厥安:《法与道德——由一个法哲学的核心问题检讨德国战后法思想的发展》,载颜厥安:《法与实践理性》,北京:中国政法大学出版社2003年5月第1版,第176页。

[3] 〔英〕Dennis Lloyd:《法律的理念》,张茂柏译,台北:联经出版事业公司1984年版,第103页。

性的规则。"① 但愿我们的法适用现状还不至于令人如此悲观。

尽管问题的解决似乎令人感觉无奈,但不可忽视的是诸多学者就此所作的努力及取得的成果。② 当然,观点的分歧并不必然昭示我们的无助。评价法学者一般认为,在法秩序的意义上,对适当的价值判断仍可以作合理的说明,即使有关的理由未必具有逻辑上的必然性。这也是评价法学所追求的给予价值判断于正当性支持的理想。

关于一般人格权的法律适用中的法益权衡,首先应诉诸于具有开放性的宪法中的基本原则规定,此一"具支配力的法伦理"③,其表达的是较为抽象的、可大致确定的"价值秩序",于此涉及一种法益是否较他种法益具有明显的价值优越性。诚如E·博登海默所言,"人的确不可能凭据哲学方法对那些应当得到法律承认和保护的利益作出一种普遍有效的权威性的位序安排。然而,这并不意味着法理学必须将所有利益都视为必定是位于同一水平上的,亦不意味着任何质的评价都是行不通的"④。因此,人们仍然试图去尽量确定在什么条件下,某一原则应优先于另一原则。无疑可以说,较之于其他法益,尤其是财产权,人的生命或人性尊严应具有较高位阶。而由于言论自由权及资讯自由权对于民主社会具有"结构性意义",二者往往也被赋予更崇高的地位。⑤ 而在宪法基本原则之外,依Zippelius的观点,"具支配力的法伦理"还应有:其他法规范以及"支配司法及行政行为的法律原则、交易伦理及社会生活中的各种制度"。⑥ 此一观点对于一般人格权的法律适用仍然不无意义。

---

① 〔德〕卡尔·拉伦茨:《法学方法论》,陈爱娥译,台北:五南图书出版公司1996年12月第1版,第60页。
② 关于不同学者对此问题的思考及解决方案的介绍,详可见〔德〕卡尔·拉伦茨:《法学方法论》,陈爱娥译,台北:五南图书出版公司1996年12月第1版,第1—80页。
③ Zippelius的观点,转引自〔德〕卡尔·拉伦茨:《法学方法论》,陈爱娥译,台北:五南图书出版公司1996年12月第1版,第8页。
④ 〔美〕E.博登海默:《法理学:法律哲学与法律方法》,邓正来译,北京:中国政法大学出版社1999年1月第1版,第400页。
⑤ 参见〔德〕卡尔·拉伦茨:《法学方法论》,陈爱娥译,台北:五南图书出版公司1996年12月第1版,第319页;又参见〔美〕E.博登海默:《法理学:法律哲学与法律方法》,邓正来译,北京:中国政法大学出版社1999年1月第1版,第400页。
⑥ 〔德〕卡尔·拉伦茨:《法学方法论》,陈爱娥译,台北:五南图书出版公司1996年12月第1版,第8页。

除了上述"具支配力的法伦理"之外，对于一般人格权的法律适用，或许我们还应注重道德规范。人格权作为自然权利，所彰扬的是主体的人格尊严。在霍尔斯特·埃曼看来，其实，任何一项由法院所确认的，对一般人格权的侵害行为，都违反了一条早已公认的道德规则。他认为，解决一般人格权法律适用所面临的两难困境，"出路必须建立在中等的抽象高度上。因此，我们必须从一个绝对的价值世界，甚至是柏拉图式的真理和正义的理念的高处，返回到我们的洞穴的有限空间，在我们与之紧密相联的墙边，阅读我们以及我们的先辈以我们对特定的生活状态和生活领域的有限认识能力，所认识的、汇总的和记录下来的固定规则"。① 这就是我们所赖以生活的道德伦理规则。我们只是需要对这些规则进行充分的概括，并在个案中再予以适当的具体化和法律化。

尽管有了上述可据以作为评价行为标准的伦理规则，但对于许多问题，这些伦理规则仍不足以提供明确答案。在大多数的案件中，或是涉及位阶相同的权利（如同为人格权）间的冲突，或因涉及的权利过于歧异，根本无从作抽象的比较，由此，是否意味着法官在穷尽作有根据的裁判之一切可能性之后，可只依"其个人的正义观"或"合目的性的考量"来作决定？在此，仍要求法官适用比例原则、最轻微侵害手段或尽可能微小限制的原则。它要求法官接受正义原则的实质指引，或为保护某种较为优越的法价值须侵及一种法益时，不得逾越达此目的所必要的程度。②

从以上分析可得，一般人格权法律适用中的法益权衡，并不是一种无法作合理掌握的过程，不是无约束性和任意支配的，"相反，撇开对个人决定的制定法的和超制定法的限制不计，目的论的和公理学的规则有机会作为，这些规则显然不能在实质上具体地规定判决，但给予了判决以逻辑的支持"。③ 在此意义上，法益权衡是可审查的，可合理论证的。而基于前述的价值不可知论立场，最后有必要简单提及实践理性，或可启发对问题解决思路的认同。依实践理性的认识，"法律实践活动不仅是主体改造客体的行为，而且涉及主体相互之间发生的交往

---

① 〔德〕霍尔斯特·埃曼：《德国民法中的一般人格权制度》，邵建东、常青、虞蓉、邹海蓉译，载梁慧星（主编）：《民商法论丛》（总第23卷），香港：金桥文化出版（香港）有限公司2002年6月第1版，第422页。
② 〔德〕卡尔·拉伦茨：《法学方法论》，陈爱娥译，台北：五南图书出版公司1996年12月第1版，第320页。
③ 〔德〕卡尔·恩吉施：《法律思维导论》，郑永流译，北京：法律出版社2004年4月第1版，第161页。

和相互作用。所以,人们所说的法律上的正当性,实际上只是人们之间对正当行为的共识。……离开法律主体间的关系,就没有所谓'正确'的行为,也没有所谓'正当'行为"。① 在哲学上,这种强调主体间性的真理论表现为真理的共识性,与真理符合论不同,共识论认为是真的命题,是那些识者们都认为是真的命题。② 这是实践理性为法律论证真理性或正义的合理标准所提供的论证思路。基于一般人格权的权利特质及法律评价的存在,这种思路或可提供一定的经验支持。

总之,笔者认为,一般人格权制度的法律适用问题并非独有的法学结构上的问题,相反,其只是一个一般性的法律方法问题,因此,对其解决的尝试构成法学界的共同努力所在。

五、结　语

应该说,本文的努力,并未及于一般人格权制度的各个方面,相反,笔者只是致力于一般人格权制度应否于实证法上确立此一颇具法政策讨论意味的问题,及一般人格权制度确立后的很令人棘手的法律适用问题。虽然勉为其难,笔者在论述过程中颇感力不从心,但值得欣慰的是,笔者最终还是支持了最初具有直觉味道的对一般人格权的确信,并不很巧妙地尝试为一般人格权的法律适用寻获一套大致有效的法学方法。在文章的构架上,笔者没有涉及关于一般人格权的内容、客体、功能等诸多方面的分析论述,也没有叙及基于一般人格权的具体适用而逐渐发展并得以类型化的诸多具体人格权。凡此内容,并非谓其不重要,只是笔者认为,当前关于一般人格权制度的建构讨论,最根本问题应集中于其应否确立此前提性问题及其如何适用此技术上的难题。当然,问题的解决仍待探讨,但仍应指出更根本性的问题所在,可以说,在人格权概念的法构成和内容上,仍然存在问题。在此,我们遇到了"所谓民法中应该保护的人究竟是什么"这一重大的问题。即在到底"人是什么"这一存在哲学问题之上,还存在着在人的诸

---

① 葛洪义:《法学研究中的认识问题》,载《法学研究》2001 年第 2 期。
② 梁晓俭:《实践理性:一种法学方法论意义上的探究》,载《比较法研究》2004 年第 2 期,第 36 页。

属性中"民法应该保护的内容、部分是那些"这个民法的守备范围的问题。① 这就是人格权所面临的根本问题:人格权如何可能? 同时也是一般人格权制度所致力于解决的,但却仍然令人心生困惑的问题所在。但愿,学界的共同努力,可获得深刻的理解。

---

① 参见〔日〕星野英一:《私法中的人》,王闯译,载梁慧星(主编):《为权利而斗争》,北京:中国法制出版社2000年10月第1版,第374页。

审计师的激励结构与审计独立性

周学峰[*]

内容提要：本文旨在对目前的公司审计的制度安排进行分析，并对现实中所发生的审计失败事件提供一种理论上的解释。本文通过对审计师的激励结构进行考察后发现，在目前的公司审计的制度安排下，审计师面临着利益冲突，并缺乏保持独立性的激励；因此，要想彻底解决审计独立性的问题，就必须要改变目前的公司审计的制度安排。

关键词：公司审计　审计师　激励结构　审计独立性

Abstract: The purpose of this paper is to analyze the current legal framework of company audit and provide a kind of explanation of the events of audit failure. Through the analysis of the incentive structure of auditor, the paper discovers that the auditors face the conflict of interests and lack the incentive of maintaining independence under the current legal framework of company audit. The paper concludes that the current legal framework of company audit should be changed in order to motivate the auditors to keep independence.

Key Words: Company Audit, Auditor, Incentive Structure, Audit Independence

1946 年，在美国审计职业界德高望重的 John Carey 先生在论述注册会计师在公司审计中的作用时曾自豪地宣称："当他验证一份财务报告时，注册会计师，至少是潜在的，在向利益相互冲突的两方以上的当事人提供服务——管理层和

---

[*] 周学峰，男，中国政法大学法学博士，北京航空航天大学法学院讲师；邮政编码：100083。

股东、借方和贷方、购买方与销售方。他可以并且经常向同一行业的众多竞争者同时提供服务,而任何一方都不必担心他会厚此薄彼……他以得之不易的职业声誉来担保他能够提供各方利害关系人均可信赖的公允和公正的意见。从广义上讲,他是为整个社会提供有益服务的公仆。当注册会计师基于其高超的技艺和富于经验的判断而提出一份被各方均视为公正意见的报告时,他是在充当各种利害关系人之间的仲裁人、解释者或裁判员。基于此,各方利害关系人均不必进行费时费力的单独调查,在经济生活中随处可见的怀疑、延误、误解和争议也可就此消除"。①

然而,我们在现实中所看到的却是另一番景象:上市公司的内部控制人疯狂地从事财务欺诈,而审计师却一再地为他们签发"通行证",直至真相无法掩盖;那些获得无保留审计意见的上市公司常常在毫无任何先兆或预警的情况下突然陷入财务危机或破产;上市公司的经理人员被评为最不可信任的人之一,审计师则成为世人指责和诉讼的对象。②在人类进入21世纪后,这种现象表现得愈发明显,并且伴随着经济的全球化,财务和审计丑闻也开始在全球蔓延,无论是在美国、欧洲,还是在中国,人们都可以随口说出几起财务审计丑闻。③ 今天,几乎全世界的人都在谈论"诚信",都在讨论审计师的可信任度。

人们不禁要问,审计师的可信任性为何会受到人们的怀疑? Carey 先生对审计师作用的描述和我们的现实感受为什么会有那么大的差异? 审计师在公司财务信息披露体系中究竟在扮演着什么样的角色,发挥着什么作用? 本文将试着通过对公司审计制度的解析来回答上述问题。

---

① John Carey, *Professional Ethics of Public Accounting* (New York: AICPA, 1946), pp.13—14.
② 据一项全球调查显示,大公司经理人员的可信度在各种职业中排名倒数第二,仅强于政客。参见〔美〕道琼斯通讯社:《调查发现政客和经理人是最不被信任的群体》,载《华尔街日报》(中文网络版),2003年11月26日,资料来源:http://chinese.wsj.com/gb/20031126/biz105043.asp.
③ 家喻户晓的财务审计丑闻,如美国的安然(Enron)、世界通信(Worldcom)、施乐(Xerox)、美国在线时代华纳(AOL Time Warner)、百时美施贵宝、南方保健(South Health)等公司财务审计丑闻,所涉审计师如安达信、比马威会计师事务所均为美国知名的"五大"所;在欧洲也发生了多起财务丑闻,如德国的ComRoad公司、法国的阿尔斯通公司、意大利的帕玛拉特公司;在中国,如大庆联谊、郑百文、银广夏、麦科特、东方电子等财务审计丑闻。

一、游戏规则的界定

我们可以把公司审计看作一场由多方当事人参与的游戏。该游戏通常以下述方式进行：监管机构强制公司聘请外部审计，并将审计意见作为对公司监管的依据；公司聘请外部审计师对其财务报告进行审计，并向审计师支付报酬；审计师向股东、投资者和监管机构陈述其审计意见，以表明被审计公司的财务报告是否可信；监管机构依据审计师的审计意见决定是否准许公司发行股票或采取其他监管措施；投资者依据审计师的审计意见和公司的财务报告作出投资决策；被审计公司借助审计意见成功地发行股票并从中获取溢价收入，公司高管人员获得现金、期权等奖励。

游戏各方所公认的游戏规则是：公司所提供的财务报告要公允地反映公司的真实财务状况、盈利能力和现金流情况，其在通常情况下的衡量标准是公认会计准则；审计师对公司的财务报告是否符合公允表达的要求独立发表意见，并在审计过程中要尽到应有的专业的勤谨注意义务，其在通常情况下的衡量标准是公认审计准则；当且仅当审计师有过错时，审计师才对其不实陈述承担法律责任，监管机构才可对其进行处罚，投资者、股东才可获得赔偿。[①]

二、当事人之间的利益交换与策略选择

在公司审计这场游戏中，审计师始终处于中心位置，其他当事人都对审计师有其特有的需求，同时审计师也有自己的需求，在不存在外部强制的条件下，这

[①] 《股票发行与交易管理暂行条例》第35条规定，律师、会计师等专业人士"在履行职责时，应当按照本行业公认的业务标准和道德规范，对其出具文件内容的真实性、准确性、完整性进行核查和验证。"《证券法》第161条亦规定："为证券的发行、上市或者证券交易活动出具审计报告、资产评估报告或者法律意见书等文件的专业机构和人员，必须按照执业规则规定的工作程序出具报告，对其所出具报告内容的真实性、准确性和完整性进行核查和验证，并就其负有责任的部分承担连带责任。"《深圳经济特区注册会计师条例》(2003)第49条规定："注册会计师已严格遵守独立审计准则和职业道德规范，仍无法发现虚假成分的"，应当"认定注册会计师已经勤勉尽责"。

场游戏能否持续下去,关键在于审计师能否在实现自身需求的同时满足众多当事人的不同需求,在于审计师能否同时获取其他各方当事人的信任。信任是建立在长期互惠的基础之上的,是依靠对失信行为的惩罚来维持的。本文将从审计师与其他当事人之间的利益交换和互动关系中来对公司审计制度进行分析,在分析中我们始终假定各方当事人追求的都是自身利益的最大化。

(一) 投资者、外部股东与审计师之间的利益交换与策略选择

1. 利益交换

(1) 投资者、外部股东对审计师的需求

投资者、外部股东对审计师的需求源于对公司及其内部控制者的不信任和自行搜寻、验证信息的困难。①

投资者、外部股东对公司及其内部控制者的不信任,源于"证券"这种商品所固有的信息不对称。任何一种理性的决策都是基于一定的信息而做出的,在证券投资领域尤其如此,但投资者对于证券发行人的财务状况通常缺乏了解。如果没有公司审计师的审计意见可供参考,投资者就会在利益的驱动下以自己直接承担成本的方式,亲自或聘请专业人士去搜寻、验证与投资对象有关的信息。在投资者单独进行信息搜寻和验证时,投资者对信息成本的支出既有可能过多,也有可能过少。一方面,投资者在利益的驱动下都去单独地从事信息搜寻和验证,这势必会造成重复投入和资源浪费②;另一方面,由于信息的搜寻和验证通

---

① 本文所称"公司"包括首次公开发行股票的股份有限公司和已上市公司;所谓"内部控制者",是指包括公司发起人、控股股东、掌握公司控制权的董事、经理等管理人员;所谓"外部股东",是指不掌握公司控制权、不参与公司管理的、持股分散的股东;所谓"投资者"主要是指不掌握公司内部信息、购买公司股票的人。

② 在证券交易市场上,一人所得往往等于另一人所失,证券信息的私人价值往往大于社会价值,在这种情况下,交易者就会面临"囚徒困境"的境遇。从交易者整体的角度看,若全体交易者达成协议,都不从事信息搜寻、验证的活动,便可以节约信息成本,全体交易者都可从中受益。但是,由于达成协议的谈判成本和监督协议执行的成本如此之高,这种解决方法在现实中是不可行的。从交易者个体角度看,进行信息搜寻和验证活动是其最优策略,每位交易者都有支付信息成本的动机。因此,重复投入将不可避免,其结果如比弗(Beaver)所言:如果投资者的信息搜寻是无成本的,投资者整体面对的是一个零和博弈;若信息搜寻是有成本的,投资者整体面对的将是一个负和博弈。参见〔美〕威廉·H.比弗:《财务呈报:会计革命》,薛云奎译,大连:东北财经大学出版社 1999 年 8 月第 1 版,第 28 页。类似的观点可参见 Hirshleifer, "The Private and Social Value of Information and the Reward to Inventive Activity", 61 *Am. Econ. Rev.* 561 (1971).

常都是有成本的,每一位投资者只会在预期收益的限度内支付信息成本;由于证券投资信息具有外部性,任何一个投资者都无法获取该信息的全部收益,所以,针对特定的某一只证券而言,又有可能出现信息成本投入不足的现象。①因此,从投资者的角度,他们希望共同委托一个审计师为他们提供信息验证的服务,从而避免各自进行单独、重复地验证,降低信息投入的成本和证券投资的风险。但是,由于交易成本的限制和集体行动的困境,投资者集体直接进行审计委托往往是不可行的,而强制公司审计制度则满足了他们的需要。

投资者购买了股票成为公司的股东后,也同样会面临信息不对称的问题。股东的利益和董事、经理人员的利益并不总是一致,股东没有理由无条件地信任董事、经理人员。股东与董事、经理人员的关系是一种典型的委托代理关系,作为委托人的股东,由于人类的有限理性、信息的不完备性和语言的固有局限性,面临着高昂的缔约成本,以至于无法在公司章程或其他契约性文件中,对作为代理人的董事、经理人员的行为做出全面细致的规定,换言之,委托契约注定是不完备的。即使能够制定出完备的契约,股东们事后也无法对董事、经理的行为进行充分监督以确保其行为符合委托契约的规定,因为,除了获取信息的困难以外,现实世界中还充满了各种不确定性,人们无法将一定的行为与一定的后果确定地联系起来。在这种情况下,董事、经理人员从自身利益最大化出发,会通过隐藏行动的方式增进自身效用而使股东利益受损,从而产生道德风险和代理成本②。这种代理成本,对于不掌握公司控制权、不了解公司真实财务状况的外部股东而言更为突出。在所有与控制相分离的情况下,外部股东为了降低代理成本,需要对董事、经理等内部控制人采取一些激励和约束措施。例如,为激励管理人员努力工作,降低外部股东和董事、经理之间的利益偏差,可规定在业绩达到一定水平时给予其奖金或股票期权等奖励,而在其业绩下降到一定程度时减薪或解聘,在这种情况下,对管理人员的业绩评定就非常重要,然而作为业绩评定依据的财务报告通常是由董事、经理等内部控制人准备的,是不可置信的,所以,从公司外部引入第三方对财务报告进行验证就非常重要。因此,从公司外部

---

① Frank H. Easterbrook & Daniel R. Fischel, "Mandatory Disclosure and the Protection of Investors", 70 *Va. L. Rev.* 669 (1984).
② 陈汉文:《证券市场与会计监管》,北京:中国财政经济出版社 2001 年 2 月第 1 版,第 40 页。

股东的角度看,他们需要借助审计师来监督董事、经理等内部控制者,从而降低其代理成本。

(2) 投资者、外部股东给予审计师的利益

无论是投资者,还是公司的外部股东,都与审计师之间没有直接的合同关系,都无法直接向审计师支付报酬;他们若要给予审计师以经济利益,必须要通过公司内部控制者。投资者和外部股东所能直接给予审计师的只能是声誉评价。对于审计师而言,良好的声誉会为其带来经济利益。审计师可凭借其在投资者和股东中的良好声誉,在与客户的谈判中索要较高的报酬。这是因为,公司之所以愿意花费高额费用聘请声誉卓著的审计师为其提供外部审计,是因为他们通常无法凭借自身的声誉使外部股东和投资者相信它所做的信息披露是可信的,只好通过外部审计,借用审计师的声誉来增强自身的声誉,从而换取外部股东和投资者的信任。因此,审计师所获得的审计收入的高低取决于他的声誉的高低,投资者、外部股东给予他的声誉评价越高,他创收的能力就越高。但是,声誉本身并不是现实的经济利益,审计师若要将其声誉转化为直接的、现实的经济利益,仍离不开公司内部控制者这一媒介,审计师毕竟是接受公司的委托才获取提供服务机会的。

基于以上分析,我们可以把投资者、外部股东和审计师之间的交易概括为:审计师为投资者进行投资决策和外部股东监督内部控制者提供信息服务,投资者和外部股东只能利用声誉机制通过上市公司内部控制者间接地为审计师提供回报。

2. 策略选择

在缺乏外部强制的条件下,投资者、外部股东和审计师之间的交易能否持续下去,关键在于两者之间能否建立起信任关系,这将取决于投资者、外部股东对审计师的控制能力与审计师的策略选择。由于投资者和外部股东无法参与到公司审计的具体过程中,无法进行事先或事中的监控,所以他们的控制能力主要体现在对审计师失信行为的事后惩罚的能力上。有效的事后惩罚可以阻却事前的背叛行为。当审计师在审计过程中疏忽大意、未尽到应有的专业注意义务、暗中降低审计质量,或故意欺诈,做出虚假陈述时,投资者和外部股东可以采取以下惩罚措施:一是在市场上自主实施的惩罚;二是向法院诉请审计师承担赔偿

责任。

(1) 市场惩罚机制

投资者和外部股东对审计师所实施的市场惩罚是指,当审计师因故意或过失在审计报告中虚假陈述,导致被审计的财务报告重大失实,且被投资者和外部股东所察觉时,投资者和外部股东会调低他们对该审计师的声誉评价,进而调低此后凡经该审计师审计的财务报告的可信度和聘请该审计师的公司所发行证券的购买价,从而迫使上市公司今后不再聘请该审计师或大幅调低该审计师的报酬,使得该审计师的市场份额和业务收入大幅下降,甚至在审计市场上无容身之地。例如,某公司公开发行股票,如果它的招股说明书所提供的财务信息都是可信的,那么,投资者愿意以每股10元的价格购买,于是,该公司聘请某家会计师事务所担任审计师,并且从审计师处获得了标准无保留意见的审计报告。如果投资者在购买股票后发现发行人披露的财务信息存在重大失实,股票价格跌至2元,并发现担任审计师的会计师事务所有过错,那么,投资者以后将不再信任该会计师事务所出具的审计报告,或对其审计意见要打一个相当大的折扣。可以预期,在市场竞争条件下,今后不再会有发行公司愿意聘请这家会计师事务所担任审计师,即使有公司愿意聘请也只会支付相当低的审计费。对于已上市公司的股东而言,他们还可以"用脚投票"的方式来表达对现任审计师的不满,股票价格的下跌和随之而来的公司被收购的危险将迫使公司管理层不得不尊重外部股东的意见从而更换审计师,从而起到间接惩罚审计师的作用。

从审计师的角度看,投资者和外部股东所施加的市场惩罚,其实就是声誉的约束机制。审计师收取审计费用的高低取决于其声誉的高低。他在投资者、外部股东心目中的声誉越高,对客户的价值就越大,就能收取较高的声誉租金。如果审计师因故意或过失而进行虚假陈述,并且被股东和投资者察觉,那么,审计师的声誉就会受到破坏,它先前为树立声誉所做的投入将付之东流,在此后的审计服务中将丧失市场份额和业务收入,从而遭受经济损失。[1] 然而,市场惩罚或声誉约束机制并不是一个完美的机制,而是存在许多局限性,主要表现为:

第一,市场惩罚和声誉约束有效的必要前提是信息的可验证性。人之所以

---

[1] John C. Coffee, Jr, "The Acquiescent Gatekeeper: Reputational Intermediaries, Auditor Independence and the Governance of Accounting", http://papers.ssrn.com/paper.taf? abstract id=270944.

注重声誉是同人的趋利避害的本性分不开的。审计师之所以保持声誉是与畏惧招致惩罚分不开的。倘若投资者和股东缺乏施加惩罚的能力,审计师就不会有动力保持声誉。声誉作为一种有效的信息传递机制,是建立在对方当事人事后能够验证信息真实性的基础之上的。一方当事人在交易前或交易时可能无法验证对方的陈述是真话还是假话,只能凭借对对方声誉的判断来决定是否与之进行交易。只要当事人事后能够验证对方的陈述是真还是假,那么,对方当事人就有动力维护声誉,事先就讲真话。[1]例如,消费者在买西瓜时,并不知道西瓜是生还是熟,如果卖方"保熟",消费者总是可信赖对方的话。因为,西瓜的生熟,事后很容易得到及时验证,如果消费者发现卖方说了谎话,便可对其采取市场的或诉诸法律的惩罚措施。卖方为了避免遭受惩罚,就会有动力事先就对消费者讲真话。然而,审计师提供的审计服务和普通商品有很大的不同。审计师所提供的是一种专业服务,服务的专业性越强,专业人士与普通人之间的信息不对称性就越强。对于审计服务质量的优劣,普通投资者不仅事先无法判断,事后也难以判断,最起码在短时间内难以做出判断。即使投资者事后发现了经审计的公司财务报告存在重大失实,出现了"审计失败"的结果,也不能据此认定审计师必然存在失职行为。因为,现代审计是建立在评价被审计单位内部控制机制基础上的抽样审计,容忍一定偏差的存在。对于实际出现的偏差,究竟是由于审计固有的风险所致的,还是由于审计师未尽到专业的勤谨注意义务所致,外行人往往很难判断。审计师的职责是依据公认审计准则和公认会计准则,对被审计公司的财务会计报表是否符合公允表达的要求进行审计并出具审计意见书。然而,无论是会计准则还是审计准则,都是有弹性的,都必然存在许多模糊的地方,并不是所有的财务会计处理事项都能从中找到一个惟一正确的、客观的、可操作的标准,而且,这种弹性在一定意义上是必要的和合理的。因为,无论是会计记账还是审计,都离不开职业判断,要求公司财务人员或审计师基于实际情况的需要对会计政策进行判断和选择,从而达到公允表达的目的。但是,从另一方面看,会计准则和审计准则的弹性也给予了审计师推卸责任的余地。因为,审计失败有可能是因为审计师失职,也有可能因为无法识破的客户精心策划的欺诈或会计

---

[1] Partnoy, "Barbarians At the Gatekeepers: A Proposal for a Modified Strict Liability Regime", http://papers.ssrn.com/abstract=281360.

准则、审计方法固有的局限性所导致的。①只要审计师能够找到理由和借口来推脱掉自己的责任,他就不会遭受声誉损失或市场惩罚。因此,如果股东和投资者事后难以验证审计服务质量的高低,审计师就缺乏动力采取其高质量审计的策略,就会从事机会主义行为,选择低质量审计的策略。

另外,即使能够认定审计师在审计时未尽到应有的职责,具有可责难之处,担任审计师的会计师事务所也总能找到消解责任、减轻损失的方法。每当会计师事务所因某项审计失败而受到责难时,它总是将罪过归在那些具体负责该审计项目的个别会计师身上,将审计失败归于难以控制的个人渎职而非会计师事务所的整体渎职,往往通过开除具体责任人的方式来澄清自己,从而起到减损的作用。

第二,对利益得失的权衡与审计师策略的选择。审计师之所以注重声誉,并不是因为他们具有较常人更高的道德水平,认为审计师拥有比上市公司管理人员更高的道德水准是没有说服力的。审计师之所以愿意投入成本建立和维护声誉,是因为这样做能给他们带来回报。声誉具有一定的经济价值,但并不意味着它在所有时候都比其他利益更重要。在一些特定条件下,如果审计师降低审计质量所得收益大于保持声誉能为其带来的收益时,那它就不会选择保持声誉了。声誉机制的有效发挥是建立在理想的审计市场状态下,即最终决定审计服务商的并不是公司及其内部控制者,而是外部股东和投资者。但有时候,市场并不是那么完美,在审计师选任的问题上,公司的外部股东或投资者并不能够对公司及其内部控制者施加足够大的压力;对于审计师而言,在信息不完备的市场状态下,价格竞争有时要比服务质量的竞争更重要;有时审计师处在一个"造假成风"的市场中,保持高质量的审计水平在这种条件下可能会难以生存。如果保持良好的声誉并不能给审计师带来相应的回报,声誉的激励机制也就不能发挥作用了。

声誉能给审计师带来未来预期收益,但这是审计师以放弃眼前利益为代价

---

① 2003年10月修订的《深圳经济特区注册会计师条例》第49条明确规定:"有下列情形之一的,应当认定注册会计师已经勤勉尽责:(一)注册会计师已严格遵守独立审计准则和职业道德规范,仍无法发现虚假成分的;(二)注册会计师遵守验资程序,确认投资已经到位,但公司在登记后又抽逃资金的;(三)注册会计师在执业时受到委托人、被审计单位、金融机构等欺诈的;(四)注册会计师在业务报告中就重要内容作了真实披露的。"

换来的,审计师是否选择保持声誉是建立在对眼前利益和远期利益的权衡的基础之上的。在对利益的计算过程中,审计师对贴现因子的估计至关重要,在对贴现因子的估计比较低的情况下,审计师更看重的是眼前利益,若其他条件不变,审计师保持声誉的动力就会随之降低;当对贴现因子估计比较高的情况下,审计师更注重的是远期利益,若其他条件不变,审计师保持声誉的动力就会增强。①因此,对于那些注重短期利益的审计师而言,声誉机制很难对其发挥有效的激励和约束作用。

对未来利益的预期是建立在交易是多次重复进行的前提之上的。如果交易是一次性的,或交易下一次发生的概率非常低,当事人在未来几乎没有赌注,就会追求当前利益而背信弃义。②对于那些准备即将退出审计市场的审计师而言,声誉机制不足以约束其行为,因为,即使他们欺骗了投资者和股东,后者也不会有机会对其进行市场报复。

第三,市场惩罚的力度对审计师策略选择的影响。投资者并不是在所有时候都会对审计质量保持警觉,影响投资者决策的因素往往有很多,在有些时候,例如,股市泡沫高涨、股票价格持续飙升、证券市场呈现"非理性繁荣"的时期,审计质量的高低或审计师声誉的高低在投资者决策中的地位往往并不重要。只有当股市泡沫破灭,股票价格下跌,投资者需要挽回损失时,才会回过头来审慎地看待审计报告,审计师的声誉才会重新变得重要。③外部股东和投资者对失信审计师的市场惩罚力度还取决于审计市场的整体状况,如果审计市场中审计师的声誉普遍比较差,或审计市场结构过于集中,那么,投资者做出替代选择的余地将非常小,市场惩罚的力度也将很有限。如果审计师事先预计到市场惩罚的力度很小,那么,它就不会有动力做到勤勉尽责,就会倾向于选择偷懒、说谎、暗中降低审计质量等策略。

(2) 赔偿责任的阻却机制

当审计师在审计过程中失职并做出虚假陈述时,投资者和股东可向法院诉

---

① 参见张维迎:《法律制度的信誉基础》,载《经济研究》2002年第1期,第3页。
② 同上。
③ John C. Coffee, Jr., "Understanding Enron: It's About the Gatekeepers, Stupid", http://ssrn.com/abstract_id=325240.

请审计师损害赔偿。赔偿责任机制的功能,除了给予遭受损失的投资者和股东以充分的补偿外,更重要之处在于是迫使审计师将损害成本内部化,以期望通过事后的赔偿责任阻却事先的违规行为。但是,用赔偿责任机制来调整审计师的行为很难准确到位,往往是要么不足,要么过度。

首先,当审计师在证券市场上虚假陈述时,受损害的投资者成千上万。对于许多小额投资者而言,单独进行诉讼是非常不经济的,诉讼成本之高会令其望而却步,因此,在没有集团诉讼可以利用,且当事人各自负担自己的律师费等费用的情况下,对审计师的索赔案件只能是少数,这就会出现阻却力度不足的后果。如果采取集团诉讼,且允许律师风险收费,就容易导致对律师的过度激励,容易出现滥诉的局面;并且,在采取集团诉讼的情况下,法院将无法对因果关系问题进行一一查明,只能采取推定的方式,这势必会导致被告赔偿责任的加重,易导致对审计师的过度阻却。无论是阻却不足,还是阻却过度,都会弱化审计师尽到适当勤谨注意的激励。

其次,世界上多数国家的法律均将审计师在公司审计中的民事赔偿责任定位于过错责任(或过错推定责任)或欺诈责任。然而,对审计师有无过错或是否存在故意欺诈的认定,往往是一件极富争议的事情。几乎在每一起有关审计师法律责任的案件中,当事人、律师、法院、监管机构和行业协会的惩戒机构都要花费大量的时间、精力和资源来调查审计师是否有过错或故意欺诈,并在这个问题上长时间纠缠不休。[①]问题的困难之处在于,对于审计师是否有过错,虽然我们可以从公认会计准则和公认审计准则中得到指引,但这两项准则都有相当大的弹性,都不可能为法官和诉讼当事人提供现成的答案。判断审计师是否尽到了合理的职业判断义务时,不能够做"事后诸葛亮",或从事后的审计失败的结果来探询,而是必须要回溯到审计人员做出判断时的情境中,来判断审计人员是否有过错。但是,这种不受事后观念影响的情境回溯往往是很困难的。

责任规则的模糊性和不确定性会导致法院判决发生错误的概率上升。随着法院错判概率的增大,赔偿责任机制的阻却效果就会下降。当有过错的审计师脱逃法律责任的追究时,就会出现阻却不足的后果,会助长审计师的侥幸心理;

---

① Partnoy, "Barbarians At the Gatekeepers: A Proposal for a Modified Strict Liability Regime", http://papers.ssrn.com/abstract=281360.

当原本无过错的审计师被判决承担巨额赔偿责任时,就会出现阻却过度的后果。如果审计师无论是否勤勉尽职,都有可能被裁决承担法律责任时,那么审计师就不会有动力尽到适当的勤谨注意义务。

最后,对审计师施加损害赔偿责任的目的在于迫使审计师将损害成本内部化,迫使其提高勤谨注意的程度,但是,实际上,审计师应对法律责任的策略往往并不是努力提高审计质量,而是千方百计地将责任成本向外部转移。损害赔偿责任能否实现预期的阻却功能取决于能否成功地阻止审计师将责任成本转移至外部。

在目前的法律规则环境下,要想使审计师将损害成本完全内部化非常困难,审计师总是能利用现有规则找到成本外移的方法。例如,法律为了激励审计师在审计时尽职尽责,赋予其"勤勉尽责"(due diligence)的抗辩,即只要审计师能够证明自己已采取了勤勉尽责所要求的合理的调查、核实、披露、保持适当谨慎等义务,即使出现了经审计的财务报告严重失实的结果,审计师也可免责。① 于是,许多审计师在审计过程中把大量的时间、精力投入到构筑"勤勉尽责"的防御体系中,而不管为此所做的调查、核实等工作是否都有必要、或是否能导致审计质量的提高、是否是保护股东和投资者利益所必要的,由此而支出的费用将计入到审计成本中,并通过向被审计公司收取审计费用,最终转嫁给投资者和股东。②其结果是,当审计失败发生时,审计师以已满足勤勉尽责的要求为理由免除了自己的赔偿责任,而股东和投资者仍要为审计师构建抗辩的费用买单。另外,赔偿责任机制的实施可能会使一部分投资者获得补偿,但同时也可能会使另外一部分投资者和股东的利益受损。因为,审计师所支付的损害赔偿金并非全部都是由它自己负担的,审计师可通过购买责任保险,将一部分责任成本转移给保险公司,而且,购买责任保险的保险费和审计师自行承担的赔偿责任费用可以通过审计收费的方式将其转移给客户,并最终随着股票的发行,转移至投资者和股东。当然,如果审计市场处于充分竞争状态,那么,审计师是很难将责任成本

---

① 如美国《证券法》第11条、我国《证券法》第161条以及《最高人民法院关于审理证券市场因虚假陈述引发的民事赔偿案件的若干规定》第24条、《深圳经济特区注册会计师条例》(2003)第49条对此也作了明确的规定。

② 参见 Partnoy, "Barbarians At the Gatekeepers: A Proposal for a Modified Strict Liability Regime", http://papers.ssrn.com/abstract=281360.

都转移至外部的,尤其是当诉讼成本和赔偿责任金额异常之高的时候。但是,由于信息成本和市场结构等原因,审计市场的竞争性往往并不充分,审计师总可以或多或少地转移一部分责任成本,就其向外部转移的这一部分而言,赔偿责任机制的阻却功能是难以发挥作用的。

市场惩罚机制和赔偿责任阻却机制的局限性,说明了审计师完全有机会得以摆脱公司外部股东和投资者的控制;基于对可能发生的背叛的预期,在外部股东、投资者和审计师之间很难建立起充分的信任关系。

(二) 公司及其内部控制者与审计师之间的利益交换与策略选择

1. 利益交换

(1) 公司及其内部控制者对审计师的需求

公司及其内部控制者对审计师的需求源于信息传递的困难和信用竞争的需要。

上市公司(发行人)对审计师的需求。在证券市场上,各种证券的投资价值优劣不一,发行公司对于自己的财务状况和所发行的证券的价值非常清楚,但投资者对此通常并不知情。虽然优质证券的发行人可以向投资者主动披露自己的财务状况有多好,但其他劣质证券的发行人也可以效仿他们虚夸自己的财务状况。在不存在公司审计时,投资者往往无法验证众多发行人所自行披露的信息,不知道谁在说真话,谁在说假话,谁的话更为可信。在这种情况下,投资者只能依据以往的经验来推断发行人财务状况优劣的概率分布状况,并依此推算出平均状况。投资者在无法判断具体的某一只证券的发行人的财务状况的情况下,他们会出于自我利益保护的策略,只对该只证券支付市场平均价或依据市场平均状况采取压价、打折扣的策略。由此而导致的后果是,那些真实财务状况高于平均状况的发行人,会由于过高的融资成本而退出证券市场,而那些真实财务状况低于平均状况的发行人,则会享用低融资成本的收益并成功地发行证券。由于优质证券发行人的退出,证券市场上的发行人财务状况的平均水平会不断下降,投资者也会调整其对优质和劣质公司的概率分布的判断,并进一步降低其愿意支付的平均价,由此,会进一步造成真实状况高于平均状况的证券发行人的退出,从而形成恶性循环。由于信息不对称的存在,优质商品将被淘汰出局,而劣质商品却在市场中存活下来,这种现象在信息经济学上称为"逆向选择"。①

由此我们可以得到以下启示,任何一家公司,无论其真实财务状况如何,只有在被投资者相信它的财务状况是优质的时候,才能在市场竞争中胜出,换言之,公司的信用竞争决定了市场竞争的成败。外部审计师对于发行公司的意义就在于它能增强被审计公司的信用,帮助被审计公司获得投资者的信任。

公司的内部控制者对审计师的需求。公司的外部股东与内部控制者之间是一种委托代理关系。有委托代理关系的存在,就有可能产生代理成本,就会存在股东利益遭受损失的可能,公司内部控制者也将为此付出代价。因为,投资者和股东会在购买股票或确定董事、经理等高管人员的薪酬时,通过压低股票价格或削减高管人员薪酬等方式来反映他们对内部控制人有可能采取的"剥削"、"压榨"行为的预期,而股票价格的下跌将导致公司融资成本的上升和被收购的危险增加,因此,内部控制者的利益也会受损。② 如果公司的内部控制者能够取得投资者的信任,让投资者相信他们不会采取"剥削"或"压榨"行为,那么,他们就可以改变投资者和股东的预期,就可以降低融资成本、提高薪酬。取得他人信任的一种有效途径就是主动向他人提供可靠的信息,主动接受他人的监督,信息披露和外部审计就是这样一种机制。

需要说明的问题是,公司及其内部控制者为什么不能凭借自己的声誉取信于投资者和股东,或者说,投资者和股东为什么不认可发行人的声誉,却认可审计师的声誉。主要有以下原因:

首先,树立自身声誉并以此获得投资者和股东的信任,需要投入大量的时间、精力和金钱,对于一家公司而言,要想仅凭自身实力建立起比较好的声誉,需要为此支付相当高的成本;而聘请外部审计师,借助审计师的声誉来增强自己的声誉,对于公司而言,可以节省费用。对于那些首次公开发行股票的公司而言,这一点表现得更为明显。因为,正如一个人的声誉都来自于以往良好品行的记录,一个公司的声誉来自于以往商业交易中的良好的信用记录,但由于公司初入

---

① "逆向选择"理论是由阿克列夫(Ackerlof)在研究"二手车"市场时提出来的,参见 Ackerlof, "The Market for 'Lemons': Qualitative Uncertainty and the Market Mechanism", 84 *Q. J. Econ.* 488 (1970)。

② 参见 Michael C. Jensen & William H. Meckling, "Theory of the Firm: Managerial Behavior, Agency Costs and Ownership Structure", *Journal of Financial Economics*, October, 1976, V. 3, No. 4, pp. 305—360。

证券市场,缺乏必要的信用记录,投资者无法判断其信用的高低,在这种条件下,要想仅凭公司自身实力跨过证券市场准入的声誉门槛是非常困难的,而借助审计师的帮助则可以轻松逾越这一障碍。为此,我们也可以把聘请审计师进行外部审计看作公司树立自己声誉的捷径。

其次,声誉机制是建立在行为人是重复博弈者(repeat player)的假设前提之上的。只有当下一次交易发生的可能性足够大时,行为人才会注重声誉。[1] 虽然公司与审计师理论上都存在"最后一击"的可能,但两者很少会同时发生,这就意味着,即使公司已不打算再回到证券市场上来,不再受声誉的约束,有可能选择说谎和欺诈,只要审计师还打算继续从事审计业务,声誉约束就会继续对审计师有效,这样,投资者和股东就可以通过审计师来阻止公司向公众进行虚假陈述。

最后,虽然审计师和公司在决定是否维护声誉时都会受到对未来利益贴现值的估计的影响,但由于通常审计师提供审计服务要比公司融资更加频繁,审计师对贴现因子的估计通常要比公司的估计高,因而,审计师会比公司更看重未来利益,更注重声誉。因此,投资者和股东更信任审计师。

(2) 公司及其内部控制者给予审计师的利益

公司及其内部控制者提供给审计师的利益包括服务机会和服务费用。这里的服务既包括外部审计服务,也包括担任审计师的会计师事务所向被审计公司提供的其他服务,如管理咨询服务、纳税服务等。公司及其内部控制者直接掌握着审计师的人选、是否接受审计师提供的非审计服务、是否续签服务合同,以及各种服务的报酬金额等决定权。

基于以上分析,我们可以把审计师与公司及其内部控制者之间的交易看作是一种声誉租借关系,审计师将其在投资者、股东中的良好声誉租借给公司及其内部控制者,从而增强他们的信用,帮助他们获取投资者和外部股东的信任,公司则向审计师提供声誉租金。

2. 策略选择

当公司的财务状况良好时,公司及其内部控制者有动力将真实状况表述出

---

[1] 参见张维迎:《法律制度的信誉基础》,载《经济研究》2002年第1期,第3页。

来，审计师也可在无压力的状态下签发标准无保留意见的审计报告，在这种情况下，公司及其内部控制者与审计师之间的合作是融洽的。本文所关注的是，当公司的财务状况有恶化嫌疑并具有不确定性的时候，审计师是否还会与公司及其内部控制者合作？如果当事人选择了合作，那是什么因素促成的？之所以选择这种情形进行研究，是因为在这种情形下，无论是公司及其内部控制者，还是审计师，都面临着很大的压力，而且审计师在这种情形下的策略选择也正是股东和投资者最为关注的。

在公司的财务状况有恶化嫌疑且具有不确定性的时候，公司及其内部控制者会竭力美化财务报表，并迫切希望审计师为其签发无保留意见的审计报告，这样公司得以持续以高价格发行证券，不断地获取现金流，内部人得以继续掌握控制权，经过经理人员的努力或市场出现转机，公司或许能够渡过难关，并使财务状况好转，当然，情况也有可能持续恶化，使公司积重难返，最终走向破产。然而，如果审计师签发了非无保留意见（保留意见、否定性意见或无法表示意见），则有可能导致股票被证券交易所停牌、公司接受监管机构的调查，并容易引发投资者、股东、银行、商业客户等机构对公司财务状况的不安、怀疑与猜测，并可能导致市场的过度反应，继而引发股票价格大幅下跌、证券发行面临困难、银行拒绝提供贷款、债权人逼要欠款、供货商拒绝继续供货等一连串的不良后果，即使原本有可能渡过难关的公司也会因此而陷入困境无法脱身，面临被"摘牌"甚至破产的绝境。① 因此，公司及其内部控制者有很强的动力对审计师施加压力迫使其签发无保留意见的审计报告，最有力的施压手段莫过于中断服务合约。

对于审计师而言，如果他选择签发无保留意见的审计报告，他将继续留任审计师，并且可以得到本期和未来几期的服务费。同时，它面临着一种风险，即如果公司的财务状况持续恶化，迟早有一天公司会陷入财务危机而无法掩盖事实真相，审计师将被迫接受控诉和审查。如果被认定为失职，审计师将面临声誉损

---

① 正如有的学者所指出的那样，审计师的审计意见，如对公司是否具备可持续经营能力所发表的意见，往往一种能够"自我实施"的预言，它能将一个原本具有清偿能力的公司变成清偿不能。参见 Patricia A. McCoy, "Realigning Auditors' Incentives", 35 *Conn. L. Rev.* 989 (2003)。在我国，关于上市公司的财务报告被审计师出具非标准无保留审计意见引发的法律责任后果，可参见中国证监会发布的《公开发行证券的公司信息披露编报规则第14号——非标准无保留审计意见及其涉及事项的处理》(2001年12月)。

失和投资者、股东的索赔。

如果审计师选择签发非无保留意见的审计报告,那他很有可能此后被客户撤换掉,他将失去继续为该公司提供服务的机会和审计费以及非审计服务费。即使审计师被留任,其提供的非审计服务也会遭到客户的拒绝。如果客户公司被提前告知或预见到审计师拟签发非无保留意见,那它也可能选择提前解聘现任审计师转而聘任能够满足其要求的审计师,审计师在当期的审计费也有可能受影响。① 如果该公司在后任审计师的帮助下渡过了难关,并巧妙地掩盖了真实财务状况,那么,前任审计师失去的将不仅仅是眼前利益,其在客户中的声誉也会随之下降。② 如果审计师签发了非无保留意见或被解聘,被审计公司破产或其真实财务状况被揭露,在这种情况下,审计师又能够得到什么利益呢? 股东和投资者的利益得到了及时保护,但他们并不能直接给予审计师以报酬,或许审计师声誉会得到一定的提升,但这种声誉提升所可能带来的利益只能是一种远期利益并且很不确定。即使在这种情况下,审计师也并非没有风险或损失,因为,如果该审计师已为同一公司提供了多年的审计服务,那么,股东或投资者有可能报怨审计师披露得太晚了,甚至怀疑审计师在前几年的审计服务中是否尽职,这势必会给审计师带来麻烦。

由此可见,对于审计师而言,选择签发无保留意见的审计报告更具诱惑力。能够阻碍审计师选择这一策略的是被投资者、股东发现且被认定为失职的风险。然而,这一风险,对审计师来说,并不是不能化解或降低的。如前所述,在通常情况下,衡量审计师是否勤勉尽责的标准是公认审计准则和公认会计准则,然而,这两项准则都是有弹性的,正是这种弹性空间帮助了审计师有效地降低甚至规避执业责任风险。从事审计业务的会计师都是财务会计和审计方面的专家,他们精通财务会计准则和审计准则,并擅长发现和充分利用现有准则的漏洞。他们可以利用自己的专长帮助公司对"有问题"的交易和事项,通过选择恰当的会计政策,进行"创造性"的合规性处理,从而将真相巧妙地隐藏起来,使投资者和

---

① 据我国的一些注册会计师反映,按照目前的审计报告出台流程,会计师事务所出报告之前都要先给客户看,而且,"一般来讲,在审计之前,会计师事务所只能拿到一半的审计费用,如果事务所敢"独断专行",另一半费用就别想拿到了。"参见孙绍林:《政绩与业绩滋养虚假会计师审计报告》,载《财经时报》2002 年 3 月 1 日,B4 版。

② 参见 Patricia A. McCoy, "Realigning Auditors' Incentives", 35 *Conn. L. Rev.* 989 (2003).

外部股东不易察觉；他们可以利用现行法律关于责任抗辩的规定和审计准则的漏洞，事先构建抗辩事由，并在发生审计失败时为自己辩护或推卸责任。

反过来说，如果审计师决定签发非无保留意见的审计报告，那么他又能用什么来抵制公司及其内部控制者的压力呢？对审计师而言，最有力的抵制工具莫过于以公开其异议相威胁，使被审计公司因畏惧遭到投资者和股东的市场惩罚而不敢将其解聘。但是，被解聘的审计师在公开其前客户的信息方面会受到职业道德和市场的无形约束。事实上，即使法律为被解聘的审计师提供公开发言的机会，审计师们出于种种顾虑，也往往宁可选择沉默，也不愿揭发其前客户的违规行为；并且，公司内部控制者在解聘审计师时总是能找出一些看似合理合法的理由，使审计师对此难以辩驳，从而有效限制了审计师信息公开权的行使。在这种情况下，股东和投资者也就难以了解与审计师解聘有关的事实真相，公司及其内部控制者也就不大可能受到足够的制约。另外，有些时候公司对审计师施压会采取一些较为隐蔽的方式，比如，在审计师同时向客户提供审计服务和非审计服务，且非审计服务费相当高时，公司可以通过解除与审计师的非审计服务合同的方式相威胁，而解除非审计服务合同通常是不需要公开披露相关信息的，审计师对此往往有口难言，股东和投资者更难以了解实情。

因此，审计师在预期风险不是太高时，会倾向于签发无保留意见的审计报告，而被审计公司则会留任审计师并向其支付较高的审计服务费和各种非审计服务费，若不存在其他干扰因素，双方的合作将会自动持续下去。

（三）监管机构与审计师之间的利益交换与策略选择

现代公司证券法中的公司审计制度不仅是为了满足公司、股东、投资者的需要而设的，而且还是为了帮助监管机构实现特定的监管目标而设的。因此，分析监管机构与审计师之间的关系对于理解公司审计制度也很重要。

1. 利益交换

(1) 监管机构对审计师的需求

监管机构对审计师的需求源于分担监管职责的需要。随着政府对公司和证券市场的监管政策越来越多地依赖公司的财务信息，对财务信息的验证越来越重要。但是，在证券市场上有几千家上市公司，对这些上市公司所披露的信息进行全面的实质性审查验证，其所消耗的人力、物力无疑是巨大的，这是任何一个国家的政府机构都无力承担的。① 因此，监管机构亟需"招募"民间组织来分担监管职责。而注册会计师（会计师事务所）则是一个非常好的人选，一方面，他们拥有担当此任的专业技能和知识；另一方面，他们无需国家为此支付费用。监管机构通过推行强制审计政策，将审计师签发的审计意见作为其采取或不采取某项监管措施的依据，从而将审计师置于"把关者"的位置，上市公司获得审计师签发的无保留意见的审计报告，往往等于获得了一张"通行"证。正因如此，从事审计业务的注册会计师在西方被称为"民间看守人"（private gatekeeper），在我国则被称为"不拿国家工资的经济警察"。

从监管机构的角度来看，通过审计师来监管上市公司要比直接监管上市公司更节省成本、更有效。一方面，当不存在第三方验证时，监管机构由于自身资源有限难以对上市公司披露的信息进行充分验证，公司的虚假陈述行为被发现的概率就比较低，在这种情况下，要想有效地阻却公司进行财务欺诈，就须对其加重惩罚力度，或施以加倍罚款或允许受损害的股东获得惩罚性赔偿金。② 然而，处罚的加重往往会受到诸多限制，难以达到理想水平，例如，当财务欺诈被揭发时，公司的财产可能已不足以支付罚款或赔偿金。另外，立法者或监管机构会出于以下考虑而不愿施加较重的处罚：首先，随着处罚的加重，由此而产生的边际收益递减而边际成本会上升，当处罚被加重到一定程度后，边际成本会超过边际收益；其次，对公司处罚的加重有可能导致公司被迫缩减规模、裁员或破产，从

---

① 以美国证券交易委员会（SEC）为例，SEC 包含 4 个部门（divisions）和 18 个办公室（offices）。其中，负责对公众公司的信息披露进行审查的为"公司财务部"（Division of Corporation Finance），工作人员有 330 人左右，其中约有 144 名律师、107 名会计师，他们负责审查 17000 多家公众公司提交的申报文件。资料来源"Financial Oversight of Enron: The SEC and Private-Sector Watchdogs", Report of the Staff to the Senate Committee on Governmental Affairs, October 8, 2002. At http://news.findlaw.com/hdocs/docs/enron/100802enronsec.pdf。

在中国证券监督管理委员会，负责上市公司首次发行股票相关信息披露材料审查的证监会发行监管部 2001 年正式在编人员仅 28 人，其中，具体审核信息披露材料审核一处和审核二处，工作人员（在编人员加上借调人员）各在 20 人左右。负责持续披露阶段监管的上市公司监管部有 24 人，其中信息披露监管处总共才 7 人（含借调 3 人）。在这种情况下很难实现对上市公司信息披露的实质性监管。资料来源：深圳证券交易研究所综合研究报告"中国证券市场实证分析"之四：《中外信息披露制度及实际效果比较研究》，载《中国证券报》2002 年 5 月 13 日。

② 在侵权行为被发现且被迫支付损害赔偿金的概率小于 1 的情况下，最佳损害赔偿额 $D = L/p$，其中 L 是侵权行为人在被查获案件中所造成的损害，p 代表侵权行为被发现和被迫赔偿的概率。参见〔美〕波斯纳：《法律的经济分析》，蒋兆康等译，中国大百科出版社 1997 年 6 月版，第 290 页。

而使一些无辜的公司股东、雇员、稳定的交易客户因此而遭受损失,并产生社会的动荡。① 另一方面,相对于被审计公司而言,审计师从事虚假陈述所得收益通常要小得多,因而,对他们进行有效地阻却相对比较容易。另外,当审计师处于监管机构的监管之下并面临法律责任的威胁时,上市公司要想"收买"审计师需要支付比较高的成本,从而增加了公司违规的成本。因此,在许多学者看来,将审计师置于"把关者"的位置,并对其施加法律责任,通过阻却审计师来阻却公司从事虚假陈述,比直接阻却公司所花费的法律实施成本要小。②

(2) 监管机构给予审计师的利益

审计师是精通财务知识的专家,他们虽然不拿国家工资,但绝不会免费充当"经济警察"的角色,他们之所以积极响应监管机构的号召并乐于从事这一职业,是因为他们预期能够从中得到利益。事实上也正是如此。作为对分担监管职责的回报,监管机构凭借自己手中掌握的权力为审计师提供了巨大的商业利益。监管机构一方面通过强制上市公司聘请外部审计师,并将审计意见作为其实施监管政策的依据,从而为审计师提供了大量的商业机会;另一方面,通过对审计师资格进行管制并设定特许权,从而使获得审计师资格的注册会计师和会计师事务所垄断了强制性审计业务并获得了超额回报。

基于以上分析,我们可把监管机构与审计师之间的关系概括为:监管机构要求审计师为其分担监管职责,审计师从监管机构处获得商业机会和垄断性的商业利益。③

---

① 除上述理由之外,还存在价值观念方面的理由,例如,我们在刑罚领域坚持罪罚相应原则,在行政处罚领域坚持违法行为与行政处罚相一致,在民事侵权领域坚持赔偿额与实际损害相等的原则,如果加重法律责任,会引发诸如"公平正义"等方面的争议。参见 Reinier H. Kraakman, "Corporate Liability Strategies and the Costs of Legal Controls", 93 *Yale L. J.* 857 (1984)。

② 参见 John C. Coffee, Jr, "The Acquiescent Gatekeeper: Reputational Intermediaries, Auditor Independence and the Governance of Accounting", http://papers.ssrn.com/paper.taf?abstract_id=270944;亦可见于 Reinier H. Kraakman, "Corporate Liability Strategies and the Costs of Legal Controls", 93 *Yale L. J.* 857 (1984)。

③ 当某些监管机构与审计师存在特殊利益关联时,如投资或"挂靠"关系,通过推行强制审计和资格认可制度,这些监管机构本身也会从中获利。例如,在"脱钩"前,许多具有从事公司审计资格的会计师事务所都系地方财政部门出资设立的或挂靠于财政部门,而资格许可正是由财政部门审批或参与审批的。

2. 策略选择

担任审计师的会计师事务所只是一个服务商,它有着自己的利益,它是否会认同监管机构为其安排的角色,希望审计师来能担当起"把关"的职责是否只是监管机构的一厢情愿呢?本文认为,这将取决于监管机构能否对审计师施加足够的控制,以及审计师是否具有逃脱控制的可能。

审计师担任好"把关"职责需满足以下三个条件:首先,从事审计业务的会计师具备相应的资质,拥有足够高的专业技能;其次,审计师在审计过程中能尽到应有的专业的勤谨注意义务;第三,审计师在发表审计意见时能保持独立性。

对于第一项条件,监管机构可以通过采取资格许可等能控制方式,将不合格的会计师和会计师事务所排除在公司审计市场的范围之外。资格许可,既是一项监管措施,同时也是一项给予利益的措施。这也意味着,会计师(事务所)若渎职,其执业资格将被吊销,从而丧失相当可观的经济利益。因此,监管机构可以通过审计师资格的给予与剥夺来激励审计师忠于职守。但是,这样一种行业准入的资格管制也会带来负面效应,它会抑止竞争并使审计市场趋于集中。

对于第二项条件,由于审计活动具有高度的专业性、技术性和业务量大的特点,因此,监管机构对其进行事先的一一详细审查是不可行的,采取事先放任、事后惩处的办法相对来说是一种比较节约成本的规制措施。但是,这种规制方法往往给审计师以有机可乘。鉴于人力和物力的局限性,监管机构对审计师的调查往往是在被审计公司的财务欺诈被揭露之后才进行的,而大量的未被公众识破的财务欺诈和审计失误则被遗漏了。监管机构对审计师的事后惩处也往往出于各种顾虑而难以达到应有的水平。例如,对审计师最严厉的行政处罚就是剥夺其执业资格,然而,在审计市场过度集中或垄断局面业已形成的情况下,为防止市场集中程度的进一步加剧,吊销执业资格的处罚措施的运用将会受到很大的限制;另外,对于一家从事公司审计业务的会计师事务所而言,其最主要的资产除了人力资本外就是商誉,如果对违规的会计师事务所处以吊销执业资格的处罚,那么,商誉所代表的财富积累就会转眼间灰飞烟灭,这也是社会财富的损失。[①] 因此,监管机构在运用吊销执业资格的处罚措施时往往顾虑重重,有时下

---

① 例如,曾经声誉卓著的美国"五大"所之一的安达信会计师事务所在安然丑闻发生后被认定犯有妨碍司法罪,被吊销审计执业资格,积累了 89 年的声誉财富就此消失,从而导致了美国审计市场的进一步集中,并且使那些向安达信提出索赔请求的投资者获得赔偿的前景暗淡。参见 Patricia A. McCoy, "Realigning Auditors' Incentives", 35 *Conn. L. Rev.* 989 (2003)。

不了狠心。如果审计师事先预见到监管机构不会轻易动用吊销执业资格的处罚,那么,这种处罚威胁的可置信度将下降,处罚的威慑效果就难以达到。

对于第三项条件,究竟哪些事项会损害审计独立性,哪些事项不会影响审计独立性,这是一个长期以来在审计理论界争论不休的问题。[1] 对此,监管机构也面临着信息不完全的困境,不可能给出一个准确的答案。在这种条件下制定的有关审计独立性的规则很容易被审计师钻空子。事实上除了一些极端明显的事例外,审计师偏离独立性往往难以被外界及时察觉。

因此,如果审计师预见到,即使自己偏离职守也未必会被发现,或即使被发现,监管机构也未必会对其施加足够的惩罚,那么,在外界的诱惑足够大时,审计师就有可能偏离职守。在监管机构与审计师之间,将长期上演"猫捉老鼠"的游戏。

三、综 合 分 析

从前面的分析中我们可看出,与公司审计有利害关系的各方当事人都对审计师有着不同的需求,每一方当事人都试图将审计师拉到自己这一边,都希望审计师能与自己合作,审计师最终将站到什么位置,不仅取决于各方当事人对审计师的"拉力",还取决于审计师对自身角色的认同和对利害得失的权衡。

审计师作为服务商,对利益的需求决定了它行动的方向。诚如哲人所言,对一个人的生存拥有控制权,就等于控制住了一个人的意志。[2] 那么,审计师的生计掌握在谁的手中呢?在本文看来,如果外部人士(包括投资者、外部股东和监管机构)对审计师发表的审计意见能够以零成本验证,那么,审计师能获得多少报酬将取决于外部人士对它的执业质量的认可程度,尽管从形式上看是由公司向审计师支付报酬的;如果外部人士对审计意见的验证成本大于零,那么,随着验证成本的提高,对审计师人选和报酬的决定权将从外部人士逐渐转向公司内

---

[1] 参见林启云:《审计与非审计服务:不可调和的利益冲突?》,载《中国注册会计师》2002年2月号,第19—23页。

[2] 〔美〕汉密尔顿等著:《联邦党人文选》,程逢如等译,商务印书馆1997年版,第369页。

部控制者。由于审计业务的专业性和执业中的封闭性,审计具有明显的信息不对称的特性,因此,前一个假设只有在极少数情形下才能实现,而后一个假设与现实情况更接近。

在审计师对利害得失的计算中,对遭受惩罚或报复的预期也是一个重要因素。在各方当事人对审计师进行监督和施加惩罚的成本不一样高的情况下,谁的成本最低,谁就最有可能迫使审计师向自己这方靠拢。我们可从以下几个方面来比较监督和惩罚的成本。

首先,获取信息的成本。无论是投资者、外部股东,还是监管机构,在对审计师进行监督时,所面临的最大障碍就是获取信息的困难。即使经审计的财务报告被人们发现存在重大失实,作为外部人士也很难判断审计师是否已尽职尽责,究竟有无过错。如果无法认定审计师是否有过错,那么,股东和投资者就无法对其进行恰当的惩罚,审计师的声誉就不会相应地受损。为了证实审计师是否有过错,投资者、股东和监管机构往往要花费大量的成本,即使在诉讼中采取举证责任倒置或过错推定的归责原则,也难以达到理想效果。因为,审计师毕竟占据着信息优势,他可以轻而易举地举出证明自己无过错的证据,进一步的举证责任则随之转移到了原告一方,原告仍难以摆脱举证的困境。相比之下,被审计公司及其内部控制者所面临的信息成本则比较低。一是,作为审计对象的财务报告和其他财务信息都是由他们提供的;二是,对于整个审计过程,他们有机会进行监控,对于审计师签发的审计意见,他们也最先知道。因此,对于公司及其内部控制者在监督审计师方面所需要花费的成本很低。

其次,时间的延误。当审计师有失职行为时,外部人往往并不能及时发现,而是常常要等到被审计公司陷入财务危机时才察觉;其次,即使外部人能够及时察觉,也不能够使审计师立刻受到足够的惩罚,因为,在施加惩罚时,无论是司法诉讼程序,还是行政处罚程序(通常要经过调查取证、处罚听证等程序),都需要耗费相当长的时间。对于被审计公司及其内部控制者而言,他们可以利用其信息优势,及时发现审计师的背叛行为,并可以随时采取惩罚措施,将审计师予以解雇,或终止与其签订的非审计服务合同,从而使其遭受现实的、确定的损失。

最后,实施的费用。对于投资者、外部股东和监管机构而言,无论是诉讼还是行政处罚,都需要耗费相当多的人力、物力;对于被审计公司及其内部控制者而言,他们对审计师施加惩罚(如解雇审计师)时,并不会使自己招致额外的费用支出。

由此可见,公司及其内部控制者较外部利益主体(投资者、股东、监管机构)在对审计师进行监督和惩罚方面占据明显优势。

将以上两点综合起来分析,我们可得出以下结论:公司及其内部控制者与公司的外部利益主体在对审计师的控制力方面存在差距,在这种条件下,审计师不可能超然独立,而是倾向于与公司及其内部控制者合作而在一定程度上背离公司的外部利益主体,其背离程度将取决于审计师的风险偏好和他所面临的各种约束条件。在这种情况下,公司审计实际上是公司及其内部控制者用来获取(有时甚至是骗取)外部股东和投资者的信任的工具。

四、改变游戏规则

审计师必须要忠实于投资者和股东,这是很多人都执意坚守的正统信念。既然在现行的制度安排和游戏规则下,很难实现这一信念,那么,我们就只能考虑修改现行规则。于是,许多学者纷纷提出改革建议。本文在此只对几种具有代表性的改革建议方案进行介绍和评论。

(一) 改过错责任原则为无过错责任原则

既然股东、投资者和监管机构在对审计师施加控制时所面临的最主要障碍是信息成本,特别是认定审计师执业时是否有过错的成本很高,倒不如索性取消对过错认定的要求,将审计师承担责任的归责原则由过错责任原则改为严格责任或无过错责任原则。[①]这意味着,审计师将不再仅仅是从事信息验证的专业人士,而且还是为上市公司(或发行人)财务报告存在虚假的风险承保的"保险人"或"担保人"。在本文看来,担任审计师的会计师事务所毕竟只是一个由专业人士组成的执业组织,由其来担任"保险人"或"担保人"的角色,并不合适。

---

① Partnoy, "Barbarians At the Gatekeepers: A Proposal for a Modified Strict Liability Regime", http://papers.ssrn.com/abstract=281360.

(二) 彻底改变现行公司审计的制度安排

许多有识之士指出,公司审计在现实运作中之所以出现许多问题,审计师的表现不能令公众满意,其根源在于制度安排的错位,立法者推行强制审计的目的在于维护公众投资者和股东的利益,但审计师却是由受审计的公司管理层聘请的,"这好像是让那些有犯规倾向的人用他人的钱去物色一个专门监督自己的警察","用服务商去监管客户,这是一个永远无法摆脱内在冲突的制度!"[①] 于是,有一些学者主张应从根本上改变现行公司审计的制度安排。对此,主要有以下观点:

1. 改公司审计为公司财务报告保险

有人提出,应借鉴国外的银行存款保险制度,强制上市公司就其制作的财务报告购买保险,然后由保险公司负责聘请审计师对被保险人即上市公司进行审计。[②] 在安然事件发生后,美国纽约大学的多名学者竭力倡导用财务报告保险(Financial Statement Insurance)制度取代当前公司审计的制度安排,上市公司不再聘请审计师,而是就其财务报告失实给股东、投资者造成损失的风险向保险公司投保,上市公司可以通过自愿决定是否承保并将保险合同内容向公众披露,从而向公众传递财务报告可信性的信号。[③]

依据 Ronen 教授的设计,财务报告保险制度可依照以下程序来进行:由保险公司对潜在的被保险人(上市公司)进行风险评估;上市公司管理层从保险公司处获取保险方案建议书;公司管理层请求股东大会批准是否投保;如果投保建议获股东批准,由保险公司聘请审计师对拟投保的上市公司进行审计。如果审计

[①] 方流芳:《关于美国公司改革法案的另类思考》,载《二十一世纪经济报道》2002年8月21日。与方流芳教授的观点比较近的,如 Sean M. O'Connor, "The Inevitability of Enron and the Impossibility of 'Auditor Independence' Under the Current Audit System", http://papers.ssrn.com/paper.taf? abstract id = 303181; Patricia A. McCoy, "Realigning Auditors' Incentives", 35 *Conn. L. Rev.* 989 (2003)。

[②] 顾惠忠:《换个思路治理'注会'缺陷——保险公司介入会计市场》,载《中国证券报》2002年9月7日。所谓银行存款强制保险是指,为了保护存款人的利益,强制银行必须向存款保险公司购买保险。此后,如果银行破产,在其资产不足以归还客户存款时,由存款保险公司代为归还。存款保险公司为降低自己的经营风险,聘请金融审计公司对银行进行审计。

[③] Joshua Ronen, "Post-Enron Reform: Financial Statement Insurance, and GAAP Revisited", 8 *Stan. J. L. Bus. & Fin.* 39 (2002);又如 Julius Cherny et al., "Financial Statements Insurance" (Working Paper Abstract, Mar. 2002), at http://papers.ssrn.com/sol3/papers.cfm? abstract_id = 303784。

师出具的是标准无保留意见的审计报告,则保险公司同意按保险方案建议书中的条件承保;如果审计师出具的是非标准无保留审计意见,则保险公司和投保公司重新商议保单条款或者拒绝承保;上市公司要将其是否对财务报告投保的决定、以及保险金额、保险费等保险合同内容向公众披露;保险公司与投保公司共同协商确定一个受托机构,由其负责代表财务报告使用者在发生财务报告虚假时向保险公司索赔。Ronen 认为财务报告保险方案的优越性在于:由保险公司负责聘请审计师,可以切断审计师与上市公司管理层之间的联系,保险公司为降低自己的商业风险必然要追求审计报告的准确性和财务报告的真实性,因此,保险公司的利益与股东、投资者的利益是一致的;在财务报告保险体制下,审计委托人与受益人都是同一主体,即保险公司,因此,保险人有充分的动力与能力来监督审计师,从而使股东、投资者的利益得到保护;更为重要的是,建立在自愿和市场机制下的财务保险制度可以向公众传递财务报告可信性的信号,因为,保险公司可以通过风险评估和审计意见将保险费率与被保险人的财务报告的可信性联系起来,财务报告可信性较强的公司可以较低的保险费获取较高的保险赔偿金额,而那些财务报告可信性较低的公司则须支付较高的保险费,或只能获取较低的保险赔偿金额,或得不到保险,公众可从上市公司有关保险的信息披露中来判断该公司财务报告的可信性;在信号机制的激励下,上市公司管理层会努力提高财务报告的可信性,从而减少虚假陈述和财务欺诈的发生。[1]

在本文看来,虽然该制度设计得巧妙,但其是否具备可行性是值得怀疑的。依照公共政策和保险基本原理的要求,保险公司仅能就上市公司的过失性虚假陈述责任承保,而不能对故意欺诈责任承保,这样一来,财务报告保险制度的价值就大大削弱了。

2. 改民间审计为准官方审计或官方审计

为了彻底切断审计师和上市公司管理层的联系,有人建议应将独立审计师的选择、任命和付酬由政府机构或证券交易所来决定,或由政府审计机构来执行审计任务,或设立国有的会计师事务所来执行公司审计。至于审计费用的来源,政府可以向上市公司征收。这种设计的逻辑是,既然公司审计是为了保护公众

---

[1] Joshua Ronen, "Post-Enron Reform: Financial Statement Insurance, and GAAP Revisited", 8 *Stan. J. L. Bus. & Fin.* 39 (2002).

投资者的利益,就应由公众来执行,政府是公众利益的维护者,审计师为政府工作,就等于为公众利益服务,从而使审计师摆脱利益冲突的困境。① 其实,这种建议在很多年前就被提出过,早在 20 世纪 70 年代美国曾成立了一个专门委员会对审计独立性问题进行调查研究,后来形成的调查报告即科恩报告认为,考虑到现行公司审计体制的缺陷程度或潜在的改善前景,由政府机构来执行公司审计是不可行的。反对审计官方化的另一个重要理由是,政府机构有可能利用财务信息以达到自己的经济或政治目标,由政府机构来执行审计或聘任审计师也同样会有损审计独立性。②

本文也赞同科恩报告的观点,因为中国的教训已经说明了这一点。在 1998 年以前,我国的许多会计师事务所都是国有的或挂靠某一政府机构,受政府机构的支配,事实证明,政府对会计师事务所和审计业务的干预也同样会损害审计独立性,导致会计审计信息失真。政府机构的利益与投资者、股东的利益并不总是一致,由政府机构选任审计师或执行公司审计有可能比由公司管理层选任审计师更容易导致审计信息失真。因为,在市场条件下,公司管理层在选任审计师时会受到市场的约束,股东和投资者可以向公司管理层施加压力,而政府机构是不受市场约束的,股东和投资者很难对政府机构施加压力。

3. 以税收征管模式重塑审计模式

有学者提出可借鉴税收征管模式对公司审计制度进行改革。发行人或上市公司向监管机构提交财务报告等信息披露文件,无需事先进行强制性审计,监管机构可对财务报告进行核查,一旦发现有合理怀疑之处,便应对该公司进行特别审计,监管机构可以委托会计师事务所执行审计任务,审计费用由政府支付或由政府向被审计公司征收,或从政府向全体上市公司征收的基金中支付,这种特别审计是一种非常规审计,只在存在合理疑问时才实施。公司在向监管机构提交财务报告之前,可以委托审计师为其准备相关文件,也可以自愿委托审计师对其财务报告进行审计,在这种情形下,公司审计是自愿的、非法定的、纯粹基于市场

---

① Sean M. O'Connor, "The Inevitability of Enron and the Impossibility of 'Auditor Independence' Under the Current Audit System", http://papers.ssrn.com/paper.taf? abstract id=303181.

② Vincent M.O' Reilly et al, Montgomery's auditing (Twelfth Edition), pp.3.42—3.43.

需要而实施的,审计师可以为委托人利益最大化服务,而不需要保持所谓的审计独立性。①

也有学者建议,取消公司在公布定期财务报告之前的强制性审计,而改为在投资者或监管机关对公司财务报告的可信性提出质疑后,再由外部审计师进行专项或全面审计,一旦财务报告存在虚假、违规事项,则由那些早先确认财务报告真实、合法的公司董事、经理等高管人员承担审计费用。②

这两种建议所设计的方案,的确是一种节约成本的方案,尤其使那些诚实经营、声誉卓著、受投资者信任的公司可以节约一大笔审计费用,同时也使审计师得以摆脱法定审计模式下的利益冲突困境。但是,一旦取消事先的强制性审计,是否会导致投资者自行验证信息的成本上升和公司内部人财务欺诈的上升,是很难预料的。

4. 本文建议

笔者认为,在上述各种建议中,财务报告保险的设计思路最具启发意义,其美中不足之处在于保险人不能对上市公司的故意欺诈行为承保,而且区分故意欺诈与过失往往会增加制度实施的成本。在本文看来,可对财务报告保险方案进行改良,改用"财务报告担保"方法来解决这一问题。由法律强制上市公司委托担保公司出具担保函;担保公司可聘请审计师对上市公司进行审计,并以审计师的审计意见为依据对上市公司财务报告的真实性出具担保函,并向上市公司收取相应的担保费用。当发生财务报告虚假时,由上市公司和担保公司共同承担连带责任。为了避免担保公司的责任过重,可允许其设定赔偿责任的限额,从而将其责任控制在可预见的范围内。财务报告担保机制的优点在于:由于担保公司承担的是严格责任,因此,当发生上市公司财务报告虚假时,投资者可直接向担保公司索赔,而不必就过错问题进行举证或与对方发生争执;担保公司为避免遭致赔偿责任,必然会约束审计师,审计师的利益与其委托人的利益相一致,从而避免了利益冲突;由于担保公司承担的是担保责任而非保险责任,因此,不必区分被担保人的虚假陈述行为是故意还是过失,而且,要求上市公司与担保公

---

① Sean M. O'Connor, "The Inevitability of Enron and the Impossibility of 'Auditor Independence' Under the Current Audit System", http://papers.ssrn.com/paper.taf? abstract id=303181.
② 方流芳:《关于美国公司改革法案的另类思考》,载《二十一世纪经济报道》2002 年 8 月 21 日。

司承担连带责任,也可以避免上市公司故意向担保公司转移风险,从而起到约束作用。

五、结 论

在 John Carey 先生为我们描绘的理想世界里,审计师可以同时为多方当事人提供服务并能取得他们的信任,审计师所出具的专家意见可被各方当事人视为客观、公允的意见,可以平息他们相互间的猜测与疑虑。[1]然而,我们前面的分析却表明,外部股东和投资者难以对审计师给予充分的激励或施加足够的控制,审计师对于监管机构为他们安排的角色也往往并不认同。相比之下,审计师与上市公司及其内部控制者之间比较容易建立和维持相互合作的关系,公司审计往往成为公司及其内部控制者用来获取外部股东和投资者的信任、获得监管机构认可的工具。本文并不认为审计师在各种情形下都必定会选择与上市公司及其内部控制者合作而背叛其他当事人,而是想指出,在目前的制度安排下,审计师往往缺乏保持独立性的激励,从而会在一定程度上偏离独立性,选择与上市公司及其内部控制者合作而背离其他当事人的期望。当然,这种偏离程度的大小会依审计师自身的风险偏好和他所面临的各种外部约束条件的变化而变化。要想彻底解决审计独立性的问题,就必须改变目前的公司审计的制度安排,从而扭转审计师所面临的激励结构。

---

[1] 参见 John Carey, Professional Ethics of Public Accounting (New York: AICPA, 1946), pp. 13—14.

论学位论文写作方法

梁慧星[*]

内容摘要：文章从学位论文的要素角度出发，主要以例证的方式分三个部分介绍了学位论文的写作方法。第一部分，论述了课题的选定与题目设计；第二部分，注重讲硕士论文、博士论文的结构；第三部分，分析了资料、见解、文章与社会责任。

关键词：学术论文　非学术论文　要素

Abstract: From the elements of an academic article, the author introduces writing methods for a thesis or a dissertation via using specific examples. The first part discusses the selection of the topics and the proposal. The second part explores the structure of it. The third part analyses the materials, ideas, the article and social responsibilities.

Key Words: Academic Articles, Non-academic Articles, Elements

第一部分　课题选定与题目设计

（一）引言

1. 关于学术论文的一般理论

（1）学术论文是用来表述学术研究成果的一种文体

学术论文的上位概念是论文（议论文）。论文与其他文体如记叙文、抒情文

---

[*] 梁慧星，男，中国社会科学院法学研究所研究员，山东大学法学院院长。

的区别在"论",即论述、论证、论说。论文,以是否具有学术性为标准,可以分为:学术论文与非学术论文。非学术论文,指一般报刊杂志上的论文,例如,社论、评论、短论、时评、评论员文章等。学术论文,包括学术报刊上的学术论文、专题研究论文(长篇专题研究论文即所谓专著)、学位论文,是用来表述科学研究成果的文体。

(2) 学术论文的大致分类

学术论文可分为:一般学术论文;研究性学术论文。一般学术论文,指学术刊物上的学术论文,一般篇幅较短;研究性学术论文,包括长篇专题研究论文、硕士学位论文、博士学位论文。

(3) 研究性学术论文的写作过程即是学术研究过程

社会科学研究,尤其法学研究,研究的对象主要是法律、法学著作、判例等文本,属于文本研究。即使所谓法社会学研究,进行问卷调查和统计、分析,最终也要归结为文本研究。

文本研究的过程,也就是写作论文的过程,分析文本、研究文本、写作论文,是同时的,不可截然区分。因此,研究性学术论文的写作过程,即是学术研究过程,学术研究的成果,即是所完成的学术论文。研究所得到的结论,称为基本学术见解,只是到了论文写作完成之时,亦即学术研究过程终结之时,才最终形成。

非学术论文和一般学术论文则不同,基本学术见解早就存在,下笔之时,主题思想已经存在,俗话说已有"成竹在胸"。论文的写作过程,不是研究过程,而是表达过程。其中进行论证、论述、论说,是为了表述已经存在的主题思想、基本见解。研究性学术论文当然也有论证、论述、论说,主要是为了研究,为了得出研究结论,即形成基本见解。

2. 学位论文的七要素

(1) 选题
(2) 资料
(3) 结构
(4) 方法
(5) 见解
(6) 文章

(7) 社会责任

(二) 学位论文的选题

1. 选题的意义

(1) 选题,是学术论文写作的开始,实际上就是选择和确定研究课题、研究方向的过程,是极为重要的一步(引自《汉语写作学》);

(2) 选题,是科学研究能力之一;

(3) 博士、硕士论文的选题,是决定论文是否成功的关键。

有的导师预先拟定若干题目,分配给学生。这样也可能完成较好的甚至优秀的学位论文。但学生没有学会如何选题,其学术研究能力不完整,缺乏选题的能力。不掌握选题和题目设计的方法,就只能参加别人的课题组,承担部分章节的写作,而不会自己设计课题,不能担任课题组负责人。现今所谓"学科带头人",选题能力是其重要素质之一。

博士、硕士研究生应当在第一学年结束前确定选题。

2. 课题选定

课题选定的四项要求:

(1) 有学术性、理论性

答辩委员会成员评价学位论文,首先是判断其选题是否具有学术性、理论性。评价的结果,如果得出没有学术性、理论性,或者学术性、理论性较小的判断,该论文是否能够通过就成了问题。可见,缺乏学术性、理论性的课题,亦即纯粹技术性的、实用性的课题,不适于作为学位论文的选题。例如所谓"执行难"、"裁判不公"等虽说是重大的问题,但不是学术问题、理论问题,就不适于选作学位论文的课题。有的属于政策性、对策性课题,也不适于作学位论文选题。

学位论文的选题应当是:研究一项法律理论,或者研究一项法律制度,或者研究一个法律原则,或者研究一个法律概念。

答辩委员会成员或者其他专家在评价一篇学位论文时,所说该课题具有较强的学术性或理论性,是指什么而言的呢?换言之,判断一篇学位论文学术性、理论性之有无、大小的标准是什么?

符合下述五种情形之一,即可认为具有学术性、理论性:

其一,补白性选题。这一课题前人没有研究,至少是国内法学界没有作过研究,这叫补白,填补研究的空白,属于有学术性、理论性。

其二,开拓性选题。这一课题前人虽然有所研究,但成果很少,仅有几篇一般性文章,或者仅研究其个别部分、个别侧面而不是全部,本文将研究的范围拓宽了,研究的程度加深了,作了系统、全面、深度的研究,这叫有开拓性,属于有学术性和理论性。

其三,提出问题性选题。这一课题是社会生活或法律生活中出现的新情况、新问题,过去没有或没有意识到,当然更谈不到研究,现在提出这一问题本身就具有价值,标志学术研究的进步,也许本文还做不到系统、全面、深入的研究,其学术性和理论性就表现在率先提出问题。

其四,超越性选题。这一课题前人已经作过很多研究,可能已经形成通说,但本文根据社会生活和法律生活的重大发展,总结实践中的新经验,回答了实践中的新问题,所作出的研究结果远远超过了前人所达到的程度和水准,当然具有学术性和理论性。

其五,总结性选题。这一课题在不同的时代、不同国家都有很多研究成果,不同的研究都有所侧重,有其局限,有所不足,本文在前人所取得的研究成果基础上作系统、全面、深入的带总结性的研究,这叫集其大成,当然具有学术性和理论性。

(2) 有实践性、针对性

一个课题虽然有学术性和理论性,但如果在现代法治已经没有地位,现代社会中不发生这样的问题,你的研究对我们的国家、民族的发展进步有什么用处,对于民主、法治和人权有什么意义? 这叫不具有实践性、针对性。须说明的是,法史学研究,不能这样要求。

须注意的是,有的课题,在当时可能没有什么实践性、针对性,例如20世纪80年代初期,研究破产法,研究期货、证券制度,往往会被人指责缺乏实践性、针对性。谈论实践性当然不能局限于当时,要预见到社会的发展。第一篇以证券交易法律制度研究为题的博士论文在选题时,我国还没有证券交易所;第一篇研究建筑物区分所有权制度的博士论文在选题时,北京还没有几座公寓式大厦,住宅商品化政策还没有出台,能够说这样的选题没有实践性吗? 再者,对实践性、针对性的要求,不可绝对化,不是什么研究都要求实践性、针对性。例如英美法上的某些制度，即使对我国法制不可能有多少参考价值，我们仍可选作学位论文题目。

(3) 有充足的资料

法学研究属于文本研究的性质决定了选题还应当考虑的一个重要问题是资料是否足够。有的选题虽然有重大的理论意义和实践性，但缺乏足够的资料，不可能成就一篇高质量的学位论文。因此，选题是否适当，不能只看学术性、实践性，一定要考虑资料是否充分？没有充分的资料，再好的选题，也应舍弃，不可勉强。论文写到中途，因为资料缺乏，写不下去，不得不重新更换选题，就被动了。

(4) 能够扬长避短

兵法上说"知己知彼，百战不殆"。学术研究何尝不是如此？前述三项要求，目的是做到"知彼"，即了解研究对象。第四项要求，是要"知己"。了解自己的长处和短处，尽可能回避自己的短处，尽可能发挥自己的长处。

判断自己的长处、短处，主要考虑以下三个方面：

其一，是否擅长抽象思维？

有的人擅长抽象思维，擅长论辩，而另外有的人却不擅长抽象思维，不擅长论辩。阅读的范围宽，哲学、经济学、历史学等等读过不少，自然喜好辩论，擅长辩论。除专业著作外，很少读其他著作，对哲学、经济学、历史学缺乏兴趣，自然不擅长抽象思维。在选题时一定要考虑自己的长处、短处，使所选题目符合自己的长处，自己的短处可以避开。

学术论文选题，大抵可以分为两种类型：其一，理论型选题；其二，制度型选题。法理学领域的课题大抵属于理论型，就是民法领域也有理论型课题。迄今较优秀的民法博士学位论文，属于制度型选题的较多。

在写作的难易程度上，理论型选题较难，制度型选题较易。理论性课题，需要作者有较强的抽象思维能力和驾驭理论的能力，擅长抽象思维的人可以充分发挥其长处。如果不擅长抽象思维的人选理论性选题，就会很吃力，感到难以驾驭，讲不出多少道理。就应当回避理论性选题，而选择制度型选题。

制度型选题，所研究的是现实存在的法律制度，是一种存在，虽然不同于物质存在。法律制度，例如民法上的各种制度，法人制度、时效制度、抵押权制度、建筑物区分所有权制度、相邻关系等，是一种制度存在，有其定义、内涵、外延，有其构成、内容、目的、功能等,相对而言,容易把握、驾驭,容易成功。但一个擅长抽象思维的作者选了制度型选题,就发挥不了其长处。在博士、硕士研究生阶段,由于时间、精力及知识积累的限制,擅长抽象思维的人,很可能不擅长制度研究。选择了制度型选题,很可能正是其短处。

其二,掌握外语种类及程度如何?

各人掌握外语的语种和程度有不同。一个英语很好的博士生选择一个大陆法上特有的制度,长处得不到发挥,并且正好是其短处,例如论物权变动,由于英美法没有对应的制度,英语很好却一点也用不上,有很多德国、日本资料却不能利用,你叫他怎么能够完成一篇高水准的学位论文?反之,一个德语、日语很好的研究生,选一个英美法上特有的制度,也是如此。

其三,专业知识上的长处和短处

现在的硕士生、博士生,大抵在专业知识上有所欠缺或偏重,因此在选题时要注意回避自己的短处。例如,对某个外国的法律掌握较好,而对国内的法制反倒很生疏,如选择研究该外国法律制度的选题,可以扬长避短。这里顺便提到研究外国法律制度的价值问题,有的人认为研究外国的法律制度,没有什么创造性,否定其学术价值和实践价值。把某外国某项法律制度研究清楚,供作我国立法和理论研究的参考,这就是其价值。将外国的某项制度、理论引入国内,使之体系化、条理化,以便我们能够了解、把握、借鉴,这就是学术性和实践性。

3. 题目设计

其一,题目设计的四项要求:

第一项要求:题目要新颖。第二项要求:题目应与内容相符。第三项要求:题目的大小要适当。第四项要求:要注意扬长避短。

第一项要求:题目要新颖。

一篇学位论文的题目,就是该学位论文的名称,类似于自然人的姓名和法人的名称。通过给学位论文设计一个题目,首先,是要明示作者所研究的对象,使读者(更重要的是答辩委员会成员)一望而知作者所研究的是什么;其次,要确定一个研究的最佳角度,将自己的研究限定在一个适当的范围,选择一个最好的切入点,现在时髦的说法叫"进路";最后,还要能够引起读者的阅读兴趣。

题目一般化,甚至千篇一律,千人一面,不可能给读者和答辩委员会成员、评定论文的专家以好的第一印象。有一个时期,很多法学论文的题目雷同,都是关于什么什么的几个问题,关于什么什么的若干问题,或者关于什么什么的三论,显然不能给人以好的第一印象。一般化的题目还会起反作用,读者心里说,连一个新颖一点的题目都拟不出来,可见作者的能力不怎么样!答辩委员会成员则会怀疑作者是否具有独立从事科学研究的能力。切不可因小失大!

不适当的题目设计的实例:如博士论文题目:商法若干理论问题研究。作为对照,举一些较好的博士论文题目设计:

题目:国际贸易惯例基本理论问题研究

题目:国际贸易中银行担保法律问题研究

题目:国际货币基金协定研究

题目:抵押权制度研究

题目:违约损害赔偿研究

第二项要求:题目应与内容相符。

要求题目能够涵盖论文的全部内容。题目是关于某某制度的研究,但从论文的内容看,只是研究该制度的一个方面或一个部分,或者论文内容超出题目的范围,都是内容与题目不符。当然,不是说该制度的一切方面、全部内容都要研究,而是要求题目应涵盖该制度的主要方面、基本内容,如果不是这样,就要调整题目。举一个实例:

博士论文题目:违约责任及其比较研究

本文内容,分五章:

第一章 违约责任概述

第二章 违约责任构成理论的基本研究

第三章 违约行为研究

第四章 归责事由研究

第五章 救济措施研究

评论:

这不能算一个好的题目设计。因为题目中使用了"及其"一词,相当于英文中的 AND,给读者的印象是:本文要研究两个课题,一是违约责任,二是违约责任的比较。而从内容看,作者的意思大概是:采用比较研究的方法研究违约责任。可以改为:"违约责任研究",或者"违约责任的比较研究"。

问题出在第五章。"违约责任"与"违约救济措施"是既有联系又有区别的两个不同概念,而违约救济措施超出了违约责任概念的外延。违约救济措施有多种,其中有的属于违约责任形式,有的不属于违约责任形式。简而言之,论文题目涵盖不了第五章的内容。这是文题不符的例子。再举一实例:

博士论文题目:期货市场风险管理的法律机制研究

从题目本身看,作者所要研究的范围很明确,似无问题。但我们看论文目录:

第二章　期货市场风险研究
第三章　期货市场风险管理机制的比较研究
第四章　建立我国期货市场风险管理法律机制的思考
第五章　期货交易所及其会员的法律地位
第六章　期货结算机构及其会员风险管理的法律机制研究
第七章　期货经纪商的法律地位及风险控制
第八章　期货交易的民事责任研究

评论:

第八章显然超出了题目所限定的研究范围。民事责任,即使是期货交易中的民事责任,也不能说只是风险管理的法律机制。因为"民事责任"不是"风险管理"的下位概念。当然,作者有理由说期货交易中的民事责任,可以发挥风险管理法律机制的作用。但绝不是期货交易中的民事责任所发挥的作用的全部。因此,第八章的内容已超出题目的范围,导致文题不符。解决的方法,一是干脆删去第八章;二是调整题目,例如加一个副题:

期货市场风险管理的法律机制研究
——兼论期货交易中的民事责任

再举前面提到的题目:商法若干理论问题研究

其内容包括六章:

第一章　商法的产生、演变及大陆法系商法和英美法系商法

第二章　商法的调整范围及对经济关系的深刻影响
第三章　民商分立与民商合一的理论评析
第四章　传统商法向现代商法的演变及特征
第五章　商法在中国的历史命运和在市场经济条件下的新生
第六章　商法在我国法律体系中的地位

评论：

从各章标题看，能够说各章的内容都是商法的理论问题吗？都是商法的重要理论问题吗？都是商法的基本理论问题吗？恐怕不能。应当肯定，本文内容之大部分是非理论问题，至少是非重要理论问题。属于典型的文题不符。顺便提到，其结构亦不合逻辑，也不符合博士论文的其他要求。

第三项要求：题目的大小要适当。

题目太大，必然空泛，题目太小，分量不够。题目大小，决定论文篇幅长短。硕士学位论文，一般四五万字，长的七八万字。博士学位论文，一般要求二十万字以上。写博士学位论文，题目太小，写三五万字就没什么话说了。或者写硕士学位论文，题目太大，写到十来万字还打不住。勉强写成一篇硕士学位论文，浅浅的、泛泛的，没有什么深度。都是因为题目太大、太小，不适当。题目的大小，关系论文的成败，不可小视。

我国台湾著名学者王泽鉴先生在《民法五十周年》一文中特别谈到这个问题。他说，目前台湾各大学硕士学位论文题目过大，且多重复。但有日益精致的趋势。王泽鉴先生列举了他认为大小适当的论文题目：假设因果关系与损害赔偿、物之使用利益与损害赔偿、损害赔偿法上的求偿关系、第三人与有过失、第三人利益契约之不完全给付、不当得利研究、不当得利法上之所受利益不存在、法规目的论与相当因果关系、继承回复请求权、亲属间的侵权行为。

这些都是王泽鉴先生认为比较适当的硕士学位论文题目，假设我们将这些作为博士论文的题目，大多数都嫌太小，容纳不下20万字。

须说明的是，个别题目弹性较大，例如"不当得利研究"，20世纪80年代《法学研究》刊登过一篇约八九千字的论文，90年代《民商法论丛》刊登过两篇，一篇约三四万字的专题研究，另一篇硕士学位论文约八万字。而王泽鉴先生的《不当得利》一书二十多万字。日本学者加藤雅信的《不当得利研究》，是博士学位论文,日文一百多万字。再如"公司人格否认论",也属于弹性很大的题目。《民商法论丛》刊登过一篇,是硕士学位论文,后来《商事法文库》出了一本同名的书,是一篇博士学位论文。这样的题目,由于弹性很大,既可以作为硕士学位论文的题目,也可以作为博士学位论文的题目。因此,考虑题目大小,还要注意题目是否有弹性。《民商法论丛》选刊的硕士学位论文已经不少,一般题目大小适当,硕士生选题可以参考。

似可得出这样一个规则:硕士论文题目的设计,要避免过大;博士论文题目的设计,要避免过小。

请看一篇博士论文:

  物权程序的建构与效应:不动产物权登记法律制度研究
  第一章 导论
  第二章 形式主义法律传统中的物权程序
  第三章 物权程序建构的正当性标准(一):工具价值
  第四章 物权程序建构的正当性标准(二):过程价值
  第五章 物权程序建构的基本法律问题
  第六章 物权程序的正效应(一):登记的效力
  第七章 物权程序的正效应(二):权利的顺位
  第八章 物权程序的负效应:登记错误及其修正
  第九章 物权程序的关联效应:预告登记
  第十章 结语

评论:

不动产登记制度,属于制度性选题,并且是程序性制度,其容量有限,且很难讲什么道理,大概可以写五六万字,至多七八万字,作为硕士论文选题是比较适当的,作为博士论文选题就不适当。作者显然已经意识到这一点,因此,首先在题目设计上花了心思,在"不动产物权登记法律制度研究"之前,增加"物权程序的建构与效应"一句,并用":"号连接,目的在增强选题的理论性和扩张其容量;其次,在论文本论部分设第二章、第三章、第四章,着重讨论"物权程序建构"的价值取向问题,目的在展开"理论性"论述。其结果是:导致论文前半部分"太虚"(游离于不动产登记制度的抽象论述),后半部分"太实"(不动产登记制度本身的具体论述),给人以"两篇"独立论文被"粘连"在一起的强烈印象。答辩会上,不止一位答辩委员指出这一点。如删去第二、三、四章,将不失为一篇完整的研究不动产登记制度的论文(当然不可能符合博士论文的字数要求)。其实,以作者的专业基础、中外文水平和已经具备的研究能力,如果选一个容量较大的选题,无论理论型选题或者制度型选题,是可以完成一篇高水准的博士学位论文的。

从这一实例可见,如果选题本身的容量过大,我们可以通过局限其范围、限缩其容量,设计出适当的论文题目;反之,如果选题本身的容量过小,则很难通过扩张其范围、增大其容量,设计出适当的论文题目。这一教训,值得后来者记取!

第四项要求:要注意扬长避短。

前面谈到选题要注意扬长避短,但在课题选定后,在已经选定的课题上,有的内容是自己的长处,另一些内容是自己的短处。就要在题目设计上回避短处,尽可能发挥自己的长处。

例如,选定的课题是"代理制度研究",如果作者外语很好,掌握两门外语,一是英语、另一门是德语或日语,以"代理制度的比较研究"为题,就能够发挥作者外语的长处。反之,外语不好,或只掌握一门外语,就不能以比较研究为题。

如果作者只是英语很好,甚至对于中国法也不很精通,以"英美代理法研究"为题,就能够达到扬长避短的目的,就是很明智的题目设计。

例如,一位作者掌握西班牙语,曾经到墨西哥留学,本科和硕士都不是学法律,西班牙语是其特长,所使用的资料主要是西班牙语的墨西哥和其他拉丁美洲国家的财产法著作,墨西哥及拉美国家财产法是其特长,大陆法国家财产法是其短处,甚至中国财产法知识也有不足,这些短处很难在短期弥补。显而易见,特别要避免一般性理论和比较研究。

先看其选题:所有权研究。

再看其题目设计:

> 所有权功能论
> ——财产制度历史演变和比较研究

评论:

正题已经是一般理论,将古今中外,大陆法、英美法、拉丁美洲法,涵盖无遗,其范围如此之广,其难度可想而知。再加上一个副题,进一步强调"历史演变和比较研究",更是在很大的难度上再进一步增加难度。这是一个非常失败的题目设计,正好将作者的短处充分暴露出来。

假使调整一下题目设计,如果采取下述题目设计之一,能够获得完全相反的效果,将作者的短处尽可能地加以回避,而将其长处尽可能地展现出来。论文成功的可能性就很大:

题目一:拉丁美洲国家财产法研究

题目二:拉丁美洲国家所有权制度研究

题目三:墨西哥财产法研究

题目四:墨西哥所有权制度研究

其二,题目的两种基本结构形式。

第一种结构形式:"关于"+"宾语"+"的"+"研究";第二种结构形式:"论"+"宾语"。须特别注意:"宾语"必须是"名词"或"名词性短语"。

第一种结构形式:"关于"+"宾语"+"的"+"研究"

举例:关于抵押权制度的研究

其简体形式:"宾语"+"研究"

举例:抵押权制度研究

其变体形式:"宾语"+"的"+"研究方法"

举例1:信托制度的比较研究

举例2:知识产权的经济分析

第二种结构形式:"论"+"宾语"

举例:论抵押权制度

其变体形式:"宾语"+"论"

举例:抵押权制度论

其三,题目设计的规则。

学位论文题目设计的三项规则:第一项规则:题目必须是动宾结构的短语,不能是句子。第二项规则:题目只确定研究对象,不表达作者观点。第三项规则:题目应力求明确、简短,忌冗长。

结合以上题目设计的要求和规则,举一些不适当的题目设计的实例:

实例1：

博士论文题目：论宪法是安邦治国的总章程

评论：

此题目违反前述题目设计的第一、二项规则。按照第一项规则，题目应当是一个动宾结构的短语，其中的"宾语"应当是名词或名词性短语，而本题目的"宾语"是一个完整的"句子"。按照第二项规则，题目只确定研究范围，不表达作者观点，而本题目已经表明作者的基本观点。

修改建议：

论宪法在安邦治国中的地位和作用

关于宪法在安邦治国中的地位和作用的研究

实例2：

硕士论文题目：原因理论、法律行为规则与物权行为无因性

评论：

这一题目设计的问题是违反第三项规则，冗长而不明确，由三个名词性短语组成，使人看后不明白作者究竟研究什么？是同时研究"原因理论"、"法律行为规则"和"物权行为无因性理论"三个对象或三个范围，抑或是研究三者之间的相互关系？从论文的内容看，虽然涉及"原因理论"和"法律行为规则"，但实际上作者着重研究的只是"物权行为无因性理论"。因此，可以改为：

题目一：论物权行为无因性理论

题目二：物权行为无因性理论研究

这样的题目，就符合明确、简短的要求。假设论文的主题是要研究三者的相互关系，则在题目设计中应当以名词"关系"作为"宾语"，采用"定语"＋"名词"的结构，例如：

题目一：论原因理论、法律行为规则与物权行为无因性理论的关系

题目二：原因理论、法律行为规则与物权行为无因性理论之关系研究

这样的题目，虽然未能避免冗长，但做到了"明确"，这是最重要的。

举一个硕士论文的实例：

题目：论出卖人瑕疵担保责任、积极侵害债权及产品责任之关系

这仍不失为一个比较好的题目设计。

其四,关于副题的运用。

有的学位论文或者专题研究论文设有副题。运用副题,就需要理解为什么要运用副题,副题有什么作用?博士论文运用副题较常见,硕士论文运用副题较少见,但也不是没有。

下面举一些博士论文的实例:

徐国栋的博士论文
正题:民法基本原则研究
副题:成文法局限性之克服
董安生的博士论文
正题:民事法律行为的理论与实践
副题:关于合同、遗嘱和婚姻行为的一般规则
吴汉东的博士论文
正题:论合理使用
副题:关于著作权限制与反限制的研究
陈现杰的博士论文
正题:企业内容公开与投资者保护法律制度研究
副题:公开制度的理念与实证
沈敏荣的博士论文
正题:反垄断法规则的比较研究
副题:法律的不确定性及其克服

从以上博士学位论文,我们可以得出这样的认识:所谓"副题",是作者为了调整研究角度,或者限制研究范围,或者突出研究重点,而在论文题目(正题)之下,附加上的一个题目。

上举论文中,徐国栋的论文、吴汉东的论文,其副题是用来调整研究角度;董安生的论文、陈现杰的论文,其副题是用来限制研究范围和突出研究重点。加上副题后,论文的范围,与未加副题的情形比较,或者角度有所调整,或者范围有所限制,简而言之,使论文的范围缩小了。

而沈敏荣的论文则不同,加上副题后显然扩大了论文的范围。副题"法律的

不确定性及其克服",相对于正题"反垄断法规则的比较研究",副题的范围更大。这种副题的运用,正常不正常,适当不适当?我们看到,该论文出版时将正题、副题掉了个个儿:

原题目:

反垄断法规则的比较研究

——法律的不确定性及其克服

出版时改为:

法律的不确定性

——反垄断法规则分析

这样一改,就符合了我们概括的一个规则:副题要比正题的范围窄,而不能相反。

有人也许会问:徐国栋论文的副题,难道与沈敏荣的副题不是一样的吗?是不一样的。徐国栋的论文,其主题是从克服成文法局限性的角度研究民法基本原则,民法基本原则的作用表现在多个方面,克服成文法的局限性是其中一个方面。质言之,正题"民法基本原则研究",其范围甚宽,副题"成文法局限性之克服",范围较窄。符合前述规则。

这一规则的例外是,副题:兼论什么什么

目的不是要扩大研究范围,而是考虑到某一项内容与本文有较密切的关联,顺便予以论述。因此,超出正题范围之外的仅是某一章、某一节。并且,这一小部分在整个论文中居于次要的地位。如果删去这部分,并不损害论文的完整性。

举例:

正题:违约责任研究

副题:兼论违约救济措施

本文内容,分五章:

第一章 违约责任概述

第二章 违约责任构成理论的基本研究

第三章 违约行为研究

第四章 归责事由研究

第五章　救济措施研究

如果删去副题,同时删去第五章,论文的完整性并不受影响。

至于硕士论文,运用副题似乎没有多大的必要,因为硕士论文的选题本来就应当比较窄。与其设计一个较大的题目,再加上一个副题来予以限制,不如直接设计一个较窄的题目。博士论文是否也有同样的问题呢?以上引吴汉东的论文为例:

原题目设计:

论合理使用
——关于著作权限制与反限制的研究

问题是正题太泛,已远远超出著作权法的范围。因为,不仅著作权有合理使用的问题,其他权利也会发生合理使用的问题,例如不动产相邻关系上的通行权、取水权。本文主题也不是要研究一般的合理使用问题,而只是研究"著作权"的合理使用,即著作权法上的合理使用问题。与其正题太泛,再运用副题来限制研究范围,不如将题目设计得适当,而不设副题。我们注意到本文在正式出版时,将正题、副题合并,改为:著作权合理使用制度研究。

最后必须指出,作者为什么要设副题?为什么要通过副题的运用,以调整论文角度或者限制其范围?目的是要发挥作者的所长,回避其所短。这在徐国栋的论文上表现得特别明显,如果不加副题,本文就属于制度型选题,作者在这方面并非所长,而作者擅长思辨的长处也就难以充分展现出来。可见此副题的运用,达到了扬作者所长,避作者所短的目的。

相反的实例,就是前面已经提到的一篇研究所有权的博士论文:

所有权功能论
——财产制度历史演变和比较研究

加上副题后论文的范围是扩大了还是缩小了?是难度减少了还是难度增大了?是将作者的短处回避了还是充分暴露出来了?作者的长处是否充分展现出来了?回答显然是:扩大了研究范围,增大了研究难度,暴露了作者短处,回避了作者长处。可见,正是这一题目设计,将作者自己推向了绝境!

如果将副题变换一下:

> 所有权功能论
> ——以拉丁美洲国家所有权制度为中心

其效果将恰好相反。如果干脆将正题、副题合并,改为:"拉丁美洲国家所有权制度研究"。则作者的短处尽可能地被回避了,而作者的长处将充分展现出来。可见,副题的运用宜慎重,切不可随意!

第二部分 学位论文的结构

(一) 学位论文的结构

答辩委员会成员或委员会外的专家对硕士、博士论文作鉴定、写评语,有一个内容是就论文结构表态。一篇合格的学位论文,要求结构合理。肯定的评语是:本文结构合理、逻辑严谨、层次清晰。什么叫"结构合理"?结构合理就是指论文的"层次清晰"、"逻辑严密"。这就要求了解论文的一般结构,这里注重讲硕士论文、博士论文的结构。

学术论文的结构:目录、序言、导论、本论、结论、参考文献目录、后记

上述结构中,导论、本论、结论三部分构成论文的本体;目录、序言、参考文献目录和后记,是附属部分。最重要的当然是本体。一篇完整的学位论文,其本体由导论、本论、结论三部分构成。有没有特殊的?有特殊的。所谓特殊,无非是在一般结构基础上省略了其中的某个部分,或者省略结论,或者省略导论,但无论如何不能省略本论。如果以重要性为标准进行划分,则导论和结论属于组成部分,本论属于本质部分。例如一个人,头和躯干是本质部分,四肢是组成部分。没有手臂,甚至手脚都没有,不影响人这个事物的存在,仍然是人;但没有头和躯干,光有四肢就不成其为人。同理,省略了导论、结论,不影响学术论文的本质,但学术论文的完整性大大受到损害,专家作鉴定会写上一句:结构不完整。当然,学术论文不可能没有本论,假设没有本论,就不成其为学术论文。

可见,本论部分特别重要,答辩委员会成员评价学位论文结构合理不合理,注重的是本论部分。

下面对各部分作简要说明:

1. 导论

导论起什么作用？导论的作用在于引起读者的阅读兴趣。读者拿到一篇学术论文,通常好多万字、二三十万字,是否值得花费宝贵的时间,光看题目还难以判断,总是首先读导论,希望从导论的内容判断本文是否有阅读价值,是否值得花费时间阅读。

导论的内容,通常是交待课题,本文究竟要研究一个什么课题,这个课题的产生背景,说明作者为什么要研究这个课题,它有什么理论意义和现实意义。如果是博士论文,通常还要交待所采用的研究方法,交待论文的大体结构。

实例1:

博士论文:合同自由与公序良俗

第一章 导论

(一) 选题背景及意义

(二) 研究状况和文献综述

(三) 研究方法和主要内容

实例2:

博士论文:国际货物贸易中的补贴与反补贴法律问题研究

导论

(一) 本文研究的目的和意义

(二) 本文研究范围

(三) 素材选取与研究方法

(四) 体例安排

2. 结论

学术论文应当有结论,是学术研究的规律性决定的。学术研究是一个过程,有其始端和终端。导论是始端,结论是终端。结论表明一项科学研究的结束。同时,一项研究当有其研究结果。最终得到一个什么研究结果,应当在结论部分作出概括。如果还有遗留问题没有解决,也应在结论部分指出。

从学位论文答辩的角度讲,论文要经专家鉴定,写出评语。答辩委员会成员也要审读论文,写出评语。考虑到一篇博士学位论文通常二十多万字,甚至三十多万字,专家教授通常不可能一口气读完。总是读几页,放下了,又读几页,有什么事情又放下了。经过好多次才断续读完,读到末尾,前面的内容已经模糊、记不清了。不可否认,有的评定人因时间关系不可能读完全文,阅读了导论部分,翻阅、选读几个章节,然后就写评语。如果有一个结论,概括本文的研究结果、作者的基本学术见解、本研究结果的理论意义和实践价值,对于审定人作出总的评价有莫大的帮助。这对于论文最后能否通过答辩,有极重大的意义,切不可掉以轻心!

实例:

博士论文:合同自由与公序良俗

第六章 结论

(一)总结

(二)论文的基本观点

(三)论文的主要创新点

(四)论文的局限和不足

有的学位论文以立法建议代替结论,这大抵属于制度型选题,研究某一项法律制度,研究最后得到的基本学术见解或结论,表现为建议我国立法机关制定某一法律或对现行法作修改,并形成了立法或修改的基本设想甚至条文草案。另外,也有以结束语代替结论的。以立法建议代替结论,以结束语代替结论,不等于没有结论。省略结论,影响论文结构的完整性,完整性是合理性的一个方面,因此,没有结论将影响论文结构的合理性。

3. 本论

本论是一篇学位论文的本质部分,没有本论就不成其为一篇论文。就像没有头和躯干不能成其为人一样。本论的内容是研究过程的反映,应当写什么,自然不用我在这里说。这里只是介绍本论部分的结构安排。评价一篇论文的结构是否合理,主要是针对本论部分的结构是否合理。

(1) 本论部分的结构

大体上有五种:总分结构;三分结构;四分结构;编章结构;章节结构。

总分结构,实际是分为两个部分,称为总论与分论。实际上,是哲学上的"一般"与"特殊"、"共性"与"个性"的关系。有关本课题的一般理论、共同理论,在总论部分;然后分别研究本课题内部各特殊部分或特殊问题,叫做分论。实际是

"二分结构":总论、分论。然后总论再分为若干部分(章),分论再分若干部分(章)。如果将总论、分论作为两编,每编下分若干章,这就是"二分结构"加"编章结构"。有的博士论文,在总论、分论之前再设绪论,研究本课题的前提性的问题,作为另一个部分,称为绪论编,包括若干章。这样就变成"三分结构"加"编章结构"。可以说几乎所有的选题,都有总论与分论的划分,都可采用"二分结构"加"编章结构"。但是,如果属于一般理论、共同理论的内容太少,不足以再分为若干章,就会出现这样的情况:总论编只有一章,分论编包括若干章,显得不协调、不成比例。因此可不设编,直接采用"章节结构",第一章实际是总论,从第二章起实际是分论。下面举一些实例。

采"四分结构"的实例:

蒋新苗的博士论文:国际收养法律制度研究
第一编　导论,包括第一、二章;
第二编　国际收养中的国际私法问题,包括第三、四章;
第三编　国际收养法的统一化进程,包括第五、六章;
第四编　中国与国际收养法统一化进程,包括第七、八、九章。

须说明的是,第一编导论,内容实际是绪论。绪论是本论的一部,导论不是本论的一部。本文省略了结论。

采"三分结构"的实例1:

傅静坤的博士后论文:契约冲突法论
第一部分　契约冲突法的基本原则和规范,包括第一、二章;
第二部分　统一国际契约实体法与统一国际契约冲突法,包括第三、四章;
第三部分　区际契约冲突法,包括第五章。

(本文省略了结论)

采"三分结构"的实例2:

沈涓的博士论文:中国区际冲突法研究
第一编　中国区际冲突法的历史与现状,包括第一至三章;
第二编　中国区际冲突法的方法与规则,包括第四至五章;

第三编 中国区际法律关系冲突的调整,包括第六至十一章。

(本文省略结论)

(2) 总分结构

这种结构最为常见,通常先划分为总论与分论两大部分,然后各部分再分若干章;或设总论编、分论编,然后各编再分若干章;或不设编,总论作为第一章,分论分为若干章。实际是总分结构加编章结构。多数博士论文、硕士论文采用这样的结构。

实例:

肖厚国的博士论文:物权变动研究

(导论)

第一章 物权变动的基本理论

第二章 物权变动的立法主义(一)

第三章 物权变动的立法主义(二)

第四章 不动产物权变动的公示(一)

第五章 不动产物权变动的公示(二)

第六章 动产物权变动

第七章 善意取得

第八章 取得时效

(结束语)

本论实际上分为"总论"与"分论"两大部分,"总论"再分为"物权变动的基本理论"(第一章)与"物权变动的立法主义"(第二、三章)两部分;"分论"分为"积极的物权变动"与"消极的物权变动"两部分,其中"积极的物权变动",再分为"不动产物权变动"(第四、五章)与"动产物权变动"(第六章)两部分;"消极的物权变动",再分为"善意取得"(第七章)与"取得时效"(第八章)两部分。属于典型的"总分结构+章节结构"。

不合理的结构:

如果本论分为两大块,下面不再划分章节,或者本论仅有两章,属于单纯的二分结构,应当认为结构不合理。为什么这样的结构不合理?首先是不合习惯。

其次是美学上的考虑。一篇论文,前面一个序言,后面一个结语,本论部分就两章,第一章、第二章。如果序言、结语都省略了,一篇论文就两块,第一部分,第二部分,或者第一章、第二章,这不好看。要进一步追问为什么?也难以回答。可能是太呆板。下面举实例。

实例1:

硕士论文题目:作者精神权利性质探讨

第一部分　概述

第二部分　作者精神权利性质探讨

论文前面没有导言,后面没有结论,本论就两部分,很不合理。

实例2:

一篇硕士论文

序言

第一章

第二章

结语

前有一个序言,后有一个简短的结语,中间本论部分就两章,属于结构不合理。

(3) 关于切题

关于本论的结构,无论采取哪一种结构模式,其共同的要求是:紧扣题目,亦即我们平常所谓"切题"。这主要从每部分的标题来体现。

从上引博士论文的结构,我们看到,每一个标题,都紧扣住题目。如物权变动研究一文,第一至第六章的标题都有"物权变动"一语,第七、八两章的标题虽然没有"物权变动"四个字,但"善意取得"和"取得时效"是物权变动的具体形式。可见,所谓切题,所谓紧扣题目,往往通过在本论各部分标题中"反复出现"论文题目中的"关键词语"来体现。反之,如果本论各标题与论文题目无关,找不到论文题目的关键词语,我们就会觉得不切题,没有紧扣题目。下面举例。

实例1:

博士论文题目:论私法对国际法的影响

第一章 万民法与国际法

第二章 人或主体

第三章 领土主权与所有权

第四章 条约与契约

评论：

在各部分标题中，没有出现论文题目中的关键词语"私法"和"国际法"。从各部分的标题，读者很难理解该部分内容与题目间是否有密切的关联。这就是没有紧扣题目，或者说不切题。

实例2：

博士论文题目：现代商人法研究

其本论分三章：

第二章 现代商人法产生和发展的历史过程

第三章 现代商人法的适用及其法律效力

第四章 现代商人法与冲突法及国际仲裁法的完善和发展

评论：

题目中的关键词语是"现代商人法"，我们看到本论部分每一个标题都重复"现代商人法"一语，使读者觉得各部分内容与题目的关系非常紧密，扣得很紧，这就叫"切题"。

(4) 小结

从上述本论部分的结构安排，我们可以看到，博士论文采用总分结构加编章结构，或者采用章节结构的最常见，这类结构安排系以"章"为单位，硕士论文也以章节结构最常见，也有的用"部分"为单位，"部分"下面以一、二、三、四为序。是否可以作出这样一个判断：

无论以"章"或"部分"为单位，本论部分所划分的单位至少应在三个以上，内容不少于三章或三个部分。否则，就叫结构不合理。

(5) 逻辑关系

以上仅指对结构安排的形式要求。在此基础上，还有对逻辑性的要求。指本论部分的结构安排要具有一定的逻辑关系。大体有下面三种逻辑关系：第一种总分关系;第二种并立关系;第三种递进关系。

第一种:总分关系

关于本课题的一般性问题、一般理论、基本理论、基本原则的内容,属于总论。特殊问题、特殊理论、具体制度、具体问题、构成条件、实际运用等内容,属于分论。总论与分论之间,是一般与个别、普遍与特殊的关系,通常总论部分应当在前,分论部分应当在后。无论采用总分结构或者编章结构、章节结构,都要求总论与分论有清晰的界限,不能混淆,总论内容写完再安排分论,分论部分不能插入总论的内容,不能颠倒顺序,一般不能先分论后总论,应当先总论后分论。

其规则是:先总、后分。

第二种:并列关系

如果采用总分结构,总论部分与分论部分,已具有并列的意义,总论下面的各章、分论下面的各章,也可以是并列的关系,即各章的内容应当处在同一层次。采用编章结构,各编的内容可以是并列的关系,例如绪论编、总论编、分论编,编下面的各章可以是并列关系。

其规则是:位阶同一

实例1：

肖厚国的博士论文:物权变动研究

第一章　物权变动的基本理论

第二章　物权变动的立法主义(一)

第三章　物权变动的立法主义(二)

第四章　不动产物权变动的公示(一)

第五章　不动产物权变动的公示(二)

第六章　动产物权变动

第七章　善意取得

第八章　取得时效

其结构属于典型的并列关系,而且是多层次的并列关系。第一个层次是总论(第1、2、3章)与分论(第4、5、6、7、8章)的并列;第二个层次是总论下面物权变动的基本理论(第1章)与物权变动的立法主义(第2、3章)的并列,分论下面积极的物权变动(第4、5、6章)与消极的物权变动(第7、8章)的并列;第三个层次是不动产物权变动(第4、5章)、动产物权变动(第6章)、善意取得(第7章)、取得时效(第8章)的并列。

实例2：

杨松的博士论文：国际货币基金协定研究

本论分五章：

第四章　国际收支平衡的法律制度研究

第五章　国际储备的法律制度研究

第六章　汇兑安排国际法律制度研究

第七章　外汇管制法律问题研究

第八章　基金协定的监督与磋商机制研究

其结构也属于典型的并列关系。

第三种：递进关系

采编章结构，在一编之下的各章可以是递进关系。采章节结构，各章之间也可以是递进关系。章下面的节，也可以是递进关系。就一篇博士论文而言，可能各编之间是并列关系，各编下面的章是递进关系，或者总论编下面的各章是并列关系，分论编下面各章是递进关系。或者采总分结构不设编，总论仅一章，从第二章开始是分论，分论各章是递进关系。至于章下面的各节之间的关系，当然可以某些章下面的各节之间是并列关系，某些章下面的各节之间是递进关系。

这里有一个要求，某编下面的各章，或者某章下面的各节，如果采递进关系，就一定是递进关系，不能混淆。不能出现这样的情况，一编有五章，其中一、二、三、五章显然是递进关系，中间第四章与各章不构成递进关系，或者一章下面若干节，其中几节似乎是递进关系，中间又有几节似乎是并列关系。

递进关系有三种不同形态：时间上的递进关系、空间上的递进关系、纯粹逻辑上的递进关系。

第一，时间上的递进关系。

时间上的递进关系，是指在时间上由远到近，先从该制度的历史说起，从古罗马法说起，中世纪有什么变化，近代有何发展，直到现在的现状，实际是采历史研究方法。法制史研究论文，大体体现这样的递进关系。在部门法，例如民法硕士、博士论文中，也常常采用历史研究方法，因此在论文的某个部分会反映时间上的递进关系,通常在绪论或总论部分,或者某一章下面的节,不大可能一篇民法论文各章之间都反映时间上的递进关系。

这种递进关系,要求严格按照时间的先后顺序,如果出现时间先后顺序的错乱,就叫层次不清、逻辑混乱。

其规则是:时间愈早愈在前,时间愈近愈在后。

第二,空间上的递进关系。

此所谓"空间"实际上包括两种情形:一是地域上的空间;一是抽象的空间。无论属于地域上的空间,或者抽象的空间,都要求"由外到内",先讨论外部的问题,后讨论内部的问题。先研究外国的制度、发展、经验教训,再讨论本国的制度、发展、构成、适用、存在问题及对策等;或者先讨论该制度的外部关系,产生原因、背景、哲学思想、政策取向、功能等,然后进入该制度内部,讨论其构成要件、法律效果、解释适用等。

空间上的递进关系,要求区分内外,先外后内。如果外部问题未讨论完就进入内部问题的讨论,中途再反过来讨论外部问题,或者一开始讨论本国制度,中间突然插入外国制度的探讨,然后再回到本国制度的研究,就叫层次不清、逻辑混乱。

其规则是:先外、后内。

第三,纯粹逻辑上的递进关系。

所谓纯粹逻辑上的递进关系,是指在逻辑上由抽象到具体。先从概念、定义说起,解释其含义,探讨其内涵、外延,确定其适用范围,分析适用条件、法律效果。通常采用法律解释学的研究方法,就反映这种递进关系。要求符合从抽象到具体的逻辑顺序,愈抽象的问题愈在前,愈具体的问题愈在后,否则就叫层次不清、逻辑混乱。

其规则是:愈抽象愈在前,愈具体愈在后。

实例:

硕士论文:最高额抵押权研究

第一部分　最高额抵押权的意义

第二部分　最高额抵押权的历史演进

第三部分　最高额抵押权的设定

第四部分　最高额抵押权的效力
第五部分　最高额抵押权的确定
第六部分　最高额抵押权的消灭

其第一、二部分属于总论;第三至第六部分属于分论。其分论的结构显然符合纯粹逻辑的递进关系。

须注意的是,在一篇论文中,尤其是长篇专题研究论文、硕士论文、博士论文,不是只反映一种递进关系形态,可能某一编、某一章内部是时间上的递进关系,另外的编、章内部是逻辑上的递进关系。

关于本论部分的逻辑关系,还有一个要求是要有重点,避免等分式、无重点、面面俱到和过分枝蔓。我上研究生的时候,研究生院院长温济泽教授作报告,讲到学术论文写作多次引用前人的诗句:"删繁就简三秋树,领异标新二月花"。前一句就是指,文章的结构,要避免过分枝蔓,要突出重点。

下面举不合逻辑的实例:

实例1:

硕士论文:著作权若干问题研究

一、著作权的成因、发展和不同制度比较;

二、我国著作权制度的历史、现状和立法构想;

三、著作权若干问题的具体探究。

评论:

问题在于逻辑关系混乱,第一部分的成因、发展、不同制度比较与第二部分的历史、现状是重复的;立法构想应该在整个研究完成之后提出,却安排在第二部分,全部研究未完成,尤其对著作权的若干基本问题还未研究清楚,就提出立法构想,也不合逻辑。

实例2:

硕士论文:论新闻侵权为题的硕士论文

第一章　新闻侵权概述
第二章　新闻侵害名誉权的民事责任
第三章　新闻侵害隐私权的民事责任

第四章　新闻侵害肖像权的民事责任
第五章　新闻侵权民事责任主体
第六章　新闻侵权损害的救济方式

评论：

问题在于总分颠倒，第二、三、四章属于分论，却安排在前面，第五章新闻侵权的责任主体和第六章救济方式应当属于总论，却安排在后面。

实例3：

硕士论文：论企业集团的法律地位

企业集团产生的客观必然性；

企业集团的概念；

企业集团的类型及其规范化；

企业集团的法律地位是由其内外关系决定的；

问题与对策。

评论：

问题是各部分逻辑关系混乱。连什么是企业集团都未介绍，一开头就讲客观必然性，不合思维习惯和逻辑。思维习惯和逻辑是，先讲"是什么"，再讲"为什么"。概念属于"是什么"，本应当在前面，却安排在第二部分。客观必然性属于"为什么"，本应当在后面。第四部分是一个完整的句子，与标题不合，标题不能是句子，再说也与其他部分不协调。

实例4：

硕士论文：论时效制度

一、对时效制度的历史考察

二、关于消灭时效效力的探讨

三、我国民法是否需要设立取得时效制度

四、对完善我国民法时效制度的设想

五、时效完成后义务人的履行

六、除斥期间

评论：

同样逻辑混乱,第三、四部分交叉、重复,层次不清,第六部分除斥期间属于课题之外的问题。

实例5：

硕士论文：论民法的缔约过失责任

一、缔约过失责任的由来

二、缔约过失责任的几个基本理论问题

三、英美法系的缔约过失责任与非合同义务

四、缔约过失责任的新发展与合同预备性文件的效力

五、我国缔约过失责任的理论与实践

评论：

存在的问题是逻辑混乱："缔约过失责任"是否包括英美法系的缔约过失责任？如果回答是肯定的,则何以单独论及英美法系的缔约过失责任,而未专门论及大陆法系的缔约过失责任？如果回答是否定的,即缔约过失责任仅指大陆法系的制度,则何以在研究过程的中间,突然提出英美法系的缔约过失责任问题？

实例6：

硕士论文：保证责任研究

一、保证责任的成立；

二、保证责任的性质；

二、保证责任的范围；

三、保证责任的方式；

四、保证责任的期间；

五、保证责任的消灭。

评论：

相对而言,成立、范围、方式、期间、消灭都是具体的,唯性质是抽象的。而将性质安排在成立之后、范围等之前,违背了"愈抽象愈在前"的规则,造成逻辑混乱。如果在前面设一个部分：保证责任概述,在其中论及责任性质,就合乎逻辑了。

实例7：

硕士论文：融资性租赁合同研究

一、融资性租赁合同的概念及特征；

二、融资性租赁合同的订立及条款；

三、融资性租赁合同的担保；

四、融资性租赁合同责任。

评论：

按照思维的逻辑习惯，一提到合同的订立，马上会想到合同的生效、合同的履行，这也正是事物本身的逻辑。但本文在论及订立之后，却未论及合同的生效、合同的履行等问题，而仅研究合同的担保。其逻辑难谓合理、严密。

实例 8：

硕士论文：论农地承包经营权

第一部分　农地承包经营权的基本特点和主要缺点

第二部分　农地承包经营权的革新（一）

第三部分　农地承包经营权的革新（二）

第四部分　他国（地区）农地使用制度与农业发展的经验介绍

第五部分　农地承包经营权规范化建构的制约因素及其发展态势

分析

第六部分　农地承包经营权目标模式的建构

评论：

问题是，先讲中国，后讲外国，最后再来讲中国，违反先外国后本国的空间上的递进关系。逻辑关系是混乱的。

实例 9：

硕士论文：加害给付研究

第一章　德国法中的积极侵害债权

第二章　中国法的加害给付

第三章　加害给付的构成要件及法律效果

第四章　民事责任竞合概述及责任比较

第五章　外国民事责任竞合处理

第六章　中国法的责任竞合

评论：

问题是题目确定的研究范围不能涵盖第四、五、六章的"民事责任竞合"，各章之间逻辑关系不清。

实例10：

硕士论文：我国合同解除制度立法研究

第一章　关于合同解除的历史考察

第二章　我国现行合同法关于合同解除的规定及其问题

第三章　合同解除的概念和意义

第四章　解除权的性质、种类与发生原因

第五章　行使法定解除权的原因

第六章　行使解除权的方法

第七章　合同解除的效力

第八章　合同解除权的消灭

评论：

问题主要是第二章"我国现行合同法关于我国合同解除的规定及其问题"，本应当安排在本文最后予以分析并提出对策建议，却安排在第二章，不符合逻辑思维顺序和习惯，破坏了其他各章从远到近、从抽象到具体的递进关系。

(6) 对各部分标题的要求

第一项要求：标题应当是名词或名词性短语，不能是一个句子

第二项要求：标题只确定本部分的研究对象，不表达作者观点

第三项要求：标题应明确、简短而忌冗长

第四项要求：标题应当出现题目中的关键词

第五项要求：同一层次的各标题应相互协调

实例1：

博士论文：荷兰国际私法研究

第一章　荷兰国际私法概述

第二章　荷兰与国际私法统一化

第三章　荷兰国际私法法典化编纂

评论：

我们看到各章的标题，都是名词性短语，而不是句子，符合第一项要求；各标题只是确定本章研究对象或范围，而不表达作者观点，符合第二项要求；各标题符合明确、简短而不冗长的第三项要求；论文题目中的关键词，亦即"动宾结构"中的名词"国际私法"，在各章标题中重复出现，这也就是所谓"切题"，符合第四项要求；各标题结构、长短比较协调，符合第五项要求。

再看其中第一章下面的各节：

第一节　荷兰国际私法的概念
第二节　荷兰国际私法的渊源
第三节　荷兰国际私法的性质
第四节　荷兰国际私法的历史发展

同样符合关于标题的五项要求。

实例2：

博士论文为例：责任保险论
第一章　责任保险概述
第二章　责任保险的分类
第三章　责任保险合同
第四章　责任保险人的给付责任
第五章　责任保险的第三人
第六章　（责任保险的）抗辩与和解的控制
第七章　责任保险人的抗辩义务
第八章　责任保险与再保险

评论：

同样符合上述五项要求。须补充的是，在章节标题设计上，可能出现在一个标题中有两个名词性短语，亦即一个章、节可以有两个或三个研究对象。在节以下层次的标题，第三项要求，可以不像章、节（特别是章）那样严格。再就是，有的论文章标题似未重复论文题目中的关键词，而直接采用论文题目关键词的下位概念，以作为各章标题的宾语短语。

实例3：

博士论文为例：国际货币基金协定研究

第四章　国际收支平衡的法律制度研究

第五章　国际储备的法律制度研究

第六章　汇兑安排国际法律制度研究

第七章　外汇管制法律问题研究

第八章　基金协定的监督与磋商机制研究

评论：

实际上可以认为，各章标题中省略了论文题目中的关键词"国际货币基金协定"：

第四章　（国际货币基金协定中的）国际收支平衡的法律制度研究

第五章　（国际货币基金协定中的）国际储备的法律制度研究

第六章　（国际货币基金协定中的）汇兑安排国际法律制度研究

第七章　（国际货币基金协定中的）外汇管制法律问题研究

第八章　（国际货币）基金协定的监督与磋商机制研究

不适当的实例1：

博士论文：论私法对国际法的影响

第一章　万民法与国际法

第二章　人或主体

第三章　领土主权与所有权

第四章　条约与契约

评论：

问题是不符合关于标题的第三项要求：各章标题中没有出现论文题目中的关键词，因此给人的印象是不切题。如果对各章标题的文字作一些调整，效果就会不同：

第一章　万民法与国际法

第二章　私法主体与国际法主体

第三章　私法所有权与国际法领土主权

第四章　私法契约与国际法条约

不适当的实例2：

硕士论文：论物权立法

其第三部分　我国现实历史条件下物权立法之必要性研讨

第一节　建立我国完整统一的物权制度是马克思所有权理论的必然要求

第二节　建立完整统一的物权制度是我国现经济基础的客观要求

第三节　建立完整而统一的物权制度是我国现实司法实务更有利于保护公民法人的合法权益的客观要求

评论：

存在的问题是，标题不是一个名词性短语，而是一个完整的句子，违背第一项要求；不是确定各节研究对象、研究范围，而是直接表达作者观点，违背第二项要求；各标题十分冗长，第三节标题长达41个字，显然违背第四项要求；第一节标题"建立我国完整统一的"，第二节标题"建立完整统一的"，第三节标题"建立完整而统一的"，甚不协调，违背第五项要求。

如果作下述调整，效果将会改观：

第一节　从马克思所有权理论看我国物权立法

第二节　从现实经济基础看我国物权立法

第三节　从公民法人合法权益保护看我国物权立法

4．结语

硕士论文、博士论文的结构，除导论、本论、结论三部分外，前面必须有目录，还可以有序言。后面必须有参考著作目录，可以再写个后记。后记的内容没有一定之规，通常是致谢及发感慨。

第三部分　资料、见解、文章与社会责任

关于学位论文的写作方法，前面讲到，一篇学位论文包含以下要素："选题"；"资料"；"结构"；"方法"；"见解"；"文章"；"社会责任"。称为学位论文的"七要

素"。其中,选题和结构,前面已经讲过。这里讲另外四个要素:"资料";"见解";"文章"和"社会责任"。还有一个要素,即"方法",留待以后再讲。

(一)学位论文的资料

前文已经谈到,社会科学研究,尤其法学研究,主要是文本研究。文本,在这里表现为各种资料,首先是法律文本,即各种立法文件,法律法规;其次是司法文本,包括最高法院发布的解释性文件和判例;当然还有法学文本、著作、论文。所谓法学研究,主要就是对这些文本作研究。

可见,资料是研究的前提条件,没有资料,资料不足,怎么能够得出高水准的研究成果,怎么能够写出高质量的学位论文?因此,前文谈选题时,要求考虑是否有可能获得充足的资料。

我们的学位论文在专家审定、写评语时,有一项评审内容就是资料是否丰富、翔实。可见,资料不仅是研究的前提条件,也是学术论文的一个要素。

1. 第一项要求:有充足、翔实的资料、新的资料

"充足"是指数量,资料的数量丰富,可以减少研究结果的片面性。"翔实"是指真实性和直接性,资料虽多,但不真实,错误百出,或者都是间接资料,并且翻译、转述不准确,怎么能够保障研究结果的正确性?还有资料的"新旧"问题。旧的资料,尽管真实、直接,已经过时,与实际情况不符,据以进行研究,得出的结果肯定不正确。因此,要求直接的、第一手的资料,要求新资料。硕士学位论文和博士学位论文,一定要有相当的外文资料。

现在常见的问题之一:资料贫乏。

不少学位论文,选题不错,文笔也很好,但没有什么资料。没有资料,文中的一些观点、学术见解、结论是怎么得出的?现在有一种倾向,读的书不多,写的书不少,光见产出,不见投入,单靠自己思考。这样的研究成果究竟有多大价值?给你的感觉,大本大本的著作,长篇长篇的论文,就像沙滩上的一座座高楼。

常见问题之二:资料陈旧。

例如,有一本书叫《英吉利法研究》,日本宫本英雄著,骆通翻译,20世纪30年代出版,当时就被批评为已经过时,到90年代,还在引用。再如,《国际比较法百科全书》,60年代的资料,70年代成书,许多内容到80年代就已经过时。以"产品责任"为例,六七十年代各国都在摸索进行改革的方向,因此《国际比较法百科全书》关于产品责任的资料反映了当时的情况,似乎过失推定责任是改革的方向。但实际上80年代严格责任(无过错责任)已经席卷全球,我们90年代写文章引用这部分资料,就不能反映产品责任制度的真实情况。再如50年代翻译的苏联的法学著作,成书于40年代,反映当时斯大林的经济思想和经济体制,到了80年代、90年代,作为正面的资料引用来作为我们的理论基础,就有问题。

常见问题之三:硕士、博士学位论文没有外文资料。

没有外文资料,不仅影响论文的质量和水准,而且不符合硕士、博士的标准。硕士要求掌握一门外语,博士要求掌握两门外语。你的学位论文没有引用任何外文资料,表明你不懂外语,不够硕士、博士的条件。有这样的例子,一篇博士学位论文,未使用任何外语资料,答辩委员会通过了,学位委员会不予通过。

2. 第二项要求:注明所引用资料的出处

这就是注释,可采脚注或尾注。

为什么要求注明出处?

首先,是为了增强论文的说服力,告诉读者本文不是凭空产生,不是玄想的结果,而是科学研究的结果,是有根有据地、扎扎实实地进行科学研究的成果,使读者产生信任感。没有注解,尽管文中的道理讲得头头是道,妙笔生花,但读者不信任。

其次,是学风问题。所谓实事求是的学风,所谓严谨的学风,要求在论文中注明所引用前人、别人的理论观点,哪些观点是别人的,哪些观点是你的,哪些理论是前人的成就,哪些问题上你做出了自己的贡献?如果没有注释,似乎全是你自己思考的结果,且不论这种结果是否值得信任,这种做法就有剥夺别人的劳动成果、贪天之功为己有的嫌疑。

最后,是法律问题,涉及著作权法,如果不注明出处,将构成侵权行为。现在著作中抄袭的现象很严重,将别人的文章大段大段的抄入,不注明出处,近年在博士学位论文中也严重存在。

《中华读书报》上经常发表揭露抄袭的文章:1996年11月20日第2版,发表杨玉圣的文章《博士论文与文抄公》,举了两个实例。一是中国社会科学院研究生院的一篇博士论文《论美国国际地位的历史趋向》,抄袭本院美国研究所研究员杨达洲先生的论文;二是山东大学的一篇博士论文《现代化战略与模式选择》,抄袭北京大学历史学系教授罗荣渠著《现代化新论》。今年《中华读书报》披露复旦大学知名教授张汝伦抄袭事件,成为新世纪最大的新闻,影响很大。

3. 第三项要求:有参考文献目录

(二) 学术见解

1. 学术见解的意义

学术论文要素之一的学术见解,指作者自己的思想、主张、观点。答辩委员会或评定人评价一篇学位论文,一个重要内容是,作者是否有创造性的学术见解。

《汉语写作学》指出:学术论文的独创性,并不是要求论文中提出的见解是空前绝后、绝无仅有的,而是指在论文所研究的范围内,要有真知灼见,有独立看法,绝不人云亦云,单纯重复前人的发现(第418页)。

如果被评价为缺乏创造性的学术见解,该论文是否能够通过就成了问题。可见学术见解的重要性。没有作者自己的学术见解的论文,实际上等同于资料。

2. 学术见解的分类

学术见解区分为:一般学术见解;基本学术见解。

所谓一般学术见解,是指论文中所涉及的各种不同观点、不同主张、不同学说,作者所作取舍和表态,作者自己所赞同、所采取、所提出的观点、主张、学说。其中,作者自己提出的观点、主张、学说,就是创造性学术见解或独创性学术见解,体现作者的科学研究能力和学术水准。

所谓基本学术见解,是指一篇学术论文所表达的作者的基本思想,平常称为主题思想。一篇硕士论文或者博士论文,究竟表达一个什么思想?例如一篇研究人民陪审员制度的论文,探讨了人民陪审发员的概念、人民陪审员制度的产生、发展,与大陆法国家、英美法国家陪审制的异同,当前存在的问题,最终作者要有一个总的表态,是断定人民陪审员制度符合现实的需要,应当予以保持并进一步完善,或者认为人民陪审员制度已经不适应现实的需要,主张予以废弃。这就是基本见解。

3. 如何表述一般学术见解?

大致有四种方法:

第一种:采通说。通说、多数说,指多数学者所赞同的观点、主张,自有其相当的真理性和说服力。作者表示赞同通说,在方法上应当先列举不同的学说,指出其中某一种学说是通说,作者赞同之,即可。无须陈述什么理由。

第二种:从新说。事物有新旧之别,新事物较之旧事物,一般说来有其合理性。学术观点也是如此,新说相对于旧说,一般说来有其合理性和说服力。作者在论文中列举不同学说之后,仅指出何者为新说,何者为旧说,表明作者赞同新说即可。也无须陈述什么理由。

第三种:择善而从。作者在列举不同学说之后,还须依次列举各说的根据和理由,然后对各种学说进行评说,指出各说的优点与缺点,最后采纳其中最优者。采用这种方式表述自己的学术见解,不仅需要有扎实的理论基础和广博的知识,还要具有相当的思辨能力。这种方式表述的学术见解,区别于采通说、从新说的随大流、人云亦云,应当被评价为具有一定的创造性。

第四种:自创新说。作者对于已经存在的学说均不采取,而自己提出一种新的学说。不仅要求列举现有的各种学说,列举各种学说的根据和理由,对各种学说的根据和理由进行分析批评,指出各种学说的理由均有不足,各种学说均存在难以克服的缺点,均不足采,然后提出作者自己的新说。作者提出的新说,要真正属于前人所未曾提出过,否则不能成立新说。还要对自己的新说进行论证,举出充分的根据和理由证明其可以成立,并进一步指出自己提出的新说能够兼有现在的各种学说的长处,回避现在各种学说的短处。可见采取这种方式表述学术见解最难。

尤其像民法学这样具有悠久历史的学科,其传统制度、传统理论何止经过成千上万的大脑的思考研究,已经存在各种各样的不同学说,要自创新说,难乎其难。但是,也不是绝对没有可能。一个法学学科,内容何其繁杂,总会有一些课题前人研究不够,特别是随着社会的发展、进步,会产生各种各样的新问题,就是一些老的制度和理论,也可能有重新检讨的必要。尤其我国,这套法律制度引入不过一百年,中间又有长期中断,改革开放恢复法学教育和理论研究不过二十年,没有研究过、值得研究的问题还很多,加之社会经济转型,导致价值观的变化,过去的许多学说有必要重新检讨,即使发达国家的立法经验和研究成果,也还要考虑是否符合中国的国情。因此,为学术研究创立新说提供了可能性。

上述表述学术见解的四种方法,在一篇学术论文中往往交替采用。如果一律都是采通说、从新说,将被评价为缺乏创造性见解,大大影响论文的学术水准。只有运用了第三、第四种方法,才会被评价为具有创造性见解或有独创性见解,但要都采用后两种方法,又不大可能。关键在选题、作者的基础和作者的思维能力。

4. 从什么地方找某种学说的根据和理由? 从什么地方找它的优点和缺点

某种学说的根据、理由和优点,应当从该种学说的首倡者和赞同者的著作中去找;该学说的不足和缺点,应当从该学说的反对者和批判者的著作中去找。

学术的规律性的现象是,提倡某种观点、主张、学说,总是尽其可能地陈述其根据、理由,举出其可能的优点,反对某种观点、主张、学说,总是尽其可能地否定其根据、理由,揭发其缺点。

5. 法学研究的难题

在将不同的各种学说的根据、理由、缺点都找到、列举出来之后,再由作者进行比较、分析,作出判断:何种学说根据、理由较充分、有说服力,何种学说根据、理由不足,存在难以克服的缺点,然后决定采取哪一种学说,也就容易了。

法学与自然科学的区别:其一,不可计量、不可检验、不可实验。平常说,实践是检验真理的标准。但所谓实践,不是一时、一地、一人或数人的实践,而是指整个人类社会或者一个、几个国家的几代人长时期(数十年上百年)的实践。与自然科学的实验、检测、计量、计算不同。其二,研究者身在研究对象之中,不能不受自己的感情、经历、知识背景、价值取向的影响,难以做到绝对的客观性。往往同一个问题有截然相反的看法、观点、理论、学说,所谓"公说公有理、婆说婆有理"。不仅如此,甚至同一位学者,对同一个问题,也可能有截然相反的观点。今天这样说,明天那样说,或者在某一场合这样说,在另外的场合那样说。这就造成法学研究的困难。

6. 独立思考、独立判断

"独立",指不迷信书本、老师、权威;要经过自己的思考,才能转化为自己的知识,不能靠死记硬背。"思考",指不盲目相信,由自己进行一番分析、考察。对于张三的某种观点,首先要"思考":他所持的理由是否充分,是否有说服力,是否能够自圆其说。其次要"思考":张三持这种观点有没有深层次的理由,与历史条件、时代背景以及张三个人的社会地位、学历、师承有什么联系? 还要"思考":张三发表这一观点,是在何种场合?是针对现行法所作的解释(解释论),还是对法律将来的修改所作的建议(立法论)?等等。

判断的标准? 在进行独立思考的基础上,还要进一步作出自己的判断:赞成或者不赞成,赞成何种观点。这就是在"独立思考"基础上的"独立判断"。"独立思考、独立判断",关键在"独立判断"。而"独立判断"的关键,又在于:以什么作为判断标准? 概而言之,可以作为判断标准的,有两类"知识":一类是"基本原理",包括并不限于法律基本原理;另一类是"社会生活经验",亦即平常所谓"常理、常情、常识"。

例如,近年关于开办酒醉开车交通事故保险,在新闻媒体上发生激烈争论,有"赞成"与"反对"两派截然相反的观点。先看"赞成派"的主要理由:第一,认为符合合同自由原则;第二,认为法律并无禁止性规定,法律未予禁止的行为,即为合法;第三,认为开设此项保险,对受害人有利。其第一项理由和第二项理由,均属于以法律"基本原理"作为判断标准;第三项理由,即认为对受害人有利,系以"社会生活经验"作为判断标准。

再看"反对派"的主要理由:第一项,认为酒醉开车是违法的,违法行为不能投保。这是以保险法"基本原理"作为判断标准。第二项,如果酒醉开车可以投保,则杀人、放火也可以投保。这是采用"类似问题同样处理"的"类推法理",亦属于以"基本原理"作为判断标准。第三项,认为开设此项保险,将造成交通事故增多。刚开办这种保险,对于所产生后果并未作调查统计,何以见得会导致交通事故增多? 显而易见,论者是以"社会生活经验"作为判断标准。

以"基本原理"作为判断标准,学术上的论辩大多如此,无须特别说明。而以"社会生活经验"作为判断标准,系由法律的社会性所使然。因为,法律既然是社会规范,就应当与社会一般人的生活经验相符。法律上和法学上的争论和是非,可以"社会生活经验"作为判断标准,是笔者根据自己和前人的学术经验总结出来的。此前似未受到足够的重视。

在学术研究中,以"社会生活经验"作为判断标准的实例:

实例1:
王泽鉴先生对物权行为无因性理论的批判:"此项制度违背生活常情,例如现实买卖,一手交钱,一手交货,当事人多认为仅有一个交易行为,但物权行为无因性之制度将此种交易割裂为一个债权行为,两个物权行为,与一般观念显有未符。"(《民法学说与判例研究1》,第267页)王先生所谓"生活常情"、"一般观念",就是"社会生活经验"。

实例2:

王泽鉴先生对台"最高法院"1972年台上字第200号判决的批判。该判决认为当事人间存在法律关系,如契约关系,即无成立侵权行为之余地,从而否认被害人基于侵权行为而生之损害赔偿请求权。王先生批驳说:"在医生手术疏忽致人于死之情形,判决认为死者父母不能依侵权行为之规定,主张第194条(侵权行为)之请求权,医生仅应负债务不履行责任。病人既死,人格已灭,自无从主张契约责任;死者之父母非契约当事人,当无请求权,似无人可向医生追究民事责任矣!如此,当事人间若有法律关系存在时,在履行义务之际,尽可致人于死,而不负民事责任,违背常理,甚为显然,质诸'最高法院',其以为然否?"(《民法学说与判例研究1》,第388—389页)王先生所谓"常理",亦即"社会生活经验"。

补充说明,采取上述四种方法,均符合平常所说"持之有故"的要求,但均采前两种方法,不得谓有创造性见解。

7. 关于基本见解

所谓基本见解,即写作学上所谓"主题"。

《写作学教程》指出:"主题"一词源于德语,原指乐曲中的主旋律,翻译之初,用在文学艺术创作中,用以指各种作品所表现的中心思想。文章的主题,是文章的全部内容所表达的基本思想。记叙文、说明文的主题,人们习惯称之为主题思想或中心思想;议论文的主题,称之为中心论点或基本论点(第14页)。

主题,亦称命题、立意、立论、意旨。

唐弢著《文章修养》指出:旧时文人在谈到文章作法的时候,有所谓立意和命题,是专谈作者怎样来表现自己的思想和意见的,这正和现在的所谓主题差不多(第92页)。

《汉语写作学》指出:文章的立意,又称意旨、主题,它是作者的写作目的和意图、作者对客观事物的判断和态度在文章中的体现。清代戏曲理论家李渔说:

"古人作文一篇,定有一篇之主脑。主脑非它,即作者立言之本意"。叶圣陶讲得更直接,他说:"写一篇东西总是为了一个目的,这个目的或者是很大的,包括许多部分;或者是一个很简单的目的,一个小目的。总之,是为了一个目的,普通的说法叫主题"(第11页)。

刘南平博士在《法学博士论文的"骨髓"和"皮囊"》一文中说:法学博士论文应该有命题在西方是一项普遍性的要求(《中外法学》2000年第1期,第101页)。我认为,有必要补充一句:文章(不限于法学博士论文)应该有命题,在中国同样是一项普遍性要求。

前已述及,学位论文的基本见解,是指作者通过本课题的研究所得出的基本观点,本论文所要告诉读者的主题思想。如果没有基本见解,就不成其为学术论文,作者所作的全部工作将沦为资料的整理工作。一个研究课题进行到最后,一篇学术论文写到结尾,照理自然会形成、产生其基本见解。作者只是将其表达出来罢了。

但在某些学科、某些课题的研究中,可能发生某种风险,例如,得出的基本见解与传统、通说相反,甚至与占支配地位的、受到政治、政策支持的学说相冲突,可能被视为异端邪说,可能招致某种不利的后果。这对作者能否坚持科学的、实事求是的精神是一个考验。

鲁迅有一篇杂文,题目叫《立论》,讲一个学生向先生求教如何立论,相当于我们说的表达基本见解,先生讲了一个故事:一家生了个儿子,满月抱出来见客,第一个客人说这孩子将来一定要发大财的,第二个客人说这孩子将来一定要当大官的,第三个客人说这孩子将来是要死的。说一定要发大财、做大官明明是谎言,却得到主人的感谢和热情款待,说孩子将来是要死的明明是真理,却遭到一顿痛打。学生问,我不愿说谎,也不愿挨打,应该怎么说?! 这就是人文社会科学学者所面临的难题。因此,我们从现在的出版物中常常看到不少论文基本见解陈腐,或者追赶、迎合某种需要,或者缺乏基本见解。

中国社会科学院研究生院前院长温济泽教授,经常用来勉励学生的前人诗句:"删繁就简三秋树,领异标新二月花"。前一句是讲学术论文的结构,后一句就是讲学术论文的基本见解,要敢于坚持真理,敢于创新,敢于出新。当然,这里所说的领异标新,是实事求是地进行科学研究的结果,绝不是故意去追求标新立异,哗众取宠。

这是对基本见解的第一个要求:要有胆识,要敢于坚持真理。

对基本见解的第二个要求:要有预见性、超前性。

等到立法机关已经着手制定该项法律了,你才主张制定该法律的必要性,大声疾呼,有什么用?!

对基本见解的第三个要求:你的基本见解要既符合中国国情,又与国际相通,并合乎法理,顺应法律发展的潮流。

下面举一个博士论文的实例:

"过错"的死亡

——中英侵权法宏观比较研究及思考

第一部分　侵权法若干前提性问题的中英比较研究

第二部分　侵权法归责原则问题的中英比较研究

第三部分　侵权责任构成要件问题的中英比较研究

第四部分　深入思考与建议

本文基本见解1:

主观过错说的理论前提是:人是有理性的动物,人能够按照社会的行为规范自觉地选择合理的行为并能够通过控制自己的行为而达到控制行为结果的目的。之所以如此,乃在于人的意志是自由、自主、自足的,人有辨别是非善恶的能力,有自我控制能力。(第143页,第2自然段)为求证主观过错说的所谓"人是有理性的动物"这一论断的正确性,笔者决意采取这一方法,即求证于生活本身。于是,我们很容易地发现:人,并不像我们的理论家和先哲们所预言和推断的那样,是"有理性的动物"。(第144页,第1自然段)笔者认为,从整体而言,我们可以发现人是一种十分无理的愚蠢的动物。(同页,第2自然段)生活本身已经明明白白地告诉了我们,人并非是"有理性的动物"(同页,第3自然段)。总之,主观过错说所据以存在的理论前提:人是有理性的动物、有充分的意志自由的论断既不符合生活实际,也不符合科学规律,因而是站不住脚、不能成立的。(同页,第4自然段)

本文基本见解2:

本文以中英侵权法比较研究为手段,对侵权法的核心问题,即归责原则与责任构成要件问题进行了深入探讨和思考,从而得出结论:建筑在过错责任原则基础上的我国现行归责原则和责任构成要件理论存在从宏观到微观、从理论到实践的诸多不可克服的问题和缺陷,应当被彻底抛弃。在此基础上,论文还进一步提出了取而代之的全新理论(内容提要,第1页)。19世纪奉献了主观过错说,20世纪流行了客观过错说,那么21世纪呢? 21世纪的中国究竟应该奉献给世界一部怎样的侵权法? 笔者认为,这至少应该是一部彻底荡涤了"过错"的阴魂、摆脱了"过错"的梦魇的侵权法。我们该如何命名这样的侵权法呢? 也许,用最时髦的语言,我们可以把这样的侵权法称之为"后过错侵权法"。因为,这样的侵权法是在解构了"过错",彻底抛弃了"过错"的"话语"之后重新架构的侵权法。(结语,第216页)

本文基本见解3:

笔者认为,在一部分领域,侵权法将死亡,在另一部分领域侵权法仍将继续存在、长期存在。具体而言,侵权法将从人身伤害赔偿领域逐渐退出、直至彻底死亡,而在其他领域仍将会长期存在。笔者坚信,一定会有那么一天,一切对生命健康权的损害将不问原因地得到赔偿:无论是被车压致伤致残还是自己不慎跌倒致伤致残;无论是被疯狂的歹徒所袭击致伤致残还是后天疾病所致伤残;也无论这些伤残发生在城市还是农村,所有的有伤残的人将一律得到必需的补偿:必要的生活费、医疗费、护理费。到那时,一个被有钱的车主压残的小姑娘可以拿到几十万赔偿费用,而一个在七岁时因患小儿麻痹症瘸腿的农村小男孩却不得不面临得不到任何救济与资助的局面再也不会存在了。(结语,第221页)

对基本见解1的评论:

人是有理性的动物,恐怕不仅是主观过错说的理论前提,而是一切法律制度、法律理论的理论前提。不仅如此,它是人之所以区别于动物的标准,是人类社会之所以存在的基本前提。如果人不是有理性的动物,且不说我们不可能建构国家、家庭、社会、经济制度,试问:作者也何以能够进行学术研究,撰写博士论文? 何以能够对中国和英国的侵权法进行比较研究? 何以能够对所谓主观过错说进行批判? 何以能够宣告"过错的死亡"? 何以能够建构作者所谓的"后过错侵权法"? 如果人不是有理性的动物,答辩委员会九位成员也就与虎、豹、豺、狼无异,何以能够对作者提出各种问题? 何以能够判断作者的答辩的对错? 何以能够对作者的论文的学术水准进行判断？作者三年所从事的工作和答辩委员会今天所从事的工作还有什么意义？即使要标新立异，也大可不必挑战人是有理性的动物这一人类社会赖以存在的基本哲学前提！实际上，作者将自己论文提交答辩的事实本身就已经批驳了作者自己这一基本见解。

对基本见解2的评论：

我们注意到，作者没有明确本文所说的"过错"的死亡，究竟是"完成时态"即"已经死亡"、"现在进行时态"即"正在死亡"抑或是"将来时态"即"将要死亡"？如果说是"已经死亡"或"正在死亡"，则应当提供这方面的证据，例如，至少举出一两个法律条文或者法院判例。我们注意到，作者也没有明确"过错"是仅仅在中国侵权法上死亡，还是在中英两国的侵权法上死亡，抑或在全世界各国的侵权法上都毫无例外地死亡？如果说仅仅在中国（是否包括台湾、香港和澳门）侵权法上死亡，或者仅仅在中英两国侵权法上死亡，而在世界上的其他国家的侵权法上并不死亡，则中国，包括台湾、香港、澳门的民法学者是否认同，英国的法学家是否认同？如果说在全世界各国侵权法上都毫无例外地死亡，则作者何以仅仅对中英侵权法作比较研究，便能够得出这样的论断？德国、法国、日本、美国的侵权法学者是否认同？

对基本见解3的评论：

作者不仅宣布了"过错"的死亡，还进一步宣布了"侵权法"在人身伤害赔偿领域的死亡（这显然超出了论文题目的范围）。作者如此"坚信，一定会有那么一天"，侵权法在人身伤害赔偿领域死亡，却没有注意到早在一百多年前，马克思主义的创始人已经在《共产党宣言》中宣布了必定"会有那么一天"，而且不仅仅在人身伤害赔偿领域，不仅仅是侵权法，包括侵权法在内的一切法律，都毫无例外地必将死亡！更令人奇怪的是，作者居然没有注意到属于英国法系的新西兰1972年《意外事故补偿法》，该法生效之时，新西兰的侵权法在"人身伤害赔偿领域"就已经"死亡"了！作者也没有注意到受委托检讨英国人身伤害赔偿领域法制的皇家委员会，于1978年提出的《皮尔逊报告》，曾经建议英国采纳新西兰的立法经验。应当说，这两项法律文件是证明作者这一基本见解的"有力证据"。当然，这两项法律文件也同时证明了：这一基本见解不具有作者所自认的"创新性"。

小结：

必须指出，你的基本见解无论如何新颖，无论如何超前，一定要有起码的根据，亦即能够自圆其说。不能自圆其说的所谓创新，于法学理论和法律实务无任何实益可言，不过是毫无意义的空气振动罢了。

(三) 文章

答辩委员会成员和专家评审硕士、博士论文时，有一个内容是从文章写得好不好的角度，对论文作评价。有的学校的学位论文鉴定书格式文本上，只要求评价论文的文字是否准确、流畅，这显然不够。从文章写作的角度评价学术论文，应当不限于文字功夫，因此我将学术论文的第六个要素称为"文章"，它的含义是："文章写得怎么样"？

1. 文体

在文章这个要素当中，首先一个问题是"文体"，即所要评定的论文是否合乎硕士、博士论文的文体。

这里需要对文体稍加说明。什么是文体？文章的文体，又称文章的体别、体裁，一般说来，指对文章所作的分类。

文章，因所采标准不同，有各种分类：

例如，依作者风格进行分类，有所谓苏体、陶体、韩体、柳体；依是否押韵，有所谓骈体即韵文体，和散体即无韵文；依形式和对象，有所谓骚、赋、颂赞、哀吊、论说诸体；依是否接近口语，有所谓文言与白话；等等。虽说有各种不同分类法，但有一点是可以肯定的，这就是：文体，指文章的类别。

曾国藩将文章区分为三门十一类：

第一，著述门。包括论著类、词赋类、序跋类。所谓论著类指著作之无韵者；词赋类指著作之有韵者；序跋类指为他人之著作序述其意者。

第二，告语门。包括诏令类、奏议类、书牍类、哀祭类。所谓诏令类指上告下者；奏议类指下告上者；书牍类指同辈相告者；哀祭类指人告于鬼神者。

第三，记载门。包括传志类、叙记类、典志类、杂记类。所谓传志类指记人者；叙记类指记事者；典志类指记政典者；杂记类指记杂事者。

唐弢著《文章修养》一书认为曾国藩的分类没有贯彻一致的标准，算不得精密，并提出自己的分类，同样是三类：

第一类记叙,专写客观事物;

第二类论辩,着重于是非的判别;

第三类抒情,偏于感情的抒发。

其中第二类论辩文体,中学语文课上称为议论文、论说文。凡是发表自己的主张,阐明某个观点,解释某种理论,批评客观的存在,用自己的思想、观点去说服他人,均属于这一类。

论辩文体与其他文体如记叙文体、抒情文体的区别在"论",即论述、论证、论说,因此通常简称论文。论文以是否具有学术性为标准进行划分,分为学术论文与非学术论文。

非学术论文即一般报刊杂志上的论文,例如社论、评论、短论。

学术论文,再分为一般学术论文和研究性学术论文。一般学术论文指学术刊物上的学术论文,研究性学术论文指长篇专题研究论文、硕士学位论文、博士学位论文。这是以研究性作为划分标准对学术论文文体的再划分。

我在前面已经谈到,一般论文下笔之时,所要表达的思想、观点、主张已经存在,不须作什么研究,只须予以解释、论说、表达。而学术研究论文下笔之时,并没有这样的思想、观点、主张,只是确定一个研究课题、研究对象、研究范围,经过研究最后才产生、形成思想、观点、主张。

这个区别在论文题目上就表现出来:

一般论文的题目必须用决断的语气,或者肯定,或者否定。即使用了疑问的语气,其实际的意思仍然是肯定的。但学术研究论文,就不能这样,学术论文的题目,不能是论断。

例如,"论某法是依法治国的总章程",就是一般学术论文的题目,不是学术研究论文的题目。因为作者关于某法在依法治国中的地位和作用的观点已经存在,仅须予以解释、说明、表达就够了,无须再作什么研究。

"论某法在依法治国中的地位和作用",这不是一个论断,究竟是一种什么样的地位和作用,尚有待于进行研究。这就是学术研究论文的题目。

除了题目集中反映文体外,文章中间的标题也要符合文体。

一般学术论文,文章中间的标题也应当是一个论断,采用肯定或否定的语气;学术研究论文中间每个部分的标题则相反,不能够采用肯定或否定的语气,不应当是一个论断,只能够确定该部分的研究对象、研究范围。

例如,《法学研究》1999年第5期第一篇文章《论建立独立、开放与能动的司法制度》,当然是一篇学术论文,但属于一般学术论文,不是学术研究论文。因为题目采用了肯定的语气,表明作者的基本思想和观点已经存在,本文的任务只是解释、说明和表达,以求说服读者,而不须再作研究。当然,一般学术论文是此前学术研究的成果,自不待言。

文中有三个标题:

一、司法独立是现代政治制度的基础
二、司法开放性是司法权威和独立的最终力量源泉
三、司法能动性是司法独立和司法开放的条件

都是采用肯定的语气,分别是三个论断。符合一般学术论文的要求。

再看同期另一篇文章《安全关照义务论》。从题目看,只是表述本文研究的对象是"安全关照义务"。究竟作者有关安全关照义务的观点、主张是什么,是认为很重要,主张我国法律应当规定此项义务,抑或认为所谓安全关照义务没有什么价值,主张我国法律无须引进此项概念?从题目无从判断。这就符合学术研究论文的文体。

再看该文中间的标题:

一、问题的提起
二、比较法上的观察
三、对外国学说的评析
四、履行辅助者、举证责任

都不是论断,不采用肯定、否定语气,符合学术研究论文文体的要求。这是一篇专题研究论文。

再举一篇硕士学位论文,《民商法论丛》第10卷王建源的《让与担保制度研究》,我们看第二章"让与担保的法律结构",下分五节,标题:

第一节　让与担保的类型
第二节　让与担保的设定
第三节　让与担保的对内效力

第四节　让与担保的对外效力

第五节　让与担保的消灭

均只确定该节的研究范围,不作论断,不采肯定、否定语气。

学术研究论文的思想、观点、主张,产生于研究过程的结尾,基本见解表述在结论部分,关于各章、各节的研究结果,表述在该章、节的结尾,有的在每一章后面设一节小结,在每一节后面设一段小结,这是学术研究论文文体所决定的。

2. 文字

与学术研究文体相适应,还应当谈到"文字"、"文风"和"文采"。

(1) 学术研究所要求的"文字"

当然首先是:准确、流畅,符合语法、文法。别的文体常用的一些修辞手法,不能用,或者一般不能用。例如抒情、描写、夸张、比喻、拟人等等。科学家在讲解什么是"相对论"时,说:你如果和一位年轻漂亮的女孩呆在一起,总觉得时间过得太快,两个小时过去了,总觉得还不到半小时。反之,让你和一位又老又难看的老头或老太婆呆在一起,恐怕半小时你也奈不着,心里尽埋怨,时钟是不是停了。感觉上真是度日如年。这就是相对论。这就是比喻。但爱因斯坦研究、证明相对论,能够这样吗?社会科学研究也是如此。

(2) 学位论文的"文风"

所谓"文风",指文章的风格。

第一项要求:要避免美文、译文、欧化的风格。

学术研究论文,常常引用许多外文资料,容易受外文风格的影响,例如外语多用从句,尤其定语从句、状语从句,甚至主语也是一个从句。中文很少用或者几乎不用从句。还有倒装句,中文也很少用。外语中复合句很多,中文都是单句。如果不是直接引语,应当尽量避免外语句式。否则,读者觉得不像作者的研究成果,像是外文的翻译。

第二项要求:要避免口语化。

学术研究论文如果通篇都采用口头语,一是不经济、难免冗长、拖沓。二是许多专业概念、学术概念,不能改用口头语。例如"要约"不能写作"关于订立合同的建议";"承诺"不能写作"关于同意订立合同的答复"。所谓"但书":"但什么什么除外"、"但什么什么不在此限"。不能写成"但是,什么什么在外";"但是,什么什么不受此项限制"。三是口头语、白话,看似易懂,实际上含义模糊,难以做到准确。

因此,学术研究论文中,总会使用许多有生命力的文言词语(许多法律概念本身就是文言词语),整个风格介于文(言)、白(话)之间。

第三项要求:要使用法律观念。

例如,"阐释学"与"解释学",可能在一般语义上没有不同。"阐释"与"解释",在非法律领域,可以说同义。但在法律领域,就只能用"解释",不能用"阐释"。您查查我国台湾地区,还有日本的法律文件和法律著作,有没有把法院、法官、法学者对某个法律文本、法律条文的"意见"叫"阐释"的?加德默尔等的哲学,中文叫"哲学解释学"、"哲学阐释学"、"哲学释义学",均无不可,但"法律解释学",不能叫"法律阐释学"、"法律释义学"。日本20世纪50年代的法解释论争,产生一大批著作,没有用"法律阐释学"、"法律释义学"的,都叫"法律解释学",何故?中国现行《宪法》第67条规定,全国人民代表大会常务委员会行使"解释宪法"、"解释法律"之职权,而不说"阐释宪法"、"阐释法律",何故?中国台湾地区《司法院组织法》第3条规定:"司法院置大法官17人,审理解释宪法及统一解释法令案件"。不说"阐释宪法及统一阐释法令",何故?"阐释"、"释义"均非法律概念。

"解释"是法律概念,它与裁判、裁判权、解释权、有权解释、无权解释、解释规则、解释文件、解释拘束力等法律概念密切联系。法律和法律学,无论吸收任何"知识",都要融入、纳入固有的法律概念体系之中,不容许游离于固有法律概念体系之外。必须掌握、运用法律概念体系进行思维,而不是用自己喜欢的别的领域的概念取代法律概念进行思维。"上诉"就是"上诉",既不能叫"上告",也不能叫"控诉"!

第四项要求:使用特定法律学科的法律概念。

例如,"批准"和"认可"("承认"),从产生的效力结果看,似无不同,但"批准"是行政法上的概念,"认可"("承认")是民事法律上的概念。"批准",是行政权力的行使行为,申请人依行政程序提出申请,受理申请的行政机关,给予"批准",因此"批准"总是与"行政权"和"行政程序"相联系。"认可"("承认"),是"司法权"("裁判权")的行使行为,对于涉讼的此前已经存在的当事人的某个行为、某个意思或者某种关系、某一事实,法庭表示肯定的意见,即予以"认可"("承认"),因此发生法律效力,受法律保护。因此,"认可"("承认")总是与"裁判权"和"民事程序"相联系。你看,日本的法院判决、我国台湾地区法院的判决、我国大陆的法院判决有用"批准"的吗?

引自法律思想网的实例:查士丁尼《法学阶梯》I.2.1.40 第二句的译文

徐国栋译:

事实上,批准自愿的人将其物转让给他人,这没有任何不符合自然衡平的,就像这没有任何不符合所有人的意志的一样。

Maxm 翻译:

如果一个人想把某物转让给另一个人,有什么比承认这一意图的效力更符合自然公正之原则的呢?

张企泰转译:

所有人既然愿意把他的物移转于他人,这种意愿应予承认,这是最符合自然公平的道理的。

陈华彬转译:

因为没有什么比尊重想将其物转让给另一个人的所有权人的意志更符合自然的公平。

作为对照,我们看英国人和美国人的翻译:

Black's Law Dictionary(1979)翻译:

Nothing is so consonant to natural equity as to regard the intention of the owner in transfering his property to another.

Cornell University Press(1987)翻译:

What could be more in line with natural justice than to give effect to a man's intention to transfer something of his to another?

评论:

显而易见,在上述多种表达中,用"承认"一语是适当的,而用"批准"一语是不适当的,因为不符合民事法律的性质。"承认"是民事法律上的概念,"批准"是行政法上的概念。有的教授因为弄不清楚这些个概念的差别,而受到学生和读者的嘲笑。也有人故意使用自己发明的或从别的领域搬来的"词语",以显示学问高深。须知不同法律学科的法律概念,差之毫厘,谬以千里,不可不辨!

(3) 学位论文的"文采"

学术研究论文,往往缺乏文采,读来枯燥无味,引不起阅读的兴趣。有人会说,学术研究论文,既然不能使用夸张、比喻等手法,就难以避免枯燥呆板。但是,学术研究论文也确有不枯燥呆板而具有文采的。大致有几个要点:

第一,要避免段落过长。

一个自然段七八百字、上千字,连续两三页,读起来很累,能不枯燥吗?

第二,句式要有所变化。

同一个意思可以用不同的字、词表达,同一个句子可以有不同的写法。只要将字、词位置稍作调整,就可以求得句子的变化。唐弢著《文章修养》举了一个例子:

> 昨天下午我和两个同学到法国公园去散步。
>
> 我和两个同学到法国公园去散步是在昨天。
>
> 昨天下午到法国公园去散步的是我和两个同学。
>
> 昨天下午我和两个同学去散步的是法国公园。
>
> 我于昨天下午和两个同学到法国公园去散步。
>
> 我和两个同学于昨天下午到法国公园去散步。
>
> 法国公园是昨天下午我和两个同学去散步的地方。
>
> 我是昨天下午和两个同学到法国公园去散步的。

这就有八种不同的句式。

前引查士丁尼《法学阶梯》I.2.1.40 第二句的译文:

> 事实上,批准自愿的人将其物转让给他人,这没有任何不符合自然衡平的,就像这没有任何不符合所有人的意志的一样。
>
> 如果一个人想把某物转让给另一个人,有什么比承认这一意图的效力更符合自然公正之原则的呢?
>
> 所有人既然愿意把他的物移转于他人,这种意愿应予承认,这是最符合自然公平的道理的。

> 因为没有什么比尊重想将其物转让给另一个人的所有权人的意志更符合自然的公平。

这就有四种不同的句式,如果不考虑原文,则还可以变化出许多种句式。

第一次写下的句式,觉得不妥当,稍作调整,换成另一种,仍不妥当,再换一种,直到认为妥当为止。

如果一个段落有两个句子的句式一样,就显得呆板,读起来不舒服。请看《文章修养》举的例子:

> 两人的脾气是不同的。自然,相通之点是有的,但比较起来,差别是显然可见的。

再看《中华读书报》(2004年2月25日第22版)上的例子:

> 他首先指出我所谓的不公平的税收制度这种说法是错误的,税收制度是公平的。当然,法律对逃税者的惩罚是很严厉的,严厉到使任何人都觉得为一次逃税而造成终身悔恨是划不来的。

这两个例子,文法上并无毛病,因为连用几个"是……的"句式,就显得非常呆板。如果变化一下,使句子的句式有所不同,就生动了。这就是所谓"单句忌同"。

第三,要讲究句子的长短变化。

平常对于写文章的要求,有惜墨如金的说法。大意是说,一个句子能够表达的意思,绝不用两个句子;一个较短的句子能够表达的意思,就绝不用较长的句子。写文章应当要求简短,但是不能误以为愈简短愈好。这里有一个前提是意思的准确和完整。冗长而多余的字、词,当然应当删除,因为删除并不影响意思的完整,反而更准确。但不能为追求简短而损害意思的准确和完整。应当在意思明确、完整的前提下,讲究句子长短的变化。

一篇文章不能全用长句,也不能全用短句,既有长句,也有短句,长短相间,不仅有了变化,而且产生抑扬顿挫,避免呆板,有了文采。

(4) 关于"文气"

究竟什么是文气? 一篇文章,句子的构成,或长或短,或张或弛,彼此并不一律,因此读起来的感觉,及读出来的声音,就有高低、强弱、缓急,产生抑扬顿挫,这就是文气。

由于标点是传达说话的语气的,因此往往决定文章的气势。大抵用"句号"则声音由高而低,文气也就由扬转抑;用"疑问号"、"感叹号"则尾音上升,文气也就由抑转扬。须注意的要点是:

第一,标点符号错杂运用。

一篇文章,不应当全用句号,也不可能全用疑问号、感叹号,错杂运用,使文章抑扬有度,形成文气的跌宕。

第二,句子长短变化。

"文气"也与句子的长短有关。大抵句短则气势紧凑、急促,句长则气势迂缓、松弛。有了长短变化,就形成文气跌宕,有抑扬、急徐、张弛的变化,有节奏感、有气势、有气魄。注意了这些要点,文章就会有"文采",避免了枯燥呆板,就是好文章。

(四) 社会责任

学术论文最后一个要素是社会责任。社会科学以社会为研究对象,研究者本人就生活在社会中,属于社会的一个成员。这与自然科学以自然、物质存在为研究对象不同。因此,学术研究没有绝对的客观标准。在法学研究中,曾经有人主张以是否符合历史发展的方向,作为判断正确与否的标准。问题在于历史的发展不是直线的,是曲折的,有时还是迂回的。处在历史的某个时段,会认为某种学术观点、主张、学说符合历史发展的方向,被断定为真理,但在若干年后将会发现,该学术观点、主张、学说其实是谬误。这与判断"日心说"、"地动说"之是否正确、是否属于真理不同。因为地球终归在转动。

因此,学术研究容易受到作者的主观性的影响,甚至出现迎合某种需要的所谓媚俗、媚上的现象,出现学术的泡沫化现象。于是产生学者的社会责任问题。在从事法学学术研究时,要有科学的精神、正义的追求和独立的学术人格,要有对国家、民族负责的责任感。每提出一种新观点、新主张、新学说,每提出一项对策建议,都要考虑是否符合法律正义,是否符合人权、民主、法治国,要对国家、民族负责。

学术研究要讲社会责任,不是总要追求什么创新、什么自己的见解,我们要对子孙后代负责。你在论文中所得出的基本见解,所提出的立法建议或修改法律的建议,一定要负责任,须知我们是在讨论国家的立法,你的观点和建议,不仅关系到我们这一代人的权利,不仅仅是关系到我们这一代人的行为准则,而是在为中华民族,为我们的子孙后代制定行为规则,是在处分我们的子孙后代的权利!在处理如此严肃、重大的事情的时候,怎么能够掺入个人名利的考虑?!怎么能够容许有任何的轻率和随意性?你在论文中表述的见解、提出的立法建议,将成为立法机关制定法律、修改法律的参考,一定要慎重,不要轻率地提一个什么立法建议,要有社会责任心,要对学术负责,要对子孙后代负责。对这个问题,在今天怎么强调都不过分。

学位论文的写作,是最严肃的学术研究。一定要慎重对待!一定要自觉抵制学术领域的浮躁之风!勿使钻研变成钻营,创作变成炒作,学术变成权术,学术界变成名利场!

(五)结语

据我所知,法学院校并无讲授学位论文写作方法的课程,不知其他学科是否也如此。20世纪90年代初受王家福先生的委托,协助王先生指导民法博士研究生,将自己摸索的研究写作心得,概括为学术论文写作"七要素",尝试在第二学期用半天时间讲授。听课的博士研究生反映对他们的学位论文写作颇有帮助。间或也在一些院校对硕士研究生讲授。但一直没有形成讲稿,只是一个提纲,也一直没有公开。因心中存有疑虑,担心是否将研究生引入一种形式主义,或者被指为一种"八股"。2000年春节期间整理成讲稿。2004年2月再次进行补充整理,然后以电子版形式在一些研究生中流传。2004年6月进一步补充整理定稿,并决定在网络公开发表。曾参考唐弢著《文章修养》、徐振宗等编著《汉语写作学》和焦垣生主编《写作学教程》等著作,特此说明。

2004年6月23日于城南清芷园

贩卖罪恶:我们到底害怕什么

易继明

一

离开台北的最后一个晚上,朋友陪我逛一家 24 小时营业书店。书店,总是让我感觉很愉悦的地方。抱着厚厚的一大摞书,穿过书店开设的新书推荐区,发现了一本赫然醒目的电影小说《援交天使 Samaria》。① 倒不是因为小说惊艳的封面,我对"援交"这个名词本身就十分陌生。问问陪同的台湾友人,反倒引起她似乎看到了土著人式的同情目光。于是,我信手拿了一本。

原来是准备第二天在飞机上翻翻这部小说的,但连续几天紧张的访问,堆积了一箩筐的疲惫。刚打开书,就睡着了。后来,坐在旁边的陈小君教授说,真羡慕我微微鼾声中吐露出的幸福。

晚上抵达香港。与朋友共进晚餐,在灯火辉煌的德辅道中散步,回到下榻的柏宁酒店,收拾收拾自己,就已经是过了晚上 12 点。打开床头灯,计划翻着书,美美地睡上一觉。但是,翻着翻着,我美美睡上一觉的计划就落空了。我一口气就看完了这部小说,久久不能平静。

小说情节大致是这样的:

> 高中生洁婉和尹佑真是一对好朋友。为了实现欧洲旅行的梦想,洁婉开始援助交际。出卖身体的洁婉,总是带着天使般的笑容。而佑真虽不赞成,却也替洁婉联络客人、帮忙把风和存钱。有一次,为了躲避警察,洁婉跳

---

① 〔韩〕林淳九:《援交天使 Samaria》(原作:〔韩〕金基德),台北:杰克魔豆文化事业股份有限公司(J. B Magic Publishing Co., Ltd)2004 年 10 月初版。

楼重伤致死。弥留之际,洁婉希望能最后见一面一位自己喜欢的客人。为了满足好友的心愿,佑真找到了那位客人,但却被要求必须与他发生性关系才去医院……。等他们赶到医院的时候,只见到了洁婉孤零零的尸体。

失去了童真,又失去了好友,佑真开始了她自己的"赎罪"之路。她打扮成洁婉的样子,打上粉底,抹上口红,像还债一样,同以前睡过洁婉的恩客们做爱,然后将以前他们付给洁婉的钱又还给他们……。

不料,一次在汽车旅馆,佑真的行为被父亲尹荣其发现。于是,荣其开始暗中跟踪佑真,寻找、并阻止恩客同女儿援交,也导致两名恩客死亡。最后,尹荣其带着女儿到乡下妻子墓地,留下学开车却又寸步难行的女儿,向一步步迫近他的警察走去。

我没有看过这部据说是获得过第54届柏林影展最佳导演银熊奖的电影,也不知道电影是如何进行叙述的。我一直以为,复杂的社会人格只属于我们这些被称为"叔叔"的人。没有想到,两位高中生的少女世界也是如此地多重(音chóng;multiplicity),不禁让人感到有些凝重。

在混乱无根的后现代,人们似乎只有在欲望和感官中去发现自己,救赎自己,也毁灭了自己。在后现代的舞台上,我们的心灵和精神是如此地贫困和孤独,不得不去装点自己,装点社会,也装点着自己的心情。社会已经改变了人的自然属性(或许社会积习所造就的"社会性"?),人类似乎改变了千百年以来的"规定性",我们也都不再按规矩出牌了。

从这个角度来说,现代人是否都具有某种"雷丝边"(Lesbian)倾向呢?

——人的异化吗?

二

这部小说中,有两个情节给了我很深的印象。一个情节是,或多或少象征道德力量的林守行牧师,他也加入了这两位高中生的"恩客"行列。小说戏剧化地安排尹荣其发现女儿的援交行为之后,经常去向林牧师痛苦告解,并有过多次深入的对话。最后,当尹荣其又发现了林牧师与女儿关系的时候,他来不及倾听、更不想理会林牧师的忏悔，愤怒地在礼拜堂杀死了这位牧师。宗教的"原罪论"是在将人的罪恶意识普遍化、绝对化。林牧师最后还能够认识到，"太晚才认识我的神，太慢才迎接真正的神！"而且，他在"静静地倒在地上"的时候，"像是在祷告一样卷曲著身体跪倒在地上"。这种描写，似乎带有某种宗教宿命色彩。另一个印象很深的细节是，洁婉所说的，"诚实永远比虚伪来得重要"。她对援交行为表现出了某种"坦荡"："这又不是什么坏事，不行吗？""我总比那些搞政治的政客来得好吧？"她好像是一位侠客，发现了我们政治世界里的谎言。其实，在这位高中生的多重性格中，她是在期待某种单一的人格。只不过，她发现，这种单一性只存在于一个脱去了外衣的感官（肉体）真实之中。抛开感官世界，我们事实上生活在宗教、道德和政治塑造的社会里。从这个角度看，我们一直生活在某种空壳之中。这个空壳的外观与色彩，其实与我们根本无关。相应的，尊贵与卑微、荣耀与耻辱、善良与罪恶，都不过是涂抹在外壳上面的不同颜料罢了。

那么，是宗教"异化"了我们，还是我们"异化"了宗教？

人类毕竟是肉身。这两个情节，存在着身体之内与身体之外的对立。不同于用"身体写作，用皮肤思维"的"美女作家"们，在宗教的宿命中，小说作者最终放弃"以堕落傲视"的姿态，试图重新回到伦理社会的原有秩序与状态。但从总体上看，小说是在借助涉世未深的高中生，来张扬身体之内的东西——包括一种"另类的"心理体验。即便如此，但此身不同于彼身。作为"都市'恶之花'"[①]，漂亮的"上海宝贝"[②]是在娱乐自己的时候娱乐别人，总能让人感受到她们自己的操纵能力；但作为"都市'毒之瘤'"[③]，充满稚嫩的"援交天使"却是在娱乐别人的时候娱乐自己，让人感受到的是她们心灵的空泛与无助。前者牵引他人；后者被

[①] "都市'恶之花'"，是作家扎西多写的一篇小说评论文章名称，评论卫慧所著《上海宝贝》和《糖》代表了新生代城市小说，颇有嘉许之意。参见扎西多：《都市"恶之花"》，载《读书》2000 年第 7 期，第 123—128 页。

[②] "上海宝贝"，是新生代（或称"晚生代"）女作家卫慧的小说名称。《上海宝贝》被称为一部自传体的体验小说。笔者所见版本，为大陆简体本和台湾繁体本。大陆简体本，见东方文艺出版社出版"另类小说选集"之《卫慧作品全集》收录，无出版时间与版次，疑为盗版（——笔者于 2000 年 11 月 12 日在北京大学 39 楼宿舍旁之书市购得）。台湾繁体本《上海宝贝》，台北：生智文化事业有限公司 2000 年 9 月初版。

卫慧，女作家，又称"美女作家"或"另类作家"。1995 年毕业于复旦大学中文系，曾从事记者、编辑、电台主持人、咖啡店女侍、鼓手和编剧等，现居上海从事写作。

[③] 对应作家扎西多"都市'恶之花'"的比喻，笔者将"援交天使"们喻之为都市的"毒之瘤"。

人牵引。令人可悲的是,牵引他人的人,我们并未将其定义为罪恶;相反,被人牵引的人,却被我们视为不可宽恕。16岁花季,青春梦想,本应该融化在高中生的课堂与操场,但她们却被牵引到了"婆须蜜多"(印度妓女)的床榻。是我们这个社会造就了那些"援交天使",但这个社会却又失去了检讨自己的勇气。

检讨自己,一方面需要分析和把握社会的性格与向度,但更重要的是,我们需要转变观念,要认同私人领域的个性化、多元化。一个社会既定的性格与向度,是世俗的、政治的、经济的,以及民族性的等多方面因素相互作用的结果。而它一旦成就,便会成为阻碍人性发展的最大障碍。

当然,无论何种辩护,都不能改变世俗社会对待这些"援交天使"的伦理否定。在这个问题上,几乎每一个人都可以义正词严,不假思索,向这种"罪恶"(sin; evil)"泼脏水"或"扔石头"(——甚至,都"必须"作出这种表现!)。那么,我们不妨想一想,为什么她们就成为罪恶了呢?又是谁"制造"或向我们"贩卖"了如此多的"罪恶"呢?

三

从根本上,罪恶(sin; evil)是一种人为的"制造"。不仅宗教、习俗和文化强化了人们的道德感,而且法律上的罪恶(或"犯罪"; crime),也是一种人为的"制造"。

有一种罪恶,是在"严格执法"的名义下进行的。例如,十多年前,曾经发生"伍望生盗印《邓小平文选》第3卷侵犯著作权案"。该案案情是这样的:被告人伍望生1993年12月初得知某书店急需《邓小平文选》第3卷普及本16000册信息,即与之签订购销合同。事后,伍望生找到印刷厂、包装厂和装订厂,印刷并装订《邓小平文选》第3卷15000册供给书店,获款5.90万元。除去原材料、付加工费、运输费等费用外,伍望生共获利2万余元。1994年4月,某读者阅读了该盗版《邓小平文选》第3卷普及本后,发现书中错、漏达125处,经举报案发。1994年6月30日,犯罪嫌疑人因涉嫌投机倒把罪被逮捕。经武汉市硚口区人民法院审理,于1995年1月19日判决被告人伍望生犯侵犯著作权罪,判处有期徒刑 7 年,没收赃款与赃物,并处罚金 5000 元。①

　　这个案件,发生在新刑法修订之前。当时的"口袋罪"如投机倒把罪、流氓罪等,虽然还较多,但随着建设法治国家的演进,已经出现了"立法矫正"的倾向。如第 8 届全国人大常委会第 8 次会议于 1994 年 7 月 5 日通过并公布施行的《关于惩治侵犯著作权的犯罪的决定》(以下简称《决定》),立法意旨是将著作权侵权行为刑罚化,在于逐渐打开或扔掉那些模糊的"口袋",罪刑法定。这一《决定》颁布与施行,是在犯罪嫌疑人被正式逮捕(6 月 30 日)几天之后。我们姑且不去考究该《决定》所包含的立法含义,以及由此应该引申的对 1987 年 11 月 27 日最高人民法院、最高人民检察院《关于依法严惩非法出版犯罪活动的通知》所谓"非法出版物"和"投机倒把罪"应有的立法解释。② 即使按照该《决定》第 1 条规定,伍望生侵犯著作权行为,最多也只是一个"违法所得数额较大"情形,相应的刑罚只是"处 3 年以下有期徒刑、拘役,单处或者并处罚金"。而且,最高人民法院 1995 年 1 月 16 日下发的《关于适用〈全国人民代表大会常务委员会关于惩治侵犯著作权的犯罪的决定〉若干问题的解释》(最高人民法院审判委员会第 710 次会议讨论通过),对侵犯著作权罪中的"数额较大"、"数额巨大"、"其他严重情节"和"其他特别严重情节",作了具体规定。按照这一解释,个人违法所得在 2 万元以上不满 10 万元的,当属于"数额较大"情形。但是,就在这个解释出台三天之后,该案却因为盗印的是"党和国家领导人的重要著作",作为"其他特别严重情节",

---

　① 参见杨金琪(编著):《最新知识产权案例精粹与处理指南》,北京:法律出版社 1996 年 4 月第 1 版,第 725—726 页。

　② 就是不从《决定》所包含的立法意图(——过去对于著作权侵权行为没有作为犯罪打击,而现在则通过立法进行刑事处罚)来分析,即使是按照最高人民法院和最高人民检察院《关于依法严惩非法出版犯罪活动的通知》来解释,也很难说可以对犯罪嫌疑人伍望生适用刑罚。因为《关于依法严惩非法出版犯罪活动的通知》适用指向是两个方面:一是非法出版物严重充斥市场;二是非法出版物"内容腐朽",危害青少年身心健康。对于前者,需要"以牟取暴利为目的"(《通知》第 1 条);而后者,只是"以营利为目的"(《通知》第 2 条)即可。当然,犯罪嫌疑人伍望生盗印《邓小平文选》,谈不上"内容腐朽"问题。那么,按照这一《通知》,本案只能适用前者的情形。犯罪嫌疑人伍望生并不是自己开设印刷厂,从而进行大规模印制与发行;他也仅仅是偶尔发现一笔"商机",玩了一票而已。从获利情况看,也更谈不上"牟取暴利"。那么,按照这一《通知》的司法解释,也不应该启动刑事司法程序。当然,如果考虑到立法解释与司法解释的适用位阶,而且考虑到我国对著作权犯罪可处最高刑 7 年也是目前全世界对著作权犯罪处罚的最高刑,那么这个判决所包含的"政治含义"(——或显现出的"政治环境",因为这一判决可能根本没有达及"最高层"),就更加令人有所感触了。

以侵犯著作权罪之最高刑7年判决。① 其实，这首先是一起民事侵权案件，由此产生的"债的关系"却被人们忽视了。也许，在当代中国司法语境之下，由《邓小平文选》的著作权人提起民事诉讼，仍然是一件不可思议的事情。而这，也大约是司法者揣摩"圣意"而为吧。这种所谓"严格执法"，制造罪恶，所生者也是"罪莫大焉"。

另一种典型的"贩卖罪恶"情形，是我国古已有之的"诏狱罪"。诏狱罪多数是在"圣意"之下形成的。这时的罪犯，往往被扣之以"妄议朝政"、"藐视圣上"、"腹诽"或"莫须有"等罪名。其实，我国司法制度中，一直存在着有别于"普通法"系统的一套诏狱系统。法官这时的任务，只是按照"上面的意思"编撰法律文书，至于犯罪嫌疑人是否真正具有犯罪行为，已经无关紧要。柏杨论史，认为这是"中国文明的一项耻辱"。西汉改革家路温舒曾经针对当时的司法黑暗，呼吁政府要尊重人性和保重人权；皇帝刘病已也曾下诏，命全国法官办理案件时要宽大公平。② 但漫长的封建专政体制之下，这种声音微弱到几乎没有任何声响。文革时期的各种"工作队"和"专案组"，就是这种封建诏狱系统的复活。诏狱之下，产生了趋炎附势的政治"摇尾系统"，不仅直接导致了一批冤假错案，而且还造就了中国人的奴性心理。

刑事犯罪理论认为，"只应把被科以刑罚的东西认为是犯罪。它首先必须在社会伦理的观点中被评价为当罚的（strafwürdig）"。③ 当然，宽泛意义上的社会伦理，自然是包括政治伦理的。前一种情形，是某种政治文化在起作用；后一种情形，则是人治或专制政权建立"政治权威"的需要。贩卖罪恶，有意无意地，我们可能只是害怕失去一个"政治权威"。因为它不仅是权力金字塔上面的主观满足，也是人治社会国祚续嗣与稳定的基础。不过，同样的，司法"摇尾系统"在其

---

① 儒家文化兴起之初，便存在这种模棱两可地"罗织罪名"的事例。公元前496年，孔子被赏识他的鲁国国君姬宋任命为代理宰相（摄相事），三个月之后，就将当时的文化名人少正卯逮捕并处死。尔后，他宣布少正卯的五大罪状竟是："居心阴险，处处迎合人的意思。行为邪恶，不肯接受劝告。说出的全是谎话，却坚持说的全是实话。记忆力很强，学问也很渊博，但知道的全是丑陋的事情。自己错误，却把错误润饰为一件好事。"这是一种让人云山雾罩的罪名，几乎就是"莫须有"的另一版本。参见柏杨：《中国人史纲》上，北京：中国友谊出版公司2001年10月第1版，第169页。

② 参见柏杨：《中国人史纲》（上），北京：中国友谊出版公司2001年10月第1版，第288—291页。

③ 〔日〕大塚仁：《刑法概说（总论）》（第三版），冯军译，北京：中国人民大学出版社2003年1月第1版，第89页。

中起到了很大的作用。政治文明之一,就是司法文明;司法文明之一,就表现为司法独立;而司法独立,首先仰赖司法系统本身具有司法独立的自觉意识。诚然,我们不能只是简单地将上述两种情形归结为一个司法问题,而是应该去思考其背后的政治因素和文化根源。正如我们分析文革时期红卫兵制造的罪恶一样,"红卫兵在文革中的言论和行为是那个时代教育和意识形态灌输的产物。当然,它们与民族气质、文化传统和青少年心理也有一定关系。"①

四

政治空间之外,我们也在努力地"制造"些什么。《中华读书报》2005 年 2 月 16 日曾经以"医学已进步到不再有人健康了"为题,摘录了一本即将在内地出版的著作《发明疾病的人——现代医学产业如何卖掉我们的健康?》(尤格·布雷希著,张志成译)。发明疾病的人不断地说服健康的人相信自己有病,"健康"这一概念被重新定义:生命的自然变化和正常的行为方式被有系统地扭曲成病态,生命中许多正常的过程如生、老、性、死和不快乐,都可以拿来医疗化。整形外科医生认为,不美丽的外表就有治疗的需要,建议人们去划开健康的肌肤。心理治疗医师认为,在阳光普照的优美环境中休假的退休老人们深受"天堂忧郁症"的折磨;平生劳顿的民众一旦闲下来就会患上疲劳、头痛、四肢疼痛或忧郁等"休闲症";即使不怕阳光也不怕休闲的人们,也一样需要治疗,因为他们其实是患上了"全身性开朗症"。医生们说,那些不承认自己患病或者不愿意就医的人们,问题可能就更大了,因为他们可能是得了一种"惧血惧医症"。

由此我联想到,我们的法律是否也要"完备"到现代医学的程度呢? 改革开放以来,从无到有,我们制定了不少法律和法规,在大多数领域做到了"有法可依",而且日渐完备起来。假如有一天,贩卖罪恶的人让法律完备到不再有人不违法,那么,无论是"三讲"还是"党员先进性"教育,就都只能是我们生活着的空壳而已了。

---

① 徐友渔:《形形色色的造反:红卫兵精神素质的形成及演进》,香港:中文大学出版社 1999 年版,第 24 页。

人们总是在担心,假如道德被搁置起来,欲望就会放大;假如法律被废止,人们的行为将没有边界。那么,法律是否存在自身的伦理呢?2000年,吴敬琏先生提出要建立"好的市场经济",也就是建立在法治基础上的市场经济,警惕滑入"权贵资本主义"的泥坑。① 继此之后,近一个时期以来,江平先生在多次演讲和研讨会上提出了要区分"好的"和"坏的"法律制度。其实,问题又回到了过去我们常常谈到的"良法"与"恶法"问题。用什么方法来解决作为制度的法律之不足?江平先生提出,"就要靠作为方法的法律和作为理念的法律来弥补。"② 从根本上说,市民社会是一个自发组织秩序和社会状态,而不是政府计划和权力直接支配的秩序状态。转型时期的中国,市民社会的形成在很大程度上需要公权力引导与培育。从权力制衡理论来说,缺乏制约的公权力膨胀和扩张,是一种自然现象。那么,要建构和谐社会,不是在于治标式的"矛盾就地解决"方式,而是在于赋予广泛的"权利",从而制约公权力。"疏"与"堵"之间,还是一个大禹治水的老故事。因此,这里的"就地解决"之"地",决不应该是一个地域性质的概念,而应该与问责制政府联系起来,包括权利及其实现的路径。

我想,中国社会法律合理化过程还尚未展开,法律的"科学化"运动尚待时日。从这个角度看,我们的法律社会学与法律本土化研究,还只是停留在概念层面。不妨假设一下,如果我们不尽快展开法律合理化研究,如果这些日渐完备起来的法律不符合人的自然属性和社会发展规律,就会再制造一个违法和犯罪多于良民善行的社会。如果有那么一天,法律"完备"得不再有人守法了,那么,这是否又是一种立法者的悲哀呢?

当然,出现不再有人守法的法制,悲哀的决不仅仅是立法者,更是整个社会。

易继明

2004年11月3日晨草稿于香港柏宁酒店

次年3月31日定稿于北京颐和山庄寓所

---

① 这也是吴敬琏先生自1978年以来重要的理论发展阶段和经济理论贡献。2005年3月24日,吴敬琏先生成为我国首届经济学杰出贡献奖获得者之一。参见黄利明(报道):《我国首颁经济学杰出贡献奖》,载《新京报》2005年3月24日,第B35版。

② 江平:《法律:制度·方法·理念》,载《中国党政干部论坛》2005年3月号(总第196期),卷首语。

注释体例

一、文章采用脚注,每页重新编号;编号序号依次为:①,②,③,……。

二、统一基本规格(包括标点符号)

◆〔国籍〕主要责任者【两人以上用顿号隔开;以下译者、校订者同】编或(主编):《文献名称》,译者,校订者,出版地点:出版社与出版年代及版次,第××页。

三、注释例

(一) 著作类

● 〔英〕F. H. 劳森、B. 拉登:《财产法》(第2版),施天涛、梅慎实、孔祥俊译,北京:中国大百科全书出版社1998年4月第1版,第89—90页。

● 魏振瀛(主编):《民法》,北京:北京大学出版社、北京:高等教育出版社2000年9月第1版,第90页。

(二) 论文类

● 易继明:《评财产权劳动学说》,载《法学研究》2000年第3期。

● 梁慧星:《制定中国物权法的若干问题》,载梁慧星(主编):《民商法论丛》2000年第1号/总第16卷,香港:金桥文化出版(香港)有限公司2000年8月第1版,第342页以下。

(三) 报纸类

● 沈宗灵:《评"法律全球化"理论》,载《人民日报》1999年12月11日,第6版。

(四) 文集和选集类

● 王泽鉴:《物之瑕疵与不当得利》,载王泽鉴:《民法学说与判例研究》(第3册),台北:三民书局1996年11月版,第109页。

● 〔美〕哈罗德·拉斯韦尔:《政策分析研究:情报与评价功能》,载〔美〕格林斯坦、波尔斯比(编):《政治学手册精选》(上卷),竺乾威、周琪、胡君芳译,王沪宁校,北京:商务印书馆1996年4月第1版,第557页。

● 参见〔前苏联〕列宁：《关于司法人民委员部在新经济政策条件下的任务——给德·伊·库尔斯基的信》，载〔前苏联〕列宁：《列宁全集》（第 42 卷），北京：人民出版社 1987 年 10 月第 2 版，第 424—429 页。

（四）古籍、辞书类

● 《管子·牧民第一》卷一。

● （清）沈家本：《沈寄簃先生遗书》甲编，第 43 卷。

● 《辞海》，上海：上海辞书出版社 1979 年 9 月第 4 版，第 983 页。

（五）网络资料

● 顾昂然：《关于〈中华人民共和国民法（草案）〉的说明——2002 年 12 月 23 日在第 9 届全国人民代表大会常务委员会第 31 次会议上》，资料来源：http://law-thinker.com/detail.asp?id=1501；更新时间：2002 年 12 月 26 日 08：28：35；访问时间：2003 年 4 月 1 日。

（六）英文类

1. 外文著作

● Robert Gilpin, *Economy of International Relations*, Princeton: Princeton University Press, 1986, p.5.

● See G. Gordon & P. Miller (ed.), *The Foucault Effect: Studies in Governmentality*, Hemel Hempstead, England: Harvester Wheatsheaf, 1991, pp. 32—35.

2. 文集中的论文

● K. J. Leyser, "The Polemics of the Papal Revolution", *in* Berly Smally (ed.), *Trends in Medieval Political Thought*. Oxford: Oxford University Press, 1965, 3rd ed., p.53.

3. 期刊中的论文

● Alessandro Giuliani, "The Influence of Rhetoric of the Law of Evidence and Pleading", *in Judical Review*, 62(1969), p.231.

四、其他外文文种

从该文种注释体例或习惯。

五、其他说明

（一）引自同一文献者,同样应完整地注释,不得省略为"见前注"或"前引"等。

（二）非引用原文,注释前加"参见";如同时参见其他著述,则再加"又参见"。

（三）引用资料非原始出处,注明"转引自"。

稿　　约

一、《私法》系一个具有广泛参与性的开放的法学学术园地,旨在为了加强私法领域内的各学科及其整合性研究,以便进行私法理论的抽象和私法文化的提炼,从而倡扬乃至于形成一种权利文化。

二、本刊刊载著述、大家文章、新锐作品,广采博收。主要栏目包括"主题研讨"、"论文"、"评论"、"案例研究"、"书评"、"杂文"和"学术动态"等。

三、来稿语种、篇幅不限,唯求能充分表达深刻而真灼之学术观点为要。本刊对来稿一律采取匿名评审,并实行责任编辑初审、学术顾问委员评议和编辑部会议审定三级评审制度。

四、来稿要求附有作者简介、联系方式;论文和评论还要求附有中英文内容提要与关键词;打印稿要求附有磁盘或发来电子邮件。文章采用注释体例参见另页所附。

五、本刊所采用稿件一律不付稿酬,只赠送本卷2—4册。

六、来稿请寄:北京市海淀区颐和山庄云锦园22楼222室易继明收(邮政编码:100094);

联系电话:010—6248 8859(传真)

E-mail:yijiming@263.net　　privatelawreview@hotmail.com